本を生みだす力

学術出版の組織アイデンティティ

佐藤郁哉・芳賀学・山田真茂留

新曜社

まえがき

『はてしない物語』（ミヒャエル・エンデ作・英訳題名『ザ・ネバーエンディング・ストーリー』）の導入部で、主人公のバスチアン・バルタザール・ブックスは、自分が通う学校の屋根裏部屋に身を隠し、古書店から勝手に持ち出してしまった本を前にして、次のようにつぶやく。

本って閉じてあるとき、中で何が起こっているのだろうな？（中略）そりゃ、紙の上に文字が印刷してあるだけだけど、——きっと何かがそこで起こっているはずだ。だって開いたとたん、一つの話がすっかりそこにあるのだもの。ぼくのまだ知らない人びとがそこにいる。ありとあらゆる冒険や活躍や闘いがそこにある。——海の嵐にであったり、知らない町にきたり。みんな、どうやってかわからないけど、本の中に入っているんだ。(1)

バスチアンが言うように、本というものが持つ最大の謎であり、また他の何ものにも代えがたい魅力ともなっているのは、その中に物語の世界が丸ごと包み込まれている点であるように思われる。実際、本を開くということは、しばしば、物語の世界へとつながる扉を開いてその世界の中に入り込んでいくことでもある。

そしてそれは、小説やドキュメンタリーなどのように、もともと物語としての性格を色濃く持っている本の場合に限らない。同じような点は、本書で主として取り扱っていく学術書についても指摘できる。特に人文・社会科学系の学問分野においては、バスチアンの言葉を借りて言えば、表紙を開いた瞬間に「一つの話がすっかりそこにある」紙の本こそが最適の媒体である場合が少なくない。

言うまでもなく、学術コミュニケーションの媒体としては、書籍だけでなく論文あるいは各種の電子媒体もきわめて重要な役割を担っている。また、それらの媒体には、それぞれ本にはない独特の強みもある。しかしながら、著者が自分の物の見方や世界観を丸ごと提示しようとする際にも、また読者が著者の思考や論理の筋道を丹念に追いながら理解していく上でも、紙の本に匹敵するメディアは（今のところまだ）存在しない。(2) そして、本というものにそのような特長があるからこそ、市場規模という点だけから見れば「矮小」とさえ言える出版産業を介して生み出されてきた数々の書籍が、時には社会を変革しまた歴史を動かしていく原動力になってきたのだと言えよう。(3)

このような、はかり知れない可能性を持つ本というものは、そもそも誰の手によって、どのようなプロセスを経て社会に送り出されていくものなのだろうか。また、著者（研究者）・編集者・出版社の経営者などさまざまな人びとは、どのような利害関心を持って本づくりに関わっているのだろうか。本書では、このような一連の問いに対する答えを、主として学術出版社についての事例研究を通して探っていく。ケーススタディの対象となるのは、編集者でもあるオーナーが大半の業務を一人でこなす「ひとり出版社」、社会科学系の中堅出版社、およそ一〇〇名の従業員を擁する大手の学術出版社、日本における代表的な大学出版部、という四社である。本書が、これら相互にきわめて対照的な性格を持つ四つの出版社の比較を通して浮き彫りにしていこうとするのは、学術出版社が刊行すべき本とそうでない本とを選り分け、また学術知や情報についての品質管理をおこなう上で果たしてきた役割――すなわち、「ゲートキーパー（門衛・門番）」としての学術出版社の役割である。

この、出版社が担ってきた学術的知の門衛としての役割に対して重大な影響を及ぼしかねないのが、過去一〇数年にわたって続いてきた「出版不況」である。一九九〇年代後半に本格化した売上げ不振によって、出版物の販売額は二〇〇九年にはピーク時（一九九六年）の七割前後にまで落ち込んでしまっている。書籍の売上げ不振は、学術書をはじめとする「堅い本」に関して特に深刻なものであり、学術出版の危機ないし学術書の危機が指摘されるようになって欠しい。

『はてしない物語』の本編は、「ファンタージエンの危機」という章で始まる。バスチアンは、『はてしない物語』を夢中になって読み耽っているうちにいつしかその物語世界の内部に入り込みその登場人物の一人になってしまうのだが、その時、ファンタージエンと呼ばれるその世界は既に「虚無」の浸食によって消滅の危機にさらされていたのであった。出版不況は、どのような時にどのような形で、虚無がファンタージエンに与えていたのと同様の壊滅的な打撃を学術コミュニケーションの世界に対してもたらしていくのであろうか。また、それを防ぐための手だてはあるのだろうか。このような問いに対する答えを見定めていくためにも、出版社が学術的知のゲートキーパーとして果たしてきた役割について明らかにしていくことは、必要不可欠の作業となるであろう。

目次

装幀＝難波園子

序章　学術コミュニケーションの危機

一　「出版不況」の一〇年

『出版社と書店はいかにして消えていくか』・『出版クラッシュ!?』・『だれが「本」を殺すのか』・『出版大崩壊』・『出版動乱』・『だれが「本」を殺すのか――延長戦』……

右のようなタイトルを持つ何点もの本が書店に平積みにされ、「出版危機本ブーム」とでも呼ぶべき様相を呈していたのは、一九九〇年代の終わりから二〇〇〇年代初期にかけてである。その当時から現在までに一〇年あまりの歳月が経過しているが、これらの書籍における主要テーマであった出版不況は終息するどころか、むしろ近年になってさらにその深刻さを増しているようにも見える。

図０・１は、一九五〇年代から二〇〇九年までにかけての、出版取次を経由して販売された書籍と雑誌をあわせた出版物の推定販売額と新刊書籍の刊行点数の推移をグラフとして示したものである。

図０・１の棒グラフに見るように、出版物の販売額は、名目的な金額に関する限りでは戦後ほぼ一貫して右肩上が

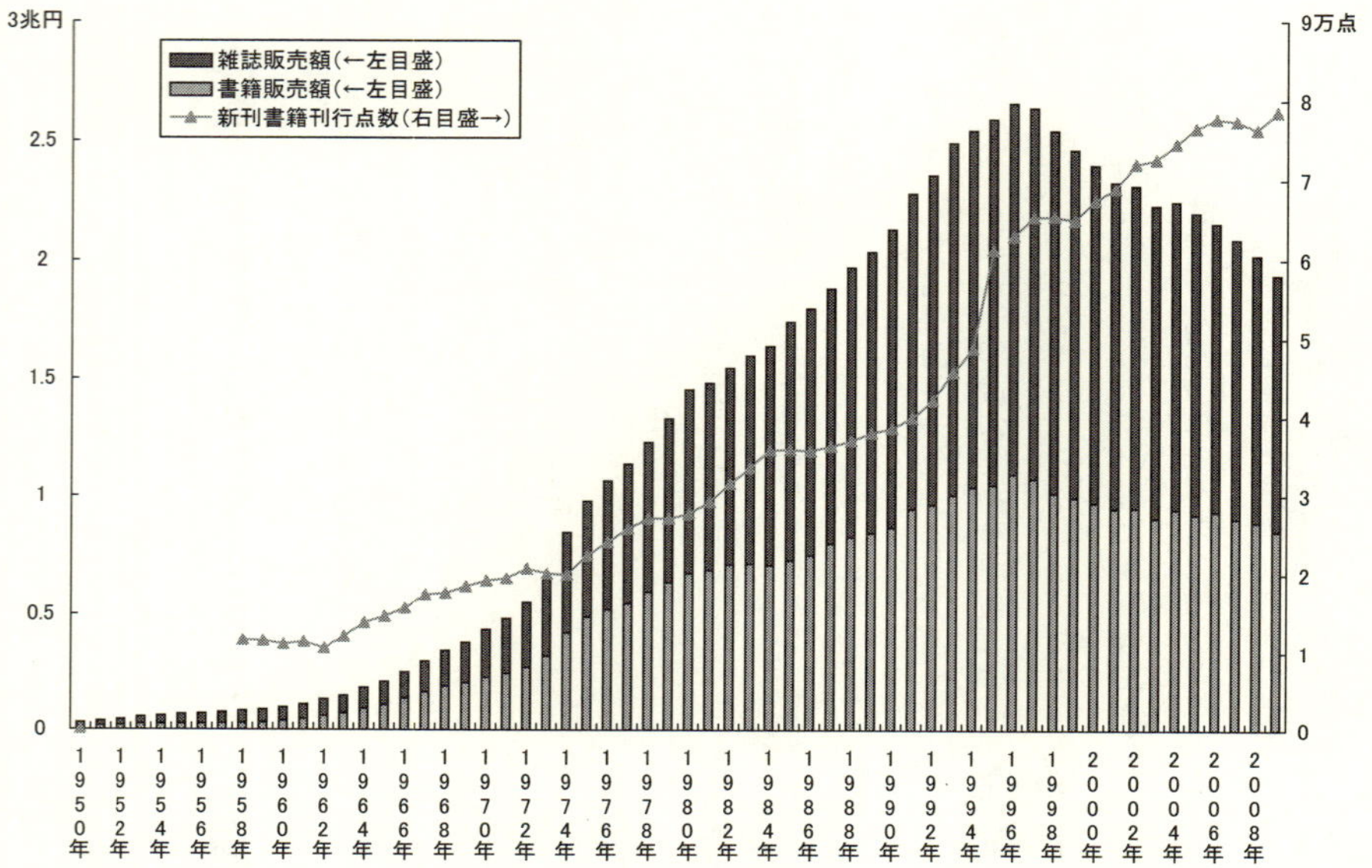

図0·1　出版物の推定販売額と新刊書籍刊行点数の推移

出所：全国出版協会・出版科学研究所『2010出版指標年報』のデータを元に作成

注１：上記資料は取次経由の出版物に関する推定値にもとづいており、出版社の直販などによる売り上げは含まれていない。（日本国内で刊行される出版物については、その7割前後が出版取次を介した流通経路で販売されていると言われる。）また雑誌の売上げ高には雑誌に掲載される広告宣伝費は含まれていない。（出版物の刊行点数や販売額の各種統計における集計方法の違いについては、日本出版学会編『白書出版産業 ── データとチャートで読む日本の出版』（文化通信社、2004）pp. 8-11参照）

注２：書籍の新刊点数の集計方法が1995年に改定されているため、1994年と同年との間の折れ線グラフの線は連続していない。

りの成長を示していた。しかし、一九九六年に総額でおよそ二兆六五六四億円に達した後は一転して下降傾向を示すようになり、二〇〇九年にはついに一兆九三五六億円と、二一年ぶりに二兆円を割り込むまでに至っている。[1]

二　出版事業者の経営危機

右にあげた出版物全体の販売額の減少に伴って、出版業界の主要事業者――「業界三者」あるいは「出版三者」と呼ばれる――である出版社・取次（流通業者）・書店の中には深刻な経営難に直面し、他社と統合したり廃業の危機を迎えたりしているところが少なくない。廃業による事業者数の減少が最も顕著な傾向となって現れているのは書店業界である。書店の廃業店数は、一九九〇年代後半から二〇〇三年にかけては毎年一〇〇〇店以上にものぼっており、二〇〇二年には一三〇〇店近くもの書店が廃業している。[2]書店の廃業のペースは二〇〇四年に入ってやや落ち着きを見せてはいるが、その後も、老舗書店を含めて一年に九〇〇店を超えるペースで廃業が続いている。こうして、一九八〇年代のピーク時には全国で二万数千店と言われていた書店の総数は二〇〇二年には二万店を割り込み、二〇一〇年五月時点では一万五三〇〇店前後にまで減少したと言われる。[3]事情は出版社の場合も同様であり、一九九〇年代後半からは、老舗の出版社が倒産したり他の出版社の傘下に入ったりする例が、かなりの頻度で見られるようになっている。また、二〇〇八年前後からは創刊後数十年の歴史を持つ月刊誌が相次いで休刊という事態を迎え、雑誌全体の販売部数も二〇〇九年に前年比で約七パーセント減と過去最大の下げ幅を記録している。[4]

表０・１は、このような、一九九〇年代後半以来の出版不況に伴って生じた出版界における主な出来事をリストアップしてみたものである。

この表に見るように、「出版危機本ブーム」の前後からは、ほぼ毎年のように出版関係企業の経営破綻や他社との

表0・1 「出版不況」関連の主な出来事

1998年	サイマル出版会（異文化研究や国際理解などに関する書籍を刊行してきた出版社）、廃業
1999年	中央公論社、読売新聞の子会社である中央公論新社として再出発 婦人画報社、アシェット社（仏）の日本法人となる
2000年	駸々堂書店（関西の老舗書店チェーン）、倒産 大手取次の日本出版販売（日販）、取引先書店の不良債権処理などで創業いらい初の赤字決算となる
2001年	鈴木書店（人文書系の中堅取次）、倒産
2002年	社会思想社、倒産
2003年	婦人生活社、倒産 書店チェーンのリブロ、日本出版販売の傘下に
2004年	青山ブックセンター、民事再生法の適用を申請。日本洋書販売の傘下に入る
2005年	丸善、産業再生法に基づく事業再構築計画が認定される
2006年	山と渓谷社、インプレスHDに買収されそのグループ企業となる
2007年	丸善、大日本印刷の子会社となる
2008年	草思社、民事再生法の適用を申請。後に、自費出版系の文芸社の子会社として再出発 日本洋書販売の倒産にともない、その子会社であった青山ブックセンター・流水書房がブックオフ・コーポレーションの傘下に入る 『論座』（朝日新聞社系の月刊オピニオン誌）休刊。『主婦の友』休刊
2009年	ジュンク堂書店、大日本印刷の傘下に。ジュンク堂書店は三年以内を目処に丸善との経営統合の協議を開始 『諸君』（文藝春秋社の月刊オピニオン誌）休刊
2010年	丸善と図書館流通センターが経営統合し、CHIグループ株式会社（大日本印刷の子会社）を設立

出所：『新文化』縮刷版1997年～2009年等にもとづき作成

統合を含む事業再編に関する出来事が見られる。中には、取次の日本出版販売が書店チェーンのリブロを傘下に収めたり（二〇〇〇年）、ジュンク堂書店や丸善が大手印刷会社の大日本印刷の子会社になったりしたケース（二〇〇七、二〇〇九年）のように、従来の業種の区分を越えた企業統合の例も見られるようになってきている。

そして、新聞や雑誌でこのような出来事についての報道がなされる際には「出版不況」が一種の枕詞のように添えられ、また図0・1のような図が掲載されることも少なくない。それもあって、今では「出版不況」は、比較的広い層の人びとにとってある意味でなじみのある言葉になってしまっている。(5)

三　ベストセラーと書店の賑わい

もっとも、表0・1にあげた一連の出来事に関する報道や「出版不況」という言葉それ自体から受ける印象と、われわれが書店を訪れた際に持つ印象とのあいだには、ある種のギャップがある。というのも、書店の光景からは、日本では依然として活発な出版活動がおこなわれているという印象を受けることが少なくないからである。

実際、出版不況と言われるようになって一〇年以上が経っているにもかかわらず、多くの書店の店頭には相変わらず新刊書が所せましと並べられている。特に「平積み」と呼ばれる、表紙を上向きにした陳列方式でうずたかく積み重ねられている何点もの新刊書は、それぞれに個性豊かな表紙で書店の賑わいを演出している。とりわけ活況を呈しているように見えるのは、文庫や新書の新刊の陳列スペースである。たとえば新書コーナーでは週替わり、あるいは日替わりと思えるほどのペースで新刊の顔ぶれが替わっている。また、その新書の中からは、『バカの壁』（養老孟司著・新潮社新書・二〇〇三年――同年に一九一万部、二〇〇五年までに四〇〇万部以上を刊行）や『国家の品格』（藤原正彦著・新潮社新書・二〇〇六年――同年に二一四万部）、『女性の品格』（坂東眞理子著・PHP新書・二〇〇七年――同年に二〇七万部）などのように、数百万部の売上げを示すベストセラーとなる例も出てきている。(6)

ベストセラーと言えば、二〇〇〇年から二〇〇八年までのあいだに全部で七巻が刊行され、新しい巻が発売される度に数百万部の売上げを示した児童書の『ハリー・ポッター』シリーズの売り出しの光景は、新聞やテレビなどでも大きく報道され、当時大きな話題を呼んでいた。ごく最近では、二〇〇九年から一〇年にかけて全三巻が刊行され、二〇一〇年四月段階で三巻あわせた発行部数が三〇〇万部を越える大ヒットとなった村上春樹の小説『1Q84』などのようなベストセラーも、書店の売上げと店頭における賑わいに大いに貢献している。

また日本の出版業界に見られる特異な現象の一つとしては、コミックの驚異的な売上げ部数があげられる。たとえば、『バガボンド』(井上雄彦作・講談社)や『ONE PIECE』(尾田栄一郎作・集英社)のように、新しい巻が刊行される度に数百万部の売上げを示し、累計で数千万部ないし一億部以上を販売しているなどの例もある。これらのベストセラーのコミックの場合も、その発売日からしばらくのあいだ、書店にうずたかく積まれて陳列されている。[7]

書店の光景だけでなく、さまざまな媒体を通して展開されている出版物に関する広告からも、旺盛な出版活動という印象を受けることが少なくない。たとえば、毎朝多くの家庭に届けられる新聞の一面には定期的に、書籍の場合には、サンヤツ(三段八割)と呼ばれる、新聞の横幅を八等分したスペースで、雑誌の場合には、サンムツ(三段六割)という六等分のスペースで広告が掲載されている。その新聞をめくれば、一点から数点の新刊書ないし雑誌の広告が、サンヤツやサンムツよりもさらに大きな紙面を占有して掲載されていることが少なくない。また都市圏では、現在でも頻繁に電車の中吊りポスターや車窓の上のスペースなどを使って書籍や雑誌の広告が掲示されている。

旺盛な出版活動という印象は、統計データからも裏付けられているように見える。たとえば図0・1の棒グラフからは一九九七年以来販売額が下降線をたどっていることが見て取れるが、一方、折れ線グラフの方は、書籍の新刊点数はそれ以降もほぼ一貫して増加傾向にあることを示している。その新刊点数は、二〇〇九年には七万八五五五点となっている。これを休日もあわせた年間の全日数で割ってみると、毎日実に二一五点以上もの新刊書が刊行されていたことになる。一九六〇年当時の新刊点数はおよそ年間一万一〇〇〇点前後であり、一日あたりにすれば三〇点前後にすぎなかったことを考えれば、実に七倍以上の増加ということになる。[8]

四　利益無き繁忙と「一輪車操業」

もっとも、各種の資料や報告書などを参考にしながらもう少し詳しく出版業界の状況について検討してみると、実は刊行点数の増加傾向と出版不況とは、同じコインの裏表のような関係にあることが明らかになってくる。つまり、出版社は、本の売上げが伸び悩んでいるにもかかわらず刊行点数を増やしているのではなく、むしろ売上げが伸び悩んでいるからこそ、刊行点数を増やさざるを得ない状況に追い込まれている場合が少なくないのである。

実際、いかに大量の書籍が刊行されていったとしても、書店の陳列スペースにはおのずから物理的な制約がある。また、書籍や雑誌の流通に関しては、ほとんどの場合について、書店の側から取次や出版社に対する返品が認められる、広い意味での「委託販売制」がとられている。[9] それもあって、大多数の書籍の場合、書店に陳列されるのは数週間ないし長くても数ヶ月程度であり、売れ残った分の大半は取次を介して出版社に返本（返品）されてゆくことになる。（中には、取次から書店に運ばれてきた段ボールがいったんは開梱されても、その中味がほとんど陳列されることなく返送されてしまう場合すらある。[10]）事実、過去一〇年間の返本率は金額ベースで平均して四割前後にものぼっているが、このような書籍流通・販売における著しい非効率性は、取次の経営の圧迫要因ともなってきた。書店や出版社にとっても、大量の返本は、それにかかる労力や在庫管理あるいは資金調達に関わるコストという点で非常に大きな経済的負担となってきた。

一方で、新刊点数の増加や返本率の高止まりは、本の商品寿命を極端に短いものにしていくことにつながってきた。そして多くの出版社では、既刊書の販売額の伸び悩みによる収入の落ち込みをカバーするために新刊の点数を増やしているが、それがさらに書籍一点あたりの販売部数の減少へと結びついている。つまり、刊行点数の増加と一点あたりの販売部数の減少は、相互に原因ともなり結果ともなって、一種の悪循環の様相を呈しているのである。[11]事実、新刊点数の拡大とは裏腹に書籍の出回り部数――新刊・重版・注文品の流通総量――は、一九九七年のピーク時に一五億冊となって以降は、ほぼ一貫して減少傾向を示しており、近年では一三億冊を割り込むことも珍しくなってきている。

つまり、先にあげた、短い期間に数十万部ないし数百万部が発行されてベストセラーとなる本は、一年に七万数千点のペースで刊行される大量の書籍のうちのほんのひと握りにすぎない、まさに「例外中の例外」なのである。実際、新刊書籍の平均的な刊行部数は五〇〇〇部以下であり、それもここ数年はさらに減少傾向にある。

こうしてみると、多くの出版社は、「売れるから、さらに新製品を作る」のではなく、「売れないからこそ、新製品を出し続ける」という状況に追い込まれているようにも思われる。これについては、多くの本が、今や日持ちのしない「生鮮食料品」のような性格を持つようになってしまったという指摘すらなされることがある。

この状況を指して、ある人文・社会科学系の中堅出版社――本書の第Ⅱ部における事例研究の対象となった出版社ではない――の編集者は、「一輪車操業」という喩えを使っている。これは、自転車操業という場合の自転車の場合には、ペダルを漕がなくても両足が地に着いてさえいれば少なくとも乗ったままでいることだけはできる。しかし、一輪車の場合には漕ぎ続けなければ座席《サドル》に乗り続けていることさえままならない、というところからきている。実際、その編集者が勤務する出版社では、既刊書の継続的な販売による安定した収入はほとんど期待できず、収入の大半を新刊書の売上げに依存しているのだという。また、彼は、出版界全体で見れば、新刊が増えていくことが悪循環をもたらしかねないことは十分に認識しているのだとする。しかし他社が刊行点数を増やしている以上、自社だけ新刊の点数を抑えてしまうと出版界全体の中で「埋没してしまう」のではないかという危惧もあって、「雑誌のようなペース」で定期的に本を出し続けてきたのだと語っている。[12]

五　出版不況と学術コミュニケーションの危機

出版不況は、出版業界の中でも「硬派出版」と呼ばれる、学術書や文芸書の出版を専門とするサブセクターにおいて特に深刻な事態となって現れている。また、学術的な内容を含む書籍の場合には、前節までで見たような傾向は、「出版不況」が盛んに指摘されるようになる以前の一九八〇年代から既に顕著な形で見られていたという指摘もある。たとえば、平凡社の出版部長であった瀧沢武や未来社社長の西谷能英によれば、一九八〇年代の後半には、書籍の初刷り部数は以前と比べて七割前後から五割程度にまで落ち込んでいたとされる。また、既刊書の売上げの減少に伴って、「既刊本の落ち込みをカバーするために新刊を作るような、本末転倒した現象」さえ起きており、「自転車操業的になっている」（西谷）のだという。[13]

同じように、当時東京大学出版会の専務理事であった石井和夫は、一九八四年の時点で既刊書の売上不振について、次のように述べている。

> 伝統的に硬い出版社、学術専門書店の財産といわれてきたバックリスト、既刊本の力が大幅に低下してしまった。重版がうんと減ってしまいました。（中略）重版と新刊の比率が六対四とか、七対三とか言われていたのが、最近ぐんぐん低下した。重版が少なくなったから、こういうのが目立ってきたことでしょう。（石井 1988：211）[14]

石井はまた、「定本」と呼ばれてきた既刊本の多くが「一年間に五百なり千部なりの需要を得る力」を失ってきた、とも語っている（石井 1988：213）。[15]

こうして現在では、かつては数千部を見込めたジャンルの専門的な出版物も、一〇〇〇部ないしそれ以下の部数で刊行されることも特に珍しいことではなくなってきている。また既刊書の売上げ不振もあいまって、再版や重版の決定はますます難しいものになりつつある。

この専門書の販売不振の背景については、これまで、以下にあげるようなさまざまな要因が指摘されてきた――学問分野の極端な細分化に伴う学術書一点あたりの読者数（購買者数）の減少、知識・情報の陳腐化速度の上昇に伴う情報媒体としての書籍の重要性の低下、教養主義の衰退を背景とする読者の大衆化、違法な文献複写の横行。これらはいずれも出版不況が広く言われるようになる以前から既に見られていた傾向であるが、一九九〇年代後半以来の出版不況は、この状況をさらに悪化させていると見ることができる。

「ツイギング（twigging）」ないし「ブランチング（branching）」（枝分かれ）などとも呼ばれる、

公的な出版助成は、本来、学術書とりわけ研究書と呼ばれる種類の、収益性の低い学術書の刊行を支える役割を担うべきものである。したがって、この未曾有の危機的状況にあって、その役割の重要性は一層増してくるはずのものであると言えよう。しかしながら、現実には、その公的助成は近年むしろ逆に減少傾向にある。特に、これまで高度な学術書の刊行を支えてきた科学研究費補助金・研究成果公開促進費のうち特に学術書の刊行に関わる学術図書助成は、二〇〇六年の七億円弱から二〇〇八年には三億七六〇〇万円へと半減に近い大幅な減額となっている[16]。同助成はその後二〇〇九年になって四億六三〇〇万円とやや持ち直してはいるものの、以前として二〇〇六年度の六割以下の水準に留まっている。

学術書は、研究成果の重要な発表媒体であるだけでなく、大学院および学部レベルにおける最も有効な教育手段の一つでもあり、また研究成果を広く社会一般に還元・公開していく上でも不可欠の媒体である。とりわけ、人文・社会科学系の学問領域においては、込み入った複雑な内容の議論を、一冊ないし数冊の書籍という形式で展開することによってしか、論理の筋を構築し、確かな実証的根拠を示し、また広く伝達することのできない学術的な知がきわめて重要な意味を持っている。さらに、学術書の刊行の機会が閉ざされることによって、新しい世代の研究者の育成やそのキャリア形成にとって深刻な事態が引き起こされる可能性がある。

つまり、学術書の刊行が困難になっているということは、出版社、取次、書店など出版事業者の経営にとっての重大な危機を意味するだけでなく、研究者や学術界、大学界、そしてまたそれを取り巻く社会全体を含む、学術コミュニケーションそれ自体にとっても、その存立基盤を揺るがす深刻な事態を引き起こしかねないのである。

六　出版社における刊行意思決定をめぐる問題――ゲートキーパーとしての出版社

学術出版の危機が学術コミュニケーションのあり方との関連で取り上げられる場合には、もっぱら刊行機会の減少、つまり「硬い（堅い）本が出しにくくなった」という問題が強調される傾向がある。たとえば、科学研究費補助金・研究成果公開促進費の削減に関する問題が議論される場合には、まさにそのような文脈で語られることが多い。同じように、老舗の硬派系出版社の経営難や経営破綻が取り上げられる際には、しばしばその出版社が主として刊行してきたジャンルの書籍の刊行機会が閉ざされてしまうことに関する懸念が表明される。

もっとも、先にあげた人文・社会科学系の出版社の編集者による「一輪車操業」についての発言や未来社社長の西谷の発言からも示唆されるように、実際には、既刊書の売上げ不振を背景としてむしろ新刊点数が増加している出版社も少なくない。事実、書籍の新刊点数についてまとめた統計資料を見ると、たとえば社会科学に分類される書籍については、一九九七年に約一万二八〇〇点であったものが、二〇〇九年には一万六〇四〇点と、一二年間のあいだに二割以上の増加となっている。これをさらに判型別で見ると、A５判――研究書や大きめの教科書について採用されることが多い――の書籍の刊行点数は、五二四二点から七五七七点へと四割以上の増加を示している。この傾向がさらに顕著であると思われるのが、文庫および新書サイズで刊行される新刊書である。統計資料を見ると、社会科学系の文庫の新刊は一九九七年には二五三点であったものが二〇〇九年には四七四点、新書サイズの新刊も四三四点から八一〇点へと、それぞれ二倍に迫る伸び率を示している。(17)

つまり少し皮肉なことではあるが、出版不況に伴って新刊依存の傾向が強まることによって、場合によってはむしろ逆に、「硬い本」が出しやすくなっている面もあると考えられるのである。

もっとも、当然のことながら、出版不況のようなマクロレベルの環境変化が学術コミュニケーションのあり方に対してもたらす影響について解明していこうとする際には、刊行点数の増減を取り上げるだけでは決して十分ではない。実際、ひとくくりに「学術書」とは言っても、主たる読者層として研究者を想定し、またオリジナルな研究成果を盛り込んだ専門的な研究書の場合と、教養書のようにヨリ広い層の読者層を想定することが多い書物の場合とでは、学術コミュニケーションにおいて果たす役割という点に関して明白な違いがある。したがって、学術出版の動向と学術コミュニケーションのあり方との関係について明らかにしていく際には、さまざまなタイプの書籍の出版動向に見られる違いやその背景にまで踏み込んで検討していく必要がある。

これに加えて、〈刊行機会の拡大や縮小と、学術コミュニケーションの質やレベルをめぐる問題とのあいだにはどのような関連があるのか〉という点に関する分析も必要になってくるだろう。実際、先にあげた出版社の場合のように書籍が「雑誌のようなペース」で刊行されているような場合には、出版社やその編集者にとっては、一つひとつの刊行企画について慎重に吟味したり、原稿に対して丹念な編集作業をおこなったりする余裕も時間も無くなってしまう可能性がある。もし実際にそのような状況が比較的広い範囲で存在するのだとしたら、右にあげた学術書の刊行点数の増加傾向は、玉石混淆の内容を含む学術書が量産されてきた可能性を示唆するものだと言えよう。

ここできわめて重要な検討課題として浮かび上がってくるのは、出版社における刊行意思決定プロセスに関する分析、すなわち、出版社という組織において〈誰がどのような形で書籍の出版に関する決定をおこなっているのか〉という点についての分析をおこなっていくことである。それと同時に、出版社が〈どのような種類の本を、どのような意図にもとづいて、どのような形で組み合わせて刊行しているのか〉という問題に関する検討も必要になってくるだろう。というのも、比較的よく知られているように、学術出版社と呼ばれる出版社ではあっても、必ずしも「堅い本」の典型である高度な研究書だけを刊行しているわけではないからである。むしろ、多くの出版社の刊行ラインナップは、研究書と教科書あるいはそれに加えて教養書などを組み合わせた複線的なものになっている。また、それらの出版社では、さまざまなタイプの書籍を組み合わせた「製品ポートフォリオ」を構築することによって、学術出版社に対する社会的期待に応えていく一方で、一個の企業組織としてその経営を成り立たせていると考えることができる。出版不況をはじめとするマクロな環境条件における変化は、このような意味での出版社の製品ポートフォリオ戦略ないし製品ミックス戦略に対しても、相当程度の影響を与えていくに違いない。

そして、右にあげたいくつかの課題について検討していく上では、出版社を対象とする事例研究をおこなっていくことが、どうしても必要になるだろう。というのも、詳細な事例研究は、先に見たような統計データからだけでは見通すことができない、具体的な組織過程を明らかにしていく上できわめて有効なアプローチだからである。

七　本書の構成

本書では、以上のような問題認識にもとづいて、学術出版社における刊行意思決定プロセスに焦点をあて、これを、①編集企画の立案から最終的な刊行にいたるまでのプロセスの詳細、そしてまた、②異なるタイプの書籍の組み合わせからなる刊行ラインナップの構成とその背景、という二つの角度から明らかにしていくことを目指す。これはとりもなおさず、学術的知や情報に関する選別者としての出版社の役割、すなわち出版社が、社会学や社会心理学で言うところの「ゲートキーパー」として果たしてきた役割について分析していくことにほかならない。

本書は全体で四部構成をとり、序章である本章を含めて全一一章からなる。第Ⅰ部（第1章）では、まず、右にあげた「ゲートキーパー」に加えて「複合ポートフォリオ戦略」「組織アイデンティティ」という三つのキーコンセプトについて解説を加えていく。

「複合ポートフォリオ戦略」は、学術出版社が研究書・教科書・教養書などのさまざまなタイプの書籍を刊行することによって経済的な利益を確保しようとするだけでなく、自社の威信や名声あるいは著者との人脈的つながりといった非経済的な利害関心を追求していく上での基本的な組織戦略を指す。そして、ある出版社がどのようなポートフォリオ戦略を採用しているかは、その出版社のメンバーが自社についてどのような集合的なレベルでの自己規定をおこなっており、また、著者や取引先に対してどのような組織としての「顔」を呈示しているか、という点に依存するところが大きいだろう。第Ⅰ部では、この点について「組織アイデンティティ」という概念を援用して分析をおこなっていく。

右にあげた三つのキーコンセプトを手がかりとして学術出版社における刊行意思決定プロセスについて検討していく上での基本的なアプローチとして、われわれは、事例研究を採用した。これは、とりもなおさず、複合的なポートフォリオあるいは組織アイデンティティをめぐる問題を切り口にして出版社のゲートキーパーとしての役割を検討した先行研究が、皆無に等しいからにほかならない。また、刊行意思決定に関わる組織過程のような、実務上の具体的な手続きやプロセスについて明らかにしようとする際には、事例研究は最適の方法であるとも言える。第Ⅱ部（第2章～5章）では、このような視点にもとづいておこなわれた事例研究の結果について報告する。

ここでは、オーナーが大半の業務を一人でこなしている「ひとり出版社」、社員数一〇数名の中堅出版社、大手の学術出版社、日本における代表的な大学出版部という、きわめて対照的な性格を持つ四社の事例を相互に比較しながら見ていくことによって、出版社が学術的知のゲートキーパーとして果たしてきた役割を、その具体的な組織過程に焦点をあてながら検討していく。その事例研究の結果は、四社が組織サイズや年間の刊行点数など多くの点で対照的な性格を持っているにもかかわらず、刊行企画のゲートキーピングに際して編集者が大幅な裁量権を持っている、という点に関しては共通する面が少なくないということを示している。一方で、四社を相互に比較してみると、そのあいだには、編集者の裁量性の幅や刊行ラインナップの特徴など、いくつかの点について顕著な違いを見いだすことができる。さらに、それぞれの出版社の歴史的変遷についての検討からは、同一の出版社ではあっても、時期によって、これらの点をめぐるさまざまな面での変化が見られることが明らかになってくる。第Ⅱ部の各章では、これらの点について、四社間に見られる組織アイデンティティの違いやそれぞれの出版社における組織アイデンティティの変遷という問題を中心にして見ていく。

第Ⅲ部（第6章〜8章）は、理論編である。ここでは第Ⅱ部とは逆に、事例研究の知見をふまえた上で、第1章で提示した三つのキーコンセプトについて再検討をおこなっていく。その分析概念に関する再検討の目的は、それらの概念を今後の研究にとってより有効な分析ツールとして鍛え上げていくことにある。

第Ⅳ部（第9章・10章）では、第Ⅱ部と第Ⅲ部における検討の結果をふまえて、分析の対象を個々の出版社の組織から、学術書の刊行に関わる、出版界・学術界・大学界などを含むさまざまな社会的世界の交錯する場にまで広げ、またそれを「文化生産のエコロジー（生態系）」という視点から包括的にとらえていく際の分析フレームについて模索していく。

ここではまず一九九〇年代末から顕著になった教養新書ブームを一つの手がかりにして、学術書の刊行をめぐる文化生産のエコロジーの日本的特徴を明らかにする。ついで第9章の後半では、学術書の刊行に関して、ある意味で日本とは対照的なゲートキーピングのシステムを持つ米国の事例について、「ピアレビュー（同じ分野の研究者による査読）」が学術書の品質保証という点で担ってきた役割を中心にして見ていく。それによって、日本における学術書をめぐる文化生産のエコロジーの特徴を別の角度から浮き彫りにしていく。最後に第10章では、米国と英国における学術出版と関係の深い制度変化の事例を取り上げて、文化生産の変容過程について分析していく際の手がかりを求めていく。

第I部　キーコンセプト

――ゲートキーパー・複合ポートフォリオ戦略・組織アイデンティティ

序章でも述べたように、本書の主たる目標は、学術コミュニケーションにおけるゲートキーパーとして出版社が果たしてきた役割について、特に出版社における刊行意思決定プロセスに着目して明らかにしていくことにある。その際に重要な検討事項として浮かび上がってくるのは、出版という事業における商業性と文化性の葛藤という問題であり、また、実際に書籍の編集作業をおこなう担当者の裁量権と組織全体の業務プロセスとのあいだの調整をめぐる問題である。本書では、これらの問題について「ゲートキーパー」、「複合ポートフォリオ戦略」「組織アイデンティティ」という三つのキーコンセプトを用いて分析をおこなっていく。第1章では、これらのキーコンセプトについて解説を加えた上で、二つのリサーチ・クエスチョンを提示する。

「ゲートキーパー」というのは、一般に極端な供給過多の状況にあることが多いさまざまな文化生産の領域（音楽、美術、映画、出版等）で、特定の文化生産者や作品・サービスを選りすぐって市場に送り出す役割を果たす集団や組織あるいは個人のことを指す。本書では、特に、学術出版社が学術的知や情報のゲートキーパー（門衛）として果たしてきた役割に着目していく。

出版社が自ら知のゲートキーパーとしての役割を引き受けていく背景には、組織としてのさまざまな利害関心があるものと考えられる。本書では「複合ポートフォリオ戦略」という用語を用いて、学術出版社が研究書・教科書・教養書など、さまざまなタイプの書籍を刊行することによって経済的な利益を確保しようとするだけでなく、自社の威信や名声あるいは著者との人脈的つながりといった非経済的な利害関心を追求していく上での基本的な組織戦略について検討していく。このような組織戦略の分析においては、〈出版社が実際にそれら異なるタイプの経済的なあるいは非経済的な「資本」を、どのように組み合わせ、またどのような形で投資・回収・再投資しようとしているのか〉という点をめぐる問題が基本的なリサーチ・クエスチョンとなってくる。

そして、ある出版社がどのようなポートフォリオ戦略を採用しているかは、その出版社のメンバーが、自社について集合的なレベルでどのような自己規定をおこなっており、また、著者や取引先に対してどのような組織としての

「顔」を呈示しているか、という点に依存するところが大きいだろう。本書では、この点について「組織アイデンティティ」という概念を援用して、特に次のような問題に焦点を置いて分析を進めていく――〈出版社が持つ、文化事業体・営利企業・職人集団・官僚制的組織という四つの顔と、それぞれの出版社における学術的知に関するゲートキーピングとのあいだにはどのような関係があるか〉。これが、本書における二つめの基本的なリサーチ・クエスチョンとなる。

第1章　知のゲートキーパーとしての出版社

一　文化産業と「ゲートキーパー」（キーコンセプト①）

（一）　演奏家になれるのは三パーセントだけ？——労働市場における需給のアンバランス

次のような記事が、某経済誌に掲載されたことがある。

総合大学の音楽科を含む音大卒業生は年間約六五〇〇人（うち首都圏約二五〇〇人）。そのうち演奏家になれるのは約二〇〇人、わずか三パーセントにすぎない。（中略）オーケストラに入ろうと思っても、欠員が出るまで何年も待たされるのは当たり前。ソロ演奏家になろうにも、世界的な賞を受賞するなどして知名度を上げなければ、活躍の場も得にくい。(1)

言うまでもなく、音楽大学や音楽科の在校生のすべてがプロの演奏家を目指して大学に入学しているわけではない。また、音楽関係の大学や学科に設けられている専攻課程には、そもそもプロの演奏家の育成を目的としたものだけでなく、たとえば教員養成や音楽学の専門家の育成を主眼とするものなどがある。その点からすれば、右の記事には――たとえあげられている数字がある程度信頼のおけるものであったとしても[2]――明らかに少なからぬ誇張がある。もっとも、日本の場合に限らず、プロの音楽家を目指している者の中で、実際に演奏家としての収入だけで生計を営むことのできるのは、ほんのひと握りにすぎないことは紛れもない事実である。

また同様の傾向が、音楽の場合に限らず、美術・演劇・舞踊・映画などさまざまなジャンルの芸術で見られることはよく知られており、海外には、それに関する比較的信頼できる統計データも少なくない。たとえば米国における調査では、俳優組合の加入者の場合であっても、俳優業だけで生計を維持できているのは三五パーセント程度にしか過ぎず、非組合員の場合にはそれが一三パーセント前後であったという(佐藤 1999：355)[3]。同じように、一九八〇年代にニューイングランド地方に在住する三〇〇〇人のアーティストを対象にしておこなわれた質問票サーベイによれば、対象者のうち他の職業を持たず芸術活動を専業としていた者は二四パーセントにすぎなかったとされる(Caves 2001：79)[4]。

芸術家の場合に限らず、文化産業の多くの領域においては、通常、社会全体で提供されている専門家としての仕事の数をはるかに超える数の人びとがプロとしての職業キャリアを目指している。つまり、文化産業の場合、その労働市場における需要と供給とのあいだには、極端なアンバランスが見られることが少なくないのである。

したがって、文化産業の世界でプロとしての道を歩もうとする場合には、人生のさまざまな局面で人びとの前に立ちはだかる関門の中でもとりわけ過酷な、「狭き門」とでも言える選別プロセスをくぐり抜けていかなければならない。また厳しい関門を通り抜けて首尾よくプロになれたとしても、そのプロが産出する文化生産物やサービスのすべてが消費者のもとに届けられるわけではない。たとえば、「ボツ」になる原稿もあれば、作品としては一応完成したものの「お蔵入り」になってしまうＣＤや映画もある。また、期待したほどの売上げを示さずに、そのほとんどが返品されて倉庫の中にしまい込まれたり、最終的に廃棄されたりしてしまう例も多い。実際、われわれが読者や聴衆としてふれることができる作品は、世の中で生み出される膨大な量にのぼる文化生産物のうちでも、そのごく一部にすぎない。つまり、文化産業の場合には、労働市場だけでなく、製品やサービスの市場における需要と供給という点でも、極端なアンバランスが存在しているのである。

(二)「ゲートキーパー」

多くの文化生産のジャンルでは、このような、需要と供給のあいだに存在する不均衡を調整する役割を果たす人びとや組織が存在する。それらの人びとや組織が担っている重要な機能の一つは、膨大な志願者からごく少数の者を選び出し、また、それらの人びとが生み出す作品やサービスの中から特定のものを選りすぐって市場に送り出していくことにある。

そのような、文化生産における関門を取り仕切る役割を担う集団や組織あるいは個人のことを、社会学や社会心理学の分野では、「ゲートキーパー（門衛、門番）」と呼ぶことが多い[(5)]。たとえば美術という芸術ジャンルの例で言えば、画廊や美術評論家が、アーティストやその作品を選り分ける第一段階のゲートキーパーとしての役割を果たすことが多い。ポピュラー音楽の場合には、レコード会社や芸能事務所などが同じような役割を果たしてきたことはよく知られている。

文化の生産と消費とのあいだには、この他にも、さまざまなタイプのゲートキーパーが介在している場合が多い。これについて、音楽ＣＤを例にとって考えてみよう。

音楽ＣＤに含まれる楽曲の第一次的な生産者《クリエーター》である作詞・作曲家あるいはそれを演奏したミュージシャンにとっては、通常はまず、音楽事務所ないし芸能プロダクションが最初の関門になる。それに続く、その楽曲のレコーディングやCDという形でのパッケージングの過程においては、レコード会社およびそのプロデューサーがゲートキーパーとなる。また、そのCDに収められた曲が広く知られるためには、評論家、ディスクジョッキー、ラジオ局やテレビ局のプロデューサーなど、メディア界におけるゲートキーパーが重要な役割を果たすことになる。さらに、CDの卸売業者やレコード店の担当者も、流通経路におけるゲートキーパーとしての役割を担っていると言えるだろう。

このCDの例のように、文化生産物がその享受者や消費者に届けられるまでには、何人ものゲートキーパーが介在している場合が少なくない。言葉を換えて言えば、文化生産物は、何段階もの「フィルター」を通して選別された上で最終的に消費者のもとへ届けられていくものなのである（Hirsch 1972：Griswold 1994：72–74）[6]。

二　学術知のゲートキーパーとしての出版社

（一）　ゲートキーパーとしての出版社

いま読者が手にしているこの本についても、同様の点が指摘できる。つまり、この本の共著者であるわれわれ三名が書いた原稿が一冊の書籍の形にまとめられて出版物の流通ルートに乗り、こうして読者の目にふれるまでには、実に多くの組織や人びとが、ゲートキーパーとして介在しているのである。

たとえば、われわれの書いた原稿は、主として、この本の版元である新曜社における編集担当者の一人でもある塩浦暲社長の判断にもとづいて、書籍としての刊行が決定されている。それに続く書籍の流通段階では、出版取次や書店の担当者が重要なゲートキーパーとなっている。実際、それらの人びとが、この本をどのような形で「配本」し、またどれだけの期間書棚に陳列するかによって、読者の目にとまる可能性は大きく左右されていく。また、この本が図書館に収納されている場合は、図書館の購入・受け入れ担当者や司書がゲートキーパーとして重要な役割を果たしていることになる。

さらに、もしかしたら、以上の流通過程におけるゲートキーパーの判断においては、この本が（幸運にも）新聞や雑誌の書評に取り上げられたとすると、その事実が大きな意味を持っていたのかもしれない。序章でも述べたように、現在では、毎日二〇〇点以上もの新刊書が刊行されている。そのうち新聞や雑誌など印刷媒体の書評で取り上げられる本は、一パーセントにも満たないと考えられる。その意味でも、書評の著者はきわめて重要なゲートキーパーであると言える。また、（本書の分量や性格からしてほとんどあり得ない事態ではあろうが）もしこの本が大学や短大等で教科書として使われている場合には、読者である学生ないし受講生が本書を手にするまでには、その授業を担当する講師がゲートキーパーとしての役割を担っていることになる。

本書では、このように、書籍を主要な媒体としておこなわれる学術コミュニケーションに関与する、さまざまな種類のゲートキーパーの中でも、特に出版社がゲートキーパーとして果たしてきた役割に焦点を絞って検討を進めていく。これは何よりも、出版社が、書籍を介した学術コミュニケーションの起点におけるゲートキーパーになっているからにほかならない。実際、同じ学術コミュニケーションとは言っても、学術ジャーナルに掲載される論文の場合には、通常、編集委員会や査読者が第一段階のゲートキーパーになる。これに対して、学術書の場合には、出版社とその編集者が最初のゲートキーパーとなることが多い。

また、本書の主たる分析対象である人文・社会科学系の多くの領域については、自然科学あるいは心理学や経済学のような、いわゆる「ハードサイエンス」的な社会科学の領域とは違って、学術雑誌に掲載される比較的短い論文ではなく、数百ページを費やして語られるストーリーの形でしか伝えることができない内容の持つ情報が大きな意味を持つ場合が少なくない。また実際に、これらの学問領域では、さまざまなタイプの出版社から刊行された一冊の書籍ないし数点の学術書のシリーズが学問全体の流れを変えていくほどの大きな影響を与えていった例が多く見られる。

この点もまた、本書において出版社がゲートキーパーとして果たしてきた役割に対して焦点をあてていく主な理由の一つである。

（二）　出版社が負うことになる社会的期待と責任

ここで改めて確認しておきたいのは、学術書の「メーカー」として、その品質管理《クオリティ・コントロール》および新しい学術的な発想や人材の発掘などに関して社会的な期待と責任を負っている、という事実である。実際、ゲートキーパーとしての出版社に対して期待されているのは「目利き」としての役割であり、また、学術情報に関する一種の交通整理役ないし「フィルター」としての役割である。

しかし、学術出版社は、必ずしも常にこの社会的役割を十分に果たし得るわけではない。それどころか、さまざまな事情によってすぐれた企画や人材の発掘の機会をみすみす見逃してしまうことがある。またその逆に、その質や内容という点で問題を含む書籍を世に送り出してしまうことも少なくない。

後者の典型的な例としては、たとえば、出版社が資金繰りなどのために新刊書を量産する必要に迫られている場合などがあげられる。実際、ゲートキーパーが品質管理の担当者としての責任を十分に果たし得るのは、本来、文化生産物の原材料（原稿や企画）に対する需要に比べてその供給が上回っている場合である。そのような状況があってこそはじめて、ゲートキーパーである出版社や編集者は、多数の「玉石混淆」の候補の中から、「玉＝宝石」のような原稿を選び出し、またそれに磨きをかけることができるのである。それとは対照的に、出版社側で必要としている原稿の本数が、実際に供給される、すぐれた可能性を持つ原稿の数をはるかに上回っている場合は、どうであろうか。その場合は、スクリーニング（篩い分け）のプロセスはどうしても粗いものになってしまうに違いない。

もっとも、多数の原稿や企画が出版社に持ち込まれ、またそのうちの少なからぬ部分が非常にすぐれたものではあったとしても、持ち込まれる原稿の本数や企画の点数があまりにも多い場合には、スクリーニングの精度という点で問題が生じることがある。というのも、そのような場合には、編集者が、原稿や企画の選定をおこなうために十分な時間や労力を投入することができなくなってしまう可能性があるからである。

特に学術書の原稿に関しては、それを読みこなして内容の全体的な質やオリジナリティを判断するのには、相当程度の時間や手間がかかることが多い。さらに、多数の原稿の中から、従来の定説を打ち破るような革新的な内容を含む原稿を見つけ出し、さらにその学術的価値と収益性のバランスを見極めるのは至難のわざであることも少なくない。したがって、持ち込まれる原稿の数があまりにも多い場合には、企画や原稿の選定に関わる編集担当者が、磨けば「玉」（素晴らしい作品）になるはずの刊行企画をみすみす見逃してしまうこともあり得る。事実、学術出版のケースに限らず、出版界には「逃してしまった大魚」についてのエピソードは数限りなく存在する。(7)

もっとも、逃した「魚」が大物であったことが判明するのは、一方で最終的にその書籍の刊行を引き受けた出版社があったからこそである。(8) 実際、出版社の中には、他社が刊行をためらうような書籍の刊行に伴うリスクをあえて引き受け、その後も継続してその著者が執筆した著書を刊行していくことによって、最終的に学術研究における新たな潮流を引き起こしていった例も少なくない。そのような場合、その出版社は単なる仕分け役という意味でのゲートキーパーというよりは、むしろ「パトロン」ないし「プロデューサー」としての役割を果たしていたことになる。

三　組織的意思決定としての刊行企画の決定

学術出版の場合に限らず、一般に出版物の品質管理や新しいアイディアのプロデュースという点できわめて重要な社会的機能を担っている出版社においては、実際にどのようにして刊行すべき書籍が決められているのだろうか？

このような問いに対する答えを求めて出版関連の文献にあたってみると、その手がかりを含んでいると思われる文献の中でも数の上で最も多いのは、名編集者や傑出した出版社の経営者の自伝や評伝であることがわかる。(9) そして、それらの文献では、しばしば書籍のゲートキーピングにあたる人物のカリスマ的な才能と個性がクローズアップされている。つまり、それらの評伝においては、個々の編集者や出版社の創業者などが、いかにすぐれた「目利き」ないし「名伯楽」(10) であったか、という点が強調されるのである。特に焦点があてられるのは、その目利きである出版人が、いかにして新たな才能をいち早く見いだして育て、あるいは埋もれかけていた才能を掘り起こしていったか、というような点である。言葉を換えて言えば、それらの評伝や自伝に最もしばしば見いだされるテーマは、〈天才的なクリエーター（作家・詩人等）と並外れた鑑識眼を持つゲートキーパー（出版人）の出会い〉というものなのである。そして、その出会いはしばしばきわめてドラマチックであり、ある意味では奇蹟的なものとして描かれることになる。

もっとも、少し考えてみただけでも明らかになることではあるが、それらの評伝やエピソードで語られる傑出した出版人の場合も含めて、書籍の刊行意思決定にあたる編集担当者の多くは、特定の出版社に所属する、企業組織の一員である。実際、個々の編集者がいかにすぐれた目利きであろうとも、彼ないし彼女の一存だけで書籍を刊行できるわけではない。また、彼らの多くは、自らの個人資産を使って書籍を刊行するわけでもない。彼ないし彼女は、通常の場合、企業組織の一メンバーとして、その企業が保有する資源（資金、営業部・経理部・総務部等によるサポート、取引先との信頼関係等）を利用できるからこそ、刊行の可否に関わる決定も含めて書籍の出版にあたって重要な役割を果たすことができるのである。したがって、その刊行意思決定にあたっては、上司や部下、他の部局、あるいは経営者との調整が必要になる場合が多い。すぐ後で見るように、多くの学術出版社に見られる刊行意思決定における顕著な特徴の一つは、編集者に対して大幅な裁量権が与えられているところにある。しかし、右のような点を考え合わせてみれば、編集者ではあっても、組織の一員としての認識とそれにもとづく行動が要求される場合が少なくないことは容易に想像できる。

同様の点は、出版社の経営者が、自社で刊行すべき書籍について強大な権限を持っている場合についても指摘できる。実際、たとえワンマン的な経営者であろうとも、通常は、自社がそれまで築き上げてきた刊行ラインナップの特色や性格に対して細心の注意を払わざるを得ないことが多い。また、当然のことながら、採算を重視する経済的事業として出版業を営む場合には、企業組織全体でおこなわれるさまざまな業務の調整や部局間の調整に配慮していく必要が生じることになる。

こうしてみると、出版社がゲートキーパーとして果たしてきた役割について検討していく際には、「組織的意思決定」、すなわち組織というものを基本的な単位とする意思決定プロセスに焦点をあてていくことが、どうしても必要な作業となることが明らかになる。以上のような点をふまえた上で、本書では、出版社が知のゲートキーパーとして果たしてきた役割について、特に次の問いを中心にして検討していくことにする。

出版社はどのようにして、全体的な刊行ラインナップの構成や個々の書籍の刊行に関わる意思決定を、組織としておこなっているのか?

われわれは、右の問いに対する答えを探っていく上で、「複合ポートフォリオ戦略」と「組織アイデンティティ」という、相互に密接な関連を持つ二つの概念がきわめて有効な手がかりを提供すると考えている。

四　「複合ポートフォリオ戦略」（キーコンセプト②）

（一）「文化 対 商業」のディレンマ

出版社におけるゲートキーピングを〈書籍のラインナップと個々の書籍の刊行に関わる組織的意思決定プロセス〉という観点からとらえていく際に、ただちに重要な問題として浮かび上がってくるのは、出版社の企業体としての性格であり、また、学術出版それ自体が持つ経済・商業活動としての側面である。

大学や研究所から刊行される紀要や日本国内で刊行されている多くの学術ジャーナルなどの場合とは異なり、学術出版社の経営は、何らかの補助金や会費収入のみによって成立しているわけではない。出版社は、通常の場合、主として書籍やその他の出版物の販売収入によって組織それ自体を維持し、同時に従業員の生計を支えている。また、その出版活動をさらに充実したものにしていこうとする際には、企業活動を通して一定以上の利潤を獲得していかなければならない。つまり学術出版社は、その出版活動を、資本主義社会における経済事業として成立させていかなければならないのである。

もっともその一方で、学術出版社や一般に「硬派出版社」と呼ばれる版元の多くは、出版活動を経済事業というよりは、むしろ一種の文化的事業として営むことを自ら標榜し、またそれが社会的にも期待されてきた。この点に関して最もよく引用されるものの一つに、岩波文庫の巻末にある「読書子に寄す」という文章がある。（「読書子に寄す」には岩波茂雄（岩波書店の創業者）の署名がある。しかし、この文章は、実際には、岩波文庫が一九二七（昭和二）年に創刊されるにあたって三木清（昭和初期に活躍した代表的な哲学者の一人）が書いた草稿に岩波が手を加えたものである。[11]）

この文章では、「生命ある不朽の書」を一般に普及させることが目標に掲げられ、それが「その性質上経済的には最も困難多き」ものであるが、あえてそれを目指すことが宣言されている。同じように、岩波新書の巻末に掲げられた「岩波新書創刊五十年、新版の発足に際して」(一九八八年)には、「豊かにして勁い人間性に基づく文化の創出」が、岩波新書が一貫して目標としてきたことであるとされている。文化的使命を強調した、同じような趣旨の、一種のミッション・ステートメントは、現在、多くの学術出版社の図書目録やウェブサイトなどに認めることができる。

このように、「硬派系」とされる出版社が、一方では経済的利益の確保を目指しながらも、他方では文化的使命の追求を期待されていることから生じてくるのが、いわゆる「文化と商業」のあいだの対立ないし葛藤である。[12] これは言うまでもなく、主として学術書の学術的価値と採算性とが両立しがたいことによる。もちろん、学術書の中には内容の専門性にもかかわらず、比較的短かい期間に数万部の売上げを達成するものもある。しかし、それは非常に稀な、例外中の例外に過ぎない。多くの研究書は、最終的な刊行部数自体が数千部に達すればまだ多い方であり、現実には、最終的な刊行部数が数百部といった例も珍しくはない。学術書のメーカーである出版社の経営者と従業員は、このように、採算割れすることも珍しくない種類の書籍を主たる製品として製造・販売しながら、一方で自社を企業体として維持していかなければならないのである。

(二) 刊行ラインナップとさまざまな「資本」の組み合わせ

学術出版社は、商業性と文化性とのあいだに存在する葛藤に対処するために、異なる種類の刊行物の組み合わせからなる「製品ポートフォリオ」を構成している場合が少なくない。これについて、一九六二年から七五年まで東京大学出版会の専務理事をつとめていた箕輪成男は、端的に、「学術書の中にも損する一次文献と、儲かる教科書、解説書の両方があるから、適当にそのバランスをとることで学術出版社は生き延びている」としている(箕輪 1983a : 201-

202)[13]。同じように、東海大学出版会の中陣隆夫は、「学術出版社は、教科書で飯を食い、売れない専門書で名誉を堅持している」とする（中陣 1996：32）[14]。

実際、学術出版社の図書目録に目を通してみると、たいていの場合、高度な専門書に加えて教科書や教養書等がその刊行ラインナップに含まれていることがわかる。欧米の出版界では、このような刊行ラインの組み合わせのことを「タイトル・ミックス」と呼ぶことが多い。これは、一般には「製品ミックス（product mix）」と呼ばれる製品戦略にあたる。実際、学術出版社におけるタイトル・ミックスの分析に関しては、一般企業で採用されている製品ミックス戦略についての知見が参考になる部分が少なくない。

もっとも、学術出版社が採用してきた製品戦略について一般企業の経営戦略についての知見をもとにして理解しようとする際には、一点注意しておかなければならないポイントがある。それは、通常「製品ポートフォリオ」ないし「製品ミックス」という場合には、もっぱら経済的資産の維持や蓄積が中心的な関心事となっている、という点である。それに対して、学術出版社のタイトル・ミックスに関しては、純然たる経済的資産だけでなく、非経済的な性格の強い資産の蓄積や運用がきわめて重要な意味を持っている場合が少なくない。これは、とりもなおさず、学術書は、通常の「商品」としてだけでなく、同時に、象徴的な価値を担う「作品」としての性格を持っているからにほかならない。

たとえば、右に引用した発言の中で、中陣は、学術出版社は、採算性の低い専門書を「名誉」を堅持するために刊行しているという点について述べている。同じように、米国の社会学者ウォルター・パウエルは、米国の学術出版社に関する事例研究の成果をふまえて、次のように語っている。

特に興味深いのは、売行きについてはあまり多くを期待できないが、出版するに値すると思われる本の場合である。この種の本を出版することを全面的に慈善事業に近いものと考えないようにすることが大切である。というよりはむしろ、この場合、出版社は、ピエール・ブルデューの用語で言えば、経済資本ではなく「象徴資本」の方に関心があるのだと言える。(15)

ここでパウエルがフランスの社会学者ピエール・ブルデューの理論をふまえて「象徴資本」と呼んでいるのは、社会的に正統なものとして認知されている威信・名声・名誉などの象徴的な価値の蓄積を指す。ブルデューが象徴資本概念をはじめて明確な形で定式化したことによって改めて広く認識されるようになった点ではあるが、象徴資本は通常「資本」という言葉が使われる際に想起される経済的な資本とはきわめて異なる価値や意味、そしてまた社会的機能を持つものである。実際、大量の経済資本の蓄積を持つ個人や組織が必ずしも象徴資本を豊富に保有しているわけではない。その逆に、象徴資本の豊かな蓄積がある一方で乏しい経済資本しか保有していない個人や組織の例も、枚挙にいとまがない。

これを出版社の例で言えば、資本金や売上高という点だけから見れば明らかに零細企業としか言いようのない小規模な出版社ではあっても、良書を刊行してきたという点で世評が高く、また「一流」の出版社として認められている場合には、豊かな象徴資本を保有しているのだと言える。それとは対照的に、いかにその社屋が壮麗なものであり、また売上高や資本金の額という点でトップクラスの出版社ではあっても、刊行物の内容や質にもとづく社会的評価や威信という意味での「社格」という点で見劣りがする場合には、その出版社は貧弱な象徴資本しか持ち得ていないことになる。

こうしてみると、先に見たように、少なからぬ学術出版社がその文化的使命を標榜している背景には、実際にその種の社会的使命を担う組織としての自己認識だけでなく、右にあげたような性格を持つ象徴資本をめぐる利害関心が存在している場合が多いとも考えられる。また、この点に関して注意しておかなければならないのは、経済資本と象徴資本とのあいだの関係は、必ずしも「こちら立てればあちらが立たず」というような、二律背反的なものではないという点である。それどころか、経済資本と象徴資本をはじめとする非経済的資本とのあいだには、相互に密接な関係が存在している場合が珍しくない。

たとえば、良書を多数刊行してきたことによって高い社格を獲得した出版社が、その威信やブランド力によって「売れっ子」の著者を引きつけ、ベストセラーを刊行してかなりの経済的収益を獲得する場合がある。この例は、象徴資本を「投資」することによって経済資本を回収したケース、言葉を換えて言えば象徴資本を経済資本に転化した例であると言える。逆に、経済資本が象徴資本に転化されていく場合もある。たとえば、豊富な資金力を持つ出版社が、他社ですぐれた学術書を著してきた研究者に対して破格の条件を提示することによって、その研究者の著作の原稿を獲得するような場合が、それにあたる。その研究者が著者陣に加わること自体、その出版社の社格を高めていく上で大きな効果を持つだろうが、さらにもしその著作が学術的に高い評価を受けた場合には、威信という意味での象徴資本を獲得していく上で格段に大きな効果が期待できるだろう。

ブルデューや彼のアイディアを援用した研究者たちは、象徴資本以外にも「学歴資本」や「文化資本」など種々の非経済的資本の存在を指摘し、それらが社会において重要な役割を果たしていることを明らかにしてきた。また彼らは、それらの非経済的資本と経済資本のあいだには、相互に投資・回収・再投資というダイナミックな関係が存在するという点について指摘してきた。

学術書の刊行をめぐるゲートキーピング・プロセスについても、さまざまなタイプの経済的資本と非経済的資本とのあいだのダイナミックな関係を考慮に入れることによってはじめて理解できる側面が少なくない。たとえば、出版社の刊行活動においては、印税などの形で著者に対して提供される経済的インセンティブだけでなく、著者と出版社とのあいだで築き上げられてきた信頼関係の蓄積が出版社にとって一種の資産として重要な意味を持つことが多い。これは、一般に「社会関係資本」と呼ばれてきたものを、出版社という組織にとっての資産という点から見たものであると言える。

こうしてみると、学術出版社が刊行すべき書籍を選んでいくプロセスに関して分析をおこなったり、それぞれの出版社における刊行ラインナップの基本的な構成の背景について理解していったりする際には、〈さまざまな経済資本および非経済資本の蓄積や投資・回収・再投資をめぐる利害関心〉という観点からの分析が有効であると考えられる。本書で「複合ポートフォリオ戦略」と呼ぶのは、とりもなおさず、そのような、種々の経済的・非経済的資本の投資・回収・再投資に関わる基本的な組織戦略のことにほかならない。

言葉を換えて言えば、本書では、複合ポートフォリオ戦略というキーコンセプトを用いることによって、通常の企業の製品ポートフォリオ戦略とは異なる、出版社の製品戦略に見られる独特の特徴を浮き彫りにすることを意図している。同時に、われわれは、このキーコンセプトによって、それぞれの出版社の刊行目録などから推測されるタイトル・ミックス戦略の根底にある、より一般的なレベルでの組織戦略のあり方について解明していくことをも目指している。

この複合ポートフォリオ戦略という発想をふまえて考えてみた場合、先にあげた組織的意思決定に関わる問い（28頁）は、以下のようなリサーチ・クエスチョンとして再定式化されることになる。

出版社は、その刊行意思決定に際して、経済的資本に加えて象徴資本や社会関係資本など非経済的な性格の強いタイプの資本をどのような形で組み合わせて蓄積し、また、それらのあいだでどのような投資・回収・再投資をおこなおうとしているのか？（リサーチ・クエスチョンⅠ）

（三）感受概念としての複合ポートフォリオ戦略

先にあげたパウエルの指摘あるいはまた箕輪や中陣の発言に見られるように、出版社の刊行ラインナップの構成や出版社がおこなうゲートキーピングについて理解する上で、経済資本と非経済資本の組み合わせをめぐる組織戦略についての検討が重要であるという点については、出版界の当事者のあいだでもまた研究者のあいだでも、かなり以前から認識されていた。しかしながら、出版社における刊行ラインの特徴やその変化の背景について、実際にさまざまなタイプの資本の組み合わせといった観点から詳細に検討した研究事例はまだそれほど多くはない[16]。

したがって、われわれは、日本の出版社における学術書のゲートキーピングと刊行ラインナップの特徴を主たる研究対象にして実証研究を進めていくにあたって、〈先行文献の知見をふまえて何らかの仮説を立て、それを検証する〉というような、型どおりの仮説検証法的アプローチは採用しなかった。むしろ、少数の事例についての詳細な検討を通して、仮説それ自体を発見・生成し、その上でさらにデータを収集することによってその仮説の妥当性について確認したり、また場合によっては仮説を再構築したりしていく、という探索的アプローチを採用した。

「複合ポートフォリオ戦略」は、われわれがそのような仮説生成型の探索的研究を進めていく上で用いてきた「感受概念（sensitizing concept）」[17]の一つにほかならない。つまり、本書では、基本的に、既に確立された出来合いの概念を精巧なレンズのようなものとして用いて研究対象の姿を微細に把握する、というアプローチはとらない。むしろ、われわれは、大まかな研究の方向性を示す概念（感受概念）という、いわば未だ荒削りの段階にあるレンズを通して具体的な出版社の事例や研究対象の姿を少しずつ浮かび上がらせていこうとする。それと同時に、本書では、その事例研究を通して、レンズ＝分析用具である概念そのものを磨き上げていくことをも目指していく。

五　「組織アイデンティティ」と二つの対立軸（キーコンセプト③）

（一）〈文化〉対〈商業〉

「複合ポートフォリオ戦略」は、主としてそれぞれの出版社の刊行ラインナップに見られる特徴とその背景について明らかにしていくための概念装置である。一方、本書では、「組織アイデンティティ」を、刊行ラインナップの特徴についてだけでなく、個々の書籍の刊行に関わる意思決定プロセスの背景について検討していく上でも重要な手がかりとなる概念として用いていく。[18] 組織アイデンティティ概念は、特に、〈刊行意思決定に関して編集者に与えられている裁量性と組織全体における協働の必要性とのあいだの調整〉という問題について明らかにしていく上で有効であると思われる。

組織アイデンティティというのは、組織がそれを構成する個人の総和を超えて集合体のレベルにおいて持つとされる自己理解ないし自己規定である。組織アイデンティティ概念を初めて明確に定式化した、米国の経営学者スチュワート・アルバートとデイビッド・ホウェットン（Albert & Whetten 1985）によれば、組織アイデンティティとは、組織のメンバーによって「われわれは誰であるか？（Who & we ?）」あるいは「われわれは、どのような組織なのか？」という問いに対する答えとして与えられるものである。[19] 言葉を換えて言えば、組織アイデンティティというのは、組織の成員が、自らの所属する組織が持っている「顔」について抱く集合的な自己像であると言える。

ここで注意しておかなければならないのは、組織としての「顔」ないし集合的な「自己像」とは言っても、組織アイデンティティは、必ずしもただ一つのものであるとは限らない、という点である。それどころか、組織アイデンティティ概念を援用しておこなわれてきた多くの研究が明らかにしてきたのは、組織はしばしば相反する特徴を持つ複数のアイデンティティ（顔）を持ち、また、それら複数のサブ・アイデンティティあいだには深刻な葛藤や対立が存在することが少なくない、という事実である。

そのような、複数のサブ・アイデンティティ同士の葛藤の中でも非常に重要なものの一つに、何らかの理念を追求する点が強調される規範的アイデンティティと経済的収益や効率性に重きを置く功利的アイデンティティとのあいだの対立がある。アルバートとホウェットンによれば、米国の大学の多くは「教会」（規範的アイデンティティ）と「ビジネス」（功利的アイデンティティ）という二つの顔を持つとされるが、文化生産に関わる組織が、一般にこのような功利的な性格と規範的な性格とをあわせ持つものであるという点は、比較的よく知られている事実である。たとえば、オーケストラや劇団は、「芸術創造団体」と「企業（ビジネス）」という二つの顔を持つことが少なくない。

これまで述べてきたことからも明らかなように、同じような点は学術出版社についても指摘できる。実際、前節で複合ポートフォリオ戦略との関連で取り上げた「〈文化〉対〈商業〉」すなわち、経済的利害関心と規範的理念の対立（ないしは複数の利害関心間の対立）は、出版社の持つ規範的アイデンティティと功利的アイデンティティのあいだの葛藤を色濃く反映するものであると考えることができる。つまり、学術書それ自体が「作品」と「商品」という二つの性格をあわせ持つように、学術出版社という組織も、文化的使命を体現する文化事業体としての顔と営利を追求する企業体（ビジネス）としての顔の両面を兼ね備えている場合が少なくないのである。そしてまた、その二つの顔のどちらにより大きな比重がかかっているかによって、出版社のメンバーが、自社が刊行すべきものとして考える書籍のタイプは大きく変わってくることが予想できる。

つまり、出版社の組織アイデンティティにおける、「文化事業体 対 営利企業体」ないし「〈文化〉対〈商業〉」の対立軸は、刊行意思決定プロセスときわめて密接な関係にあると考えることができるのである。

（二）〈職人性〉対〈官僚制〉

「〈文化〉対〈商業〉」と並んで出版社の集合的アイデンティティの重要な構成要素となっており、また刊行意思決定プロセスについて検討していく上で重要なカギとなると思われるのが、「〈職人性〉対〈官僚制〉」とでも名づけられる対立軸である。この組織アイデンティティにおける対立軸は、編集企画の立案や選定に関して比較的大きな裁量権を認められることが多い編集者の職能に見られる特徴と密接な関連を持っている。

少部数の書籍を刊行することが多い学術書の出版は、典型的な「多品種少量生産」のプロセスとしての特徴を持っている。それに加えて、学術書の制作は、一点一点の書籍の内容が複雑であるだけでなく、それを作る上での仕事の流れ（ワークフロー）が変則的であり、かつ売上げ予測が困難であるという点に顕著な特徴がある。このような事情があるため、原稿の獲得や選別に関わる作業を含む編集業務は、不確実な状況に対しても柔軟に対応可能であり、また非常に労働集約的な、職人仕事（ないし「クラフト＝手仕事」）としての性格が強くなっている[20]。一般に、このような特徴を持つ制作現場を抱える組織においては、職位階層からみれば相対的に下位に位置する成員（編集者、マネージャー等）に対して大幅な裁量権が与えられることが多い。というのも、限られた種類の規格品をルーチン的に大量生産していくタイプの組織とは違って、手仕事的な作業が重要な位置を占める組織においては、具体的な業務内容の詳細に関しては、集権的に管理するよりは現場の裁量に委ねる必要があり、またその方がむしろある意味ではるかに合理的かつ効率的だからである（Stinchcombe 1959：Hirsch 1972：Powell 1985）[21]。

このような事情を背景として、編集者は、出版社という組織の内部で、各自がかなりの程度独立した職人ないしは「社内起業家」的な性格を持つことになる（Hirsch 1972：Caves 2001：59：Powell 1985）[22]。また、その点に限って言えば、出版社は、一定の権限体系で上から下まで一律に統制されたピラミッド型の組織というよりは、個人営業のブティックの集合体のような性格を帯びることになる。

もっとも、書籍編集という職能には職人仕事的な性格が濃厚であるとは言っても、その一方で出版社としては、その組織全体を一個の企業（会社）として安定的かつ持続的に運営していかなければならない。そのためには、編集業務以外のさまざまな業務（製作・営業・販売・経理・総務等）にたずさわる人びとや部門を統括した上で、組織全体の業務をチームワークとして編成していかなければならない。また、出版社全体の刊行ラインナップを、一定の利益が確保できる製品ポートフォリオとして構成していく必要もある。

このように、組織全体における協働の調整という必要があるために、出版社は、いわば個人営業のブティックの集合体ないし一種の「寄合所帯」としての特徴を持つだけでなく、一方では、官僚制的原理にもとづいて運営される企業組織としての性格を帯びることになる。実際、ある程度以上の規模の出版社においては、近代的な官僚制的組織に特有の組織構造や組織過程 ── 規則による職能の規定、階層的な権限体系、文書による記録と職務執行等 ── が見られることが少なくない。（本書における「官僚制」という用語の用法については、本章末の付記参照。）

このような官僚制的組織に特有の道具立てや手続きは、単に組織運営上の技術的な必要性だけでなく、出版社が「家業」の段階を越えて近代的な「会社」ないし「企業」として成立していくために当然持つべきものとして社会的に期待されているものでもある。とりわけ、取引先の企業 ── 印刷会社・製本会社・取次・書店・銀行等 ── や官庁あるいは著者などが出版社に対してその種の社会的期待に応えることを要求している場合には、出版社は官僚制的組織としての性格をさらに強めていくことになる。

そして、出版社のメンバーが、自社の組織としての性格について、官僚制的側面と職人仕事的な側面のどちらを優勢なものとして認識しているかによって、出版社のゲートキーパーとしての役割は大きく変わってくるものと思われる。たとえば、官僚制的な規則によって「計画生産」、つまり毎月着実に一定の点数の書籍を刊行していくことが強調されているような出版社においては、斬新なアイディアを含むものの、まだ「海のものとも山のものともつかない」書籍の原稿は敬遠される傾向があるかもしれない。一方、職人仕事的な性格が強い出版社では、むしろそのようなタイプの書籍の企画に対して果敢に取り組んでいくことが推奨されているかもしれない。

もっとも、官僚制的組織としての性格が強い出版社の場合でも、常に安全策をとっているだけでは、学界における新たな動向や革新的なアイディアを見落としてしまうことになりかねない。同じように、職人仕事的な業務が強調される出版社ではあっても、新奇な学問動向を追いかけているだけでは経営的な安定は望めないだろう。こうしてみると、先に、出版社における文化事業体と企業体のアイデンティティの併存について指摘したように、出版社は多くの場合、官僚制的組織としての側面と職人集団としての側面の両面をあわせ持つものであると考えられる。

(三) 感受概念としての組織アイデンティティ

以上見てきたように、本書の主たる研究課題である、出版社が果たしてきたゲートキーピング機能という問題について、これを、学術書の刊行をめぐる出版社における組織的意思決定プロセスという視点からとらえていく場合には、出版社の組織アイデンティティにおける〈文化〉〈規範的アイデンティティ〉と〈商業〉〈功利的アイデンティティ〉のバランスという点について注目していくだけでは十分ではない。これに加えて、「職人仕事的な側面と官僚制的組織としての側面のすり合わせ」という問題を考慮に入れて見ていくことが非常に重要なポイントになると考えられるのである。

後で第8章において詳しく見ていくように、前者の「〈文化〉対〈商業〉」という軸は、組織において展開される協働によって達成すべき基本的な目的に関わるものであると考えることができる。一方、後者の「〈職人性〉対〈官僚制〉」という対立軸は、その協働をおこなっていく上での仕事の進め方ないし手段に関わるものだと言える。この、組織における協働の目的と手段に関わる二つの基本的な対立軸の関係について理解していくためには、これを〈複数の組織アイデンティティ間の対立やバランス〉という視点でとらえていくのが有効であると考えられる。したがってまた、学術出版社が知のゲートキーパーとして果たしている役割について見ていくためには、それを、出版社が持っている、文化事業体・営利企業体・職人集団・官僚制的組織という四つの「顔」との関係でとらえていくことが重要であると思われる。

組織アイデンティティ概念それ自体は、これまで四半世紀以上にわたって、教育機関や病院あるいは企業などさまざまなタイプの組織の分析に際して用いられてきた。また、先にあげたように、それらの研究の中では、功利的アイデンティティと規範的アイデンティティの葛藤は、最も頻繁に取り上げられてきたテーマの一つである。しかしながら、後で第8章でも再び見ていくように、今回本書で取り上げていく官僚制と職人性の関係という点になると、その二つの極のあいだの葛藤や対立に特に着目して実証研究をおこなった例はほとんどない。また、研究対象として取り上げる産業分野という点でも、出版をめぐる問題に関して組織アイデンティティ概念を適用した例は、本書の著者であるわれわれの知り得る限り皆無である。

したがって、本書では、複合ポートフォリオ戦略の場合と同様に、組織アイデンティティについても第2章以下での事例分析を進めていく上での感受概念ないしヒューリスティックな概念図式として用いていく。そして、そのような基本的前提にもとづいて組織アイデンティティ概念を用いて分析を進めていく際の基本的なリサーチ・クエスチョンは、以下のようなものになる。

出版社が持つ文化事業体・営利企業体・職人集団・官僚制的組織という四つの顔と刊行ラインナップの構成および個々の書籍の刊行に関わる意思決定プロセスとのあいだにはどのような関係があるのか？　とりわけ出版社の組織アイデンティティにおける「〈文化〉対〈商業〉」「〈職人性〉対〈官僚制〉」という二つの対立軸と刊行意思決定プロセスとのあいだにはどのような関係が存在するのか？（リサーチ・クエスチョンⅡ）

本書では、このリサーチ・クエスチョンⅡを、先にあげたリサーチ・クエスチョンⅠと並んで、出版社のゲートキーパーとしての役割に関わる問いに対する答えを求めていく上での重要な手がかりを提供するものとしてとらえていく[23]。

なお本章では出版社が持つ、文化事業体・営利企業体・職人集団・官僚制的組織としての「顔」を示す際には、それぞれ〈文化〉、〈商業〉、〈職人性〉、〈官僚制〉という表記を用いてきたが、本書におけるこれ以降の記述においても同様にして、組織の「顔」ないしアイデンティティの類型を特に指し示す時、それを〈　〉で括って表示していくことにする。

【用語法についての付記】

「官僚制」の合理性と「官僚主義」の非合理性

組織現象に関する用語の中でも、「官僚制」は最も誤解を招きやすいものの一つである。本書では、「官僚制」を、主として、組織における協働を合理的かつ効率的に進めていくために用いられ、また実際にその目的にとってきわめて有効なものである組織原理という意味で使用する。したがって本書で官僚制という用語を使用する際には、日常生活などで「官僚主義（的）」ないし「お役所仕事」などと言う際に思い浮かべられる否定的な意味合いとはある意味で正反対の意味内容を指すことになる。

比較的よく知られているように、ドイツの社会学者のマックス・ウェーバーが官僚制の理念型について最初に明確な理論化・概念化をおこなった際には、彼はもっぱら、近代の軍隊や教会組織などに典型的に見られる、明確な規則や専門的知識にもとづく、合理的で効率的、かつ普遍主義的な組織運営の原理を強調していた。しかし、その後、米国の社会学者のロバート・マートンやその弟子たちが、官僚制がその一方で持つとされる「逆機能」についての研究を進めていったこともあって、学術研究の場合にも、ともすれば官僚制のネガティブな側面が強調される傾向があった。

もっとも、米国の社会学者のチャールズ・ペロー（Perrow 1986）が指摘するように、非効率性や「繁文縟礼」あるいは変化への対応力に欠けた硬直性など、官僚制的組織が持つものであるとされる否定的な側面は、実際には、官僚制的な組織原理それ自体に内在する属性ではない。むしろ逆に、本来の官僚制の原理を貫徹せずに中途半端な形で適用したことによる場合も多いのである。また、本書における議論との関係で言えば、官僚制の組織原理は、官庁組織や行政機関だけでなくさまざまなタイプの組織や団体（民間企業、非営利団体等）にも見られる組織原理であるという点にも注意が必要であろう(24)。

なお、本書では、これらの点については、第7章で集権的で官僚制的な組織原理にもとづく「計画的戦略」のメリットとデメリットについて論じる際や、第8章で〈職人性〉との対比において出版社における〈官僚制〉の特徴について見ていく際に、さらに詳しく検討していく。

「学術書」と「研究書」の区別

本書では、「研究書」を主として、きわめて高度な内容を含み研究者が主たる読者となる書籍を指す用語として使用し、一方「学術書」については、そのような専門的な刊行物だけでなく、学術出版社から刊行されるさまざまなタイプの書籍の総称として用いることにする。

これら二つの用語に関して右のような区別を設けるのは、通常の用法における「学術書」という言葉の適用範囲があまりにも広すぎることによる。実際、「学術書」は、もっぱら研究書を指す言葉として使われることもあるが、時には、そのような専門的な刊行物だけでなく、教科書や教養書などを含む、「学術出版社が刊行する書籍」という程度の意味で使用されることもある。したがって、本書では混乱を避けるために、総称としての学術書と、学術書の中でも特にいくつかの際だった特徴を持つ書籍とを、後者を「研究書」と読んで区別することにした。

その他本書では、書籍の種別に関しては、基本的に以下のような二つのタイプの使い分けを適宜採用していく。

・学術書の下位分類による使い分け——総称としての学術書の一般的な下位分類には、基本的に、「研究書」・「教科書」・「教養書」（場合によっては「啓蒙書」）の三分類を用いる

・文脈による使い分け——議論の文脈によっては、「テキスト」（第4章における「テキスト革命」をめぐる議論など）、「モノグラフ」、「専門書」等の用語を、それらの用語について適宜解説を加えながら使用する

一般に「学術出版社」と呼ばれる出版社(25)から刊行される書籍には、実にさまざまなタイプのものがあり、また、そのそれぞれについて多様な名称が与えられてきた。たとえば、次のようなものがある——学術書、専門書、研究書、モノグラフ、教科書、テキスト、参考書、教材、体系書、参考図書（事典、辞書など）、教養書、啓蒙書、一般書。どのような書籍に対してどの名称をあてるかという問題は、単に、ある本に盛り込まれている内容が持つ「本質的」な性格だけでなく、その本が読者によってどのような使い方をされているかという点にも依存するところが大きい。それに加えて、出版社が、それぞれの書籍を主としてどのような読者に向けてどのような意図のもとに販売しようとしているかという点によって、その呼称が変わってくる可能性がある。

以上のような、「学術書」をめぐる性格規定ないしカテゴリー分けは、それ自体が、ゲートキーパーとしての出版社の役割について検討していく上で重要なテーマの一つになり得る。実際、本書の議論においても、何度かそのテーマを取り上げていくことになる。

「出版社」――民間の出版社と大学出版部の総称としての使用

本書の第Ⅱ部において主な事例研究の対象になるのは、民間出版社の三社（ハーベスト社・新曜社・有斐閣）と一つの大学出版部（東京大学出版会）である。これら四組織を総称する場合に、厳密な言い方としては「三つの出版社と一つの大学出版部」となるだろう。しかし、それでは叙述の上であまりにも煩瑣になることが多い。したがって、本書ではとりたてて誤解の恐れがない場合には、右にあげた三つの出版社と一つの大学出版部を総称する言葉として「四つの出版社」ないし「四社」などを用いていく。

第Ⅱ部　事例研究《ケーススタディ》——三つのキーコンセプトを通して見る四社の事例

比較事例分析とリサーチ・クエスチョン

第Ⅱ部（第2章～5章）において比較事例研究の対象となるのは、ハーベスト社・新曜社・有斐閣・東京大学出版会という四つの出版社である。表Ⅱ・1は、これら四社の基本的なプロフィールを示したものである。一方、図Ⅱ・1には、四社における創業以来の新刊点数の推移を年次別にグラフとして示してある。

表Ⅱ・1からも見て取れるように、本書で事例研究の対象となった四社のあいだには、いくつかの点では顕著な違いがある。たとえば創業以来の年数をとってみても、最も短いハーベスト社の場合には二五年であるが、有斐閣は一三〇年以上にわたって出版に関連する事業活動を継続しておこなってきた。また刊行点数についても、ハーベスト社の場合その平均的な年間の新刊点数は一〇点前後であるのに対して、有斐閣の新刊点数は二〇〇点を越えることも珍しくない。さらに、法人格に関しては、ハーベスト社が有限会社であるのに対して、新曜社と有斐閣は株式会社、そして東京大学出版会の場合には財団法人である。

実際には、これらきわめて異なる性格を持つ四つの出版社のあいだには、刊行意思決定プロセスという点に関していくつか共通の特徴が見られる。これは、それらの特徴が、日本の学術出版社においてある程度一般的に見いだされるものであることを示唆している。一方で、これら四社のあいだには、複合ポートフォリオ戦略・組織アイデンティティ・刊行意思決定プロセスの三者間の関係という点に関して際立った違いも見られる。また、それぞれの出版社の創業から今日にいたるまでの歴史をたどってみると、組織アイデンティティと刊行意思決定プロセスに関して、きわめて興味深い変遷の過程を見ることができる。

これから第Ⅱ部全体の議論を通して目指していくのは、出版社間に見られるこれらの共通性や相違あるいは同一の出版社における変化の経緯について詳しく検討していくことを通して、第1章で提示した、次にあげる二つのリサー

表Ⅱ・1　比較事例研究の対象となった４社の概要

	ハーベスト社	新曜社	有斐閣	東京大学出版会
創業・創立年	1985(昭和60)年	1969(昭和44)年	1877(明治10)年	1951(昭和26)年
創業・創立後の年数 (2010年まで)	25年	41年	133年	59年
法人形態	有限会社	株式会社	株式会社	財団法人
資本金	300万円	1000万円	4億5000万円	3億8274万円 (基金＝正味財産)
創立以来の刊行総点数	100点以上	1100点以上	1万3000点以上	6500点以上
年間刊行点数	10点前後	40〜50点	190〜240点	120〜130点
年間売上高	2千数百万円	4億円前後	45億円前後	14億円前後
主な出版分野	社会学	心理学・社会学・人文科学	法律・経済・社会学・社会福祉・心理学	人文科学・社会科学・自然科学
従業員・職員の合計 (2010年1月現在)	1名	12名	95名	42名
編集担当者数	―	7名(社長含む)	56名(書籍編集第１部(法律)19、書籍編集第２部(経済・経営・人文)14、六法編集部10、雑誌編集部13)	20名
営業担当者数	―	3名	10名	12名
その他	―	2名 (経理1名、製作1名)	29名(役員8、総務部4、経理部3、電子メディア開発質4、業務部(製作・宣伝)10)	10名(総務4、出版局5、情報システム部1)

出所：各社提供資料より作成

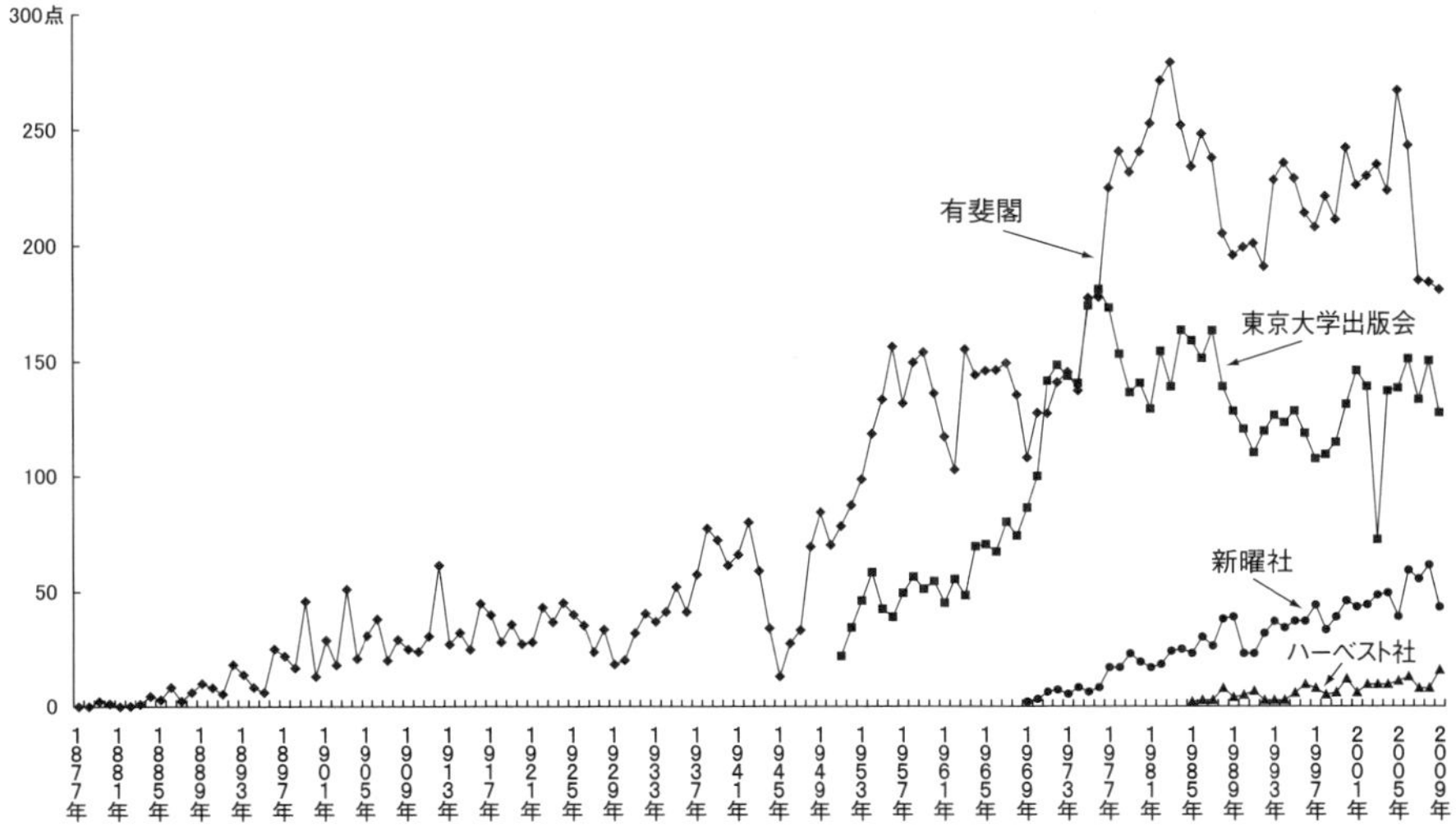

図Ⅱ・1　４社における年次別新刊点数の推移

出所：各社提供資料より作成

チ・クエスチョンに対する答えの手がかりを求めていくことである。

リサーチ・クエスチョンⅠ

出版社は、その刊行意思決定に際して、経済的資本に加えて象徴資本や社会関係資本など非経済的な性格の強いタイプの資本をどのような形で組み合わせて蓄積し、また、それらのあいだでどのような投資・回収・再投資をおこなおうとしているのか？

リサーチ・クエスチョンⅡ

出版社が持つ文化事業体・営利企業体・職人集団・官僚制的組織という四つの顔と刊行ラインナップの構成および個々の書籍の刊行に関わる意思決定プロセスとのあいだにはどのような関係があるのか？　とりわけ出版社の組織アイデンティティにおける「〈文化〉対〈商業〉」「〈職人性〉対〈官僚制〉」という二つの対立軸と刊行意思決定プロセスとのあいだにはどのような関係が存在するのか？

各章における事例分析の概要

以下、各社のプロフィールについて簡単に紹介するとともに、それぞれの出版社に関する事例分析において特に着目した点について述べて、第Ⅱ部への導入とする。

第2章で取り上げるハーベスト社は、社長である小林達也が編集・組版・営業・経理・在庫管理など出版に関するほとんどすべての業務を単独でこなしている「ひとり出版社」である。一九八五（昭和六〇）年に創業されてから二〇〇九年までの二五年間に刊行した書籍の点数は合計で約一〇〇点である。一人で継続的に担当できる企画数の制約もあって刊行点数には時期的な波があるが、過去一〇年間の平均的な新刊発行点数は五点（機関誌などを入れれば十点）前後であり、毎年二千数百万円の売上げを達成している。同社の刊行分野は社会学が中心になっており、同分野の古典的名著の翻訳シリーズなどを専門書として考えれば、刊行する書籍の大半を専門的な研究書が占め、一方、数え方にもよるが、教科書は全部で数点にすぎない。

このような専門書中心の刊行スタイルは、学術出版の世界において数の上ではかなりの比率を占める小規模出版社にかなり共通に見られる傾向である。そこで、第2章では、そうした出版社の一例として、ハーベスト社の歴史を創業以前から丹念にたどっていき、その間に同社に生じた刊行パターンの質量両面の変化とその背後にある社会的要因について解明する。そして、そこから得られた知見から、小規模出版社が持つ固有の事情とそれが専門書中心の刊行へと結びつくメカニズムをとらえるとともに、そのメカニズムにいかなる現代的変化が生じ、小規模出版社がどのような戦略で生き残りを図っているかについても考察を加える。

第3章で取り上げるのは、社長以下一二名の従業員からなる中堅出版社の新曜社である。新曜社は、一九六九（昭和四四）年に、ある学術出版社からスピンオフした三名の編集者と二名のスタッフの計五名のメンバーによって創業され、主に心理学と社会学を中心とする社会科学系の書籍および哲学や歴史など人文系の書籍を刊行してきた。二〇一〇年までの四〇年以上に及ぶ歴史の中で刊行された書籍の点数は一一〇〇点を越えている。過去一〇年間の平均的な新刊点数は四〇ないし五〇点前後であり、毎年四億円前後の売上げを達成している。

この新曜社における刊行意思決定プロセスに見られる顕著な特徴は、編集者に対して大幅な裁量権が与えられている点にある。第3章では、創業時からおよそ四〇年にわたって同社の社長をつとめてきた堀江洪が「一編集者一事業部」と呼んできた、このような刊行意思決定プロセスの特徴に焦点をあて、その背景と同社の組織アイデンティティとの関係について見ていく。この章ではまた、編集者を介して出版社と著者および学術界とのあいだに形成される人脈的関係が、出版社にとっての「人脈資産」（一種の社会関係資本）を構成している点について考察を加えていく。

第4章で見ていく有斐閣は、一八七七（明治一〇）年に創業され、一三〇年あまりの歴史を持つ、学術出版の世界だけでなく出版界全体の中でも老舗中の老舗の出版社である。創業以来二〇〇九年までに刊行された書籍の点数は一万三〇〇〇点以上に及ぶ。過去一〇年間の年間新刊点数は一九〇点から二四〇点前後であり、毎年四五億円前後の売上げを記録している。

時期によって若干の変動はあるが、有斐閣の刊行物の中で五割から六割前後を占めてきたのは法律書であり、それに経済学関係の刊行物が続き、残りを経営学・社会学・社会福祉・心理学など社会諸科学の書籍や雑誌が占めている。創業以来一三〇有余年に及ぶ有斐閣の歴史は、それ自体が「家業」ないし「個人商店」的な段階から近代的企業および産業へと変貌を遂げていった日本の出版社と出版業の歴史、またその企業化・産業化の過程に見られる日本独自の特徴を知る上できわめて示唆に富むものである。第4章では、主として一九七〇年代以降における同社の動向を中心として、組織アイデンティティの変容過程に焦点をあてていく。

本書における最後の事例分析の対象として第5章で取り上げるのは、東京大学出版会である。同会は、一九五一（昭和二六）年に創立された、日本における代表的な大学出版部であり、創立以来の刊行点数の合計は六五〇〇点を越える。本書で見ていく他の出版社とは異なり、東京大学出版会の場合は、人文社会科学系の出版物だけでなく自然科学の書籍をも刊行していることが刊行ラインナップにおける一つの特徴となっている。職員数は二〇〇九年四月現在で四二名であり、年間一二〇点から一三〇点前後の新刊書籍や雑誌を刊行し、年間売上高は一三億円から一四億円前後である。

東京大学出版会の場合に組織アイデンティティという点に関して最も興味深いのは、創業以来十数年にわたって欧米とりわけ米国の大学出版部を一つのモデルとしながらも、最終的には独自の組織アイデンティティと経営モデルを創り上げていった点にある。また、その組織アイデンティティの変遷と、それぞれの時期の東京大学出版会における刊行ラインナップの構成や刊行意思決定のあり方とのあいだには、きわめて密接な関連がある。第5章では、もっぱら東京大学出版会の創立前後の一九四〇年代末から六〇年代末までの初期の歴史に焦点をあて、その「モデル探し」と「自分探し」のプロセス、そしてまたそれが同会におけるゲートキーピングのあり方とどのような関係にあったか、という点について検討していく。

第2章　ハーベスト社——新たなるポートフォリオ戦略へ

はじめに

先にあげた表Ⅱ・１における一二名という、新曜社の従業員数に関する記述を見て、読者の中には、その規模の小ささに少なからず驚いた人もいることだろう。かくいうわれわれ自身が、はじめてこうした事実を知った時に、意外に思ったことを今でも鮮明に覚えている。読んでいた本の版元として、より大規模な組織をそれまで想像していたのであるが、実際の学術出版社の中には、数の上では、規模の小さなところが非常に多いのである。

たとえば、（本章で取り上げるハーベスト社が主として刊行してきた社会学関連の出版社についてみると）日本社会学会「社会学文献情報データベース」(1)に掲載されている、二〇〇五年発行の単行本の版元は全七一社であり、その内人数不明の九社を除く六二社の平均社員数は八三名である。しかし、実際には、図２・１において「五一名以上」のカテゴリーに入る、ほんのひと握りの出版社が多くの社員を抱える一方で、図からもわかるように、全体の八割以上を五〇名以下の会社が占めている。つまり、大多数の出版社は、平均値の八三名という数字と比べても、はるかに小規模なのである。(2)（実際、出版業界全体で見ても、従業員数一〇名以下の出版社が六割前後を占め、一一名から五〇名までが三

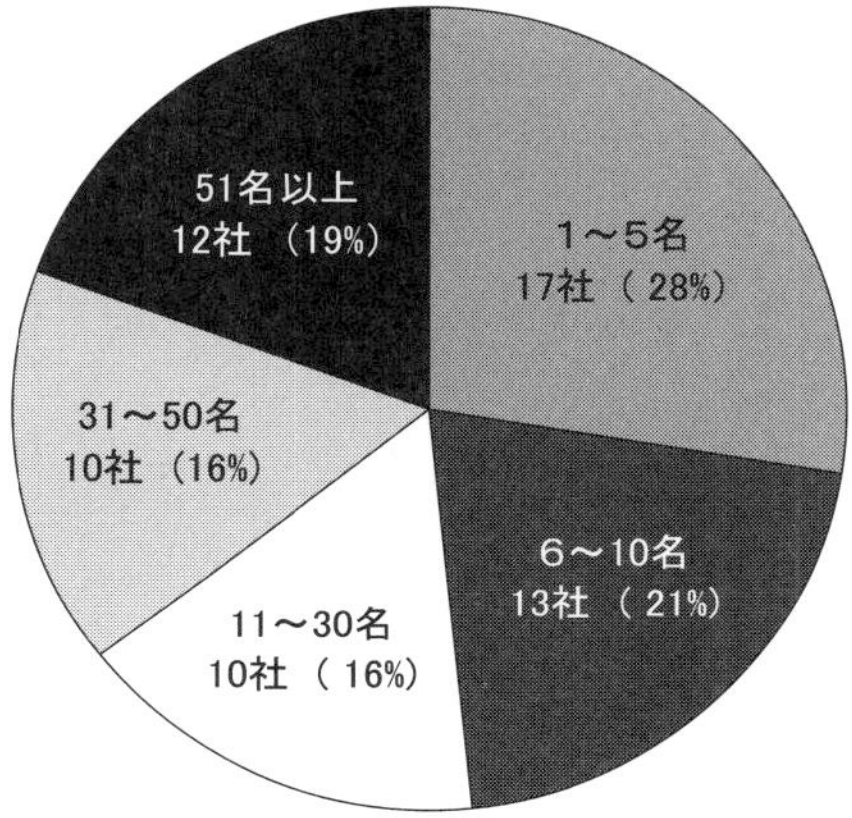

図2･1　社会学関係の学術出版社の規模

出所：日本社会学会「社会学文献情報データベース」より作成

割五分前後、五一名以上となると、一割五分程度を占めるにすぎない〔出版年鑑各年版〕。）

この学術出版社の規模をめぐる一般的なイメージと実態とのあいだに存在するギャップの背景には、以下のような事情があると思われる。実は、製造業には、構造を異にする二つの業界があるのだ。一つは、衣類や家電などのように、資本力や技術力のある大メーカーが需要の限定された高価な製品を多品種少量生産し、町工場のような小規模な会社は、独自に（または大手の下請けとして）原料・半製品や大衆的で廉価な製品を大量生産している業界である。これに対してもう一つは、陶器や漆器などのように、技術力のある小さな工房が高価な美術工芸品をカスタム生産し、資本力のある大手メーカーが大衆的な日用品を大量生産している業界である。学術出版の業界においては、新書・文庫・雑誌といった比較的安価で大量に流通する商品を発行する出版社が大手で、専門書のように比較的高価で少量しか流通しない商品を発行する出版社は総じて小規模である。それゆえ、前者の業界と比べるとある種転倒しているような印象を受けるが、この違和感は後者の業界と比べることで見事に氷解する。要するに、学術書とは、ある種の文化性を備えた製品であり、それゆえに、メーカーの「棲み分け」も、陶器や漆器のような工芸品の業界と類似してくるのだとひとまずは考えられよう。

そして、この棲み分けの背景には、この社会において、学術書という商品を生産・流通させるための仕組み（再販制度など）と不可分な形で存在する、出版社の規模と出版物との相性のようなものがある。つまり、少なくとも現代日本社会においては、小規模な出版社は専門書を出版するのに有利な、ある種の特質を保持していると考えられるのである。この特質とはいかなるものか。この疑問を解くために、本章では、小規模な学術出版社の中でも、その極にあると考えられる「ひとり出版社」(3)を取り上げて考察を進めていく。「ひとり出版社」とは、文字通り、社長自らが一人で経営・営業・編集・経理・在庫管理などのすべての実務を取り仕切っている出版社のことである。本章でこれから中心的な事例として取り上げるハーベスト社は、小林達也が社長をつとめる典型的な「ひとり出版社」である。小林は、一九五二（昭和二七）年生まれの五八歳（二〇一〇年現在）であるが、まずは、彼のこれまでの編集者人生を振り返る形で、この会社の歴史をその創立前から順に跡付けていくこととしよう(4)。

一　ハーベスト社の歴史

（一）　前史

(1)　大学時代（一九七一―一九七五）

まずは、小林が出版業界に足を踏み入れるきっかけとなった出来事から見ていこう。

大学は私立の社会学部だったわけなんですけれども、ちょうどね、オイルショックの時で、一年上の人たちはもうバンバン就職が決まっていたのに、私らの年にはもうバタッと求人がなかった年なんです。それでみんな「どうしようか」なんて話してる時に、たまたま農文協という農業関係の出版社なんですけれども、そこで募集があったので。ええと、農業問題についてはずっと関心があったから、そこでむしろ出版社というよりかは、農業関係ということで農文協に入ったわけなんです。

小林が編集者の道に足を踏み入れたのは、大学卒業と同時のことである。しかし、この言葉からもわかるように、最初から彼が出版業界への就職を強く望んでいたわけではない。そこには、① 彼が卒業を控えた四年生となった一九七四（昭和四九）年に、運悪くオイルショックが起き、大変な就職不況となってしまったことと、② 彼がたまたま募集広告を目にした出版社（農文協＝社団法人　農山漁村文化協会）が、それ以前から関心があった農業関係だったこと、という二つの偶然が大きく作用しているという。文系の大学生であった彼が農業問題に強い関心を持っていたのは、現在では理解しにくいことであるのかもしれない。しかし、それは、当時の世相を考え合わせれば、何の不思議もない事態であったと思われる。その頃、彼は立教大学社会学部で奥田道大ゼミ（都市社会学）に籍を置いていたのであるが、一九七一（昭和四六）年から一九七五（昭和五〇）年にかけては、キャンパス内での学生運動が沈静化していった一方で、三里塚や四日市に代表される住民運動やコミューンへの関心が高まった時代であった。事実、彼の周りでも、ゼミの同期生の中に環境問題の先駆けとなった国立の歩道橋問題[5]や高井戸の清掃工場問題[6]の調査に入っていた人がいたそうであるし、西荻窪のほびっと村[7]や沖縄問題などにコミットする人もいたそうである。つまり、当時は、高度経済成長が一段落し、公害問題の深刻化をきっかけに環境への関心が生まれる中で、その延長線上に近代化のアンチテーゼとして農業が見直されていた時期だったのである。ただし、急いで付け加えるが、小林自身は、関心のレベルでは共鳴するところがあったものの、積極的に社会運動にコミットするのではなく、「少しひいて見てた感じ」の学生であったという。

（2）農文協時代（一九七五―一九七八）

こうした関心から入社した農文協には、結局三年間籍を置いたそうだ。最初の一年間は、農家を回っての営業活動を担当したが、その後は編集に配属された。当時の農文協は、幕末から近代にかけての篤農家の農書や安藤昌益の全集などを出版していた。ちょうど近代化への反省の時期と重なったこともあって、当時は、政府主導で戦後大々的に推進された大規模単作農業に代わって、小農複合型の農業が推奨されていたという。

具体的には、『現代農業』という雑誌を経て、単行本に移り、先輩についてのトレーニングを含めた形で、校正の仕方、印刷の仕組み、製本といった、本の作り方の基本を勉強させてもらったそうだ。その教育の仕方は、先輩について「その仕事の手伝いみたいな」ことをしながら学ぶというスタイルであったというから、学校教育の対極にある、ある種「徒弟制」的なものであったと思われる(8)。この時期、彼は、三ヶ月ぐらいのあいだ、仕事をしながら、終わった後に、企画の立て方から一冊の本が出版されるまでの一連のプロセスについてその先輩から講習も受けた。ただし、結果的に、農文協では、小林が自ら立てた企画は一冊もなかった。それは、間もなくして、彼がこの会社を辞めたからであったのだが、その主たる理由は労働条件の厳しさにあったという。

この時代のことで、その後の小林の人生に大きな影響を与えた出来事をもう一つあげるとすれば、それは結婚したことである。配偶者となったのは、所属ゼミは異なるものの、大学時代の同級生であった。ちなみに彼女は、卒業後、現在に至るまでずっと東京で地方公務員をしている。このことは、その後、ハーベスト社の立ち上げや活動に少なからぬ影響を与えていくのであるが、その話は後に回すことにしよう。

（3）多賀出版時代（一九八〇―一九八五）

農文協を辞めた小林は、一年間教材販売会社でアルバイトをした後、朝日新聞の求職欄を見て、比較的新興の出版社であった多賀出版に就職する。当時の多賀出版は、基本的に家族経営で、小林ともう一人の同期がはじめて雇い入れた社員という、総勢五名ほどの小出版社であった。しかし、それは、先に勤めていた農文協とはいくつかの意味で対照的な出版社でもあったという。まず第一に、多賀出版は、社長が中央経済社の出身だったこともあって、会計・簿記関係の本が主力商品であり、基本的に、テキストと「学振」（文部省刊行助成図書）が中心の会社であった。しかし、両者の違いは主力分野の差だけではない。雰囲気もかなり異なっていて、多賀出版の当時の社屋は旧飯田町駅の再開発区域にあったが、ここでは、毎日基本的に午前九時に出社し午後五時に帰宅することができた。もちろん、その時間内に仕事がすべて終わるという意味ではなく、午後五時以降の仕事は自宅に持ち帰っていたのではあるが。

小林は、結果的にここに五年ほどいたのだが、仕事の内容面では、その間ずっと編集を担当していたそうである。ただし、そうはいっても、規模が小さいので、営業も編集もはっきりとは区別されておらず、実際には倉庫における作業まで担当していたという。彼の在職中は、この会社の成長期にあたっていたのだろう。途中から社員がさらに三名増え、それにアルバイトの人を加えて作業を切り盛りしていた。この会社で彼が手がけたのも、当初は経済関係の本であったが、そこには、はっきりとした特徴があった。

> 会計の教科書とか、簿記の教科書というのは、もうヒエラルキーがすごくはっきりしていて、一橋のなんとか先生のゼミ出身でバッ、早稲田の何とか先生でバッと。明治の何とか先生で（中略）。それぞれ先生とか、ヒエラルキーの上の方にいる人たちが本を書いていて、「じゃ、君はこれ使いたまえ、君はこれ使いたまえ」っていう形でもって、それぞれお弟子さんに自分の教科書を（中略）指示するわけですよ。

大学や専門学校での会計や簿記の授業は、基本的にテキストがないと成り立たないのだそうだ。そのため、この種のテキスト市場は非常に大きいのであるが、同時に、この世界はヒエラルキーがはっきりしており、その上位に位置する教員たちの本は大手の出版社によってしっかり押さえられてもいた。いわば、市場が大手によって寡占状態になっていたわけで、多賀出版のような小出版社が新規に参入できる余地は、新興の大学や規模の小さい大学にしかなかったのである。また、この種の本は、一般に、売上げ予想が立てやすい反面、教科書採用されている大学や専門学校を除く、マス・マーケットで大量に売れる可能性はほとんどと言ってよいほどない。それゆえ、編集者とはいっても、企画を立てる必要はほとんどなく、その仕事の中心は、実質上、原稿の「取り立て役」であったという。

ただし、結果から言うと、小林は、持ち前の性分からかそうした役割だけに安住することはできなかったようである。その頃、大手から出版されてよく売れていた経済学のテキストがあったのだが、彼が読んでみると、内容的には実質上米国のテキストの焼き直しであった。そこで、彼が米国のテキストの翻訳を出したところ、その本も案の定よく売れた。続けて経済数学の入門的な本も出したが、これも「そこそこ売れ」、二、三人が食べていけるくらいの利益が上がった。この時期、小林は、サービス残業をしながら、その後も次々に本を企画していったが、そうした本(幸村千佳良著『経済学事始』など)は、おおむね売行きが好調であった。ただし、当時、会社としては経営状態が必ずしも良かったわけではなく、個人的には「世間並みの」ボーナスが出ることもなかったという[9]。

(二) 独立から社会学への移行まで

(1) 独立(一九八五)

こうした中でハーベスト社は、いよいよ創業の年を迎えることになるのであるが、小林の話によると、その経緯は次のように突然のことであった[10]。

あの時[一九八四年頃]、明治大学の長尾史郎先生(中略)が、マイケル・ポラニーのことを話してくれて、それで

「一番の主著はこれなんだよ」ってんで、*Personal Knowledge*〔邦訳『個人的知識――脱‐批判哲学をめざして』〕を見せてくれたんですよね。で、「あー」って〔感心して〕。「これ、社長、どうですか」って、企画を通そうとしたら、〔社長の〕反応が芳しくなかったんです。売れないんじゃないかってことで。こんだけ大きな意義のある著作なのに。だったら、これを機会に独立して出版しようかというのが創業の経緯です。ですからまあ、この点だけとれば完全な円満退社ではないことになりますね。

つまり、小林が独立したきっかけは、『マイケル・ポラニーの世界』（一九八二）などの類書も含めて、それまで企画した本の売行きが軒並み好調であったにもかかわらず、意気込んで立てたポラニーの主著の企画が、社長が難色を示したことによって実現できなかったことにある。この出来事の背景にも、先述した会社としての経営状態の悪さがあったものと思われる。しかし、それでも、小林にとっては、ポラニーの本はぜひにでも出してみたいものだったのである。

経験のない立場から想像すると、独立に際しては入念な準備が必要であるように思われる。しかし、彼の話では複雑な準備は特に不要であったという。独立にあたっての一番の問題は、印刷所と製本所とのつきあいであったが、新規出版社としての取引開始や金銭面での条件などを多賀出版時代に関わりのあった印刷所の営業の人がうまくやってくれた。また、多賀出版との関係では、この独立は自分から言い出したということもあって、辞めた際に退職金はほとんど出ず、その代わりに、既に原稿もある程度揃っていたポラニーの *Personal Knowledge*（邦訳『個人的知識』）と、アンソニー・ギデンズの *Central Problems in Social Theory*（邦訳『社会理論の最前線』）の翻訳権をもらった。それゆえ、会社の立ち上げや設備調達の経費には、なけなしの貯金をはたいて当てることになったという。社名は、当時好きだったニール・ヤングのアルバムの題名からつけ、当初、仕事場は自宅二階の四畳半に置いた。その際、既に持ち家があってローンがなかったことと（先に指摘したとおり）配偶者が地方公務員をしていて安定した収入があったことは、生活を支えていく上での基本的な条件として大変有利に働いた。一般に、立ち上げたばかりの出版社は、既刊の本がないため、売上げが小さいにもかかわらず、資金の投入ばかりが大きく、否応なく厳しい経営状況を迎えることが多い。それゆえ、これらの二つはひときわ大きな条件だったのである。

(2) 独立直後の状況（一九八五―一九八九）

このように、小林が独立した契機は、出版したい本を出すためであったわけだが、旗上げ直後からハーベスト社が多くの専門書を出版したかというと、そういうわけではない。その代わりに、独立直後には、多賀出版から編集プロダクション的な仕事をもらうと同時に、リクルート雑誌の校正アルバイトもしていたという。

［独立した年］多賀出版から、やっぱり何だかんだ言いながらも仕事はもらってたんですよ。編集プロダクション的な仕事を一方でしてね。だから何冊か単行本、企画から立ち上げてやったし。あとはね、リクルート雑誌の校正アルバイト、行っていたんですよ。だから、深夜一二時ぐらいから朝までやって。（中略）そんなこともやってたですね。ちょうど子どもが生まれた時でも［あって］、体力もあったからできたんでしょうね。

こうして睡眠時間を削ってまでの厳しい労働の日々に彼が耐えた背景には、やはり、出版社立ち上げ直後の苦しい経営状態があったのだろう。この苦境は、一般的に、ある程度の在庫を持ち、経営状態が軌道に乗ることによって徐々に解消されていくものであろう。ただし、「ひとり出版社」であるハーベスト社の場合には、これに加えて、その活動を大きく左右するもう一つの条件があった。それは、ちょうど独立した一九八五年に、小林にとって最初の子どもが生まれ、それゆえ、ハーベスト社の草創期は、彼にとって、乳幼児を抱え、最も家事負担の重い時期でもあったということである。

送り迎えして。保育園はすぐ近くなんですよ。で、ゼロ歳から預けていたかな。えっとね、四時半までにお迎えの時間だったんですよ。そうすると、都心で仕事をしていると、もう三時半に切り上げなきゃいけないでしょう。それが、つらかったですよね。

ところで、この時期、ハーベスト社においては、いかなる書物が出版されていたのであろうか。各種の資料から書誌総目録を作成してみると、一九八〇年代にこの会社から出版された本の総数は一一冊であったことがわかる(11)。その中には、先にあげたM・ポラニー著(長尾史郎訳)『個人的知識』(一九八五)とA・ギデンズ著(友枝敏雄・今田高俊・森重雄訳)『社会理論の最前線』(一九八九)に加え、多くの翻訳書が含まれている。逆に言えば、日本人による著作は、ポラニーの訳者である長尾史郎著『経済分析のABC』(一九八八)と羽仁協子・柳橋保育園著『いまなぜわらべうたか』(一九八九)の二冊のみである。また、分野的にも、現在とは異なり、先のギデンズの著作やレオナルド・ブルーム、フィリップ・セルズニック&ドロシー・ブルーム著(今田高俊監訳)『社会学』(一九八八)などが含まれてはいたものの、全体の中で社会学書は決して突出した存在ではなかった。このうち、『個人的知識』は、売行きも反響も大きく、『社会学』はその後コンスタントに売れ続けていく。

(3) 社会学専門出版社への移行(一九九〇—一九九四)

この『社会学』の出版は、売上げ以外の点でも、思わぬ影響をその後のハーベスト社に与えていくことになる。

ブルーム〔ほか著『社会学』〕の翻訳者をどういう人を選んだかというのは、今田〔高俊〕先生が選んだんですけれども、たとえば佐藤嘉倫さんだとか、松本康さんだとか、江原由美子さんだとか、後になってもうばんばんもう第一線でやる人たちが出てきたので、その時にそういった人たちと知り合いになったのは、やっぱり今になっても非常に大きいですよね。財産ですよね。で、たまたま数理社会学を立ち上げるのとほとんど同じだったんで、あの時数理社会学会さんと、あの第一期の先生たちですよね、だから、海野［道郎］先生とか盛山［和夫］先生とか、あと高坂［健次］先生とか。そういった人たちと割合と遠慮なしに話せるような状況ができたって［いう］のは非常に大きかった。

『社会学』の翻訳作業を進めていたのも、数理社会学会の設立（一九八六年）に立ち会ったのも、一九八〇年代後半のことである。この二つの出来事に関わる中で、三〇歳代前半であった小林は、その副産物として、やはり当時は若手であった有力研究者たちとのあいだにネットワークを構築していったのである。結果的には、ここで培われたネットワークの拡がりが、九〇年代に入ってからハーベスト社の出版物に生じる、社会学書の急激なウエイト拡大に大きな影響を与えることとなる。図2・2に見られるように、この時期、出版点数の上では八〇年代後半とほぼ同じレベルであったものの、ハーベスト社の出版物には、主力となる分野が定められたという点では大きな変化が生じたと言える。この変化の一因として、彼は次のようなことを述べている。

その方［社会学の方］がやっぱり入りやすい。出版社をとっても、岩波書店だって、有斐閣だって、東大出版会だって、どこだって、それほど［大手は数多くないし］（中略）。有斐閣だったら、もう法律がメインだし、日評［日本評論社］だったら経済と法律だし。割合と入りやすい。ですから見てても、［社会学が一番の専門という出版社は］新曜社がもう出てたのか、それほど規模の大きなところはないし、一番入りやすいところだなという［印象でした］。で、自分が学部の時から社会学だったから、割合と原稿［を］読んでても腑に落ちるって、何の違和感もなくできるっていうのもありましたね。

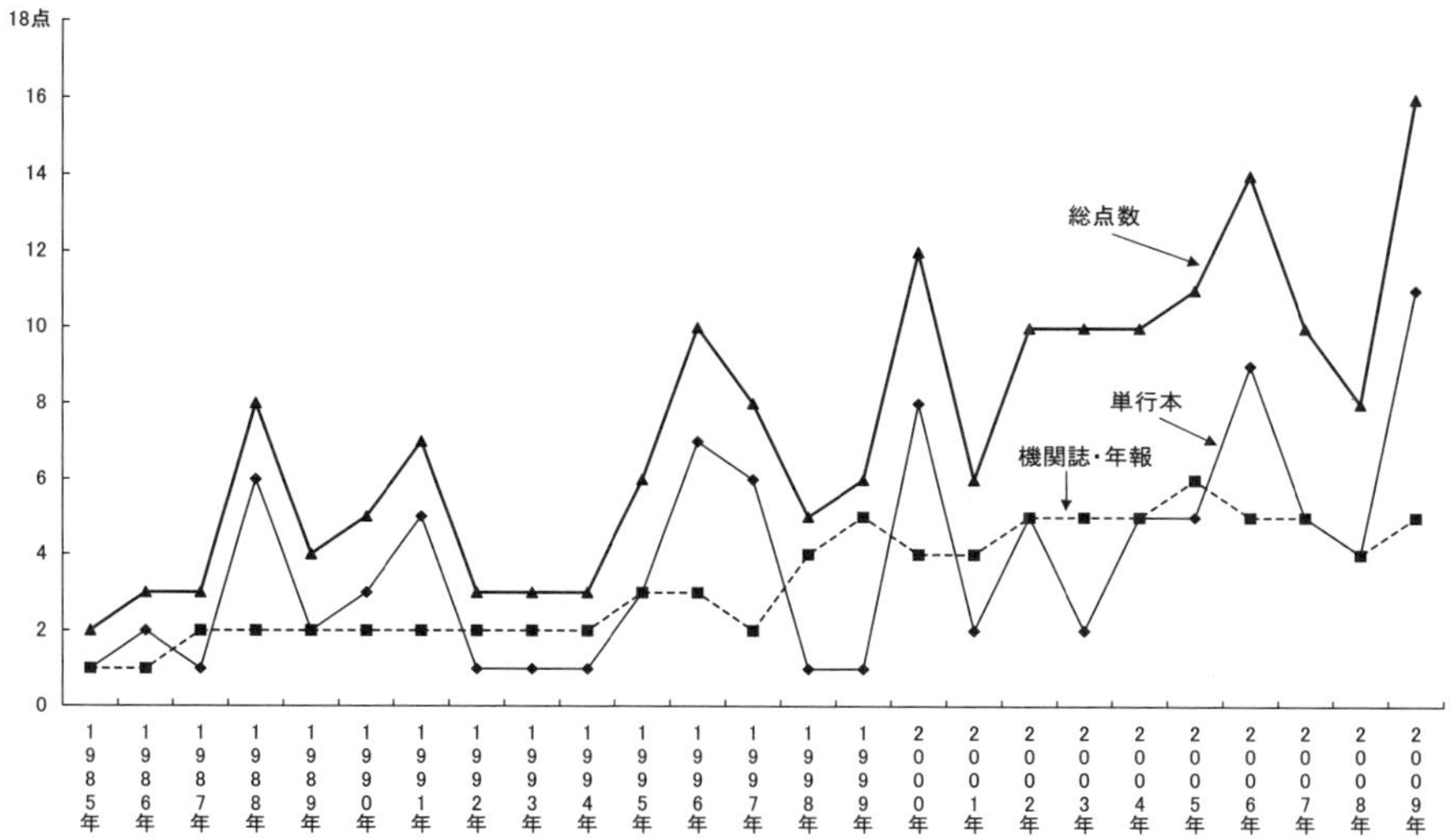

図2・2　ハーベスト社の年次別新刊点数

出所：ハーベスト社提供資料をもとに作成

先にも述べたように、経済学では、中堅から大手までの出版社がほとんどのテキスト市場を占有していて、新興勢力が入り込む余地はほとんどない。それと比べると、社会学の場合には、少なくとも当時は、市場全体が「ニッチ的」な様相を色濃く帯びており、新興出版社としてははるかに活動しやすかったというのである。大手の出版社は、他分野に専門を持つところが多く、社会学専門の出版社は規模がそれほど大きくなかった。しかも、小林には、社会学部の出身とあって、原稿の内容が理解しやすいという個人的な強みもあったのだ。もちろん、こうした利点の反面には、売上げ予想が立てにくく、出した本が売れる保証のない怖さも社会学にはある。それでも、この時期までは、この怖さも「出版不況」の現在に比べれば幾分かは深刻さを欠いていたと思われる。彼によれば、今ならば二の足を踏む、初版で一五〇〇部から二〇〇〇部を当時は平気で刷っていたそうであるから。

(4)　エポックメイキングな本(一九九一)

こうして迎えた一九九一年は、ハーベスト社にとって非常に大きな意味を持つ年であった。なぜならば、この年に、その後の展開につながる重要な本が何冊も出版されているからである。まず、そのうちの一冊目は、長谷正人著『悪循環の現象学』である。この本を出すきっかけは、当時大学院生であった著者の学会発表を小林が直に聞きに行ったことであったという。この本は、結果的に「リベラ・シリーズ」の一冊目となったが、このシリーズは、コンパクトでスタンダード、かつ「新書ほどマスセールスできなくてもいい」カテゴリーとして位置づけられ、その後、この出版社の刊行物の一つの系列をなしていく。このシリーズにおいては、(九〇年代前半に限っても)その後、黒石晋著『システム社会学』(一九九一)、森重雄著『モダンのアンスタンス』(一九九三)と、若手研究者の手による単著が次々に出版された。

これに対して二冊目の本は、厚東洋輔著『社会認識と想像力』である。この本の原稿は、ブルームらの『社会学』の監訳者として既にハーベスト社と関係のあった今田高俊の紹介で、厚東自らにより持ち込まれたものであった。この本の出版は、この会社にとってはある意味「エポックメイキング」な出来事であったという。それは、これが、学界で既に認知されている研究者の本格的な専門書をはじめて出版する機会となったからである。この年には、この他にも、盛山和夫・海野道郎編『秩序問題と社会的ジレンマ』も出版され、まさにここを境に、ハーベスト社は社会学の専門出版社としての地位を着実に固めていくことになる。事実、書誌総目録を見ても、この年を転換点として、日本人社会学者の手による専門書が徐々に増加していくのである。

こうして、一九九〇年代前半に至って、ハーベスト社は、社会学関連の学界において現在の状況に近い位置づけを徐々に確保するようになる。しかし、それは、組織的にハーベスト社が安定し、個人的に小林の生活が落ち着くこととは単純には結びつかなかった。彼の回想によれば、この時期こそが、経営的には一番資金繰りが逼迫した時であったというし、個人的にも、小さな子どもを二人抱えて、保育園の送り迎え、炊事、子育てに忙しく、落ち着いて仕事に集中できなかった時期だったともいう(12)。この頃のことを振り返って、小林は、個人経営だから、どうしても社の方針が自分の感情に左右されることも起こると述懐している。

個人でやっているから、自分の感情みたいなものに割合ともろに反映されてっていうか、仕事上もね。たぶん一番子育てに忙しかった時でもあるし、割合と落ち着いて仕事に集中できなかったかどうかわかんないけど、「いったい何やってたかな」ってのは、あんまり記憶がすっぽり抜け落ちてるような時期なんですね、ある意味逆に。

(三) 一九九〇年代後半以降の変化

(1) 学会誌の刊行

その後、一九九〇年代後半以降、ハーベスト社の活動はどのように変化したのだろうか。この時期以降現在に至るまでの変化は、おおむね次の三点にまとめられる。

まず、第一に、この時期、ハーベスト社が、かなりの数の学会誌・研究会誌を手がけるようになったことである。先述したように、数理社会学会とは、一九八六年の立ち上げから関わっており、それ以来、機関誌『理論と方法』を年二回の頻度で発行し続けているが、それ以外にもハーベスト社は、現在ではさまざまな学会・研究会の機関誌の発行に関わっている。たとえば、日本子ども社会学会の機関誌（学会紀要）『子ども社会研究』の場合には、一九九七年に、リベラ・シリーズの一冊である『モダンのアンスタンス』の著者森重雄の知人である持田良和を介して知り合った深谷昌志から持ち込まれたものであった。また、地域社会学会の機関誌『地域社会学会年報』の場合には、経営・経済書を中心に刊行してきた時潮社から一九九八年の第一〇集以降を引き継いだものであるが、この場合も、当時『地域社会学会年報』の編集委員長であった橋本和孝の紹介があった。さらに、社会科学基礎論研究会の機関誌『社会科学基礎論研究』の場合には、二〇〇二年に、以前より知り合いであった井出裕久から持ち込まれたものであったという。[13]

こうした機関誌にかかわることには、どのようなメリットがあるのだろうか。小林によると、機関誌の場合、学会・研究会側が三〇〇部を引き受けてくれれば、単純計算では赤字にはならないという。しかし、現状の引き受け部数はこのボーダーラインの前後で推移しており、他の諸経費を考えれば、必ずしもここから大きな利益が生まれるわけではない。その一方で、この種の作業には、締め切りの厳しさや複数の著者たちとの校正のやりとりなど、単行本と比べて手間のかかる点も多いと思われる。それでは、なぜ一見厄介な機関誌の発行をこれだけの数引き受けているのだろうか。

そこには、いくつかの理由がある。まず、第一は、それが仕事や収入の安定化に資することである。ハーベスト社の刊行物は、これらの機関誌を除けば、そのほとんどが一冊完結の単行本である。リベラ・シリーズ、シカゴ都市社会学古典シリーズ、ネオ・シカゴ都市社会学シリーズといった各種のシリーズものはあるものの、これらも単行本についてある種のくくり（「カテゴリー」）を導入したものであり、講座や全集のようなセットものとは性格を大きく異にする。それゆえ、先の図2・2（年次別出版点数グラフ）でも一目瞭然であるように、刊行ペースには大きな波がある。言いかえれば、経費や収益の点も含めて単行本だけに頼っていたのでは、年ごと時期ごとに出版社の活動は不安定にならざるを得ないのである。さらに、単行本は、「売れる、売れない」といった収支の見通しがそもそも不透明なだけではなく、取次による支払いの時期などとの関係もあって、たとえ一定の部数が売れたとしても、資金の回収には時間がかかるものでもある。それに対して、学会・研究会の機関誌を引き受けることは、毎年同じ時期に仕事が回ってきて、決して多額ではないかもしれないが、一定の収入が定期的に社にもたらされることを意味する。それゆえ、特に「経営を安定させる」という点で大きな意味を持つのである。

二番目は、学界内でのネットワークの拡充に関するポイントである。学会や活発な研究会の中心メンバーの中には、業績生産力の高い研究者が多く含まれているであろうし、それが新興勢力であれば、将来学界で有力な存在となる研究者と、彼らがまだ若手のうちからつきあいを開始することを結果的に意味することになる。事実、彼は、こうした機関誌の編集を契機として数多くの人びとと出会っており、この種の活動には（収入や作業の安定化と並んで）そういう人びとのつながりの形成を「期待している面が大きい」という。

このことは、書誌総目録の著者の顔ぶれを見ても、いくつも確認できることである。それ以前に機関誌発行を通じて関わった人びとが、その後著者・編者・訳者などの役割を果たすことは、少なくともハーベスト社の刊行物を見る限り、かなり一般的な事態である。(14)

（2）出版点数の増加

一九九〇年代後半以降生じた、ハーベスト社における大きな変化の二つめは、出版点数がかなり急激に増加したことである。この傾向は、単年ごとの出版点数を示した図2・2からも読み取れるが、五年刻みで集計し直してみると、次のように、ヨリ明確にとらえられる。（ちなみに、その後の刊行状況は、二〇一〇年一〇月末現在で、新刊六点、機関誌二点、重版一点、計九点である。）

一九八五―一九八九年 ―― 新刊一一点・機関誌　八点・学生版一点　計二〇点
一九九〇―一九九四年 ―― 新刊一〇点・機関誌一〇点・学生版一点　計二一点
一九九五―一九九九年 ―― 新刊一八点・機関誌一七点　計三五点
二〇〇〇―二〇〇四年 ―― 新刊二一点・機関誌二三点・重版一点　計四五点
二〇〇五―二〇〇九年 ―― 新刊三一点・機関誌二五点・重版三点　計五九点

もっとも、一九九〇年代後半以降の「出版不況」(15)の中では、出版社一社あたりの出版点数は拡大する傾向があると言われているから、増加傾向を示すこのような数字自体はそれほど珍しいものではないのかもしれない。なぜ本が売れなくなっているのに、出される本の点数が増えるのか。この一見矛盾する現象の謎解きとしてあげられる説明は以下のようなものだ。

出版不況と呼ばれる時期に入って、『ハリー・ポッター』のシリーズに代表されるような、きわめて少数の本だけが一〇〇万部を超えるメガヒットを記録する一方で、それ以外の多くの本はそれ以前よりも売上げが落ちただけではなく、売れる期間も急速に短くなっていった（本の寿命が縮んだ）。そのため、一点あたりの書物から上がる収益は小さくなり、出版社はそれを補うために一年間に出版する本の点数を増やしたのであるが、それは当初予想されたような効果を生まなかった。なぜならば、個々の書物からあがる利益の減少を新刊点数の増加で埋めようとすると、新刊には製作費をはじめ経費が余計にかかるため、かなりの点数を増やさざるを得ないからである。この新刊点数の急激な増加が、さらに、小売書店への供給過剰を生むこととなり、その限られた売り場スペースを圧迫するようになる。具体的には、今までであれば平積みになった本がそうならなくなったり、平積みになってもそれまでよりも短期間で入れ替えの対象となったりすることが日常化した。そして、このことにより、本は、一部の例外を除いて、以前よりもますます売上げが低下し、売れる時期も短くなってしまったというのである。

つまり、この説明では、出版業界全体での出版点数の増加が、出版社全体の経営環境をますます悪化させていることになる。個々の出版社の経営努力が、業界としては状況の悪化を加速させているわけで、まさに「囚人のジレンマ」の好例であると言えよう。それゆえ、こうした悪循環を断ち切るためには、業界全体で一斉に出版点数の増加をやめれば良いのであるが、自分のところだけがやめれば、一冊あたりの利益が小さくなっている中では、ますます売上げの低下に直面することは明白である。そこで、序章で「一輪車操業」という言葉を引用したある人文・社会科学系の出版社の編集者の発言にあるように、当事者個々は認識していながらも、全体としてこのプロセスを容易に止めることができないのである。

こうした説明がハーベスト社にも当てはまるかどうかを確認するために、一点あたりの売上げ部数の低下が新刊点数の増加を生んでいるのかどうかを小林に尋ねてみた。すると、ハーベスト社においても、売上げの低下から初版部数を減らさざるを得なくなっているとの答えが返ってきた。創業二、三年目以降、新刊点数は増加しているものの、一点あたりの売上げが低下しているため、年商自体はおおむね横ばいであるという。この話からは、ハーベスト社においても、一点あたりの収益の減少と出版点数の拡大とが同時に生じていることが確認できる。それゆえ、先の説明が基本的に当てはまるようにも思われるが、彼の次の言葉からは、大手や中堅の出版社とは若干異なる事情が垣間見える。

それ［一点あたりの利益の減少を補うために新刊点数を増加させること］は、経営上は、普通だったらあるでしょうね、普通の出版社は。今点数自体増えているじゃないですか、出版業界は。だから、うちとしてはそういうこと［は］あんまり意識したことはないけれども［一般的にはあるのではないでしょうか］。とにかく、［うちの場合は］在庫量を圧縮しなきゃいけないし、だから、初版部数を抑えるしかないっていうことですよね。

要するに、中堅や大手のような「普通の出版社」ならばいざしらず、ハーベスト社のような「ひとり出版社」では、運転資金は当然限られる。それゆえ、製作費や在庫量の増加による倉庫代などの経費上昇を抑える必要があるため、一点あたりの売上げが落ちたからといって、新刊点数で補うという戦略は容易には成り立たないというのである。それでは、ハーベスト社におけるこの時期の出版点数の増加には、どのような事情があるのだろうか。そこには、いわゆる「出版不況」とは別種の要因が大きく作用しているはずである。小林は、そうした理由として、①主として家庭生活の面で、仕事をしやすい環境が整備され始めたこと、②ＯＡ機器の性能が著しく向上するなど、「ひとり出版社」が以前よりも容易に活動できる条件が次第に揃っていったこと、③それ以前と比べて、出版するに足る良質な原稿が入手しやすくなってきたこと、という三つの要因をあげた。これらの要因は、いずれも、「ひとり出版社」であるハーベスト社特有の事情と深く関係しているので、節を改めて一つずつ詳細に検討し直してみたい。

二　現代的変化の背後にあるもの

（一）「自営業としての出版[16]」

一九九〇年代後半以降になってハーベスト社における出版点数が増加した一つめの理由は、子どもたちの手が離れるなど、小林が仕事をする環境が好転したことである。独立直後の状況には先に少しふれたが、仕事以外のことに一番手がかかって大変だったのは、小林自身の回想によると、子どもたちが学童保育所と保育園に通っていた九〇年代初旬であったという。それが、二〇〇五年には、二人の子どもたちは大学生と高校生となり、下の子どもが小学校に上がった一九九五年より前とは事態は一変したと言ってよい。その分、小林は、浮いた時間や労力を出版活動に回すことが可能となったのである。

このように、ハーベスト社の事例を検討してみてわかることは、「ひとり出版社」の第一の特徴は、単に社員が一人の出版社というだけではなく、唯一の社員である社長の生活とその活動とがかなりの程度一体化しているということである。たとえ社長であったとしても、一つの出版社の一年間の出版点数が家庭の事情で大きく影響を受けることは、本書で取り上げる有斐閣・東京大学出版会・新曜社といった大手や中堅の出版社ではいささか考えにくい。しかし、ハーベスト社では、社としての出版活動と社長である小林達也の生活全般とが複雑に絡み合い、もはや分離不可能な様相を見せているのである。インタビューの中で、仕事（オン）と私生活（オフ）の切り替えについて尋ねたところ、彼は次のように答えている。

オンとオフの切り替えは、難しいですよねえ。だから、ここ［仕事場］に来れば仕事上ではオンになるし、家に帰ればオフになる。けど、こっちで遊んでしまうこともあるから（笑）。「いったい何やってるの」って言われた時に、「釣り道具を作ってます」なんて。

「ひとり出版社」の場合、仕事と私生活との区別は意外に困難である。このインタビュー時に小林は、自宅の近くに仕事場を借りていたが、「仕事場にいる時は仕事、自宅にいる時は私生活」という基準はあるものの、それも絶対的ではないと答えている。ハーベスト社の場合には、深夜の時間帯にも頻繁に往復するため、自宅と仕事場とは近接している必要がある。しかし、徒歩で数分の距離は、気分的にオンとオフを分けるにはあまりにも近すぎるものでもあるのだ。[17] そして、一人でやっているのだから、原理上、自宅で仕事をしても仕事場で遊んでも誰もそれをとがめる人はいない。すべては、彼が一人で決めたルールであるのだから、それを守るか守らないかも、それを維持するか変更するかも、もっぱら彼自身にかかっているのである。このことは、仕事をどの時間帯にどの程度おこなうかという問題にも関わってくる。

昨日もそうだけれど、結局、夜一一時ぐらいにここ［仕事場］に来て二時ぐらいまで仕事をしていたかな。そういったことがありますよね。だから、気分、気持ちが良ければずっとやってしまうし。あと、やっぱり、締め切りがある仕事はやるけれども、締め切りがない仕事は（中略）。本なんて、ある意味締め切りがない。ないっていうか、アバウトですからね、ある意味ね。

つまり、仕事の時間帯も一日の労働時間も、自分の都合や気分、体調によって大きく左右されるのである。このことも、基本的には、すべてを自分で決めることができる「ひとり出版社」ゆえの自由さに起因することではある。しかし、ここには、同時に、ハーベスト社が、単行本、すなわち雑誌などと比べて、いつまでに刊行しなくてはならないという締め切りが多くの場合明確ではない刊行物を中心とする出版社であることも作用している。ただし、もしも大手や中堅の出版社に勤務する編集者であれば、単行本の編集に専念していたとしても、社内の締め切りやノルマがあるため、こうはいかないことも確かだろう。もちろん、忙しい時期には、午後五時以降や休日に残業をしたり、自宅に持ち帰って仕事をしたりすることも頻繁にあるだろうが、そこには、そもそも決まった勤務時間というものがその基礎にあるだろうし、まさか職場で「遊ぶ」わけにはいくまい。こうしたことを考え合わせれば、右記の特徴は、「ひとり出版社」だけに限られるものではないとしても、せいぜい家族経営の小出版社までにしか当てはまらないものであると考えられる。

しかも、「ひとり出版社」の場合、社員は一人しかいないのだから、外注しない限り、内容的にも仕事はその出版社の活動全般にわたることになる。つまり、編集者といえども、編集業務をこなすだけではなく、「在庫管理から営業的なものから」すべてをやらなくてはならないのである。こうなると、営業などの活動は、相手の都合に合わさなくてはならないので必然的に昼間におこなうことになり、その反動で、編集作業などは深夜の時間帯の仕事になる。それが最近では、次のような事態を生んだりもするのだという。

割合と［著者の］先生方、深夜起きてらっしゃる方多いから、下手するとチャット状態になることも（笑）、メールでもって。

ＯＡ機器の発達によるこのような事態の進展に関しては、次節で詳しく検討するものの、こうした事態の発生が決して偶然の産物ではないことにここでは注目しておきたい。その背景には、「ひとり出版社」の編集者と著者である研究者に共通する、ある生活スタイルが作用しているのだ。それは、どちらも、プロとして一人で働いているがゆえに、仕事の量も種類もテンポもすべてを自由に裁量できる代わりに、その品質から収益にいたるまで、結果に関する責任も一人で負わざるを得ないことである。その意味では、この両者は、〈職人〉としての側面を濃厚に保持していることになる。「ひとり出版社」の編集者や文科系の研究者は、〈職人〉とひと口に言っても、工房に勤務し集団でものを作り上げるタイプよりは、孤独に自宅に併設した作業場に籠もってものを作り販売も担当するタイプにヨリ近い印象がある。「ひとり出版社」の編集者も研究者もともに、単にものをつくるだけではなく、それとは別種の仕事をおこなうため、昼間は、営業・倉庫、教育・会議など、相手のある仕事や家事を優先しなくてはならず、いきおい編集作業や研究活動は主として深夜におこなわれることになる。それが先にあげた出会いを生んでいるのである。

こうして「ひとり出版社」を支える活動をつぶさに見ていくと、それが多岐にわたり、また労力の点でも決して生半可なものではないことがわかる。その結果、仕事と私生活との区別は曖昧化し、昼夜関係なく仕事は続き、労働時間はきわめて長いが、その割に金銭的報酬は少ないといった事態が生じる。しかも、唯一の社員である社長は、その上、長期にわたって孤独に耐えながら細かな作業に日々邁進することにもなるのである。インタビューの中では、この種の活動を支え続ける暮らしの中で、精神的・肉体的に消耗し、「息が詰まる」経験に出会うことになるのだと聞かされたが、それも無理はないと考える。

それでは、なぜ小林は、経済合理性という観点から見れば非合理的としか言いようがない労働に自ら身を投じ、今でもそのような生活を続けているのだろうか。そこにあるのが、彼が生産している作品（本）への思い入れであり、満足できる本を出したいという欲望である。それゆえ、ある種の〈職人〉と相似た特徴は、単に仕事の形態や家庭生活との近接性だけではなく、作品を世に送り出す基準にも確認することができる。(18)

自分が一番恐れているのは、ダメな本を出したくないという［ことです］。要するに、ダメな本を出しちゃうと、（中略）後味が非常に良くないですね。すっきりしないですよね。

ここに言う「後味の悪さ」は、単に、それまでかけた労力が無駄になってしまったことに伴う虚脱感や徒労感に起因するだけではあるまい。そもそも、その背景には、この会社の組織アイデンティティがあると思われる。先述したように、小林がハーベスト社を創業したのは、勤めていた出版社では難色を示されたポラニーの主著を刊行するためであった[19]。それは、どれだけ事前に予想できたかどうかは別にしても、結果的に、安定した地位と収入を捨て、いわば茨の道に踏み出すことを意味する決断であったはずである。それゆえ、せっかく「良い本」を出版するために厳しい経営環境の中で努力してきたのに、その結果が「ダメな本」を出すことでは気分がすぐれないのも仕方がないであろう。

ところで、彼が言うところの、出すべき「良い本」とはどのようなものであろうか。そこで、何が「良い本」の基準であるかを直接聞いてみた。

もう「売れる、売れないか」はあまり考えないですね。考える（中略）。本っていうのは一冊一冊が違うものだから。そして、思いがけない反応もあるところもあるので、まあとにかく面白そうだったら、とりあえず出そう、出した方がいいだろうというのが今の考えです。前はちょっと、もうちょっといろいろと考えようと思ったんだけど、あんまり、思考を複雑化するといい結果が出ないので。単純化した方がいいだろうっていう感じですよね。

小林によると、今までの経験の中で、出すべき「良い本」の基準についていろいろ考えてみたことはあったが、売上げにおいても、反響においても、思わぬところで想定外の結果が返ってくることが多くあったのだそうだ。そこで、今は「面白そうだ」という自分の感覚を単純に信じて、出すか出さないかを決めているという。この答えは、別の箇所で聞いた「感覚的なものですよ」という発言とも基本的に一致するものの、本人ならざる者にはいまひとつその実像は明確なものではない。しかし、次のような言葉をつなぎあわせると、その基準の一部がおぼろげながら見えてくるように思われる。

古典と、それから評価の決まった本ですね。［ハーバート・］ガンズの *Urban Villagers*［邦訳『都市の村人たち』］なんかもそうだし、あと、たぶん今度出す［イライジャ・］アンダーソンの *Code of the Street*［未邦訳］なんかも、これも絶対日本人に書けないし、だけども重要なもんですよ。

強いて言えば、エスノグラフィーは出したいなっていう意欲は非常に強いですよね。というのは、たぶん、出しにくいから、エスノグラフィーは。かといって、なんか科研費の報告書だけで埋め合わせていって、あとで何十年か経った時にそれを発掘してなんてことは非常に難しいから。だったら、単行本として残しておけばね、何十年経った後に「役に立つと思うんですよ」。

最初の言葉は、「なぜ手間も経費も多くかかるのに翻訳書を出すのか」を聞いた質問への答えの一部である。ここには、①学界で安定して高い評価を得ている本であることと、②絶対に翻訳を出さない限り、扱うことができないテーマの本であることの二つがその答えとして提示されている。ここからは、専門家からの高い評価を得られる、すぐれた内容とオリジナリティを兼ね備えた本が「良い本」であるとの認識が垣間見られるように思われる。[20] そして、次の言葉は、「どのような本をこれから出していきたいか」を聞いた質問への回答の一部である。小林は、分野や著者の学界での地位などにとらわれず「良い本」を出していきたいと答えた後で、このように語った。この言葉からは、「良い本」の基準を満たす本の中でも、特に出版しづらい状況にあるエスノグラフィーに重点を置くことで、将来にわたって学界に対して知的貢献をしたいとの彼の考えが読み取れるように思われる。

（二） 技術・流通・労働環境の変化

ハーベスト社の出版点数が一九九〇年代後半に急増した理由の二つめは、その活動環境の変化にある。先にも指摘したように、「ひとり出版社」の活動が非常に忙しく、その割に報酬の少ないものであることは、この時期に入っても基本的に変わらない。しかし、近年のさまざまな電子技術の発達、流通の再編、労働市場の流動化に代表される諸環境の変化は、結果的に、その活動に、以前にはないさまざまな工夫と節約の可能性を開いたと考えられる。

たとえば、ハーベスト社の場合、一九八五年の創業以来、出版する本の組版に関しては、版下（製版用の原稿）までの作成をパソコンでおこなうＤＴＰ（Desk-top Publishing）を用いて一〇〇パーセント自前でおこなってきた。小林によると、すべての組版を自前でするようになったきっかけは、多賀出版にいた時に、欧米の経済学者の専門書を見たことであったという。それらの本は、装丁は立派だったが、開いてみると、中身はタイプで打ったような体裁で、行の右側さえ揃えられていなかった。彼は、それを見て「専門書っていうのはこれでいいのか」と認識を新たにしたという。

後述するように、本の原価計算の中で、固定費用に分類される組版代は、刷り部数と関係なく、大きな比率を占める[21]。それゆえ、ここを自前でこなすことができれば、かなりの経費節減が見込めるのである。ただし、そうはいっても、組版作業が、機械好きとはいえ文科系出身の彼にとって一人でできるものでなければ、それは決して現実化することはなかったはずである。彼が幸運だったのは、ちょうどその頃、組版の世界で大きな転換が起こっていたことである。学術書の組版は、それまで長年続いてきた活版印刷のための文選工・植字工による活字組版から、手動写真植字機を使用する写植組版となり、さらにコンピュータを使用するコンピュータ組版（いわゆる電算写植）と言われるものに変化し、この頃には、その簡易版が出始めていた。[22] 専門の文選工・植字工がおこなうのと同等の作業形態をみずからがおこなうというのは論外としても、電算写植でも初期の形態では、費用的にも技術的にもハーベスト社には実質的に扱えないものであったに違いない。それゆえ、印画紙に出力して版下にするものに代わって、普通紙に出力し版下として使うものが出てきて、小林は、機械をリースして版組みすることに踏み切ったそうである。具体的には、最初は、富士通の286マシン（パソコン）にビデオボードを差して、二一インチのモニターとフォントを選択するためのコントローラーのついたレーザープリンタとを組み合わせて始めたそうだが、その背景には、DTPがようやくハーベスト社のような「ひとり出版社」にとっても手の届くものとなったことがあると言えよう。

このように、ハーベスト社では、当初よりDTPで組版をしているため、その後二〇年あまりのあいだに生じた、機械やシステムなどの、ハード・ソフト両面にわたる進歩は、この会社の出版作業に大きな影響を与えていくことになる。まず、彼は、一九九三年（『モダンのアンスタンス』から）に、先の286マシンから、マッキントッシュ社製のパソコンに乗り換えて、クォーク・エクスプレス（QuarkXPress）という編集ソフトで作業を進めることとした。この変更によって、この時期から「多少生産力は上がってきた」と彼は述懐する。そして、こうした方向性を決定付けたヨリ大きな出来事が、そのクォーク・エクスプレスからアドビのインデザイン（Adobe InDesign）への編集ソフトの変更であったという。

クォーク・エクスプレスというのは、アメリカのソフトを日本に移植した、もちろん、インデザインもそうなんですけども。その移植した「クォーク・エクスプレスの」性能はそれほど高くなくて、日本の組み方の独特の組み方っていうのがあるんですけれど、それが本当にできなかったんですよね。ぶらさがりといって、枠から、たとえば句読点とか、ああいうの出すやつがあるんですけれど、あれすらできなくて、ルビもまともに振れなくて。いろんな禁則処理がまともにできなかったので、非常に手間がかかったソフトだったんですけどもね。[23] それから、インデザインに変わって、非常に組みやすくなったんですよね。そして、組みも非常に良くなったと思うし。

特に、インデザインへの移行は、その後、マッキントッシュのオペレーティング・システムが、それまでのMacOS9からPDFと親和性の高いOSXになったこともあって画期的であった。PDFと連携しての組版作業は、その後独自の展開を遂げていくことになる。(24)

たとえば、現在、ハーベスト社では、基本的に校正は、ゲラをPDF化して、メールに添付する形で著者に送り、著者がみずからプリンターで打ち出して赤を入れたものを郵便で返送するというシステムをとっている。こういうやりとりを繰り返していると、若手中堅をはじめ、著者も多くの場合、深夜起きていて仕事をしている人が多いので、先述したように、二校、三校、念校と進む中で、しばしばチャット状態になることもあるという。それに続けて、小林は、次のように語っている。

あと、PDFでゲラを送って、その場で見てもらって、「じゃ、ここのところはこうしようか」ってことを、その場でPDFでやりとりすることが可能になってくると、たとえば直しが一ページとかっていうのを一ページだけ送ってってことも可能だから、それが非常に今大きいですね。

こうなれば、校正の箇所が比較的少数に限られる場合には、ネット上のやりとりだけで瞬時に済んでしまうことになる。小林によれば、この他にも、ファイルを受け取る側の容量制限の問題はあるものの、三〇〇ページ以上の本一冊分の量をPDFで著者にそっくり送って最終的な出版の確認を求めることもあるという。こうしたメールに添付する形での大容量の文書のやりとりは、PDF化による情報量の圧縮とブロードバンド回線の普及といった、ここ十年ほどのあいだに整備された情報環境を前提として可能になったものである。(25)こうした方法をとれば、それ以前の、郵送を中心としたゲラのやりとりと比べて著しく時間と経費（郵送料）が節約できるだけではなく、以前であれば気にする必要があった時間帯を気にしないで、編集作業を進めることが可能となる。これは、先にふれたように、昼間は営業などの作業に追われ、なかなか編集作業に取り組むことのできないハーベスト社にとっては大きな変化である。小林は、まだまだ可能性の段階ではあるが、近い将来には、編集会議なども深夜ウェブカメラをつないでおこなうことも夢ではないと語る。(26) 実は、こうした状況の変化は、著者とのあいだだけではなく、今や印刷所とのあいだでも生じている。

印刷所との連携が非常にうまくいっている。たとえばPDFで印刷所に入稿すると、あとになって「何ページだけ差し替えしたいんだけども」って言うと、そのページだけ送ってくれれば、わりとすぐ差し替えすることができる。そうすると、ほとんどネットワーク上だけで仕事ができるから、こちらも移動する必要もないし、スピーディーだし、エラーも少ないし。

ここに見られるような事態は、ハーベスト社だけに限られるわけではなく、小規模な出版社にはかなり共通に見られるものである。印刷所や製本所は、元来、東京など大都市圏のいわば地場産業であり、(27) かつては、出版社もその近郊に（たとえば、神田に通える範囲）に置かれる傾向があったが、その理由の一つがこれらの会社にかなり頻繁に通う必要があったからである。しかし、最近は、地方に本拠を置く出版社も目立つようになってきたという。ここにも、OA機器を中心とする情報・通信環境の変化が大きな影響を与えている。確認したように、現在では、DTPで自社製作する場合、著者からの入稿も、校正のやりとりも、印刷所への入稿も、その差し替えも、基本的にオンライン上でデータを送受信するだけで事足りる。出版社に直接注文される本の発送には、ゆうパックや宅配便が利用できるし、取次への本の納入や在庫の管理業務はあるものの、それもかなりの部分倉庫会社に委託することができる。そうなれば、わざわざオフィス代や倉庫代がかさみ、生活費も高い大都市圏にこだわる必要は必ずしもないのである。

さらに、「ひとり出版社」の活動にとって追い風となっていたのは、情報・通信環境の進歩だけではない。たとえば、流通においては、取次である地方・小出版流通センター（以下、地方小と略称）の一九七六年の設立が大きな要因となっている。地方小は、その名前どおり、地方の出版社や小出版社向けに開設されたこともあって、この会社と取引することには、大手のトーハンや日販などを利用する場合と比べて、小規模な出版社にとっては数々のメリットがあるのだ。まず、地方小の場合、大手取次と比べて自社の取り分を示す掛け率が良く、歩戻しといった追加の負担や支払いの留保もない。「出版不況」の中では、一般に大手取次とのあいだに新規の口座開設をすること自体が難しく、開設できたとしても支払い条件が悪化していると多くの関係者が言う。それゆえ、地方小の開設は小規模な出版社にとってはヨリ有利な条件で口座が開設できるだけでも朗報である。しかも、この取次を使えば、事務作業上も格段に負担は軽減される。ここならば、大手取次では課せられる伝票を毎日書く必要がなく、在庫を預けて、月二、三回補充のために納品すればよいのである。

こうした事務負担の軽減は、多くの社員を雇う経済的なゆとりがなく、それゆえ現社員の労力の点でも余裕のほとんどない小出版社にとっては大きなメリットと言えよう。もちろん、その代わりに、地方小の場合には、返品が厳しいとか、委託販売が難しいという問題もある。しかし、ハーベスト社の場合には、常備の小売店は全国に一〇〇ほどあれば十分であるというし、委託販売は近年状況がますます悪化し、もはやあまり効果が見られないという。アマゾン・ジャパン（Amazon.co.jp）に代表されるネットでの注文の増加もあって、限られた専門家を対象に専門書を生産する小出版社にとっては、再販制度自体のメリットが薄くなっているのかもしれない。

さらに、「ひとり出版社」の経営を考える場合にもう一つ忘れてはいけないことが、労働市場の変化である。近年急激に進んだ労働市場の流動化と非正規雇用の増加も、これらの出版社の運営には追い風の一つとなったように思われる。「ひとり出版社」は、定義上、常勤の社員を雇うことはないが、かといって、必ずしもすべての作業を社長一人でできるわけでもない。そこに生まれるのが、個別の作業単位での外注である。ハーベスト社でも、従来から、装丁の多くや、（現在は違うが過去のある時期には）倉庫での出庫作業などを外注に回してきた[28]。編集作業に関しては、費用効率に加え、ＤＴＰの方法を教授するのが煩瑣であるため、これまでは小林一人でほぼ担ってきたが、それもこれからは見直すつもりだという。

うちは今組版を覚えてもらいたいなと思って、少しずつ出しているんです。（中略）［今までは自分一人でやってきたが］量的にちょっとこなしきれなくなってしまった。雑誌・紀要関係の仕事があって、それをどうにかやってもらえるように訓練してる。

ハーベスト社といえども、出版点数が増加した現在では、もはや組版作業すべてを小林が一人で担当することは難しい状況にあるのだ。もちろん、組版作業だけに専念すればまだ十分にできる規模なのだと彼は言う。しかし、原稿を読んで納得できない部分を著者に戻して書き直しを求めるなどの作業を地道にするためには、既に時間的に厳しい状況になっているのである。先に指摘したように、満足できる本を出すことはこの出版社にとっては一つの重要な存在理由である。それゆえ、内容を一定以上のレベルに保つためにおこなわれるこうした作業の維持は、彼にとって譲れない一線であるのだと考えられよう。そこで、まずは、定型のフォーマットがある雑誌の組版から特定の人に外注をして、徐々にハーベスト社独自のスタイルを学習してもらった上で、将来は「一冊ごとの判断」が必要な単行本の組版を担当してもらうことも計画しているという。

(三) 出版社ライフサイクル

九〇年代後半以降、ハーベスト社の出版点数が増加している理由の三つめは、出版するに足ると小林が判断する原稿が手に入りやすくなってきたことである。

　持ち込みの割合は、結構高くなってきてんじゃないかなあ、昔よりも。(中略) もう半分ぐらいはきてるし。ただ、あと、話し合いの中で、「こういうふうの、やっていこうか」ってのは当然出てくるから、持ち込みとか持ち込みじゃないとか、よくわからないこと [が] ありますよね。

ハーベスト社の場合、出版された本の原稿のうち、著者からの持ち込みの比率は、この時期に入ってそれまでよりも上昇し、現在では五〇パーセントぐらいに達している。実は、純粋な持ち込み原稿以外にも、著者との話し合いの中で立ち上がってくる企画というものもあるので、それも加えれば、持ち込みの比率はさらに高くなるという。もちろん、持ち込み原稿の増加は、出版社にとって必ずしも好ましいことだけではない。しかし、自らの立てた企画のみですべての出版を成り立たせることもまた大変であることを考慮すれば、こうした選択肢の拡大は、「ひとり出版社」の活動にとって追い風の一つと考えても良いのではないだろうか。

なぜ、この時期に入って、原稿の持ち込みや著者との共同企画が、それまでよりもハーベスト社に集まるようになったのであろうか。ここにも、いくつかの理由が考えられよう。

その一つは、いわゆる「学術出版不況」の影響である。学術書が全般的に売れなくなる中で、大手や中堅の出版社では、それ以前よりも採算が重視され、社内の編集会議における出版の可否に関して営業部の意見がより重視されるようになっていったと言われる。その中では、もともとマスセールスが期待できない専門書は、敬遠される傾向がある。現在では、出版社に原稿を持ち込む場合には、本のねらいや構成以外に、想定される読者層や著者による引き受け部数などを明記し、売れることの保障をある程度担保することもよくおこなわれる。そうすれば、いきおい、テキストや啓蒙書などよりも、専門性が高いがゆえに読者層が狭く教科書にも使いづらい専門書は刊行されにくくなる。それは、この後本書で取り上げる、いくつかの出版社の事例の中でも十二分に確認される事態である。それに対して、ハーベスト社では、「売れる、売れない」はそれほど重視されず、出版するかどうかを決める際にも、目次構成と見本原稿を要求するぐらいだという。[29]その分、専門書を中心に多くの原稿が、この出版社に集まってきているであろうことは容易に想像できる。たとえば、翻訳書ではあるが、現在小林が力を入れているシカゴ学派社会学のエスノグラフィーのシリーズも、出版状況が違えば別の出版社に持ち込まれた公算もあったと聞く。

ただし、いくら学界で名前の通っている大手や中堅の出版社が専門書の出版に消極的だからといって、それだけではハーベスト社に以前より多くの原稿が持ち込まれることをすべて説明できるわけでもない。こうした状況は、同時に、ハーベスト社がこれまでの歴史の中で培ってきたネットワーク的関係に由来するものであると考えることができる。言いかえれば、一九九〇年代後半以降、ハーベスト社は活動的な時期を迎えているわけだが、これを出版社という組織の一生の中に位置づけることもあながち無理ではあるまい。出版社も、生物と同じように生まれ、成長し、活動のピークを迎え、徐々に活動力を失い、いずれは消滅する。こうした見方(「出版社ライフサイクル」と呼んでみることとしよう)をとれば、ハーベスト社は現在働き盛りの時期に到達していることになろう。[30]

学術出版の世界では、しばしば編集者は、基本的に、若手の時に知り合った同年代の研究者とともに年齢を重ねていくと言われる。もちろん、実際には同年代だけではなく、年上や年下の研究者ともつきあうのであるが、あまりに年齢差が大きすぎると内容の理解やコミュニケーションに齟齬が生じやすくなることも事実であろう。そうであれば、(幅はあるとはいえ、アバウトに)同年代の研究者が最も生産力の高い時期を迎える頃に、編集者の生産力もまた最大となることが予想される。もちろん、良質な出版企画がいくらあったとしても、それを実現するための意欲や体力を伴わなければ元も子もないが、同年代とあって幸いにして多くの場合、編集者もその頃には心身ともに最も脂が乗った時期を迎えることになると考えられよう。

ハーベスト社の場合も、創業当時は、経済学から始めたこともあって、出版された本は翻訳書中心で日本人研究者の手による著作はごくごくわずかに限定されていた。しかし、その後、その翻訳作業に加え、いくつかの学会の設立に立ち会ったり、それらの学会の機関誌の発行を引き受けたりすることをきっかけとして、徐々に若手や中堅の活発な研究者とのあいだにネットワークを構築していったのである。九〇年代後半以降、そうした研究者たちが、四〇歳台から五〇歳台にさしかかり、学界の中核を支える世代となって、盛んに研究成果を生産するようになっている。こうした状況こそが、著者自らやその紹介によって、良質な出版企画がハーベスト社にそれまで以上に多く持ち込まれる背景に存在する要因である。このことは、小林自らが出版企画を立てる場合にも、執筆の依頼相手やその仲介者として力を発揮してくれる貴重な社会関係資本（第3章では、このような出版社にとっての社会関係資本を「人脈資産」という用語で解説する）という形で機能していると考えられよう。こうした編集者のライフサイクルに伴う出版社の活動の変化は、基本的に大手や中堅の出版社にも見られるものであろう。しかし、社員が一人であるがゆえに、「ひとり出版社」であるハーベスト社では、編集者のライフサイクルが出版社のライフサイクルにヨリ直接的に影響すると考えられる。複数の編集者を抱えていても、皆同年代であれば似た傾向が見られようが、さまざまな世代にまたがって編集者が複数存在する場合には、こうした傾向は社としては相殺されて見えにくいものとなるに違いない。

ところで、一九九〇年代後半以降、少し種類は異なるが、（原稿の持ち込みという点では共通する）博士論文の持ち込みも増えているのだという。この増加の背景には、基本的に、文部科学省が主導する大学院の拡充政策とその結果としての文科系大学院における課程博士号授与の増加がある。しかし、ハーベスト社に持ち込まれるに際しては、これとは別に、同社と何らかのつながりのある研究者を通じて依頼がなされるのが通常であるという。この話を聞いた時、博士論文の場合には、内容的に玉石混淆となりやすい上に、知り合いからの依頼では断りにくいので、デメリットも大きいのではないかとわれわれは考えた。しかし、こうした傾向について小林は、出版社にとっての新しいマーケットになるのではと基本的に好意的であった。博士論文に限らず、個人が（全額か一部かは別として）自ら出版費用を負担して出版するという自費出版に近いものや、科学研究費補助金（出版助成金）や民間の財団の助成金つきの本を、彼自身が今まで何冊か手がけてきたという。これらの本は、市場の売上げに左右されない分だけ、大きな黒字も生まない反面、大きな赤字を生むこともまずない。それゆえ、収益の点で大きな波のある単行本中心の小出版社にとっては、機関誌と同様に、経営の安定に寄与する活動となることが期待されるのである(31)。

三　小規模学術出版社に特有の事情

（一）原型としての「集団的自費出版」とその崩壊

これまで見てきたように、ハーベスト社の歴史と近年の出版点数増加の背景について考察を進めてみると、ひと口に学術出版社といっても、大手や中堅の出版社と「ひとり出版社」に代表される小規模な出版社とではそれぞれの置かれた環境が大きく異なり、それと連動して「出版不況」の意味にもそれへの可能な対応策にも大きな偏差があることに気づかされる。そこで、本節では、小規模な出版社に固有の事情と「学術出版不況」の中でのハーベスト社のサバイバル戦略をまとめることで、本章のむすびとしたいと思う。

少々長い引用となるが、まずは、「集団的自費出版」と題された、次の文章を読んでほしい。これは、日本史関連の書籍を刊行してきた思文閣出版の川島勉によって書かれ、出版業界の専門紙『新文化』に掲載されたコラムの一部である。

〔専門書の発行部数は一〇〇〇～一五〇〇部であるので、日本人の全人口比で一〇万分の一の人びとが買ってくれればめでたく完売となる。通常その〕〝一〇万人の中の一人〟である人々は、地域的にはバラバラに暮らしていても、同じ専門分野の〝村人〟であり、お互いの存在を多少なりとも意識しあっている。そして読者は、昨日のあるいは明日の著者でもありうる人々から構成されているのだ。

村の誰かが出した本を、同じ村の人達が買うことの繰り返し……。流通ルートがいかに介在していても、これは実態としては〝集団的自費出版〟以外の何ものでもない。

刷り部数の数パーセント、時には一割近くが村の〝顔役〟や〝親戚〟に直接配られ（著者買い上げによるケースが多い）、五〇～六〇パーセントをその他の村人が各地の書店等を通して購入する。村向きの本であるから、村以外では無価値であるかというと、そんなことはなく、残りの三～四割は、たとえば神田あたりを回遊する本好きな非村人の手に取られ……とこのように運べば、まずは理想的なパターンである。

とにかく、やはり「ドブ板選挙」向きなのだ。〝夢〟がない、と言えばそれまでだが、企画内容が一定以上の水準を保ち、地道な営業活動を積み重ねている出版社には、それ相応の成果が保証されうるのだ。全国の〝村人〟・大学・図書館に対して丹念にアプローチしつつ、きちんと実績を残している社が現にいくつもある。（川島 1992）

ここでの文章は、日本史の専門書を扱う出版社に勤める編集者によって書かれたものであり、ハーベスト社が主として刊行してきた社会学の専門書とは事情が異なる部分も大きい。それゆえ、その事例の特殊性による限定は決してぬぐいきれるものではない。たとえば、日本史学の場合には、専門家の研究活動自体が本を買うことなしには成り立たないのに対して、社会学の場合にも、全く書物なしの研究は想像できないものの、研究活動と書物との結びつきは相対的にはかなり緩い。内容的に見ても大きな違いがある。日本史学の専門書の多くは、古文書や歴史上の資料の膨大な引用・紹介を含んでおり、そこで取り扱われるのは古語であるがゆえに、専門家でないと文章を読解することさえ容易ではない。そして、解釈には独特の教養を必要とするため、その内容の理解は部外者にはさらに困難である。それに対して、社会学では、専門書といえども基本的に現代日本語で書かれ、現代的な社会現象を対象とするため、内容の理解にもそれほど特殊な教養を必要としないものも多い。

また、読者層の構成においても大きな差がある。たとえば、日本史学では、大学や研究所に勤める専門研究者以外にも、歴史（または社会科）を教える高校までの教員、郷土史家、アマチュア歴史マニアといった、研究活動に一定以上の関心を寄せる広範な人びとが存在する。それに対して、社会学には、プロの専門研究者（とそれを目指す大学院生）以外には、ほとんどそうした裾野の拡がりは期待できない。そうなれば、社会学においては、日本史の専門書のように、プロかアマチュアかは別としても、きわめて専門的な読解技能や知識を持つ人びと（「村人」）だけに読者を厳しく限定することは困難であり、テーマによる差異はあるとしても、社会学者ではない人びと（「非村人」）の需要をより大きく算定するしか策はないのである。

ただし、こうした細かな内容面や購買者比率における差異を抜きにすれば、「集団的自費出版」という形容それ自体は、（ある意味で日本史関連の書籍とは対極的な位置づけにあると思われる社会学関連の書籍を含む）専門書全般にも基本的に当てはまるものであると考えられる。社会学においても、テキストや一般書ではなく、専門書である限り、その執筆には、基本的に多くの専門用語が用いられ、内容の理解にも一定以上の専門知識が必要とされる。そのため、読者の中心がその分野を専門とする研究者であり続けてきたことにまず間違いはあるまい。そして、そうした専門書において、著者が一定以上の部数を買い上げて、大学や学会の有力者に謹呈したり同領域の研究者に贈呈したりしてきたことは今なお続いている慣行である。さらに、この手の書物に関して言えば、専門研究者に加え、大学図書館や全国の地方自治体の中央図書館がこれまで大きな購買層となってきたことにも異論はあるまい。それゆえ、社会学における専門書の刊行もまた、基本的に「集団的自費出版」という議論で示されたものと同型の制度によって支えられてきたと考えられる。問題は、現在この制度が急速に崩れつつあることなのだが、その話に入る前に、専門書出版の原型としてのその性質について改めて確認しておこう。

「集団的自費出版」としての専門書出版は、第二次大戦後、「学術出版不況」の到来まで長く安定した地位にあったと考えられる。川島も、「企画内容が一定以上の水準を保ち、地道な営業活動を積み重ねている出版社には、それ相応の成果が保証されうる」とし、堅実に運営すれば、専門書出版が手堅い商売であると述べている。

なぜ専門書出版が手堅い商売であるのか。その理由を理解することはそれほど難しいものではない。たしかに、専門書の市場は狭く、それゆえ、爆発的に売れることも、その結果、良い意味で予想を大きく裏切るほど莫大な利益を手にすることもほとんど期待できない。しかし、その一方で、専門研究者や各種の図書館など、値段が少々高くてもかなりの確率で購入してくれる顧客（固定客）が存在する。逆に言えば、定価を下げたところで、顧客層に拡がりはほとんど見込めないのだから、こうした目が肥えた固定客にできるだけ確実に購入してもらうことこそが、ここでの営業上のポイントとなるのである。それには、顧客からの評価に値する内容の本であることと、出版情報が（彼らあるいは彼女らに）もれなく伝わることが肝要である。つまり、専門書の出版においては、地道な営業活動を積み重ねた上で、良い内容の書物を買ってくれる顧客の数にあわせて少部数のみ印刷し、そこにその部数で採算のとれる（高い）定価をつけるというやり方が、最も合理的な運営方針となるのである。

近年の環境の変化と連動してここで扱っている事態も変化してはいるものの、少なくともこれまでのところ、専門出版社は、この方針を守る限り、広範な属性を持つ一般読者を対象にしてヨリ安価な書物を多くの部数出すという、一般書や啓蒙書の出版とくらべれば、それよりもはるかにリスクの低い経営を実現してきたと言えよう。

しかし、「集団的自費出版」が戦後の専門書出版の原型だとしても、現状の社会学の専門書の刊行をめぐる実態とは少なくともフィットしないものである。それでは、この制度はいかにして崩れていったのだろうか。「集団的自費出版」という見方について意見を求めた時に返ってきた、小林の次の言葉は、一つのヒントを提供してくれているように思われる。

社会学では、非常に分野が細分化されてるから、要するに、こんな本いらないっていう［人が多い］。たとえば、いいなと思った本でも、必要とする人が少ないケースがあるのかな。（中略）［下手をすると］社会学だったら本当に数十人ですよね。

社会学においては、戦後長らく存在してきた構造機能主義とマルクス主義社会学との対立軸が崩壊した後、いわゆるマルチ・パラダイムとなって領域の細分化が急速に進んでいった。その結果、現在では、専門研究者といえども、少しでも分野がずれると本を購入しないという状況が生まれ、そうした人びとを主たる読者層として専門書を出すことは困難となっているのである。そして、教養主義の崩壊が指摘される中、社会学の専門書を手に取る民間の好事家は、もともと少ない上にさらにその減少に拍車がかかっており、さらに、大学図書館や公共の図書館においても、収納スペース狭隘化の問題や不況に伴う予算削減などの理由から、専門書をかつてほど購入しない傾向が顕著となっている。[32] つまり、「集団的自費出版」の中で「村人」と言われていた固定客を相手にした方法で採算をとることは著しく困難なのであり、かといって一般の本好きな人びと（「非村人」）に期待をかけられるかというと、それも難しい状況なのである。それゆえ、先の小林の言葉には、創業以来専門書を出版しながら否応なく売行きの見通しのつかない顧客を相手に出版活動を続けてきた彼の（手堅い商売である「集団的自費出版」と自身の活動が見なされることに対する）素朴な違和感が込められていたと思われる。

しかも、以前ほど固定客が見込めず専門書出版がもはや「手堅い商売」ではなくなっているという現実は、社会学だけに限られるわけではない。それが証拠に、現在、領域の細分化、研究者の裾野の縮小、図書館の購買力の低下などの問題は、人文系の研究分野にはかなり共通に見られるものである。かつては、学問の性格上、専門書の購入の必要性が高く、「集団的自費出版」というモデルが最もフィットしやすかったと思われる歴史学や民俗学でも、同様の事態は急速に進行している。

たとえば、歴史学・民俗学・宗教学の専門出版社であり、やはり「ひとり出版社」である岩田書院においても、事情はハーベスト社と似たところがあり、ここでも、専門研究者を中心的な読者に想定して、少部数・高定価の本を出すことは、かつてほど「手堅い商売」ではなくなってきている。売行きが流動化するとはいっても、かつての売上げを大きく上回る本は滅多にあるわけではないのだから、以前と同じ程度の収益を確保することは決して容易ではない。専門書の売上げが一般に低下し一点あたりの利益が縮小する中で、手持ちの限られた資源を動員していかにして経営を成り立たせるかという課題は、小規模な専門出版社が現在共通に突きつけられているハードルであると言えるだろう。

（二）小規模出版社のサバイバル戦略

ここまでの議論から、（一般的な「出版不況」とは一線を画する）近年の「学術出版不況」の中で、「ひとり出版社」に代表される小規模な学術出版社といえども、「集団的自費出版」などといった、それまでのやり方に安住しているわけにはいかなくなっていることがわかる。こうした状況を受けて、現在、多くの出版社がまさに社の命運をかけて、さまざまなサバイバル戦略を展開しているのである。このことをヨリ詳細に取り上げるために、ここで、ハーベスト社と（情報を公開している）岩田書院のデータにもとづいて、その前提となる学術書の製作費と出版社の経費の内訳を明らかにするという寄り道をしてみたい(33)。この寄り道を通じて、ひと口に「学術出版不況」への対応といっても、アクセス可能な資源やおいそれとは手放せない足枷などといった前提条件が異なるため、大手や中堅の出版社と

（「ひとり出版社」に代表される）小規模出版社とでは、とれる方法も実際にとる方法も異なることを示したい。

（1） 学術書の製作費

まずは、一冊の学術書を出版する製作費の内訳から見ていくこととしよう。（ここに示したのは、直接的な生産費である。価格の決定に際しては、これ以外にも取次・書店のマージンや印税、出版社の収益など、直接生産費の一・五倍前後の間接的生産費が加味されることになる。）

図2・3の上段は、二〇一〇年時点でのハーベスト社の新刊原価の内訳の一例（A5判、並製本、カバー装、二〇八頁、一五〇〇部、本体価格一八〇〇円の場合）を示したものである。[34] 一方、下段は、一九九五年時点での岩田書院の新刊原価の内訳の例（B6判・並製本・カバー装・本文二一二頁・口絵八頁・七〇〇部・本体価格二五〇〇円の場合）を示したものである（岩田 2003：54）。この図を見ると、一点の新刊を出版するためには、完成稿入稿以降の製作費以外にも宣伝広告費などが必要であるが、製作費に狭く限定しても、その中には、組版・印刷代、用紙代、製本代、校正代、装丁代、運搬代などの多様な経費がかかることがわかる。こうした諸経費は、大別すると、製造固定費と製造変動費とに分けることができる。より細かく見れば、前者には、原稿料、翻訳代、組版代、刷版代、フィルム代などが含まれ、後者には、用紙材料代、印刷代、製本代などが含まれる。[35]

ところで、こうした経費を圧縮しようと考えた場合、これらの経費のうち、製造変動費は、ヨリ安い紙、印刷所、製本所などを使う以外に選択肢はなく、通常の場合大きな節約は望めない。こうした事情は製造固定費の中でも刷版代やフィルム代に関わる部分に関しては基本的に同様であり、根底的な技術革新でもない限り、これらの経費が大きく変わることはない。そうなると、変えられる余地があるのは、原稿料や翻訳代などの印税と組版代ということになり、これと宣伝広告費が出版社を経営する者にとっての主な工夫のしどころということになる。

ハーベスト社

（A５判・並製・208頁・1500部・本体1800円の場合、組版代・校正費を計上したケース）

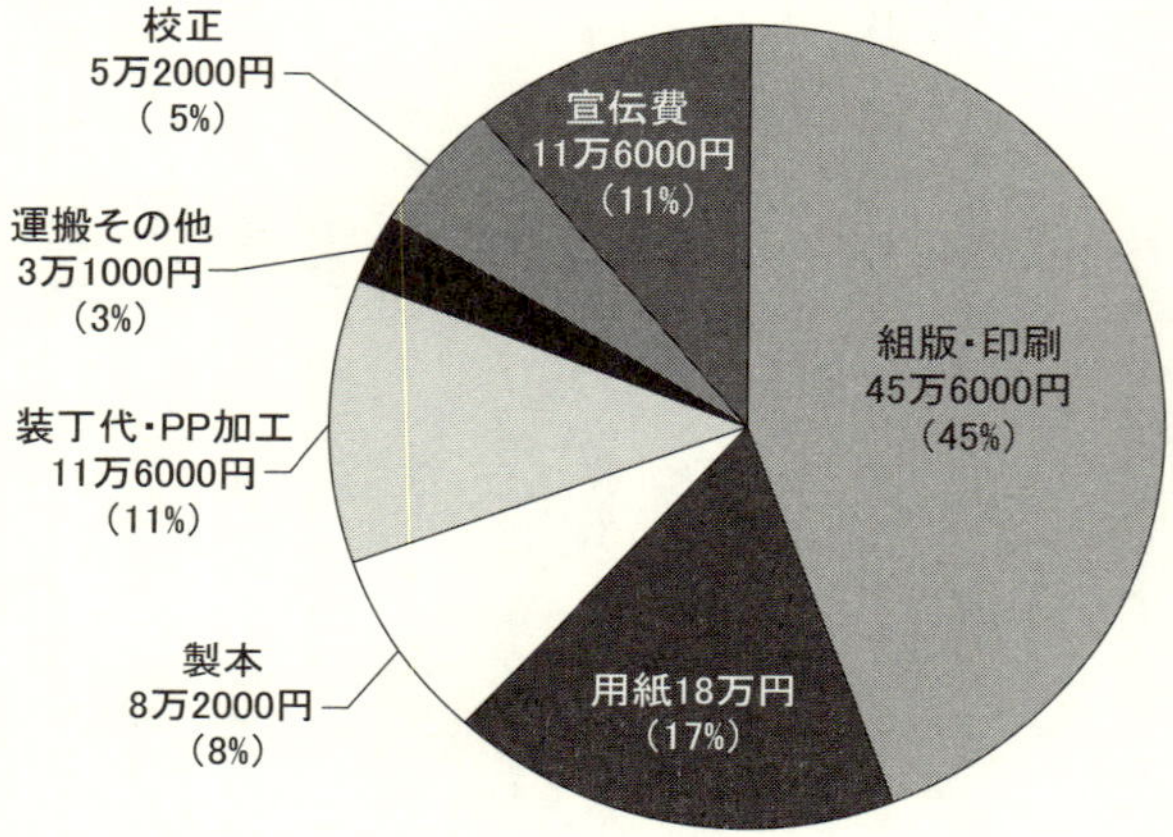

岩田書院

（B６判・並製・212頁・700部・本体2500円の場合）

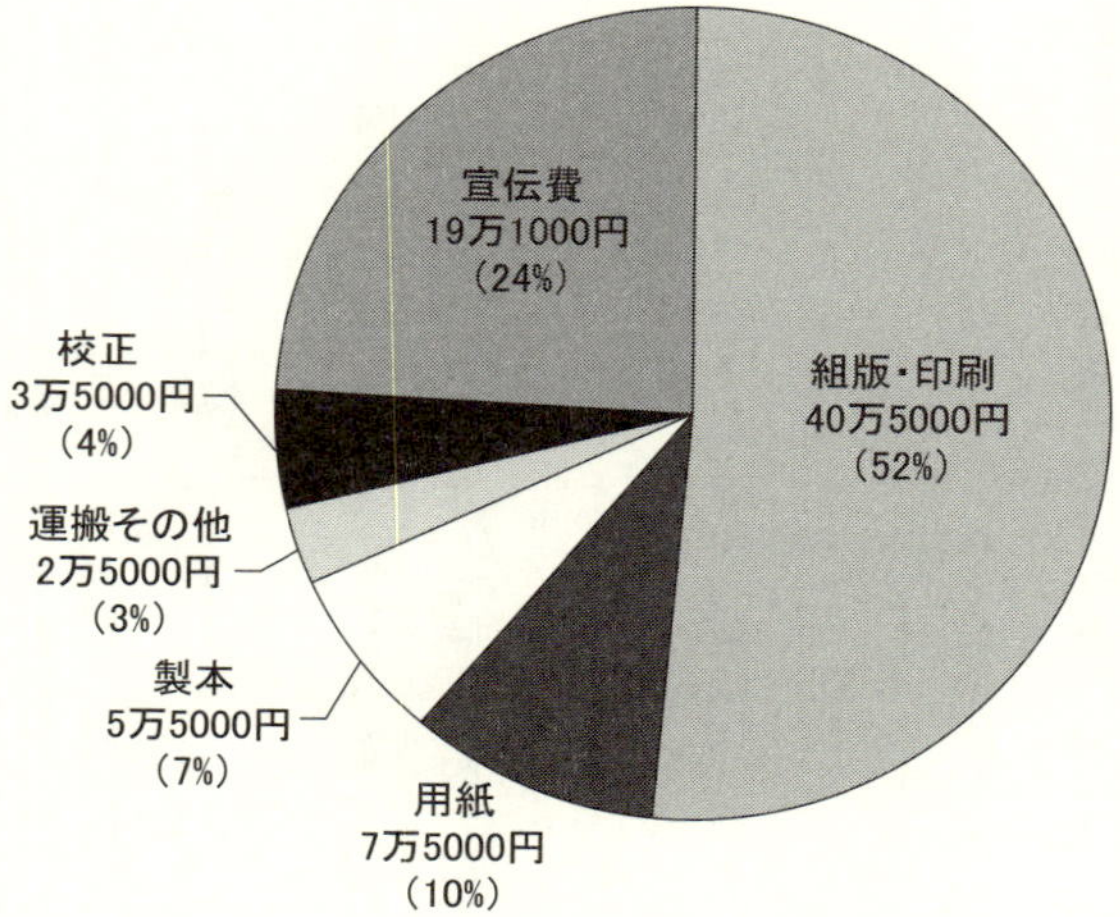

図2･3　新刊原価内訳

出所：ハーベスト社提供資料、岩田博『ひとり出版社「岩田書院」の舞台裏』をもとに作成

(2) 出版社の運営費

次に、社としての運営経費の内訳に目を移そう。図2・4を見てほしい。

これは、同じくハーベスト社（二〇〇六年度）と岩田書院（二〇〇〇年）の通常経費の内訳を示したものである（岩田 2003：195–199）。ここには、新刊製作費と宣伝広告費を除いた全経費が網羅されている[36]。「ひとり出版社」なので計上されていないが、給料・福利厚生費・通勤費などを含んだ広義の人件費も、多くの出版社にとっては通常経費の大きな構成要素である。こうして見てみると、先に検討した新刊製作費と宣伝広告費を除いた通常経費にも、活動実態によってあまり変動しない固定費と、大きく増減する変動費が含まれることがわかる。個別の費目ごとに見れば、人件費、賃借料、通信費などは前者に、荷造り運賃、消耗品費、会議費・交際費、交通費・車両維持費などは後者に、大まかに分類できる。

こうした内訳を経費節減の観点から見てみると、変動費の方は出版社による自助努力にはおのずと限度があり、大きく圧縮する可能性は一般的に低い。それに対して、固定費の方は、状況によっては工夫の余地がある。たとえば、社員を減らして社長自らがその業務をこなせば人件費は大幅に圧縮できるし、そうでなくても、その仕事を外注に振り替えれば、やはり人件費はかなり圧縮可能である[37]。先述したとおり、組版代などはＤＴＰによる自社製作に全面的に切り替えれば大幅に圧縮することができるし、倉庫代に関しても、在庫を一定以上持つ必要があるため、ある程度は必須であるが、場所を変えたり入庫・出庫作業を自前でおこなったりすればその分の節約は可能である。ただし、人件費と組版代・倉庫代などの経費とは、一種のトレードオフ関係にもあるので注意が必要である。全部を社長一人でこなしていけるうちは良いが、社長の持つ時間も体力も有限であるから、ＤＴＰの本をある点数以上製作すれば、出版社の活動はとうてい一人では切り回せなくなる。その分、新たに社員を雇えば、組版代・倉庫代は節約できるが人件費は上昇する。一方、外注に回せば、人件費は節約できるが、その分、組版代・倉庫代は上昇するのである。

ここまで新刊製作費と出版社の通常経費のそれぞれについて、節約の可能性を中心にその内訳に関して考察を加え

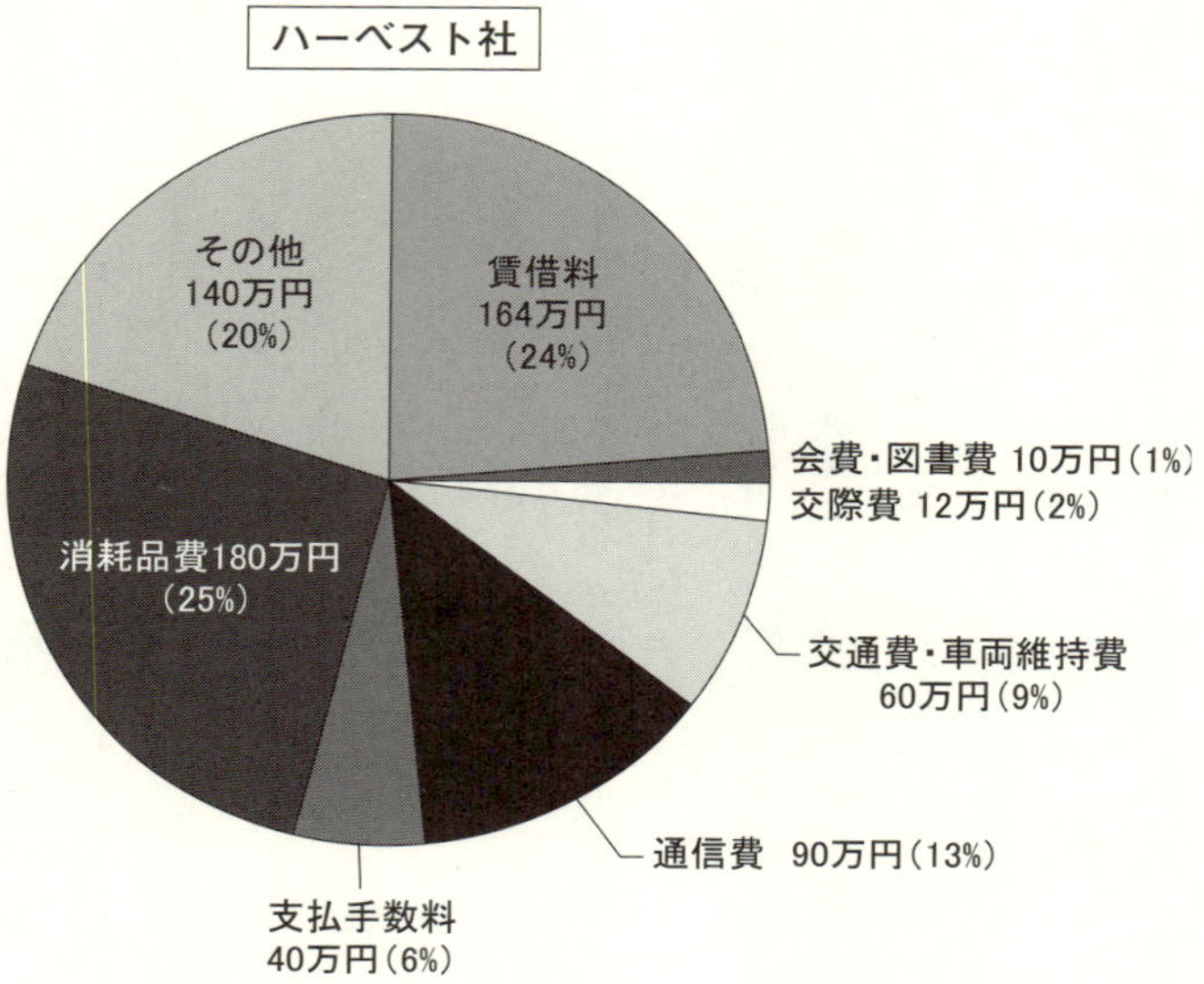

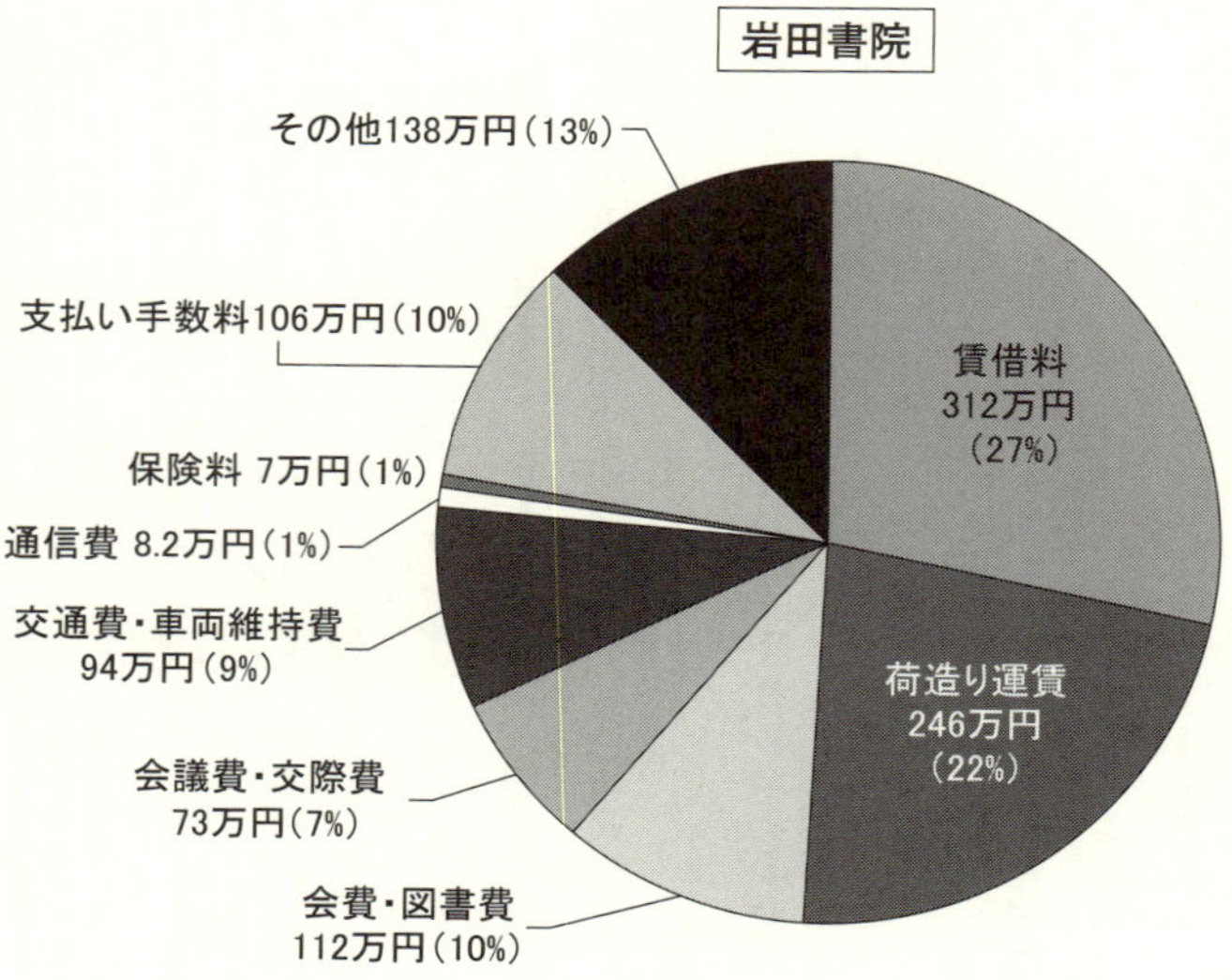

図2·4　運営経費

出所：ハーベスト社提供資料、岩田博『ひとり出版社「岩田書院」の舞台裏』をもとに作成

た。それでは、こうした前提の上で見てみると、ハーベスト社の場合、「学術出版不況」の中で、生き残りのためにどのような戦略を立てていると考えられるのであろうか。最後にこの点について明らかにしていこう。

(3) ハーベスト社の経営戦略

ちょうど僕が学生の頃は、一人で出版社を立ち上げたっていうのは、いっぱいあったんですけど、どこもみんなつぶれてるんですよね。で、つぶれかかったのは、だいたい同じで、要するに人を入れてつぶれてるんです。もしくは、本がたくさん売れてつぶれるんですよ。だから、自分の体より大きく本が売れてしまうと、それを今度また同じものを出すってことは必ず絶対ほとんどあり得ないから、それを錯覚してしまう出版社が非常に多いっていうことと。あとそれから一人の孤独に耐えられなくて人を入れて潰してしまうと。(中略)[人を入れるという場合] 仮に優秀な人が入ってくればいいんだけども、ねえ、稼げるとは限らないわけで [その場合には固定費が増すだけになってしまいます]。

これは、ハーベスト社の経営に関して、小林に聞いていた時に出てきた答えの一部である。ここには、約四半世紀にわたってこの会社を支えてきた人ならではの「ひとり出版社」の陥りやすい罠についての認識と、そこに陥らないための自戒とが読み取れるように思われる。ハーベスト社は、創業以来、常勤の社員を一度も雇わず、社長である小林が自らDTP技術を駆使して新刊すべての組版を自社でおこない、印税は相当の出版物で支払い、賃料の高い事務所を避け、倉庫における出庫作業を自ら担当するなど地道な経営に徹している。もちろん、それでも足りない作業は外注に回すことになるが、このように運営すれば、出版社の経費という観点から見て、最大限の節約が可能となることはここまでの議論をふまえて考えれば理解できるだろう。

このうち、人を常勤で雇わないことは、固定費を抑えることで収益を確保するだけではなく、売上げが安定しない単行本に依存するがゆえの、収支と仕事量のぶれに対応する機動力を確保するための策でもある。その結果として、一人であることは、出版活動上、さまざまなメリット・デメリットを生むことになる。まずメリットからいうと、第一に、新刊を出す際に企画会議にかける必要がないため、「意思決定が早い」という特徴がある。ただし、このメリットは、一人であるからこそ、知り合いから持ち込まれた企画を断ることが難しく、企画を立てる際にも「考えが自分の範囲をなかなか出ることができない」というデメリットと表裏一体の関係にある。このことが場合によっては、独りよがりな判断を生み、もともと保持している内容のある本を世に問いたいという「志の高さ」とあいまって、「ひとり出版社」を窮地に追い込んでいくのだとも考えられよう。実際にはそこまでいかなくても、本の製作にあたって、「ダブルチェック、トリプルチェックがかからないから、思いがけないところでミスしてしまうことがある」という。

こうしたデメリットの中でも、意外に大きな問題が、一人であると出版社の活動が、孤独なルーチンワークとなってしまうことである。これが、もう一つの危険な罠の源泉ともなるのであるが、発想の限界だけではなく、精神的な行き詰まりをも生むだけに「孤独を解消したい」という欲望は単純に抑え込めば良いというものでもないらしい。たとえば、小林の場合には、印刷所・製本所の人びとに意図して相談を持ちかけたり、釣りやカメラなど共通の趣味を持つ人びとのところに積極的に出かけたり、さまざまなことをする中でその解消に努めているという。意外なところでは、ＤＴＰ関連の機械をいじることもそうした精神面での問題に対する対応の一つとなっているらしい。

機械は（中略）好きではあったけども、強くはなかったですけどもね。ただやっぱり、それがいい刺激になってよくやってましたね。（中略）やっぱり、一人でやっていると、外部の刺激が非常に少ないから、もう自分の中の循環でしょう。そうすると、やっぱり非常にまずいんで、本当に、そういった機械でもなんでも少し刺激が入ると、新しいアプリケーションを使ってみようかって、非常に大きいですよね。

ここまで経費を節減する戦略とその波及効果について語ってきたが、ハーベスト社においては、一方の収益を上げる戦略にも可能な限りの工夫が施されている。それが、一つには、学会や研究会の機関誌や年報などへの積極的な関わりであり、自費出版や出版助成金付き図書の受け入れである。どちらも、手間がかかる割には、一点あたりの収益は「おっというほど」小さいが、計算できる安定した収入源となる点では共通している。また、社長である小林の家計という点では、先にも指摘したように、安定した収入を持つ公務員である配偶者の存在が非常に大きい。このように、もともと売上げが安定せず、近年ますます売行きが低迷している専門書出版を中心とするハーベスト社の経営は、安定して経済資本を供給可能ないくつかの仕組みによって支えられているのである。

ただし、専門書出版の方も、経済資本の確保に貢献することがあまりできないからといって、この会社の活動に効果を発揮できていないというわけではない。それは、別の意味で役に立っている。内容のある専門書を出版することは、この会社にとって創業からの目的であるが、その実現は小林自身に大きな充足感を与えると同時に、そこで培った人びととのネットワーク（社会関係資本）と学界に知的貢献をしている出版社という評判（象徴資本）をハーベスト社に供給してくれる。そして、ここで得られた象徴資本と社会関係資本が、個々の単行本や博士論文をはじめ、学会・研究会の機関誌・年報、自費出版や助成金付き図書などの原稿の持ち込みを吸引する効果を持っているのである。

こうしてみると、ここにも、一種のポートフォリオ戦略が結果的に成立していることがわかる。ただし、このポートフォリオ戦略は、大手でとられるそれとは明確に異なるものでもある。大手に見られる典型的なポートフォリオ戦略は、一般に、経済資本を生み出すテキストと象徴資本・社会関係資本を生み出す専門書との組み合わせで成り立っているため、テキストや一般書を多く発行しない小規模出版社にはとうてい採用できるものではない。それに対して、ここに見られるポートフォリオ戦略は、機関誌・自費出版・助成図書と専門書との組み合わせで成り立っており、前者が安定した経済資本（と人間関係資本）を主として提供するのに対して、後者は、主として象徴資本（と人間関係資本）の調達に寄与するのである。テキスト・専門書を問わず、一点あたりの売上げが低迷している現在の環境では、たとえ少額で大当たりする可能性は皆無であったとしても、確実に経済資本を確保し、自社で組版作業をおこなうなど節約を徹底することは、出版社の経営にとっては非常に有効である。（ただし、大手や中堅の出版社の場合、この方法では人件費を捻出することは難しく、この戦略は成り立ちにくいように思われる。）それゆえ、この戦略は、ＯＡ環境などが既に整備されていることもあって、現在の「学術出版不況」の中で（統計的なデータがあるわけではないが）小規模な学術出版社が最も広範に採用している対応策の一つであると思われる。

興味深いことは、近年、テキストと専門書との組み合わせからなる大手出版社のポートフォリオ戦略が、売れる本への画一化という形で崩れつつある中で、この種のポートフォリオ戦略が小規模出版社においては一層強化されているように見えることであろうか。もともと小規模な出版社がとってきた「集団的自費出版」を支えてきたのは、確実に売れるだけの少部数を刷って、それによって収支が成り立つだけの高い定価をつけるという、「単品採算主義」であった。言いかえれば、以前は、専門書を出すことによって、象徴資本・社会関係資本と（少ないながらも）経済資本とをともに獲得してきた小規模な専門出版社は、それまでのやり方では経済資本の確保が難しくなる中で、一つの選択肢として、現在のような新しいポートフォリオ戦略をとるようになったと見ることができる。(38)その結果、以前はポートフォリオ戦略をとっていた大手や中堅の出版社がテキストや一般書を中心に単品採算主義への傾斜を強める中で、以前は単品採算主義で活動してきた小規模出版社が、（内容的には別ものとはいえ）新たにポートフォリオ戦略を採用するという、一種の逆転現象が現在生じているのである。

第3章　新曜社――「一編集者一事業部」

はじめに

ハーベスト社が典型的な「ひとり出版社」のケースであるとするならば、本章で検討していく新曜社は、中堅規模の学術出版社に見られるいくつかの特徴を如実に示していると思われる。

株式会社新曜社は、社長を含む従業員数一二名の学術出版社である。一九六九年の創業以来四〇周年の節目を迎えた二〇〇八年一二月までに、心理学、社会学、哲学を主たる出版ジャンルとして、およそ一〇七〇点の書籍を刊行しており、二〇〇九年末時点での総刊行点数は一一〇〇点以上に及ぶ。この一〇年ほどの平均的な年間の新刊刊行点数は、四〇点から五〇点前後であり、二〇〇九年度の売上高は、四億数千万円である。

新曜社は、心理学関係では、米国の認知心理学者ドナルド・ノーマンの『誰のためのデザイン？』やアリス・ミラーの『魂の殺人』、社会学では、現象学的社会学系の『日常世界の構成』（ピーター・バーガー＆トーマス・ルックマン著・二〇〇三年に『現実の社会的構成』に改題）など多くの話題を呼んだ翻訳書によって、心理学や社会学の分野で特によく知られている。最近では、二〇〇二年に刊行され、翌二〇〇三年に毎日出版文化賞と大佛次郎論壇賞、日本社会学会奨励賞などの各賞を受賞し、二〇〇九年末までに一四刷り三万二〇〇〇部以上を売上げた、小熊英二の『〈民主〉と〈愛国〉』で、さらに広く知られるようになっている。また、二〇〇五年には、同社自体が、長年の出版文化に対する貢献を認められて、梓会出版文化賞を受賞している。

総勢一二名の新曜社の構成メンバーのうち、書籍編集を担当しているのは、現社長の塩浦暲《あきら》を含め約半数の七名である（うち一名が嘱託）。新曜社における刊行意思決定に見られる顕著な特徴は、企画会議や編集会議などのようなフォーマルな手続きを経ることなく、個々の編集者と社長との直接交渉によって刊行が決められることが多かった、という点である。その意味では、新曜社の編集者は、同社の従業員であると同時に、それぞれが半ば独立した事業者としての性格を持っていると言える。この点について、創業の一九六九年以来二〇〇七年までおよそ四〇年にわたって社長をつとめていた堀江洪《ひろし》は、「一編集者一事業部」という言葉で端的に表現している。

つまり新曜社は、官僚制的組織というよりは、むしろいわば「職人（半独立事業者）の寄合所帯」的な一面を持つのだと言えよう。本章では、そのような性格を持つ新曜社において、実際に特定の書籍の刊行がどのような点に重点を置いて決められ、また、四〇年あまりの歴史の中で新曜社独特の刊行ラインナップがいかにして形成されてきたのか、という点を中心にして検討していく。

一　創業から経済的自立まで

（一）　創業の経緯

新曜社へは、都営新宿線・都営三田線・半蔵門線の地下鉄三線が乗り入れている神保町駅が一番近い。同駅のA2

番出口の階段をのぼっていくと、靖国通りに出る。出口のすぐ近くにある「専大前交差点」を左手に見ながら駅出口に隣接するみずほ銀行九段支店の建物に沿って右手に折れると、コンビニエンス・ストアの店舗がある。その角をさらに右に回り込んで一つめの角を左折して進むと、道の右手にあるのが、新曜社が入居しているビルである。その四階建てのビルの二階の窓には、縦が一メートル強で横幅が九〇センチ弱、緑の地に社章および「新曜社」という文字が白色で入った看板が貼られている。同ビルの一階部分には、もう一枚の看板がある。こちらは、大きさとしては幅が二階の窓にあるものの約半分、縦はやや長めの、青地に白で新曜社と書かれたものであり、新曜社の品出し用の倉庫の入り口に張り出すような形で取り付けられている。その一階の品出し用倉庫の奥には、もう一部屋三〇平米強の倉庫がある。その他、二階に営業・編集の部屋がそれぞれ一室、三階には編集・経理・制作用の部屋が一室ある。このように、新曜社は合計で五室の部屋を賃借しており、その総床数は約一八〇平米となっている。

新曜社が現在その事務所を置いている千代田区神田神保町は、古くから本の街として知られてきた。神保町界隈は、靖国通りを中心にして一五〇店舗以上にものぼる古書店・新刊書店・洋書店が軒を連ね、またさまざまな出版社・印刷所・製本所・取次店がその社屋を構えており、世界でも有数の出版関連の産業集積・商業集積地を形成している。新曜社のすぐ近くには、教育出版（すぐ後で見るように、新曜社は、創業直後の一時期、教育出版の編集業務の一部を請け負ったことがある）および医学通信社という二つの出版社のビルがある。また、靖国通りをはさんで北側の白山通り沿いには、小学館や集英社をはじめとする、いわゆる「一ツ橋グループ」と呼ばれるいくつかの大手出版社や岩波書店、そして次章における事例研究の対象である有斐閣などの社屋である、それぞれ十数階建てのビルがたち並んでいる。

新曜社が、その白山通り沿いに建っていた木造三階建ての建物の三階に、「羽目板から茶羽ゴキブリが顔を出す」（小島 2007：165）十畳ほどの板張りの一室を最初の事務所として借りて実質的な活動を開始したのは、一九六九年七月末のことであった(1)。創立時のメンバーは、いずれも、理工書系の中堅出版社である培風館(2)に勤務していた五名であり、その中でも最年長であった堀江洪が三六歳で初代の代表取締役社長になった。

堀江は、それ以前は、神田神保町に隣接する九段南に四階建ての社屋を構える培風館で、一三年間にわたって主に心理学・社会学系の書籍の編集を担当していた。当時は人文系の編集部長と宣伝部長を兼任していたが、次第に会社の運営方針と自分の編集者としての意向とのあいだに齟齬を感じるようになっていたこともあって、培風館を退社して独自に出版社を創業することを決意した（小島 2007：164）。新曜社が創業した一九六〇年代末期は、大学紛争をはじめとして日本の各地で政治運動や労働運動が盛んだった時代であり、出版業界でも労働争議が頻発していた。堀江は、彼が独立を決意した背景の一つには、そのような「時代の雰囲気」もあったように思われる、としている[3]。

その堀江の決意と志に共鳴してともに新曜社の旗揚げに参加した他のメンバーには、培風館で主として数学・計算機関係の書籍の編集に関わっていた小関清と心理学書を担当していた塩浦暲の他に、製作担当の井田邦夫と原紀夫の二名がいた。小関の年齢は堀江とそれほど変わらない三一歳であったが、塩浦は培風館に入社してまだ二年足らずの二四歳であった。

堀江は、創業以来およそ四〇年にわたって新曜社の代表をつとめた後、在職中の二〇〇七年六月に食道癌のために七四歳で亡くなった。同年八月には、その後継者として、堀江とともに創業以来一貫して新曜社の運営を支えてきた塩浦が二代目社長に就任している。

（二） 経済的自立

創業時の資本金は、四〇〇万円であった[4]。そのうち、二五〇万円は堀江・小関・塩浦の三名が出し合い、残りの一五〇万円は、培風館における堀江の先輩であり、堀江たちが新曜社を創業する以前に培風館を退社していた人物が出資することになった。

手持ちの資金がそれほど潤沢にあるわけではなく、当時一〇点ほどあった刊行企画に関しても、多くはまだ腹案の段階であり、必ずしもそのすべてについて書籍として具体化できる見込みがあったわけではない（小島 2007：165）。また、実際に企画が書籍として刊行されて流通ルートに乗ったとしても、書店で書籍が販売されてから出版社がその代金を回収できるまでには六ヶ月前後の日数がかかることも稀ではない。さらに、まだ取引実績がそれほどない出版社の場合には、取次との取引条件、とりわけ「（卸し）正味」と呼ばれる、出版社から取次への卸値の掛け率に関する条件は、既存の出版社と比べ不利になることが多い。実際、当時本の定価に対する正味は、老舗の学術出版社の場合は七割四分前後であったのに対して、新曜社の場合はすべての書籍について一律七割であり、それから、三パーセント程度の「分《ぶ》戻し」という、取次に対する一種の手数料が差し引かれていた。つまり、実質六割七分の正味だったのである。

以上のような事情もあって、創立後の数年間は、自社の刊行物の販売収入というよりは、むしろ、他の出版社からの下請けの仕事としておこなう校正や原稿整理などを中心とする、いわゆる「編集プロダクション」的な業務の収入が新曜社の経営を支えていた。特に、大手の教科書出版社である教育出版社から請け負うことになり、小関が中心となって担当した『シリーズ・新しい応用の数学』（一九七三年刊行開始・全二三巻）の企画・編集による収入は、新曜社の経済的な自立に対して大いに貢献することになった。(5) また、新曜社が独自に企画・刊行した書籍の中では、一九七四年までのあいだに刊行された、『児童心理学』（一九七〇）、『教育心理学』（一九七二）、『臨床心理学』（一九七二）、『心理学通論』（一九七三）、『初等統計解析』（一九七四）の五点をはじめとする教科書類が、それぞれ刊行当初から好調な売上げを示しただけでなく、その後も毎年比較的コンスタントに売れていったことも、経営の安定に寄与していった。

この間に、取次との取引条件も改善されていき、一九七二年には定価別正味となって、比較的高額の定価の書籍については七割三分前後の正味を獲得することができた。これは、新曜社自身が刊行活動の実績を積み重ねていったことに加えて、一九七二年のいわゆる「ブック戦争」（書店組合の日書連が正味改訂をめぐる一連の交渉の中で一部版元の書籍に対しておこなった不売スト）が一つの重要な契機となった。また、新曜社では自社の書籍を常備寄託してくれる書店の確保にもつとめ、常備店の数は一九八〇年までには全国で約二〇〇店にまで増えていった。

堀江によれば、こうして一九七六年前後には、自社の刊行物の販売収入だけで経営が維持できる体制が整っていったのだという。

（三）　著者人脈の重要性

独自企画による書籍の刊行が本格化するのは一九七四年前後からであり、その年には八点の新刊書を刊行している。新曜社では、それ以前にも、創立後二年目の一九七〇年に三点、七一年には六点、七二年には七点、七三年には五点と、毎年比較的コンスタントに新刊書を刊行している(6)。これは主として、堀江・小関・塩浦の三名がまだ培風館に在籍していた頃に手がけていた企画や、同社の刊行企画を通して知己を得た著者が提供してくれた原稿を書籍にしていったものである。

それら初期の書目の中でも特筆に値するのは、新曜社創立二年目の一九七〇年に刊行された城戸浩太郎著『社会意識の構造』と、翌七一年に刊行された村上陽一郎著『西欧近代科学』の二冊である。

『社会意識の構造』は、少壮の社会学者・社会心理学者であった城戸浩太郎の遺稿集である。城戸が、堀江自身の出身でもある東京大学文学部社会学科の先輩にあたる卒業生だったという縁もあって、その遺稿集は培風館から刊行される予定であったのだが、さまざまな事情により企画が宙に浮いていたものである。最終的には、培風館から『社会意識の構造』の紙型《しけい》（活版印刷の場合に用いられる、組み上がった活字の凹凸パターン紙に写し取ったもの。印刷に際しては、紙型に鉛を流し込んで作った鉛版が使用される）が城戸賞選考委員会に寄贈され、さらに同委員会から新曜社に対してその紙型が提供されるという経緯を経て、一九七〇年に刊行という運びになった（高橋 1971：328-329）。初版二〇〇〇部は一年間で売り切れ、また、同書には社会的な発言性があったことなどから評判を呼び、また新曜社という版元の存在を世に知らしめることになった。

『社会意識の構造』が刊行された翌年の一九七一年には、村上陽一郎の『西欧近代科学』が初刷り三〇〇〇部で刊行されている。同書は、日本におけるその後の科学史・科学哲学研究の流れを変える一つの重要な契機になった書物として高い評価を受け、版元である新曜社の声価をも高めることになった。また同書は、いくつかの大学で教科書として採用されたこともあって、その後毎年のように版を重ねるロングセラーとなって新曜社の経営を支えていくことになった。著者である村上陽一郎（刊行当時は上智大学助教授、後に東京大学教授）は、堀江が培風館にいた頃に担当していた本の訳者の一人であった。つまり、『西欧近代科学』も『社会意識の構造』の場合と同様に、堀江が培風館時代に手がけていた仕事や人脈がもとになって書籍の刊行に結びついた例だと言える。先にあげた、四点の教科書についても同様の背景がある。いずれも、何らかの形で新曜社のメンバーが培風館に在籍していた時代に接触のあった著者ないし編者との縁が、書籍の企画と刊行に結びついたものである。

このように、新曜社の場合、その初期の刊行物の企画は、堀江・小関・塩浦の三名が培風館在籍時に形成していた人脈を生かして立てられたものであった。また、培風館時代に知り合った著者が、それまで堀江らとは知己の無かった著者を新たに紹介することによって刊行企画に結びつくという例もあった。後で見るように、新曜社では、このような点、つまり、刊行ラインナップの構成や刊行意思決定において編集者と著者と人脈的なネットワークが果たす役割の重要性という点に関しては、その後も同様の状況が続いている。その意味では、ハーベスト社の場合における刊行の経緯と似通ったところがあると言える。もっとも、後で見るように、ハーベスト社と違って新曜社の場合には、人脈ネットワークの要となる編集者が複数存在することによって、刊行に関わる意思決定は組織レベルでの意思決定プロセスとしての特徴を帯びることになる。

二　新曜社における刊行ラインナップの特徴

（一）　心理学・社会学・哲学中心のラインナップ

先に述べたように、新曜社では一九七六年前後には、ほぼ自社の刊行物だけで経営が維持できるような体制が整っていき、さらに一九七九年には年間売上高が一億円を越えている。(7) また一九八〇年頃までには、年間の新刊刊行点数は二〇点前後になり、その後も、刊行点数は徐々に増えていった。それに伴って、従業員数も増加していき、一九八六年には創立時の二倍の一〇名を数え、以降はほぼ一貫して一二名前後の陣容となっている。先に述べたように、この一二名前後の従業員のうち、編集にたずさわってきたのは、約半数にあたる、社長以下五名ないし六名である。

図3・1は、新曜社の創立以来の年間新刊点数と従業員数を示したものである。この図に見るように、新曜社では、時期によって若干の変動はあるものの、一九八〇年代には年間二〇数点、九〇年代には三〇数点、二〇〇〇年代には四〇数点の新刊書籍を刊行してきた。

この刊行点数の増加と既刊書目録の充実によって、新曜社の出版分野も徐々に広がっていき、現在の同社の図書目録には、経済学や政治学の分野に属する書籍なども含まれている。また、『出版年鑑』（出版ニュース社刊）によれば、新曜社の創業当時の刊行ジャンルは、「哲、歴、社、経、教、理、工」の七分野となっている。その後、『出版年鑑』に記載される同社のジャンル数は、医学関係や文学など、年を追うごとにほぼ一貫して増え続け、一九九六年には上記の七分野のちょうど二倍の一四分野があげられており、今日に至っている。

もっとも、新曜社の図書目録にリストアップされている書目を分野別に分けてもう少し詳しく検討してみると、

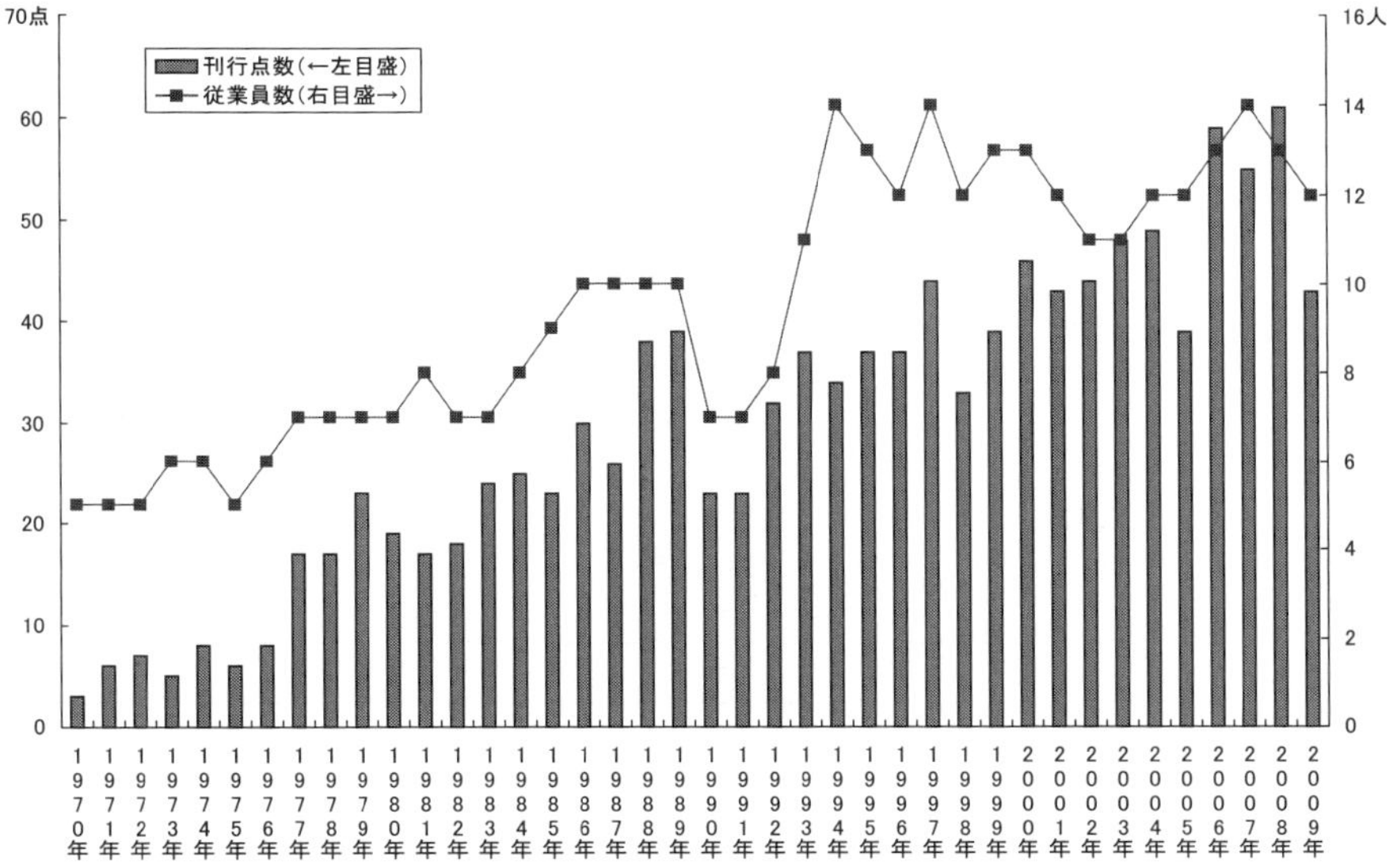

図3・1　新曜社創業以来の年間新刊点数と従業員数：1970–2009

出所：新曜社提供データおよび『出版年鑑』（出版ニュース社）各年版より作成

『出版年鑑』の記載から受ける印象とはかなり違った姿が見えてくる。また、インタビューなどを通して刊行ジャンルの範囲を規定する主な要因などについて検討していくと、新曜社の出版分野と同社の編集者が担当する分野とのあいだには、きわめて密接な関連があることが明らかになってくる。

表3・1は、新曜社の二〇周年、三〇周年、および四〇周年を記念して刊行された三点の図書目録をもとにして、各分野の点数を集計したものである。

表3・1では、出版分野のうち、刊行点数で第四位までの領域をゴシック体で示しておいた。これを見ると、同社の刊行物においては刊行点数に関して心理学が三分の一前後と最大の比率となっており、それに社会学と哲学・思想系の書籍[8]が続くことがわかる。（二〇周年の図書目録では、「子ども・家庭・教育・学校」が第三位となっているが、このジャンルは心理学の分野からいわば派生して生じてきた刊行ラインである。）

この、刊行ラインナップにおける分野の構成の背景にある構想について、堀江はわれわれとのインタ

表3・1　新曜社の出版分野

20周年図書目録		30周年図書目録		40周年図書目録	
文学	17点	文学・エッセイ	34点	文学・エッセイ	48点
哲学・思想・ワードマップ	34	哲学・思想・芸術・ワードマップ	61	哲学・思想・芸術・ワードマップ	77
科学・科学論	12	科学・科学論	17	科学・科学論	26
歴史・伝記	16	歴史・伝記	24	歴史・伝記	13
社会問題・公害	9	環境・公害・社会問題	22	環境・公害・社会問題	24
社会学	36	社会学	64	経済学・政治学	8
人類学・社会誌	17	人類学・宗教・社会誌	31	社会学	113
政治学	3	経済学・政治学	7	文化人類学・宗教・社会誌	22
子ども・家庭・教育・学校	41	子ども・家庭・教育・学校	29	子ども・家庭・教育・学校	35
心理学・精神医学	96	心理学・精神医学	120	心理学・認知科学・精神医学	225
統計学・数学・電子計算機	32	統計学・数学	21	統計学・数学	12
合計	313点	合計	430点	合計	649点

出所：新曜社『新曜社総合図書目録20周年記念号』(1990)、同『新曜社総合図書目録30周年特別号』(2000)、同『新曜社総合図書目録40周年記念号』(2010) より作成。それぞれの時点で入手可能な書目のみを挙げた。(新曜社の図書目録では、品切書目については、末尾に記載されている)

ビューで次のように述べている――「人文科学、つまり心理学から思想、哲学、社会学などを中心にして、その中でできるだけ豊かなレパートリーを持ちたかった」[9]。また、村上陽一郎は、二〇周年記念の総合図書目録にエッセイを寄せ、その中で、新曜社が一九七一年秋に出した「出版案内」という冊子にあげられた一二冊の書名からは、「哲学、心理学、社会学、そして情報科学という分野が照準されていることが判る」としている。(この発言は、ほぼそのままの形で新曜社のウェブサイト上にも引用されている。)

もっとも堀江は、その一方で、出版社の刊行ラインナップにおける分野の構成は、それぞれの出版社の経営者や経営幹部が抱いている構想もさることながら、編集者の担当分野によって規定される部分も大きいのだとする。同じように、塩浦は、目録に示されている刊行ラインナップについて、次のように語っている。

> 新曜社としては、最初から心理学と社会学というのがまずスタートの二つの柱だった。それにですね、計算機・数学もあったんです。その三つが柱で、その三つがどうして柱かというと、それぞれの編集者がいたから。簡単な話で[10]。

実際、新曜社のケースでは、創業後数年のあいだの刊行書目のラインナップは、ほぼそのまま、創業時に編集を担当していた三人がそれぞれ培風館時代に担当していた、心理学（堀江・塩浦）、社会学・哲学（堀江）、数学・統計学（小関）という担当分野を反映するものであった。

次章以降でも見ていくように、有斐閣や東大出版会のように組織規模が比較的大きな学術出版社の場合でも、刊行ラインナップと編集者の担当分野の範囲とのあいだにはかなり密接な関係が存在する。したがってまた、ある編集者が会社を離れると、その編集者が担当していた書目の系統が出版社全体の刊行ラインナップから無くなったり一時途絶えたりする、というような事態も起こり得る。たとえば従業員数六〇名を越える、主として経済学・経営学書を刊行してきたある出版社の場合には、点数は少ないものの かなり長期にわたって維持されてきた自然科学書系の刊行ラインが、その分野を担当してきた編集者が退社することによって事実上消滅していった例がある。

新曜社の場合には、表3・1にあげられている統計学・数学・電子計算機の刊行ラインは、創業時のメンバーの一人である小関が一九八〇年代初めに他社に転じることによって、徐々に縮小していくことになった。堀江は、その結果として、当初は文科と理科の両方の系列があった新曜社の刊行ラインナップは、次第に文科中心の「モノカルチャー（単一栽培）」的なものになっていった、と語っている。[11]

（二） 刊行書籍のタイプに見られる特徴――翻訳書・「ナショナルな教科書」・教養書の重視

(1) 翻訳書

右に見たように、新曜社における刊行ラインナップに見られる顕著な特徴の一つとしては、心理学・社会学・哲学を中心とする人文社会科学系の学問分野の書籍の刊行に重点を置いている、という点があげられる。この出版分野という面における特徴と並んで新曜社の刊行ラインナップに見られる目立った特徴の一つは、翻訳書が占める比率の高さである（115頁の表3・2参照）。新曜社が二〇〇八年までに刊行してきた一〇六九点の書籍の中で、翻訳書は刊行点数にしておよそ三割（三五一点）を占めている。また、四〇年間の刊行点数の推移を見てみると、最も多い年（一九八一年と八二年）には全新刊点数の実に六割前後、少ない年でも二割前後、つまりおよそ五点に一点が翻訳書によって占められてきたことがわかる。

前章では、ハーベスト社の起業とその後の活動において翻訳書の刊行が重要な意味を持つことを見てきた。そのハーベスト社の小林の場合と同様に、新曜社において翻訳書の刊行に力が入れられてきた主な理由の一つには、堀江や塩浦が学術書としての翻訳書に対して高い評価を与えてきたということがあげられる。

先にあげたように、新曜社は、『誰のためのデザイン？』、『魂の殺人』、『日常世界の構成』そしてまたフランスの哲学者ポール・リクールの『時間と物語』（全三巻）あるいはオーストリア生まれの哲学者ポール・ファイヤアーベントの『方法への挑戦』をはじめとする一連の翻訳書の版元として広く知られている。これらの、学術界において高い評価を受けてきた書籍の翻訳書以外のものも含めて、新曜社は、比較的コンスタントに翻訳書を刊行してきた版元である。また、新曜社の書目の中でロングセラーとなっているものの半数以上が翻訳書である。たとえば、右にあげた『魂の殺人』は、二〇〇九年時点で二八刷までになり、五万一〇〇〇部前後を刊行している。

学術書の翻訳書は、既に原著に対する評価が定まっているものを訳出する例が多く、また、日本語の書き下ろしの書籍などと比べて、訳者からの入稿の時期の目安がつけやすい。その意味では、刊行に伴う不確定要素やリスクは比較的小さい場合が多い。また、翻訳書は結果的に高価格になる例が多いこともあって、コンスタントに売れていく場合には、確実な収入が期待できる刊行物でもある。

もっとも、新曜社が翻訳書の刊行を重視してきた理由は、必ずしも経済的なものだけではない。それどころか、翻訳は、定価の六〜七パーセントを占める翻訳権料（原著の著作権者への支払いや翻訳代理業者への手数料などを含む）

に加えて翻訳者への印税（定価の六パーセント前後）の支払いが必要となり、通常の場合著者に支払う印税が一割程度であるのに比べて、出版社の収益にとっては、特に有利な条件があるわけではない。また、訳稿と原文の突き合せなど、編集者にかかる負担も相当程度のものになることが多い。したがって、総合出版社や大手の文芸出版社から刊行されるベストセラー小説の翻訳書などの場合はいざしらず、相対的に少部数の刊行にならざるを得ない学術書の翻訳書は、経済効率という点に関して言えば、必ずしも有利なものであるとは言えない。また、右にあげた、比較的大きな収益が得られたりコンスタントに収益をもたらす翻訳書がある一方で、期待どおりの売上げを示すことがなく、また版を重ねることができなかったものも少なくない。

このような、経済的な面では必ずしも有利なものばかりではない条件があるにもかかわらず、すぐれた翻訳書の刊行は、堀江が新曜社を創業して以来目標にしてきたことの一つであった。われわれとのインタビューにおいて、堀江は、翻訳権を獲得するために必要となるアドバンス（前払い金）を支払えるだけの資金力を身につけることは、新曜社の創業当時から目指していたことの一つであった、と述べている。また、堀江は、培風館を辞めて新曜社を創業する前に、人を介してみすず書房を訪ねて話を聞きに行ったことがあるという。それは、とりもなおさず堀江が、すぐれた翻訳書の版元としてよく知られていたみすず書房を、自社の創業にあたってモデルの一つとして見なしていたからにほかならない。

堀江は、このように翻訳書の刊行を重視してきた理由について、筆者の力量という点で海外と日本のあいだには相当の差があることをあげ、「第一線の成果をちゃんと酌み取りながら、それをできるだけ広い読者に伝えていこうという意味でやっぱり向こうの方が、はるかに一日の長どころでじゃない非常な差がある」と述べている[12]。同じように、塩浦は、インタビューの中で次のように語っている――「海外には、豊富な学識だけでなくそれを一冊の本にまとめられるような『腕力』ある学者による本がかなりある。それを日本の読者に紹介していくというのが、翻訳を刊行していくということの魅力［の一つだ］[13]」。

ここで注目したいのは、新曜社は翻訳書の中でも特に一般書ないし教養書の刊行に力を注いできたという点である。右で述べたように、新曜社では創業以来約三五〇点の翻訳書を出版してきたが、そのうち、教科書はおよそ一六パーセントの五七点であり教養書ないし一般書に分類できる書籍は約三割の一〇六点、それに対して、狭義の研究書すなわち本書で「モノグラフ」と呼んできたような種類の書籍は一八八点で五割強を占めている。つまり、新曜社における翻訳書のラインナップの中では、一〇点のうちほぼ三点は、教養書だったのである。

堀江は、翻訳書に関してモノグラフと並んで教養書や一般書の刊行を重視してきた背景について、『通訳・翻訳ジャーナル』という雑誌のインタビューで、次のように語っている。

日本では、「勉強とは自分でするもの」なのです。学者は、長らく、自分の研究を他に伝えること、つまり、教育にあまり力を注いでこなかった。一方、西洋は、研究者が啓蒙・教育に力を入れてきたというバックグラウンドがある。だから良い啓蒙書、良い教養書の層が厚いのです。[14]

すぐ後で見るように、堀江や塩浦は、日本人の研究者が著者になる書籍に関しても、狭い意味での研究書というよりはむしろ教養書や一般書に近い性格を持つ書籍の刊行を重視してきたのであるが、この翻訳書においても同様の方針がとられているのだと言える。

(2) 教科書——ナショナルな教科書からキーワード中心のシリーズへ

右に述べたように、堀江は、自社のとるべき方向性に関するアドバイスを求めて創業前にみすず書房を訪問したことがある。その時、話を聞いた相手からは、「(みすず書房では) 教科書はやらない。野暮ったくなるから」と言われたという。これに関連して、堀江は、われわれとのインタビューにおいて、新曜社の場合には、翻訳書の売上げだけでは、出版社を維持していくだけの収益をあげていくことは容易ではなかっただろう、としている。実際、翻訳権を獲得できるだけの経営的な体力を蓄えていくためには、安定した売上げを比較的長期にわたって達成できるような書籍が必要になってくる。

新曜社が、そのような意味で経営の安定を目指して力を入れてきたのは、大学の学部講義で使用される教科書の刊行であった。表3・2は、新曜社の創業以来二〇〇八年一二月までの四〇年間に刊行されてきた刊行物のうち、雑誌や事典、用語集などを除く一〇六九点を翻訳書三五一点とそれ以外の七一八点のそれぞれを、「教科書・教養書（一般書）・研究書」という三つのカテゴリーで分類した結果を示したものである。[15]この表に見るように、新曜社がその創業以来四〇年間に刊行してきた書籍の中で、当初から教科書として企画された書籍と教科書的な性格を持つ書籍をあわせると、全体の二割前後になっている。

表3・2　新曜社における刊行書籍のタイプ別点数と比率

	翻訳書	翻訳書以外	合計
教科書	57点（16%）	167点（23%）	224点（21%）
教養書	106　（30）	259　（36）	365　（34）
研究書	188　（54）	292　（41）	480　（45）
合計	351点（100%）	718点（100%）	1069点（100%）

新曜社が創業後しばらくのあいだ特に目指していたのは、「ローカル」な教科書ではなく、「ナショナル」な教科書の刊行であった。つまり、著者自身やその弟子筋にあたる大学教師が、いわば「自家消費」的に、もっぱら自分の講義で教材として使うことを目的として刊行されるタイプの教科書ではなく、全国で採用されるような教科書を刊行していくことを一つの目標としてきたのである。

分野としては、心理学系の教科書が中心となった。先に述べたように、初期に刊行した『教育心理学』（一九七二）や『心理学通論』（一九七三）は、そのような「ナショナル」なレベルでの採用をめざして企画・刊行された教科書である。この二点はそれぞれ高い評価を得て、実際に全国レベルで採用され毎年のように版を重ねて、現在までにともに累計刊行部数で一〇万部を越えており、初期の新曜社の経済的基盤を確立する上で大きな役割を果たした。（また、塩浦によれば、学生時代にそれらの教科書で心理学を学んだ研究者が、その後新曜社から刊行される心理学関係の書籍の著者になる例も少なくなかったのだという。）

心理学以外の分野では、塩浦が中心となって企画し一九七六年に刊行が開始された『社会科学・行動科学のための数学入門』全九巻は、〈文科系の学生や研究者にとって必要な数学・統計的知識を集中的に学習できる標準的な教科書〉という斬新なコンセプトで好評を博した。

以上のような、ナショナルなレベルに重点を置いた教科書の刊行は、一九八〇年代に入って大きな転機を迎えることになった。それまで比較的順調な売れ行きを示していた教科書の売上げが次第に思わしくなってきたのである。その原因について、堀江は、大学教育のあり方の変化に伴って徐々に大教室での授業が少なくなっていった点と、他社が、それまで新曜社が力を入れてきた心理学関連の分野での教科書刊行に参入してきた点の二つが重要であったと見ている。また堀江は、他社との競合という点に関しては、教科書市場での競合という点だけでなく、全国レベルで採用される可能性のある教科書の著者や編者に関しても、他社との重複が目立つようになってきたことも深刻な問題であったとする。

このような事情を背景として、新曜社では、一九八〇年代中頃になって従来型の教科書とは異なるタイプの教科書的な書籍のラインの創設が模索されるようになっていった。また、この新しい刊行ラインに関しては、それまでの単行本中心の刊行方針では経営的に難しいということも考慮され、共通のフォーマットと装丁のスタイルを新規に設定してシリーズ化することが構想された[16]。その模索の結果として一九八六年から刊行が開始されたのが、「ワードマップ・シリーズ」と銘打たれた、「比較的レベルの高い入門書群」（堀江）[17] あるいは「単行本と教科書の中間に位置するもの」（塩浦）という性格づけを与えられた刊行ラインである。

このシリーズの基本的なコンセプトは、〈三〇個程度のキーワードを中心にして特定の学問領域を概観し、また学生をはじめとする読者が独習できる解説書〉というものである。構成という点に関しては、原則としてそれぞれのキーワードに関する解説がいわば「一話完結」型になっており、特定の項目を拾い読みするといった形の利用もできるような工夫がなされた。さらに、同シリーズの著者に関しては、若手の研究者に執筆を依頼して、それぞれの領域における最新の動向をも盛り込めるような配慮がなされている。

キーワードを中心にした学術書というコンセプト自体は、当時既に他社でいくつかの先行例があり、(18)ワードマップ・シリーズも、それらの先例を一つのモデルにして創設されたものである。もっとも、同シリーズでは、単なるキーワードの解説書という範囲を超えて特定の学問領域を一定の視点から概観した「地図《マップ》」を提供する、というところに新しい発想があった。また、カバーする学問領域についても、哲学・思想系から文学研究・心理学・社会学・芸術など、きわめて多岐にわたっている。同シリーズは、判型としては四六判並製で、分量にしても二百数十ページと手頃な大きさであり、また全般に平易な文体で書かれていることもあって、一九八六年に『感覚の近未来』が第一巻目として創刊されて以来、二〇〇九年一二月までに三七点が刊行され、そのうちの六〜七割が比較的コンスタントな売行きを示して順調に版を重ねている。

次章で有斐閣の事例について検討する際に改めて述べる点ではあるが、一九八〇年代後半から一九九〇年代初めにかけては、それまでの、体系性を重視した「概説書」的な教科書が時代の変化とともに曲がり角を迎えて、各社が新しい教科書の形態を模索していた時期であった。ワードマップ・シリーズ創刊の三年後の一九八九年に新曜社から刊行された『ジェンダーの社会学』もまた、新しいタイプの教科書の先鞭をつけた書籍の一例である。

『ジェンダーの社会学』は、当時としてはきわめて斬新な概念であった「ジェンダー」という切り口から現代社会全体のあり方を問い直した新タイプの教科書として高い評価を受けることになった。また各章にストーリー性を持たせた上で平易な語り口で書かれ、さらに随所にコラムやキーワードの解説などを配し、読みやすさや分かりやすさに主眼を置いたテキストブックであったこともあって、二〇〇九年現在で二五刷まで版を重ね、約四万三〇〇〇部を刊行している。また、第4章で有斐閣の事例を検討していく際にもふれるように、この本は、社会学の分野では、他社の教科書づくりに影響を与えることにもなった（園田・山田・米村 2005）。『ジェンダーの社会学』の編集を担当したのは社会学関係の書籍を担当していた小田亜佐子である。同書の著者の一人は、あるところで、小田が、著者たちに対してキーワードやコラムなどを設けることを提案して本を作っていったと述べている（長谷川 2005）。小田自身も、われわれとのインタビューにおいて、彼女自身が同書の構成について積極的に関与していったことについて述べている。[19] 後で再びふれる点ではあるが、この例に見るように、日本の編集者はゲートキーパーというよりは、プロデューサー的な役目を果たすことも多いのであるが、教科書の編集に関しては、特にそのような性格が強くなるのだと言える。

(3) 教養書（一般書）の位置づけ

「まず教科書でベースを作って、その延長上として教養的な本とか啓蒙的な本を出していきたかった」——堀江は、われわれとのインタビューで、創業の頃に持っていた展望についてこのように述べている。[20] この証言は、先に見た、新曜社が翻訳書の刊行に力を入れてきたのは、海外にはすぐれた「教養書や啓蒙書」が存在するからだ、とする堀江の説明とも一致する。先に見たように、新曜社から出版された翻訳書の場合には、点数にして約三割を教養書ないし一般書が占めている。同じように、日本の研究者が著者である書籍の場合には、刊行点数のうちの約三割六分、つまり三点に一点は一般書的な性格を持つ書籍となっている。

このように、新曜社の刊行ラインナップにおいて教養書や啓蒙書あるいは一般書と呼ばれる書籍の比率が一定の割合を占めてきたのは、先にあげたような、より広い層の読者に向けた、質の高い人文書・教養書を刊行するという堀江の意向によるところが大きかったと言えよう。

このような発想は、堀江とともに新曜社の創業以来一貫して同社の運営を担ってきた塩浦の場合も同様である。塩浦は、これについて、次のように語っている。

啓蒙というよりは、学者の世界の「ムラの言葉」をもっと広い範囲に広げたいと思っているんです。研究者たちが身内のジャーゴンでコミュニケーションしているだけでは発展性がない。それは所詮ムラの言葉でしかないし。またそれは、学術誌でやればいいことであって書物でやることとは違うと思う。[21]

また、塩浦の場合は、先にあげた表3・2で「研究書」に分類した書籍についても、研究者の「内輪の言葉」に閉じたものではなく、隣接の学問分野あるいは周辺領域の研究者も含めてヨリ広い範囲の読者を想定することが多いのだという。彼は、これについて教養新書的な教養書とは明確に異なる「専門教養書」と呼ぶ方がふさわしいのではないかとしている。[22]

このように、堀江や塩浦は一貫して一般書ないし教養書の刊行を重視してきたのであるが、「教養書」とは言っても、新曜社の場合には、教養新書や選書あるいは文庫といった方向には向かわなかった。ワードマップ・シリーズの場合にも、一般的な入門書や「新書のようなものとは一線を画して」(堀江)、内容的に質が高く、また脚注や索引などもきちんと整備していくというポリシーが、そのシリーズ創設にあたっての発想の基本にあった。また塩浦は、新曜社において、他社が収入の安定を目指して刊行してきたような、比較的安価で「簡易な」新書の刊行に向かわなかった理由について、一つには、既にさまざまな版元が新書的なラインナップを持っている中で独自性を発揮できないだろうという見通しがあったとする。また、出版社の規模という点から見ても、新書や文庫のようなタイプの書籍を継続して大部数で刊行していくことはきわめて困難であったろうと語っている。

(4) 研究書の企画・刊行方針

新書や文庫ほどの大部数での刊行を見込めるわけではないが、教養書ないし一般書は、通常、比較的広い層の読者に対する販売を想定することができる。これに対して、塩浦が「ムラの言葉」と評しているように、研究書は、その内容が高度かつより専門的なものになればなるほど、その読者の範囲は限定され、したがってまた、それを刊行する出版社の収益に対する貢献は限られたものになっていく。もっとも、その一方で、研究書ないしモノグラフの刊行ラインを持つことは、「学術出版社」としての組織アイデンティティ、そしてまた対外的な組織イメージを明確なものにしていく上では、必須の要件の一つでもある。

これについて、堀江は、モノグラフを継続的に刊行することが新曜社という会社の「存在理由」であるとして、次のように述べている。

> モノグラフは、厳選してやるという感じですよね。それはやはり営業的に非常に厳しいものがありますからね。ただ、それが、そういうものを少なくとも継続的にやってるってことが、やっぱり、私どもの社のね、一つの何というか存在理由でもあるし、世間の読者からも認めていただいているのかなという気がします。(23)

右の発言において、堀江はモノグラフについては「厳選してやる」と述べているが、実際には、刊行点数という点に関して言えば、新曜社の刊行において最も大きなシェア——翻訳書の場合には五割強、最初から日本語で書かれた書籍については四割程度——を占めてきたのは、専門的な内容が中心となっている研究書である。このように点数という点で研究書が相当程度のシェアを占めていることについて、塩浦は、著者が自分の研究成果の発表媒体としての書籍の刊行を求めるものであるという点に加えて、編集者についても、教科書よりは教養書あるいは研究書の企画を手がけたがる傾向があることがその背景にあるのではないか、としている。

もっとも、塩浦は、新曜社の場合には、研究書ないし専門書とは言っても、まさに研究者だけの「ムラ」の世界に閉じたものではなく、より広い層の読者を想定して企画を立て、また編集していくようにしている、とする。実際、塩浦によると、博士論文ないし修士論文をもとにした書籍の刊行は、平均して年に一、二点、多くても三点程度であるという。その種の研究書については、部数を七〇〇部から八〇〇部程度に絞って出すことが多いが、科学研究費補助金などによる出版助成を刊行の前提とする企画の例はそれほど多くはなく、あっても数年に一点程度である。

その一方で、新曜社は、若手の研究者の「処女作」を数多く刊行してきたことでも比較的よく知られている。これについて堀江は、「著者は無名だが、素晴らしい研究を（本の形で）世の中に出していく」のが、創業時からの希望の一つであったとしている。同じように、塩浦は、以前新曜社が「デビュー出版社」と呼ばれたことがあるとし、また「お宅から本が出た著者は出世するんだよね」と言われた時は、嬉しかったとしている。もっとも、このように新進あるいは若手の著者による書籍の企画を手がける場合でも、新曜社の場合には、学術論文をそのまま本にしたようなものではなく、より広い層の読者を想定した本を念頭に置いて編集にあたるのだという。(24)

第5章と第9章で見るように、米国の大学出版部などでは、研究書や博士論文にもとづくモノグラフの刊行が一つの重要な使命としてあり、またその販路としては、大学およびその他の研究機関の図書館による購入を想定する場合が少なくない。それに対して、新曜社の場合には、モノグラフの刊行にあたって、そのような図書館での購入を期待することはほとんどない。実際、図書館に対してダイレクトメールを出すような営業活動はおこなってきたが、書籍の販路としては五パーセント前後の直接販売を除けば、その他の九〇パーセント以上は取次を介した一般書店ないし、アマゾン・ジャパンなどのオンライン書店による販売であるという。また、研究書に関して著者自身による印税相当分の部数の買い上げを前提として刊行することもあるが、それを越える部数については、ほぼ例外なく通常のルートにおける販売が前提になる。

(三) 刊行ラインナップと「ニッチ戦略」

先に、ワードマップ・シリーズ創刊の重要な背景として、教科書市場での他社との競合や大学における教授スタイルの変化などによって、心理学の分野を中心にして全国レベルの採用を意図した教科書の売上げが伸び悩んできたことや、そのような教科書の執筆者となれる著者の確保が次第に困難になってきたことがあった、という点について見てきた。この例に限らず、堀江によれば、彼が新曜社の刊行ラインナップについて考える上で意識してきたのは、他社の動向との関係においていかにして「ニッチ(隙間)」的な市場を確保するか、という点であるという。

当然ニッチをねらうしかないけど、だけどニッチがニッチじゃなくなってきてね。考えることが皆似たようなもので、中小零細の出版社はだいたいそのニッチをめがけて皆入ってくるわけだから。[現象学的社会学などは]本当はあのライン[『日常世界の構成』]でゴフマンとかね、あれでやりたかったんだけど、それはそれで誠信書房で[企画が]スタートしてたとか。(25)

一般に、学術出版社については、さまざまなタイプの書籍や雑誌の刊行を手がけ、いわゆる「ゼネラリスト組織」的な性格を持つ大手の「総合出版社」とは対照的に、特定の分野に特化した刊行ラインナップを構築して特色を出し、またニッチ市場を確保しようとする「スペシャリスト組織」としての戦略をとる場合が多いことがよく知られている(Powell 1985 : 18 ; Parsons 1989 : 20–37)。(ただし、米国の場合と比べて、日本の学術出版の場合には、ゼネラリスト組織とスペシャリスト組織とのあいだの区分は必ずしも明瞭なものではない。この点については、第9章で改めて見ていく。)その点からすれば、堀江の構想もまた、スペシャリスト組織としてのニッチ戦略に沿ったものであると言える。

もっとも、出版社とりわけ人文社会科学系の出版社に関しては、ある出版社が確保したニッチ的市場への参入障壁は、他社にとってそれほど高いものではない。実際、本書の主たる検討対象である四社に限らず、われわれがこれまで聞き取りをおこなってきたいくつかの出版社における刊行企画に関して、しばしばきわめて重要な情報として取り扱われていたのは、過去に他社ないし自社から刊行された「類書」の存在である。(26) 類書、すなわち、企画案としてあがっているものと同じような領域やテーマを扱っている書籍が既に何点か存在しているという事実は、そのようなタイプの書籍が一定の売上げを示す可能性があることを示している。したがって、右にあげた堀江の発言に見られるように、「ニッチをめがけて」他社が参入してくる可能性は十分にあるのだと言える。

もっとも、類書が存在しているということは、一方では、その市場が既に飽和状態に近づきつつある可能性をも示唆する。(27) したがって、出版社は、市場が既にある程度形成されていながらも、同時に、その市場の中でもまだ他社によって埋められていない「隙間（ニッチ）」をねらうことによって差別化を図ることが一つの重要な戦略となるだろう。また、そのようなニッチ的な刊行ラインを強固に組み立てることは、組織イメージにおける出版社の「個性」を際立たせる上でも、きわめて効果的な経営方針であると言える。堀江が語る一種のニッチ戦略の背景には、このような配慮があると思われる。

塩浦は、堀江の語るニッチ戦略とは少し違った観点から、出版物のタイプを中心とする刊行ラインナップの特徴によって新曜社の個性を明確に示すことの必要性について、次のように述べている。

> 教科書と単行本と講座物と翻訳とか、そういったもののバランスですよね。全部翻訳物になっちゃっても、みすず書房の二番手、三番手になっては困るし。全部講座になっても、東大出版会には絶対かなわないし、というところで。じゃあ、あまり教科書路線を強めても、やはり有斐閣には及ばないし。(28)

一般にマーケティング戦略や組織戦略においては、競合他社との関係を考慮に入れた、市場における自社の位置どり（ポジショニング）が、きわめて重要な問題としてとらえられてきた。右のような堀江や塩浦の発言からは、出版社、とりわけ中小の出版社の幹部メンバーにとっても、同様のポジショニングの問題がきわめて重大な関心事になっていることがうかがえる。つまり、一般の企業の場合と同様に、出版社にとっても、いかにして自社製品を他社製品と差別化できるニッチを確保し、また製品ラインナップ（刊行ラインナップ）の独自性を際立たせることができるか、という二つの問題が、きわめて重要な問題としてとらえられていると見ることができるのである。

もっとも、出版社の場合には、個々の製品（書籍）や製品ラインをつくっていく上での最も重要な資源である原稿の供給を組織の外部に存在する著者にほぼ全面的に依存している。この点に関しては、製造業に属する一般的な企業組織とは若干性格が異なる面がある。また、その組織外部との連携役を果たす編集者が刊行ラインナップの形成にあたってかなりの程度の影響力を持っているという点も、出版社の顕著な特徴であると言えるだろう。

三　新曜社における刊行意思決定プロセスの特徴――編集会議を無くした出版社

（一）　編集者の裁量性と組織的意思決定プロセス

前節では、もっぱら、堀江と塩浦という、新曜社の創業以来その経営の中枢を担ってきた二人の証言を元にして、同社の刊行ラインナップの背後にある、本書で言う「複合ポートフォリオ」の構築をめぐる構想の概略について検討してきた。当然のことながら、出版社の刊行ラインナップの構成は、その経営幹部や管理職従事者の構想や計画だけですべて説明できるわけではない。それどころか、各種の現実的条件によって、経営幹部の発想や構想と実際に形成されていく刊行ラインナップとのあいだには、さまざまなズレや食い違いが生じていく場合の方がむしろ多い。たとえば、当初の刊行企画と最終的に出来上がった段階の書籍とのあいだに、分量や内容という点において大きなへだたりがある場合は珍しくないし、刊行日が予定を越えて大幅に遅れてしまうことも決して稀ではない(29)。また、本の売行きが思わしくなく、それが資金繰りに深刻な影響を与えているような場合には、当初の構想からは多少外れていても、確実な売上げを見込むことができるタイプの書籍の刊行に重点を置かざるを得なくなってくることもあるだろう。また、そのような軌道修正を経て、全体的な刊行ラインナップの構成に関する構想それ自体が次第に変化していく可能性もある。

このようなさまざまな現実的条件の中で最も重要なものの一つに、第1章でふれた、出版社における刊行意思決定プロセスに見られる分権性という問題がある。つまり学術出版社においては、どの企画を採用するかという点に関して、経営者や経営幹部の意向や構想と、実務を担当する編集者の裁量的な判断とのあいだの兼ね合いが重要な問題になることが少なくないのである。実際それがまた、ハーベスト社のような個人出版社と、新曜社のように複数の構成メンバーからなる出版社における意思決定プロセスとのあいだに見られる最も顕著な違いの一つでもある。

ハーベスト社のような個人出版社の場合には、オーナーでもあり、またゲートキーピングと編集作業を自ら担う小林の構想や意向が、比較的ストレートに実際の刊行ラインナップに反映されていく。それに対して、新曜社のように複数の構成メンバーからなる出版社の場合には、刊行企画の決定にあたっては、メンバー間でその意向や作業内容を調整していくことが、どうしても必要となる。つまり、刊行に関わる決定は、組織レベルでの意思決定という性格を帯びることになるのである。そして、編集者に対して本づくりについての大幅な裁量権が与えられている場合には、刊行意思決定に際しては、編集者と幹部メンバーの意向や構想とのあいだの調整ないし一種の「すり合わせ」が、きわめて重要な意味を持つことになる。

出版社においては、さまざまな種類の打ち合わせや公式の会議がその調整の場としての機能を果たすことになる場合が多い。編集部の同僚間や上司と部下のあいだで随時交わされるインフォーマルな会話や打ち合わせ、あるいはまた、特定の期日を設定し、また刊行企画書などをはじめとする、所定の書式によって作成された文書を準備しておこなわれるフォーマルな企画会議や編集会議ないし定価会議などのプロセスを経て、最終的な意思決定がなされ、また企画の細部（構成・定価・刊行部数など）が詰められていくのである。それらの打ち合わせや会議は、刊行ラインナップに関する、組織としての構想と具体的な個々の刊行企画の内容とをすり合わせていくための場となる。また、それらの公式の会議やインフォーマルな打ち合わせは、その組織全体の構想それ自体について確認し、あるいは再検討していくための機会になることもあるだろう。そして、その構想の確認や再検討にあたっては、出版社のメンバーが自組織の基本的な性格や対外的イメージについて持っている認識が大きな意味を持つことになる。

（二）新曜社における刊行意思決定――編集者の自律性と裁量の範囲

これから第4章と第5章で見ていくように、有斐閣や東大出版会においては、まさに、それらさまざまな種類の会議が、右に述べたような形で、組織の位置づけあるいは組織アイデンティティや対外的イメージと刊行企画とのあいだの対応を確認していく上でも非常に重要な役割を果たしていると考えられる。それに対して新曜社の場合には、ある時期からは、そのようなフォーマルな会議が開かれることはきわめて稀になった。それに代わって、特定の企画に関する刊行の可否、定価、発行部数あるいはタイトルなどについて最終的に決定する上で最も大きな意味を持つようになっていったのが、個々の編集者と社長とのあいだの直接交渉である。その意味では、新曜社においては、ハーベスト社のような個人出版社とも、あるいはまた、有斐閣や東大出版会のような出版社とも異なる形で刊行に関わる意思決定がなされているのだと言える。

実際には、新曜社においても創業後しばらくのあいだは、他の出版社と同じように企画に関する会議や事後の報告会のような会議が持たれていた。しかし、一九八〇年前後までには企画会議が持たれなくなり、ついで報告会も八〇年代半ばまでには無くなっていった[30]。会議を廃止したのは、主として堀江の意向によるものである。堀江によれば、それには、彼が以前に勤務していた出版社での会議の多さに対する反動という面もあったのだという。もっとも、堀江はその一方で、編集という仕事が持つ個人営業的な側面についての、彼自身の個人的な信念を、新曜社において編集会議を持たなくなっていった理由の一つとしてあげている。

これについて、堀江は次のように述べている。

> 編集者の場合はねえ、やっぱり、極端なことを言えば一人ひとりが個人的経営者というかね。個人営業みたいなところがあるのだし。だから、どういう本をやろうかという企画については相談して。でも、全員で相談するというような、そういうことはなくて、担当者と私ですべては決めてきた。決まった仕事の進め方とかそういうものについては、完全に［それぞれの編集者の］オートノミーに任せてきた[31]。

堀江が二〇〇七年に亡くなり、塩浦が二代目の社長に就任してからも、新曜社では、基本的には、塩浦と個々の編集者との交渉によって刊行の是非にはじまり定価や初版部数などにいたるまでの決定がなされている。もっとも二〇〇九年現在では、刊行予定の書籍の基本的な情報や進行状況などについては電子メールによって周知されており、それぞれの編集者がどのような企画に取り組んでいるのかという点について、社内で情報が共有できるようになっている。また、塩浦は、「集まって話をすることも、たまには必要だろう」としている[32]。（実際、渦岡謙一を中心とする第二編集部においては、二〇〇八年からは月に一度程度のペースで若手の編集者二名の企画案について話し合う、一時間程度の会議が持たれるようになっている。また、企画についても、社長の塩浦との交渉の前段階として渦岡の承認を得ることになっている。）

その塩浦も、編集者の職能に関しては、基本的に堀江と同じような見解を持っている。塩浦によれば、一人前の編集者は、「一国一城の主」のようなところがあるのだという。そして、研究者が専門領域や研究テーマを自分で決めていくように、編集者も、自分の担当する著者やテーマを自分で決めていくのであり、その意味では「編集者としての専門性を自分で作っていく」のだとする。(33)

堀江と塩浦が持っているこのような信念は、新曜社において編集者がおこなってきた具体的な業務の内容とも密接に関連しているものと思われる。すなわち、新曜社においては、営業や製作などの業務を除けば、編集業務に関しては、ハーベスト社の場合と同様に、それぞれの編集者が基本的にほとんどすべての作業を担当することになっているのである。その中には、刊行企画の立案から原稿の督促、原稿整理、割付、校正、そしてまた装丁デザイナーや印刷所との折衝、帯の手配などの業務などが含まれている。また新曜社では、一点一点の書籍についての原価計算についても、それぞれの編集者が製作担当者と相談しながら自分でページ数や部数あるいは装丁などに関わる情報を勘案して見積りを出した上で、社長の了解を得ることになっている。

こうしてみると、新曜社のようなタイプの出版社の場合には、編集者は、新曜社という組織の一員であるとともに、一人ひとりが半ば独立した事業者としての一面をも持っているのだと言える。実際、書籍、特にその中でも学術書のようなタイプの出版物の場合には、本の内容という点でも販売見込みという点でも、一点一点がいわば新規事業としての側面を持つことが少なくない。このような意味での、編集者の裁量幅の広さと一種の社内起業家的な側面については、これまでも多くの論者によって指摘されてきたところである。(34)そして、新曜社のように、本づくりのプロセスのほとんどすべての側面に編集者が関わるようなシステムの場合には、とりわけその側面が濃厚になってくるのだと言えよう。

したがってまた、堀江や塩浦が思い描く刊行ラインナップの構想や計画についても、刊行企画の内容を細かく規定する厳密な枠組みというわけではなく、むしろ、その範囲内において各編集者が相当程度の裁量性を発揮できる一定のガイドラインという程度のものになることが多い。これについて、堀江は次のように述べている。

あるまあ、何というかなあ、グレーなあれ〔目安〕があって、その中で皆んなほどほどに動いていて、それがおのずから毎年似たようなパターンに結果的になっているから。それが〔売上げが〕急激に落っこちるとかね、そういうことになれば、そりゃ何とかしなければならんけど。急激に落ちそうだということがあればね、「当面今はこういう企画は少し抑えておいて、こういうことは入れようじゃないか」ということになると思うんですけど、今のところはまあ（中略）〔とりあえずある程度うまくいっている〕。それをやると、まあ、かなり私自身も精力を使わなければならないしね。なかなか、その、日常的なルーチンワークも結構ありましてね。そういうわけで、皆んなの顔色をうかがいながらやっているわけで。(35)

実際、新曜社においては、刊行ラインナップの方針について明示した文書のようなものが存在しているわけではない。また、堀江や塩浦が刊行書目においてそれぞれのタイプの書籍が占める割合について、詳しくモニターしてきたわけでもない。事実、塩浦によれば、表3・2のような形でタイプ別に刊行物を分類してみたのは、今回がはじめてなのだという。

同様の点は、それぞれの編集者が新曜社の刊行ラインナップについて持っている認識についても指摘することができる。たとえば、渦岡は、堀江からは「ベストセラーをねらうのではなく、ロングセラーを目指していくように」あるいは「もう少し教科書ないし教科書的なものを出して欲しい」というような趣旨のことを言われた以外は、特に企画方針についての指示を受けた記憶はない、としている。(36) 同じように、二〇〇四年と二〇〇六年にそれぞれ大学卒業前後に編集者として入社した小林みのりと高橋直樹の場合も、企画の方針や担当分野の範囲などについて細かい指示を受けたことは、ほとんど無かったとしている。(37)

この新曜社の例に見るように、編集者がかなりの裁量権を持って企画を立案していく場合は、それぞれの編集者にとっては、自らの手で著者との人脈的な関係を開拓していくことが非常に重要な課題になってくる。

四　刊行ラインナップと「人脈資産」

（一）　ネットワークを単位とする意思決定

堀江は、大学を卒業して実際に編集者として働き始めた時に、それまで編集という仕事に抱いていたイメージと実際の仕事の内容との違いが最も大きかったのは、著者との人間関係の大切さであったという。これについて、堀江は次のように語る。

> まあ、出版社に入って［それまで］思い違いをしていたなと思うのは、本が好きなだけでは編集者にはなれない［ということ］。それよりは人づきあい。発展的にね、誰とでも十年の知己のごとくつきあえるというのなら、成功する。これは［そういうことができる場合は］、何をやっても成功するのだろうけど。人をかき口説いて本を書いてもらうというようなことが大事なんで。(38)

堀江の言う「人づきあい」の大切さは、出版社が、その活動にとって最も重要な「原材料」である原稿の供給を、著者に対してほぼ全面的に依存している、という事実によるところが大きい。実際、出版社のオーナーや管理職従事者が作り上げた刊行ラインナップの構想がいかに周到に考え抜かれたものであっても、原稿を提供してくれる著者が存在しなければ、その構想は、文字通り「画に描いた餅」に終わってしまうだろう。

さまざまな著者との関係の中でも、刊行ラインの形成や維持という点において特に重要になってくるのは、出版社の期待どおり（時にはそれ以上）の内容と水準の原稿を継続的に提供し、また時には刊行企画に関わるアドバイスを与えてくれるような、常連的な著者との関係である。

次にあげるのは、一九七〇年から二〇〇三年までの三三年間に新曜社から刊行された八〇〇点あまりの書籍に何らかの形で関わった著者（編者および訳者を含む）計七四四名について、その刊行点数の分布を集計して点数の多い順に示したものである。

一〇点－一四点 ………… 七名
六点－九点 ………… 二四名
三点－五点 ………… 七三名
二点 ………… 一〇九名
一点 ………… 五三一名

これで見ると、新曜社から書籍を刊行してきた著者については、同社から繰り返し本を出している「リピーター」ないし「常連」が一定の割合を占めていることがわかる。つまり、七四四名のうちの三割近くの二一三名は、新曜社から刊行された二冊以上の書籍に関わっているのである。また、三点以上の書籍に関与している著者の数も一〇〇名以上に及ぶ。

この常連的な著者の中には、たとえば主として新曜社の側が企画を立案した教科書や翻訳書の原稿を提供したり、新しいシリーズの企画にあたってアイディアを提供してくれるアドバイザー的な役割を果たしている者も多い。また、常連的な著者は、学界における新しい動向に関する情報をもたらしたり、将来有望な若手の著者を紹介してくれることもある。こうしてみると、新曜社における刊行ラインナップは、新曜社という出版社の組織構造や市場（「読者市場」）のあり方によって規定されるとともに、常連的な著者を核とする社会的ネットワークのあり方を反映するものでもあると言える。

またその点からすれば、新曜社における書籍の刊行あるいはまた刊行ラインナップの全体的な構成をめぐる意思決定は、常連的な著者を中心として形成されている、組織外の社会的ネットワークが関与する意思決定プロセスとしての側面をも持つものだと言える。つまり、書籍の刊行に関わる意思決定は、新曜社という出版社を単位とする組織的意思決定プロセスであるとともに、そのようなネットワークを巻き込んだ形でおこなわれる意思決定プロセスとしての性格をも帯びているのである。実際、「どのような内容とレベルの本を刊行していくか」あるいはまた「いくつかあがっている企画の中でどれを採用して本にしていくか」という問題をめぐる意思決定は、しばしば「著者たちとのあいだで今後どのような関係を築き、またそれをどのような形で維持していくべきか」という問題と切り離しては考えることができないものである。

（二）　社会関係資本としての「人脈資産」

学術出版の場合に限らず、出版の世界においては、一般に、充実した既刊書目録《バックリスト》と並んで、実力のある著者陣とその著者たちを介して形成される人脈が、それと同じくらいに重要な財産であると言われてきた。そして、その二つのあいだには相互に密接な関係が存在しているという点についても、比較的よく知られている。実際、出版社にとって、著者との人脈を開拓し、またそれを維持し発展させていくことは、その出版社独自の刊行ラインナップを形成したり、それをさらに質的・量的に充実したものに拡張したりしていく上で不可欠の作業となる。

そのような人脈ネットワークなどが持つ経済的意義を指す用語としては「社会関係資本（social capital）」というものが最も一般的であるが、右に述べたような、出版社およびその刊行ラインナップにとって著者とのネットワークの重要性を示すためには、「人脈資産」と呼ぶ方が日常的な語感に近いだろう。

実際、質の高い原稿を提供してくれる常連的な著者が多数存在していることは、それぞれの出版社特有の刊行ラインナップを維持し、またさらに発展させていく上で、決定的に重要な意味を持つ。それが順調にいった場合には、すぐれた学術書を生み出す版元としての出版社としての威信やブランドイメージといった象徴資本が形成されていくだけでなく、それがひいては経済的な安定に結びつき、また新たな著者の獲得を通してヨリ豊かな社会関係資本の形成に結びつくこともあるだろう。

このようにしてみると、出版社の図書目録は、書目のラインナップという点で、その出版社における品揃えを示すものであるとともに、「著者のラインナップ」を示すことによって、出版社の持つのれんやブランド価値といった「無形資産」の財産目録になっているのだとも言える。

（三）人脈資産と編集者

ハーベスト社のような個人出版社の場合には、オーナーでありまた編集業務の一切を担う小林が、独力で、常連的著者を中心とする人脈資産を形成していくことになる。それに対して、新曜社のように複数の構成メンバーからなる組織においては、出版社と学術界とのあいだのネットワーク的関係は、主としてそれぞれの編集者を介して形成されていく。言葉を換えて言えば、出版社は、編集者の個人的なネットワークを介して、学術界における研究者間のネットワーク的関係の中に組み込まれているのだとも言える。これは、出版社における著者に対する直接の窓口となるのが編集者であり、また本づくりのプロセスにおいては、著者と編集者の一対一の関係がきわめて重要な意味を持っているからにほかならない。

実際、著者の側から見れば、本づくりは、特定の編集者との、かなり密度の高い共同作業になることが多い。したがって、その作業はまた、しばしば「特定の出版社から本を出す」というよりは、「特定の編集者との信頼関係や互酬的（相互扶助的）な関係にもとづいて本をつくっていく」という意味合いを持つものとなる。また、書籍の刊行に関わる意思決定は、出版社の側から見れば「どの本を出すか」という意思決定であるが、著者の側から見れば「どの編集者と組んでどの出版社から出すか」という意思決定になることが少なくない。

そのような事情もあって、一般に、出版の世界では、組織としての出版社と著者との関係性に比べて、むしろ編集者と著者の関係性がより強固で親密なものになっていく傾向があるとされている。またいったん形成された著者と編集者の信頼関係や互酬的（相互扶助的）な関係は、長期的なものになることが少なくない。したがって、書籍の刊行に関わる人脈資産は、出版社にとっての貴重な無形資産であるが、一方では、編集者個人にとっても、自分の仕事を円滑に進めていく上で不可欠な資産としての意味を持つことになる。

だからこそ、先に見たように、堀江をはじめとする五名が培風館を退社して新曜社を創立した際には、その、新しく創業した出版社での企画刊行を進めていく上で、培風館時代のコネクションが有効に働いたのだと言える。

また、一九九九年以来新曜社の関西分室を預かっている津田敏之[39]を中心にして形成されてきた臨床心理学系の刊行ラインの場合も、当初はそれと同じような経緯によって形成され、その後さらに充実したものになっていったものである。関西分室は、津田が、京都にあるアパートの一室を借りる形（新曜社が家賃や光熱費等を負担）で、実質上単独で編集業務をおこない、主として関西在住の研究者が著者である精神医学系ないし臨床心理学系の書籍を担当してきた。（代表的なものには、V・ヴァイツゼッカー『病いと人』、ゲオルグ・グロデック『エスとの対話』などがある。）津田は、新曜社入社以前は、京都のある出版社で八年間編集者として勤務し、主として心理学や臨床心理学関係の書籍を担当していた。その後、京都大学時代の恩師であり、また新曜社から何点かの書籍を刊行したことのある著者の紹介で、ちょうどその頃、新曜社では比較的手薄なものとなっていた臨床心理系の刊行ラインを担当することを期待されて入社したのであった。津田の場合、最初は、それまでつとめていた出版社で培った人脈的関係が、新曜社で立案していく企画に生かされていた。また、津田がその一方で、独自に著者とのネットワーク的関係を開拓していったこともあって、ある時期からは、逆に持ち込まれる企画の数がかなりの数にのぼっていったのだという。

哲学、思想、文学系の刊行ラインを担当してきた渦岡謙一の場合も、同じような経緯で他の出版社から新曜社に転じてきた編集者である。渦岡は、京都大学の修士課程を終えた後に、関東のある出版社で一二年間にわたって編集者として勤務していた。その出版社では、当初、大学・大学院時代の専攻であった数学関係の書籍の編集を担当していたが、渦岡自身の意向もあって、次第に自然科学あるいは科学史・科学哲学へと担当分野が移行していった。そして、その出版社で手がけた書籍の著者が、新曜社の常連的著者でもあったことから、その著者の紹介によって一九八四年に新曜社に転じたのであった。渦岡も、津田と同様に当初は元の出版社時代に形成されていた人脈を中心にして企画を立てていたが、次第に独自のネットワーク的関係を築き上げて、その担当分野も今では思想や文学などにまで広がっている。また、ワードマップ・シリーズに関しては、二〇〇九年末現在で三七点中一九点と、最も多くの企画を手がけている。

以上見てきた、堀江ら創業時の五名のケースおよび津田と渦岡のケースは、編集者が他社に在籍していた時に形成された人脈資産が新曜社の刊行ラインナップに反映されたケースである。言うまでもなく、逆に新曜社に勤務していた編集者が他社に転出したり独立して出版社を興したような場合には、今度は、その編集者が新曜社に在籍していた時期に形成したコネクションが生かされていく場合もあり得る(40)。

このように、出版社が一定の刊行ラインナップを形成し、それをさらに充実したものにしていくためには、それぞれの刊行ラインを担当する編集者の陣容を整え、またその陣容を維持したりさらに拡充していく必要がある。つまり、出版社の図書目録は刊行物とその著者のラインナップであるとともに、別の角度から眺めれば、それらの書籍およびその著者を担当してきた編集者のラインナップを反映するものとして見ることもできるのである。その意味では、出版社の図書目録は、その会社が擁する編集者という人材、すなわち人的な資源の財産目録になっているのだとも言える。

(四) 人脈資産の開拓

新曜社においては、それぞれの編集者が積極的に企画を立てるとともに、その企画に沿った原稿を提供することができる著者との人脈的なコネクションを、自ら開拓していくことが想定されている。(第4章と5章で見るように、他の出版社でも基本的には同様である。) 塩浦は、これについて「編集者は自分で仕事をつくっていかないと、明日から失業してしまう」と語り、著者とのコネクションもそれぞれの編集者が自分で作っていかなければならないのだとしている。(41)

塩浦自身、培風館で心理学系の書籍の編集を担当するようになって二年も経たないうちに堀江らとともに新曜社に移ってきて以降は、多くの著者とのコネクションを自らの手で開拓してきたのであった。塩浦がこれまで採用してきた典型的なアプローチの中には、たとえば、複数の著者が関わる編集物や講座物の著者の中でも、一冊の本としてまとめられそうなテーマやトピックを取り上げている著者を見いだした場合に、その著者に対して新たな書物の執筆を依頼する、というものがある。また、共訳書に関わった何人かの中でも特に訳文がきちんとした日本語の文章になっている訳者にアプローチする場合もあった。さらに、全く面識のない著者に対してアプローチする際には、以前に新曜社から刊行された本の著者・編者・訳者を介して紹介してもらったりする他に、その著者宛に手紙を書いて、新曜社という出版社の性格と企画の意図について説明した上で、改めて面会を求めて執筆依頼することから始める場合もあったのだという。

他の編集者についても、塩浦の場合と同じように、何らかのシリーズ企画から派生して生じた縁によって新しく著者に執筆を依頼したり、他社から刊行された本の著者に手紙を書いたりしてコネクションが出来上がる場合が多い。また、雑誌に掲載された興味深い論考に注目して、そのテーマをふくらませて一冊の本にすることを提案する場合もある。あるいは、上司ないし先輩格の編集者から指示を受けたある本の企画をほぼ丸ごと引き受けたり、上司や先輩の指導を受けながらアシスタント的な業務を手伝ったりする作業の中で著者との知己を得る場合もある。塩浦によれば、そのようにして、それぞれの編集者の持つネットワークは「ふくらんでいったり、あるいは縮んだりもする」のだという。

(五) 人脈ネットワークの時間軸

先に述べたように、さまざまな手段によって編集者が自らの手で築き上げてきた著者とのコネクションが長期的かつ安定したものになった時に、それは、編集者が日常の業務をおこない、また職業キャリアを形成していく上での貴重な資源となる (Feather 1993 : 173)。実際、著者たちとのネットワーク的関係は、出版社全体のラインナップの特徴を考慮に入れながらも、同時にそれぞれの編集者独自の発想にもとづく―― 堀江の言葉を借りて言えば、個人的な「事業部」の個性を示す―― 書目のラインをつくっていく上で不可欠の資源となる。

著者とのコネクションは、編集者が一定の「生産高」をコンスタントに達成していく上でも重要な条件になることが多い。堀江によれば、新曜社の場合、一年あたりの刊行点数としては編集者一人につき平均して五~六点前後を期待しているのだという。一方、編集者たちによれば、単純に企画の本数という点だけからすれば、常連的な著者が多数存在してさえいれば、その著者たちとの関連で編集者自身が立てる企画あるいは著者の側から持ち込まれる企画をこなしていくだけでも、その程度の年間刊行点数の「ノルマ」を達成していくことはさほど困難なことではないのだという。また、編集者自身がキャリアを重ねていき、一方で出版社自体の存在が広く知られるようになっていくと、自ら積極的にコネクションを開拓していかなくても、既存の著者を介して別の著者が紹介されてネットワークが広がっていき、それが新しい本の企画に結びついていくことも多い。

もっとも、常連的な著者との関係で作られていく企画が、必ずしも常に編集者が期待し、またそれまでその出版社において形成されてきた刊行ラインナップの特色《カラー》に沿ったものであるとは限らない。また、常連的著者からの依頼やその関係で持ち込まれた企画の数が、編集者が一人で処理できる範囲を超えてしまうこともある。実際、シニアクラスの編集者たちの場合は、常連的著者やその紹介で持ち込まれる企画に対応するだけでも手一杯になってしまうこともあるのだという。

そのような事情もあって、シニアの編集者の日常的な業務の中には、著者とのネットワークの構築や企画立案、あるいは原稿依頼といった仕事に加えて、持ち込まれた企画を断ったり、その企画内容を新曜社の刊行傾向に沿った方向に微調整していくように著者に交渉したりする仕事がかなりの比率を占める場合が少なくない。そのような仕事の中でも、持ち込まれた企画を断る作業には、とりわけ慎重な配慮が必要になる。というのも、断り方次第では、特定の相手との関係だけでなく、他の常連的な著者との関係を損ねてしまう懸念があるからである。

また、「編集者は著者と一緒に年を重ねる」と言うことがあるが、常連的な著者やその著者たちを介した、学界を中心とするネットワーク的な関係が、あまりにも固定的なものになってくると、刊行企画がそのネットワークの枠の中に限定された、閉じたものになってしまう可能性もある。特に既存の著者との関係だけでも十分な数の企画が作れるようになり、またその企画の処理だけで日常の業務が手一杯になってしまうと、なおさらそのような傾向が強くなってくる。そうなってくると、最新の学問動向や若手の研究者や学生をはじめとする学術書の読者に見られる新しい傾向についての情報が入手しづらくなっていく恐れがある。

そのような新しい動向は、学問の流れにおける変化であるとともに、一面では読者市場の変貌をも意味する。したがって、学術出版社が組織として生き残っていき、またさらなる成長を遂げていくためには、それらの変化をいち早くとらえながら、全体的な刊行ラインナップに関する構想それ自体を変えていかなければならないだろう。

たとえば、新曜社のホームページの会社情報欄には、一九九九年以来、次のような文章が掲げられている。

この年［新曜社創業後三年目の一九七一年］はじめてつくった片々たる図書目録を二〇年後に村上［陽一郎］氏があらためて見て、小社の発行物は当初から「哲学、心理学、社会学に照準されていたことがわかる」と言われましたが、このような照準枠を溶解させる問題群が次第に浮かび上がってきたのが、ここ一〇年の動きでしょう。(42)

学術出版にとっての「照準枠」あるいはまた学問の世界における分野の区分自体における変化をとらえ、またその変化に対して迅速かつ適切に対応していくためには、新しい学問動向や才能の状況をモニターしていくことが必要になる。他の多くの学術出版社の場合と同様に、新曜社でも、展示即売会の担当などの純粋な社用だけでなく編集者が個人的に学会の研究発表大会などへの参加を希望する場合には、会社がその経費を負担することになっている。これもそのような情報収集と新しいコネクションを開拓していく必要性が認められているからにほかならない。

また堀江はあるところで、「若い新進の著者の作品は継続的に出していきたいし、出してきましたから」と述べている（小島 2007：169）。実際に新曜社は、若手の研究者の第一作目を積極的に刊行してきた出版社として知られており、また先にも述べたように、塩浦によれば、新曜社は出版界の一部では「デビュー出版社」と呼ばれることもあるのだという。このように、新曜社が新進の研究者の著作を積極的に刊行してきた一つの理由には、新しい人材を掘り起こしていくことによって、ネットワークそれ自体を適宜いわば「再編集」ないし「リフレッシュ」していく必要があるからだと思われる。

また、「処女作」を新曜社から刊行した著者のうちの何人かは、その後新曜社の常連的な著者となり、その後も継続的に、企画と学問動向に関する情報あるいはまた研究者や学生をはじめとする読者の新しい傾向についての情報を、新曜社に提供していくことになる。そして、新曜社にとって、その常連的著者たちは、新しい学問動向や読者（市場）の動向の変化を刊行ラインナップに反映させていこうとする際の貴重な情報源となるだけでなく、時には、新曜社自体が研究書や教科書の刊行を通して、それらの変化をさらに促していく際の重要な協力者になる。

五　新曜社が持つ組織アイデンティティと四つの「顔」

（一）「組織」としての新曜社

本章では、〈新曜社において、個々の書籍の刊行に関わる意思決定がどのようにしてなされ、また新曜社の刊行ラインナップは、いかにして形成され、また変化してきたか〉という点について、主として、①幹部メンバーが抱く構想、②組織的意思決定のあり方、そして、③編集者を介して形成される人脈ネットワーク、という三つの観点から検討してきた。

この章でもたびたびふれてきたように、このうち三点目の人脈ネットワークの重要性という点に関しては、前章で見てきたハーベスト社と新曜社のあいだには共通点が少なくない。実際、ハーベスト社の場合も新曜社のケースでも、刊行ラインナップが形成されていく過程においては、編集担当者と著者たちとのあいだで形成されるネットワーク的な関係がきわめて重要な意味を持っている。また、そのネットワーク的関係が一種の「無形資産」としての価値を持ち、さらに著者たちとの関係が長期的なものになることが多いという点も、新曜社とハーベスト社のあいだの重要な共通点の一つである。

一方、「ひとり出版社」であるハーベスト社とは違って、新曜社の場合には、刊行ラインナップの全体的な構成や個々の企画の可否を決定するにあたって、複数のメンバー間での調整が不可欠な手続きとなる。ハーベスト社の場合には、オーナーであり唯一の編集担当者でもある小林の意向や構想が比較的ダイレクトに刊行ラインナップや個々の書籍の刊行に関わる意思決定に反映されている。これに対して、新曜社のように複数のメンバーが編集業務にたずさわる場合には、堀江や塩浦のような幹部メンバーとその他のメンバーとのあいだの調整がきわめて重要な意味を持ってくる。

このハーベスト社と新曜社のあいだの違いは、とりもなおさず、個人レベルでの意思決定と組織的意思決定とのあいだに存在する違いにほかならない。したがって、新曜社のような出版社の場合には、「どのような内容とレベルの本を刊行していくか」また「全体としてどのようなタイプの本をどのような比率で組み合わせて、それらの本をどのようなタイミングで出版していくか」[43]という点に関わる意思決定と、「この出版社はどのような性格の組織なのか」あるいは「この出版社はどのような性格の組織であるべきか」という、組織アイデンティティをめぐる問いに対する答えとのあいだには、何らかの密接な関連性が存在している可能性があると考えられる。

(二)〈職人性〉―〈官僚制〉軸から見た新曜社

本書で繰り返し見てきた点ではあるが、新曜社の場合は、堀江の「一編集者一事業部」という言葉に端的に示されているように、個々の編集者には、それぞれが独自の判断で企画を立て、また人脈を開拓していくことが期待されている。その意味では、新曜社という組織には、「組織」という言葉それ自体あるいはピラミッド型の組織図などから通常連想される、階層的な命令系統のもとに一元的に管理された集合体とはかなり異なる面があるのだと言えよう。新曜社はたとえて言えば、むしろ、「[半]独立事業者の集合体」ないし「職人の寄合所帯」のような性格を帯びているど考えられるのである。このような組織構造とそれを前提とした仕事の進め方についての基本的な発想や認識は、堀江や塩浦自身が編集者として積み上げてきた経験によるところが大きい。

また、他の編集者たちの証言からは、彼らも、この点に関して堀江や塩浦が持っている認識をかなりの程度共有していることがうかがえる。たとえば、渦岡は「一編集者一事業部」という言葉を直接堀江の口から聞いたことはないが、たしかにこれまではそれぞれの編集者が「一人出版社」として仕事をしてきたような印象があるとしている。[44] また、それぞれ比較的最近になって入社した小林みのりと高橋直樹も、「一編集者一事業部」は、新曜社における編集者の役割を的確に表現している言葉であるとする。さらに高橋は、新曜社においては、書籍の刊行企画全体のマネジメントに関しては、「一人ひとりが責任者で、一人ひとりが生産ラインを一本ずつ持っているようなもの」であるし、また、個人的なイメージとしては、編集者個人が構想する企画を実現するために出版社から資金を借りて、それを売上げで返すような仕事をしているようなところがあるのかもしれない、と述べている。[45]

こうしてみると、第1章であげた、出版社の組織アイデンティティにおける〈職人性〉対〈官僚制〉という対立軸で言えば、新曜社の組織アイデンティティは、〈職人性〉的な部分がきわめて大きな比重を占めていると言えるだろう。

もっとも、だからと言って、新曜社においては、企画の立案が全面的に個々の編集者の裁量に任されており、堀江はその最終的な可否だけを編集者との直接交渉で判断してきた、というわけでもない。実際には、新曜社から刊行するものとしてふさわしい書籍についての大まかな方向性は、同社におけるそれまでの刊行ラインナップの特徴それ自体によって示されている。また、一人の編集者が担当する書目の中でも比較的収益のあがるものとそうでもないものとのバランスについては、一定の共通理解が存在していると考えられる。

このような認識が共有されているからこそ、先にあげた発言の中で堀江が「ある意味でグレーなあれ」という言葉で表現したように、彼が想定する刊行ラインナップの枠は、必ずしも明示的かつ厳密なものである必要はなく、大まかなガイドラインのようなものであったのだと言えよう。またもし堀江や塩浦がシニアクラスの編集者に対して、その編集者が自ら企画したものではない書籍の編集を担当することを一方的に命じたとしたら、相当程度の反発を呼ぶことにもなるだろう。

(三) シリーズの規格の枠組みと〈職人性〉―〈官僚制〉軸

この点に関して興味深いのは、ワードマップ・シリーズという、ある意味で新曜社の「看板」にもなっており、また同社の収益の安定化に寄与しているシリーズに関して設定されている枠組みである。先に述べたように、新曜社でこのシリーズの創刊が決定された一九八五年前後には、既に定例的な企画会議や編集会議は廃止されていた。しかし、このシリーズの創刊にあたっては、例外的に全編集担当者が参加する会議を何度か持った上で、シリーズの骨格となるいくつかの規格が決められたのであった。

その会議の席上における話し合いの結果として作成されたのが、「ワードマップ執筆要項」と題された文書である。この文書は、一義的には文字通り、著者にとっての執筆要項としての意味を持つものであるが、それと同時に、編集者にとっては企画を立てていく上での基本的な拠り所となるものでもあった。その点だけを取り上げれば、この執筆要項は、一見編集者の裁量の幅を厳しく制限する統一的な規格のように見えるかもしれない。しかし、実際の「ワードマップ執筆要項」は、分量にして全体でＡ４の用紙一枚分にも満たない三〇行たらずのものであり、その中には判型や一ページあたりの行数、脚注の設定とその用途、一項目(一つのキーワード)あたりのページ数の目安などが箇条書きの形式で列挙されているだけにすぎない。

こうしてみると、この「要項」は、編集者が必ず準拠しなければならない厳格な統一規格であるというよりは、むしろ堀江が「あるグレーなあれ」と表現したものに近い、大まかな目安としての性格が強いものであると言える。したがって、実際に編集者がワードマップ・シリーズの企画を立てる上での自由度はかなり高いものになる。この点について、これまで最も多くの点数のワードマップを手がけてきた渦岡は、ワードマップの執筆要項の項目に関して、特にそれを厳しい規格の縛りとして感じた事はなかったとしている。また、彼は、むしろたとえば参考文献の表記法などについても規定の規格が設けられておらず、基本的に著者に任せてきたために、複数の著者が関わっている場合には、編集段階で統一していく際に苦労したこともあったのだという(46)。

高橋の場合は、二〇〇七年に刊行された『ワードマップ　エスノメソドロジー』をワードマップ・シリーズとしてははじめて担当し、インタビューをおこなった時点では同シリーズの別の一点がゲラの段階に入っている。彼の場合も、ワードマップの執筆要項に盛り込まれた項目は「ほどほどの縛り」であるという。小林の場合も、編集者としてみると、ワードマップは、キーワード的な項目ごとの文章量は決まっているものの、典型的なタイプの教科書によく見られる「Q&Aコーナー」などが必須項目として設定されているわけでもないので制約は比較的少なく、また、学問分野全体を俯瞰するというよりは、特定の領域に絞って企画が立てられるので、個性も出しやすいだろうとしている(47)。

つまり、ワードマップの執筆要項にはたしかに一定の枠組みが設定されてはいるものの、その枠と新曜社の組織アイデンティティにおける〈職人性〉—〈官僚制〉軸に見られる特徴とのあいだに極端なギャップが存在しているわけではないのである。

一般に、書籍のシリーズは、出版社および編集者にとって、著者に対する企画依頼や編集・割付・組版および装丁のデザインなどに関わる作業を標準化して効率的に編集作業を進める上で効果的な枠組みであるとされている。また、シリーズは、書店に一定の書棚を確保し、取次や書店だけでなく読者に対しても出版社とその刊行ラインに関するブランドの統一感を与えてくれる。さらに、出版社がシリーズを創刊する場合には、図書館や研究室等でのセット購入や継続的な購入を期待することも多い。

たとえばハーベスト社の場合には、リベラ・シリーズや「シカゴ都市社会学古典シリーズ」と銘打った一連の企画については、まさに右に述べたようないくつかの効果が期待されていると考えることができる。一方、新曜社のように複数の編集者が刊行企画に関わっている出版社の場合、シリーズの共通規格は、右にあげたいくつかの効果やメリットに加えて、編集者の裁量性や自律性を最大限に生かしながらも、それを組織経営上の計画や構想という大まかな枠の範囲内に収めていくための枠組みとしても機能し得るものだと言える。つまり、シリーズの共通規格の枠組みは、ワードマップ・シリーズのように比較的ゆるやかなものである限りにおいては、〈職人性〉が顕著な組織アイデンティティとは必ずしも矛盾しないのである。

もっとも、当然のことながら、すべての出版社におけるすべてのシリーズの規格が、その種のゆるやかな枠組みとして機能しているわけではない。実際、次章で詳しく見ていくように、有斐閣における代表的なシリーズの一つである「アルマ・シリーズ」の枠組みは、ワードマップ・シリーズのそれと比べて、より統一的な規格としての性格が強いものであると言える。また、アルマ・シリーズとワードマップ・シリーズとのあいだには、創刊の経緯という点に関しても、かなりの違いが存在する。これらの点、そしてまた、アルマ・シリーズと有斐閣の組織アイデンティティとのあいだの関係については、次章で改めて詳しく検討していくことにする。

(四)〈文化〉―〈商業〉軸とさまざまなタイプの学術書の位置づけ

右で見たように、本書の第1章で感受概念として提示した組織アイデンティティにおける〈職人性〉―〈官僚制〉の対立軸は、新曜社のように複数のメンバーが編集業務にたずさわる出版社を対象として、組織アイデンティティと刊行ラインナップとのあいだの関係を明らかにしていく上で有効な視点を提供しているように思われる。

出版社の組織アイデンティティに特徴的な、もう一方の対立軸、すなわち〈文化〉―〈商業〉軸もまた、新曜社の組織アイデンティティと刊行ラインナップとのあいだの関係を明らかにする上で、きわめて有効な視点を提供する。もっとも、それは、われわれの当初の想定とは、かなり異なる形においてである。この点に関して特に興味深いのは、新曜社創業の頃に抱いていた展望に関する、堀江の、「まず教科書でベースを作って、その延長上として教養的な本とか啓蒙的な本を出していき」たかったとする発言である。

われわれが、当初、出版社の組織アイデンティティを構成する重要な次元として〈文化〉―〈商業〉軸を設定した際に念頭に置いていたのは、主として、「文化の極を体現する高度な研究書（モノグラフ）対 商業の極を体現する教科書」という、一種の対立図式であった。したがってまた、本書におけるもう一つの重要な感受概念として想定した「複合ポートフォリオ戦略」についても、一方に〈出版社にとって象徴資本の維持や蓄積には寄与することが多いが、経済資本の充実にはあまり寄与しない研究書〉のラインを持ち、他方に〈経済資本には大いに寄与するが象徴資本にはほとんど寄与しない教科書〉を持つ、一種の製品ミックス戦略を想定していたのである。ある大学出版部関係者の言葉を借りてもう少しわかりやすく言えば、われわれは、多くの学術出版社が採用する製品ミックス戦略の根底には、「教科書で飯を食い、売れない専門書で名誉を堅持」（中陣 1996：32）することを目指す発想が存在していることを想定していたのである。

それに対して、右にあげた堀江の発言は、少なくとも新曜社においては、教科書と対比的な性格を持つものとしてとらえられているのは、モノグラフ的な研究書というよりは、むしろ、堀江の言う「教養書」や「啓蒙書」あるいはまた、特に文化的意義を持つ刊行物であったということを示唆している。堀江とともに新曜社の経営の中枢を支えてきた塩浦も、同じように、「研究者が身内のジャーゴン」でやりとりする範囲を超えて、広い範囲の読者に学問の成果を伝えていく媒体としての書籍の刊行を重視している。同様の点は、堀江や塩浦が創業以来の目的の一つとして重視してきた翻訳書の位置づけについても指摘できる。本章で見たように、点数こそ研究書よりは少ないものの、新曜社において翻訳書の中でも重視されてきたのは、むしろ一般書な性格を持つ書籍なのである。こうしてみると、新曜社に関しては、学術出版社に期待されている文化的使命を果たすものとしては、最先端の学術的知を切り開き、それを同業者である研究者たちに伝えるための媒体である高度な研究書だけでなく、それに加えて、学問的成果を一般読者に伝えていく教養書ないし一般書的な性格を持つ書籍が含まれていることがわかる。

一方で、新曜社の事例は、出版社の組織戦略における教科書の位置づけという点に関してわれわれが想定してきた内容についても、再考の必要があることを示唆している。われわれは、教科書については、当初、〈文化〉－〈商業〉軸で言えば「商業」の極を体現するもの、また複合ポートフォリオ戦略との関連で言えばもっぱら「飯を食う」ための手段という位置づけがなされているものとして想定していた。しかし、本章で見てきたように、新曜社においては、教科書は単なる「ドル箱」ないし「金のなる木」としての位置づけを越えて、教養書や一般書と並んで、最新のものを含む学術的知を広めていくための媒体としての位置づけがなされていると考えることができる。これについて、塩浦は、「もしかしたら『武士は食わねど高楊枝』かもしれないが」と断った上で、教科書を出す時にはある程度「敷居を高く保ち」、その時点での新しい見方あるいは新しい研究の成果を示せるようなものを出していきたいとしている。[48]

これは、特に、同社の看板でもあるワードマップ・シリーズにおいて顕著である。同シリーズは、一面ではたしかに入門書ないし教科書としての位置づけがなされている。しかしながら、ワードマップ・シリーズは、典型的な教科書とは違って、既に評価の定まったいわば「枯れた知」に関する解説を、一定の順序で（たとえば、授業における解説の順番に準拠した形で）提供しているわけではない。また、典型的な教科書によく見られる「練習問題」や「コラム」などの項目があるわけでもない。さらに、塩浦によれば、同シリーズは、入門書でありながらも同時に「著者が自分の思想なり考えを込めて入門的に書く」ことを想定しており、したがって先端的な内容も入ってくることが多いのだという。[49]

（五）「学術書」の定義と学術出版社の自己定義

以上のように見てくると、われわれが当初想定していた、文化的理念と経済的利益とを本質的に対立するものとしてとらえ、また、その想定のもとに、一方に教科書を置き、他方に高度な研究書を置いて出版社の製品ミックス戦略を分析するような分析図式は、少なくとも日本の出版社に関しては、何らかの修正が必要であるようにも思えてくる。つまり、〈文化〉－〈商業〉軸については、「文化」および「商業」それぞれの中身に対してより深く立ち入った上での検討が必要になってくるのである。

出版社の組織アイデンティティにおける〈文化〉－〈商業〉の軸について、当初これを「モノグラフ 対 教科書」という対比とほとんど重なるものとしてとらえていたのは、とりもなおさず、最初にこの図式を構想した際にわれわれが参考にしていたのが、主として海外とりわけ米国における学術出版に関する情報や知見だからであった。

第9章で詳しく見ていくように、米国では、少なくとも人文社会科学系の学術出版に関して言えば、一方の大学出版部や中小の学術出版社と、他方の、学部用教科書を大量に刊行する大手の出版社とのあいだにおける産業サブセクター間の分化は比較的明確である。実際、新曜社が目指していたような、全国レベルで採用される学部教科書は、米国の場合には、大手の教科書会社の独壇場であると言っても差し支えない。そして、それらの大手出版社においては、巨大資本を背景として、一点あたり数万部ないし数十万部の教科書を何点も刊行し、それによって巨額の収益をあげることに企業活動の主たる目標が置かれている。それに対して、大学出版部や中小の学術出版社の場合は、高度な専門書が刊行リストの過半を占めている。とりわけ大学出版部の場合には、モノグラフの刊行に特化する傾向があり、また非営利的な事業としての性格づけがなされていることが多い。つまり、米国においては、①異なるタイプの出版社が持つ基本的な性格、②複数の産業サブセクターの特徴、そしてまた、③書籍のタイプという三つの点のそれぞれにおいて、「文化 対 商業〈ビジネス〉」という対立軸がかなり明確なものとして成立していると考えることができるのである。

これに対して、新曜社のケースから示唆されるのは、日本においては、これら三点における区分がいずれも米国におけるほどには明確なものではない、ということである。したがってまた、出版社の組織アイデンティティと刊行ラインナップ複合ポートフォリオ戦略との関係を、〈文化〉－〈商業〉軸を一つの手がかりとしてとらえる際には、もう少し慎重な分析が必要となる、という点である。

次章と第5章では、それぞれ有斐閣および東大出版会の事例についての検討を通して、本章における新曜社の事例に関する検討を通して浮かび上がってきた以上のような点について、さらに詳しく見ていく。有斐閣は日本における有数の学術出版社であり、法学をはじめとして社会科学の分野に関して全国的なレベルで採用される教科書を数多く刊行してきたことでもよく知られている。一方、東大出版会は日本における代表的な大学出版部であり、刊行点数の過半を研究書が占めている。この二つの出版社が、米国における大手の教科書会社そしてまた大学出版部のあり方と比べてみた場合にどのような特徴を持ち、また、両者は、それぞれどのような組織アイデンティティによって特徴づけられるのか、という点について検討していくことは、日本における学術出版のあり方について明らかにしていく上で多くの示唆を含んでいるだろう。

そして、それらの点について検討していく際には、〈有斐閣と東大出版会において、さまざまなタイプの学術書がそれぞれどのような位置づけをなされているか〉という点を明らかにしていく作業もまた、きわめて重要な意味を持つものとなるだろう。というのも、個々の出版社の組織アイデンティティをめぐる、「この出版社は、どのような組織なのか」という本質的な問いかけは、「学術書とは何か?」という、もう一つの根源的な問いと密接不可分の関係にあるからである。

第4章　有斐閣——組織アイデンティティの変容過程

はじめに

第2章と3章で見てきたハーベスト社と新曜社は、それぞれ小規模および中堅の学術出版社である。これに対して、有斐閣はおよそ一〇〇名の従業員数を擁する大手の学術出版社である。(1) 近年の平均的な刊行点数は年間二〇〇点前後であり、創業以来の刊行点数は一万三〇〇〇点を優に越える。また一三〇有余年の歴史を持つ同社が日本の近代出版史のさまざまな局面で、出版界全体において主導的な役割を果たしてきたことはよく知られている。

その有斐閣には、一九八〇年に刊行され、一九八一年度の出版学会賞を受賞した『有斐閣百年史』（矢作勝美編著）がある。本文だけで約五八〇ページ、年譜や発行書目一覧を加えると九〇〇ページにもなろうというこの大著は、明治期から大正、昭和の戦前・戦後期にいたるまでの近代出版の歴史の大きな潮流の中に有斐閣という出版社の変遷を位置づけており、出版の産業史について知る上できわめて有益な情報を数多く含んでいる。また、この浩瀚な社史は、明治期の創業から一九七〇年代末までの一世紀のあいだに、有斐閣が「家業」的でありまた個人商店（当初は古書店）としての性格を色濃く持つ組織から近代的な企業組織へと変貌を遂げていく経緯を知る上でも示唆に富むものであり、第一級の歴史資料であると言える。そして、『有斐閣百年史』の記述からは、有斐閣という出版社の基本的な性格における変化が、その折々の同社の刊行ラインナップの特徴と密接に関連していることが読み取れる。

これから本章の前半で見ていくのは、主として一九七〇年代以降の有斐閣において見られる、同社の組織としての特徴である。その意味では、本書の事例研究においては、『有斐閣百年史』よりはもう少し後の時期における状況を中心にして検討していくことになる。そして、本章では、これを特に、① 組織アイデンティティ、② 刊行ラインナップ、③ 刊行意思決定プロセスという三つの点における有斐閣の特徴、およびこれら三者の関係の変遷に焦点をあててとらえていく。

すなわち、本章の目的は、学術書出版の老舗・有斐閣における組織アイデンティティのダイナミクスを探究することにある。[2] 文化生産組織には、協働の成果に関わる〈文化〉的なアイデンティティと〈商業〉的なアイデンティティ、そして協働の仕方に関わる〈職人〉的なアイデンティティと〈官僚制〉的なアイデンティティが認められるが、これらのうちどの極が顕在化するかは、時代・状況によって変わってくるものと考えられる。外的環境の動きに応じ、あるいは内的事情の遷移のために、とある組織は同じ一つの組織であり続けながら、その相貌を大きく変えることになるに違いない。では、有斐閣の組織アイデンティティはこれまでどのような変貌を遂げてきたのであろうか。編集者たちの声に耳を傾けつつ、その変容過程の深奥に迫っていくことにしたい。[3]

一　法律書中心のラインナップ

株式会社有斐閣は一八七七年（明治一〇年）に設立された日本有数の社会科学系の学術出版社である。[4] 有斐閣における刊行点数と従業員数の推移を示すと、図４・１のようになる。

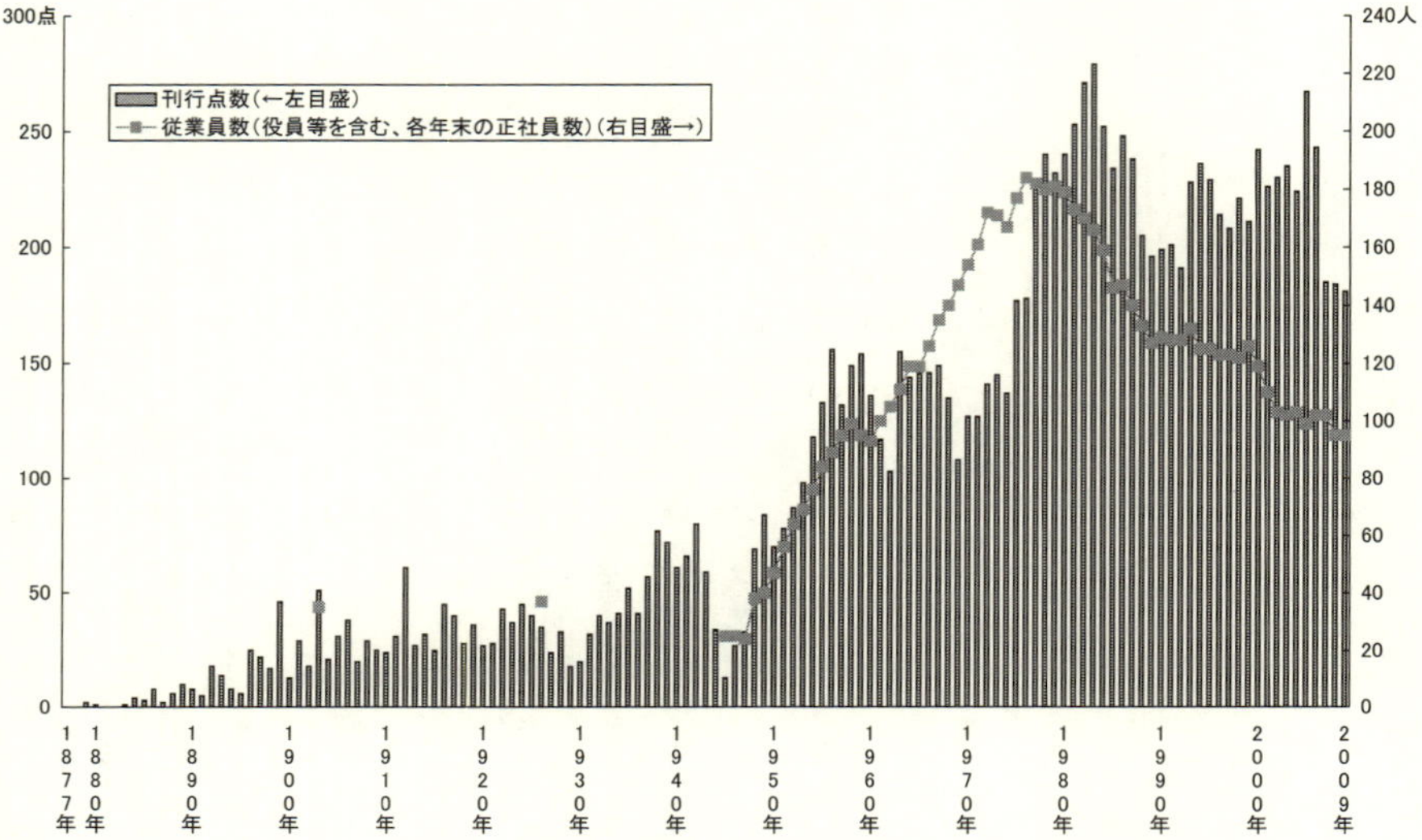

図4･1　有斐閣における年次別新刊点数・従業員数の推移

出所：『有斐閣百年史』、『同追録(1)、(2)』、『書斎の窓』2007年7―8月号、有斐閣提供データを元に作成

この図に見るように、有斐閣の従業員数と新刊点数はともに、第二次世界大戦後一九七〇年代後半までは、ほぼ一貫して増加傾向にあった。従業員数（役員等を含む）に関して見れば、一九七六年にそれまでで最も多い一八四名に達している。新刊点数についても、一九八三年に二七九点のピークを迎えている。これは、主力の法律書をはじめとする社会科学系以外の分野における出版活動が拡大していったことによるところが大きい。その結果、有斐閣の刊行ラインナップには、当時人文系や自然科学系の書目が含められていった。もっとも、その刊行分野の拡大は、一方では深刻な経営危機をもたらす一因ともなった。

この経営危機に対応して、有斐閣では、一九八〇年代に入る頃には法律書の刊行を基軸に置いた本業回帰と教科書を中心にしたラインナップの再構築に向けての努力が全社レベルでなされ、その結果、ほどなくして黒字基調が定着していった。実際、同社の従業員数は、一九七〇年代末以降は漸減傾向にあり、二〇〇九年時点では九五名となっている。つまり、ピーク時と比べると二分の一強の、スリムで「筋肉質」の組織体制になっていったのである。新刊の刊行点数についても同様に一九八〇年代半ば以降はおおむね減少傾向にあり、法律改正などに伴う法律書の点数の増加などに伴って一時的に増加した時期はあったが、二〇〇九年時点では一八一点である。また売上高という点でも、たとえば、『会社四季報　非上場会社版』に二〇〇一年度から掲載されているデータを見ると、この一〇年は四六億円から四八億円前後で安定的に推移していることがわかる（東洋経済新報社 2001-2009）。

右でふれたように戦後の一時期、有斐閣の刊行ラインナップは総合出版社のそれにも似た趣を見せていた。しかし、言うまでもなく、同社について抱かれている一般的なイメージからしても、また実際の刊行書目の比率から見ても、有斐閣は法律書出版における代表的な出版社である。

有斐閣において法律書が最初に刊行されるのは一八八六（明治一九）年のことだが、明治期の法制度整備期にあってこの分野の重要性の認識は高まり、出版の焦点は既にこの頃から法律に置かれることとなった。現在約一〇〇人の従業員を擁しているが、そのうち二〇〇九年末現在の正社員数を部門別に示すと次のようになる（役員等を除く）。総務部四、経理部三、書籍編集第一部（法律）一九、書籍編集第二部（経済・経営・人文）一四、六法編集部一〇、雑誌編集部一三、電子メディア開発室四、業務部（制作・宣伝）一〇、営業部一〇。編集第一部と六法編集部、さらに雑誌編集部（『ジュリスト』、『法学教室』、『判例百選』などを担当）をあわせると法律学関係の編集者数は四二名と相当な数になることからも、有斐閣が法律分野を重視しているのは一目瞭然と言えよう。

刊行書目に占める法律書のおおよその割合を時期別に示すと、明治期（一八七九年〜一九一二年＝明治四五年）：六五％、大正期（一九一二年＝大正元年〜一九二六年）：七一％、昭和期Ⅰ（一九二七年〜一九四五年）：六四％、昭和期Ⅱ（一九四六年〜一九五六年）：六一％、昭和期Ⅲ（一九五七年〜一九六七年）：五六％、昭和期Ⅳ（一九六八年〜一九七七年）：五六％、昭和期Ⅴ（一九七八年〜一九八七年）：四六％、平成期（一九八八年〜一九九七年）：五八％となる。創業時から一九九七年までの平均では五六％であり、主として編集第一部が扱う法律書の比重の高さは注目に値しよう。

編集第二部の扱う分野が「経済学、経営学、社会学、社会福祉、心理学、政治学、歴史など」、すなわち実質的に「法律書以外」となっていることは、有斐閣における法律書の強さを如実に物語っている。実際、明治末期に刊行され美濃部達吉・上杉慎吉の論争の淵源となった二冊の本――『憲法講話』（一九一二）・『国民教育帝国憲法講義』（一九一二）――、そしていわゆる「天皇機関説事件」の一連の経緯の中で発禁処分とされた、美濃部の『逐条憲法精義』『憲法提要』の版元もまた、有斐閣にほかならない。（『憲法提要』は、戦後すぐに同社から改訂して復刊された。）よく知られているように有斐閣は、まずもって法律書出版の老舗なのである。

二　分野拡大の功罪

ただし、有斐閣が法律書以外の社会諸科学の刊行に相当の力を傾注してきたことも、もちろん見落とすわけにはいかない。昭和期の法律書の刊行比率の推移を右のような形で確かめてみれば、それが一貫して漸減傾向をたどったことが見て取れる。それはとりもなおさず、法律書以外の諸分野の相対的重要性が増した、ということだ。特に戦後期における分野および点数の拡大は著しい。またそれと並行して従業員数も大いに伸長することとなった。戦後、従業員数は一九七六年の一八四人のピークまで、また新刊点数は一九八三年の二七九点のピークまで（この年の法律書の比率はおよそ四五パーセント）、それぞれ順調にリニアな伸びを示しているのである。

分野の広さを端的に示すものとして、一九四八年刊行開始の「有斐閣全書」シリーズ、一九五〇年刊行開始の「教養全書」シリーズ、一九六二年刊行開始の「現代〇〇入門」シリーズなどがあげられる。「有斐閣全書」は「法律・政治」「経済・社会」だけでなく「哲学・教育」「歴史」にまで及ぶ全九〇巻を超えるもので、『美学』や『宗教学』や『日本古代史』などもそのうちに収められている。また、「教養全書」シリーズでは自然科学まで分野が拡げられているのが注目に値しよう（たとえば『数学概論』や『有機化学概論』）。「現代〇〇入門」シリーズにも同様に社会科学だけでなく、人文や自然の分野のものが収められていた。

こうした分野拡大の流れは、もちろん戦後の高等教育の大衆化のトレンドと軌を一にするものであり、その意味で流動化しつつ膨張する市場に対してきわめて適応的な戦略と言える。これに関して編集者自身の声に耳を傾けてみよう。なお、本章では他の章とは違って発言ごとに編集者のお名前を挙げることはしないが、以下、字体を小さくして引用してあるところは原則として編集者たちのナマの声である。また本文中の「　」引用の文章の多くも、とくに断らないかぎり編集者たちの言葉である。

そういう大衆化された大学にふさわしい商品を作るんだ、という動きが勢いを持ったのが、一九六〇年代の後半から一九七〇年代にかけてでした。この会社の歴史の中ではそういう考え方がたびたび出てきます。しかも、そういう発想にもとづく本がある程度商売になるのです。この出発点になったのが、一九六二年の『現代社会学入門』。これが「えっ」と思われるほどよく売れて、他の学問分野の本も作ってシリーズ化されました。その延長線上に「有斐閣双書」を作りましたが、それが一番ブレークしたものでした。四〇〇～五〇〇点作ったと思います。それは全国の大学で使われました。

しかし、この分野拡大戦略には落とし穴があった。同じ編集者は続けてこう語る。

そこまでは良かったのですが、これが成功体験になってしまって、それを基準にしてもっと薄い本をということで、「有斐閣新書」、もっと中身を盛り込もうということで「有斐閣大学双書」、もっと面白くしてある種のエンタテイメント的な要素が欲しいということで「有斐閣選書」という具合にして、「有斐閣双書」を基準にしてどんどんシリーズを拡大していきました。ただ、「双書」から派生したものは、いろいろな要素を含んでいるものだから、たとえば、新書という面では、そのお手本になった岩波新書に対抗しようとかという野心まで出てきてしまいました。「有斐閣選書」も世の中のベストセラーと伍するものを作りたいとか、要するに、少し能力を超えた、自分たちのフィールドを越えたところに行ってしまったのです。そこで、結局、在庫もブレークしてしまいました。

法律書を中心とした手堅い学術出版というもともとの伝統から一歩外に踏み出し、分野を拡大していこうとするのは、大変に革新的な営みであり、そして実際に相当に功を奏するものであった。しかし分野や刊行点数の拡大それ自体が新たな伝統となって固着化すると、文化的慣性の問題が生じることになる。成功体験が累積することによって、従来のやり方へのこだわりが強まるとともに、ネガティブな諸問題の徴候に対する敏感さが減衰してしまうのである。拡大路線が自明視されていれば、それに異を唱えることは難しくなってこよう。そしてすべてはうまくいっているという感覚ばかりが、事態の精緻な分析抜きに一人歩きすることにもなりかねないのだ。

分野や点数の拡大という戦略それ自体は、高等教育の大衆化という環境の動向に鑑みればそれなりの有効性を持ったものには違いない。問題は、それを実現するに足る構造的整備がなされているかどうか、そしてそのチェックが適切に作動しているかどうかである。この時期の路線の拡大は、当然のように売上げの上昇を伴った。けれども売上げだけ見ていると足をすくわれることになる。ある編集者は言う。

当時の企画はある意味で当たって、売上げも増えていきました。しかし、その反面、在庫も急増していった。結果として、利益率という点ではむしろ落ち込んで、収益という点ではだいたいその時もそれ以前もそれ以降も実は、同じようなレベルになっていたのです。

分野や点数の拡大は従業員数の急激な増大を伴うものであったが、この時期有斐閣では意思決定の仕組みの標準化を中心とする構造的整備がその規模に見合ったものとなってはおらず、ゴーイング・コンサーンと言えば聞こえがよいが、端的に言えば行き当たりバッタリ的な施策がとられていた。組合の力が強い中で規模の拡大がなされたという背景のもと、組織構造は非常にフラット化し、刊行意思決定に際しての編集部の力は強大なものとなっていく。その頃は、編集部が考えればそれがそのまま企画になるといったような時期だったのである。社内諸規定があまり整備されていないという状況下、企画と部数が部長止まりで自律的に決定され、そして責任の所在が曖昧という状態が続いている中、成功体験ばかりが強調されてしまえば、利益率の不振にはなかなか注意が向けられなくなってこよう。

一九八三年に第五代の代表取締役社長に就任し、そのような状況を立て直す上で大きな役割を果たした有斐閣の現会長（当時の社長）は、あるところでその頃のことについて、次のように率直に語っている。

> 一九六〇年代から七〇年代にかけて団塊の世代が大学生になった頃、有斐閣ではこれまで専門としてきたジャンル以外にも進出し、国文学関係の教養書なども出版したことがあるが、国文学の専門出版社が良い著者を押さえているため、出版しても返品が増すだけだった。（中略）
> 有斐閣が創業一〇〇周年を迎えた頃、教養書を大量に出すため、マーケットやわが社の立場を考えずに、人を採って、その人の仕事を作るために企画をしなければならないことになってしまい、有斐閣本来の出版分野以外に進出して、売上げの七割が借金ということになってしまった。(5)

この時期、〈文化〉性や〈商業〉性への志向はそれなりにあった。ある編集者の証言によると、この頃編集部でリーダーシップを発揮していた人物は、「それまでの、主にエリートを対象にした本だけでなく、全国の、学生だけでなく、会社員でも読めるような本を作るべき」と説き、「もう帝国大学の時代ではない、大衆化された大学にふさわしい商品を作るべき」という主張を繰り広げていたというが、これは新たな時代における〈文化〉性の追求と解することができる。またこの同じ人物が「営利企業体としての側面」を強調し、「教科書を出すだけでいいんだ」と主張していたことからは、強い〈商業〉志向をうかがうことができよう。

それ以前、有斐閣には「象徴資本を築きながら、副産物的に教科書を作っていた時代」があり、伝統的に「クラフトとしての性格（職人仕事的な性格）も、また文化事業体的な性格も強かった」。またその頃は、オーナー経営者（いわゆる「オーナー社長」）と経営幹部たちの意向が貫徹しており、その意味で「官僚制的に」見えたともいう。おそらくそれは非人格的なルールを中心とする近代官僚制とは少し違っているものと思われるが、しかし集権的統制という官僚制の要素は具備していたわけである。つまり伝統的に有斐閣には〈文化〉志向＋〈職人性〉志向という強い結合があり、それを〈官僚制〉志向の一部が補完していたものと考えられる。

ところが、急激な分野拡大と並行して〈商業〉性が強く意識される中、上述のような新たな〈文化〉性（大衆的文化志向）は追求されたものの、組織規模にふさわしい〈官僚制〉構造の整備は疎かにされ、そればかりか集権的統制が稀薄化してしまった。そこで浮き彫りになるのは編集部の力、すなわちナマのままでの〈職人性〉志向である。つまりこの時期、新たな市場が強く志向されながらも、それに対応する近代的な構造整備はなされないまま、〈商業〉志向＋〈職人性〉志向という強い結合が顕在化し、それに新しい形での〈文化〉志向が随伴していたわけである。

このように、問題は分野や刊行点数の拡大という新たな戦略それ自体にあるわけではなく、それを支える構造の不備にこそ求められる。各種規定の不備や財務的発想の稀薄さによって、新たな戦略は水をさされることになってしまった。そして社は連続赤字という事態に陥るのである。

三　コア戦略への回帰

この危機的事態の打開のため、有斐閣は経営改革を断行する。現会長が一九八二年に社長代行に、そして翌八三年には第五代の社長に就任し、また一九八四年には社外からの役員招聘がなされて、一層の経営体制強化が図られることとなった。取引先銀行から新たに就任した専務による強力なリーダーシップのもとで、効率的な経営管理の手法が導入され、職務分担・責任・権限の明確化や各種規定の整備などがなされていく。そして、過度にフラット化した意思決定過程を改め、刊行企画を効率的に厳選するために、編集常務会と生産企画会議が設置されるに至った。つまりこの改革によって、公式性・専門性・集権性を要素とする〈官僚制〉構造が強化されたわけである。

新専務主導によるこの経営改革は、トップダウンでなされるとともに、集権的な構造を導くものであったため、社内に相当なコンフリクトを招来しもしたが、各種施策は奏功し、その結果黒字基調が定着するまでとなった。ただ、この改革が経営主導でなされたというのは紛れもない事実でありながら、その一方で従業員全般にわたる全社的な議論がなされていたということにも注意しておこう。編集者の一人は次のように語る。

廉価本に手を出して出版点数も増えて自転車操業になり、点数の増加もピークを迎えるようになってしまいました。この後始末をどうするかということについて、かなり全社的な議論の対象になったのです。この〝全社的議論をする〟というのは、それから後三〇年近くこの会社の伝統になっています。（中略）

一方では、オーナー側は、銀行から人を呼んで立て直しということになりました。もちろん、社全体としてはそういう人が経営全体の立て直しに寄与したのですが、片方では、「ちょっと欲張りすぎて広げすぎたものを平場の人間の知恵を含めてどうしたらいいのか」と考えたのが、実効性を担保したと思います。

こうして経営側だけでなく組合側も真剣に経営の建て直しを図っていったわけだが、その改革は単に財務的な発想の注入に留まるものではなく、上述のように各種の構造的な整備を含んでおり、さらには分野の拡大に歯止めをかけ、得意分野にエネルギーを集中するという戦略変更も伴っていた。法律書の新刊比率は一九八〇年代に五割を切るまでになっていたのだが、これが問題視され、あくまでも法律書を機軸としたラインナップへの回帰と、全体としての出版点数の抑制が図られたのである。編集者の一人は分野拡張期を振り返り、「分野の違うもの、性格の違うものを扱う」ようになり、「本来自分の得手ではない文学などにまで手を広げるようになってしまった」のが問題だったと指摘する。こうした反省に立った改革の結果、新刊書における法律書の比率はその後上昇を遂げ、前掲のように一九八八年~九七年の一〇年間の平均で五八パーセントとなった。

経営不振の時期の問題は、繰り返しふれてきたように、分野拡大という戦略それ自体にあったわけではないかもしれない。根本的な問題は、合理的な構造の欠如にこそ求められよう。したがって財務的な管理手法を導入・強化し、各種の構造的整備を断行すれば、分野や点数の拡大という基調それ自体は、短期的にはともかく少なくとも中長期的には温存するという手もあり得たように思われる。しかしながら経営側の、あるいは全社的な議論の打ち出した方向性は違っていた。その後、本筋・本流へ還るということが謳われ、法律書を中心とした大学テキストの出版という基軸がひたすら強調されることになるのである。その基本姿勢は、黒字基調が回復してしばらくたった現在でも少しも変わっていない。

経営不振の大きな淵源の一つを分野拡大に求め、機軸への回帰を謳うというのは、物語的に非常にわかりやすい。それは組織アイデンティティの根幹にふれる物語であり、それゆえ社内的な浸透力が大変に強く、そして強靭な持続性を誇るものとなった。銀行から招聘された新専務は後に社内報で経営不振期のことを振り返り、社の当時の実情と読者の社への期待とのあいだにギャップがあったことを問題視している。組織アイデンティティの内部者による規定を組織文化ととらえ、また外部者による規定を組織イメージと考えるなら（Hatch & Schultz 2002）、分野拡大を果たし多様な展開を遂げる新たな組織文化が、法律出版の老舗という旧来の組織イメージから著しく乖離してしまったことが問題、というわけである。(6) そこで、組織文化を従来からの組織イメージに合わせるような形での改革がなされることとなった。それは文化とイメージが合致する一貫した組織アイデンティティを追求する方策にほかならず、単純ではありながら――あるいは単純であればこそ――大変にわかりやすく力強い提言と言うことができよう。それゆえ、原点回帰・法律書基盤・テキスト中心というこの古くて新しい路線は、従業員のうちに深く根づくことになったのである。

こうしてコア戦略への回帰（コア・コンピテンスの重視）がなされたわけだが、しかしそれは次の二つの意味で単なる伝統への立ち戻りとは異なっている。まず第一に、法律書刊行が基軸とは言っても、社会科学系の総合学術出版という幅の広さは健在だということがあげられよう。そもそも、法律系だけでなく経済学・社会学系の諸学会との絆を創るとともにそれを強く保ってきたというのが有斐閣の伝統であり、それらの多くを切り詰めてしまうのは得策ではない。法律系が中心で周辺の社会諸科学はそれに付随する限りで扱う、という時代ではもはやないのである。したがって、法律以外の分野の新刊比率は改革によって下がったとは言え、その後もそれなりの高さを保持しているということに注意しておこう。しかも、書籍出版において法律系は主として各種法改正をベースとした改訂版の発刊がそれなりの数を占めるため、それを差し引いた後の純粋な新刊比率で言えば、法律系の比率は見かけよりもやや低めになる。一時期のように法律系を上回るということはもはやないものの、その他の分野の刊行は依然として重要なものに留まっているのである。

そして第二に、象徴資本を稼いでこれに頼りながら副産物的にテキストを出す、という時代にはもう還れないということがあげられる。法律書の刊行が主軸だと肝に銘じても、〈文化〉志向 ＋ 〈職人性〉志向結合だけを貫くわけにはもはやいかないのである。そもそもこの時の改革は経営難を乗り切るためのものであり、強い〈商業〉志向を有していた。そしてそのためにとられた方策は、〈官僚制〉構造の強化に関わるものが少なくない。つまり改革後の社で顕在化しているのは〈商業〉志向 ＋〈官僚制〉志向という強力な結合なのである。これを考えるにあたって、ある編集者による次の言葉は大変に示唆に富む。

［分野が急激に拡大した時期に］作っていた本は、営利企業体的な性格な本。オーナーに対抗しているという意味ではクラフト性というか。編集部が考えて、それがそのまま企画になるという時期がありました。ところが、実際にはオーナーの力が弱くなり、官僚制的な力も弱くなって、採算性が悪くなっていった。営利企業体としての側面が空走りしていたのです。それでその揺り戻しで、権威のある象徴的な価値のある方向にシフトし、それで教科書的なという意味での儲かるものの比重を高めるという、妙なやり方になりました。それが結果としては良かったのですが……。

つまり、分野拡張期でも――あるいは分野や点数を拡大しようとしている時期であればこそ――〈商業〉性は強く志向されていた。それが空回りであったとしても（売上げが強調される陰で収益性への注意が疎かにされていたにせよ）、市場が強く意識されていたことはたしかだろう。その意味で、改革前も後も〈商業〉性の強さ自体は変わらない。採算性がより重視されることで〈商業〉志向がより緻密になり、そしてそれを下支えする〈官僚制〉志向が強まった、というのが改革の要点なのである。そして、こうなってくると法律系が中心だとは言っても、少なくとも副産物的にテキストを刊行するという姿勢は全く通用しなくなる。収益のことを第一に考えれば、テキストこそ学術出版の主役に据えられるものとなってこよう。

もちろん大学の学生たちに売れる教科書を作るというのは有斐閣の伝統にほかならず、創業期から顧客層の中心は学生だったし、その最初の顧客の学生たちから後の著者陣が出てくるという循環があった（『百年史』p. 53）。その意味で、テキスト志向というのも原点回帰の一環であることに間違いはない。しかし、八〇年代中盤の経営改革では、一般社会人をターゲットとした多様な出版にまで手を広げていたことが大いに反省され、そして〈商業〉性がとりわけ強調されたため、テキスト出版はもはや〈文化〉性の自然の産物というわけにはいかなくなる。また、研究書がそのまま大学テキストとして流通するという時代はとうに過ぎ去ってしまった、という事情もある。つまり、売行きがよく採算性の高いテキストを作り続けることが、かつてよりも強烈に意識されざるを得ない状況となったわけである。

ただし本業の法律分野に的を絞り、そこでのテキスト制作にエネルギーを集中するというのは、たしかに経営難の克服には効果的ではあるものの、単にそれだけでは業務縮小による合理化効果をもたらすにすぎない。したがって企業組織の有意な成長のことを思えば、より革新的なテキストを意図的に創出する必要が出てこよう。しかしながら法律分野の教育はきわめて定型的なものであり、そこで用いられるテキストも既存のパターンを超え出ることがなかなかできない。いや、そもそも定型化の程度が非常に高い分野であればこそ手堅い収益が期待されるので、法律分野への回帰という路線が改革において高らかに謳われたわけであった。そこで、従来とは異なる新しいタイプのテキスト作りの顕著な動きは法律以外の分野から、具体的には社会学分野から出てくることとなる。そこで企図されたのは、読者にとっての読みやすさをひたすら追求したテキスト作りにほかならない。

もとより、有斐閣においてはさまざまな革新が各分野でなされており、社会学分野だけがいつも突出しているわけではない。それぞれの分野の担当者たちは常に新たなアイディアを出そうと試み、また分野を超えてそれを共有しようと努めているため、新しい動きの淵源を特定分野のみに求めることはできない。しかしながら、読者志向の強いテキストへのシフトが社会学分野でとりわけ顕著に見られたというのも事実である。そこで、次節では主として社会学分野で起こった出来事に照準しながら、テキスト作りの新しい流れについて検証していこう。

四　テキスト革命の進行

（一）　テキスト革命のリアリティ

コア戦略への回帰は法律分野ならびにテキストを重視するという志向を持つものであった。しかし、そこでは〈商業〉性が強烈に志向されたため、単に法律分野で伝統的な形でのテキストを再生産すればよいというわけにはいかなくなる。先に掲げた編集者による言葉に、「権威のある象徴的な価値のある方向にシフトし、それで教科書的なという意味での儲かるものの比重を高めるという、妙なやり方」という表現があったが、ここには伝統に立ち返る方向性と革新を目指す方向性がともに示されていよう。一九八〇年代半ばの経営改革は、原点回帰を謳う一方で、そこから一歩外に踏み出す道筋をも照らし出していたのである。

読みやすさに主眼を置いた新たなタイプのテキストは法律分野からではなく主として社会学分野から出てくることになるが、それは必ずしも有斐閣のみに特有のことではない。法学や心理学ほどには教育法や教科書の制度化が高度に進んではいない分野でイノベーションが起こりやすくなる、というのは当然のことと言えよう。編集者の一人は言う。

法律は決まっていることが多く、講義の冗談でも毎年おんなじことを言え、などと言います。社会学の場合は、もう少し遊んでもいいのではないでしょうか。また心理学の場合は、枠が決まっていて教科書が作りやすいという面があります。心理学は有名な実験をわかりやすく説明するというので、出てくる話はほぼ決まっていますから。（中略）その意味で心理学は法律学と似ています。社会学は大変ですよね。

社会学の分野では特に一九九〇年前後から、学生の視点に立った自然体のテキストが多数刊行されるようになってきた。具体的には、『ジェンダーの社会学』（江原由美子・長谷川公一・山田昌弘・天木志保美・安川一・伊藤るり　新曜社　一九八九）や、『ソシオロジー事始め』（中野秀一郎編　有斐閣　一九九〇）などを境に、読みやすさやわかりやすさに主眼を置いたテキストが続々と出るようになったわけである。一九九〇年前後に始まった自然体のテキスト作りの激増を「テキスト革命」と表現するならば（友枝・山田 2005：578-580；園田・山田・米村 2005）、それは著者による教授から読者による学習へという力点の移動や、知識の伝授から視点や視角の提示へという方法の転換などを伴うものであった。この大きな変化を感得している研究教育者は少なくない。それでは出版社の編集サイドから見た時、テキスト革命というのは一定のリアリティを持つものであろうか。またそれは意図的に構想された実践なのであろうか。編集者の一人はこのあたりの経緯を次のように話してくれた。

六〇年代から七〇年代半ばくらいまでは、「双書」というのが主流でした。その時代には一定の器のようなものがあり、たとえば有名大の主任教授の講義ノートをそのままテキストにするというスタイルが象徴的で、年間の講義の回数に合わせてそれぞれの章が整理されることになります。が、その後大学生の数が増大し、活字離れというのが起こってきます。先生方と話していても、学生の食いつきが悪いとか、それに対してどんな対応をしなければならないのか、などといった話が出てくるようになりました。そこで社の方でも試行錯誤を経た上で、思い切って道具立てを変えるという話になり、結果として「アルマ」という大きなシリーズが誕生するに至ったわけです。

「有斐閣アルマ」の説明としては、「多様化するカリキュラムのもとでの教えやすさ・学びやすさを追求し、豊かな情報量をコンパクト・サイズに収め機能的編集を心がけた、新しい時代の大学教育に応えるシリーズ」と、ホームページ上の文言にある。シリーズとしての開始は一九九五年だが、それまでにも新しいテキスト作りに向かうさまざまな試みがあったという。では、こうした大きな変革にあたって、具体的にはどのようなことが目指されたのであろうか。

それは、「ユーザー・オリエンティド」ということ。読者のことを考えないで勝手に作ってはいけないということですね。視覚的に訴えるとか、一区切りを短くするとか、最後にまとめの問題を作るなどといった道具立てを用意し、知識というよりは見方から入ってもらえるようにしました。テキストというのも自動車の「フルライン」と同じで、いろいろなものが用意できるのではないかと。（中略）シリーズとして出来上がったのは九五年ですが、準備は九〇年くらいからしていました。作り方は、それによって大きく変わりました。以前は原稿に忠実というのが主流だったわけですが、今ではマンガを入れたりもします。もちろん論理的な理解を促すというやり方を排除するわけではありませんが、用途に応じ、小型車から高級車までといった感じで教科書を作っていこうというわけです。

このように編集者の世界においても、テキスト革命というのは強烈なリアリティを持っていることがうかがわれる。また、その企図が出てきたのが著者サイドからなのか編集者サイドからなのか、という質問に対しては、「もちろんその両者の相互作用の中からということになるわけですが、実際の企画としては編集の方からですよね」という言葉が聞かれた。さらに、そうした動きが、何か特定の本を作る中で自然と醸成されてきたのか、それとも強い意図のもとでなされたのか、という問いを投じてみると、編集者の一人はきっぱりと一言、「意図的です」と答えている。テキスト革命は出版社・編集者の強力なリーダーシップによって敢行された、というわけである。

それでは、こうしたテキスト革命が起こる以前、社会学テキストはどのような形で制作されていたのであろうか。

（二）　テキスト革命前史――概念からパースペクティブへ

一九五〇年代には社会学の定番とされるような本がいくつも刊行された。テキスト革命が超克の対象とした標準的なモデルが、そこにはある。この定番について、編集者の一人は次のように述懐する。

東京大学出版会による一連の『講座社会学』〔福武直・日高六郎・高橋徹編　一九五七―五八〕が出る前に定番だったのは次の三つ。清水幾太郎『社会学講義』〔岩波書店　一九五〇〕、清水幾太郎『社会心理学』〔岩波書店　一九五一〕、そして福武直・日高六郎『社会学』〔光文社　一九五二〕です。一連の『講座』とあわせて、この四つが社会学を勉強する者にとっての共有知識になっていました。また有斐閣で言えば、『社会学辞典』〔福武直・日高六郎・高橋徹編　一九五八〕も重要です。東大出版の『講座』と有斐閣の『辞典』の二つは、戦後日本のスタンダードな社会学を形づくっていたと言えるでしょう。

そしてこの時代、多くの社会学テキストを貫いていたのは、概念の教授という志向だという。一九五〇年代から六〇年代にかけてのテキストには概念が横溢していた。

一九五〇年代の有斐閣のメイン・テキストは『教養講座社会学』〔林恵海・臼井二尚編　一九五三／林恵海・臼井二尚・武田良三編　一九五四／日本社会学会編　一九五七〕、六〇年代は『現代社会学入門』〔日本社会学会編集委員会編　一九六二〕。両者に共通するのは概念なんですよ。概念はパースペクティブよりもずっと長もちします。『教養講座社会学』だって三〇年は軽くもちました。(7)

ここには概念伝達が主流であった時代への、ある種のノスタルジーが垣間見られる。この編集者は、五〇年代の主要テキストについて語りながら、「そういう共有財産というか知識を、今の人は持てないんじゃないですかね」とも口にしていた。しかし、こうした感慨が浮かんでくるのは、もちろんテキスト革命を経た今だからこそのことである。当時スタンダードなものとして制度化されたテキスト群は、変革のときを待っていた。そしてその萌芽は既に七〇年代には現れることになる。

概念中心の従来のテキスト作りは、一九七〇年代になって相当に変わりました。パースペクティブを教えるという方式を主にしたのです。七〇年代の代表的なテキストとしては、『社会学を学ぶ』〔執筆者代表：佐藤毅・鈴木広・布施鉄治・細谷昂 一九七〇〕と『社会学の基礎知識』〔執筆者代表：塩原勉・松原治郎・大橋幸 一九六九〕が挙げられます。

概念からパースペクティブへという焦点の移動、その背景には高等教育の大衆化や学生運動の隆盛などをうかがうことができよう。学生にとっての読みやすさを主眼に置いたテキスト作りの流れは、何もごく最近になって初めて起こったものではない。パースペクティブ重視というテキスト革命後の本に特徴的な志向が、早くもこの時代に強烈に意識されていた、というのは注目に値しよう。さらに、このパースペクティブ志向の前史として、六〇年代には既に従来とは質の異なる学生層を対象とした新たなテキスト作りが胎動していたともいう。テキスト革命につながる流れは、実はかなり前から準備されていたのである。

しかしながら、七〇年代に展開したパースペクティブ志向は、必ずしも概念志向を全否定しようとするものではなかった、という点にも注意が必要だ。実際『社会学の基礎知識』などは、強烈な概念教示志向に貫かれているのではないかという疑念も湧いてこよう。これに関しては、次のような言葉が聞かれた。

『社会学の基礎知識』のねらいは二つありました。一つは概念の異同を知ること。もう一つは概念を使って社会を見るということです。あれは見事に成功しました。『基礎知識』を索引的知識の吸収という感じで使う人もいるとのお話ですが、しかし『辞典』ではだめで、『基礎知識』でなければいけないという読者もいます。『辞典』は言葉ですが、『基礎知識』では文脈の中での言葉の使われ方が重要になります。

こうして、ここでのパースペクティブ志向は、単なる概念の羅列に留まるものではないものの、文脈に応じた概念の使い方に定位する以上、概念の習得を疎かにするどころか、むしろそれを前提としているという様相が浮き彫りになってくる。編集者の一人は、「パースペクティブと概念をどのようにミックスさせるのかが、腕の見せ所」とも語っていた。したがって、一九八〇年代の代表的テキストをあげてもらった際、概念志向の色濃い次の二つが出てくるのは、必ずしも不自然なことではないということになろう。

八〇年代の代表的なテキストは、『社会学概論』〔本間康平・田野崎昭夫・光吉利之・塩原勉編 一九七六〕と『社会学小辞典』〔濱嶋朗・竹内郁郎・石川晃弘編 一九七七〕。『概論』では、とにかく体系の美しさをねらいました。

たしかにパースペクティブ志向は新しいものではあった。しかしそれはあくまでも揺るぎなき概念志向の上に築かれたものだったのである。大学の大衆化は戦後リニアな形で進んだため、七〇年代には既に概念やモデルだけをハードに教え込むことの問題が浮上し、読みやすいパースペクティブ志向のテキストの重要性が気づかれていた。しかし大学の講義でカルチャーセンター的なものが目立つようになり、また多くの大学で私語が問題化する（あるいは「問題視」を通り越して「自明視」されてしまう）時代は、少しばかり後のことである。八〇年代は、まだ概念を中心とする教授法という指導法がギリギリ可能な時代だった。

(三) テキスト革命の経緯――興味の惹起

定番・定本が成立しにくい時代になったという話が編集者の話の中で出た際に、ではそれを再び作ろうとする動きがあるのかどうか尋ねてみると、「あったんです、有斐閣大学双書の時代がそう」という答えが返ってきた。「本格的体系書シリーズ」を謳う「有斐閣大学双書」の刊行が始まったのは、一九七二年のこと。『社会学概論』もこの中の一つであることを思えば、パースペクティブ志向が全面開花を見るのは次の時代を待たなければならなかったというのは当然のことと言えよう。

そして、新しいタイプのテキストの先鞭をつけたのが、先にも記した『ソシオロジー事始め』(中野秀一郎編 一九九〇)であった。編集者の一人は語る。

この本の刊行は一九九〇年ですが、企画は一九八八年。アルマ・シリーズに向かう大きな流れの始まりの一つでした。概念などを起承転結で教える従来のパターンではなく、二節構成をとり、一節ではこういう現象があると示して、二節で社会学はそれをこう見る、と。(中略) 企画を出したのは京都編集室勤務の編集者です。書き手の方の数が多く、いろいろな大学での経験から、本を読んでもらうにはどうしたらいいかが徹底的に考えられました。売れたことにより社内でのインパクトも大きく、その経験をアルマ・シリーズに活かしていくことになります。この本により、短大や専門学校の需要もわかりました。

ここにうかがわれるのは、概念よりもパースペクティブを重視する積極的な志向であり、また読者にとっての読みやすさを徹底的に追求する姿勢である。聞き取りでは「パースペクティブ」、「ユーザー・オリエンティド」、「フルラインン」などの言葉が頻繁に聞かれ、これらが社内で普通に流通していることがわかるが、こと「ユーザー・オリエンティド」という言葉は一九九〇年代、アルマ・シリーズの開始によって浸透したという。そして、こうした読者志向を具現するのが、さまざまな道具立てなどを駆使して興味を喚起するやり方にほかならない。『ソシオロジー事始め』の企画・編集をおこなった大前誠は、『フォーラム　現代社会学』誌上の論文で、次のように記している。

イントロ、コラム、読書ガイド、用語解説などのいわゆる「ツール・ボックス」をつけていただく。学生さんたちが興味をもつ「写真」「イラスト」なども極力つかう。（中略）「タイトル」のつけかたにも気をつかう。普通なら『社会学入門』とか『社会学講義』などと硬くて親しみにくいものをつけてしまいがちだがそれでは芸がない。（中略）

学生さんたちが他のものに優先して買いたくなるほど魅力のある、本当に面白くて親しみやすくて役に立つ、綺麗でかつリーズナブルな価格の本をつくって勝負するしか手はないではないか。（大前 2003：17–19）

こうしたテキスト作りをしなければならなくなった背景としては、たとえば学生におけるテキストの購入意欲の減衰や、大学改革に伴う大教室授業削減によるテキスト採用数の減少などがあげられよう（大前 2003：18–19）。これらの変化は学術出版社や教科書出版社にとって痛手となるものだが、出版社側は厳しさを増す外的環境に適合的なテキストを作ろうとひたすら努力したというわけである。そしてそれによってもたらされたのが、パースペクティブ志向の全面開花であった。いやむしろ、概念の教授やパースペクティブの提示以前に興味の喚起それ自体が最優先課題となったのが、この時代だと言うことができよう。

ところで、こうした面白さや読みやすさに主眼を置いたテキスト作りは、有斐閣が他社に先駆けて実践したということなのであろうか。

と思ってますよ。そういう形のものが、それ以降いろんなところで出てるなあ、ということで。（中略）九〇年代になったら、社会学って面白いじゃないと思わせるにはどうしたらいいんだ、っていう一点に絞ってテキスト作りをおこなってきました。他の出版社もそれ以降だと思います。アルマ・シリーズでは、一番易しい入門書からやるということを考えました。赤色のマークのついているものです。そこでは体系性や網羅性は二の次になります。先生が学生たちを社会学の世界に惹きつけるにはまずどうするのか、というイメージで。（中略）売り上げが多いのは『ソシオロジー事始め』や『社会学のエッセンス』［友枝敏雄・竹沢尚一郎・正村俊之・坂本佳鶴恵 一九九六］などです。

読者志向の強い読みやすい社会学テキストは、ほぼ同時期に複数の出版社から登場したが、それは一つの社の企てを他の社が一斉に模倣したというのではないらしい。同じようにわかりやすさに焦点を絞ったテキストを同時期に出すようになった別の出版社の編集者の話を聞いてみても、独自に工夫を凝らして企画を実現していった経緯がうかがわれる。もちろん、こうした試みが十分に制度化された後であれば、模倣という営みは合理的な選択として頻繁になされることになる。(8) しかしながら、少なくとも社会学分野におけるテキスト革命は、その当初複数の出版社によってそれぞれ独自に実践されたものであった。市場的要請が非常に厳しく、それに対して出版社はただちに対応しなければならないという危機感が、この時期の社会学テキスト業界全体に広く浸透していたからこそ、こうした新しいテキスト作りの火の手は複数のところから上がり、そして瞬く間に伝播していったのではなかろうか。読者志向の強いテキストは、当初革命的なものとして誕生した。そしてそれはあまりにも大きな影響力を内包していたがゆえに、すぐさま一つの制度と化したのである。

ちなみに次の証言からは、今日では学生にとっての読みやすさを主眼としてテキストを書くというスタイルが、著者たちのうちにもかなりの程度浸透していることがうかがわれる。

かつては難解な文章も多く、平易な文章をお願いすると怒る先生もおられましたが、この二〇年くらいでしょうか、そういうことも少なくなってきました。先生方ご自身も講義で学生相手に苦労されているからでしょうか。「ユーザー・オリエンティド」ということに関しては、最近では書き手にも共有されるようになってきました。

好むと好まざるとにかかわらず、執筆者も編集者も学生も、今日では読みやすさ・わかりやすさをそれなりの前提にしなければならない。テキスト革命によって誕生した、学生の興味の惹起に焦点を置いた社会学のテキストは、今や相当に制度化された存在となっているのである。いや、それは社会学だけに留まるものではない。高等教育の大衆化の勢いは凄まじく、既に高度な制度化を果たした伝統的な分野をも否応なく巻き込んでいくため、そうした分野(典型的にはたとえば法学)も、もはやかつてのように高踏的に知識を伝授すればいいというわけにはいかなくなっている。たしかにテキスト革命は、社会学のような比較的新しく、教育法に揺らぎのある分野で始まった。しかしそれは引き金のような役割を果たしたということであり、革命の勢いはすぐさま他分野へと伝播していくこととなったのである。これに関しては、次のような言葉が聞かれた。

今やっている一番ポピュラーな器、つまりアルマ・シリーズの検討をした時には、法律や経済担当の若い人も一緒でしたが、ここでは向こうがこちらのを取り入れるという格好ですよね。向こうが社会学的な遊びの部分やパースペクティブ志向を参考にするようになっています。また法律では、もちろん一方に法律実務家志望者をターゲットにした「誰それ民法」などといったものがあるわけですが、他方、法学部も広がって、卒業すればいいという人も増えたりすると、社会学のテキスト作りが参考になったりするわけです。

もちろんそれでもなお、学問ごとにテキストの作り方の違いというのは残存する。有斐閣でフルラインというのは、入門・中級・上級・副教材・辞典というレベルや質の異なる本を小型・中型・大型それぞれ用意するということだが、分野ごとにその力点が違っているというのも事実だ。たとえば、法律書の場合は司法試験対策ということで、まずは「体系書」と呼ばれる書籍のような上級・大型本が主軸とならざるを得ない。これに対して社会学ではアルマ・シリーズに載るような入門・小型本が中心になってくるのである。編集者の一人は、「心理学のテキスト作りは選択肢が狭く、図とか色刷りとか外見的な工夫に留まりますが、社会学は引き出しが多くブレンドの仕方も多様で、楽しめます」とも語っていた。社会学は学問の性質からしても学界の構造からしても自由度が相対的に高く、そのためテキスト作りにイノベーションがもたらされやすかったわけであり、今後もそうした柔軟性は、特に社会学分野に顕著に認められるだろう。

しかしながら、法学のような最も伝統的な分野にすらこの新たなテキスト作りの仕方が入り始めているということは、とりもなおさずテキスト革命の規模の大きさ、影響力の強さを端的に示すものにほかならない。より伝統的・定型的な学問分野においてでさえ読者志向の高いテキスト作りが求められる、そういう状況に今やなっているのである。

（四）〈商業〉志向と〈官僚制〉志向

こうして一九八〇年代中盤の経営改革を経て、有斐閣の学術出版はテキスト志向を一層強め、読者にとって読みやすい新しいタイプのテキストを続々と出していくこととなった。そこで際立っているのは、もちろん〈商業〉志向の強さである。ただ、単に〈商業〉性というだけならその前の時代でも相当意識されていたわけだが、特に採算性が強調されるようになったというのが新しい時代の特徴にほかならない。それは端的に、〈商業〉性の一層の強調と解することができよう。そしてこうした中、学術的な価値をひたすら追求する〈文化〉志向の方は影を潜めがちになる。

ただし〈文化〉志向が全く消え去ってしまったわけではもちろんない。〈商業〉性が開花した分野拡張期にも、その〈商業〉性には新たなタイプの〈文化〉性、すなわち大衆的文化志向が随伴していた。それと同様に、改革後に一段と強調されるようになった収益中心の〈商業〉性にも、コア領域としての法律分野を重視するという〈文化〉性が伴っている。しかしそれらの〈文化〉志向は、あくまでも〈商業〉性を満たす限りにおいて、あるいは満たした上で追求されるものにすぎない。その意味で主軸となっているのは、やはり〈商業〉性の方なのである。

そしてその〈商業〉性を支えるものとして改革で強調されたのは、〈官僚制〉的な構造であった。テキスト革命の強力な進行を眼前にする時、売れ筋を強烈に意識した戦略にばかり注意が向けられがちだが、それを実行するには指令系統の明確化や課業の標準化などを含む〈官僚制〉化が必要になってくる。そしてそれは、テキストの編集それ自体の規格化を伴うものであった。次の言葉に耳を傾けてみよう。

社会学でユーザー・オリエンティドにする場合何をしたらいいかという時に議論して出てきたのが、「今や概念やパースペクティブではなくて例示解釈だ」というようなアイディアで、それでアレンジしていこうということになりました。そこで、いい悪いは別にして、組版の仕方まで細かく決めたのです。新しさを出すために行間を広げようとか。（中略）趣味が悪いとか、かなり言われました。内部でもそういう意見はありました。

またこれらの規格化には、組織の編成替えによって新たに編集に参入した人たちにでも比較的容易に課業がこなせるよう、という思惑も効いていたという。

それまで編集者としての訓練を受けてこなかった人たちでも編集作業ができるような商品のコンセプトというか、仕様を考えていきました。その典型例が「アルマ」です。われわれは「ツール・ボックス」と呼んでいますが、「見出しは必ずつけて、キーワードはゴチで入れましょう」とか、「サマリーをつけて、練習問題を設けて」というような一連のフォーマットを作っていったのです。そのうちのいくつかを使わなければ企画にしてはいけない、と言いました。逆にそれを使えば、一応安定した企画として認めてくれる、ということです。

「ツール・ボックス」的な発想それ自体は実は七〇年前後にまでさかのぼることができるが、ここで重要なのはそれが高度に制度化されたことにほかならない。これは相当に功を奏し、大量のシリーズが短期間にできるようにもなった。もちろん標準化された規格で平易なテキストを作る、というやり方にはさまざまな批判があり得、先にもふれたように初期には執筆陣からの反発もそれなりにあった。「それまでわれわれが作っていたのとはかなり違っていたから、先生方に説明に行く時には勇気が」必要で、「権威のあると言われていた学部とかに行くと、お叱りを受けたこともあった」のである。「こういうものを出して恥ずかしくないのか」などとも言われ、「でも、じゃあ、学生が一番いいという教科書は何ですか?と訊くと、それは文字の無い教科書だと言う大学が一杯あるんですよ」と説明したこともあったという。

ここに見られるのは、〈文化〉性と〈職人性〉を中心とする社の古いイメージと、そして〈商業〉性と〈官僚制〉が浮き彫りとなった新しい社の姿勢とのあいだのギャップである。かつてのイメージを強く抱く関与者たちにとって、組織文化ないし組織アイデンティティの大胆な変貌を受け入れるのは大変になってこよう。しかし、もはや〈職人〉的に〈文化〉を伝えればそれだけで済む時代ではないということを、編集者だけでなく大学人たちもよく知っている。したがって、著者陣も最初は何ほどかの抵抗を覚えていたにせよ、テキスト作りにおける新たな展開を次第に受け入れざるを得なくなってくる。そして実際、テキスト革命の後、読者志向を貫いた易しいテキスト、ならびに〈商業〉志向と〈官僚制〉志向を前面に打ち出す出版社(それは何も有斐閣一社のみに留まるものではない)の姿勢は、いずれも通常の事態と見なされるまでに至ったのである。

こうして有斐閣の組織アイデンティティは、第Ⅰ期（伝統期）の〈文化〉＋〈職人性〉モデルから、第Ⅱ期（分野拡張期）の〈職人性〉＋〈商業〉モデルを経て、第Ⅲ期（経営改革・テキスト革命後）の〈商業〉＋〈官僚制〉モデルへと大きな変貌を遂げた。もちろん、多元的な組織アイデンティティが持つ複数の〝顔〟のうち、どれか一つの〝顔〟が完全に消失するというようなことは一般的に言ってまずあり得ない。実際、たとえば第Ⅰ期には副産物として教科書が売れるといった〈商業〉性が、また第Ⅱ期には大衆的教養を志向する〈文化〉性が、そして第Ⅲ期には法律分野への先祖がえりを果たしてそこに基盤を置く〈文化〉性がそれぞれ認められる。〈職人性〉を駆使してそれを〈官僚制〉的にまとめ上げ、〈文化〉的産物を市場で売って〈商業〉とする、というのが学術出版業の一般的宿命である以上、それぞれの〝顔〟は程度の如何はともかくとして、いつの時代にも見られるだろう。しかし、これらのうちどれが特に顕在化するかというのは、時代状況によってさまざまに異なってくる。そして有斐閣には上のように、時期を下るにつれて、Ⅰ〈文化〉＋〈職人性〉↓Ⅱ〈職人性〉＋〈商業〉↓Ⅲ〈商業〉＋〈官僚制〉という組織アイデンティティの大きな変化を認めることができた。もとより有斐閣は一つの同じ会社には違いない。しかしその様相は、時期ごとに大きな違いを呈しているのである。

五　標準化された構造と過程

（一）　刊行意思決定の官僚制化

有斐閣では大規模な経営改革を経て、組織の構造と過程が大きく変化した。もはや、編集部の内側だけで刊行を決定してしまう、というわけにはいかない。企画の多くは編集部員から出てくるが、フォーマルには編集部会を経た後、編集常務会を通らなければならない。その他、事前のインフォーマルな会議や、あるいは部間の調整などがあるが、最も重要なのはこの二つの会議だ。企画を立てる編集者は、原価・定価・利益等について細かく企画書に書き入れて編集部会に臨むことになる。これは、かつて経営が苦しかった際に作った原価率についての配慮が編集部員に浸透していることによって可能となっている。そして、この編集部会での審議を通過すれば、次の段階の編集常務会へと上がるわけだが、これには企画を上げた当の編集者は出席しない。各部の責任者が揃う編集常務会では、編集部の責任ある立場の人が企画の説明をおこなうのである。

「一党一派に偏しない」というのが全社的な方針であり、オーナー経営者はじめ経営幹部たちの意向によって特定の分野や著者陣が疎んじられるといったことはないので、編集者たちは独自に企画を立てることができる。上から商品企画を下ろしてくる、といったことは滅多に起こらない。管理職は、「各編集者から企画が出てくることを大前提にして、それを抑えるとか激励する」という機能を担っているので、一般的に企画の出発点はあくまでも個々の編集者ということになる。しかしながら、上の二つの会議によるチェックは相当に厳しいがゆえに、担当編集者は企画を上げるのに甚大な努力を払わなければならない。いくら利益予測まで入った詳細な企画書を用意しても、営業からは鋭いチェックが入る。たとえば次のような光景がそれだ。

編集常務会の場では、企画書だけでなく付属資料が出されますが、その時に営業部からフィードバックが入ります。「この分野のこれは売れていないじゃないか」とか、いろいろな部署から「こんなもの売れるの?」とか。(中略)それと、研究者に対しては甚だ失礼でしょうけれど、「その先生にはお引き受けしなければならない義理はあるのか」とか「どのくらいの先生で、おつきあいはどれくらいあって、若い人だと、これから先お願いするのか」とかいう話になります。営業だけでなく、上からも横からもそういう話が出る。普通どこの会社でもそうだとは思いますが……。

かつて過度にフラット化された構造のもと、ややもするとアド・ホックな刊行がなされがちになった時期もあったわけだが、このように意思決定構造が集権的かつ公式的に整備されると、もはやそのようなことは起こり得ない。社の新刊ラインナップは精緻な統制が効いた、きわめて秩序だったものとなっているのである。

ただし集権的な構造とは言え、それはあからさまなトップダウン型の統御を形づくっているわけではない。かつて編集部同士の、また編集者間の「タコツボ化」が問題になり、その解消に向けた努力が払われた結果、横のコミュニケーションは大幅に強化された。たとえば年に一回、新入社員向けの会ではあるものの、編集部員全員がいるところで、学界情報・研究者情報についての説明や意見交換がなされる。誰か一人が特定の著者を抱え込むというようなことは、この会社では起こり得ない。したがって編集者が企画を立てる際には、インフォーマルな会合・フォーマルな会議いずれにおいても、同僚編集者たちが送る横からの視線を常に意識することになる。その意味で刊行ラインナップの決め手となっているのは、やはり編集者たちの力なのだ。

しかしながら、「タコツボ」との訣別による横のコミュニケーションの強化は、一方で〈官僚制〉的な統制を緩和する効果を持ち得るが、他方では〈職人〉として付与されていた自律性の一部を返上するということをも意味するので、これによって〈官僚制〉が一層強化されたという側面もある。また、個々の編集者たちの発案が重要だとは言うものの、彼らは売れるテキストを作ることが最も大切な仕事だと重々了解しているため、もちろんその枠内で企画を練らざるを得ない。さらに、編集者たちは上の二つの会議やインフォーマルな各種会合における上からの統制・横からの統制に強くさらされているがゆえに、彼らが恣意的に企画を上げる余地は全くと言っていいほどない。つまり、現場の力が重視されているとは言っても、その諸力は公式的に強くコントロールされている。編集者たちはそれなりの力を保持しつつも、かつてよりもはるかに集権化・公式化された組織において、ひたすら収益性の高いテキストの制作に専心しているのである。

（二） 編集者の仕事のロードとサイクル

では編集者は実際どのくらいの仕事を抱え、どのように課業をこなしているのであろうか。まず、年間に出す単行本を二二〇冊程度とすると、単行本編集者の数は約四〇人だから、一人あたり五〜六冊の新刊を担当しているということになる。もちろんキャリアの最初の頃は二〜三冊に留まるし、反対にベテランの場合は十数点を抱えるという人もいるわけだが、編集部として目標としているのは、平均して一人あたり年六点の新刊を出すこと。そのほとんどは大学で使われる教科書だ。ある編集部の場合、純粋な学術書はどんなに多くても二〇点、通常だと一〇点以内に抑えているという。

具体的な仕事のサイクルを、ある若手編集者の例で見てみよう。書き手のほとんどは大学の教員なので、原稿入手は典型的には夏休み明けか春休み明けの二つのパターンが考えられる。前者の場合刊行は三月末となり、実際の新学期の授業で使ってもらうことができる。ただしこれだと、大学でのシラバスの執筆時期における教科書指定には間に合っていない。そこでより望ましいのは、春休み明けに原稿を入手して、秋から年末にかけて刊行するというパターンの方だ。この場合、①シラバスで次年度の教科書・参考書として指定してもらえるというだけでなく、②営業部による大学廻りの時期にもフィットし、さらに、③会社の年末決算にも間に合うというメリットがある。(9)

一ヶ月単位で見ると、原稿調整や構成固めのためなどにおこなう著者会合が月四〜五回程度、また大学の研究者への相談がやはり月四回程度入っている。また常に三冊分くらいは手許にあるさまざまな段階の校正刷（初校・再校など）は、二週間単位で動く。そしてその他、入手した原稿を読んだり、原稿の催促などの連絡をしたり、企画を立てたり、各種会議に出席したり、といったところが日常的な仕事だ。一週間単位では、と訊いてみると……。

たとえば月曜日午前中はいろいろと土日に書いていらっしゃった原稿をいただけるので、それをプリントアウトして拝読して感想を送ったりとか、それから印刷所も土日仕事をしているところが多く校正刷が出てくるので、それをチェックして先生に送るとか。そういうことで月曜日は終わって、それから週に二日くらいは著者会合などの会合があって、別に一日くらいは先生に企画のお話をいただいたりとか、そのために研究室に伺ったりとか。そして一日はじっくりと読む日。あと企画を立てるという感じです。

自主企画を一～二ヶ月に一冊くらいは立てるので、そのための情報収集や資料作成なども日常的に大切な仕事だ。ただ、上の一人あたり年六冊というのは目安であって、それが達成できていないからといって個人的な攻撃がなされることはない。もちろん自主的に目指す標準としては大きな意味を持つわけだが、基本的には部全体で引き締めをおこなうという形になっているのである。また、企画と編集担当は一般的に同じ人物が担うが、一時期誰かに原稿が集中した際などには、管理職の指示によって別の人の担当に変わることもある。「部の生産ということで、昔ほど誰の本というのはなくなってきている」のである。

こうして話を聞いてみると、大学テキストの出版が企画から編集・刊行に至るまできわめてシステマティックになされていることがわかる。若手編集者の一人に、入社してからの驚きについて尋ねると、次のような答えが返ってきた。

意外と会社のカラーっていうのは大切なんだな、と会社に入って初めて思いました。市民向けの本でもベストセラーでもいいものが出せると思っていたのですが、ここはテキストや学術書だし、さらにテキストの作り方が、ビジネスモデルと言いますか、編集部員がどんな人でもある程度のものが出せるようなマニュアル化と言いますか、作り方があるな、というのが結構意外でした。

特にマニュアル化が進んだのは、テキスト革命の後のこと。アルマ・シリーズが落ち着いて、それが当たったので、一気に制度化が進行していったという。有斐閣からテキストが続々と出版されるのは、何も過去の文化的蓄積に頼ってのことではない。その背景には、まさに高度に標準化された構造と過程が伏在しているのである。

六　強力なテキスト志向——市場への敏感さ

有斐閣が自ら謳っているのは「法律・経済・人文・社会の学術書出版」。対外的にテキスト出版ということが殊更に強調されることはないので、普通の学生・研究者・一般読者からすれば、今なお専門書刊行を中心としている会社と見られることもあるかもしれない。しかし社内的に重視されているのは、とにかくテキストを出版すること。「大学という場での教育に役立つ教材を提供する」ことが使命としてひたすら強調されるのである。「ウチはこういうことで飯を食っていますよ」というのは上から絶えず言われることだし、先にもふれたように、純粋な学術書の刊行はきわめて低い比率に抑えられる。「学術書というのは、まず儲からない」のだ。

それでも学術書は社の歴史の中核を占めてきたものだし、象徴資本としての価値は高い。そこで外的な組織アイデンティティとしては「学術書」に重きが置かれることになる。しかし、経営改革ならびにテキスト革命を経たあと、社の商業的基盤は大学での教科書販売にあるので、内的な組織アイデンティティとしてはあくまでも「テキスト」に焦点があてられる。つまり組織イメージの管理に関しては〈文化〉的な「学術書」が中心となる一方で、組織文化の管理としては〈商業〉的な「テキスト」が中心となっている、というわけである。

ここには組織イメージと組織文化の乖離という事態が認められるが、それはかつての分野拡大期におけるそれ——

法律書出版という組織イメージと教養書出版という組織文化の乖離――ほどには大きな問題を孕まない。それは法律書と教養書が容易に対立的構図に陥りがちなのに対して、学術書とテキストとのあいだにはそれなりに親和性があるからであろう。学術書を広義にとらえれば、それはテキストを含み込む。そしてテキストの中には実際、高度な学術性を有するものが少なくない。有斐閣がまずもって謳っている「学術書出版」という看板は、その意味で非常に包括性・柔軟性の高い概念と言うことができよう。ちなみに編集者たちの口からは、「学術書・テキストの出版」という巧妙な言い方がよく聞かれた。

テキストを出版して市場的成功をおさめなければそもそも学術書の出版はままならない、というのは、ひとり有斐閣のみの問題ではなく、広く日本の学術出版フィールド全体を覆う状況に違いない。「文化産業」としての学術出版業においてオーディエンスを重視する性向を、「文化」にウエイトを置いて表現すれば「読者志向」になるが、「産業」に焦点をあてると「消費者志向」となる。もともと〈文化〉性に軸足を置いた上で〈商業〉性と折り合いをつけてきた学術出版は、昨今市場的な要請を強烈に意識せざるを得ないような状況になってきた。既刊書売上げの伸び悩み、新刊点数の増加、一刷あたり発行部数の減少とそれに伴う価格の上昇、書籍の短命化、高度な専門書から読みやすい啓蒙書や教科書へのシフト……、これらはいずれも学術出版業界が今日一般的に直面している事態と言える(Barber 1998 : 123 : Powell 1985 : 25 : 佐藤 2002a : 76–78 : 2003 : 6)。

そしてこうした市場的圧力は、出版社内においては販売部門や管理部門からの社会的圧力へと変換される。たしかに状況・時代・国によっては、編集部門がこうした圧力をあまり受けずに学術書の刊行に勤しむというのもあり得るかもしれない。たとえば、一九七〇年代に米国の二つの代表的な学術出版社についてのインテンシブな調査をおこなった米国の社会学ウォルター・パウエル (Powell 1985 : 129–134, 183–185) によれば、一般に編集者たちは販売などからほとんど口出しされずに自律的に刊行決定をおこなっていたという。ただし今日、テキストの販売に多くを依存する日本の学術出版社においては、そうとはいかない可能性が高い(10)。そして経営改革後の有斐閣の場合は、特に市場的要請に応えて読みやすいテキストを量産し続けることが至上命題となる。

そこで市場の動向を探るのがまずは肝心となるわけだが、ここでの市場とはまさに大学の教育現場である。専門書であれば学界が、また教養本であれば一般読書界が代表的な市場ということになるわけだが、テキストに産品を特化する限り、高等教育の現場を探査するのが重要な作業になるというのは当然のことと言えよう。編集者の一人は言う。

いろいろなテキストが作れるわけですが、自分たちのラインナップはもちろん見て考えます。また、どこに需要がありそうかということで、ネットなどで大学のカリキュラムも見ますし、書き手の方のことも見ます。そうしたいくつかの条件を見ながら、今何をするというのを決めていくわけです。たとえば、「講義では自分の話を聴きなさい、でも最後にいい成績を取りたいならこの書を」的なものを作るか、とか。（中略）いろいろ考えています。また、学生が専門に上がって「社会学概論」を取る時に、というふうにターゲットを絞ったりもします。かつては大学双書がよく使われていました。

「学校や教育なくして出版はうまくいかず、また書物がなかったら大衆教育はどうなっていただろう」（Dennis, LaMay, & Pease [eds.] 1997：xvi）。こと学術出版界は教育界と密接なつながりを持っており、テキスト出版は教育界の現状に大きく依存する。そもそも学術出版やテキスト出版の場合、著者・出版社・読者が一つの学術コミュニティに共属しているという特殊な構造が見られるのである（Powell 1985：195；佐藤 2002a などを参照）。そしてとりわけ有斐閣の場合は、テキストを作るにあたって大学の様子をきわめて注意深く、そして積極的にモニターする姿勢が認められた。編集者たちは、学会大会が開かれればそれに出席して最新の動向にふれたり、研究者との交流を深めたりする。『社会学の基礎知識』のような書籍は、学会が全国の大学のカリキュラムや試験問題などを調べたものがもとになってできた本だ。各大学のカリキュラムは十全に精査され、どこに新しい企画の可能性があるか、また動き始めた企画の売行きはどのくらいになるのか、などを検討するための重要な資料として用いられる。編集者たちは、カリキュラムなどの資料の検討を通じて、また研究者（著者）たちとの交流を通して、現実の需要や使用状況を把捉しようと懸命に努力しているのである。[11]

こうして編集者たちは需要側の状況を相当に詳しく把握しているが、他方、教材の供給をおこなっている自社の状況に関しても詳細な製品マップのようなものを作り上げていると考えることができる。彼らは大学で展開されている授業のうち、どの学問のどの領域（科目）のどのレベルのものが製品として足りているのか、あるいは欠けているのかを十分に弁えていて、それをもとにしながら新しい企画を立ち上げていくのだ。こうして編集者が企画を会議にかける際には、次の証言にあるように、証言に実際の大学教育現場での売上げに関する細密な予測がなされることになる。

> 企画の段階で、テキストとしてどこでどのように使われるか、その可能性を最初から説明しなければなりません。インターネットで調べて、どこの大学にどういう講義がありどんな先生が教えているというようなことを調べて企画書を出すことが要求されているわけです。研究書の場合だけでなくテキストの場合も、企画書を出すのはとても大変です。

重要な領域であっても大学の授業科目としての制度化が進んでいない場合には、テキスト化は自制される。ある新しい思潮や分野が人気を得、書店の書棚にそれなりのスペースを占めるようになったとしても、それが実際に高等教育の現場の科目として起こされ、教科書指定や参考書指定がそれなりになされるようになるまでは、社としてはまだ見守っている段階に留まるのである。では、これほどまでに自己抑制を利かせ、詳細なデータをもとにして企画を上げているからには、会議では何の問題も出ないかと言えば、そうはいかない。いかに詳しい資料つきで丁寧な説明をおこなったとしても、営業などからは鋭い追及がなされるというのは、先にもふれたとおりである。また、いかなる商品の場合でも当てはまる当然のことではあるが、売上げ予測が常に当たるとは限らない。そして売行き状況は、常に皆がチェックしている。売行きに関しては社内LANでリアルタイムに見られるし、現在の在庫・過去数年にわたる月ごとの在庫・実際の個々の授業での教科書採用数などについても、営業部がさまざまな形で整理して提示してくる。しかもそうした情報は経営側に限定されることなく、社内全部に回ってくるので、編集者は自他の担当した書目の売上げを常時モニターしているということになるわけである。若手の編集者二人は、自らの担当した書目に関して「在庫状況を毎日のように見てしまいます」と口を揃えて語っていた。

今日の社におけるテキスト志向の強さはまた、販売ルートの重点化にも見て取ることができる。大型書店には特約で本を並べてもらっている一方、実のところ書店それ自体は一般にそれほど重視されていない。テキストが売れるのは、まずは授業でということになるからだ。「やはり生協とか先生が中心」というのが実情であり、そのため「営業方針として書店を重視していないので、大学の先生に採用してもらえる本しか売らない」という本音が聞こえてくるのである。編集者の一人からは、有斐閣が「テキスト・メーカーとして」相当のシェアを占めていることに対する誇りも表明された。産品のほとんどをテキストに絞り込み、それに応じた販売ルートへの特化をおこなうということ、それは市場に敏感に対応しようとする社のきわめて合理的な戦略と言うことができよう。

ただし、先にもふれたように学生・研究者・一般読者からすれば、有斐閣からは今なお多くの専門書が刊行されているようにも見える。それは読み手から見た時、テキストと専門学術書との違いが容易にはつきにくくなっているからだ。個々の書名をあげながら話を聞いてみると、有斐閣では実に多くの書籍が「テキスト」としてカテゴライズされていることがわかる。それはシリーズや判型には関係なく、たとえばシリーズに入っておらず大きな判型のものの中にもテキストはある。法律における「体系書」に関しても、これをテキストのうちに含める見解もあるほどだ。もちろん法律関係の著者や編集者たちは、一般的に純然たる研究書と学生向けの教科書とを区別しているわけだが、その一方で高度な「体系書」を上級テキストの一つと見なす見方もあるのである。

こうして読み手としては、どれが専門書でどれがテキストかは実は判然としにくくなっているわけだが、しかし社内的にはもちろん、「これはテキストである」というマークがつけられて企画が上げられることになっている。つまり有斐閣では、大学の授業で教科書・参考書として用いられる商品であるということ、したがってそれなりの売上げが見込まれるということが、大変に重要な判断基準となっているのである。ただ、それでもなお社内的にもテキストというカテゴリーに入らない純然たる学術書が刊行されることも、たまにはある。しかし、単にすぐれた研究というだけでそれが刊行されるといったことは、まずない。編集者の一人は言う。

社にとって純粋な研究書を出す利点は、著者を抱え込めるという点にあります。たとえば法律学では若い著者に専門書を書いてもらった上で、テキストを出してもらうといったことがあります。後発の社会学ではなかなかこの順ではいかず、まずはテキストをということになるのですが。（中略）そして、テキストの場合ですら、企画書を上げるのが大変というのは、先にも言ったとおりです。

はっきりしているのは、テキスト出版との絡みのない専門書が単独で出版される可能性は非常に低いということだ。純粋な学術書は、テキスト刊行の大きな流れに益する限りにおいて刊行される場合があるが、それとて意図的に大変に低い比率に抑制されている。〈文化〉的な専門書と〈商業〉的なテキストとのあいだでバランスをとるポートフォリオ戦略は学術出版社一般で見られることで、有斐閣にも精緻なそれがうかがわれるわけだが、この会社の特徴は〈商業〉的なテキストの方に甚大なウエイトが置かれているという点にほかならない(12)。しかも、数少ない学術書にしても、通常はA5判で出すそれを何とかテキストとして流通させるべく、四六判の「コンパクト」という器の中に収めるような努力が払われることもある。純粋学術書を抑制する力はきわめて強靭と言わざるを得ない。

さらにこの傾向は、近年とくに強まっている。ここ一〇年くらいの変化について尋ねたところ、「テキストの『フルライン』に入りにくいものは、本として出しにくいということはあります」との答えが返ってきた。さまざまなレベルのものを用意しているという意味での「フルライン」の中に、実は純然たる研究書は入っていない。もちろんこれは社内で専門書が重視されていないということではなく、テキストとしての「フルライン」と研究書の刊行とは好循環を形成すべきものという見解も示された。しかしこの両者のうち質量ともに大きな比重を誇っているのは、あくまでもテキストの方なのである。

それではということで、あらためて「テキスト」の定義について編集者の一人に訊いてみると、端的に「学校において教材として使われるもの」とのこと。そう考えれば、たとえば非常に高度な専門書のようなものもここに入ってくる可能性はあるということになる。ただしそのためには、教科書・参考書指定の対象となり、それなりの売行きが見込まれなければならない。その意味で市場の動向は、やはりテキスト作りにおいて編集者が勘案すべき最も重大な制約の一つと言うことができよう。市場志向が高度に組織化された中、言を換えれば〈商業〉的志向が強力な〈官僚制〉的構造によって支持される状況において、編集者たちは収益性の高い、読者にとってわかりやすいテキストの制作に日夜邁進している。

七　編集職の自律性

(一)　構造的緊張――〈官僚制〉と〈職人性〉のせめぎ合い

〈文化〉的アイデンティティから〈商業〉的アイデンティティへの転換、それは今日学術出版社の多くが直面せざるを得なくなっている大きな課題の一つだが、有斐閣の場合は既に分野拡張期に、ある意味で〈商業〉化を相当果たしていた、というところに特徴がある。しかしその際の市場志向は、定見に乏しく組織的バックアップを欠いていたために、かえって経営的問題をもたらすことになった。そこで経営改革・テキスト革命後は合理的な〈官僚制〉化が推進され、身の丈にあった〈商業〉性が目論まれることになるわけだが、それはすなわち闇雲な市場志向に一定の歯止めをかけるということにほかならない。だからこそ、無定見な分野拡張の基調は抑制され、法律分野への原点回帰という〈文化〉性への目配りが担保されることになったのである。

つまり、経営改革後に特に浮き彫りになったのは〈官僚制〉的な側面ということになるが、これは〈職人〉的な側面と鋭く対立する可能性を有する。〈官僚制〉的な構造は組織内の諸過程を合理的・体系的に編成し尽くそうとするが、これに対してそもそも〈職人〉とは個々の組織の文化や構造にとらわれることなく、価値あるものの産出に向けて自律的に行為する主体にほかならない。分野拡張期にそのネガティブな局面（タコツボ化など）が出てしまった〈職人性〉は、経営改革がもたらした合理的構造によって抑えつけられ、相当程度の後退を余儀なくされた。社において〈職人〉的性格よりも〈官僚制〉的性格の方がはるかに顕在的だというのは疑いを容れない。

しかしながら、ここで〈職人性〉が全く消失してしまった、というわけではもちろんない。編集職という職能には、そもそも一般的に大きな自由裁量権が与えられている（Powell 1985：126ff.）。米国の学術出版のフィールドワークをおこなったパウエル（Powell 1985）の議論を参照する時、なるほどテキスト出版と学術出版がかなりの程度分化している中で、高度に専門性を活かしている米国の学術書編集者と比べてみれば、学術書とテキストがしばしば混淆する中で、主としてテキストとして流通する書物の刊行に取り組んでいる日本の学術書編集者の場合は、社外からの市場的（〈商業〉的）圧力や社内における組織的（〈官僚制〉的）圧力が相対的に強く効いているという現実を否定するわけにはいかない。けれども、日本の学術出版社においても編集職能が中心となって仕事が回転しているというのは厳然たる事実である。また有斐閣では編集者自身が〈官僚制〉化の推進に一役も二役も買っていたというのも間違いない。しかも彼らには、今なお独自に企画を上げるという重責がある。その意味で〈職人〉的側面は、〈官僚制〉的側面とのあいだで鋭い構造的緊張関係を繰り広げながら、したたかに生き続けるのである。

〈官僚制〉的側面と〈職人〉的側面とのせめぎ合いは、たとえば集権性に関する編集者の認知の違いに見ることができる。あるベテラン編集者は、かの経営改革の概要を、社外から招聘した新役員のトップダウン的指令を主軸とした強力な合理化として語っていた。これに対してもう一人のやはりベテランの編集者は、それだけでなく、タコツボを乗り越えようと自ら試みる現場の編集者たちの努力が相当に効いていた、と述懐する。集権性か分権性か、トップダウンかボトムアップか、経営主導か全社的合意か、といった認識の違いがここに認められるのだ。ただし、異なる見解を表明しながらも、双方ともに相手の見方を尊重しているという点は興味深い。彼らが見ているのは、やはり〝同じ一つの〟現実には違いないのである。いかに〈官僚制〉化が強力に推し進められようとも、〈職人〉的側面は根強く残る。そしてその二つが併存していればこそ、こうした認知の相違が生まれてくるのであろう。

〈官僚制〉構造は一般に、外見的には非常に堅牢な存在に見えながら、他方さまざまな曖昧さや多義性や矛盾を内包している（Baum 1987）。そのためそれは、どれほど体系化されていようとも、すべての過程をコントロールし尽くすまでには至らない。近代組織を生きる人びとが自律的な行為をする余地はここにある。これは一般的な事柄だが、伝統的に〈職人〉的性質をまとってきた編集職の場合は、なおさらその自律性の幅は拡がってこよう。今日の有斐閣のように、〈官僚制〉化が非常に進展した組織においてもなお〈職人〉的自律性が存在している、という事実を見落とすわけにはいくまい。

（二）環境への働きかけ

高等教育の大衆化が進み、教育現場が平易なテキストを求めている現状において、それに適した教材の供給を主眼とする出版社で働く編集者の場合、一見した限りでは、市場的要請に従った受動的な姿勢ばかりが目につくかもしれない。が、はたして本当にそうなのだろうか。実は研究教育者の側からすれば、わかりやすいテキストが市場に横溢しており、学生たちがそれに馴れてしまっているという状況を受けて、近年、教育実践を易しい方向にシフトせざるを得ない状態に陥っていたりもする。この場合、変化の主導者はむしろ出版社の方に求められるに違いない。

かつていくつかの大学では、有斐閣のテキストに準拠して社会学のカリキュラムが形成されていったという。テキストの出版ラインナップが大学における社会学教育の枠組みを形づくることもあるのである。たしかに編集者たちの判断には、大学教育の実態による大きな制約がかかっている。しかしその一方、実際の教育場面では学術書やテキストが大きくものを言うので、出版社による刊行意思決定が大学教育を左右する場面は少なくない。

たとえば、わかりやすいテキストというのは、たしかに教育現場の要請に応える形で出てきたという事情がある。有斐閣でテキスト革命の嚆矢となった本の場合は、短大や専門学校を中心とする、いわばヨリ大衆的な教育現場でのニーズが強烈に意識されていた。が、そうした新しいスタイルのテキストが世に浸透するようになると、もともとは高度な学術書に頼るだけで済んでいた大学などでも、続々と刊行される平易なテキストを採用せざるを得ないような状況になってくる。その意味で、出版社によるテキスト刊行は、今日の教育実践に大きな縛りをかけてくるものと言うことができよう[13]。テキスト編集者たちは、何も環境に対して柔軟に応答するだけの受動的な存在に留まるものではない。彼らは積極的に環境を創出してもいるのである[14]。

そして、環境への受動的な随順にせよ、あるいはその積極的な策定にせよ、それらはきわめてダイナミックなプロセスなので、時に通常の路線からズレた動きを呼んだり、あるいは意図していなかった結果をもたらしたりする。たとえばアルマ・シリーズのある代表的な書目を担当した編集者は、実は「あれは定番ではなかった」と打ち明ける。「仕事の自己革新ということも考慮に入れれば、定番ではないものも作りたくなってくる」というわけだ。が、この本は相当の売上げを達成し、新たな定番の位置を占めるに至った。これはテキスト革命の勃発とほぼ同時期、ないしその直後に構想・企画された本ということになるが、〈商業〉志向並に〈官僚制〉志向が強力に効いている中で、実際にはこうした編集者の自律的な動きが大きくものを言った、というのは非常に興味深い。編集者は市場に翻弄され、組織に束縛されただけの存在では決してないのである。

ただし、編集者の自律的な力が思いのほか大きいとは言え、彼らが環境をコントロールしきれるわけではもちろんない。ダイナミックなプロセスは、合理的な構造が想定する範囲や、あるいは個々の編集者が意図的に指し示す方角を超えて、思わぬ方面に向かったりもする。たとえば、大学のカリキュラムを精査した上で、特定のレベル用に制作したテキストが主として別のところで使われる、といったことが生起するのだ。次の言葉に耳を傾けてみよう。

どこでどう使われているかを見ると、必ずしもねらいどおりではありません。たぶん先生方の使いやすさなのではないでしょうか。専門学校で高度な本をというのも、またほんの入門書でゼミをというのもあります。データを見てると、いつも不思議だなと思うわけです。どうやって使っているかは知りたいところなのですが、執筆者以外の人たちのところでどう使われているかはあまりわからないというのが実情です。

読者のことを本当にはあまり知らないまま、過去の経験にしたがって、いわば本能的に刊行決定をおこなうというのは、出版業一般に見られることかもしれないが〔Karp 1997：36〕、著者・出版社・読者の三者が非常に近いところにいる学術出版やテキスト出版においても、ユーザーの志向を実際に見極めるのはとても難しい。もし環境の状況が完璧に把握できるようだったら、〈官僚制〉的な構造を整備するだけで事足りるはずであり、編集者たちが独自の判断を下す幕はない。その意味で、彼らが環境を意図的・合理的にコントロールしきれないというのは、実は編集職が自らの〈職人性〉を将来にわたって保持し続けるための朗報とも言える。〈官僚制〉化とは、合理化できる〈職人〉仕事はすべて合理化してしまうということを意味するからだ。環境とその認知の仕方は曖昧さに満ち、そしてダイナミックに変化するので、編集者たちは大変な労苦をもってこれに対処しなければならない。しかし、だからこそ彼らが自律的に動くことが――〈職人〉であり続けることが――、組織にとって非常に大事なことになってくるのである。

そして編集者たちが今なお保持している〈職人〉的自律性は、彼らの学術書に対する思いと、その刊行に向けた努力にも認めることができる。既に学問的には認知度が高く、大型書店の本棚にもコーナーが設けられるまでになってはいるものの、まだ社内的には新興分野という扱いから抜け出てはいない、とある領域での一冊の学術書（A５判）の刊行の例で見てみよう。この本はさまざまな工夫の凝らされたアンソロジーであり、テキストとしても使い勝手がよさそうなので、どうしてこれが社内的にはテキスト扱いではないのか訊いてみた。すると、この分野は基礎的な講義は多く、それに対応した入門的テキストは既に刊行している。それに対してこの本は内容が高度で、書き口も「ユーザー・オリエンティド」にはなっていない、とのこと。製品マップが非常に細かいものとなっており、この分野での高度な講義の展開は全国的にはまだ少ないので、テキストとしての刊行はできない、というわけである。

しかし、よくよく見てみると、代表的なテキスト・シリーズ、アルマの「ベーシック（基礎科目水準＝四段階あるレベルのうち下から二つめ）」に、内容的に非常に高度な本が入っていたりもする。[15] したがって、少しだけ無理をすれば（いや、さほど無理をしなくとも）この本もアルマ・シリーズのどこかに位置づけて刊行・販売することも可能だったものと思われる。自社のテキスト・ラインナップを詳細に検討し、テキストとしてではなく学術書としての刊行を決めたというのは、一方で強力な〈商業〉的・〈官僚制〉的配慮にもとづいてのことには違いない。けれども他方、売ることだけを〈商業〉的に考え、製品マップ内への当てはめを〈官僚制〉的に模索するなら、何とかテキストとして刊行することもできたかもしれないのである。つまり、ここで学術書としての出版を決めたのは、非常に微妙な意思決定だったということになろう。そしてその独自な決定をおこなったのは、編集者自身にほかならない。

ただここで注意しておきたいのは、この学術書の場合でも、執筆者らによって採用してもらえる数などをもとに、テキストとしての売上げがある程度見込まれる形で企画が上げられているという点だ。こうした学術的な本のことを、社内では「上級テキスト」と言う。テキスト・シリーズではなくA５判の単行本として出す専門的な本ではあるものの、テキストとしても相当数売れるはずだということで、社内的にアピールするために、こうした言い方がなされるわけである。また編集者たちは、先にもふれたように、学術書を何とかコンパクトというシリーズのうちに収めて、テキストとしても売れるような工夫をすることもある。営業から「コンパクトって何?」と訊かれた時には、「四六判のテキストです」と答えるしかないという。彼らは学術書・専門書をもテキストとして流通させるべく、多大な努力を払っているのである。

もちろんこうした学術書の数は、非常に低い比率に抑えられる。編集者の一人は「テキストではない学術書を出す月には、その直後良く売れるテキストの企画を出すように努力しています」と語っていた。しかし、高度な専門的内容を含む学術書も、工夫次第では「上級テキスト」として刊行することができるし、テキスト・シリーズのうちに組み込むことも不可能ではない。会社としてのポートフォリオは、先述のように〈文化〉的出版よりも〈商業〉的出版の方に圧倒的なウエイトを置く形になっている。が、編集者個々人としてはそうした見かけよりは少しだけ多く〈文化〉的出版をおこなうポートフォリオを独自に組んでいる、と言うことができよう。テキストという概念は、教育現場で使用されるという意味を持って使われるに過ぎず、大変な曖昧さを帯びている。編集者たちはまさにこの曖昧さを十分に活用しながら、高度な学術性を含んだテキストの刊行などを通じて、社内・社外の環境に対して積極的な働きかけをしているのである。

たしかに学術書の出版環境は、悪化の一途をたどっている。ある編集者は、教養書の売行きの急激な落ち込みと、そして研究者自身がそうした本をあまり読まなくなったことを慨嘆していた。大学教員がごく狭い専門のうちにだけ閉じこもり、その知の摂取源をオンラインで読める専門誌にほぼ限定した上で、教育の方に関しては平易なテキストへの依存度を高めるとすれば、教養書市場も専門書市場も存亡の危機に追い込まれる。実際、有斐閣が経営改革を断行しテキスト革命を起こしたのも、そうした環境動向に敏感に適応するためのものであった。そして編集者たちは、〈商業〉と〈官僚制〉の強力な磁場の中に置かれる。しかし彼らはただ単にそこにとらわれているだけ、というわけでは決してない。強靭な〈商業〉的・〈官僚制〉的組織アイデンティティのうちにありながら、それとさまざまな形で渡り合い、交渉を重ね、その再定義化・再解釈化を果敢におこなうことによって、〈文化〉的に価値あるものを〈職人〉的に作り出そうと奮闘する編集者たち。彼らのしたたかな姿を閑却するわけにはいくまい。そして、そうした編集者たちの自律性が存続している限り、テキスト革命ですべてが終わってしまったわけではなく、学術書・テキスト作りの新たな動きがまた胎動するということも大いに考えられるだろう。(16)

(三) 全工程関与の自律性

営業部からのプレッシャーをほとんど感じないまま、学術的に意義のある書物の刊行にひたすら邁進する、そういったことは日本の名だたる学術出版社ではまず起こり得ない。それが比較的起こりやすかったとも考えられるのが米国の学術出版社だ。一九七〇年代に調査をおこなったパウエル（Powell 1985）によれば、米国の代表的な学術出版二社の場合、編集者が上げた企画がハネられることはほとんどなく（pp. 79, 32）、彼らが公的な評価にさらされたり担当本のことで責任をとらされたりといったこともない（p. 129）。また、先にもふれたように販売部門が刊行決定などの編集プロセスに介入することも滅多にないので（pp. 129-134, 183-185）、編集者たちはまことにもってスムーズに価値ある業績の出版に勤しむことができる。これだけ聞けば、日本の編集者たちはさぞ羨ましがるに違いない。

しかし〈文化〉的価値に関心が集中すればするほど、学術フィールドの場合その価値を判定する主体の代表格は学界・学会であるという当たり前の事実に突き当たる。もちろん学術出版社の編集者たちもゲートキーパーとしてその評価に大きく関わっているわけだが、しかしその門番機能を発揮する際には、やはり学界・学会の存在に大きく依存しているというのが実情だ。たとえば米国の学術出版編集者のもとには研究者から多数の持ち込み原稿が寄せられるが、それを選別するにあたって彼らは草稿の評価を外部の研究者に依頼することが少なくない（Powell 1985：106）。

また、彼らが純粋なイニシアティブをとって企画を上げるというケースは、さほど多くはないのである（pp. 174-175）。「社内では彼らは表面的に自律的ではあるものの、草稿の最終判断にあたっては外部の評価者に究極的には依存せざるを得ない」（p. 133）という点に鑑みれば、独自の工夫を凝らして売れる本の企画に腐心している日本のテキスト編集者たちの方がかえって自律的なようにも思えてこよう。

もちろん、こうした専門家による原稿の評価（いわゆるピアレビュー）は、第9章である程度詳しく見るように米国の（とくに大学出版局における）学術出版の要であり、われわれのインタビューに応じてくれたミネソタ大学出版部のスタッフたちも、それについて熱く誇りをもって語っていた。[17] しかし、その査読の過程で中心的な機能を果たすのはあくまでも外部の研究者であり、その意味で編集者の役割は脇役ないし裏方に留まる。これに対して、日本の編集者がテキストを作る際には、その企画から刊行に至るまでの大半のプロセスを自主的に決定できることが少なくない。通常「テキストの企画・執筆依頼は出版社からはじまる」のであり（大前 2003 : 21）、その意味で編集者には大きな役割が任されているのである。

これに関しては、実は編集者自身も入社して初めて気がつくことだったりする。入社前に考えていた編集者についてのイメージとの違いを尋ねると、ある若手編集者は次のように語った。

「アルマ」を作り始めた頃でした。原稿をいただいて本にすればいいと思っていたのですが、本のコンセプトを考え、それに沿って著者の先生に何度も書き直してもらうなど、わりと手がかかってるな、というのが意外でした。

同様の質問に対してベテラン編集者も、「装丁も含めて本づくりの最初から最後まで、本ができるまで手がけるということ」と答えている。何も努力せずとも学術書の原稿が次々と舞い込んできて、売上げ・収益のことはあまり考えることなく、ただ単にそれらを本に仕上げていくというだけなら、編集者が独自の技量を発揮する機会はほとんどない。しかし、ひたすら採算性のことを意識しながら自らの責任において独自のテキスト企画を上げなければならないとなれば、彼らは自律的にさまざまなアイディアを出すことになる。テキストの場合、著者からの持ち込み企画はほとんどない。たとえばアルマ・シリーズは、すべて編集者による独自企画だ。つまりテキスト出版では、編集者がプロデューサーとしての機能を強力に発揮しているわけである。

しかも、彼らの役割は、TV番組や演劇や映画のプロデューサーのような限られた働きに留まるものではない。販売予測を自ら立てたり、著者たちに本のコンセプトを理解してもらったり、細かい書き直しを要請したり、印刷製本のスケジュールを管理したり、実際に販売状況をモニターしたりなど、きわめて多岐にわたる仕事を自律的にこなしているというのが編集者の実態なのである。(18) そして、このうち特に彼らが腕をふるうのは、自らが立てた企画のコンセプトに合った本に仕上げるべく、著者たちの執筆・推敲作業に果敢に介入する場面に違いない。若手編集者の一人は、もともと持っていた編集者イメージとのギャップについて訊かれ、次のように答えている。

> 仕事の内容面では、企画会議が毎月ありますが、そこでのやりとりをきいている時。先生がお若いと難しいとか、こういうのは本当に売れるかとか、結構シビアな話をしているのが意外でした。こういう本が必要とされていて、こういう本を出したいというだけではダメなんだな、というのを身をもって実感しました。ぼんやりと夢みたいなものを抱いていた頃とは違ってきました。意外なほど編集者の介入する場面があります。書いてくださったものに、こういうふうに変えていただけないでしょうか、とか……。

テキストの校正稿には編集者の手によってきわめて細かいチェックが入る。本書の筆者の一人が共編者に入ったあるテキストでも各章随所にコメントが入ったが、これはすべて担当編集者の裁量に任された仕事にほかならない。「ユーザー・オリエンティド」なテキストを作るため、編集者は読者の立場に立ってわかりにくい表現をすべて改めるよう必死になっているのである。内容や表現が難しいというのを著者にどうやって伝えるかと尋ねると、「先生、学会を向いて書かれてますか、というのと、先生方が教えている学生さんに向けて書いてください、というのを言います」とのこと。これは著者にとってはかなり手厳しい言葉と思われるが、これを伝えるとだいたい易しくなってくるという。読者志向を貫くにはこれだけの努力が必要というわけだ。「出版において多くの若い人たちが犯しがちな過ちは、著者が言っていることを変えようと試みること」というのは、米国の学術編集者の言葉だが（Powell 1985：140）、日本のテキスト編集者の多くは、まさにその著述への介入実践を敢行している。ここで彼らは監督ないし演出家の役割を果たしていると言うことができよう。

このように有斐閣の編集者たちは、出版の全工程に関与しながら随所で〈職人〉的な独自性を発揮している。それは大きな責任を伴うがゆえに、時に辛い場面も出てこよう。たとえば、年内刊行を敢行しようとしたために、他部門や印刷所・製本所にかなりの無理を強いてしまったこと。あるいは、予定の本の刊行が大幅に遅れてしまったということ。これらはもちろん編集者ひとりの責任ではない。元をたどれば、やはり脱稿が遅れた執筆者に問題があったということになろう。しかしそれを問うと、「いや、それはもう編集担当の責任」とのこと。大幅に遅れをきたした章を断念したり、他の可能性について編者と密に相談したりなど、いろいろと方策はあったはずだから、と言うのである。これは担当編集者が自らの裁量とその責任の大きさを強く自覚しているからこそ出てくる言葉に違いない。

そして、全工程に及ぶその〈職人〉的自律性は、もちろんさまざまな喜びを編集者たちにもたらす。会社に損はさせないものの自らがやりたい本を作ったという経験、なかなか売れないと言われるリーディングスを相当な成功に導いたという経験、ある分野の台頭期に代表的な本の担当となり研究者たちからいい評判を聞いたという経験、担当した良書が相当の売上げを上げたという経験、等々。これらが喜びとなるのは、彼らが企画をはじめさまざまな局面で独自の働きをしているからだ。強い〈商業〉的・〈官僚制〉的プレッシャーに日々さらされていればいるほど、〈職人〉的に〈文化〉的に意義のある本を刊行した喜びはひとしおとなろう。(19) 学界・学会から降ってきた原稿を淡々と本にしただけ、というのでは決して味わえない喜びが、そこにはある。

もちろんここで看取される〈職人性〉は、学術書刊行に関する伝統的な〈職人性〉、すなわち個々の組織を超越し、もっぱら〈文化〉性のみを追い求める職業的自律性とは相当に異なっている。会社の〈商業〉的・〈官僚制〉的アイデンティティは非常に強力なため、編集者たちはその制約を強く意識し、それとさまざまな形で交渉しながら、全工程にわたって独自の技を発揮しなければならない。しかしながらその技は、たとえば米国の学術書専門の編集者がふるう技とは大きく違っていながらも、それと同様か、あるいは見方によってはそれ以上の自律性を孕んでいる。特に上で見たような著述への直接介入は、かなり衝撃的だ。テキスト出版の場合、専門書出版とはまた違った新たなタイプの〈職人性〉フィールドが出来上がっている、と言うことができよう。

八　組織アイデンティティの多元性・流動性・構築性

こうして、有斐閣という会社は長い歴史を持つ一つの会社でありながらも、複数の「顔」を持っているということ、またそれらの「顔」が時期ごとにさまざまに変遷してきたということ、そしてそうした「顔」について編集者たちが多様な解釈や読み替えなどを施していることが明らかになった。組織アイデンティティという概念を一瞥する限り、それは単一で不変の実体であるかのように映ずるかもしれない。しかしながら個人のアイデンティティの場合と同様、組織アイデンティティは同時に複数の相貌を呈することがあり、しかもその「顔」は時とともに変容を遂げていく。組織アイデンティティを堅牢な統一体としてあらかじめ措定してしまうわけにはいかない。

文化社会学や組織アイデンティティ論において、こうした多元性問題の重要性は近年急速に認識されつつあるものの、まだその検討は十全なものとはなっていない。規範的アイデンティティ、功利的アイデンティティ、職業的アイデンティティなどさまざまなものが挙げられてはいるものの、それらの位置づけやそれらのあいだの関係性についての探究は十分になされていないというのが実情である。そして、こうした中、専門職的・職人的アイデンティティが規範的・文化的アイデンティティと同じような存在として論じられることも少なくない。その場合、〈文化〉－〈商業〉の軸と〈職人性〉－〈官僚制〉の軸はほぼ重畳するという認識になる。

これに対して、文化社会学・組織アイデンティティ論にまつわる理論的研究、ならびに学術出版についての実証研究を積み重ねてきたわれわれは、〈文化〉－〈商業〉と〈職人性〉－〈官僚制〉の二軸は理念型的には直交するものだと提唱する。既に第1章で少しばかりふれ、また後の第8章では詳しく論じることになるように、〈文化〉－〈商業〉の軸が協働の目的に関するものであるのに対して、〈職人性〉－〈官僚制〉の軸は協働のあり方ないしその手段に関わるものであって、両者は明確に異なる。そして、それぞれの軸の一つの極は、論理的にも経験的にも他の三つの極とのあいだにポジティブ・ネガティブ双方にわたってさまざまな関係性をとり結び得るものなのである[20]。

もちろん、〈文化〉と〈商業〉が対立する場面は頻繁に見られるし、〈商業〉と〈官僚制〉が結託するというのもよくある話には違いない。しかし〈商業〉的支えのもとで〈文化〉が開花することも少なくなく、また分野拡張期の有斐閣がそうであったように〈職人性〉と〈商業〉とのハイブリッド・アイデンティティが成立することもあり得よう。有斐閣の場合このハイブリッドは大きな経営問題を招く結果となり、その後〈官僚制〉化による解決が図られたわけだが、しかしこのハイブリッドがいつも失敗するとは限るまい。〈商業〉的計算を緻密におこなうことまで〈職人性〉のうちに組み込んでしまえば、ある程度の規模の組織でもそれが有効に作動する可能性はあるものと思われる。いや実際、経営改革・テキスト革命後に編集者たちがひたすら収益計算をおこなって自主的に企画を上げ続けている姿は、まさに〈職人性〉と〈商業〉のハイブリッドの典型とも言える。たしかにそれを根底で支えているのは堅固な〈官僚制〉には違いないが、その上にあってこの二つはそれなりの折り合いをつけることができるのである。

このように、組織はたった一つでも二つでもなく、いくつもの「顔」を持ち、それらのあいだには多様な絡まり合いが看取される。そしてそれらの総体としての組織アイデンティティは、時期によってさまざまな変化をきたす。既に見たように、有斐閣は第Ⅰ期（伝統期）の〈文化〉＋〈職人性〉モデルから、第Ⅱ期（分野拡張期）の〈職人性〉＋〈商業〉モデルを経て、第Ⅲ期（経営改革・テキスト革命後）の〈商業〉＋〈官僚制〉モデルへと、その相貌を大きく変化させていった。また、さらに細密に検討すれば、四つの項それ自体も状況に応じて微妙に異なった様相を見せることがわかってこよう。たとえば、同じ〈商業〉性と言っても、大衆を志向する第Ⅱ期のそれとターゲットを学生に絞り込んだ第Ⅲ期のそれとでは、だいぶ趣が違ってくる。また、第Ⅱ期でも残存していた〈文化性〉（大衆＝教養志向）は第Ⅰ期のそれ（エリート＝専門志向）とは大きく異なっているし、テキスト制作的な〈職人性〉と専門書制作的なそれとでは、自律性が発揮される場が全くと言っていいほど違うのである。多元的な組織アイデンティティの変動を探究するにあたっては、大きな変化のトレンドを掴むとともに、こうした細かな相貌の揺らぎにもそれなりの注意を払っておく必要があろう。

さらに、組織アイデンティティは成員たちにとって外的実体であるとともに、彼らが日々構築した産物であるという点にも注意が必要だ（Czarniawska 1997：44-45；Corley et al. 2006：90）。もとより、いかに複数の「顔」があって変化に富み、また多様な解釈を許すものであっても、総体としての組織は一つの実体としてとらえられる、というのが組織アイデンティティ現象の興味深いところであり（佐藤・山田 2004：125-130）、有斐閣においても会社のアイデンティティは社員たちにとって大きな制約となる外的実在にほかならない。しかし、どれほど〈商業〉的・〈官僚制〉的な「顔」が強くなってこようが、それを日々形づくっているのは管理職だけでなく一般社員たちでもある。また、成員たちはその顕在的な「顔」とさまざまに折衝したり、あるいは別の「顔」を巧みに保持ないし賞揚したりする力を有している、というのは繰り返し注意されてよい。

もちろん米国の経営学者ケビン・コーレイら（Corley et al. 2006：96）の指摘するように、構築主義視角だけに過度に固執してしまえば、組織が一貫した単一の実体として観念されるという通常の事態が的確にとらえられなくなってしまう。しかし、その反対に実体論・本質論にこだわりすぎると、アイデンティティの多元性・流動性・構築性が閑却される危険性が出てくるというのも、言うまでもない。したがって、組織現象をより深いレベルで探究していくためには、実在としての組織アイデンティティに十全な注意を向けつつも、同時にそれが日々構築されている現実にこまやかな配慮をめぐらせていく、という姿勢がきわめて重要となってこよう。組織の主人公は、やはりそこを生きる成員一人ひとりなのである。組織的現実は彼らが共同で作り出したものにほかならない。

第5章　東京大学出版会——自分探しの旅から「第三タイプの大学出版部」へ

はじめに

前章まででケーススタディの対象としてきた三社のうち、ハーベスト社は有限会社、新曜社と有斐閣は株式会社であり、いずれも制度上は営利法人に分類される。これに対して、本章で最後の事例として取り上げる東京大学出版会——以下、しばしば「東大出版会」と略記——は財団法人であり、非営利法人としての法人格を持っている。(1) この、法人格という点に関して言えば、東大出版会は、その多くが非営利組織である米国の大学出版部と同じ位置づけにあると言える。もっとも、その他の面に関して言えば、東大出版会とこれまで見てきた三社とのあいだにはいくつか共通点もある。

東大出版会は、第二次世界大戦後に国立大学では初めての大学出版部として創設され、二〇〇九年四月現在で四二名の常勤職員を擁する、日本有数の大学出版部である。創立から現在までの約六〇年間に刊行してきた書籍の総数は六五〇〇点を越える。

その六五〇〇点以上の書籍には数々の傑出した研究書が含まれるという事実は、広く知られている。(2) また東大出版会は、一九五〇年代の『日本歴史講座』（全八巻）にはじまり二〇〇四〜五年に刊行された『日本史講座』（全一〇巻）まで四期を数えた日本史関係の講座をはじめとする、各種の学術講座シリーズの版元の一つでもある。さらに同会は、英文学術書の刊行によって海外にもその名を知られており、二〇〇九年度までに同会から刊行された英文書籍の点数は六八〇点以上に及ぶ(3)。

東大出版会の刊行物には、すぐれた教科書や教養書も含まれている。近年の例では、一九九三年と翌九四年に相次いで刊行された『The Universe of English』と『知の技法』は、斬新な内容と構成による教科書として大きな話題を呼んでベストセラーとなった。また、一九九四年に最初の巻が刊行され現在までに累計一〇〇万部を越えた内田　貴《たかし》の『民法』（I〜IVまで全四巻）をはじめとする法律関連の教科書シリーズも、東大出版会の経営を支える柱となっている(4)。

東大出版会における基本的な経営モデルは、これらの教科書や講座・シリーズの販売収入によってその組織と事業活動を維持していくというものであった。これは、東大出版会がその創立前後からしばらくのあいだは米国の大学出版部を一つの重要な組織モデルとして想定していた点を考え合わせてみると、少し奇妙なことのようにも思える。というのも、米国の大学出版部の場合には、主として「モノグラフ」（専門的な研究書）の刊行に重点を置く傾向が顕著だったからである。実際、関係者の証言や関連資料を通して東大出版会の歴史について検討してみると、同会が米国の大学出版部を一つのモデルにしながらも、最終的には独自の組織アイデンティティと経営モデルを構築していったことが明らかになる。

本章では、主として、東大出版会の創立以前の一九四〇年代末から一九六〇年代末にかけての、初期の二〇年前後の歴史に焦点をあてて、同会における、その「モデル探し」と「自分探し」のプロセスについて考察していくことにする。またこの章では、東大出版会と米国の大学出版部のあいだの違いについて、事業活動を支える経済的基盤とゲートキーピングのあり方という二つの点を中心にして検討を加えていく。

一　成長の歴史

＊　以下本章の叙述は、東大出版会が五周年、一七周年、四〇周年、五〇周年の節目にそれぞれ刊行した記念誌の記述にその多くを負っている。本章の文献挙示および注記では、これらについて、たとえば「（5年誌：ページ番号）」等の表記法で示すことにする。なお、各記念誌の正式名称については巻末の文献表を参照。

東大出版会は、一九五一（昭和二六）年に設立された日本有数の大学出版部である。専門書を含む豊富な品揃えで知られるジュンク堂書店が発表した二〇〇九年度の出版社の売上げ上位三〇〇社のリストには、大学出版部では、東大出版会、法政大学出版局、東京電機大学出版局の三出版部が含まれている。法政大学出版局の場合の順位は二五五位でジュンク堂書店における売上げは約二八四〇万円、また東京電機大学出版局は、二八四位で約二五〇〇万円である。これに対して、東大出版会は七三位で一億六五〇万円の売上げを示しており、専門書を刊行している出版社の中では、岩波書店（七位：約五億二七〇〇万円）、医学書院（一二位：約三億円）、有斐閣（二九位：約二億一八〇〇万円）などに次ぐ売上高となっている。(5) 一方、二〇〇八年のアマゾン・ジャパンにおける出版社別売上ランキングの上位一〇〇社のリストを見ると、大学出版部では東大出版会のみがあげられており、順位としては六九位である。そして、この場合も、東大出版会は、岩波書店（七位）、医学書院（二三位）、有斐閣（四六位）などに次ぐ順位となっている。(6)

もっとも、当然のことではあるが、東大出版会も、創立当初からこのような、主要な学術系出版社と肩を並べるほどの事業規模を実現していたわけではない。図5・1は、東大出版会の創設以来の新刊点数と常勤職員数の推移を示したものである。

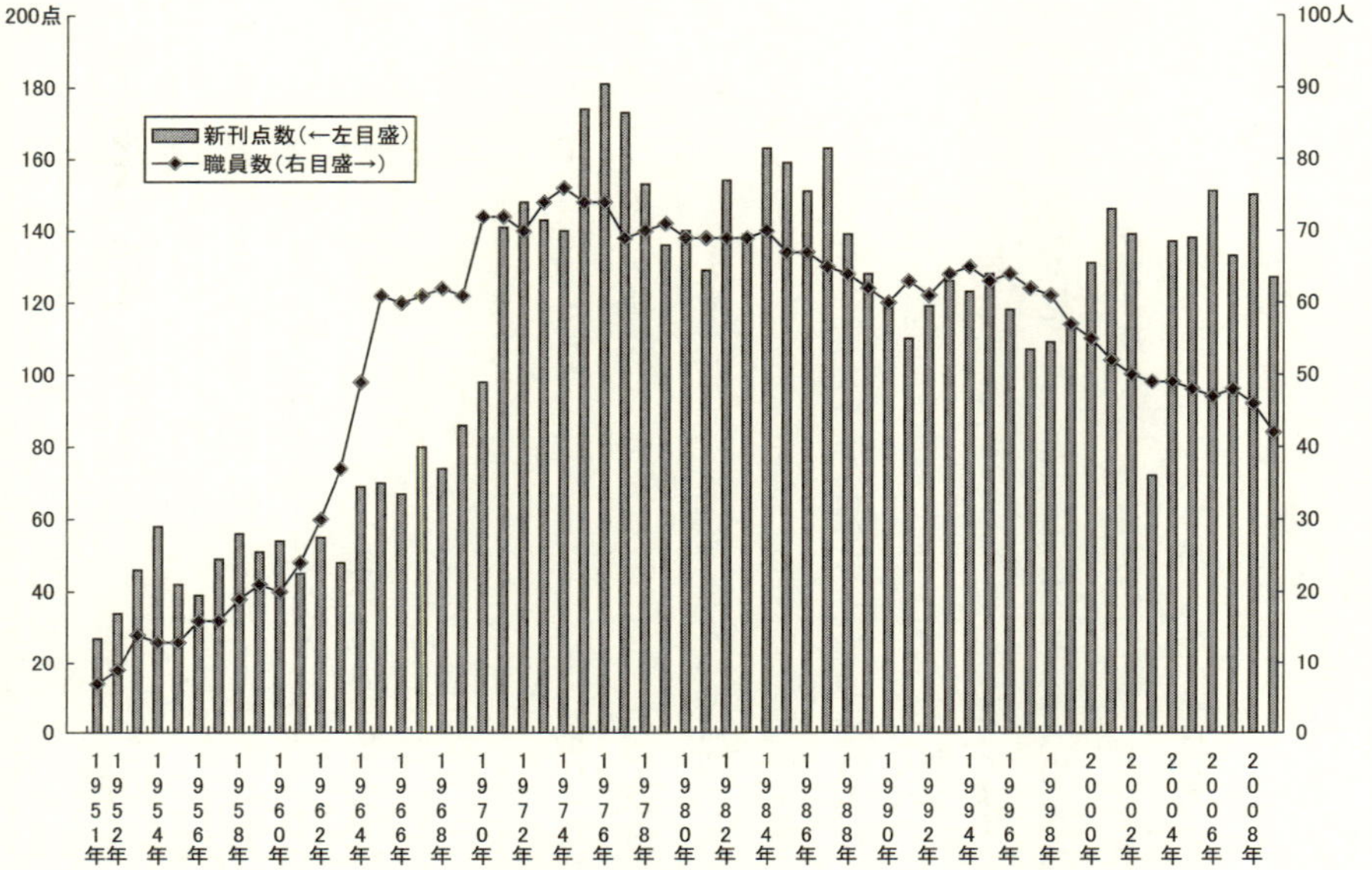

図5･1　東京大学出版会における新刊点数と職員数の推移：1951–2009

出所：東京大学出版会提供資料

注：2003年に新刊点数が極端に減少しているようにも見えるが、これは、同年に決算期を３月から９月に変更しているための見かけの傾向である。

この図に見るように、東大出版会は、創業年の一九五一年に常勤職員七名という陣容で二七点の新刊書籍を刊行してから約四半世紀のあいだに、新刊点数においてもまた組織規模（職員数）という点でも急激な成長パターンを示している。[7] 新刊点数は一九七六年に一八一点というピークを迎え、その二年前の七四年には従業員数も創立当初の一〇倍以上の七六名にまで増えている。また、このグラフには示されてはいないが、売上高の総額（名目額）も初年度には一五〇〇万円足らずだったのが、一九七四年には一〇億円を越えるまでになっている。

その後の東大出版会における売上げや従業員数の推移は、全体として有斐閣の場合と同様のパターンを示している。すなわち、年度によっては若干の変動はあるものの、両社とも一九七〇年代半ば以降は新刊点数と職員数は全体としてともに漸減傾向にあり、よりスリムな組織体制になっているのである（東大出版会については、特定部署が別会社化したことに伴って従業員数や新刊点数が減少している年度もある〔50年誌：60、79〕）。

東大出版会の創立以来一九七〇年代はじめまでの急成長の背景には、日本における第二次世界大戦後の経済成長に伴う文化消費の拡大がある。実際、日本全体における取次を介した書籍推定販売部数は、一九五一年の約九六〇〇万冊から六一年には一億六千万冊、七一年には四億七千万冊、そして七五年には六億三千万冊以上にまで増えている。(8)また東大出版会や有斐閣のような学術書の版元の場合には、個人消費の拡大に加えて、高等教育の拡充によって急激に増えていった大学・短大の図書館への納入が大きな意味を持っていた。

この高度経済成長に伴う空前の出版ブームは、一九七三年一〇月の「第一次オイルショック」を契機として日本経済が安定成長期に入るとともに、いったん収束していくことになる。出版社の中には、この時期に深刻な経営危機に見舞われたり、基本的な経営方針の見直しを迫られたところが少なくなかった。東大出版会の場合も、一九七〇年代に入って顕著なものとなった物価の高騰や学術書の売上げ不振に対応して、何度か組織体制の見直しや刊行企画の絞り込みをおこなっている。また一九八〇年度に創業当初以外では初めての本格的な赤字を計上して以降は、さまざまな試行錯誤を経て、一九八七年には「再建五カ年計画」、一九九六年には「経営五カ年計画」を策定し実行している（40年誌：199－235、50年誌：56－93）。

これらの経営体制の見直しが功を奏し、また先にあげた何点かの教科書等の売上げが安定的な収益をもたらしてきたこともあって、東大出版会の収支は、多少の上下はあるものの、一九九〇年代以降は黒字基調を回復して現在にまで至っている。東大出版会におけるこの一〇年間の平均的な年間新刊点数は一三〇点から一五〇点前後、一方、重版点数は年間百数十点から二三〇点前後であり、二〇〇九年度の売上高総額は約一三億六千万円となっている。(9)

二　出版会、と出版部、のあいだ

(一)　出版会館

その東大出版会が事務局を置く「出版会館」は、東京大学本郷キャンパスの北端に近い場所に位置する弥生門からみて一二〇メートルほど東に行ったところにある。安田講堂や大学の本部棟および主要な学部の建物などがある本郷キャンパス自体は、地下鉄の丸ノ内線と大江戸線の本郷三丁目駅と南北線の東大前駅の中間地点にあり、これらの駅から徒歩で数分ないし一〇数分で到達することができる。またJR御茶ノ水駅などから徒歩あるいはバスを利用して行くこともできる(10)。

出版会館への経路としては、御茶ノ水駅から学バス（都バス）を利用するのが、一番わかりやすいだろう。JR御茶ノ水駅聖橋口を出て、そこから徒歩で二分ほどのところにある聖橋《ひじりばし》上の停留所から「東大構内行」の学バスに乗り込む。途中の道に渋滞がなければ、バスは一〇分もしないうちに本郷キャンパスの南にある龍岡門を通過する。そのまま乗車していると、右手に東大附属病院、左手に御殿下グラウンドを見ながら、二、三分で終点の東大構内の停留所に到着する。ロータリー状になっている停留所のすぐ脇にあるのが、東大出版会が創立後五年ほどのあいだ、東大生協にいわば間借りするような形で事務局を置いていた第二食堂棟（現在も生協本部・書籍部・食堂などが入っている）である。その第二食堂棟の入り口に向かって左手にあるのは、金網でできているフェンスを覆う形で緑色のネットがはりめぐらされたテニスコートである。そのコートのさらに左側には、壁がベージュ色に塗られた総三階建ての鉄筋コンクリート製の建物がある。これが、東大出版会がその事務局を構える出版会館である。

一階の、黒い鉄枠のあるガラス張りの入り口のドアを手前に引いて建物の中に入ると、正面には受付デスクが置かれている。その左手には営業局のオフィスがあり、右手は展示室と呼ばれる七五平米ほどのスペースである。窓の部分を除けば展示室の壁は、それぞれが幅約一メートル高さ二メートルあまりの七段・一四連の本棚によってほぼ占められている。その本棚には、合計でおよそ三〇〇〇点の書籍が一冊ずつ、ほぼ図書目録の掲載順に陳列されている。展示室の左右にはそれぞれ階段があり、その階段をあがったウィングの二階と三階には、編集室や会議室あるいは理事室などがある。また地下には、業務情報処理用の電算機が設置されている。

この出版会館全体の部屋の総数は一〇室であり、建物の総面積は八〇〇平米あまりとなっている。

（二） 母体大学との関係──出版会と出版部のあいだ

出版会館は、東大出版会と東京大学とのあいだの密接な結びつきを象徴する存在であるとともに、両者のあいだに存在する、見方によっては少し意外とも思える関係を示すものでもある。

この建物は、もともとは二期にわたる建設工事を経て一九六一年に完成を見ている。建設にあたって原資となったのは、主として産業界や財界などから寄せられた寄付金である。その寄付は、当時東大出版会の理事長をつとめていた末延三次法学部教授を委員長とする建設委員会の積極的な募金活動によって集められたものである。この例に見るように、東大出版会と東京大学との関係は、理事会・評議会を介しての関係という点においては、きわめて密接なものである。実際、財団法人である東大出版会の理事会および評議会の構成員は、理事長をはじめとしてそのほとんどが東京大学の教員によって占められてきた。また、歴代の出版会会長を職務上つとめてきたのは、その時々の東大総長である。

もっとも、出版会館の使用と維持に関わる経費を含む東大出版会の運営経費という点に目を向けると、東大出版会とその母体大学とのあいだに存在する関係に含まれる別の側面が見えてくる。少し不思議なことのようにも思えるかもしれないが、東大出版会は基本的には母体大学である東京大学とは別個の組織として独立採算制をとってきたのである。出版会館についても、右に述べた寄付金をもとにして建造した建物を東大出版会がいったん国に対して寄贈した上で、その建物の借用料および土地の借料を東大出版会側が国庫に対して納めてきた。また東大出版会は、建物に関わる光熱水道費等についても、大学側に対して支払いをおこなってきた。つまり、東大出版会は経営・財政面に関してはあくまでも東京大学とは独立した組織であると見なされており、国有財産である土地と建物を有料で借用した上で営業をおこなうという形をとってきたのである。[11]

このような東大出版会と東京大学との関係は、海外とりわけ米国における多くの大学出版部と母体大学との関係とは対照的なものであると言える。すなわち、米国の大学出版部の場合には、たとえば事務所スペースに関して母体大学から無料ないし非常に低廉な料金で提供される他、光熱・水道費等に関しても減免措置をとられ、さらに出版部の運営経費に関しても少なからぬ補助を受けている場合が少なくなかったのである。

一方で、東大出版会の創立前後の経緯について少し詳しく見てみると、同会の設立にあたっては、欧米（特に英米）の大学出版部が一つのモデルになっていたことがわかる。実際、創業時に関わる文書には、頻繁にオックスフォードやケンブリッジあるいはシカゴ大学の出版部（局）が目指すべきモデル、あるいはまた、東京大学に大学出版部を設けることの正当性を主張する根拠として取り上げられていた。その点を考え合わせてみると、東大出版会が東京大学とは別個の組織として存在し、また独立採算制をとってきたことは、いよいよ不思議な事柄のようにも思えてくる。

同様の点は、「出版会」という名称についても言える。「university press」は、通常、「出版部」ないし「出版局」と訳される。たとえばOxford University PressとCambridge University Pressの日本語での正式名称は、それぞれオックスフォード大学出版局、ケンブリッジ大学出版局というものである。また、先にもあげたように、日本におけ

る、大学と密接な関係を持つ出版団体の協会の名称は「大学出版部協会」である。(12)

次節以降で詳しく見ていくように、出版部でも出版局でもなく、「出版会」という名称になったのは、東大出版会が大学の一部局ではなく、母体大学とは相対的に独立した組織であることを明確に示す必要があったからにほかならない。また、東大出版会が欧米の大学出版部を一つのモデルないし拠り所にしながら自組織の存在理由を明らかにし、さらに、実際の組織運営のあり方を模索していった経緯は、一種の「自分探し」および「モデル探し」のプロセスとしてとらえることができる。そして、そのプロセスは、既存の組織モデルの単なる受動的な模倣などではなく、むしろ主体的・能動的な「翻訳」ないし「翻案」を通して独自の経営モデルと組織アイデンティティを構築していこうとする、模索と探求の過程としてとらえることができる。

三　東大出版会の誕生

（一）「東京大学新聞出版会」構想

東京大学を母体とする出版部に関する構想が、公刊された資料に最初に登場するのは、一九四八年一月一五日付の『東京大學新聞』である。この新聞には、「年頭に當り」と題して当時の南原繁東大総長の談話が掲載されており、それには、次のような一節が含まれていた――「大学に出版所を作る計画のもとに新春、大学新聞、協同組合出版部等を合同してユニバーシティ・プレスができることを期待している」。

後で見るように、南原は一九四五年一二月の総長就任前後から東京大学（一九四七年九月に「東京帝国大學」から改称。新制大学となったのは一九四九年五月）に「ユニバーシティ・プレス」を設けることを構想していたものと思われる。この南原の構想は、彼が総長に就任して以来矢継ぎ早に提案していった大がかりな大学改革の一環として打ち出されたものであり、その骨子は「財団法人東京大学新聞出版会」を新設するというものであった。

東京大学新聞社の前身である帝国大学新聞社には、既に一九三四年の時点で出版部が設けられていた。この出版部は、同新聞社が戦時に官立系大学の全国機関として「大学新聞社」の中に統合されてから一時活動を休止していた。同出版部は、戦後になって帝国大学新聞が再び東大に本拠を置く新聞社として復活するとともに、その活動を再開し、一九四七年春からはさらに本格的な出版活動をおこなうことを予定していた。南原の構想は、この東京大学新聞社の出版部と、本章ですぐ後に述べる協同組合出版部とを統合して、新しい大学出版部を作ろうというものであった。

この新出版部構想は、実際には、南原が既に一九四六年頃からあたためていた、新聞社を中心とする大学出版部構想にもとづいており、構想それ自体については新聞社の理事や大学の首脳部のあいだでは周知の事実となっていた。また、この南原構想については、一九四八年一月に大学新聞の紙上に右にあげたような談話として公表された後、同年の八月には財団の寄附行為案が、大学側では学部長会議および評議会で承認され（東京大学百年史編集委員会 1986：1997）、また新聞社側でも理事会および評議会で可決されていた。しかし、新聞社の現場担当者であった学生編集部員や事務職員にとっては「寝耳に水」の話であり猛反発を呼ぶことになり、ついにはストライキという事態にまで発展していた（40年誌：152－153）。

もっとも、一九四八年の後半に入ると、南原の東京大学新聞出版会構想は、そのような、大学や大学新聞社内部の対立・葛藤とは異なる次元の状況の変化によって阻まれてしまうことになる。つまり、ＣＩＥ（占領軍民間情報教育局）が、大学新聞に対する一九四八年九月以降の用紙供給の基準を在学学生数とする方針を打ち出し、大幅に縮減したのである。これによって、『東大新聞』自体が無期休刊となったために、それにともなって新聞社を母体とする出版部構想も頓挫してしまうことになった（40年誌：150－154）。

（二）　協同組合出版部

東京大学において大学出版部構想が再浮上するのは、それから一年半以上が経過した一九五〇年の秋のことであった。この時に実質的な面でイニシアティブをとったのは、南原でも、その他の大学首脳部のメンバーでもなく、いずれもまだ二〇代であった三名の東大の学生と三〇代前半の助教授であった。そして、彼ら四名のアイディアは、当時廃止の瀬戸際にあった東京大学消費生活協同組合（生協）出版部を発展的に解消し、新出版部として発足させようというものであった。

協同組合における出版事業という点に関しては、一九四六年から活動を開始していた同組合の「プリント部」が先行している。プリント部の主たる活動は、謄写版刷りの講義案等の作成・頒布にあった。そのプリント部が予想以上の成功を収めたことをふまえて、協同組合では、活版印刷による本格的な出版事業をおこなうために、プリント部とは別に出版部を設けることになった。同出版部は、一九四七年から活動を開始し、同年四月に刊行された『学問と現実――新しい社会科学のために』（大内兵衛・木村健康・岡義武・大塚久雄・川田信一郎・福武直・大河内一男著）を皮切りにして、一九四七年には四点、翌四八年には三点の書籍を刊行した後、四九年には一二点[13]、五〇年には一九点と、きわめて旺盛な出版事業を展開していった。

協同組合出版部において一九四七年から五一年の初めまでに刊行された書籍は、全部で四〇点を数える。中でも特筆に値するのは、一九四九年一〇月に刊行された『きけわだつみのこえ――日本戦歿学生の手記』（日本戦歿学生手記編集委員会編）である。戦没学生の手記を集めて編集した同書は、その二年ほど前に東大戦没学生の手記集として協同組合出版部から刊行された『はるかなる山河に――東大戦歿学生の手記』（東大学生自治会戦歿学生手記編集委員会編）の収録範囲を全国規模に広げたものである。この『きけわだつみのこえ』は日本の出版史上に残る記録的なベストセラーとなって、一時期は出版部だけでなく、生協全体の経営に対しても大きく貢献することになった。

もっとも、協同組合出版部の刊行物全体で見れば、そのような好調な売行きを示す書籍はむしろ稀であった。また、日本出版配給株式会社（一九四一年に戦時統制の結果として成立した一社独占の取次会社）に対する集中排除法の適用と同社の解体に端を発する一九四八年から四九年にかけての出版流通の混乱などもあって、協同組合出版部の収益は急速に悪化していった。そして、一九五〇年には、協同組合本部によって出版部の廃止が最終的に決定されることになる。

（三）東京大学出版会の創立

協同組合出版部の廃止が決議された一九五〇年の晩夏あるいは初秋に、同出版部の中心メンバーの一人であった石井和夫は、箕輪成男と中平千三郎に対して、善後策としての大学出版部創設を持ちかけている。箕輪は東大経済学部の学生時代に同生協の専務理事をつとめた経験があり、大学院に進学してからも生協本部の嘱託をしていた。一方、中平は、生協書籍部の主任をつとめたことがあり、当時は大学院で社会学を専攻するかたわら生協の後輩たちの相談にも乗っていた。

石井は、箕輪と中平に話を持ちかける一方で文学部の福武直助教授（社会学）に対しても相談を持ちかけていた。（中平は福武ゼミの第一期卒業生でもある。）福武は、石井との話の後でさらに石井・箕輪・中平ら三名との協議を経て、南原総長に対して生協出版部の買い取りという形での大学出版部構想を持ち込んでいった。石井ら三名から持ちかけられたこの提案に対して、福武が積極的に対応した背景の一つには、福武ら若手教員たちが自らの研究成果を書籍の形で発表する場を求めていたという事情があると考えられる。これについて石井は、当時は福武らが関わっていたような社会調査関係の報告書を既存の出版社から刊行する事が困難であったことも、その背景の一つとしてあげられるだろう、としている。[14]

福武の提案は、一度は南原によってしりぞけられている。南原は福武に対して、その拒否の理由として、学生的な発想の企画による出版の危うさ、そしてまた『きけわだつみのこえ』のイメージが強すぎる出版部を引き継ぐことが、大学出版部が本来持つべき学術的な性格に対して支障となることをあげている（福武 1972：460：1990：129）。これ以外にも、南原はあるところで、その当時イデオロギー色を強めていた生協自体に対して危惧の念を持っていたと述べているが、これも福武の提案に対して南原が反対した主な理由の一つであったと考えられる（40年誌：26）。[15]

福武は、南原にいったん提案を却下された後、かつて自分が学生委員をしていた頃の委員長であった有澤廣巳経済学部教授に対して、南原総長に対する説得を依頼する。この有澤による説得が功を奏して、新出版部は、協同組合から出版部の資産の有償譲渡を受け、また、協同組合と財団法人東京大学綜合研究会それぞれの出版部を吸収して新設される形で一九五一年三月一日から正式に業務を開始することになった（40年誌：3）。ここで東京大学綜合研究会というのは、一九四六年一一月末に、総合研究および大学普及講座を主な目的として、財団法人として設立され、南原総長が理事長になっていたものである。その寄附行為（定款）には、総合研究と並んで「印刷物の出版並に公開講演の開催」が含まれており、実際に綜合研究会からは南原総長の演説集などが刊行されていた。[16]

当初は「東京大学出版部」という名称の任意団体として発足した新出版部の事務所は、当面本郷キャンパス内の学生会館（現在の第二食堂棟）の一階に置かれることになった（40年誌：4）。[17]そして、一九五二年一月三〇日には財団法人としての登記を完了し、名称も「財団法人東京大学出版会」に改められている。同財団の寄附行為（定款）の規定では、東大出版会の会長には名誉職として東京大学の総長が就任し、役員としては理事（うち一名が理事長、専務理事が一名）、監事、評議員が置かれることとされている。その理事・評議員は主として東大の教員がつとめることになり、初代の理事長には有澤が就任することになった。なお、文部省によって財団法人東京大学出版会が認可された一九五一年一二月一四日は、南原繁の総長としての任期終了日にあたっていたが（40年誌：7）、[18]南原に続いて東大総長および東大出版会第二代会長となったのは、それまで戦後初代の教養学部長をつとめていた矢内原《やないはら》忠雄であった。

新出版部の発足時に事務局において中心的な役割を果たしていたのは、先にあげた、当時学生であった三名である。彼らは、一九五一年二月二八日付で、それぞれ、編集主任（石井）、業務主任（中平）、経理主任（箕輪）としての辞令を受けている。その時、石井は二四歳、中平は二七歳、箕輪は二五歳と、いずれもまだ二〇代であった。三人は、その後、箕輪は二四年間、中平は三四年間、石井の場合は三七年間にわたって東大出版会の事務局の経営を主導していくことになる。（三名のうち、中平は一九八五年七月に定年を迎えて東大出版会を退職してから、同会および大学出版部協会の顧問などをつとめた後に、二〇〇一年三月末に七七歳で亡くなっている。）

四　組織アイデンティティをめぐる未知の冒険

（一）「十分な基礎をもたないで生み落とされた子供」

南原に続いて東大出版会第二代会長となった矢内原は、東大出版会発足五年目の一九五六年に刊行された記念誌『五周年を迎える東京大學出版會』の冒頭に掲げられた挨拶文で、次のように述べている――「十分な基礎をもたないで生み落とされた子供を育てるのは容易でない」。

ここで矢内原が「基礎」と言っているのは、東大出版会の活動を支える資金的・組織的基盤のことにほかならない。実際、東大出版会は、法人格こそ財団法人となってはいたものの、その活動を支える財政的な基盤はきわめて貧弱なものでしかなかった。財団法人創設にあたっては、南原総長が自らの著書の印税を寄附し、また東大教員などからも一口五百円の醵出金が寄せられたが、それらの合計額は七六万円にすぎなかった。つまり、東大出版会は石井の表現を借りれば「財の無い財団」[19]として出発せざるを得なかったのである。

一方、東大出版会は、生協出版部の資産を譲り受けるにあたって、生協に対して三五〇万円の債務を負っていた。しかも、東大出版会は東京大学からの経済的援助を期待することもできなかった。というのも、当時の国立大学は、法律上の規定によって一切の収益事業に関与することが認められていなかったからである。東大出版会が大学の一部局ではなく、大学とは別個の財団法人として設立されたのも、その財政法上の規定によるものであった。また、出版会を名乗ることになったのも、出版部や出版局という名称では大学組織の一部を連想させるものになってしまうからにほかならない（40年誌：24、福武 1975：462；福武 1990：131）。

このような事情もあって、東大出版会の実務を担う事務局職員たちは、当初、資金繰りに関して相当程度の困難に直面することになった。実際、創立後何年かのあいだは職員たちは、月末になると、印刷業者や紙業者などの取引先に対して支払い猶予の依頼に奔走しなければならなかったと言われる（40年誌：31）。運転資金という点だけでなく、事務局の組織体制という点でも創立当時の東大出版会はきわめて小規模なものであった。先にあげた箕輪・石井・中平の三名が名目上は管理職になっていたものの、その三名の「主任」の下で働く正規の職員はわずか四名にすぎなかった。これに学生アルバイトと非常勤職員それぞれ一名を加えた九名というのが、当初の東大出版会の実務を担当する事務局の陣容であった。

さらに出版活動をおこなう上での本拠となる事務室についても、当面は学生会館に間借りする形になっていたのだが、刊行点数が増えていく中で、日常の業務だけでなく在庫管理という点でも次第にスペースの制約は深刻なものになっていった。石井によれば、一時期は、学生会館の階段を倉庫代わりに使用していたことすらあったのだという[20]。

つまり、「十分な基礎をもたないで」発足した東大出版会は、〈限られた資金と組織体制の制約の中でいかにして出版活動を維持し、またより充実したものにしていけばよいか〉という、きわめて深刻で切実な問いに直面せざるを得なかったのである。このような事情について、一九五一年から一九五六年まで初代の理事長をつとめた有澤廣巳は、先にあげた矢内原の挨拶文に続く「五周年に際して」という文章で、以下のように述べている。

……さて仕事がはじまってみますと、資本も僅かですし、スタッフも少人数なうえに、ずぶの素人の寄合所帯で、文字通り士族の商法でした。すべてが第一歩からはじめなければならないのであり、何もかもが未知の冒険でありました。（5年誌：4）

（二）　組織アイデンティティをめぐる問い

有澤理事長が「何もかもが未知の冒険」という言葉で形容した、さまざまな面にわたる模索ないし探求の中でも、資金や人員の不足あるいは事務局施設の不備と並び、時にはそれ以上に切実で重要なものとなっていたのが、次にあげる一連の問いをめぐる模索のプロセスである。

・東京大学出版会とは何か？
・東京大学出版会は、東京大学とどのような関係にある組織なのか？
・（そもそも）大学出版部とは何か？

これら三つの問いは、いずれも「われわれは、どのような組織なのか」と言いかえることができる、組織アイデンティティに関わる問いにほかならない。実際、東大出版会の初期の歴史においては、組織アイデンティティそしてまた大学出版部としての使命や理念をめぐる問いが、しばしばきわめて深刻かつ切実な問題となっていたのである。

（1）モデルとしての「ユニバーシティ・プレス」

創立前後の東大出版会に関わるいくつかの資料を見る限りでは、一見、右にあげた、組織アイデンティティに関わる問いについては、当初からきわめて明快な答えが与えられていたようにも思える。というのも、それらの資料では、しばしば欧米の大学出版部ないし「ユニバーシティ・プレス（UP）」が、東大出版会が将来目指すべき明確な目標ないしモデルとして想定されているからである。

たとえば先に見たように、一九四八年の新春に南原は『東京大學新聞』紙上で「ユニバーシティ・プレス」創設の構想について語っている。平岡敏男（当時、毎日新聞社論説委員であり、同時に東大新聞社の理事でもあった）によれば、南原は、その一年以上前の一九四六年一一月に帝国大学新聞社が財団法人化した際にも、「オックスフォードやハーバード大学のユニバーシティ・プレスを東大でも実現したい」と強く主張していたとされる。そして平岡は、その南原の意向があったことによって、同財団の寄附行為第四条の事業内容については、第一項目の新聞発行事業に続く二項目目にユニバーシティ・エクステンション（大学公開）としての啓蒙的図書や学生生徒向けの教科書の図書出版刊行があげられることになったのだ、としている（平岡 1970：131、40年誌：151）。一方、東大出版会の創立にあたって実質的な役割を果たしていた福武・箕輪・中平・石井らも同様に、「オックスフォードやケンブリッジにあるような大学出版部をつくろう」と語りあっていたとされる（40年誌：161、箕輪 1990：205）。

「ユニバーシティ・プレス」という言葉は、東京大学出版部の設立にあたって、出版部代表の有澤廣巳の名前で一九五一年四月に東京大学の教員たちに対して送付された挨拶文の文面にも見ることができる。その文章は、「いうまでもなく、本出版部は、ユニバーシティ・プレス（大学出版部）の理想を求めて進むものであります」と宣言した上で、次のように述べている。

欧米に置きましては、各大学がそれぞれ出版部をもち、すぐれた良書を刊行して学問の発達普及に多大の貢献をいたしております。ところが我国では、このような機関が乏しいために、右の理想にかなう書物の出版は容易ではありませんでした。このことは我国における学問の発達と知識の向上にとって甚だ遺憾なことであります。本出版部は、何よりもまず、この空隙をみたすことを最高の使命といたしたいと存じます。（40年誌：2、50年誌：21[21]）

右にあげた有澤の挨拶文では、東京大学出版部は、欧米の大学出版部がそうであるように、良書の刊行を通じて学問の発展と普及に寄与することをその「最高の使命」とすることが宣言されている。同じように、五周年記念誌に収録されている「設立より五周年まで」と題された略年譜は、次のような記述で始まっている――「昭和二十六年三月一日／かねて欧米の University Press にならって、東大の出版機関の設立が学の内外から強く要望されていた」（5年誌：2）。

以上のような資料の文面から推測できる範囲に限って言えば、東大出版会の創立に関わった人びとにとっては、欧米とりわけ英国と米国の主要大学出版部（オックスフォードやケンブリッジあるいはハーバードの大学出版部など）が、同会が目指すべき目標ないしモデルであることは自明の前提であったように見える。また、その点については、関係者のあいだでコンセンサスが得られていたようにも思えてくる。言葉を換えて言えば、彼らのあいだでは、「東大出版会とは何か」という問いに対しては、「東大出版会は欧米の大学出版部《ユニバーシティ・プレス》のようなものであるべきだ」という形で、明快な答えが与えられていたと考えることができるのである。

（2）「ユニバーシティ・プレス」の意味

もっとも、当時の事情を扱っている資料をもう少し詳しく検討してみると、その「ユニバーシティ・プレス」なるものが具体的にはどのような特徴を持つ組織であり、また実際にどのような形で運営されているのかという点などに関して詳細な情報や知識を持っていた関係者は、当時ほとんど存在していなかったという事実が浮かび上がってくる。

その点に関して示唆的なのは、先にあげた五周年記念誌に掲載された矢内原の挨拶文である。矢内原は、その文章で「(東大出版会の)創立五十周年を祝う時には、オックスフォード大学出版局やシカゴ大学出版部に肩を並べるような地位と名声を世界の出版界においてもつようにならせたい」としている。しかし彼は、その一方で、同じ挨拶文の前置きとして、「世界における大学出版部の歴史を私は調べたことがない」と、きわめて率直に記しているのである。また、矢内原は、この文章で、オックスフォード大学とシカゴ大学の出版部を将来の目標としてあげた理由については、オックスフォード大学は以前に自著の英訳が刊行されたことがある大学出版部であり、一方、シカゴ大学出版部については、彼自身が米国の大学歴訪の際に立ち寄った先の一つだと述べるに留まっている。

同様の点は、「ユニバーシティ・プレス」という言葉が使われていたり、あるいは英米を中心とする欧米の大学出版部について言及していたりする、当時の他の資料についても指摘できる。つまり、これらの資料には、欧米の大学出版部についての詳細な情報は、ほとんど見ることができないのである。こうしてみると、東大出版会創立にあたって欧米の主要大学出版部が一種のモデルとして想定されていたとは言っても、関係者の多くにとっては、それは、経営や組織運営のあり方にまで踏み込んだ意味での組織モデルではなく、基本的には「すぐれた学術書の版元」という程度の認識であったと考えることができる。

これについて、箕輪は、最近のインタビューにおいて、当時は、自分自身も含めて実際の欧米の大学出版部がどのようなものであるかという点については誰も詳しい情報は持っておらず、南原や矢内原も、「オックスフォードはいい本を出している、ケンブリッジもそうだ、東大にも(大学出版部があるべきだ)」と考えていただけであろう、としている。[22] また箕輪は別のところで、英米の大学出版部の運営方法についての情報が得られるようになり、またそれを参考にしながら東大出版会自体の経営について考えられるようになったのは、第一一期(一九六一〜一九六二年)頃だとしている(17年誌:7、40年誌:19-20)。

「目標とすべき『ユニバーシティ・プレス』とは、そもそもどのような性格の組織なのか」という点に関する情報は、本来、「大学出版部とは何か」あるいは「東大出版会はどのような大学出版部であるべきか」という問いに対する重要な手がかりとなるはずのものである。しかしながら、当時の日本においては、その手がかりについての情報は徹底的に不足していたのである。

情報不足に加えて、東大出版会設立の経緯も、東大出版会の組織アイデンティティを明確にすることを困難にしていた。先に見たように、東大出版会は、必ずしも、誰か特定の人物が持っていた、明確で一貫したビジョンをふまえ、またあらかじめ周到に考え抜かれた計画にもとづいて設立されたというわけではない。むしろ、東大出版会の発足は、東大新聞社出版部、南原の大学出版部構想、協同組合出版部など、東京大学を中心にした出版活動という点をめぐってさまざまな構想や思惑が交錯する中で、東京大学新聞社の活動休止によって南原の「東京大学新聞出版会」構想が頓挫し、またその一年あまり後に、生協において出版部の廃止が決定されることによって事態が急展開した結果として可能になったと見ることができる。(23)

(3) 大学出版部の組織アイデンティティと刊行ラインナップとの関係

つまり、東大出版会はいわば「急ごしらえ」の形でスタートしたのであり、資金や組織体制という面だけでなく、組織運営に関わるビジョンや具体的な運営方針という点でも「十分な基礎をもたないで」(矢内原)その業務を開始せざるを得なかったのである。そのような事情を背景にしていたことの一つの重要な結果として、創立後十数年のあいだ、東大出版会の関係者たちは、自分たちの組織の基本的な性格に関して、さまざまな試行錯誤を通して模索していくことを余儀なくされた。そして、東大出版会における組織アイデンティティをめぐる模索と探求の過程は、「大学出版部としてふさわしい刊行物は何か」という、刊行ラインナップに関わる問いに対する答えを探し求めていくプロセスと密接に結びついていた。

本書で繰り返し見てきたように、一般に、出版社の刊行ラインナップと組織アイデンティティとのあいだにはきわめて密接な関係がある。言葉を換えて言えば、「この出版社は、どのような組織なのか」という問題と、「この出版社は、どのような種類の本を刊行しているのか」という問題とのあいだには、密接不可分とも言える関係が存在することが多いのである。そして、刊行ラインナップと組織アイデンティティとの関係をめぐる問題は、大学出版部の場合には、とりわけ重要なものとなる。というのも、大学出版部については、非営利的な出版活動の側面が強調されることが多く、またその使命《ミッション》のあり方が、組織内外のさまざまな利害関係者《ステークホルダー》（理事・大学当局・事務局職員・著者・読者等）によって重視されるからである。

さまざまなタイプの利害関係者が思い描く大学出版部の使命ないし理念に関するイメージは、時として、その経営実態からはかけ離れた理想論に近いものになることがある。一方、大学出版部の実務を担当する者にとっては、学術出版という現実の業務を経済活動として成立させ、また大学出版部を経営体として維持していかなければならない。したがって、彼らは、一方の、組織に寄せられるさまざまな種類の期待と、他方の、現実に利用可能な資源とのあいだで調整を図っていく必要に迫られることになる。それは、東大出版会のように、日本の国立大学として初めて創設された大学出版部の場合には、とりわけ困難な課題であった。というのも、当時国内には、組織運営の実務に関して参考にできる先例ないしモデルと言えるような大学出版部がほとんど存在しなかったからである。また先に述べたように、海外のモデルについての情報も徹底的に不足していた。

実際、東大出版会事務局の中心メンバーであった箕輪・石井・中平の三名、そしてまた、教員理事として彼らの活動を創立以来一貫してサポートしてきた福武にとっては、資金や人的資源の不足をはじめとする現実的な制約条件をふまえながらも、内外のステークホルダーに対してある程度明確な説明ができるような組織アイデンティティ（および組織の対外的イメージ）と刊行ラインナップを構築していくことは、非常に重要な課題になっていた(24)。それはまた、非営利的な出版活動を支える社会的制度の基盤がきわめて不十分なものであった日本において、理念ないし理想と現実とのあいだのギャップを埋めていく作業でもあった。

（4） 仕掛かりの企画を中心にして始まった出版事業

東大出版会の初年度（一九五一年三月～一九五二年三月）の事業計画書の中には、「学術図書、一般図書刊行事業」が項目の一つとしてあげられ、具体的には以下の三タイプの書籍が、刊行すべき書籍の種類としてリストアップされていた――「学問的に最高の水準を行く良書」「標準的教科書」「学術普及、啓蒙のための一般書」。同じように、矢内原は東大出版会の五周年記念誌に寄せた挨拶文で、学術書・教授資料（教材）・学術的啓蒙書・一般的教養書という四種類の刊行物の出版を「大学出版会の使命」としてあげている。

これらの記述や発言からすれば、東大出版会においてはその創立当初から、少なくとも刊行ラインナップに関してはきわめて明確な方針が定められていたかのようにも思える。しかし実際には、〈さまざまなタイプの書目をそれぞれどのような比率で組み合わせ、またどのようなタイミングで刊行することによって、大学出版部らしさを示していくか〉、また、〈東大出版会の経営をどのように成り立たせていくか〉などという点についてある程度明確な方針を立てていくためには、多分に試行錯誤の要素を含む模索が必要となっていくのであった。

図5・2は、図5・1の一部を拡大する形で、東大出版会の初年度から第二〇期（一九七〇年四月～一九七一年三月）までの各年度の新刊点数の実数を明示し、またそれに加えて売上高の推移（CPI〔消費者物価指数〕によるインフレ補正後の値を併記）を示したものである。

この図に見るように、東大出版会は、初年度から二七点の新刊書籍を刊行し、第二期以降も毎年三〇数点から五〇数点の新刊書を刊行している。つまり、東大出版会は、人的・資金的な面での資源不足という深刻な問題を抱えていたにもかかわらず、少なくとも刊行点数という点に関しては創立当初から比較的順調に出版活動を続けていたと言えるのである。また、それらの刊行物の中には、たしかに、先に初年度の事業計画書において刊行すべきものとしてリ

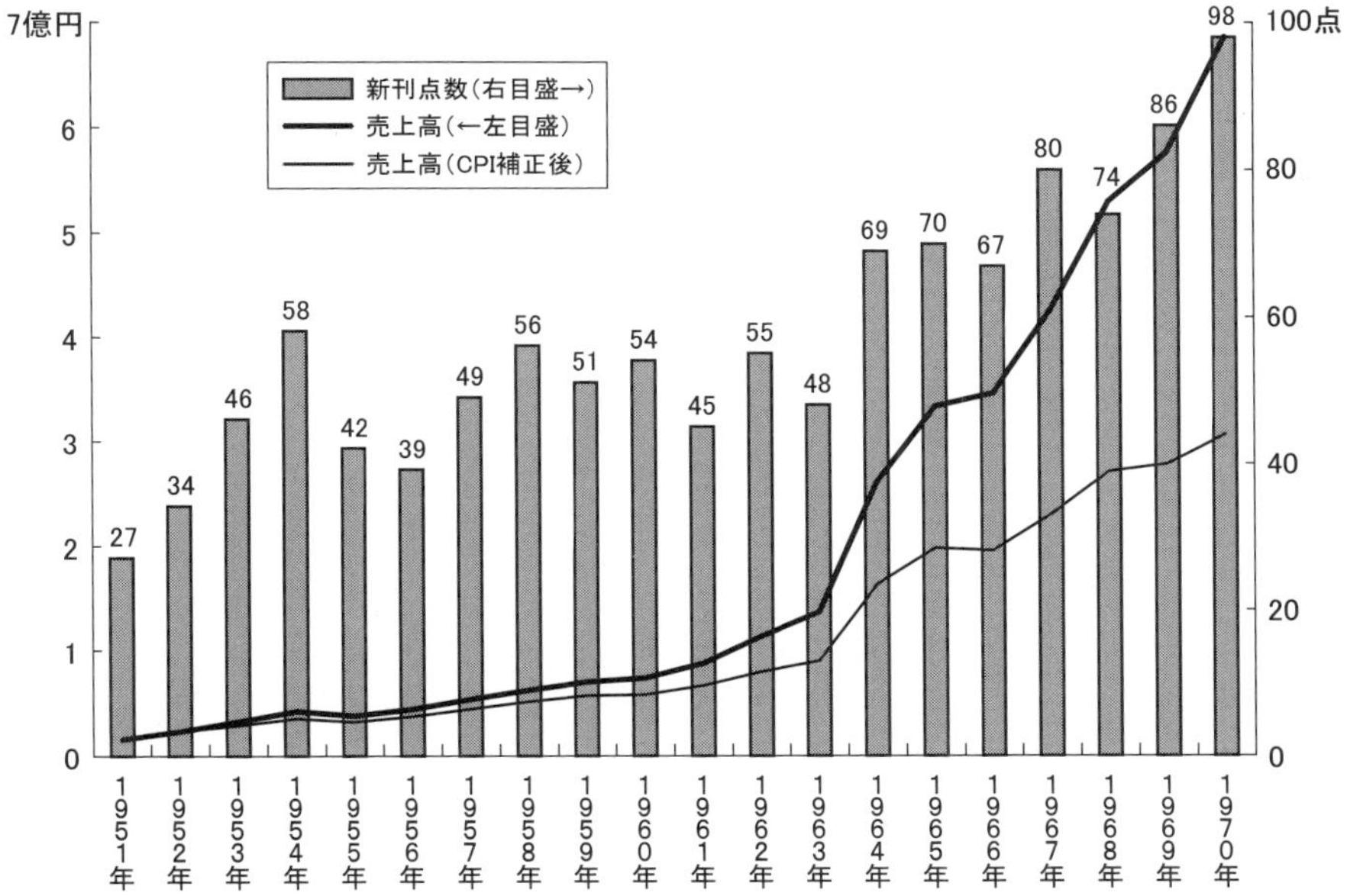

図5·2　東京大学出版会における新刊点数および売上高の推移：1951–1970

出所：東京大学出版会『東京大学出版会50年の歩み』（2001）をもとに作成

ストアップされている学術書、教科書あるいは啓蒙的な書籍というカテゴリーにそれぞれ分類できる書籍が存在する。これからすれば、東大出版会は、既にその発足当時から明確な刊行方針にもとづいた、着実な刊行活動をおこなっていたかのようにも見える。

しかしながら、実際には、このように東大出版会が初年度から比較的順調に一定数の書籍を刊行することができたのは、同会が、協同組合出版部当時の企画や東大新聞社で立てられていた出版企画のかなりの部分を受け継いだことによるところも大きい。つまり、東大出版会の初期の刊行物の中には、いわば創立以前からの「仕掛り品」を書籍として仕上げていったものがかなりの比率を占めていたのである。また、東大出版会が協同組合出版部の資産の譲渡を受ける際には、既刊書の紙型（活版印刷の母型となる紙製の型）をも継承していた。さらに協同組合出版部で既に刊行された書籍の重版を東大出版会の書籍として改めて刊行したり、改訂版あるいは新書版などの形で刊行する例もあった。たとえば、初年度の刊行書目三三点のうち、六点は生協出版部の刊行物の重版であり、一三点は協同組合時代に立てられた企画の引き取り分であった（40年誌：170）[25]。

つまり、東大出版会の創立当初は、事業計画書や寄附行為の記述から類推されるような明確な刊行方針にもとづいて書籍の刊行が計画的におこなわれたとは言いがたいのである。むしろ、創立にあたって吸収した協同組合出版部時代の企画内容が刊行ラインナップに反映される部分が大きかったのだと言える。そして、これら仕掛り品や生協時代の既刊書の刊行による収入は、先にふれた深刻な資金的窮乏の中で一定の運営資金を確保する上できわめて大きな意味を持っていた（40年誌：8、170）[26]。

（三）「UPとしての本流」にふさわしくない書目

もっともその一方で、しばらくのあいだは、仕掛りの企画や既刊書の刊行に依存する部分が多かったということは、新たに発足した大学出版部として一定の刊行方針に沿って学術書を出版していく上では問題を含んでもいた。また、見方によっては大学出版部としてふさわしくない書目も含まれていた。

たとえば、初年度の一九五一年七月には、先に述べたような事情によって当時活動を休止していた東大新聞の企画を引き受ける形で、入試案内としての『大学への道』を刊行している。これについては、当時の矢内原教養学部長（同年一二月から、東大総長・出版会会長）から「教育産業に堕してはならない」と叱責を受けている（40年誌：170）。また、同じ年度には『はるかなる山河に』と『きけわだつみのこえ』の新書版を刊行しており、さらに、学生による平和運動との関連が深い『わが友に告げん』[27]が出版企画の一つとしてあがっていた。この『わが友に告げん』について、その時の理事長であった有澤廣巳は、東大出版会の一七周年を記念して開かれた座談会（この座談会については後述）において、その頃を振り返って「経理的には一時は楽になるかもしれませんけれど、そういうものはUPとしての本流ではない」と思っていたと述べている。またこれについて、当時監事であった末延三次は、同じ座談会の席上で、理事会では、相当激しい議論の末に一票差で同書の企画が否決されたと証言している（17年誌：17、40年誌：28−29[28]）。

もっとも、有澤あるいは他の教員理事が想定するような「UPとしての本流」をそのままの形で実現することは、発足直後の東大出版会にとっては、経済的な条件だけでなく、著者とのあいだで形成される人脈資産という点に関しても、それほど容易なことではなかった。

これは、一見奇妙なことのようにも思える。というのも、キャンパス内ないし大学の近辺に事務局を置く大学出版部の場合には、一般に、著者としての実績のある大学教員と物理的に近く、また書籍としてまとめられそうな研究内容についての情報が比較的入手しやすいようにも思われるからである。事実、日本有数の研究・高等教育機関である東大には、研究者としてだけでなく著者としての確固たる実績をも持つ教員が数多く在籍していた。しかしながら、編集業務の責任者であった石井によれば、実際には、ある程度以上の年配の教員は、有斐閣や岩波書店など既存の主要学術出版社とのつながりが強いこともあって、当初はなかなか原稿を提供してくれなかったのだという。また、東大教員の中には、出版会の前身の一つである協同組合出版部時代の連想から、「学生がやっていることだ」として、最初から取り合ってくれない例も多かったのだという。

このような事情もあって、石井によれば、創立後五年目くらいまでは、明確な刊行方針を策定した上でそれに沿って企画を立案していたというよりは、むしろ、顧問や理事の教員から「あの人はいい研究をしている」と聞くと、それらの研究者の元に行って執筆を依頼しその原稿を本にする、というような形で編集企画を進めていた面もあったのだという。同じような状況については、一九五二年七月から一九五九年三月まで東大出版会に勤務していた山田宗睦も、その著書『職業としての編集者』でふれている。彼は、在籍中に『日本文学講座』（一九五四〜五五年・全七巻）および『日本歴史講座』（一九五六〜五七年・全八巻）などを含めて、八〇点あまりの書籍の企画と編集を担当していた。山田によれば、それらの書籍をめぐる編集活動においては、もっぱら「自分の好きな著者の本」あるいは、編集者として「好きな本」を出していたのだという。山田はまた、彼が東大出版会に入った頃の編集担当者の総数は彼も含めて五名程度、営業・経理・広告担当の職員が六名前後であったと思う、としている（山田 1979：86）。

つまり、この当時の東大出版会は現在の新曜社とほぼ同じ程度の規模の組織だったのであり、編集体制という面でも、ある意味では新曜社の場合と同様に、東大出版会としての全体的な企画方針というよりは、むしろもっぱら個々の編集担当者の個人的なコネクションをもとにして刊行企画を立案していたと考えられるのである。その一つの結果として、著者陣には、東大関係者以外の者も数多く含まれていた。また石井と箕輪によれば、その当時は、運転資金を確保することが至上命題であったという(29)。

(四) 経営規模の拡大と刊行方針の明確化

山田宗睦は、自分が東大出版会を去ることになった一九五九年当時には、東大出版会の組織の規模は、編集担当者については一〇名前後、営業などその他の業務に関わる職員は一五名程度にまで増えていたのではないか、としている。表5・1は、東大出版会の発足以来第二〇期までの常勤職員数の年度別推移を実数で示したものである。この表を見ると、一九五一年に七名で出発した八年後の一九五九年には、常勤職員数だけでも三倍の二一名に達していることがわかる。

組織の拡大とともに、売上高も急速に伸びている。図5・2に示したように、東大出版会では創立五年目の一九五五年度には売上高が三八五〇万円を越えているが、この年は初めて利益を計上した年度でもある。その後も、主として中平が交渉にあたって初年度から、最初は販売、後には刊行も委託されるようになった『大日本史料』『大日本古文書』（一九五一〜）や『大日本近世史料』（一九五二〜）など東京大学史料編纂所関連の一連の刊行物、また、先にあげた『日本歴史講座』や『講座社会学』(一九五七~五八年・全九巻+別巻)など講座物がシリーズとしてまとまった収入をもたらしたこともあって、売上げは比較的順調に伸びていった。事実、東大出版会の売上げは、一九五八年度には六〇〇〇万円近くを記録している。また、一九五四年には新刊と重版をあわせて一〇〇点以上の書籍を刊行し、さらに五八年には総刊行点数は一五三点に達している。同じ時期に売上高は一九五一年が一五〇〇万円以下であったのが、一九五八年には約六〇〇〇万円と四倍程度(消費者物価指数によってインフレ補正した場合でも、約三・四倍)に増えている。

先にあげた『職業としての編集者』で著者の山田は、メンバーの数が二五名を超えるようになると、それまでのような、もっぱら編集個人の裁量によって企画・編集作業をおこなうような状況とはうって変わって、「計画生産、スケジュール生産」的な体制になってくる、と述べている(山田 1979:86)。実際、東大出版会においては、山田が東大出版会を去ることになる前後の第八期に、一九五九年四月に始まる九期以降の刊行企画の基本的方針が策定されている。東大出版会の一七周年記念誌の略年譜における記述によれば、その概要は、次のようなものであった――「講座・大系といった継続的刊行物および大学教材関係図書をもって経済的基盤とし、学術書・教科書・教養(啓蒙)書を三分して刊行内容の平衡をはかり、東大関係者の業績発表に重点をおく」。そして、このような刊行方針を策定した目的は、「従来の実績を大学出版部としての性格および経営的観点から反省」することにあったとされていた(17年誌:44、40年誌:180、50年誌:40)[30]。実際、第八期までに東大出版会から刊行された既刊書の点数は、既に三四〇点を超えている。これには、史料編纂所からの委託刊行物あるいは各種学会等の雑誌や紀要類などの点数は含まれておらず、それらを加えると東大出版会の事業

表5·1 東大出版会における職員数の推移:1951–1970

年度	職員数	年度	職員数
1951年	7人	1961年	24人
1952	9	1962	30
1953	14	1963	37
1954	13	1964	49
1955	13	1965	61
1956	16	1966	60
1957	16	1967	61
1958	19	1968	62
1959	21	1969	61
1960	20	1970	72

出所:東京大学出版会提供資料より作成

規模はさらに大きなものになる。

既刊書の実績がこれほどまでに蓄積され、また組織規模も拡大してくると、それまでは仕掛りの企画をもとにしたり編集担当者の個人的な人脈にもとづいて進めてきたりした出版活動のあり方とは対照的に、組織全体として一定の方針を立てて対応していく必要が生じてくるだろう。また、先に述べたように、「学術書・教科書・一般書（右の引用では、「教養書と啓蒙書」）」という三種類の区分については、既に第一期の事業計画書に明記されていたが、その根拠や相対的比率についてはそれまで必ずしも明らかにされてきたわけではなかった。それに対して、第八期前後までには経営的にも次第に安定を見せてきたことによって、大学出版部という組織の基本的な性格と刊行ラインナップとの関係について、改めて検討し直してみるだけの余裕ができたのだとも言えよう。

（五）経営責任の明確化

刊行方針の策定は、東大出版会の経営責任や労使関係の明確化とも密接に関連していたと見ることができる。先に述べたように、東大出版会は、紙型を含む協同組合出版部の資産を有償で譲り受けることになったが、それだけではなく、学生主体で運営されていた時期の生協に見られた特徴の一つである合議制的な意思決定体制をも継承していた。職員数がまだ数名程度に過ぎず、また刊行点数も限られていた時期には、そのような、いわば「学生組合」的な体制ではあっても、日常的な業務運営には特に差し支えはなかったであろう。しかしながら、刊行点数という点でも、また売上高という面でも活動の規模が徐々に拡大していくにつれて、より専門的かつ本格的な経営事業体としての性格を持つ組織への移行が要請されることになっていった。その一つの結果として、一九五五年には事務局長制が敷かれる（初代事務局長には中平が就任）ことによって経営権が確立され、その一方で労働組合も結成されて労使関係がより明確なものになっている。

この一連の、組織体制確立に向けての取り組みに関しては、東大出版会創立直後に結核で入院治療を余儀なくされた箕輪が、一九五五年に闘病生活を終えて事務局に復帰してきたことも大きな意味を持っていた。箕輪によれば、彼が出版会に復帰した時には東大出版会の事務局が合議制のような形で運営されているのを見て驚き、主として彼の提案によって事務局長制が敷かれ、また年長者である中平が初代事務局長に就任することになったのだという[31]。

経営責任の明確化という点に関しては、その三年後の一九五八年になって、財団法人東大出版会の寄附行為（定款）が改訂されて事務局職員からの理事選任が可能になったこともきわめて重要な意味を持っていた。すなわちこの時点で、教員理事ではなく実務を担当する事務局の職員が東大出版会の最終的な経営責任を負うことが改めて明らかにされたのである。この時に事務局理事に選任されたのは箕輪であった。一方で、事務局組織が総務・編集・営業の三部体制に再編され、その全体を中平が事務局長として統括することになった。（その後一九六二年には、事務局理事について二名の増員が認められ、引き続き理事をつとめる箕輪が専務理事になるとともに、中平と石井の二名が常務理事として加わることになった。一九七〇年代半ばまでは、この三名からなる「常務会」が東大出版会における事務局運営の中核を担っていた。）

一九五五年時点での事務局長制導入と組合の結成が、労使関係を中心とする経営体制における際立った変化であったとするならば、一九五八年の事務局からの理事選任は、母体大学との関係における経営責任の明確化という点できわめて重要なステップであったと言えよう。したがってまた、第八期（一九五八年四月～五九年三月）における基本的な刊行方針の策定は、既刊書のラインナップの性格について再確認した上で、経営体制と組織アイデンティティを明確化していくために非常に重要な意味を持っていたと言える。石井は、このあたりの事情について次のように述べている。

それで、この八期に箕輪がまず一人で［事務局理事に］登用されて、それで［それ以前に］事務局長制を作っていたんですよね。で、中平の方が年上でしたから、中平さんが事務局長をつとめると。ですからまあ、いわば専務理事と常務理事が誕生したというふうに考えていいだろうと思うんですが。そうすると、箕輪が事務局理事で、［それ以前に］事務局長ができて［いて］、そうしますと、やっぱり「体制をどうするか」、それで「中味としてどんなふうにこれから企画方針といいますか、刊行方針といういいますか、それをやっていくか」それから「経済的にもどういう形でやるか」というような事が議論になって、その八期の基本方針というような事に当然なっていったと思うんです。(32)

(六) 出版会館の建設・母体大学との関係

先に見たように、第八期に策定された刊行方針には、「東大関係者の業績発表に重点をおく」という項目が含まれている。つまり、この時点で、東大出版会では、母体大学である東大関係者の業績の発表機関としての位置づけが改めて確認されることになったのだと思われる。その重要な背景の一つとしてあげられるのが、出版会館の建設である。

先述のとおり、東大出版会は、一九五一年の発足以来学生会館に間借りするような形で業務をおこなっていた。しかし、業務の拡大とともに在庫量が増加してその事務局スペースの狭隘さが問題になるとともに、日照不足による従業員の健康問題などが次第に深刻になり、専用施設の建設がかねてから懸案となっていた（17年誌：15、40年誌：33）。この問題の解決策として提出された出版会館の建設案は、一九五六年一一月に東大当局によって承認され、理事長である末延三次法学部教授を委員長とする全学的な建設委員会が組織されている。同委員会は、経団連の協力を得て、神武景気と呼ばれる好景気にわく産業界・財界から二五二〇万円という、予想以上に多くの募金を得ることができた（17年誌：16、40年誌：34、50年誌：44）。第一期工事が完成したのは翌一九五七年五月のことであり、東大出版会は学生会館から六〇坪の「新居」に移って、主たる業務をそこでおこなうことになった。（二五〇坪の第二期工事は一九六一年に完成している。）このように、出版会館の建設にあたって大学および理事会メンバーを中心として教員による全面的な支援が得られたことも、刊行企画の面で東大教員の業績の発表に重点を置くようになっていく上で重要な背景の一つになったと考えられる。

出版会館の第一期工事が完成した一九五七年には、「新館落成の記念」（40年誌：178）として東大出版会独自の刊行助成を開始することも決定されている。これもまた、東京大学と東京大学出版会の関係の強化を反映するものであったと言えよう。この刊行助成は、「商業ベースに乗らぬために埋もれていた東大内の（強調は引用者）すぐれた研究成果につき、各学部・研究所の推薦を受け、刊行助成を行なう」ことが趣旨となっており、また「東大出版会は東大内においていかなる機能を持つべきか、その再確認」（17年誌：42）をおこなうための事業という意味づけをも持っていたとされる。

一方で、東大出版会は、一九五一年以来着実に学術書の刊行活動を継続していく中で、次第に、すぐれた学術書の版元として認知されるようになっていった。その一つの結果として、東大教員への執筆依頼もそれほど困難なことではなくなってきていた。また石井によれば、初期には、年配の教員にはなかなか執筆に応じてもらえないことから若手の教員や院生たちにアプローチしていくことも多かったという[33]。それらの著者が後に有力な研究者・著者となり、また弟子筋の研究者を著者として紹介してくれることによって、次第に東大系の著者の数も増えていくことになった。

この当時もまたそれ以降も、東大出版会では、現職の教員や卒業生あるいは元教員など、狭い意味での東大関係者以外の著者に対して門戸を閉ざしていたわけではない。しかし、出版会館が建設されて、石井の言葉によれば、「いわば家のようなもの」ができて「旗が立ち[34]」、また東大系の著者が増え、さらに、一九五六年前後から学内紀要や東大内に事務局を置く全国諸学会の機関誌等の刊行を引き受けるようにもなっていたことから、名実ともに東京大学を母体とする大学出版部としての性格がより明確なものになっていったのだと言えよう。

（七）　欧米モデルについての学習と情報の収集

以上のような、経営体制の整備や刊行方針および母体大学との関係の明確化と並行して進められていたのは、欧米の大学出版部の実態をより詳細に把握した上で、日本の現状に沿った独自の経営モデルを築き上げていくための作業であった。それについては、事務局幹部が中心となって進められていった海外モデルの学習に加えて、大学出版部協会の創設がきわめて大きな意味を持っていた。

これまで見てきたように、東大出版会の創立に際しては、欧米の大学出版部が、同会の存在意義を明らかにする上でしばしば重要な拠り所とされていた。もっとも、欧米モデルが体現するものとして想定された大学出版部の使命や理念は、必ずしもそのままの形で日本の状況に対して適用できるものではなかった。とりわけ先に見たように、資金や人材などの経営資源という点において厳しい制約が存在していることもあって、設立趣意書などの文書で謳われている使命や理念と現実的な制約条件とのあいだで折り合いをつけていくことはきわめて重要かつ切実な問題となっていた。それと同時に、理想像ないしモデルとして想定されていた「欧米のＵＰ」が、そもそも実際にはいかなる性格を持つ組織であり、また母体大学や彼の地の出版界においてどのような位置づけを持っているのか、というような点についても明らかにしていく作業が必要になっていた。

事務局幹部の中でもその作業において主導的な役割を果たしていたのは、箕輪であった。箕輪は、初期の頃から、アメリカ文化センターなどに通って入手した英米の大学出版部のパンフレットや論文等の資料を通して海外の事情について情報を収集し、またその情報を石井や中平らと共有していた。(35) その海外モデルについての学習成果の一端を、一九五六年に刊行された五周年記念誌の中に二ページにわたって掲載された、チェスター・カーの *The American University as a Publisher*（一九四九）に関する解説文に見ることができる。この冊子は、著者のカー（後にイェール大学出版局局長）が、全米学術団体評議会に委嘱されて全米の大学出版部についておこなった実態調査の結果をもとにして、一九四九年に全米大学出版部協会から刊行された報告書 *A Report on American University Presses* のダイジェスト版である(36)。

このダイジェスト版は、後に箕輪によって全訳され「アメリカの大学出版部《ユニバーシティプレス》」というタイトルの小冊子としてまとめられた上で、一九六一年に出版会館の第二期工事の竣工披露の席で会席者に対して配布されている。同資料は三十数ページの小冊子ではあるが、米国の大学出版部の概要について知る上できわめて重要な意味を持つものであった。つまり、箕輪が紹介したこの資料は、海外の大学出版部における組織運営の実情についてほとんど情報が得られず、また国内に参考にすべきモデルも存在していなかった当時にあっては、多くの示唆を含む非常に重要な情報源だったのである。

さらに箕輪は、出版会館の第二期工事が完了した年の翌年である一九六二年一月から四月にかけては、ロックフェラー財団の助成を得て約八〇日間にわたって各地の大学出版部や全米大学出版部協会の事務局を訪問している。彼はその歴訪の旅を通じて大学出版部のあり方について直接的な情報を収集するとともに、いくつかの米国の大学出版部とのあいだで相互翻訳・共同出版・リプリント刊行に加えて印刷・造本・販売代理・宣伝等も含めて業務上の協力関係を築いていった(37)。

この海外の大学出版部との業務上の協力関係が東大出版会にとって持っていた意義について、箕輪はあるところで次のように述べている。

> これは業務提携と申しますよりも、イギリスやアメリカの大学出版部のやり方に学ぶということに意義が大きかったと思います。東大出版会はそれまでは手さぐりのような形でどこにもはっきりとした手本というものがなかったわけですけれど、やっとこの時代から外国の大学出版部の運営というものを勉強しながら、出版会の中の仕事の質も高め仕事

の種類も広げるようになって参ったわけでございます。（17年誌：7、40年誌：19-20）

つまり、東大出版会の創立後一〇年あまりを経て、同会にとって英米の大学出版部は、「すぐれた学術書を出している版元」という、主としてシンボリックな目標としての位置づけの範囲を超えて、むしろ、組織運営や日常的な業務に関わる実務面でのより具体的な情報や示唆を得ることができる実質的な組織モデルの一つになっていたのだと言える。

さらに、一九六九年六月末には、ジーンズ・ホウズの『大学出版部』が箕輪によって訳出され、東大出版会から「UP選書」シリーズの一冊として刊行されている。[38] 同書は、全米大学出版部協会に委嘱されて各地の大学出版部関係者に対しておこなった取材や文献調査の結果にもとづいて書かれた報告書である。著者のホウズは、かつてコロンビア大学出版部につとめていたこともあるフリーランス・ライターであり、同書には、米国における大学出版部の歴史と現状、そしてまた大学出版部が当時直面していた課題などがきわめて明快にまとめられている。原著は一九六七年に刊行されたものであるが、それから三年足らずのあいだにその訳書が刊行されることによって、米国の大学出版部については最新の情報が書籍の形で日本の読者に対して広く伝えられたことになった。[39]

以上のような経緯を経て、この頃には文書資料を通してだけでなく、現地における直接の見聞や業務上の提携関係などを通して、海外の大学出版部に関する情報が得られるようになっていた。このような情報は、事務局の幹部職員にとっては、日本の現実に即した組織体制のあり方と経営方針について考えていく上で、きわめて有力かつ有効な理論的・理念的根拠になったと考えられる。

（八） 大学出版部協会の創設

（1） 創設の経緯

一九六三年には、東大出版会が中心的な役割を担って、日本で初めて大学出版部協会が創設される。これは、東大出版会の関係者が取り組んできた、一方では海外のモデルを参考にしながらも、他方では日本の現状をふまえた上で国立大学初の大学出版部としての存在理由をより明確なものにしようとつとめてきた一連の試みにおける一つの到達点としてみることができる。

大学出版部協会設立の直接的な契機となったのは、当時東大出版会の理事長であった神立誠と箕輪・中平・石井の連名によって、一九六三年一月一日付で日本各地の大学出版部に送付された懇談会の呼びかけである。その呼びかけに応えて同年の一月末には八大学（東海大・玉川大・中央大・法政大・早大・東京電機大学・東京教育大学・東大）の出版部と一学術団体（日本学術振興会）の代表が懇談会に出席し、その場で大学出版部協会の設立が決議されている。その後さらに数回の会議や打ち合わせを重ねた後に、六月には東大出版会館において大学出版部設立総会が持たれ、右にあげた九団体に東京農業大学出版会を加えた一〇団体を会員とする任意団体として同協会の活動が正式にスタートすることになった(40)。

これまで見てきた、東大出版会関連のさまざまな文書の場合と同様に、大学出版部協会の設立趣意書においては、一方で、欧米の大学出版部の存在が日本における大学出版部の正統性の根拠として提示されている。他方では、それまでの日本における各大学の出版部の活動実績をふまえた上で、日本の現状に即した大学出版部のあり方が提唱されている。ここで注目したいのは、この文書では、海外モデルの中でも特に米国の大学出版部およびその協会がクローズアップされている点である。

設立趣意書の冒頭の段落では、まず、大学出版部の使命が、大学の社会的機能と関連させて定義される。すなわち、その段落では、大学出版部は、大学の研究・教育・一般社会との交流という三つの機能に対応して学術書・教科書・そして啓蒙書・教養書という三種類の書籍を刊行すべきことが宣言されているのである。続く第二段落では、世界各地で大学出版部の存在意義が認知されるようになっていることをあげた上で、「ことにアメリカにおいてはりっぱな出版部をもつことがすぐれた大学であるための一つの条件にさえなっている」とされる。米国の例は、さらに、大学出版部協会の必要性を論じている箇所でも再び取り上げられ、「大学出版部が強力な協会によって多大の利便を得ていることはアメリカにその例を見ることができ」ると主張されている（大学出版部協会 1988：106）。つまり、この、日本における大学出版部協会（AJUP ― The Association of Japanese University Presses）は、明らかに米国版の大学出版部協会（AAUP ― The Association of American University Presses）をモデルにした業界団体としての性格を持つものなのである。

この設立趣意書は、主として箕輪によって書かれたものである。また、大学出版部協会の各種資料に掲載されている略年譜では、協会設立の前史として、一九六二年一月から四月にかけて箕輪がおこなった米国大学出版部歴訪の旅および同年六月の全米大学出版部協会の年次大会への箕輪の参加があげられている（たとえば、大学出版部協会 1988：64：2008：70）。

（2） 新たな準拠枠としての組織フィールドの構築と「第三タイプの大学出版」

大学出版部協会設立の背景について、箕輪自身は、われわれとのインタビューに答えて次のように述べている。

［アメリカから］帰ってきてね、アメリカで見聞してきたことを皆に伝えることが、やはり一つの責任だと思いましてね。「アメリカ、こんなふうにやっているぞ」というような事を知ってもらわなきゃいかんと思って、それもありまして

ね、集まったんですね。集まったところで、「協会をやろう」なんて話になったんです。（中略）［それぞれの出版部が当時は］孤立しちゃってるわけです。同じ出版部とはいいながらも、横の連絡がなくて、大学の中に、こうポツンポツンとあって、しかし大学の仕事とはかなり異質な部分がありました出版部でしょう。それが、そういう大学環境の中で孤立して、これは、あり方という点でかなり違和感もあったのでしょう。（中略）そういう意味で仲間が欲しいという気持ちはみんなありましたね。だから、すぐに［協会を］やろうというような事になったんですけど。(41)

この証言からは、大学出版部協会設立の一つの目的は、従来それぞれの母体大学においても孤立気味であり、また出版部間の横の関係も稀薄であった大学出版部の関係者同士が、新たに「同業者」としての認識とコミュニケーション・ネットワークを築き上げることにあったと見ることができる。それは一方では、自分たちの組織の存在意義とその活動の正当性について再確認していくことであり、また他方では、日本の出版界の中に大学出版部独自のサブセクターないし「組織フィールド」、すなわち、組織間における影響関係の場を立ち上げていくための試みであったとも言えよう。

そして、その大学出版部協会を、東大出版会とその関係者が中心になって創設したことは、同会が、自組織の位置づけを確認し、また、その存在理由を明確にするための準拠枠を自らの手で創り上げたということをも意味する。それ以前の時期における東大出版会の主たる準拠枠は、母体大学である東京大学を中心とする学術界、あるいはまた、岩波書店や有斐閣などの商業出版社を含む出版界などから構成される既存の組織フィールドであり、またその制度的枠組みであったと言えよう。たとえば、東大出版会は創立後間もない一九五三年に「出版梓会」（一九四八年に設立された、専門書出版社を中心とする業界団体）に加盟しているが、これは、出版関係団体を中心とする既存の組織フィールドを準拠枠として、自らの位置づけを確認していく上で一定の効果があったと思われる。これに対して、東大出版会が大学出版部協会の設立において中心的役割を果たしていったことは、同会が、自ら新たな組織フィールドを築き上げ、それを通して、「制度化の主体」としての役割を担っていったということを意味する。それはまた、他の大学出版部や学術系出版社に対して、出版活動と組織のあり方について、新しい一つのモデルを示していくことでもあった。

ここで注意しておかなければならないのは、先にあげた大学出版部協会の設立趣意書では、〈大学出版部の使命を大学自体の社会的機能との関係で明らかにし、さらにそれを研究書・教科書・教養書（啓蒙書）という三種類の刊行物と対応させる〉という点が明確に打ち出されているという点である。実際には、大学の機能と各種の刊行物との対応関係を大学出版部の存在理由ないし正当性の根拠とするロジックは、必ずしも当時の欧米の大学出版部活動において主流であったというわけではない。たとえば、大学出版部協会の設立趣意書において準拠すべき先例として取り上げられている米国では、少なくともこの当時はむしろ、専門的な研究書の刊行に比重を置く傾向が顕著であった。また、比較的よく知られているように、オックスフォードとケンブリッジの出版局の場合には、聖書や祈祷書、辞書あるいは一般書、教科書などを含めて刊行ラインナップの幅はかなり広い。

このようにしてみると、この、「大学の社会的機能と刊行ラインナップの対応」という論点は、欧米の先例にならったというよりは、むしろ、日本における従来の大学出版部の活動のあり方について再確認し、またそれを欧米モデルに言及しながら理論化[42]することによって、その正当性について主張していくために独自に考案されたものであると考えられる。これはまた、新たな組織フィールドの構築が、単なる海外モデルの伝播ないし「直輸入」によって引き起こされたものではなく、むしろそのモデルの「翻案」と呼ぶのがふさわしいものであったことを示している。

その点について最も明確に示されているのが、一九七二年一一月にアジア太平洋地域大学出版部会議の席上で箕輪がおこなった特別報告「最近一〇年のアジアにおける学術出版の発展」である。この、アジア各国および米国、カナダ、英国など合計一五カ国から五〇名の大学出版部関係者が集まって東京で開催された会議の特別報告の中で、箕輪は、アジアにおいては、英国の「中世型」とも米国の「近代型」とも異なる、新しい「第三タイプ」の大学出版が生じつつあることを指摘している。彼によれば、それは、アジア圏の大学出版部の場合には、学部レベルの教科書や印刷所を求める需要に対応する必要があり、したがって米国の大学出版部の場合のように、もっぱら純学術書のみを刊行するわけにはいかないからなのだという（Minowa 1973：xix-xx：Arboleda 1973：266）。

（九）「東京大学と東京大学出版会との関係について」

（1）文書の構成と内容

右に見たように、大学出版部協会の設立は、日本における、大学を拠点とする出版活動に理論的根拠を与え、また大学出版部一般の存在理由を一層明確なものにしていく上できわめて重要な意義を持っていたと言える。一方、一九六六年三月二五日の日付を持つ「東京大学と東京大学出版会との関係について」という文書は、東大出版会という個別の大学出版部と母体大学とのあいだの関係に関する理論的・理念的根拠を明らかにするものであった。同文書は、東大出版会の事務局が中心になって作成した上で、同会の理事会・評議会によって承認されたものである。

この文書それ自体は、項目数にして六項目、字数にして一四〇〇字程度という、比較的短いものである。しかしその内容は、それまでの一五年間にわたる組織アイデンティティをめぐる探求と模索の過程をふまえた上で、国立大学を母体とする大学出版部、そしてまた特に東京大学に本拠を置く東大出版会の位置づけをあますところなく、かつきわめて明瞭に示すものとなっている。東大出版会の五〇年誌では、この文書に対して「第二の創立時」の文書という性格づけを与えて、次のように解説している。

本文書が［は］苦難の草創期を経て、ようやく事業発展の基盤をうち固めた時点、今日につながる「第二の創立時」の文書であり、本会と東京大学との関係を初めて明示的・具体的に整理し、本会を律する指針としての役割を今日まで

果たしてきた［。］（50年誌：29）

右の引用では「東京大学と東京大学との関係について」が「本会を律する指針としての役割」を果たしてきたとされているが、この点に関して最も重要であると思われるのは、その第一項と第二項である。第一項では、東大出版会の存在理由と正当性が、「欧米諸国の先例」を主たる根拠として主張されている。

一、東京大学出版会の目的と事業は欧米諸国の先例が示すとおり、東京大学の研究、教育、啓蒙という三機能に対して出版事業を通じて参加することである。欧米の主要大学にユニバーシティ・プレスが不可欠な存在であるように、東京大学出版会は東京大学にとって不可欠の組織であり、またそうであると承認されるような事業を実際に実践すべきであると考えている。

右の引用には、これまで本章で東大出版会関係の文書について何度か見てきたものと同じ「ユニバーシティ・プレス」という言葉が見られる。もっとも、創立前後とは違って欧米の大学出版部の先例は、もはや「すぐれた学術書の版元」という、主としてシンボリックな位置づけに留まるものではなかった。この段階に至ると、欧米の大学出版部のモデルは、それまで蓄積された、欧米（特に米国）の大学出版部の設立理念や実際の運営実態に関する詳細な情報をふまえた、より説得力のあるものとなっていたのである。

また、右に引用した文章には、東大出版会の目的は、東京大学が担う三つの社会的機能――研究・教育・啓蒙――に「出版事業を通じて参加すること」にあることが表明されている。これは、大学出版部協会の設立趣意書の場合と同様に、欧米の大学出版部のあり方をそのまま踏襲したというよりは、むしろそれまでの東大出版会の活動実績をふまえた上で、同会独自の事業活動のあり方とその意義に関する再確認をおこなったものであると見ることができる。(43)

「東京大学と東京大学出版会との関係について」の第二項では再び「欧米の多くの大学出版部」の例が規範的なモデルとして取り上げられているが、ここでは、欧米の大学出版部と日本における国立大学の出版部との制度的な違いについて、第一項よりもさらに踏み込んで、東大出版会が東京大学とは相対的に独立した財団法人であることの背景が明らかにされている。

二、出版会がこのように大学に必要な一機能を果たしているにもかかわらず、それが大学の一部とされず独立の法人になっているのは全く技術的な理由によるものであり、本来は欧米の多くの大学出版部のように当然に大学の一部であるべきものと考えられる。(44)ただ日本の現状では、近代的理念にもとづく出版部を国立大学の内部組織として運営することは財政法等の制約から不可能であるために独立の法人としたのであり、理念的には大学と離れがたく結びついたものである。

この第二項の文章に関して注目すべきは、東大出版会が東京大学とは独立の法人組織となっている背景について「全く技術的な理由による」と明言している点にある。つまり、この文書では、欧米の大学出版部を支える制度的基盤が、その当時の日本の「財政法等」の制度的規定に比べて、ある意味でより高い合理性と正当性を持つものとして扱われているのである。(45)

(2)「座談会」の開催と一七周年記念誌の刊行

この文書は、箕輪によって起草されたものである。その箕輪によれば、自分が事務局理事になったことでもあり、出版会と東大との関係が曖昧なままではやっていけないので、より明確な形で両者の関係を明らかにしたものを作成し、それについて理事会の承認を得たものだという。(46)一方石井は、時期的にはかなりさかのぼるが一九五七年に出版会館が建てられたことも、この文書の作成にとっては重要だったのではないか、としている。彼は、それまでは東京大学のキャンパス内にある財団法人の建物といえば学士会館の例しかなく、それに次いで出版会館が建設され、また会計検査が入ったりして、それらに関連して大学当局とのあいだでさまざまなやりとりがなされたこともあって、一七周年を記念して持たれた「座談会」をおこなう前年に箕輪によって同文書が書かれたのではないかと語っている。(47)

ここで石井が「座談会」と言っているのは、東大出版会創立時の会長である南原繁および歴代の理事長（有澤廣巳・末延三次・神立誠・福武直）を招き、また事務局からは箕輪・中平・石井の三名が参加して、一九六七年一一月末に開催された座談会を指している。一七周年記念誌（実際の刊行は一九六九年二月末）には、この座談会の逐語的な記録が収録されることになった。同記念誌の全体的な構成は、冒頭の矢内原会長の挨拶文と当時の理事長である福武の序文が掲げられた後に、「東京大学と東京大学出版会との関係について」の全文が掲載され、その次に座談会の詳細な記録と略年譜および年次別の出版目録があげられ、さらに略年譜と書目リストが続く、というものになっている。つまり、一七周年記念誌では、「東京大学と東京大学出版会との関係について」と座談会の記録および略年譜が三つの「目玉」になっているのである。その座談会は、新たに理事長に就任した福武が、事務局の中核メンバーである箕輪・石井・中平の三名とともに、創立前後の事情およびその後の東大出版会の展開について南原と歴代の理事長たちに話を聞く、という形式になっている。

東大出版会の記念誌は、これ以外では、五周年、四〇周年、五〇周年の時期に刊行された三点があり、いずれも五年ないし一〇年刻みの節目に刊行されている。一七周年記念誌は、その意味では、やや変則的とも思える時期に刊行されたことになるが、それはとりもなおさず、一九六七年が、その六月に福武直が理事長に選任された年であったからにほかならない。先に述べたように、福武は、東大出版会創立時の立役者の一人であり、また創立後一七年間にわたって理事として終始一貫して同会の活動を支えてきた東京大学の教員である。

これについて、箕輪は、福武が理事長に就任した節目であり、また南原元総長および歴代の理事長も幸いご健在であることから、一七年めという少し半端な年ではあるが、「これから東大出版会が新たな歩みをはじめるためにも、初心にかえって大学出版部というものを［について］先生方のお話を伺おうということで」、箕輪・中平・石井の三人で相談して座談会を持った、と述べている[48]。同じように、主として石井が執筆した四〇周年記念誌には、福武の理事長就任に関して、「大学内における出版会の位置づけの再確認と見ることもできよう」（40年誌：192、50年誌：50）という記述が見られる。また、一七周年誌の序文で、福武は、「本会の創立と展開に寄与するところの大きかった方々」を集めておこなわれた座談会の目的は、「忘れ去られやすい歴史的な経過をあとづけ」て反省の材料を引き出すことにあると述べている。さらに、福武は、その座談会の記録は、「東京大学出版会についてひろく知っていただくためにも、格好の読み物」であるとしている（17年誌：1）。

こうしてみると、①一九六六年の「東京大学と東京大学出版との関係について」の理事会・評議会における承認、②一九六七年の福武の理事長就任、そして、③同年の座談会の開催は、東大出版会の歴史と実績をふまえ、出版会と大学との関係を理念的・理論的に整理し再確認する上で、きわめてエポック・メイキングな意義を持つ三つの出来事であったことがわかる。そしてまた、福武の理事長就任を契機として持たれた座談会の記録と略年譜、および「東京大学と東京大学出版会との関係について」を中心として作成された一七周年記念誌の編集作業は、東大出版会が創成からその時点にいたるまでの組織としての歴史を、一貫したナラティブ（物語）の形にまとめ上げて意味づけ、またそれを組織としての記憶に留めていくための試みでもあったと言えよう。

五　「理想と現実」――二つのタイプの大学出版

（一）　助成型と内部補助型

福武は、東大出版会の五周年記念誌に収録された、「東大出版会の理想と現実」と題された文章(49)において、次のように述べている。

　私たちは、採算を度外視して立派な研究書を刊行することができるようになりたいと思います。しかし、資本主義社会の中で、特別のファンドももたないで、また国家などの補助もなしに、このような出版を敢えてすることは出来ません。現実は、そのことを許さないのであります。この現実をぬけ出て理想に近づくためには、やはり、他の書物で利益をあげなければなりません。私たちはその利益を、この種のいわば犠牲的出版に投じたいのであります。（5年誌：6、福武 1990：133-134）

福武自身は必ずしも意図していたわけではないだろうが、右の文章には、学術出版に対するパトロネージ・システム（支援の仕組み）という点に関して、当時の東大出版会と米国の大学出版部とのあいだに存在していた顕著な違いが端的に示されている。

米国であれ日本であれ、右に引用した文章で福武が言うところの「立派な研究書」を刊行していくことは、多くの大学出版部が自ら担い、また周囲からも期待されてきた主要な組織ミッションの一つである。この点に関しては、日米のあいだに特に目立った違いはない。また、どちらの国であっても、その研究書が内容的にきわめて高度であったり先進的なものである時には、その採算をとることが困難になることが多く、その結果として、その種の書籍の刊行は、しばしば福武の言う「犠牲的出版」[50]にならざるを得ない。この点でも、彼我の差はほとんどない。日本と米国の大学出版部の活動における顕著な相違となっていたのは、採算を度外視しておこなうことが少なくない研究書の刊行を支えてきた財政的基盤のあり方である。

その相違は、助成型（米国）と内部補助型（日本）の大学出版部のあいだの違いとして要約できる。ここで助成型とは母体大学からの経済的支援や外部団体・機関からの各種の助成を前提として運営される大学出版部のことを指す[51]。一方、本書では内部補助型を、教科書や教養書など、福武が右の引用で言う「他の書物」の売上げが収入の柱となることが想定されている大学出版部を指す用語として用いる。

（二）米国の場合──助成型の大学出版部

これまでも何度か述べてきたように、米国の大学出版部に関してきわめて顕著に見られていたのは、「モノグラフ」などと呼ばれる、専門的な研究書の刊行に事業活動の比重を置く傾向である。その背景の一つとしては、米国において大学出版部が活動を始めた頃には、比較的採算の見込める一般書や学部用教科書の市場については、既にそのかなりの部分が民間の商業出版社によって占められていたことがあげられる（Hawes 1967：33［箕輪訳 1969：64］：Tebbel 2003［1972–81］：535–539）。また、一九世紀には博士論文を書籍として刊行することが義務づけられていた点も、大学が出版事業に関わっていく一つの重要な契機であったとされる（Parsons 1989：12–13, 111：Tebbel 2003［1972–81］：535：Tebbel 1987：169）。こうしてみると、米国の大学出版部の多くは、その当初から商業ベースに乗りにくい書籍の刊行に重点を置くことが想定されていたことがわかる。

当然のことながら、研究書の刊行による収入だけで出版部の運営を維持していくことは、決して容易なことではない。これについて、イェール大学の出版局長であったチェスター・カーはあるところで次のように語っている――「われわれは最大のコストをかけて最少部数の本を出版する。そしてわれわれは、それに最高の定価をつけ、最低の購買力しかない人びとに売ろうとしている。まったく正気の沙汰ではない」(Hawes 1967:5［箕輪訳 1969:4–5］)[52]。そして、通常の経営感覚からすればまさに「正気の沙汰ではない(madness)」とさえ思えるその出版活動を可能にしてきたのが、福武が先の引用で「ファンド」や「国家などの補助」と表現している、各種の助成金や母体大学などからの経済的・物的・人的な面での支援なのである。

本章の第一節で東大出版会の出版会館建設に関わる経費についてふれた際にも述べたように、たとえば米国では、大学出版部の事務所スペースが大学側から無料で貸与され、建物の管理や光熱費・通信費あるいは出版部職員の給与などについても、大学から提供される例が珍しくなかった。また、特に積極的な運営助成や刊行助成がおこなわれていない場合でも、収支の欠損に対しては母体大学から補填される例も多い。この他、特定の書籍やシリーズの刊行に関しても、しばしば母体大学から補助金が与えられていた(また、全米大学出版部協会の会員資格要件の中には、母体大学から適切なサポートを受けていなければならない、というものがあった(Hawes 1967:51［箕輪訳 1969:102–103］))。さらに、一九五六から一九六五年にかけておこなわれた、フォード財団による総額二七五万ドルに及ぶ本格的な刊行助成[53]をはじめとして、大学出版部に対して各種財団や専門職団体などから支給された助成金は、米国における第二次大戦後の大学出版部活動の飛躍的な成長を支える上で重要な役割を果たしていた。

これに加えて、米国の大学出版部の多くは非課税団体として認可されることによって、税制上の優遇措置として法人税や売上税が免除され、また寄付者に対しては寄付金の所得控除が認められている。さらに、商業出版社の場合には、税控除を受けるためには売れ残りの在庫を一定期間のあいだに廃棄処分しなければならないが、大学出版部は、ある時期からは、非営利団体としてその規定の適用から免れることができるようになった。これは、少部数で刊行する書籍を長期にわたって売り続けていく上で有利な条件となる。このような一連の税制上の優遇措置もまた、政府による大学出版部に対する間接的な支援として見逃すことができない（Parsons 1989：11；Givler 2002：115, 119–120；Hawes 1967：33［箕輪訳 1969：64］）。

これら直接間接の助成に加えて、大学や研究機関に付属する図書館による購入を想定したハードカバー版の研究書の販売収入も、間接的な助成収入としての性格を持っていたと見ることができるだろう。比較的よく知られているように、米国の大学出版部では研究書の初版についてはハードカバー版で刊行することが多かった。そして、その価格は、ペーパーバック版の書籍に比べて通例かなり高額なレベルに設定されていた。このハードカバー版の主たる購入者に、その書籍が扱っているテーマを専門とする分野あるいはその隣接分野の研究者が含まれることは言うまでもない。しかし、大学出版部の経営にとってしばしばそれ以上に重要なものとなっていたのは、各地の大学図書館やその他の研究図書館による購入である。実際、一九五〇年代半ば以降に大学出版部からペーパーバック版が刊行されるようになった以降の時期でも、米国の大学出版部では、まず図書館での購入を想定したハードカバーの初版を割高の価格設定で刊行した後に、二、三年経過してからその半分ないし数分の一の価格でソフトカバー版を出すことが頻繁におこなわれていた（Courtney 2002）[54]。このような価格設定の背景には、日本と比較して人口一人あたりの設置数にして大学図書館については約二倍、専門図書館については三倍以上にも及ぶ規模の研究図書館市場があると考えられる（根本 1989）[55]。実際、ホウズによると、一九六〇年代当時、大学出版部の売上げに占める全体図書館への販売による売上げは四分の一から二分の一に及んでいたという（Hawes 1967：98, 107［箕輪訳 1969：199, 219］）[56]。また、一九八〇年代の推計でも、大学出版部の刊行物の四割以上が図書館によって購入され、それが売上げの三分の一以上を占めていたとされている（根本 1989：13；Parsons 1989：132）。

このように、大学等の図書館予算による購入を想定していることを考えれば、ペーパーバック版に比べて割高の価格設定となるハードカバー版の書籍の販売収入は、それらの図書館が所属する大学等の組織から大学出版部に対しておこなわれる、いわば間接的な助成として見ることができるだろう[57]。実際、米国における図書館予算は、第二次世界大戦後の科学技術および高等教育の拡張、とりわけ一九五七年のいわゆる「スプートニク・ショック」以降の教育予算の爆発的な拡充などによって、急速に拡大していった。また、高等教育機関の拡充に伴う大学院生や大学教員の急増は研究書の需要のみならず、その原稿の供給をも増大させていった。

(三) 東大出版会 ―― 内部補助型の大学出版における「理想と現実」

以上のように、米国の大学出版部の場合には、各種の直接・間接的な助成によって、主として研究書（モノグラフ）の刊行に重点を置く運営が可能になっていた。それに対して、本章でも見てきたように、日本の大学出版部、とりわけ東大出版会のような国立大学系の出版部は、二〇〇四年に大学自体が国立大学法人として法人化される以前は、法律上の制約によって、母体大学の一部局となることも、また大学から直接的な経済的支援を期待することも実質的に不可能であった。

大学出版部協会の機関誌『大学出版』に掲載された渡邊勲の「大学出版部と母体大学との関係」という記事は、母体大学との関係という点における米国の大学出版部と東大出版会の違いを理解する上で、きわめて示唆的である。渡邊は、全米大学出版部協会が一九九七年におこなった質問票サーベイに応じた五三出版部の回答をもとにして、米国の大学出版部と東大出版会における母体大学との関係の違いを明らかにしている（渡邊 1999）[58]。表５・２は、その渡邊による記事にあげられていた表をもとにして作成したものである。

第10章でもう少し詳しくふれる点ではあるが、ここで注意しておきたいのは、全米大学出版部協会によるこの調査は、一九七〇年代以降に、米国の大学出版部に対する母体大学からの助成が大幅に削減されてからかなり後の時期におこなわれたものだ、ということである。表５・２に見るように、その時期においてすら、サーベイに応じた五三出版部のうちの四二出版部、つまり約八割は母体大学から直接的な運営助成を得ており、また、三六出版部は事務所の提供を受けている。その他、法務費用の免除（四二出版部）や監査費用の免除（三二出版部）など、事務経費についても何らかの恩恵を被っていることがわかる。

これに対して、東大出版会の場合には、表5・2におけるほとんどの項目が「無」ないし「有料」となっている点に見られるように、母体大学に経済的に依存しない、独立採算の財団法人として運営されてきたのである。なお、東大出版会の場合は、財団法人に認められている三三種の収益事業のうちに出版事業が含まれていることによって、株式会社の法人税率（三七・五％）に対して比較的低い税率（二七％）が適用されたり、預貯金の利息への課税が免除されたりしている。もっとも、これらの優遇措置が東大出版会の経営にとって貢献している度合いは、米国の場合とは比べて相対的にかなり小さなものでしかなかった。また、大学外からの各種助成金については、出版会館の建設に際して寄せられた巨額の寄付金のようなケースは貴重な例外として、ほとんどの場合は研究書の刊行を支援するものである。そして、その助成

表5・2　米国の大学出版部と東大出版会の比較

	米国の大学出版部（回答を寄せた53出版部の内で該当する出版部の数）	東大出版会
直接的運営助成	42	無
事務所の提供	36	有料
倉庫の提供	18	有料
貸付利息の免除	24	無
大学による経理事務	33	無
在庫維持費の免除	13	無
売掛回収費の免除	14	無
法務費用の免除	42	無　＊1
監査費用の免除	36	無　＊2
光熱費の免除	32	有料
電話代の免除	1	有料
保険料の免除	23	無
人件費（全額ないし一部）	22（内３出版部が全額）	無
社会保険料（全額ないし一部）	25（内５出版部が全額）	無
駐車使用料の免除	9	無
大学からの人材派遣	40	無
その他	2	無

出所：渡邊（1999）および渡邊とのインタビュー（2010年７月15日）を元に作成
＊１：法学部理事によるアドバイスは有り
＊２：教員理事１名および事務局長からなる監事２名が評議委員会で監査報告をおこなうが、監査実務は別途監査法人と契約

額の総額が東大出版会の年間総収入に占める比率は三〜五パーセント程度にすぎない。

大学内外からの直接的・間接的な経済支援に多くを期待できない以上、東大出版会では、事業に要する経費の大半を主として書籍の販売収入に依存せざるを得ない。また、福武の文章にある「犠牲的出版」的な性格を持つ研究書の刊行については、結果として、その経費の一部をそれ以外の書籍の売上げによる収入によって補うことにもなった。特に、教科書や教養書あるいは講座・シリーズなど、経済的な効率性が比較的高い書籍の販売収入は、職員の人件費や出版会館の家賃・土地代、事務局の運営経費などの固定的な費用をまかなう上で重要な財源となった。

出版に限らず、ある事業による収支欠損を他の事業による利益によって補うことを、しばしば「内部補助（cross subsidy）」と呼ぶ。したがって、米国における、刊行物の売上げ以外に非事業収入（事業活動以外による収入）である資金的、物的助成を前提として運営される大学出版部のあり方を「助成型」と呼ぶことができるとするならば、東大出版会のように、もっぱら書籍の刊行等の事業活動による収入に依存するタイプの大学出版部の運営のあり方については、これを「内部補助型」と呼ぶことができるだろう。(59) また、内部補助型的な運営方針は、箕輪が一九七二年のアジア太平洋大学出版部会議の基調講演で「第三タイプ」の大学出版と呼んだものの顕著な特徴の一つとしてあげられるだろう。

そして、先にあげた、東大出版会および大学出版部協会の各種文書において見られる「大学が担う研究・教育・啓蒙という三つの社会的機能に対応した出版事業」という大学出版部の活動に関する性格づけは、とりもなおさず、この内部補助型の大学出版部の組織およびその出版活動のあり方を、理論的かつ理念的な面でヨリ明確に示したものと見ることができる。また、これまで本章で見てきた、東大出版会の創立以来の組織アイデンティティをめぐる模索と探求の過程は、内部補助型の学術出版という「現実」をふまえながらも、助成型の出版活動によって生み出されてきたものに匹敵するほどのすぐれた研究書を世に送り出すという「理想」の実現を目指す、試行錯誤のプロセスであったとも言えよう。

六　内部補助型の大学出版部におけるゲートキーピング・プロセス

（一）　二つのレベルの組織アイデンティティ

創立以来一五年あまりにわたる試行錯誤を経て一九六六年に理事会・評議会において承認された「東京大学と東京大学出版との関係について」、そしてまた、一九六七年に開催された座談会を収録した一七周年記念誌は、そのそれぞれが、東大出版会という組織の相対的な位置づけを示す、いわば「座標軸」を明確なものにしていく文書としての意味を持つものだと言える。すなわち、一九六〇年代後半に作成されたこの二つの文書は、国立大学を母体とする大学出版部の存在理由と、その大学出版部が半ば必然的に採用することになった内部補助型の経営モデルの正当性を理念的・理論的に明らかにすることによって、日本国内だけでなく海外の大学出版部や学術出版の世界を含むさまざまな組織フィールドの中における東大出版会の位置づけを明確に示していたのである。

さらに言葉を換えて言えば、これらの文書は、「東大出版会は、他の組織や団体・機関との関係で、どのような位置づけにあるのか」という問いに対する答えを明らかにすることによって、「東大出版会は、どのような性格の組織であるべきか」という、組織アイデンティティに関わる根源的な問いに対する答えを提示していたのだと言える。これは、東大出版会という組織自体の正当性を明らかにする上で、きわめて重要な意味を持っていたと言える。

もっとも、このようなレベルでの組織アイデンティティにまつわる問題が重大な関心事となっていたのは、もっぱら、組織全体を代表して母体大学や関係官庁等との対外的な折衝にあたる東大出版会の教員理事、そしてまた、箕輪・石井・中平ら事務局の中核メンバーたちであった。それに対して、書籍の刊行をめぐる日常的な業務にたずさわる職員にとっては、しばしばそれとは異なる次元における組織アイデンティティが主要な関心事となることが少なくなかった。つまり、それらの人びとにとって「東大出版会とは、どのような組織か」という問いがクローズアップされてくるのは、組織と組織のあいだの関係というよりは、むしろ個々の書籍の刊行企画をめぐって展開される組織内における交渉や著者との折衝の場面であることの方が多かったのである。実際また、東大出版会における個々の書籍の刊行意思決定プロセスについて明らかにしていこうとする際には、「編集者をはじめとする東大出版会の職員によって東大出版会がどのような性格を持つ組織としてとらえられてきたのか」という点について検討していく必要があるだろう。

新曜社や有斐閣について見てきたのと同様に、東大出版会の場合も、このような検討をおこなっていく上では、〈文化〉―〈商業〉および〈職人性〉―〈官僚制〉という二つの軸を中心とする分析枠組みが有効であるように思われる。

(二)〈文化〉―〈商業〉軸から見た東大出版会の組織アイデンティティ

(1)「大学公開(ユニバーシティ・エクステンション)」の理念とさまざまなタイプの書籍の位置づけ

先に指摘したように、東大出版会のような内部補助型の大学出版部にとっては、「他の書物で利益をあげ」(福武)ることによって、高度な研究書を刊行し、また組織自体を維持していくことが事業活動における一つの重要なポイントになる。

実際には年度によって多少の変動はあるものの、新刊点数で見た場合、東大出版会の刊行物において学術書が占める割合は五割台ないし六割を超える場合が少なくない。一方、教科書・教材は一割台から二割台の前半、教養書は一割台である。これに対して、年度ごとの売上高(新刊と重版をあわせた流通ベース)に占める比率という点では、教科書が四割台ないしそれ以上を占めており、ついで学術書が三割から四割、残りの売上高の一割から二割前後を教養書が占めてきた[60]。つまり、刊行点数に比して教科書の全体収益に対する貢献度はかなり高いものになっているのである。

ここで改めて確認しておく必要があるのは、東大出版会においては、教科書や教材のような、研究書以外の書籍の刊行は、必ずしも単に『理想』ないし別種の目的を実現するための手段」というような、どちらかと言えば消極的な位置づけでとらえられてきたわけではない、という点である。つまり、学術出版社の組織アイデンティティにおける〈文化〉―〈商業〉軸との関連で言えば、一定以上の利益をあげることが期待される教科書・教材および教養書等は、必ずしも〈商業〉の極を体現する刊行物という位置づけのみでとらえられてきたわけではないのである。

この点を明らかに示している文書の例としては、たとえば、現在東大出版会の図書目録やウェブサイトに見ることができる次のような文章がある――「基礎的かつ開拓的な学術研究を体現する学術書、基本的かつ先端的な高等教育を支える教科書・教材、伝統的かつ現代的な主題に取り組んだ教養書・一般書」[61]。この記述は二〇〇九年時点のものであるが、本章で何度か繰り返し見てきたように、右にあげたものと本質的にほとんど同じ趣旨の解説を、これまで東大出版会がその創立以来内外に対して公表してきたさまざまな文書（年次報告書・事業計画・各周年記念誌等）に見いだすことができる。

このように研究書だけでなく、教科書・教材あるいは教養書・一般書についてもそれ自体の積極的な文化的・社会的意義を認める基本的な発想は、創業前後あるいはそれ以前の時期にさかのぼることができる。

たとえば、矢内原は、東大出版会の創立五周年記念誌に寄せた挨拶文において、学術書・教授資料（教材）・学術的啓蒙書・一般的教養書という四種類の書籍の出版を、「大学出版会の使命」としてあげている（5年誌：2-3）[62]。先に見たように福武の場合も、「東大出版会の理想と現実」において、教科書や教養書などの刊行収入をもって研究書の刊行にあてるという趣旨の解説をしているが、その一方で、教科書は「高い学術文化を生み出すための体系的知識を培うもの」であり、「ひろく向学の念にもえる人たちへの学問への欲求をみたす」ことができるとしている。また教養書についても、「多くの人々に役立ち、それがより良き社会を生み出すエネルギーになるような書籍」の刊行を目指していきたいと述べている（5年誌：6-7）。

以上のような点に関連して注目に値するのは、戦後新制大学として再出発した東京大学において特に強調されるようになった、大学およびその学問的成果の、一般社会に向けての「公開」ないし「開（解）放」という理念である。たとえば、矢内原は右にあげた挨拶文において啓蒙書の出版の意義については「大学公開（ユニバーシティ・エキステンション《現文ママ》）の趣旨にもとづく学術的啓蒙書」という性格づけをしている。福武も、「東大出版会の理想と現実」においては、東大出版会で刊行される東京大学の教科書が「一般の人々にもよまれ」、ひいては大学の講義が公開されることが目標であると述べている（5年誌：7）。

さらにさかのぼれば、南原による初期の大学出版部構想にも、いくつか、学問的成果および大学それ自体を一般社会に向けて「解放」ないし公開していくという目的に関して大学を拠点とした出版活動が果たし得る役割についての言及がある。たとえば先に見たように、南原は、帝国大学新聞社が財団法人化した際に同財団の寄附行為第四条の事業内容については、学生生徒の教科書に加えて「ユニバーシティ・エクステンション」としての啓蒙的図書の出版刊行を加えるように主張している。同様に、南原が中心となって創立した東京大学綜合研究会――先に解説したように、同会の出版部は東大出版会の前身の一つである――においても、「公開講演」ないし「大学普及講座」（「大学普及解放講座」あるいは「大学解放講座」とも）が主要な事業目的の一つとされていた（東京大学百年史編集委員会 1985：1050-1073）[63]。

このようにしてみてくると、これまで本書で見てきた新曜社や有斐閣の場合と同様に、東大出版会においても、学術書（研究書）だけでなく、教科書・教材や教養書は、いわば〈「象牙の塔」の外側にある世界への学問の普及や啓蒙〉という点において独自の文化的意義を持つものと見なされていたことがわかる。そして、東大出版会の場合には、それらの書籍の刊行が母体大学それ自体が担う使命と不可分に結びついた大学出版部の使命として規定されていたのである。

(2) 「三位一体」

大学出版部の使命に関するこのような認識と具体的な刊行企画との関連を端的に示している言葉に、「三位一体」というものがある。これは、先にあげた、矢内原が五周年記念誌に寄せた挨拶文の内容を敷衍して石井が強調するようになった企画方針である。先に見たように、矢内原は、学術書・教授資料・学術的啓蒙書・一般的教養書という四種類の刊行物の出版を大学出版会の使命として規定している。石井は、これを学術書・教科書・教養書という三つの出版ジャンルに対応するものとしてとらえ、編集担当者たちに対しては、一人の著者からこれら三種類の書籍の原稿を獲得することを目指すようにと指示していたのであった。

これについて、一九六八年に東大出版会に採用されて以来一貫して歴史学関係のラインの編集を担当してきた渡邊勲(一九八七年に編集局長、九二年に常務理事、二〇〇一年から二〇〇五年まで専務理事)は、彼が石井らから編集者としてのトレーニングを受けていた当時には、実際に大学と大学出版部の刊行する書籍の対応という点が強調されていたとする。渡邊によれば、大学の持つ研究・教育・啓蒙という使命がそれぞれ本の形に対応していて、さらに大学人の役割にも対応しているのだから「全部セットで」考えるように、という内容の指導があったのだという。渡邊は、同時にそれは、経済性を考慮した上での刊行ラインの組み合わせでもあり、また、同じ研究者を著者とする複数のタイプの書籍の企画を立てることの重要性がことあるごとに強調されていたとする。(64)

同じように、一九六四年から一貫して心理・教育学関係の書籍を担当し、『講座心理学』や『認知科学選書』などの企画・編集にあたった伊藤一枝は、次のように語り、彼女の場合も、研究書だけでなく、積極的に教科書と教養書の企画を立案していくようにと指示を受けていたとしている。

だいたい必ずモノグラフ［の刊行依頼］は来るものじゃないですか、こっちが言わなくても。だから、「そういう［企画依頼が］来たら、必ずその人に教科書と教養書を出してもらうように」ってね、そういうふうにいつも言われていたわけですよ。だから、そのモノグラフを出すのは、もちろん大事な使命だけど、だけど、それだと［経営的に］成り立っていかないから。（中略）学術書［研究書］の場合、何か難しくて、何だかあまり［読者が］広がらないとか。やっぱり、普通はそういうものになりがちで、よほど筆者の力が無いと。だからやっぱり、それを受けているだけではダメというか。「それからまた後の二つ［教科書と教養書］を生み出すように」というのは、私たちがもうずっと言われてたことなんですよ。だけど、どうしても学術書が増えちゃう、自然にしていると。（中略）だいたいは学術書が増えていくんですね、一年間の［東大出版会全体の刊行書目を］分類していくと。(65)

伊藤が述べているのと同様の点については、主として政治学分野の刊行ラインを担当し、『現代政治学叢書』（全二〇巻）『東アジアの国家と社会』シリーズ（全六巻）などの編集にあたってきた竹中英俊（二〇〇一年に編集局長、二〇〇五年から常務理事）も語っている。つまり、竹中が一九八〇年に書籍編集を担当するようになった当時は、上司からは、研究書の企画立案の際には、将来その著者に対して教科書ないし一般読者向けの書籍を依頼する可能性をも視野に入れておくようにと指示されていたのだと言う。(66)

こうしてみると、東大出版会と新曜社や有斐閣とのあいだには、「タイトル・ミックス」すなわち刊行ラインの組み合わせという点だけでなく、それぞれの種類の書籍の位置づけという点についても共通点が見られることが明らかになる。すなわち、これら二社の場合と同様に東大出版会においても、研究書だけでなく教科書や教養書も、それぞれが独自の〈文化〉的意味づけを与えられ、またそれが同会における内部補助的な刊行活動の理念的根拠の一つになってきたのである。

(3) 市場セグメントとゲートキーピング・システムの特徴

右に見てきた〈文化〉―〈商業〉軸から見た場合の東大出版会の組織アイデンティティの特徴と、同会が多くの米国の大学出版部とは異なり、必ずしもすべての書籍について「ピアレビュー」の手続きを経て刊行されるわけではない、という点とのあいだには密接な関連があると思われる。

第9章で詳しく見ていくように、米国の大学出版部においては、企画や原稿のスクリーニングのプロセスは基本的に〈編集者 → ピアレビューにあたる研究者 → 編集委員会〉という三段構えの構造になっており、その第二段階にあたる「ピアレビュー」、すなわち同分野の研究者による査読が刊行企画の決定において決定的な重要性を持っている。そして、その査読を依頼されて担当する研究者の範囲は、母体大学の枠を越えて全米ないし時には他の国々にまで及ぶことが少なくない。研究報告に関するピアレビュー自体は日本においても、たとえば査読制をとる学術ジャーナルにおいて広く採用されている。しかし、米国の大学出版部における刊行意思決定の場合には、ピアレビューが、ほとんどの書籍の刊行企画に対して適用される必須の条件とされているところに顕著な特徴がある。

これはとりもなおさず、米国の大学出版部が主として刊行してきたモノグラフというものが、学術ジャーナルに掲載される論文の場合と同様に、研究者コミュニティを中心にして展開される、比較的狭い範囲の学術コミュニケーションの媒体としての性格を色濃く持っていたからにほかならない。それはまた、大学出版部における出版活動が、学部教育用の教科書あるいは一般書や教養書の市場とは相対的に独立した、研究書独自の市場の存在を前提にしておこなわれてきたことと密接な関係がある。そして、このような相対的に小さな市場セグメントをターゲットとする出版活動は、先にあげた、母体大学をはじめとするさまざまな機関による直接・間接的な助成を前提としてはじめて可能になるものだとも言える。

これに対して内部補助型の大学出版部である東大出版会の場合には、原稿に対するピアレビュー的な査読がおこなわれるのは、同会独自の刊行助成の対象となる書籍を選定する場合や、同会の年間刊行点数一二〇点前後のうちの二〇点前後を占める、若手の研究者による「第一作目」の研究書などが中心となっていた。（これらの査読の際に使用されてきた審査用紙については、第9章参照。）このうち、若手研究者による刊行企画に関しては、各編集者の判断で、過去に東大出版会から著書を刊行したことのある研究者に査読を依頼したり、東大出版会の企画委員の推薦によって、東大あるいは他大学の教員が一名から三名程度で査読にあたることになる。そして、このような手続きを経て最終的に刊行される二〇点前後の数倍にあたる数の、「第一作目」の企画が、査読の結果が思わしくないということで最終的に取り下げられていく。

　東大出版会におけるその他の企画に関しては、有斐閣などの場合と同様に、主として編集会議や編集企画会議など組織内部における会議の場において刊行についての決定がなされる。有斐閣の場合と異なるのは、刊行の可否に関わる決定の最終段階において、企画委員会での裁可を経る必要があるという点である。もっとも、この企画委員は東大の教員によって構成されている。(67) つまり、企画委員会における決定も、東大出版会という組織内部での意思決定という性格を持っており、必ずしも母体大学の枠を越えた研究者コミュニティのメンバーが関わる形での刊行意思決定がなされているわけではないのである。

　このように東大出版会の場合に米国の大学出版部とは異なる形での刊行意思決定がなされてきた主な理由は、先に述べたように、東大出版会が基本的に「第三タイプ」（箕輪）の大学出版部として出発し、また、同会の活動理念の一つに大学公開というものがあったことによると考えられる。つまり東大出版会の刊行物は、専門的な研究者のあいだだけでなく、教科書や教材あるいは教養書・一般書の刊行を通して、より広い層の読者層ないし市場セグメントに対して開かれていたのである。(68) 読者の世界は、出版社におけるスクリーニング・プロセスという「門《ゲート》」を経て行き着くべき先に存在する、いわば「母屋《おもや》」にあたる。日米においてその母屋の構成が異なるものであるのならば、その母屋へとつながる関門を守る「門衛《ゲートキーパー》」の構成やその役割は、必然的にかなり異なるものになってくるであろう。（日本の大学出版部や出版社において必ずしもほとんどの刊行物に対してピアレビューが採用されてこなかった背景には、この他にも、日本の学術コミュニティ側の事情があると考えられる。これについては第9章で詳しく検討する。）

（三）〈職人性〉―〈官僚制〉軸から見た東大出版会の組織アイデンティティ

（1）プロデューサー（企画立案者）としての編集者――「たて・とり・つくり」の三位一体

以上のように見てくると、米国の大学出版部と比べた場合、東大出版会においては、企画の立案や決定において編集者が果たす役割が相対的にヨリ大きな比重を占めてきた、と言えそうである。事実、時期によって多少の違いはあるものの、東大出版会における書籍刊行に関しては、基本的には、個々の編集者が、刊行企画の開発・立案にはじまり最終的な書籍刊行あるいは重版の進行にいたるまでのプロセスに関して第一義的な責任を負う形で一連の作業が進められてきた。この点は、東大出版会と有斐閣や新曜社とのあいだのもう一つの共通点であると言える。つまり、東大出版会の場合にも、編集者は、企画立案者として一種のプロデューサー的な役割を果たすことが期待されてきたのである。

実際、東大出版会においては、編集者の担当分野は原則として学問領域を単位として設定されており、一名ないし二名の編集者が、それぞれの領域について学術書・教科書・教養書の種別を問わずに担当することになっている。講座やシリーズ企画などについても、他の編集者（一名ないし二名程度）がサポート的な役割を担ったり補助的な業務を担当したりすることはあっても、原則として一人の編集者が担当してきた。また、ある時期からその多くを外注化するようになった校正作業や、主として編集総務部が担当する出版契約・版権処理・印税簿の処理など権利関係の業務を除けば、原則として、一人の編集者が責任を負って、企画立案と企画内容をめぐる著者との折衝にはじまり、原稿の編集作業から刊行、そしてまた刊行後の著者との連絡・交渉までをも含むプロセスを担当することになっている。つまり、東大出版会においても、新曜社や有斐閣の場合と同様に、編集業務に関しては職人仕事的な性格が濃厚だったのである。

この、東大出版会における編集者の業務が持つ職人仕事的な性格について理解する上できわめて示唆に富む言葉に、「たて・とり・つくり」というものがある。これはもともと、同会の創業時から三〇余年にわたって編集部門の責任者をつとめていた石井が、編集者のおこなうさまざまな仕事の内容を、企画立案（たて）・原稿の督促と獲得（とり）・編集加工（つくり）という三種類の業務として区分したことによる。（「たて・とり・つくり」の具体的な作業内容については、第6章で改めて解説する。）先に、東大出版会では、「三位一体」が内部補助型の大学出版部におけるタイトル・ミックスの基本方針を示す言い回しとして使われていたという点について述べたが、「三位一体」は、編集者が、右にあげた三種類の業務を有機的に組み合わせて書籍の編集にあたることを指す言葉としても使われてきたのであった。(69)

渡邊勲によれば、東大出版会においては、特に教科書や教養書あるいは講座シリーズのような種類の書籍については、積極的に企画を「たて」て、刊行を進めていくことが重要視されてきたのだと言う。また渡邊は、研究書の場合でも、著者から企画が持ち込まれるのを待ち受けて選別していくだけではなく、むしろ編集者の側から、たとえばすぐれた刊行実績のある研究者や将来性のある若手研究者に対して積極的に働きかけて刊行企画を開発していくことが重要だ、とする。(70)そのような意味での積極的な企画開発は、渡邊も、また渡邊の修業時代に彼を指導していた石井の場合も、自らが実践してきたことであり、また彼らが東大出版会の編集部員に対して期待してきたことでもあった。

主として法律分野の書籍の編集を担当してきた羽鳥和芳は、先にあげた伊藤一枝と並んで渡邊の言う「たて」、すなわち積極的な企画開発をおこなってきた代表的な編集者の一人である。羽鳥の東大出版会への採用は渡邊の三年後の一九七一年である。彼は、渡邊や伊藤と同様に、石井やその他の先輩格の編集者から直接「三位一体」の刊行方針についての指導を受けた世代の一人でもある。その羽鳥が編集を担当した教科書の中には、本章の冒頭でもあげた、同じ一九九四年に刊行された『知の技法』と『民法I』の二点がある。著者や編者があとがきで述べているように、これらは、いずれも羽鳥が著者や編者とともに積極的に企画の内容や構成、あるいは表紙のデザイン等についても折衝を重ねて刊行に至ったものである（船曳 1998：270；内田 1994：vi）。この二点の教科書はいずれも発売直後から大きな話題を呼び、また前者については、『知の論理』『知のモラル』と続く三部作、後者は『民法Ⅳ』までの続編がいずれもベストセラーとなり、東大出版会の収益に大きく寄与していくことになった(71)。

右に述べたように、羽鳥の東大出版会への採用は一九七一年であるが、渡邊や羽鳥よりも若い世代の編集者のあいだにも、主体的な企画開発の必要性は認識されている。たとえば、主に経済学関係の書籍の編集を担当してきた黒田拓也の採用は一九九二年であり、渡邊や羽鳥からすればおよそ二回り下の世代ということになる。黒田の場合も、出版会館のデスクに陣取って研究者から持ち込まれる企画をひたすら待ち受けるというよりは、むしろ有望な研究をおこなっている研究者のもとを自ら訪れたり、学術的なシンポジウムに参加したりして積極的に収集した情報をもとにして、企画を立てていくことを旨としていた。

その黒田が担当した数々の経済書の中には、たとえば一九九六年に刊行された『経済システムの比較制度分析』（青木昌彦・奥野正寛編著）がある。この書籍は、初年度に当初の予測を超える五〇〇〇部以上を売上げ、二〇〇九年段階で九刷、一万三〇〇〇部以上を販売している。この本の編集と制作にあたって、黒田は、編著者の一人から同書についての提案を受けて以来、同書のもとになった東京大学経済学部で開講された講義と原稿検討会に毎回参加していった。そして先にあげた『知の技法』の例などを参考にしながらコラムや見出し文など、構成や文章表現等についても積極的にアイディアを出して、同書を教科書としても使用できる書籍の形にまとめていったのであった(72)。

（2） 人脈資産の形成と継承

以上の例に見られるように、編集者は、個々の著者をめぐる「たて・とり・つくり」の全プロセスに何らかの形で関与し、また、時には企画内容の立案や改訂にあたって著者に対して積極的に働きかける作業を通して著者との信頼関係を築き上げていく。そして、そのような信頼関係や互酬的（相互扶助的）な関係があるからこそ、先の伊藤のインタビュー記録からの引用にあるように、一人の著者との関係から、研究書だけでなく教科書・教養書の企画を生み出し、またそれを実際の書籍の形にしていくこともできるようになるのだと言えよう。したがってまた、これまで本書で見てきたハーベスト社・新曜社・有斐閣の三社の場合と同じように、東大出版会の場合にも、一人ひとりの編集者が形成していく「人脈資産」が非常に重要な意味を持つ無形の資産となってきたのだと言える。

そして、編集者個人の人脈資産の一部は、先輩や上司である編集者から若手の編集者へと継承されていくことによって、それが結果として東大出版会という組織全体としての人脈資産の維持へと結びついていく場合が少なくない。たとえば先にあげた竹中が二〇〇一年に編集局長に就任するのと前後して一九九九年に東大出版会に採用された奥田修一は、主として竹中が担当していた政治学分野の編集担当をすることになった。彼は、採用されてから校正技術に関しては専門学校に通って学習する一方、その他の編集業務については、基本的に竹中が担当していた企画の原稿を一緒に読み通す中でオン・ザ・ジョブ・トレーニングによって学んでいった。奥田は、それとともに、初期には竹中が著者とのあいだで築き上げていた人脈的関係を継承していき、さらに新たに自ら人脈的関係を築き上げていったのであった。(73)

同様の点は、二〇〇一年に定年退職を控えていた伊藤一枝の後を継ぐ形で、心理・教育学系の書籍の担当編集部員として一九九五年に採用された後藤健介についても指摘できる。奥田の場合と同様に、後藤の編集者としてのキャリアも、伊藤が担当し編集作業が進行中であった心理学や教育学系の原稿の処理を担当することによって始まっている。一方、後藤は、それと並行して、羽鳥や竹中など他のシニアレベルの編集者が担当していた企画の編集作業の補助をしていた。その後に後藤が担当した刊行企画の少なからぬ部分は、その作業を通じて形成された著者との人脈的関係にもとづく新たな企画が「再生産のループ」に入る形で、自分自身の企画となって書籍として結実していったものだという。(74)

第3章で新曜社の事例について検討した際には、主として、人脈資産が編集者個人に帰属する傾向があるという点について取り上げた。また、そこでは、編集者の他社への移籍に伴って著者との人脈的関係が他社に移動していく可能性について見てきた。一方でここで見ているように、出版社という組織の内部で、先輩─後輩あるいは上司─部下のラインで著者との人脈的関係が継承されていく場合も少なくない。実際、奥田や後藤が編集のノウハウを学び、また人脈の一部を継承していった竹中や伊藤、羽鳥自身の著者との人脈的関係もまた、その一部は彼らの前任者や上司が手がけていた刊行企画を補助したり引き継いでいく中で培われていったものであった。

当然のことながら、編集者が手がける企画のすべてが前任者や上司あるいは先輩格の編集者からの継承にもとづくものというわけではない。また、第3章でも指摘したように、常連的な著者が持ち込んでくる企画に対して受け身的に対応しているだけでは、学術界や市場の動向の変化をいち早くとらえて対応していく上では、きわめて不利な状況を招きかねない。編集者は、既存の人脈資産を生かしながらも、一方では自ら積極的に情報を収集して、新しい人脈的関係を開拓していかなければならない。実際、後藤や奥田は、当初は先輩格の編集者や上司から継承した人脈資産を生かした企画を手がけていきながら、徐々に独自の人脈的関係を築き上げていったのである。

そして、このようにして、編集者がそれぞれのやり方で著者とのあいだで形成していく人脈的関係のネットワークが、全体として、東大出版会という組織とその活動を学術コミュニティの中に位置づけていくことになる。

(3) ゲートキーパーとしての編集者と組織的意思決定プロセス

以上見てきたように、東大出版会の編集者は自ら主体的に企画を立てていくことが想定されており、その点に関して言えば、いわばプロデューサーとしての役割が期待されているのだと言える。もっとも、その一方で東大出版会の編集業務においては、研究者の側から持ち込まれる学術書の企画に対応していくこともまた、非常に重要な位置を占めている。

実際、東大出版会がすぐれた版元として認識され一定の「社格」を獲得してくると、石井が企画立案や原稿の獲得に苦労していた創立当初とはうって変わって、著者の側から持ち込まれる企画や原稿について検討を加えていくための作業が比較的大きな比重を占めるようになっていった。石井によれば、理事会の中に企画委員会が設けられたのは第九期（一九五九年四月〜一九六〇年三月）からであるが、これには、この前後から刊行依頼が東京大学の内外から相当数持ち込まれてくるようになってきたことに対応する意味もあったのだという。(75) つまり、この前後からは、東大出版会の編集者は、否応なしに、いわば「仕分け役」的なゲートキーパーとしての役割をも担っていくことになっていったのである。

もっとも先に述べたことからも明らかなように、刊行の可否は個々の編集者の一存だけで決められるわけではない。有斐閣の場合と同様に、東大出版会においても、刊行に関わる意思決定は、原則として一連の会議における検討結果をふまえた組織的意思決定の形式をとることになっている。実際、それぞれの編集者が独自に立案したり、あるいは著者との関係で受けてきたりした企画は、事務局内の編集会議や編集企画会議を通してさらに篩《ふる》いにかけられる。そして、最終段階では、東大教員から構成される企画委員会における裁可を経て刊行が決定されていく。つまり東大出版会においては、基本的に、〈編集者 → 編集会議・編集企画会議 → 企画委員会〉というプロセスを経て、企画や原稿に関するゲートキーピングがなされてきたのである。

これらの会議や定価決定のための会議においては、個々の編集者が中心となって立案した企画の内容と、組織全体の方針および出版局や営業局など編集局以外の部局の意向とのあいだで調整がおこなわれていく。実際、これら一連の会議を通して、編集者が著者との折衝をふまえて提案する書籍の構成や内容（シリーズであれば、その巻数や構成）、総ページ数の目安、価格に関する見積り等に対して変更が加えられることが稀ではない。(76) つまり、これらの会議は、組織アイデンティティにおける〈職人性〉と〈官僚制〉のあいだで「すり合わせ」をおこなう場となっているのである。事実これらの会議は、「計画生産、スケジュール生産」（山田宗睦）の方針ないしタイトル・ミックスを中心とする複合ポートフォリオ戦略的な刊行計画について再確認していく上では、不可欠の手続きであると言える。

（4） 計画生産の限界と「プロデューサー」の意味

もっとも、出版の世界ではよく知られている事実ではあるが、刊行計画がいかに周到に考え抜かれたものではあっても、書籍の刊行は現実には当初のスケジュールどおりにはいかないことの方が多い。これについて、箕輪はあるところで、年初に立案された刊行計画の三分の二程度が実現できればまだいい方であり、実際には半分程度しか年内に刊行されないことも多いのだとしている（箕輪 1976：224）。

本書で繰り返し見てきたように、これは一つには、編集者の職能というものが、本来きわめて裁量性の高い職人仕事的な性格を持つものであるという点に起因している。それに加えて、日本の学術出版における編集者と著者の関係に見られる特徴も、「スケジュール生産」を困難なものにしている重要な要因の一つとしてあげられる。すなわち、学術書とりわけ研究書の場合には、企画全体の進行について、著者である研究者の執筆あるいは原稿が整版されてから著者がおこなう校正のペースにあわせなければならないことが多いのである。

これに関連して、渡邊は、刊行企画の中には、教科書や教養書あるいは講座・シリーズのように、編集者の側から企画を「たて」ていく「開発型企画」がある一方で、研究書の場合のように、著者が持ち込んできた原稿や企画に対して対応していく、どちらかと言えば「受け身型」の企画があるのだとする。[77] 羽鳥も同じように、たとえ編集者の側から研究者に働きかけることによって始まった企画であっても、学術出版には本質的に受け身の面があるのだとして、次のように語る――「学術出版というのは、もともと受け身ですよね。（特定の先生に）『この研究をしてください』って言えないわけですよね。『〇〇先生のご研究で、是非うちでまとめてください』という関係ですから[78]」。

実際、このように学術出版には基本的に受け身的な性格があり、また最も重要な「原材料」である原稿の提供を組織外部の著者に依存せざるを得ない以上、編集者の業務においては「とり」の作業がきわめて重要なものになることが少なくない。すなわち、編集者は、教育や学内業務、他社の書籍の執筆など、他の仕事に忙殺されていたり、あるいは単に締め切りにルーズであり執筆作業が遅かったりする著者をなだめすかし、時には遠回しに「脅し」たりしながら、原稿を獲得していく必要があるのである。

以上のような点を考え合わせてみると、「プロデューサー」は、学術書とりわけ研究書の制作に関わる一連の過程において編集者が担う役割を指す言葉としては必ずしも適切ではない場合が多いようにも思えてくる。事実、映画プロデューサーや音楽の世界のプロデューサーは、しばしば強大な権限を持ち、時にはクリエーターやスタッフ・キャストのメンバーのかなりの部分を入れ替えてでも厳格な作業管理をおこなうことがある。これに対して、日本における学術出版社の編集者の場合には、基本的に著者の都合や意向に合わせなければならない局面がむしろ多い。作業管理ないし「進行管理」という言葉それ自体がほとんど意味をなさない場合も少なくない。実際、東大出版会の場合に限らず、他の学術出版社においても、いったん刊行企画の概要が決定してから実際に原稿が入稿されるまでに、当初の予定をはるかに超える何年もの歳月が経過することが稀ではない。その点に関しては、日本の学術出版は、通常の意味での計画生産が成立しにくい文化生産領域の典型なのである。

これは必ずしも学術出版というものが、本質的に非合理かつ非効率的な営みであることを意味しない。研究書の刊行を当初の計画どおりに進めることの難しさのかなりの部分は、むしろ、研究書によって実現される学術的知のイノベーションそれ自体が持つ不確実性に起因するものだとも言える。先鋭的な創造活動をおこなうクリエーターたちを抱える芸術組織の経営の難しさを言い表す表現に「管理し得ないものの管理（management of the unmanageable）」(Mortorella 1983) というものがある。同じように、学術的知のイノベーションの媒体である研究書の制作を、徹底的な計画生産という意味での官僚制の原理で管理しようとすることには、もともと根本的な矛盾が含まれているのである。

そして「プロデューサー」が編集者が果たす役割を示す言葉として意味を持ち得るのは、編集者自身がこのような矛盾を十分に理解した上で、それと組織全体における協業の必要性とのあいだで何らかの形ですり合わせをなし得た時であると思われる。

右に述べたような、計画生産の限界という点やそれに関わる編集者の役割という点は、東大出版会だけではなく、前章までで見てきた他の三社に関する事例研究でも何度か浮かんできたポイントでもある。そして、それらのポイントには、第1章で解説したキーコンセプトに関する当初の仮定だけでは把握しきれない面が含まれている。次章以降の第Ⅲ部では、このような点をふまえて、学術コミュニケーションにおける出版社の役割について明らかにしていく上で「ゲートキーパー」「複合ポートフォリオ戦略」「組織アイデンティティ」という三つのキーコンセプトがもつ意義について、改めて検討していくことにする。

第Ⅲ部　概念構築——四社の事例を通して見る三つのキーコンセプト

本書の第Ⅱ部では、第1章で提示した三つのキーコンセプト、すなわち**ゲートキーパー**、**複合ポートフォリオ戦略**および**組織アイデンティティ**を一種の「感受概念」として用いながら、四つの学術出版社における刊行意思決定プロセスに関する検討を進めてきた。それぞれの事例分析を通じて改めて確認することができたのは、これら三つの概念が、出版社という組織において書籍が社内での検討を経て実際に刊行されていくまでの一連のプロセスについて解明していく上で、きわめて有効な視点を提供するものである、という点である。その一方で、第Ⅱ部における事例分析は、現実の出版社における刊行意思決定プロセスには、われわれの当初の想定とは若干異なる面も存在しているという事を示している。また、第Ⅱ部の分析からは、三つのキーコンセプトを今後より効果的な分析用具として用いていく上では、さらなる検討の余地があることが示唆される。

以下、第Ⅲ部では、第Ⅱ部での事例研究の結果をふまえた上で、これら三つのキーコンセプトをさらに有効な分析ツールとして鍛え上げていく上での方向を探っていくことにする。

四つの出版社を対象とする事例研究の結果は、出版社が学術的知の**ゲートキーパー**として担う役割の中には、企画や原稿の単なる「篩《ふる》い」ないし仕分け役としてだけではなく、多様な側面が含まれていることを示している。第6章では、そのような性格を持つ出版社の成員の中でも、刊行企画の立案やその後の一連の刊行プロセスにおいて重要な役割を果たしている編集者に焦点をあてて、ゲートキーパー概念について詳しく検討していく。

ここでは、まず、編集者という仕事の特殊性および、彼らあるいは彼女らが持つ高度な専門技能を理解するために、その業務の全体像を概観し、特に、編集者が著者との人間関係で担う役割と固有のディレンマについて考察する。そして、ここで得られた知見と、第1章で提出した（狭義の）「ゲートキーパー」という編集者像とを突き合わせることにより、現代日本の学術出版社における編集者の活動が、後者のイメージだけにはとうてい収まりきれないことを示していく。つまり、事例分析をふまえれば、企画段階の能動性、著者に対するさまざまな形での援助の有無、価値理念の共有の有無などといった点で（狭義の）「ゲートキーパー」とは異なる、「スカウト」ないし「パトロン」、「仲間」ないし「同志」、「プロデューサー」という、三つの編集者像が新たに見いだされるのである。第6章では、これら三つに（狭義の）「ゲートキーパー」を加えた四つの編集者像を、広義の「ゲートキーパー」としての編集者が各種の条件の違いにより見せる異なる側面（「顔」）であるととらえる。そして、そのプロセスに影響を与える主要な条件について考察していく。第6章では、さらに、編集者の動機をめぐる現代的変化にも目を向けていく予定である。

言うまでもなく、出版社においては、編集者が単独でゲートキーパー役を担っていることはむしろ稀であり、刊行に関わる意思決定プロセスは、通常、組織的意思決定としての性格を持っている。本書における二つめのキーコンセプトである**複合ポートフォリオ戦略**は、とりもなおさず、出版社の組織的意思決定としての刊行意思決定をめぐるプロセスの詳細について明らかにしていくための感受概念であった。

第Ⅱ部でおこなった事例研究は、われわれの当初の想定どおり、本書で検討した四社においては、純然たる経済的利害関心だけでなく、「人脈資産」とでも呼ぶべき社会関係資本やすぐれた学術的価値を持つ書籍を刊行することによって獲得される象徴資本が重要な関心事になっていることを示している。その一方で、四社の事例分析は、出版社において観察される複合的なポートフォリオ戦略というものが通常の意味での製品戦略、つまり、一定の目標を最も効果的に達成することを目指して細部に至るまで綿密に作り込まれた「作戦計画」的な製品戦略とは、若干異なる性格を持つものであることをも示している。すなわち、出版社における製品戦略は、刊行すべき書籍の種類を厳格に特定し、また刊行物の内容の細部までをも規定する厳密な方針というよりは、むしろ大まかな方向性ないし方針を示すものであることの方が多いのである。そして、その方針それ自体についても、その時々の市場環境の変化や刊行した書籍に対する市場の反応を見ながら変更されていくことが稀ではない。第7章では、事例研究の対象となった学術出版社の複合ポートフォリオ戦略に見られたこのような傾向を、組織戦略の「創発性」という観点から明らかにしていく。

本書における三つめのキーコンセプトである**組織アイデンティティ**は、それぞれの出版社において、どのようなタイプの経済的あるいは非経済的な資本が組み合わされ、また、編集者に対してどの程度の裁量性が認められているか、という点について理解する上で重要なカギを提供する。第8章では、本書で学術出版社の組織アイデンティティの特徴を示す上で用いてきた〈文化〉－〈商業〉軸と〈職人性〉－〈官僚制〉という二つの軸が、それぞれ、組織における協働の成果と協働の仕方に密接に関わるものであるという点について明らかにしていく。

第7章で複合ポートフォリオ戦略というときの「戦略」は、ともすると経営者ないし管理者による個人的・自律的な営みとして解されがちだ。しかしながら右に述べたように、その戦略は実は事前に詳細まで決まった厳密なプログラムであることはめったになく、むしろたいていの場合、出版社の全社的な営みの中から創発的に醸成されてくるというのが通常である。そしてその創発的な過程は、当の組織の独自性、すなわちその組織らしさとしての組織アイデンティティの創出・維持・変容に大きく関わることになる。またその反対に、組織アイデンティティの側が創発的な戦略を水路づけるという大変重要な役割を果たしていることにも注意しておこう。

では、出版社の組織アイデンティティにはどのような側面があり、それらは互いにどのような関係にあるのだろうか。第8章では、これまでの四社の事例研究をベースにしながら、学術出版社の組織アイデンティティについて総合的かつ分析的な解明を行っていく。

第6章　ゲートキーパーとしての編集者

われわれは、今回の調査以前から、研究者（および著者）としていくつかの出版社とそれぞれ関わりを持ってきた。もっとも「出版社との関わり」とは言っても、その際現実につきあってきたのは、出版社自体というよりも、そこに所属する個々の編集者たちである。たしかに、組織とは一般に不可視の存在であるから、どのような集団と関わっても実際につきあうのはそこに所属する個人ということになろう。しかし、第Ⅱ部で何度か見てきたように、出版社の場合、編集者が他社に移動したり独立したりする場合には、著者も一緒に移動することが珍しくない。つまり、研究者の中には、出版社とではなく、個別の編集者とつきあっているという意識を持つ者が少なからず存在するのである。このような点を含めて考え直してみると、組織との関わりが特定の成員との関係を中心にしているというのは、あらゆる集団や組織に共通の事態とはとても言えないように思えてくる。

第Ⅱ部で取り上げた四つの出版社（ハーベスト社・新曜社・有斐閣・東京大学出版会）の事例の中では、各社の組織体としての歴史的変遷と同時に、さまざまな編集者がそれぞれの環境に特有の困難さと直面しつつも、自らの意思と工夫で対処してきた経緯を随所で描いてきた。本章においても、出版社の活動の中で重要な位置を占める編集者を対象としてミクロな相互作用を中心に考察をしていきたい。具体的には、まず、編集者の仕事の全体像を整理し、その中で、彼らまたは彼女らと著者とのあいだでどのような人間関係が形成されており、またどのようなやりとりがなされているのかについて、概括的なイメージを提供したい。そして、次に、そのイメージをもとに、第1章で提出した「ゲートキーパー」という感受概念に関して、事例研究の結果をふまえて可能な限りの彫琢を試みたい。なお、本書で「ゲートキーパー」という概念を用いる場合には、出版社という組織体を指す場合と（その主たる担い手である）編集者という個人を指す場合があるが、右記の理由から、本章では主に後者に焦点を絞ってミクロレベルの分析に努めることとしたい。

そして、これらの問いに答えた後で、編集者が、編集という仕事に向ける動機とその現代的変化にも目を向けたいと考えている。

一　編集者という仕事

（一）　編集者になる

それでは、まず、学術出版社の編集者とその仕事の実態を説明することから始めよう。[1]

編集者とは、いかなる人びとが、いかなる動機を持って、いかなる活動を経て就く職業であるのか。調べてみると、この問いへの答えは、予想以上に多種多様である。唯一共通点と言えそうなのは、その多くが、東京大学・京都大学・一橋大学・早稲田大学・慶應義塾大学などのいずれかを卒業しており、おしなべて非常に高学歴であることくらいであり、それ以外の動機や就職経路などはかなりの部分で個々に異なる。いくつか実例を示してみよう。

一九五〇年代後半に就職したある男性編集者は、もともとマスコミ希望であったが、大きな病気（肺結核）を患ったという経緯から、テレビや新聞の激務は自分には無理だろうと考えて、出版を希望し、最終的にはツテをたどって就職したという。これに対して、一九六〇年代後半に大学を出た、別の男性編集者は、一度は銀行に就職が内定していたにもかかわらず、「何で銀行なのだ」と悩んだ結果、卒業せず留年することとしたという。彼の場合には、その後、所属していたマルクス経済学ゼミの先輩の誘いで行ったアルバイトをきっかけとして、編集者の道に足を踏み入れることになる。また、別の男性は、学生運動が盛んな当時の大学で自治会の委員長をつとめていたが、一九七〇年代初頭に大学を卒業しなくてはならなくなり、「本が嫌いではなかった」ことと義理の叔父を通じて何人かの編集者と出会ったことがきっかけとなって、出版業界へと目が向いたという。

状況が多様であることは女性編集者でも変わりはない。たとえば、一九八〇年代前半に就職したある編集者は、「女性の仕事として経理事務のような機械的な事務職は嫌」で、家庭裁判所の調査官になることなどとともに、出版業界で働くことを考えたという。それに対して、一九九〇年代中盤にこの業界に足を踏み入れたある女性編集者は、当初新聞記者志望であったが、採用試験では不合格であったために、「漠然とアカデミズムと接する仕事がいいな」と思ってこの業界の入社試験を受けたという。そして、二〇〇〇年代中盤に就職したある女性は、元来「モノを創る人」になりたかったが、それは自分には無理だろうと諦めて、少しでもそうした人の近くにいたいと考えて編集者の試験に応募したのである。

これら六名の編集者の語りについて改めて検討してみると、そこには、程度の差はあれ、それぞれが大学生活を送った時代の刻印が認められる。しかし、編集者を選んだ動機や経緯という点においては、細かな状況は一人ひとり異なり、共通点を強いてあげれば（先ほどあげた高学歴であることと関係するが）活字の世界に対して比較的なじみがあることぐらいである。こうした編集者の多様性は、学部時代に専攻していた学問分野（学問的な「出自」）に関しても当てはまる。われわれがインタビューした人びとの中には、現在の担当と一致する社会学・経済学・心理学などの分野の出身者も多く存在したが、別の分野を大学時代には専攻していたという者もかなり含まれていた。言いかえれば、大学時代の専攻と就職後の担当とは、一致しないことも多いのである。このことは、個々の編集者がこの仕事についた後で、担当分野の専門的知識を身につけたことを意味しており、出版社がこうした新たな知識習得を必要とする担当に（彼らあるいは彼女らを）意図的につけたこと自体が、編集者として必要な専門的知識と学部教育で習得する知識とが基本的に別ものであることを示しているようにも思われる(2)。

実際、編集者の養成とは、短期間になされるものではなく、固有の知識や技術を習得すべく、かなりの時間をかけておこなわれるものである。

この点について、一九六九年に講談社の週刊誌の編集部に配属されたある編集者の体験談をもとに検討してみよう。

人事課の人にそこへ連れて行かれた日は、たまたま校了日だった。指導してくれることになっている先輩社員のとなりに座らされた。しばらく座って見ていろといわれた。夕刻になり、「どこかでメシを食ってこい」といわれた。一緒に配属になった同期の友人と近くで食事をして、席にもどる。夜の八時になっても、一〇時になっても、先輩社員は電話をかけたりライターに指示したり、忙しく働いていて、なにもいってくれない。

一二時前後になって、算盤はできるかといわれた。商工会議所検定三級ですというと、では玉を入れてくれと、古ぼけた算盤を出された。出来上がった原稿の行数を足し算する仕事だった。すぐ終わる。先輩は紙面の割付に入る。また何もいってくれない。

午前一時過ぎに、やることがないので帰っていいかと恐る恐る尋ねた。「ばかやろ！　そこに座っていろ」といわれた。結局、配属初日から徹夜になってしまった。ひどいところへきてしまったと思ったが、あとから考えると、ともかく現場の空気を早く身につけさせようという教育的配慮だったのであろう。何の説明もない乱暴なスタイルだが、ある意味では筋が通っている。つまり全体が見渡せたからである。（鷲尾 2004：19-20）

この文章を見る限りでは、少なくとも週刊誌の編集現場での新人教育は、かなり「乱暴な」スタイルでおこなわれていたように思われる。もっとも、学術出版社の編集部局と週刊誌の編集部とでは、締め切りの厳しさをはじめ多くの点で違いがある。また、われわれがおこなった取材で得られたいくつかの証言からは、最近では、編集者の教育の仕方も一般に「乱暴」ではなくなり、説明もかなり丁寧におこなわれるようになってきているという。したがって、ここに描かれているような形での職業訓練は、現代の学術出版社においては、必ずしも標準的なものではないと思われる。

しかし、その一方で、新人が先輩編集者のもとで、いわば「雑用」をこなしながら、実地に教育を受けるというスタイル自体に関する限り、先にあげた週刊誌の編集部も現代の学術出版社も基本的に変わりはない。一部、大手の出版社では、自前で講習会を開いたり、エディタースクールなどを利用したりする場合もあるようだが、(3) そこでの教育は、原価計算の仕方、企画書の書き方、割付・校正・装丁といった、編集・製作上の基礎的な知識と技術に関するものが中心であり、それは編集という活動全体から見れば、後述するようにあくまでも周辺的なものにすぎない。言いかえれば、編集の中心に位置する作業に関する職業訓練のやり方は、現在でもきわめて徒弟制度的におこなわれているのである。

米国の学習過程の研究者であるジーン・レイブとエティエンヌ・ウェンガー（Lave & Wenger 1991［1993］）によれば、徒弟制度的な教育システムにおいて、初心者は、重要性の低い瑣末で周辺的な作業を担当する役割を与えられて、仕事の現場に立つことをその集団のメンバーによって正式に認められる。（彼らは、この参加形態を「正統的周辺参加」と名づけている。）ここで仕事の現場に自ら参与することを正当に保証されることは、初心者にとって絶大な教育効果をもたらすことになる。なぜならば、彼らあるいは彼女らは、その現場で自ら仕事の一端を経験したり、先輩や師匠が仕事をする姿を目の当たりにしたりすることを通じて、少しずつその仕事に必要な知識や技術を自らの内に蓄積していくからである。こうした教育は、通常、職業的技能の向上に伴って、段階的にヨリ重要性の高い作業を担当する役割に移行しながら、最終的には一人前になったと師匠やその職業集団で認められるまで続くことになる。

今回調べてみると、編集者の場合も、その多くが、先輩格の編集者のいわば「カバン持ち」的な仕事やコピー取りなどの重要性の低い周辺的な作業から始めて、徐々に、編集業務の重要な工程を任せられるようになり、やがてその全工程を切り回せる能力を身につけて一人立ちをするという、数年間を要する経路をたどっている。したがって、編集者が現在でも基本的に徒弟制度的な教育システムで育てられていることには疑問の余地がない。では、なぜ、このような、見方によっては少し古風な方法がここではとられているのだろうか。その理由は、基本的に、編集という仕事の特殊性にあると考えられよう。それでは、この編集という仕事の特殊性とはいかなるものなのであろうか。一般に、現代において、徒弟制度的な教育システムが生きのびていることが観察できるのは、さまざまな条件の変化によってとるべき具体的な作業が複雑に変化するがゆえに、マニュアル化が難しい職業分野である。学術出版は、その性質上、多品種少量生産であり、その点でマニュアル化が困難な業界ではある。しかし、それだけが理由とは考えられない。一般に、徒弟制度が残る分野の技能を習得した者には、素人には容易に真似のできない高度な専門技能があるとされてきた。それでは、編集者の有する高度な専門技能とはいかなるものなのであろうか。項を変えて、編集者の仕事の中身を確認するところから、これらの問題についての検討を始めてみたいと思う。

（二）　編集業務の三局面――「たて」（企画の立案）・「とり」（原稿の獲得）・「つくり」（狭義の編集作業）

本書で事例としてとりあげた四つの出版社をはじめ、日本の学術出版社では、編集者は、基本的に一冊の学術書を作成するために必要な作業を（ほとんどすべての工程にわたって）一人で担当している場合が少なくない。(4) 第5章で見たように、東京大学出版会では、そうした多岐にわたる編集者の仕事を、「たて」（企画の立案）・「とり」（原稿の獲得）・「つくり」（狭義の編集）の三つの業務に分類してきた。(5) この分類は、編集者が担当する一連の作業を時系列に沿って区分しており、わかりやすい上に実情にも即しているので、本章のこれからの議論においても採用することとしたい。

(1)「たて」(企画の立案)

一つめの「たて」とは、出版企画の立案に関わる作業のことである。出版社の経営は、主として学術書の定期的な生産と販売を通して生み出される利益によって成り立っているわけであるが、多くの場合、その要となる企画立案作業は基本的に編集者に一任されている。

もちろん、編集者が企画を立てたとしても、そのすべてが出版に結びつくわけではない。そこで立てられた企画案は、社長との直接的な交渉や編集会議といった社内審査を経て可否が決められることも多く、この手続きは大手の出版社ほどフォーマルな過程を経て厳格におこなわれる傾向がある。そうした機会に、編集者は、企画にあがった書籍を刊行した場合の原価計算の結果に加えて、その本を出す意義やねらい、予定している著者、想定している読者層などを記した出版企画書を用意して経営陣や営業担当者を説得することが必要となる。その際、その本を当該出版社から出すことに一定以上の意味があり、かつ、それ相応の売上げが見込まれ、さらに、著者の手配をはじめ、実現可能であることが最低限企画には求められることになる。ただし、それらの条件をすべて高水準で満たす企画が常に存在するわけではない。それゆえ、多くの場合にはそれらの条件のあいだでどのようにバランスをとるかが問題となるのである。[6]

今回われわれの事例調査の対象となった出版社においては、いずれの場合も、編集者一人あたり年間六冊から八冊ほどの本を出版することが目安とされていたが、実際に刊行された書籍の企画以外にも、最終的に不採用となった企画や、実現に時間のかかる企画も数多く存在する。そのため、個々の編集者は、かなりの数の企画作成を求められることになる。彼らあるいは彼女らが、既に採用され実際に動き出している複数の企画の実務作業(「とり」や「つくり」)を抱えた上で、同時にこうした企画立案に関わる作業をこなさなければならないことを考え合わせれば、その多忙さの一端を理解することができよう。

もっとも、編集者が担当する書籍のすべてが、自ら立てた企画にもとづくものというわけではない。これまで述べてきたように、編集者は、同時に、著者(研究者)から持ち込まれる企画にも対応していかなければならない。学術出版の場合には、一般に、後者のウエイトが高く、前者を上回ることも決して珍しくはない。この種の持ち込み企画の中には、博士論文や各種報告書の刊行を求める場合や既に学会誌や紀要などに掲載された論文を再編集する場合などのように、持ち込みの段階で原稿がかなり出来上がっているものもある。しかし、その一方で、まだ大まかなプランの段階にすぎないものも少なくない。こうした持ち込み企画に関しても、編集者がまず最初に判断を下した上で、多くの場合、先にあげた社内審査手続きを経て、最終的にその採用の可否が決められることになる。

なお、本章においては、ここまで自主企画と持ち込み企画とに分けて説明をおこなってきたが、現実には、その中間形態のものが多くあることにも注意を払う必要がある。たとえば、編集者が自主企画を立てた場合にも、当初依頼した内容での執筆に対して著者が難色を示し、その著者の側からの要請を受けて交渉した結果、企画内容自体が変更されることがあり得る。また、逆に、持ち込み企画(特にプランの段階で持ち込まれるもの)の場合にも、編集者との交渉の中で、企画自体が大きく変わる可能性がある。いずれにしても、こうした場合には、それらの企画は、実質的に、著者と編集者との共同立案によるもの(共同企画)といった性格を帯びることになるのである。

(2) 「とり」(原稿の獲得)

二番目の「とり」とは、出版社において刊行が決定された書籍の原稿を獲得するために編集者がおこなう作業の総称である。(7) 当然のことながら、ほぼ完全な形での原稿が持ち込まれ、それほど大幅な変更を加えずに出版することができるような場合には、この作業は比較的単純なものとなる。しかし、現代日本の学術出版の世界において、そうしたケースはそれほど一般的ではない。実際には、編集者の側から著者に対して新たに執筆を依頼する場合もあるし、持ち込みとはいってもまだ大まかなプランの段階にある場合も多い。そのような場合には、原稿を獲得するために、定期的に連絡をとったり、進行度を確認したりする作業が欠かせない。そして、著者による原稿の執筆が締め切りに遅れた場合には、さらに督促をする作業が必要となる。こうした作業は、著者に対して新たな原稿の執筆や大幅な変更を求めることになるため、実質上の共同企画となった場合にも頻繁におこなわれることが多い。

そもそも「とり」が必要となるのは、著者による原稿執筆という作業の中に、編集者にとっては大きなリスクをともなう要素が少なからず潜んでいるからである。ここでは、そうしたリスクのうち、原稿の締め切りに関わる問題に絞って考えてみよう。学術書の執筆は、通常、著者に対して一定の締め切り期日を設定して依頼されるが、原稿は著者にとっても実際に書いてみないとなかなか見通しのつかない部分があり、結果としてその期日どおりに提出されないこともたびたびある。(8) しかし、編集者の側から見れば、出版の時期はその企画を立てた目的自体としばしば深く関わるものであり、それが大幅に遅れることは大きな問題を生むことになると言えよう。特に、新学期に教科書が間に合わなかったり、特定の時事問題への社会的関心が冷めてしまってから、ようやくその問題についての一般書が刊行されるというのは、担当する編集者にとっては可能な限り避けたい事態であろう。また、そこに書かれた内容が学界の常識となってしまった後で専門書を出したりするのでは、その本を出す価値は著しく減少してしまうことになる。

それにもかかわらず、実際には、依頼原稿だけではなく、持ち込み原稿の場合であっても、数年単位で締め切りに遅れる著者も存在する。中には、最後まで著者が原稿を提出せず、企画が頓挫してしまう場合さえある。(9) そして、そのような遅筆気味の著者が関わっているのが、複数の著者による共著や共編著であった場合には、締め切りを守って書いた著者の側から出版社や編集者に対してクレームが寄せられることも稀ではない。もし、事態がこじれて最終的にその本が刊行されなくなってしまった場合には、刊行によって得られたであろう収益が見込めなくなるだけではなく、出版社にとって、社の評判という点でも打撃となるかもしれない。さらに、最悪の場合、著者たちとの人間関係が損なわれる可能性さえある。つまり、「とり」の作業が順調にいかなかった場合に、出版社は、経済資本や象徴資本だけではなく、社会関係資本（第3章で取り上げた「人脈資産」）さえ手放しかねないリスクを抱えることになるのである。

(3) 「つくり」（狭義の編集作業）

最後の「つくり」がどのような作業であり、それが編集者と著者とのあいだの人間関係とどのように関わっているのかという点に関しては、東京大学出版会で長年編集者をつとめてきた渡邊勲の言葉がきわめて示唆に富む。少し長いものになってしまうが、まずはこの点に関する彼の解説を引用してみよう。

［「つくり」という作業は、］まず原稿を読んで、それから原稿を整理して疑問点を抽出する、それでそれを先生［著者］に向かって発信する、それに対して応対が始まるっていうね［そういう一連のプロセスです］。だから、先生から貰った原稿は完成原稿ではなくて、未完成原稿なんです。編集者と一緒になって、お互いに納得する完成原稿を作っていく、それがまず第一［の作業です］。だから、それは原稿を読むっていう範囲に入るのだけれど。それで、それが終わると、印刷所に入れるために原稿に割付たりしなければいけない。それを、整理とか割付とかっていう。その時に、その本のイメージをしながら、活字のポイントとか、（中略）［判の大きさとか、］見出しの立て方から、活字［の種類］をどう選んでいくかっていう、そういう設計［を］ね［するんです］。（中略）それが出来上がると、印刷所に入ります。今度はゲラという校正刷が出てくるでしょう。（中略）そういうゲラが何回か著者と編集者のあいだをグルグルグルしますよね。それで、「責了」って打って、それで印刷所に戻すと、本文については責了しますが、今度は、それのカバーとか造本のいろんなあれをね、製作の担当者とかデザイナーとかと一緒になって考えて決めていく。そうすると総合作品としての、中に書いてあることはもうだいぶ前に責了で終わりましたけれど、今度は、本っていう産物になるわけで、そのためにはいろいろな要素が加わりますね。（中略）その過程で、先生ともう何度も何度も顔をつきあわせてやるわけ

ですから、ああ、これはどういう先生だか、要するに編集者が先生の事をよく知るのは、作る中で知るんだと「いうことです[10]」。

つまり、「つくり」とは、原稿を読むことから始まる編集工程である。この工程には、おおむね三つほどの段階がある。その一段階目は、「原稿読み」・「原稿整理」などと呼ばれるものである。言葉の響きからは孤独で機械的な作業であるようにも感じられるが、実際には、これらの作業は、しばしば編集者と著者とのあいだの濃密なコミュニケーションを伴うものであり、また場合によっては、原稿の内容自体の大きな改変にもつながる可能性があるダイナミックな性質を含み持っている。

ここで、編集者は、著者から得た原稿を読み、その内容を整理し、論旨や表現などに関して、（いわば「最初の読者」として抱いた）疑問点を抽出し、著者に投げかける。それに対して、著者は、出された疑問点を受け入れて原稿を修正したり、あるいは反対に修正を拒否して反論をおこなったりする。そこまでいかなくても、編集者が提示した疑問点に対して、著者の側からさらなる疑問を投げかけることで応じることもある。渡邊の場合には、この種のやりとりは、著者と編集者とが相互に納得できる域に原稿が達するまで繰り返されることも少なくなかったのだという。もし実際にこうしたプロセスを経て書籍が最終的に完成されるのだとすれば、出版される学術書とは、ある意味において、著者と編集者との合作としての性格を帯びることになるだろう[11]。

右のようなプロセスを経て（渡邊の言うところの本当の意味での）「完成原稿」が出来上がると、「つくり」も二段階目に入る。次は、印刷所に入稿するための「割付」作業である。この段階で、編集者は、版組（縦組・横組・二段組など）、活字のポイント、判型、見出しの形式といった全体の体裁から、図表や写真の位置、文字下げや書体の決定などといった個別の箇所ごとの形式に至るまでを著者と相談しながら決めていく。そして、割付作業済の原稿は、印刷所に送られ、やがて、校正刷（ゲラ）という形に姿を変えて戻ってくることになる。ここからが三段階目の「校正」作業である。基本的に、割付に関わる点については編集者が、内容に関しては著者が中心となって完成原稿との突き合わせがおこなわれるが、前者の割付に関わる校正作業に関してはある程度以上の規模の出版社では、製作部がもっぱらその仕事を担当したり、あるいは外注に回される場合も多い[12]。この校正作業が通常は数度繰り返されて、本文に関しては終了（「責了」）となるのであるが、その後も、カバーや装丁などといった「モノとしての本」を製作する作業（「造本」）がデザイナーや製作担当者とのあいだでおこなわれ、同時にそれらの点に関して了解を得るために著者との連絡や相談も続けられる。こうした作業をすべて終え、「見本刷り」が製本所から届けられて、やっと「つくり」は終了となるのである。

こうした二段階目以降の工程においては、編集者が持っている、編集に関わる各種の専門的な知識や技術がいかんなく発揮される作業がそのほとんどを占める。もっともそれらの作業における一つひとつの決定は、編集者が独断でそのすべてをおこなうわけではなく、あくまでも著者と交渉しその了承を得ておこなわれるものでもある。言ってみれば、原稿整理が、原稿執筆の技術者である著者が作った原案（原稿）をもとにして、著者と編集者とが共同で改訂をおこなう作業であったとすれば、割付・校正・造本は、これらの作業の専門技術者である編集者による提案（場合によって他の専門技術者の協力を得て作成される）をもとにして、著者と協議をおこなっていくプロセスであると言えよう。その結果、「つくり」という工程は、編集者と著者との信頼関係の構築（「人脈資産」の構築）にとっても大きな意味を持つことになる。実際、渡邊は、自らの経験を振り返って、「たて」（および「とり」）と「つくり」とを異なる編集者が分業して担当した場合には、企画や原稿獲得を担当した編集者よりもむしろ「つくり」を担当した者の方が著者の印象に残りやすく、本のあとがきにおける謝辞などで言及されることも少なくないと述べている[13]。

ここまで編集業務の概要について段階を追って検討してきたが、ここで、先にあげた「編集者が関わる仕事の特殊性とはどのようなものか」という問いに立ち戻ってみよう。すると、「人間関係というものが重要な意味を持つ職業である」とひとまず答えることができよう。なぜならば、編集者は、これまで見てきた「たて」・「とり」・「つくり」という編集業務のどの工程においても、自力のみではそれらの作業を進めることができないからである。それでは、（これも先にあげた）「編集者の持つ高度な専門技能とはいかなるものか」という問いにはどのように答えることができるだろうか。この点については、節を変えて検討を続けることとしよう。

二　編集者の専門技能とそのディレンマ

（一）編集者の専門技能――「目利き」と「名伯楽」

編集者とは、好むと好まざるとにかかわらず、著者に代表される他者とのコミュニケーションに深く関わる職業である。それゆえ、その専門技能も、それと関連したものにならざるを得ない。第3章でも述べたように、この点に関して、新曜社の前社長であった堀江洪は、自らの人生を回顧して、編集者とは、「本が好きなだけ」では不十分な職業であり、著者との「人づきあい」がそれ以上に重要であると述べた後で、続けて「いつでも臆面なくやらなければならないのだ。気楽にどんどん電話をかけられるとか、相手の都合なんかは二の次でね。積極性というかね」と語っている。[14]

この語りから改めて読み取れるのは、編集者の専門技能が、（同じように徒弟制度で育成される）多くの職人と呼ばれる人びとの持つそれ（〈職人芸〉）とはかなり様相を異にすることである。本書では、これまで「〈文化〉対〈商業〉」と並んで「〈職人性〉対〈官僚制〉」を、出版社の組織アイデンティティを構成する重要な対立軸としてとらえてきた。また、書籍編集という職務には職人仕事的な性格が濃厚であるという点についても指摘してきた。もっとも、多くの職人、つまり手先の技術によってモノを製作することを生業とする人びとについては、長年の修行で身につけた熟達した知識と技能を駆使して、請け負った仕事を寡黙に（また着実に）やり遂げるというイメージがある。これに対して、本章で改めて編集者の仕事の内容について検討してみると、そうしたイメージが編集者には必ずしも当てはまらないことがわかる。

たしかに、「つくり」の過程の一部でおこなわれる割付や校正といった作業に限定すれば、編集者の業務もかなりこの典型的な職人仕事のイメージに近い。しかし、これらの作業は、しばしば外注に回されることからもわかるように、編集者の仕事全体から見れば、ある意味では部分的であり、また多くの場合に周辺的な作業と位置づけられるものである。また、ここ四半世紀のあいだに、原稿が著者から紙ではなく電子ファイルの形で提供されるようになってきたこともあって、現在では、「つくり」に関しては、かなりの部分が編集者の手を離れておこなわれるようになってきている。

つまり、編集という仕事においては、通常の意味での〈職人芸〉が発揮される領域は意外に狭いのだと言えよう。むしろ、その仕事においてより重視され、中心に位置づけられる作業は、著者をはじめ、製本所・印刷所・デザイナーなど、さまざまな専門技術者の力を巧みに引き出した上で、組み合わせて一冊の書籍をまとめ上げていくことにある。[15] それゆえ、編集者の専門技能とは、第一義的には、学術書の作成に関して自ら作業にあたる能力を指すものではなく、むしろ、直接作業にあたる専門技術者たちの仕事の進捗状況をモニターし、必要に応じてそれらの人びとに対して折衝や交渉を重ねていくことによって、その活動が質量ともに高いパフォーマンスをあげるように間接的に制御するという、ある意味で管理者的な能力を指すことになる。

そして、こうした専門技術者の中でも最も重要なカギを握る存在が著者（研究者）なのである。学術書の場合には、大衆的な書籍や雑誌などの場合とは異なり、その内容が学術性に裏打ちされている必要がある。そのため、内容それ自体のさまざまな側面、たとえば文章の読みやすさや体裁の統一を図るために、編集者は、可能な限りの機会をとらえて、著者に対してさまざまな提案や注文を出しはするものの、いくら予定どおりに執筆が進まなくても、原稿それ自体について著者に代わって自ら執筆するということは通常あり得ない。それゆえ、編集者にとって、著者という人間をいかに知りいかに効果的に制御することができるかは、その仕事を順調に遂行していく上で非常に大きなポイントとなるのである。

第1章でも述べたように、名編集者は、「目利き」とか「名伯楽」という言葉でしばしば表現されてきたが、ここには、右にあげたポイントに関する理想的なイメージが投影されていると見ることができるだろう。たとえば、このうち「目利き」というのは、もっぱら編集者の持つ才能や作品に対する鑑識眼という意味での専門的知識に照準した表現であるが、先述したように、その鑑識眼の土台となる知識と大学時代における学習の成果として得た知識とでは重なる部分はあるものの、大きくかけ離れたものであることも少なくない。つまり、編集者に必要であるのは、その領域の研究内容に関する全般的な知識というよりも、「その領域においてこれから出す本のテーマとして何が有望であるのか」とか、「その執筆を依頼すべき優秀な研究者とは誰なのか」などといった、より実務的な関心にとって有益な知識なのである。言いかえれば、そこでは、経済資本や象徴資本の獲得につながるテーマと、そのテーマに沿った書籍を執筆できる人材を選り分ける眼が大事になるのである。(16)

これに対して、「名伯楽」とは、こうして選別されたテーマに沿って、著者の作業を制御し、ある場合には著者を「育て上げていく」上での技能に関わる表現と言える。実際、「伯楽」という言葉は、人の才能を見抜く能力という意味に加えて、その能力を駆使して見いだした人材を巧みに育成していく能力という意味でも使われることがある。事実、いくら良質なテーマの企画を立て、その執筆が可能な人材を見分けることができたとしても、依頼した執筆をその研究者に断られたり、予定どおりに執筆が進まなかったりするのでは、実践的な意味はほとんどないと言えよう。ここで必要となるのが、これまでしばしば「人脈資産」と呼んできた、著者と編集者とのあいだに構築される一種の信頼関係である。もし、編集者が、研究者とのあいだに普段からしっかりとした信頼関係を作り上げ、著者の能力を最大限まで引き出すことができたとしたら、本づくりの上で最善の結果が望めるに違いない(17)。

こうしてみると、「名伯楽」という言葉には、著者とのあいだに良好な人間関係を築き上げ、密接なコミュニケーションを交わし、その過程で著者を育て上げるような形で本づくりをしていくというプロセスに関する、編集者の理想が込められているのだと言えそうである。

(二)「人脈資産」をめぐるディレンマ

ただし、「名伯楽」という理想像がしばしば伝説のような形で取り上げられてきたという事実は、むしろ、それとはある意味で正反対とも言えるような現実の存在を示しているようにも思われる。実際には、編集者が、本づくりのプロセスにおいて基本的に異なる立場にある著者とのあいだで、効果的でかつ持続的な信頼関係を維持(拡大)し続けることは決して生易しい課題ではないのである。なぜ、著者との関係は、編集者にとって制御しがたい困難さを孕んでいるのであろうか。それを解明するためには、両者の関係の基礎にまでさかのぼって検討してみる必要がある。

先述したように、編集者にとって、著者となる研究者との良好な関係なしには、その仕事を円滑に進めることはきわめて困難である。それゆえ、こうした「人脈資産」の存在は、安定的な編集活動の維持のためには必要不可欠だと言える。しかし、著者との信頼関係が重要であるからこそ、編集者の業務には、容易に解決できない、いくつかの固有のディレンマが生まれることになる。

この種のディレンマは、先にあげた「たて」・「とり」・「つくり」、いずれの局面においても確認できる。まず、「たて」において、編集者は、著者側から持ち込まれた企画や、交渉の過程で著者側からなされた提案に対して、困難な判断を迫られることが少なくない。そのような企画や提案の中には、出版社にとって収益も見込めなければ、すぐれた学術書としての威信も獲得できないとしか思えない場合もある。そのように一定の条件を満たさないと判断されるのであれば、出版社の一員である編集者は、本来、著者に対して、その企画や提案自体をはっきりと断るか、一定の条件を満たすように改変を要求する必要がある。しかし、現実に編集者が下す判断の内容は、それほど単純なものではない。われわれがインタビューした編集者たちの語るところによれば、条件を満たさない企画内容であっても、むげに断れない場合もあるのだという。なぜならば、編集者が自らの立場や意見をあまりに明確にしすぎた場合には、著者の気分を害し、最悪の場合にはその著者との関係が断たれることにもなりかねないからである。それゆえ、著者との信頼関係ないし「人脈資産」の維持という条件を加えて考えると、著者から持ち込まれる企画や提案の取り扱いには、きわめて慎重な配慮が必要となることが多いのである。

こうした状況は、次の「とり」においても基本的に同様である。この工程において編集者が負う重要な職責の一つは、順調なスケジュール管理にあるのだが、その点に関しても、いろいろな意味で困難が伴う場合が少なくない。著者に対してあまりにも「甘く」対応していれば、原稿が一向に出てこないことにもなりかねない。しかし、その反面、原稿を厳しく取り立てれば、それだけで事が済むというわけでもない。というのは、厳しい督促は、著者の側からの反発を招き、両者の関係を悪化させてしまいかねないからである。また、そもそも厳しく督促しさえすれば、それだけで著者に期日どおり原稿を書かせることができるという保証があるわけでもない。さらに、原稿は獲得しさえすればそれだけで良いというわけではないという点も、事態を一層厄介なものにしている。獲得した原稿が最初に依頼した内容と大きく異なったものになってしまった場合は、ある意味で元も子もないわけであるし、次の「つくり」の作業に多大な障害を残すことにもなりかねない。要は、当初の企画に沿った良質の原稿を予定の期日から大幅に遅れることなく獲得することが必要なわけであるが、そのために編集者がとるべき対応は、とうてい一義的に決められる性質のものではない。その時々の状況に合わせた柔軟な対応が必要になることが少なくないのである(18)。

そして、この種の困難さは、最後の「つくり」の段階においても、たとえば、著者の執筆した原稿に修正を要求する場合などさまざまな局面で生じる。編集者には、読みやすさや本づくりのコストなどを考慮して、原稿の修正や短縮などを要求する必要がしばしば生まれるのであるが、それを強引におこなえば、やはり著者とのあいだに深刻な軋轢が生まれ、作業がそこで頓挫することにもなりかねないのである。

(三) 編集者 - 著者関係の互酬性と非対称性

一般に、人間関係を良好な形で維持していくことには、さまざまな困難が伴うことが多い。しかし、編集者と著者との人間関係には、さらに、その困難さを一層込み入ったものとする、いくつかの固有の条件がしばしば含まれるように思われる。

編集者と著者との関係は、多くの人間関係がそうであるように、基本的には互酬的(相互扶助的)な性格を持っている。著者から見ると、編集者とは、自分の書いた原稿をもとに、書籍を制作し、一般社会に広く流通させてくれる存在である。実際、編集者は、著者にとっては、「つくり」で発揮される編集技術の持ち主であるだけではなく、自著の刊行に要する費用の相当部分を肩代わりしてくれる出版社の窓口役ともなっている。また、編集者および出版社は、装丁・印刷・製本などの作業を専門業者に依頼し、本が完成した暁には取次や時に関係の深い小売書店を通じての販売や広告活動もおこなってくれる。これらは、そのどれもが、著者個人ではとうていなし得ない作業であり、それゆえ、著者は、原稿の執筆を除く、自著の刊行に関わる作業のほとんどすべてを出版社とその編集者に依存することになる。

もっともその一方で、編集者の側から見れば、著者とは、先述したように、自らの仕事である学術書の制作における最も重要な原材料である原稿を提供してくれる存在である。学術書の場合、原稿は、基本的には研究者にしか作成し得ないものであるため、編集者は、この原料の調達を著者に全面的に依存することになる。つまり、著者が編集者や出版社に一方的に依存するのではなく、出版社や編集者の側でも著者に依存するという意味で、両者のあいだには、相互依存的な関係が存在するのだと言える。

また、学術出版の場合、著者は、現在企画が進行中の書籍の執筆を担当するだけではなく、将来にわたって原稿や刊行企画を持ち込んだり、編集者が立てた企画の執筆や編者を引き受けてくれたりするかもしれない。それに加えて、著者には、自分の知人や関係者などを新たな著者として紹介してくれる可能性もある。さらに、彼らまたは彼女らは、編集者が持ち込み企画の「学術性」に疑問を持った時には相談に乗ってくれるかもしれないし、刊行が決まった企画の内容を社会にアピールする際には、推薦文を書いてくれるかもしれない。こうして、著者は、出版社の刊行する書籍に対して、学術性の担保を与える役割を果たすことが少なくない。さらに、彼らまたは彼女らは、自著の買い取りや教科書指定などを通じて、本の売上げにも直接的に貢献する存在でもあるし、出版社にとって一定の収入をもたらす補助金つき著作を持ち込んでくれることもある。(19) それゆえ、有能で有力な著者との信頼関係の構築は、編集者や出版社にとってその仕事を安定的に遂行していくためには必要不可欠な条件であると言えるだろう。

このように、編集者と著者とは、学術書の制作に関しては非常に密接な相互依存関係にあるが、その関係が互いの生活に与える影響の具体的な内容という点ではどうであろうか。

著者にとって、自分の執筆した原稿が刊行されることには、いくつかの点で重要な意味がある。第一に、学術書は、研究成果の発表のための主要な媒体となっている。一般に、理科系の多くの学問分野（社会科学系では心理学や経済学などの分野）では、研究成果の発表は、主に学会報告や学術ジャーナル論文でおこなわれ、書籍はむしろ教科書や啓蒙書として用いられることの方が圧倒的に多いが、人文・社会科学系の学問分野の多くでは様相は全く異なる。後者の分野では、学術ジャーナルへの掲載論文と同等以上に、学術書への執筆は評価され、単著の執筆はその数倍の価値を持つ業績としてカウントされることが少なくない。そのため、学術書の刊行は、学界内（時には社会内）における名声や評価の獲得に寄与するのみならず、著者にとって生きがいの充足や確固たるセルフ・アイデンティティの獲得・維持にも多大な影響を与えるのである。そして、さらに、書籍という形での研究業績を多く持つことは、研究機関への就職や内部での昇進などの際に有利に働くことが多い。一般に、人文・社会科学分野の研究者の多くは、大学や研究所などの教育・研究機関に籍を置き、そこでおこなう教育・研究活動を通して生活の糧を得ている。それゆえ、学術書の出版は、教育・研究機関内での地位の獲得と維持を通して、生活や研究に関わる収入の獲得にも間接的に寄与していると言えよう[20]。

事情は、編集者にとってもある程度似たようなところがある。編集者にとって学術出版は専従の仕事であり、その活動を通じて、自ら（とその家族）の生活や、将来にわたって編集活動を維持するための収入を稼ぎ出さなければならない。それゆえ、出版社からノルマとして課されるか否かは別にしても、一定期間に一定の質を保った一定量の書物をある程度計画的に生産する必要がある。

もっとも、著者の場合、編集者や出版社の他の従業員とは異なり、学術書の出版で直接的に生計を立てているわけではないことには注意が必要である。実際、彼らあるいは彼女らの場合には、原稿の執筆よりも「本業」である教育・研究活動が優先される傾向があり、その一方で、先に見たように、書籍の形で研究業績を刊行することは自己のアイデンティティや学界内での象徴資本の獲得と強く結びついているのである。それゆえ、執筆が締め切りに間に合わなかったり、（編集者による再三の督促にもかかわらず）満足できる原稿ができるまで引き渡しに応じなかったりする場合もしばしばある。

このように見てくると、学術出版をめぐっては、「威信の確保と自己実現を重視する著者 対 生活の糧の確保を目指す編集者」という点で、根本的な対立が存在しているように思われるかもしれない。言葉を換えて言えば、出版社の組織アイデンティティにおける「〈文化〉対〈商業〉」とある意味でよく似たところのある対立軸が、ここにも存在しているように見えるのである。しかし、それは事実とはかなり異なる面がある。なぜならば、詳しくは四節で述べるように、人によって明らかにその程度は大きく異なるものの、編集者の中にも、その活動を通して、生きがいの充足、確固たるセルフ・アイデンティティの獲得・維持、学界内（あるいは社会内）での名声（象徴資本）などの獲得を目指す志向性が存在する場合も多いからである。[21] ただし、編集者が威信や名声あるいは自己実現を目指す度合いが高くなれば、それだけで著者との軋轢が解消されるかと言えば、そういうわけではない。というのも、幸運にも、編集者と著者の目指す方針（「志」）が一致する場合もあれば、企画の方向性や原稿の修正方針などをめぐって、両者のあいだにズレが表面化することも珍しくないからである。

（四）ディレンマへの対処

編集者にとって、右のような事情を背景として生じる著者との人間関係の軋轢に対して適切に対処していくことは、きわめて重要な課題となってくる。もし、著者からの猛烈な反発を引き起こす可能性があるにもかかわらず、それを無視（ないし軽視）して対立を続ければ、その著者との信頼関係は根本から崩壊しかねない。そして、特定の著者との関係の悪化をそのまま放置すれば、その著者とネットワーク的な関係で結ばれている研究者たちとの人間関係に対しても悪影響を及ぼす危険性さえある。それがひいては、長年にわたって構築してきた編集者個人（および出版社という組織）にとっての「人脈資産」の崩壊にも結びつきかねないのである。[22]

ここまで見てきたように、著者との信頼関係は、編集者にとっては、その仕事を遂行していく上で必要不可欠な一種の資産であると言える。もっともその反面で、信頼関係が弱すぎるだけではなく、それが強すぎた場合にも大きな問題が生じる可能性がある。なぜならば、信頼関係が過剰に強くなった場合、原稿企画を含めた著者からの提案に対して、しばしば編集者は冷静に評価することができなくなってしまうからである。いわんや断ることなどできなくなってしまうこともあり得る。もちろん、著者から持ち込まれた企画の提案が、採算面でも内容面でも十分に利点のあるものであれば、少なくとも当座は問題あるまい。しかし、編集者が苦労して出版しても、採算面で赤字が出るだけでなく、内容面でも散々な評価であったとしたら、その本を出版した価値はほとんど無くなってしまいかねない。そして、第3章でも指摘したように、それが著者との人間関係や信頼関係に配慮するあまり、無理を承知で引き受けた企画であったとしたら、その関係は「しがらみ」と化しているといっても過言ではないだろう。なぜならば、そこでは、本来はより良き出版を可能にするための手段であったはずの「人脈資産」を維持するために、現実には、内容的に問題が多く、そして学術的にも経済的にも価値の低い出版をおこなってしまうという、本末転倒ともいえる事態が生じているからである。あえて極端な表現を使えば、そのような人脈資産は、一種の「不良資産」と化してしまっているのだとさえ言える。それゆえ、編集者には、基本的な立場の異なる著者とのあいだに、一定程度の信頼関係を作りつつも、適度に距離をとる必要性があると思われる。

このように、一方では信頼関係を築いてそれを維持しながら、他方では一定の距離を保つことが必要とされるために、著者への対応は、編集者がその仕事をする上でもっとも頭を悩ませる課題の一つとなる。こうしてみると、先にあげた「名伯楽」という表現は、この困難な課題を理想的な形で達成してきた者に対する最大級の讃辞であることがうかがえる。また、そのような表現が伝説的な編集者に対して用いられてきたことの背景には、多くの編集者たちがさまざまな工夫を凝らしてこの問題に対処を試みてはいるものの、なかなか十全には対処しきれないという現実があるものと思われる。

こうした微妙な距離関係を維持するためにおこなわれる対処の一例を示すために、ある編集者による次の証言を取り上げてみよう。

[学会大会に参加するのは、年間] 大きいの一つだけですね。○○ [他の編集者名] なんかは、結構、三、四は [行くんじゃないでしょうか]。(中略) あと、小さな研究会とかは、できるだけ覗いておこうかなとも [思っています]。(中略) [われわれの「学会や研究会に参加するって結構リスキーじゃないですか」という質問に答えて] [学会や研究会に出入りしていると、出したくない本の企画を] つかまされる。(中略) [逆に] たとえば、何社かの編集者が出ていて、売り手市場

っていうか、そういうのもありますよね、魅力ある研究会だと。（中略）まあ、一応半分手を挙げておくみたいな［ことをやることもあります］。最終的にはわからないですけれどね。（中略）［そういう出版の誘いという点では］一度本をご一緒した方なんかは、ちょっと、「こういうのやっているから、良かったら」って言ってくださる方もいるし。（中略）［ただし、声をかけてくれるのは将来的には出版を考えているわけで］だから、そう、おっしゃるように［対応は］難しいです。［そこで、］毎回出席するとちょっとやばいかな、忘年会だけ行っておこう［というようなことをすることになります］。

この場合には、個別の著者ではなく、複数の研究者が関与する学会や研究会という著者の集団との関係が問題となっているのではあるが、ここからも先にあげた微妙な距離感ないし「間合い」の取り方を看て取ることができよう。右の引用でこの編集者は、研究会に毎回出席していると、どうしても著者たちのあいだに、確実に自分たちの本を出してくれるという期待が高まってしまう（いわば「義理」が生じる）のだが、それはできるだけ避けなくてはならないと語っている。もっともだからといって、研究会の進展次第では魅力的な企画になるかもしれないものをみすみす見逃すのも得策ではなく、出版の可能性を残しておくためにも一定以上の関係を維持する必要があるという。そして、そのために、ここでは、過剰な期待を持たれてしまうような信頼関係を築く（手をはっきり挙げる）のでも、反対に全く無関心であると判断されたり、途中でこちらから関係を完全に断ったりする（手を挙げない）のでもなく、どうしても断りきれないような「義理」が生じない程度に関わりを維持する、つまり、右の編集者が「一応半分手を挙げる」という言葉で表現したようなかたちでの対応が慎重に選択されているのである。

さらに、われわれがインタビューにおいて編集者たちから得た語りの中から、もう一つだけこの種の対処の実例をあげておこう。その証言は、「つくり」の過程に関係している。語ってくれた編集者によると、原稿整理の段階で著者から得た原稿に何らかの問題点を見いだした場合には、いったんは「リライトをお願い」するが、「ダメだと言われたら、それで引き下がることにしている」のだという。ここにも、読者にとっての読みやすさや理解しやすさといったことを基本的に考えつつも、現実の修正可能性の有無やそれを強行した場合の著者との関係悪化のリスクに注意を払うという、編集者の微妙な立場がうかがえる。(23)

ただし、信頼と距離との両立という課題は指摘することは容易《たやす》いが実践することはきわめて困難なものであり、多くの場合、努力目標として常に掲げて試行錯誤をするより他に方策はない。ここにあげた二つの例も、著者に対する適度な「間合い」の取り方を求めて、さまざまな試行錯誤を経て編集者が発見した対処法の実例にほかならない。こうした対処の方法には、個々の編集者によって多様な形態があるだろうし、相手となる著者の性格や立場、あるいはその時々の状況によっても、それぞれ異なるものとなるであろう。編集者の中には、比較的ストレートなコミュニケーションを好む者もあれば、手練手管を駆使して相手の行動を誘導することに努める者もあるだろう。また、どちらかと言えば、ソフトに粘り強く著者を説得する者もあれば、(特に相対的に弱い立場にある著者に対しては) 権威主義的に自らの基準を押しつける者もあるだろう。(研究者のあいだでは、高圧的な編集者や誠実さに欠ける編集者に関する噂は、かなりの速さで伝わっていくものである。(24)) いずれにせよ、このような「交渉術」は、それを駆使する編集者のパーソナリティや対人関係の技能、あるいは経験の蓄積と分かちがたく結びついている。したがって、たとえある編集者の場合にうまくいった対処法でも、それをそのまま他の編集者が真似てうまくいく保証は基本的にない。それゆえ、著者との人間関係をマネジメントしていくための技術やノウハウは、基本的に、一般化可能なものであるというよりは編集者一人ひとりに固有の高度な専門技能という性質を帯びることになる。

三 「ゲートキーパー」としての編集者像再考

本章では、ここまで四つの出版社の事例をふまえて、編集者の仕事について検討してきた。これまでの検討を通して浮かび上がってきたのは、「たて」・「とり」・「つくり」といった、一冊の学術書を作成する上での一連の工程を基本的に一人で取り仕切り、著者とのコミュニケーションにおけるディレンマに何らかの対処を迫られる編集者たちの姿である。本節においては、視点を少し変えて、こうした検討の結果を、第1章で提出した「ゲートキーパー」というキーコンセプトから連想される編集者像と突き合わせることで、その概念の一層の彫琢を目指すこととしたい。

（一）「ゲートキーパー」としての編集者像の社会的・時代的背景

第1章において、学術出版社および編集者の果たしてきた役割を「ゲートキーパー（門衛、門番）」という用語でとらえようとした際に、われわれは、他の文化産業におけるその種の役割の担当者の場合と同様に、「膨大な志願者からごく少数の者を選抜し、またそれらの人びとの作品やサービスの中から特定のものを選りすぐって市場に送り出していく」、いわば「選別システムの担い手」という役割にもっぱら焦点をあてていたと言える。つまり、ここには、学術出版社の編集者が、（出版を目指して持ち込まれる）需要をはるかに超える大量の原稿（やその著者）の中から特定のものを自律的に選び出してその刊行を決定するという前提がある。この前提に立てば、編集者は、いわば流量の大きな川の流れから飲料水や産業用水を引き込む水門の管理者のように、学術コミュニケーションに参入する研究（や研究者）を厳しく制限する役割を果たすことになる。

しかし、本書でこれまで見てきた、現代日本における出版社や編集者の状況と突き合わせてみると、編集者が実際に果たしてきた役割や機能には、右のような意味での「ゲートキーパー」のイメージだけではとうていとらえきれない側面があることは明らかであろう。これは、とりもなおさず、第1章でゲートキーパーを日本の学術出版社におけるキーコンセプトとして取り上げた際にわれわれが当初参照していたのが、主として米国における学術出版に関する情報や知見であったからにほかならない。

第3章で新曜社における刊行ラインナップの背景について検討した際には、米国の場合とは異なり、日本の出版社の組織アイデンティティにおける「〈文化〉対〈商業〉」という対立軸は、必ずしも刊行ラインナップにおける「モノグラフ 対 教科書」の対比とは重なるものではない、という点について指摘した。それと同様の点が、学術コミュニケーションにおいて出版社とその編集者が果たしてきた役割について明らかにしようとする際にも言える。要するに、狭い意味での「ゲートキーパーとしての編集者」ないし「選別役としての編集者」というイメージは、米国の学術出版界についてこそ、もっともしっくりと当てはまるものだと言えるのである。実際、米国においては、研究・教育機関での昇進や終身雇用権（テニュア）の獲得にとってモノグラフが決定的な意味を持つ場合が多いこともあり、比較的質の高い原稿が大量に持ち込まれることによって、大学出版部や民間の学術出版社は極度の「供給過多」の状況にある。したがって、それらの大学出版部や出版社の編集者は、好むと好まざるとにかかわらず、選別役ないし水門の管理者的な役割を担わざるを得ないのである。[25]

こうした議論をふまえて考えれば、選別役である「ゲートキーパー」としての編集者像は、特定の社会や時代に限定された歴史的産物であったとも言えよう。[26] 実際、地域や時代が異なれば、「ゲートキーパー」としての編集者のイメージそれ自体が大幅に異なるものになることも、決して不思議ではないように思われる。

（二） さまざまな編集者像

事実、われわれは、本書においてその成果を報告してきた調査研究を進める中で、いくつかの点で、狭い意味での「ゲートキーパー」とはかなり異なる面を持つ、多くの編集者像を見いだすことができた。ここでは、そのうちの主なものをいくつかを紹介してみよう。

（1）「スカウト」・「パトロン」としての編集者

「ゲートキーパー」というと、自分自身はそれほど積極的に企画立案や原稿獲得などには動かず、基本的に自著の出版を望む研究者がやってくるのをデスクに陣取ってひたすら待ち受けているというイメージがある。しかし、今回われわれがインタビューをおこなった編集者の中には、自ら積極的に大学や学会など研究者の活動する世界に出向いていって、有望な著者（やその卵）がどこにいるのかを入念に調べ、自らの「目利き」としての才能を駆使して見いだした研究者に対してその原稿を自らの出版社から刊行するように勧誘する者が多く含まれている。たとえてみれば、プロ野球の球団や芸能プロダクションに所属するスカウトがそうであるように、そのような編集者が担う職責と使命の一つは、こちら側から積極的に働きかけることで、隠れた有能な著者を発掘し、他社に先駆けていち早く関係をとり結ぶことにある。

この「スカウト」的な役割を持つ編集者が、著者にとっての支援者としての役割をあわせ持つ時、そのイメージはむしろ「パトロン」と呼ぶにふさわしいものとなる。「ゲートキーパー」という言葉が持つ通常の語感からは、どうしても「資格の有無を判定し、資格のない者を容赦なく追い返す」という強面《こわもて》の審判者（管理者）のイメージがつきまとう。しかし、われわれの調査研究の対象となった日本の編集者の中には、「不遇な状況にある才能を発見・育成し、社会に送り出す」という、むしろ柔和な支援者（育成者）のイメージのある場合も少なくない。特に、若手研究者と編集者との関係には、これに近いものがしばしば見て取れる。未だ定職についていない若手の研究者にとっては、たとえ分担執筆であったとしても、学術書の出版に加わることにはいくつかの点で大きな意味がある。なぜならば、そのような出版の機会は、一般に発表媒体に恵まれていない彼らあるいは彼女らにとって、自らの研究を学術界の人びとに対して広く知らしめたり、就職に向けての業績を作ったりする上できわめて貴重なものだからである。

編集者の中には、若手の研究者の実力や将来性に関する自分の「目利き」としての眼力に賭けて、若手や無名の研究者にあえて「処女作」の刊行機会を与えることがある。たとえば、第3章で見たように、新曜社は、時に「デビュー出版社」と呼ばれることがあるのだという。新曜社と同じように、デビュー出版社的な役割を積極的に担ってきた出版社には、当初執筆していた研究者が著者として一定の評価を得ると、次第に大手の学術出版社や商業的な出版社に活動の拠点を移していくことも少なくないため、常に新しい才能や著者の発掘が必要であるという中堅出版社ならではの切実な事情もあるのかもしれない。しかし、事態はそれだけで割り切れるほど単純なものではないだろう。実際、キャリアの出発点にいる「研究者の卵」の中から自分の「目利き」としての技量を駆使して選び出し、さまざまな種類の援助を惜しまず、いわば自ら育て上げた著者が高い評価を受けた際に、編集者は、しばしば、芸術家に対する後援者（まさに一種のパトロン）が味わうのと同じような充実感を得ることができるに違いない。(27)

（2）「仲間」・「同志」としての編集者

二つめとしてあげられるのは、「仲間」や「同志」としての編集者像である。「ゲートキーパー」という言葉には、具体的な機能や役割の内容（審判者・管理者・後援者）は別としても、研究者とは基本的に異なる立場にある存在というイメージが色濃くある。しかし、今回の調査研究を通して浮かび上がってきた編集者像の中には、むしろ著者である研究者とかなり近い立場に立って編集活動をおこなう場合があった。

たとえば、ハーベスト社の小林は、シカゴ学派以来のフィールドワークにもとづくエスノグラフィーを重視する都市社会学者の集まる研究会に積極的に参加し、この研究会が編集する本の刊行を継続的に引き受けている。ここには、研究会メンバーと恒常的に関係をとり結ぶことによって、彼から見て良質な出版企画を自らの出版社に吸引するという「スカウト」・「パトロン」的な志向性も存在すると思われる。しかし、ここで注目してほしいのは、エスノグラフィーは、一般に活字量が多く、手間や経費がかかる割に、読者層は限られており、それほど大きな売行きは望めないことである。つまり、この種の本には、少なくとも採算上、出版社が競って出版するほどのメリットは一般的にない。それにもかかわらず、彼はなぜこの研究会と関わりを持つのか。それは、第2章でも示したように、小林自身が、エスノグラフィーの刊行という研究会の理念を共有し、その出版に自ら大きな象徴的な価値（文化的価値）を見いだしているからにほかならない。

このように、編集者自身が学会や研究会のメンバーとなって活動する場合などには、時に、著者とのあいだに、「特定の目的を共有し実現のために支え合う仲間」といった関係が生まれることがある。こうした場合、著者と編集者とのあいだには、「（同じ志を共有するメンバーとして）著者が書き、編集者が社会に送り出す」といった、ある種社会運動体内での役割分業にも通じる関係がしばしば生まれることになる。このイメージは、（本章の終わりの部分でふれる）編集者の「志」の問題とも深く関わっているが、いわゆる「五五年体制」下のイデオロギー対立が明確な時代においては、現在よりも一般的なとらえ方ではなかったかと想像される。なぜならば、当時は、保守・革新の双方で、政治的理想の実現を存在理由として掲げる編集者（出版社）が多く存在し、イデオロギーを共有する研究者の著作を積極的に世に送り出していたからである。

現在でも、このタイプの編集者の影響力は、かなり弱くなったとしても決して消え去ってしまったわけではない。書籍の刊行を通じて社会問題の存在を告発するなどといった社会変革への志向や、社会現象へのヨリ正確な把握を促すための社会的啓蒙への志向などといった当時からあったものに加え、学問の発展に寄与することや読者の知的好奇心を満たすことなどにウエイトを移しつつも、編集者と著者との同志的な協働関係は存続しているのである。

（3）「プロデューサー」としての編集者

最後にあげるのは、「プロデューサー」としての編集者像である。これまで繰り返し指摘してきたように、「ゲートキーパー」という用語には、どうしても、大量の刊行企画や原稿が持ち込まれることを前提として、その中から選別や「仕分け」をおこなう存在というイメージがつきまとう。しかし、今回われわれがインタビューした日本の編集者たちは、持ち込みが多い専門書以外の書籍に関してはむしろ盛んに自ら企画を立て、それに沿って著者に執筆を依頼し、さらに出来上がった原稿に対しては企画意図に合わせた修正意見を提示することで、新たな書物の創出に主体的に関わっていた。もちろん、原稿の文章の執筆自体は著者が担当するものである。しかし、能動的に「たて」の作業に従事し、その現実化を図る編集者の存在なくして、そもそもその書籍が完成しないことを考え合わせれば、彼らあるいは彼女らを一種の共同生産者という意味で、「プロデューサー」と呼ぶことも十分に可能であろう。

この「プロデューサー」という性格は、大衆的な書籍や雑誌の刊行にたずさわる編集者の場合には、より顕著に見られるものであると思われる。また、（第5章で東大出版会において編集者が果たしてきた役割について検討した際にもふれたように）学術書においても、ジャンルごとに編集者が演じる役割について「プロデューサー」という言葉が適切であるかどうかの度合いにはかなりの相違が認められる。たとえば、専門的な研究書の場合には、研究者向けに書かれることもあり、企画を評価する基準は学術的に設定される必要がある。したがって、編集者がプロデューサーとしての役割を果たす余地はそれほど大きくなく、むしろ持ち込まれた原稿や企画に対して、もっぱら「受け身」的な対応をすることの方が多くなるであろう。それに対して、教科書や一般書ということになれば、事情は大きく異なってくる。もちろん、そこでも学術書である以上一定以上の学術性を担保する必要はあるものの、同時に、大学生や一般の社会人などの読者に向けていかにわかりやすく読みやすいものにするかという別種の基準が加わることになる。それゆえ、編集者は、こうした読者（あるいは市場）の側の動向や要望という事情に関しては研究者以上に詳しい専門家としての立場から、独自の企画を立てたり、著者に対して一定の枠組みに沿った執筆を依頼したり、出来上がった原稿に対してそれに沿った書き換えを要求したりするなど、自らの裁量の範囲を拡大することが可能となるのである。

(三) 狭義の「ゲートキーパー」から広義の「ゲートキーパー」へ

ここまで見てきた、「スカウト」ないし「パトロン」、「仲間」ないし「同志」、「プロデューサー」という三つの編集者像には、それぞれ何らかの意味において、第1章で提出した「ゲートキーパー」とは対極的な特徴が含まれている。総じて言えば、「ゲートキーパー」というイメージで表現される編集者については、主として、出版社に持ち込まれる多くの原稿や企画の中から、実際に刊行するものを取捨選択し、学術コミュニケーションに参入する主体や情報を制限する役割が最も顕著に観察される。これに対して、他の三つのイメージでとらえられる編集者の場合には、そのままでは日の目を見ることのない原稿を自ら掘り起こしたり、著者となる可能性のある研究者に支援を与えたり、企画を立てたりすることによって、学術コミュニケーションへの新たな主体の参入や新たな情報の生産を促進する役割を果たしているのだと言えよう。こうしてみると、「ゲートキーパー」としての編集者と他の三つのイメージでとらえられる編集者は、それぞれ、学術コミュニケーションに参入する主体や情報に関して、〈抑制 対 促進〉という、正反対の役割を果たしている存在のようにも思える。

しかし、もう一歩踏み込んで考えれば、こうした二項対立的な把握の仕方が実はそれほど正確なものではないことに気づく。先述したように、日本の人文・社会科学系の学術界においては、学術書の執筆は、学術的な評価を獲得する上でも研究機関に職を確保する上でも一定の効果を持っている。それゆえ、編集者は、単に、学術書の出版を取り扱うだけではなく、それを通じて、誰を一人前の研究者として残し、どのような研究業績を学術コミュニケーションに加えるか、という点で、学術界の構成やその変化の方向性に対しても少なからぬ影響を及ぼしているのである。この点に注目すれば、狭義の「ゲートキーパー」を含めて、本章で取り上げた四つの編集者像にはすべて共通の性格があるのだと言えよう。

すなわち、どのようなタイプの編集者の活動にも、必ず、〈抑制と促進〉の二面が分かちがたく存在しているのである。たとえば、狭義の「ゲートキーパー」としての編集者の活動においては、多くの研究者や研究業績を排除し、学術コミュニケーションへの参入を抑制する側面が最も目につくが、彼らあるいは彼女らは、その一方で、ある基準を満たした者の参入に関しては促進的な役割を果たしてもいる。同様の点は、「スカウト」ないし「パトロン」および「仲間」ないし「同志」としての編集者についても指摘できる。彼らあるいは彼女らの活動においては、積極的に探し出し、時には物心ともに援助を与えることで、特定の研究者やその研究業績が学術コミュニケーションに参入できるように促進する役割が最も目につきやすい。しかし、彼らあるいは彼女らも、あらゆるタイプの研究者や研究業績をすべて無条件に引き受けているわけではない。実際、その裏面には、編集者の誰からも選ばれず、支援も受けられず、仲間や同志になってももらえない研究者も存在するのである。この点に注目すれば、これらのタイプの編集者の活動も、あえて選ばない（積極的に掘り起こさない）ことによって、多くの研究者や研究業績が学術コミュニケーションに参入する可能性を潜在的に排除することにもなっているのである。そして、「プロデューサー」としての編集者についても、通常、編集者自ら企画を立ち上げることにより新たな研究者やその研究業績の一端を学術コミュニケーションに参入させる面に目が向くが、その一方で、実現の可能性があったにもかかわらず、あえて立てなかった企画という形で、そこに連なる研究者や研究業績が学術コミュニケーションの舞台に上がることを抑制する役割を果たすことにもなるのである。

こうしてみると、狭義の「ゲートキーパー」を含む四つの編集者像すべては、広義の「ゲートキーパー」として、刊行される学術書のフロー（流量）を制御することにより、学術コミュニケーションに参入する主体や研究業績の範囲に影響を与えているのだと言える。それゆえ、四つの編集者像とは、広義の「ゲートキーパー」の下位カテゴリーに位置づけられることになる。言いかえれば、四つの編集者像は、広義の「ゲートキーパー」である編集者がおこなう活動の異なる諸側面を表すものなのである。そして、それらは置かれた条件によって露わとなる、編集者という職能に含まれるさまざまな姿（「顔」）であると考えられよう。

（四）各種の「顔」を左右する条件

①　需給バランス

広義の「ゲートキーパー」である編集者が、異なるさまざまな「顔」を持つのであるとするならば、そうした「顔」のそれぞれが顕在化しやすい条件とは何であろうか。この問いに対する答えとして真っ先にあげられるのは、当の編集者自身が、出版すべき企画の数が比較的ふんだんに存在する環境にあるか、それとも欠乏しがちな環境にあるか、という条件の違いである。

もしも、編集者がそれほど大きな努力を支払わなくても、魅力のあるものを十分に含んだ大量の原稿や刊行企画が著者の側から持ち込まれるのであれば、それ以上の企画を自分で立てたり積極的に探し出して集めたりするための努力は基本的に不要となるだろう。こうした場合には、持ち込まれる大量の原稿企画の中から、もっぱら一部の良質なものだけを選びとる（濾し取る）ことに専念すれば良いのであり、彼らまたは彼女らは、狭義の「ゲートキーパー（仕分け役）」としての「顔」を前面に掲げることとなるだろう。それに対して、もしも、編集者が待ち受けているだけでは良質な原稿企画が十分に集まらない環境にある場合には、事態は全く異なるものになるだろう。この場合には、編集者自ら優秀な原稿企画を獲得するための何らかの活動に積極的（能動的）に関わる必要が生じてくる。たとえば、編集者は、「スカウト」に出かけて優秀な原稿や刊行企画を他の編集者に先んじて確保したり、将来魅力ある原稿を生み出すであろう優秀な研究者の「パトロン」となったりするだろう。また、「仲間」ないし「同志」として著者とのあいだに強いパイプを構築したり、「プロデューサー」として自ら企画を立て、著者への執筆依頼をはじめとするさまざまな活動を統括したりすることだろう。

つまり、編集者が、主として、狭義の「ゲートキーパー」としての「顔」を前面に掲げるか、それとも「スカウト」ないし「パトロン」・「仲間」ないし「同志」・「プロデューサー」としての「顔」を前面に掲げるかは、置かれる出版企画の需給バランスに左右されるところが大きいのである。これを先にあげた水門の管理者にたとえて、再度説明してみよう。彼らまたは彼女らの仕事は、既設の水門に対して良質な水を十分な量含んだ流れ（出版企画のフロー）が供給されている場合（需要＜供給）には、主として、そうした流れの中からいかに良質な部分を必要な分だけ安定的に選びとること（ゲートキーピング・スクリーニング・フィルタリング）になるだろう。しかし、ひとたび何らかの理由で、既設の水門に十分な量の水が供給されなくなったり、流量だけは確保できても著しく水質が悪化したり、逆に、その地域で消費される水の量が急激に増加したりする場合（需要＞供給）には、先の作業に加えて、新たな水門を設置したり、井戸を掘ったり、疏水を建設したりするなどといった水源開発や水路付けの作業が必要となるのである。こうしてみると、狭義の「ゲートキーパー」以外の三類型とは、主として、需要に対して十分な供給が得られない環境において編集者がとる戦術のバリエーションであると考えることもできるだろう。

(2) 需給バランスを左右する条件

編集者が広義の「ゲートキーパー」として持つさまざまな「顔」に大きな影響を与える条件の中でも最も重要なものが出版企画の需給バランスであるとすると、一九九〇年代から顕著なものとなってきた「出版不況」下において、彼らまたは彼女らが狭義の「ゲートキーパー」としてのみ活動することは困難であり、むしろ他の類型の「顔」に象徴される役割が顕著になることの方が多くなるように思われる。なぜならば、本書でも何度か指摘してきたように、現在進行中の「学術出版不況」においては、書物一点あたりの売上げの低下を埋めるために、多くの出版社が出版点数を増加させると同時に、比較的多くの売上げや確実な売上げが見込まれる本の刊行に重点をシフトさせているからである。出版社の刊行や企画の方針に見られるこれらの転換は、原稿や企画に対する需要の拡大、特に売上げが見込まれる企画に対する大きな需要を生み出すこととなり、それによって編集者はさまざまな意味で、これまで以上に能動的に動かざるを得なくなっていると考えられるのである。

しかし、その一方で、こうした一般的な傾向が存在するからといって、現代日本の学術出版に関わる編集者たちが一様にその影響を受けるわけではないという点についても強調する必要があるだろう。というのも、本章でいう出版企画の需給バランスとは、直接的には、出版業界レベルでも個別の出版社レベルでもなく、個々の編集者レベルにおける需要と供給のバランスを指しているからである。つまり、ここでいう供給とは、具体的にはその編集者個人に対して持ち込まれる原稿や企画の数を指しており、一方需要とは、会社から課されるノルマを含めて、一定期間内に当該の編集者が担当することが期待されている出版点数を指すことになる。たしかに、出版不況や硬派出版の危機といったマクロな状況の変化は、場合によってはノルマの増加という形で編集者レベルの需給バランスに影響を与えることもあるだろう。しかし、こうした環境要因ばかりではなく、それと同時に、そこには、編集者の属性や個性もまた大きな影響を与えているのである。それゆえ、違う出版社に勤務する編集者のあいだではもちろんのこと、同じ出版社に勤務する編集者のあいだでも、出版企画の需給バランスという点に関しては実質上大きな違いが存在している。

たとえば、第2章でハーベスト社の小林達也の場合について見たように、編集者は、その職業的キャリアの進行とともに、一般的に多くの人脈資産を持つようになる。そのため、新人よりも、ベテランの方が、持ち込まれる企画は多くなる傾向があり、（繊細な配慮を要する）その対応にかかる労力の拡大とともに、自主企画を立てる余裕は減少するのが一般的である。それゆえ、編集者は、その職業的キャリアの進行につれて、その役割には次第に狭義の「ゲートキーパー」的な側面が目立つようになり、他の「顔」を見せる機会は減少する傾向があると思われる。

また、所属する出版社が高い社格（ブランド力）を持っているような場合には、やはり、著者からの持ち込み企画が多く集まる傾向がある。その点で、社格は、編集者の持つ人脈資産とよく似た結果をもたらす。高い社格を持つ出版社に勤める編集者の場合には、一般に、狭義の「ゲートキーパー」としての「顔」が顕在化する傾向があり、それとは対照的に、相対的に社格の低い出版社に勤務する編集者の場合には、それ以外の「顔」に代表される役割が目立つ傾向がある。

ただし、豊かな人脈資産と高い社格いずれの場合にも、それを持つ効果が、自主企画を立てた際に著者を集める能力にも及ぶことには注意が必要である。つまり、狭義の「ゲートキーパー」として、良質な出版企画を吸引する能力は、「プロデューサー」として執筆の依頼を著者たちに引き受けさせる能力と表裏一体の関係にあることも多いのである。さらに、第2章で「出版社ライフサイクル」と呼んだ出版社という組織の一生を考えれば、同一の出版社でも、ブランド力の小さい創立期の方が、編集者は「スカウト」ないし「パトロン」や「仲間」ないし「同志」としての色彩を濃厚に持つ傾向があるのに対して、歴史を重ね、一定の象徴資本を獲得するにつれて、一般に狭義の「ゲートキーパー」や「プロデューサー」としての「顔」を見せるようになるとも考えられよう。このように、編集者が自分の持つ複数の「顔」を使い分ける際にどのような基準を用いるかは、しばしば彼らあるいは彼女ら自身が持つさまざまな属性と置かれた環境との複雑な相互作用によって左右されることになるのである。

四　編集者の動機をめぐる現代的危機

（一）「割に合わない」職業としての編集者

本章においてわれわれは、主として四つの出版社に所属する編集者たちの語りを手がかりにして、第1章で提出した「ゲートキーパー」という感受概念について、さまざまな修正を加え、その彫琢を図ってきた。しかし、ここまでの検討では、彼らあるいは彼女らの活動を理解する上できわめて重要であると思われる問いが未だ答えを与えられずに一つ残されている。それは、なぜ編集者たちは、この編集という活動にこれだけ多くの精神的・肉体的エネルギーを投入し続けるのかという、編集者たちの本づくりにおける基本的な動機に関する問いである。

これまで見てきたように、編集者の仕事は非常に多岐にわたり、また、その作業量もかなり多い。実際、残業はもちろんのこと、自宅に仕事を持ち帰り、休日や深夜に至るまで作業にあたることも特に珍しいことではない。一方、そうした仕事に対してそれに見合うほどの金銭的報酬があるかと言えば、大手の、総合出版社的性格を持つ一部の版元の場合を除けば、ないことの方が一般的であると言わざるを得ない。それどころか、この業界において出版社自体が倒産したり大幅なリストラが実施されたりすることは（いわゆる「出版不況」以前から）日常茶飯事である。つまり、その職業の安定性は、必ずしも高いものではないのだと言えよう。[29]

こうした点から考えれば、編集者とは、投入するコストが大きい割に、リターンがそれほど大きくなく、安定性という点でも問題のある、その意味ではきわめて「割に合わない」職業であると言えよう。この調査の中でも、「金持ちになりたいと思っていたら、最初からこんな商売は選ばなかった。」というような話を、複数の編集者から聞いた。もちろん、編集者という仕事が、労働市場で劣位に置かれる者が選択の余地なくおこなうものであれば、まだ理解も容易である。しかし、本章の冒頭で指摘したように、われわれがこの調査や文献を通じて知りえた編集者たちは、その多くが著名な大学の出身者であり、また自ら選択してこの仕事に身を投じた人びとであった。それゆえ、こうした説明を採用するわけにはいかない。

（二）「志」による説明

先にあげた問い、すなわち「割に合わない」ところが多い職業であるにもかかわらず編集者たちがこの仕事を選択し、続けてきたのはなぜかという疑問に対する一つの答えは、編集者や出版社それ自体が持つ「志」に求めることができるのかもしれない。現在ではかつてほど頻繁に語られなくなってきてはいるものの、学術出版の世界においては、商業的な出版活動に対置される理念として「志の出版」をあげる例が少なくなかった[30]。実際、本書の第Ⅱ部における事例研究からも見て取れるように、従来から出版業界、特に硬派出版の世界においては、しばしば大きな売上げを伴わないにもかかわらず、多くの手間や時間をかけて学術書を生産する理由として、「良書」を作りたい（世に問いたい）という「志」が重視され、また「志」のある編集者や出版社を高く評価するという傾向が見られる。

それでは、ここで重視される「志」とは、具体的な学術書の編集作業においては、どのようなものとしてこれまで認識されてきたのだろうか。

この点に関して、われわれは、今回行った事例調査の中で複数の編集者たちから貴重な証言を得た。そうした語りを比較対照してみると、彼らあるいは彼女らが、編集者のあるべき姿として、つぎの二点を想定しているであろうことが浮かび上がってくる。――①良質な書物とは、経済性や特定の個人の主観的な思い入れとは別に、客観的な形で存在している「しかるべき価値」（文化的価値）を保持するものであるという点を認識していること、②①を前提として、そうした「良書」の出版に対して（時には「自己犠牲的」というべきほどの）強い意欲を持ち、その意欲を客観的な言葉で語り得ること。

ここに見られるように、学術出版の業界では、従来から、「良書」の持つ客観的な「文化的価値」の存在を前提にして、それを見分ける能力（「目利き」であること）と、それを社会に発信するために、その使命に奉仕する矜持（「志」）とを兼ね備えた編集者像が一つの理想型としてとらえられてきたものと思われる。実際、われわれが〈文化〉を、学術出版社の組織アイデンティティにおける最も重要な構成要素の一つであると見なし、それを〈商業〉と対置されるものとして見てきたのも、出版社自体がそのような文化的価値の実現を社会的使命、あるいは「志」として掲げてきたという認識があるからにほかならない。それゆえ、出版社において社会的使命を体現する役割を担う編集者たちの動機をめぐる語りの中に「志」に関わる発言が見られるというのは、特に不思議なことではないように思われる。

もっともその一方で、本書に結実した調査研究において、編集という仕事を続ける動機について、われわれがさまざまな角度から繰り返し問いかけていく中で得られた証言の中には、従来の、しばしば「志」という言葉で語られてきた抽象的な理想型だけではとらえきれない発言もまた複数含まれていた。つまり、それらの語りの中には、ある意味で、これまで取り上げてきた「志」にもとづくと思われるものとはきわめて対照的な発言が見られたのである。

本章をしめくくるにあたってここでは、そうした言葉を具体的な手がかりにして、学術出版社の編集者が多大な労力を学術書の編集にかける動機に現在いかなる変化が生じつつあるのか、その一端を解き明かしてみたい。

(三) 「面白さ」という基準

まずは、ある編集者による次のような発言を取り上げてみたい。ここで、この編集者は、「本の文化的価値と採算性の折り合いについて、企画を立てる時に考えますか」というわれわれの質問に答えて、次のように語っている。

> [基本的に] 考えませんね (笑)。(中略) [それでも、企画を立てるときの基準というのは] まあ、段々、考えるようになってきてはいますけれどもね。ある程度採算が取れるかどうかは考えます。でも、それより先に、やっぱり、「私にとって面白いかどうか」っていうのが、私の場合は優先するんです。[それで] ○○ [社内の上役] には批判されるんですけれど、私は、批判されても、やっぱり、自分にとって面白くない仕事はあんまりしたくないなと [思っているんです](31)。

この言葉を額面どおりに受け取れば、この編集者にとって、学術書を出版するか否かに関する最大の判断基準となるものは、自身にとっての「面白さ」という感覚であるということになる。しかも、それが、この発言の中では、書籍の持つ「文化的価値」とは独立した次元の尺度として位置づけられていることは、注目に値するだろう。なぜならば、この編集者が自らの主観的な「面白さ」に出版の基準を置くことは、前述したような意味を持つ従来の「志」からの大きな逸脱であるように見えるからである。実際、「志」が文化的価値を実現する上で出版社や編集者が担う使命と密接に関連する社会的な性格を色濃く持つものとするならば、「面白さ」はそれとは対極にあるもの、きわめて個人的な価値基準にもとづく判断であるように見える。

しかし、その一方で、この発言をインタビューにおいてこの編集者が語った内容の全体的文脈との関係で子細に分析してみれば、事態がそのように理解できるほど単純ではないことにも気づく。実は、右のように語った編集者は、四十年近くの編集歴を持つベテランであり、専門書を中心とする読書量もかなり多く、また担当する専門分野の学問的状況にもきわめて明るい人物である。それゆえ、革新性や熟達さなどといった学術書の持つ文化的価値と全く無縁に彼の言う「面白さ」が存在しているとは考えにくい面がある。

実は、こうしたゲートキーピングの基準としての「面白さ」というポイントは、ハーベスト社の小林達也に対するインタビューにおいても、やや形を変えて表明されている。彼は、ある箇所で、原稿整理や校正段階での著者とのやりとりに膨大な時間が費やされることを指摘した後で「内容が面白い本だと、全然そういった意味でのストレスはないですけれど、内容がないとストレスになる」と述べた。そして、われわれの「それ（面白さ）は本を出す意義や理由と何らかの関係があるのでしょうか」という問いかけに答えて、小林は、次のように語ったのである。

そうですね。どうあがいても、本が売れるということは将来的にあり得ない、専門書がね。だったら、もうストレスなくできる本にしたいな、という希望があります。だから出したくない本はもう出さない。というか、出す意義のある本だったら売れなくてもいいから出しちゃおうという。（中略）

だから、専門書だから売れないだろうと抽出した［という理由で選び出した］本の方がいいのかもという気が最近なんだかしてるんですね。どうあがいてもね、定価を安く付けようが、売れないものだったら売れないんですよね。だったらもう、バチッと一〇年後二〇年後に評価される本の方がいいなっていう気がありますね。名誉欲の方が、そちらの方で充足された方がいいなっていう［気があります］(32)。

この小林の語りに見られる「出す意義のある本」という表現や「バチッと一〇年後二〇年後に評価される本」を出すことによって実現される「名誉欲」の重視は、先にあげた、一見自己満足的にも読める編集者のスタンスとは大きく異なっているようにも見える。しかし、発言の細部に注目すれば、小林の言う「面白さ」は、自身が編集作業をおこなってストレスがないことという、きわめて個人的な体験や感覚と結びつけられているという点では、実に主観的でもあり、また個人的でもあるとも言える。

つまり、先にあげた編集者にせよ小林の場合にせよ、自分自身が書籍編集という仕事に打ち込む理由について、一方ではそれをある種の「文化的価値」に対するコミットメントで説明しながらも、他方ではそれを、嗜好や感覚といったきわめて個人的かつ主観的な動機という形で表現しているという点では基本的に共通していると言えよう。

（四）「動機の語彙《ボキャブラリー》」の喪失

なぜ編集者が仕事に関わる動機について語る内容の中から、（「志」がキーワードとなる）文化的価値を中心とする比較的ストレートな説明が少なくなり、それに代わって「面白さ」という、個人的かつ主観的な動機をめぐる説明が増えてきているのだろうか。その背景には、ある時期まで確固たる形で存在すると信じられてきた、学術書が保持すべき客観的な「文化的価値」に関する社会的通念自体の揺らぎがあると思われる。この点に関して、東大出版会において創業以来三五年近くにわたって同会の編集部門の責任者をつとめていた石井和夫は、あるところで、一九八〇年前後から「教授の権威の喪失が学生の本離れを誘発」したとしている（50年誌：210）。彼はまた、本書の第1章で引用したように、一九八四年時点で、それまで定本と言われてきた既刊本の売上げが目に見えて落ちてきたことを指摘している（石井 1988：213）。

先に述べたように、以前は、さまざまな学問分野においても、また社会一般においても、学問的な権威の体系が比較的明確に成立しており、このような文化的価値の客観性もまた信じられていたと考えられる。それがゆえに、学術出版業界の「目利き」である編集者の感じる主観的な「面白さ」は、そのまま客観的な「文化的価値」に奉仕するという「志」と同一のものと考えられていた部分もかなりあったと思われる。[33] しかし、一九七〇年代後半以降に顕著となっていった、日本社会における教養主義の凋落や学問自体のマルチ・パラダイム化などといった学術出版をめぐる環境の急激な変化は、学術書の持つ「文化的価値」と編集者の感じる「面白さ」とのあいだの一致を困難とし、両者のあいだに齟齬を生じさせる効果を持っていたのではないだろうか。言いかえれば、「文化的価値」が人間の活動と独立した形で客観的実在として存在するということの信憑性が失われ、その内容が誰の目にも明確にとらえられることができなくなった結果、「目利き」としての編集者の判断の基準も、究極的には個人の嗜好にあるとされるようになったのではないだろうか。

ところで、これまで述べてきたことからも明らかなように、本書で解説を加えてきた編集者の職業活動に関わる「動機」は、心理学などで言う、個人の心の内側から人を突き動かすものとしての「動因」などとは基本的に性格が異なるものである。ここで言う動機とは、むしろ個人を取り巻く社会的な環境にあって、その場にふさわしい行為のあり方について説明したり解釈したりするために使われる一連の表現や特定の言い回しなどと密接な関連を持つものである。一般に、特定の集団や組織においては、しばしば自分や他人の行為の理由について説明したり正当化したりする際に使われる独特の表現や言い回しを見いだすことができる。それらの言葉は、単に既におこなわれた行為を事後的に正当化するだけではなく、将来おこなわれる行為の方向を規定していく「動機」としても機能するものである。

米国の社会学者であるC・ライト・ミルズは、社会的性格を持つ動機と密接な関連のある、このような言語表現を「動機の語彙」という用語で説明している（Mills 1940［田中訳 1971］）。ミルズは、その論文で特定の階層や政治的立場をともにする集団や組織は、独特の動機の語彙の体系によって特徴づけられるものであることを示唆しているが（Mills 1940：910-911［田中訳 1971：354-355］）、かつて「志」や「出版文化」が硬派出版のあり方を象徴する言葉として通用していた日本の学術出版の世界においては、ある程度の体系性を持った動機の語彙が広く共有されていたのだと言えよう。それに対して、本章で見てきたように、今日では、文化的価値に対するコミットメントについて語る編集者が、その一方で、刊行をめぐる意思決定に関して「面白さ」などの個人的かつ主観的な基準をめぐる言葉を用いるようになってきている。この事実は、学術書がこれまで保持してきた「文化的価値」を前提にした上で、編集者がそれへの貢献を直接的に語ることの困難さを示しているようにも思われる。

二〇〇〇年代に入って以降、新たな出版社の創業はかつてないほど少なくなってきている。[34] その最も重要で直接的な原因の一つとして、「学術出版不況」の長期化による学術書の売上げ低下が存在することは間違いないだろう。たしかに、独立を望む編集者たちにとって、現在の社会情勢は起業を躊躇させるのに十分であると思われる。しかし、「出版不況」が進行するのと同時に、それとは別個の事情を背景として、編集者の動機面を支えてきた意識の変化がゆっくりと進行しているのだとしたら、それはある意味でヨリ深刻で大きな問題であると思われる。なぜならば、学術書の売上げ低下やデジタル出版の拡大などといった現在頻繁に取り上げられて語られる危機は、あくまでも環境要因や技術的要因に関するものだからである。それゆえ、いかにそれが解決困難な問題であったとしても、学術出版を取り巻く環境条件が改善されれば、一般的には、乗り越えることのできる性質のものであると考えられる。

しかし、その一方で、学術出版にたずさわる者の動機の語彙に関するシステムそれ自体が崩壊しつつあるのだとすれば、学術出版の世界は、たとえ環境が好転しようとも容易に元には戻らない、不可逆的なダメージを被っていくことになりかねない。しかも、事態を一層厄介なものにしているのは、「文化的価値」をめぐる動機の体系における変化が、現在、編集者のみならず、学術出版の世界のもう一つの重要のアクターである著者（研究者）の世界でも、同時に進行しているように思われることである。実際、従来、経済的な観点から言えばやはり非合理的と言わざるを得ない学術研究という営為を可能にしてきた最も重要な要因もまた、その活動に含まれると信じられてきた「文化的価値」であり、そこに基礎を置く研究者の矜持であったと言える。それゆえ、編集者と著者双方に現在生じている、「動機の語彙」の喪失は、編集・研究それぞれの活動にたずさわる者の動機の変質を通じて、学術出版活動全体の基盤の崩壊に至りかねない深刻な事態の予兆ととらえることができるのである。これらの点については、第9章において、改めて取り上げて解説していくこととしたい。

本章においては、学術出版社の刊行意思決定においてきわめて重要な役割を担っている編集者に注目して検討を加えてきた。これまで見てみたように、現代日本社会において学術出版社に所属する編集者は、不確定要素が多く、また、しばしば両立困難なことが多い経済資本・象徴資本・社会関係資本の維持や獲得を目指して、著者や（ここではあまり扱わなかったが）出版社における他のメンバー（経営陣や営業担当者）に対して、ある時には正攻法で、別の時には「あの手この手」の対人交渉のテクニックを駆使してその職業活動を全うする存在である。しかし、編集者は、このようにミクロレベルでは自律性を持つと同時に、学術出版社という組織の中に組み込まれ、学術界と出版界という組織環境の中に埋め込まれた存在でもある。それゆえ、こうした点をふまえて、この後に続く第7章と第8章においては、分析の単位をメゾレベルの組織体としての出版社に移して、（「ゲートキーパー」とともに第1章で提出したヒューリスティックな感受概念である）「複合ポートフォリオ戦略」と「組織アイデンティティ」の二つについて、それぞれ事例分析にもとづく洗練化を図ることとしたい。

第7章　複合ポートフォリオ戦略の創発性

書籍出版に関する伝統的な発想の基本は、錚々たる著者陣を擁しまた重厚な既刊書目録を前提として、控えめではあるが堅実な収益を上げていく、というものである。

――ヴァーリン・クリンケンボルグ(1)

第Ⅱ部で検討した四社の事例に見るように、学術出版社の場合には、経済的利害関心だけでなく、人脈資産とでも呼ぶべき社会関係資本やすぐれた学術的価値を持つ書籍を刊行することによって得られる象徴資本が、重要な関心事となっているものと思われる。それぞれの出版社から発行されている刊行目録は、このような関心を背景とする「複合ポートフォリオ戦略」の具体的な内容について知る上で最も重要な資料の一つである。実際われわれは、刊行目録にあげられている書目のラインナップを検討してみることによって、どのような書目が比較的安定した収益をもたらすものと見なされているかを知ることができる。また、どのような書目が学術出版社としての「社格」を高め、またそれを維持していく上で有効な刊行物として期待されているかという点について推測することができる。さらに、刊行目録に並んでいる書籍の著者の顔ぶれは、その出版社が築き上げてきた人脈資産について実に多くのことを教えてくれる。

もっとも出版社の刊行目録は、場合によっては、複合ポートフォリオ戦略のダイナミズムを知り、またその出版社が学術的知のゲートキーパーとして果たしてきた役割について知る上では、大きな誤解を招きかねない資料でもある。というのも、刊行目録に見られる一見整然とした書目の配列は、あらかじめ周到に作り込まれた一種の「作戦計画」としての戦略が、その当初の意図どおりに実現されたものだとは限らないからである。むしろ、さまざまな試行錯誤を含むプロセスを経て、結果として出来上がっていったものであることが少なくないのである。

本章では、第Ⅱ部における事例研究の結果をふまえて、学術出版社の複合ポートフォリオ戦略がそのような「創発」的な性格を持つ背景について検討していく。その上で、複合ポートフォリオ戦略に見られる創発性が、出版社の組織アイデンティティおよび出版社がおこなうゲートキーピングのあり方ときわめて密接かつ重要な関係を持つことになる背景について見ていく。

＊「創発的戦略」と「創発特性」

本章における「創発性」および「創発的戦略」という二つの用語については、主として、経営学系の戦略論において用いられる用語法にならっている。したがって、本書での用語法は、哲学や自然科学あるいはシステム理論等の領域で広く使われてきた「創発性（emergence）」ないし「創発特性（emergent property）」の用法、すなわち複雑なシステムにおいてその構成要素の単なる総和を越えた特性が出現する現象を指す用語としての使い方とは、かなり異質なものとなっている。

一　刊行目録と複合ポートフォリオ戦略

本書では、「組織アイデンティティ」と並んで「複合ポートフォリオ戦略」を、知のゲートキーパーである学術出版社における刊行意思決定過程について解明していくためのキーコンセプトとして用いてきた。ここで改めて第1章で提示した、複合ポートフォリオ戦略に関するリサーチ・クエスチョンをあげると以下のようになる。

出版社は、その刊行意思決定に際して、経済的資本に加えて象徴資本や社会関係資本など非経済的な性格の強いタイプの資本をどのような形で組み合わせて蓄積し、また、それらのあいだでどのような投資・回収・再投資をおこなおうとしているのか？（リサーチ・クエスチョンⅠ）

このような問いについての答えを求めていく上で最も重要な手がかりの一つとなるのは、それぞれの出版社から発行され、取次や書店あるいは読者に配布されていく刊行目録である。「図書目録」あるいは「総合図書目録」などと名づけられて各社から発行されている刊行目録に見られる最もオーソドックスな構成は、書目をその学問領域や下位領域別に配置するというものである。また、学問領域とは別個に、判型（文庫・新書等）やシリーズ（全集・講座・叢書・選書等）などを大きなくくりとして書目をリストアップしている場合も多い。

刊行目録の作成は、出版社の営業政策にとってきわめて重要な課題となる。実際、図書目録は、取次や書店における仕入れの際や、図書館の司書が「選書」、すなわち納入すべき書籍の選定をおこなう際の拠り所となる。また、図書目録の中には、教科書的な性格を持つ書籍だけを取り出してまとめた「テキスト目録」や「教科書目録」などと呼ばれるものもある。これは多くの場合、春や秋に、書店や取次あるいは大学教員に対して送付されていく。

一般の読者が図書目録を子細に検討することはほとんどないだろうが、特定の出版社から自著を刊行することを考えている研究者や、逆に初めて出版社の側から執筆依頼を受けた研究者にとっては、図書目録はその出版社の刊行ラインナップの性格を見極める上できわめて重要な判断材料になり得る。(2) 実際、図書目録における学問分野の配列や分野ごとの相対的な刊行点数の比率を比べてみることによって、われわれは、それぞれの出版社が特にどのような領域に重点を置いて出版活動をおこなってきたかを知ることができる。また、目録にあげられている著者の顔ぶれを見ることによって、その出版社がどのような著者たち（あるいは学派・学閥・流派）との関係を築き上げようとしてきたか、という点について推測する上での基本的な情報を得ることもできる。

さらにわれわれは、刊行目録にあげられている書目を、研究書や教養書あるいは教科書などのタイプ別に分けて整理してみることによって、各出版社がどのような種類の書籍を「ドル箱」と見なし、その一方で、どのような書籍を「社格」を高めあるいは維持していくためのフラッグシップ的な刊行物として扱っているか、という点について推測することができる。実際、たとえば高名な著者の「主著」と呼ぶにふさわしい書目は、著者にとってだけでなく、出版社にとっても象徴資本の蓄積に貢献することが期待されていると考えることができる。（そのような著作が何らかの学術賞や図書賞の対象になったような場合には、図書目録にその点が特記されることは言うまでもない。）また、もしその著者がまだ「新人」ないし「駆け出し」の時代に書いた処女作が同じ出版社の図書目録に含まれていたとするならば、われわれは、その出版社が著者のキャリアに対して比較的初期の段階からコミットして人脈資産を築き上げようとしていたことを推測できるだろう。

さらに、「創業〇〇周年」などを記念して刊行される図書目録には、現在刊行されている書籍だけでなく、刊行年（度）別にすべての刊行物を網羅した目録が収録されていることが多い。そのような、年次別に書目が配列された目録を見れば、その出版社がどの時期に特にどのようなタイプの書籍の刊行に力を入れていたのか、という点について知ることができる。また、出版社にとって「記念碑」的な著作がどの時期に刊行されたかを知ることもできる。

右にあげてきたような点を考え合わせてみた場合、図書目録というものが、他のタイプの資料、たとえば出版社の社史やホームページの記載あるいは経営幹部の発言が掲載された新聞や雑誌の記事などと並んで、学術出版社の複合ポートフォリオ戦略の概要について知る上できわめて重要な意味を持つ資料であることは明らかであろう。事実、各種の書目が一定の方針のもとに整然と配列された刊行目録は、周到に考え抜かれた全社的な方針や計画にもとづく刊行活動の成果を忠実に反映しているようにも見える。もし実際にそうだとしたら、図書目録をもとにして、各種の書目の相対的比率やその時間的推移を割り出していけば、出版社の複合ポートフォリオ戦略に関する定量的な分析をおこなうことさえできるかもしれない。

われわれは、第Ⅱ部で解説した出版社の事例分析をおこなうにあたって、まず各社の図書目録を子細に検討していく作業から始めた。それは、とりもなおさず、複合ポートフォリオ戦略と図書目録とのあいだの関係に関して、右に述べたような想定があったからにほかならない。

二　刊行計画とタイトル・ミックス

(一)　刊行計画の無計画性？

以上のような想定は、調査研究の比較的早い段階で大幅な修正を迫られることになった。この点に関して重要な意味を持っていたのは、書籍タイプ別の相対的比率に関する構想についてのわれわれの質問に対して、新曜社前社長・堀江洪から返ってきた次のような答えであった――「そういう計画性は全く無い」[3]。

堀江には、その後何度かおこなったインタビューの際にもこの点について確認してみたが、その度に返ってきた答えは同じようなものであった。つまり、堀江によれば、新曜社では、年間の刊行計画らしきものは一応あることはあるのだが、それはたとえば、テキスト的な性格を持つ書籍については十一月中に刊行した上で、実際に教科書として採用してもらえそうな大学教員に献本したりする、という程度の大まかな方針に過ぎないのだという。それ以外の点については「ほとんど無計画」、極端な表現を使えば、「出たとこ勝負」のような面もあるのだという[4]。

もっとも、第3章で見たように、堀江は――また、堀江とともに創業当初から新曜社の中核メンバーであった塩浦暲の場合も——研究書だけでなく教養書や翻訳書についても一定の文化的価値を認め、それらのタイプの書籍の刊行に力を入れてきた。一方で堀江は、安定した収益を確保することができる刊行物として教科書の出版を重視してきた。つまり、それらの点に関して言えば、複合ポートフォリオ戦略的な構想自体は、新曜社においてもたしかに存在していたのだと言えるのである。

これらの発言のあいだに存在するかのようにも見えるギャップについて理解するための一つのカギは、第3章でも引用した、堀江による次の発言にある。

あるまあ、何というかなあ、グレーなあれ［目安］があって、その中で皆んなほどほどに動いていて、それがおのずから毎年似たようなパターンに結果的になっているから。それが［売上げが］急激に落っこちるとかね、そういうことになれば、そりゃ何とかしなければならんけど。急激に落ちそうだということがあればね、「当面今はこういう企画は少し抑えておいて、こういうことは入れようじゃないか」という事になると思うんですけど、今のところはまあ……［とりあえずある程度うまくいっている］(5)。

この発言からは、新曜社においては、たしかに細部にいたるまで周到に作り込まれた製品戦略としての刊行計画（たとえば、各種の書籍の相対的な比率や刊行のタイミングを厳密に規定した全社的な刊行計画）は存在してはいないのだが、だからと言って、堀江がやや誇張ないし謙遜気味に語っているように「無計画」ないし「出たとこ勝負」で学術書の刊行をおこなってきたわけではないことがわかる。つまり、新曜社の場合には、製品ポートフォリオ的な構想ないし戦略は、大まかな方針ないし了解事項（「ある意味でグレーなあれ」）あるいはまた、一種のグランド・デザインとして存在していたと言えるのである。

新曜社以外の出版社の経営幹部と編集者に対するインタビューおよび各社の社内資料などの検討を中心にした事例

研究の結果も、同様の傾向を示していた。すなわち、他の三社の場合も、刊行に関わる計画は、特定の期間における各種の書目の割合を設定した上でその既定の方針に沿って厳密な進行管理や作業管理をおこなう、というような形で策定される生産計画とはかなり性格が異なるものだったのである。むしろ、ごく大まかな方針を示す、かなりの程度の柔軟性や幅を持つものであった。

また事例研究の結果からは、そのような性格を持つ刊行方針のもとで実際に学術書の企画を立てたり持ち込まれた企画について検討したりする際には、全社的なレベルで設定されている書籍のタイプ別の比率という問題とは若干異なる次元の配慮が働いているという点が浮かび上がってきた。以下では、その種の配慮の中でも代表的な二つのものを、「編集者を軸とする刊行物ポートフォリオ」、および「著者を軸とする刊行物ポートフォリオ」と名づけて解説していくことにする。

(二) 編集者を軸とする刊行物ポートフォリオ——ボトムアップ式の刊行戦略

全社的な見地からの刊行物のポートフォリオみたいなのは無いですね。むしろ個々の編集者ごとに、「今年は四冊はある程度儲かる本を出したから、五冊目は自分の作りたい本を作らせてもらってもいいだろう」と思って企画を立てたり、それで会議で企画を通したりするんですよ。(6)

このように述べたのは、本書における事例研究の対象となった四社に含まれてはいないが、比較的多数の学術書を刊行してきた某出版社の編集者(教養書・研究書担当)である。この編集者の発言からうかがえるのは、出版社の刊行物のポートフォリオが、全社的な刊行方針とは別の次元で一人ひとりの編集者の企画活動を中心として構成されていく可能性である。われわれがおこなった事例研究の結果は、このような、編集者を軸とする刊行物ポートフォリオが、ある程度一般的に見られるものであることを示唆している。

実際、若干表現は異なるものの、同様の趣旨の証言は、第Ⅱ部であげた四社の編集担当者や経営幹部にも見られた。たとえば、東大出版会で主として心理学関係の書籍の編集を担当してきた後藤健介は、教科書的な書籍と研究書を含めて「編集者単位の収支」を合わせているようなところがあるとしている。また、「その年自分が作っている本が全体として『トントン』」であることを一つの目標としていると語る。[7] 同じように、第4章でも引用したが、有斐閣のある編集者は、教科書以外の学術書の企画を出す月には、直後によく売れると思われる教科書の企画を提出するようにつとめているとしている。また新曜社の場合には、特定の編集者の手がけている企画について研究書だけが続いているような場合には、堀江はその編集者に対して教科書の企画を立案するようにと指示することもあったという。

本書で見てきたような、編集者が本づくりに関してほぼその「全工程」に関わるようなタイプの出版社では、それぞれの編集者について年間に期待されている刊行点数は六点から八点前後となっている。[8] これは一つの目安としては、それぞれの編集者の担当する新刊書が二ヶ月に一点前後のペースで刊行されていくことを意味する。したがって、刊行点数がこのペースを下回っている編集者に対しては、経営者や編集部長などから注意が促されることになる。また個々の編集者の側でも、編集会議の席上やイントラネットで各自が担当した書目の進行状況や刊行予定が公表された時などには、否応なく自分の刊行ペースについて自覚せざるを得なくなる。

そして、それぞれの編集者が関わっている刊行企画については、しばしばその点数や刊行ペースだけでなく、書籍の種類別の内訳が問題とされることになる。たとえば、第5章で渡邊勲の言葉を引いて見たように、東大出版会においては、編集者が単に「受け身」的に研究者から持ち込まれた研究書の企画を引き受けるだけでなく、採算性という点ですぐれた教科書や教養書等の「開発型」の企画を自ら積極的に立案しているか否かという点が問題にされていたのである。

以上のような事実からは、出版社においては、複合ポートフォリオ戦略的な発想がたしかに存在するにしても、実際に全社的な刊行ラインナップの中で複数のタイプの書籍を組み合わせていく具体的なやり方には、われわれの当初の想定とはかなり異なる面があることが示唆される。

各社の図書目録の構成などから受ける印象をもとにしてわれわれが当初想定していた複合ポートフォリオ戦略は、〈刊行計画がまず先にあって、それをもとにして、特定の書目そしてまたその著者およびそれを担当する編集者を割り当てることによって全社的な刊行ラインナップを構築していく〉というものであったと言えよう。しかしながら、実際には、全体の刊行ラインナップについての大まかな方針や構想はたしかに存在してはいるものの、それは必ずしもトップダウン的に刊行企画を詳細にわたって規定するものではなかった。むしろ各社で想定されていたのは、各編集者が自分の担当している個別の「生産ライン」のレベルにおいて製品ミックス（タイトル・ミックス）を心がけることによって、社全体の刊行ラインナップにおける各種の書籍の組み合わせ（ミックス）が形成されていくプロセスであると見ることができる。つまり、積み上げ式ないしボトムアップ的なプロセスを経て、結果として刊行ラインナップが構成されていくのである。

（三）　著者を軸とする刊行物ポートフォリオ――「三位一体」

右に見たように、編集者を軸とする刊行物ポートフォリオは、ボトムアップ的な性格を強く持っているだけでなく、計画の実行が、編集作業を担当する組織メンバーに依存するところが大きいという意味では属人的な面があるのだと言える。(9) 同じような点は、事例研究の対象となった四社に見られたもう一つの原理である、著者を軸とする刊行物ポートフォリオについても言える。これは、同じ著者からタイプの異なる書籍を刊行することによって、その著者による刊行物の収支に関して、いわば「帳尻を合わせる」という発想である。

この、著者が軸となるポートフォリオの発想を象徴的に示していると思われるのが、東大出版会において少なくとも七〇年代までは頻繁に使われていた「三位一体」という言葉である。第5章でも述べたように、「三位一体」というのは、石井和夫が、東大出版会第二代会長であった矢内原忠雄が五周年記念誌に寄せた挨拶文の内容を敷衍して強調するようになった企画方針である。

第5章で見たように、矢内原は同講演において、大学出版会の使命は、学術書・教授資料・学術的啓蒙書・一般的教養書という四種類の刊行物の出版にある、としている。石井は、これを実質的に学術書・教科書・教養書という三つの出版ジャンルに対応するものとしてとらえた。そして、編集担当者たちに対しては、一人の著者からこれら三種類の書籍の原稿を獲得することを目指すようにと指示していたのであった。さらに具体的に言えば、「三位一体」とは、多くの場合、主として研究書の企画に関して述べられていたものである。つまり、石井は編集者たちに対して、研究書の企画を立てる時には、その著者に対して将来教科書や教養書の刊行を依頼することを念頭に置きながら著者との交渉を進めていくようにと指導していたのであった[10]。

同様の発想、すなわち著者を基本的な単位にして異なるタイプの書籍の組み合わせについて考えていくという発想は、他の出版社についても見ることができる。たとえば、有斐閣における法律書の場合には、将来が期待できる若手の研究者については、三〇歳前後の比較的若い時期に研究書を書いてもらうことによってその著者との人脈的関係を形成し、それを将来同社の主力刊行ラインである法律関係のテキストの刊行へと結びつけていくことがあるのだという。法律書以外の分野についても、同社では、何らかの経緯でそれまで教科書を刊行した実績のない研究者が著者となる研究書の企画が上がってきた時には、将来その著者が教科書を書いてもらうことが前提となる場合が多いとされる。また逆に、それまで何点か教科書を書いたことのある著者から研究書の企画を持ちかけられた時には、それをA5判の体裁で、教科書に比べれば相対的に少部数の書籍として刊行していくこともよくあるのだという[11]。

先にあげた、編集者を軸とする刊行物ポートフォリオの場合と同様に、この著者を軸とする刊行物ポートフォリオは、われわれが当初想定していた種類の複合ポートフォリオ戦略とは、明らかに異なる発想にもとづくものである。

特に大きな違いであると思われたのは、刊行企画の立案からその実現までの時間の幅という点に関してである。つまり、われわれの当初の想定では、比較的短い時間軸を想定していたのであった。これに対して、著者を軸とする刊行物ポートフォリオの場合には、はるかに長期のスパンで製品ポートフォリオが実現していくことが少なくない。これに関連して、先にあげた東大出版会の後藤は、「著者の方のライフスパンでのおつきあいで『トータルで（採算的に）プラス』であればいいなと思って」いるとしている。[12] 同様に新曜社の塩浦も、無名の著者の本を手がけることにはリスクが伴うが、その著者が「長いつきあいの中でその著者が後になってすぐれた、しかも売行きの良い本を出してくれることもある」だろうとしている。[13]

このように、著者を軸とする刊行物ポートフォリオには、製品ミックスに関わる構想の実現までの時間幅についても、またここで見てきた属人的な性格という点に関しても、われわれが当初想定していた複合ポートフォリオ戦略のあり方とはかなり異なる面がある。もっとも、著者に関わる属人性について言えば、複合ポートフォリオ戦略に関する当初の仮定における「人脈資産」の重要性との関連が深いものであると言える。実際、著者を軸とする刊行物ポートフォリオでは、主として研究書の刊行を契機として形成された人脈資産をもとにして、経済資本の形成や蓄積に結びつく教養書や教科書の企画を生み出していくことが想定されているのである。[14]

三　「包括型戦略」としての複合ポートフォリオ戦略

（一）　包括型戦略と書籍出版の不確実性

以上の議論から浮かび上がってくるのは、学術出版社における複合ポートフォリオ戦略的な発想は、「戦略」という言葉から通常連想されるもの、つまり、明確な目標（戦闘における勝利・市場シェアの獲得等）を設定した上で、それをできるだけ効果的に実現するために細部に至るまで作り込んだ「作戦計画」のようなものとは、基本的に性格が異なる、という点である。[15] 実際、編集者あるいは著者を軸として書籍のラインナップを構成していくという発想の場合、出版社においてリーダー的立場にある経営者や経営幹部がその他のメンバーのとるべき行動について与える指示の内容は、厳密・厳格な方針というよりは、むしろ一般的なガイドライン（堀江の表現で言えば「グレーなあれ」）に留まることが多いだろう。そして、具体的な個々の意思決定に関しては、現場の裁量に任せていると考えることができる。

カナダの経営学者のヘンリー・ミンツバーグとジェームス・ウォーターズは、このようなタイプの組織戦略を「包括型戦略（umbrella strategy）」と呼んでいる。[16] 彼らは、この包括型戦略の例として、経営幹部が「自社の製品はすべてハイエンドの市場向けであるべきだ」という一般的な指示を与えはするものの、その製品の具体的な種類や仕様等に関しては、現場担当者の裁量に委ねているような場合をあげている。このようなケースでは、企業のリーダー的立場にある者は、主として、企業活動がその範囲内に収まるべき包括的な枠（umbrella）を設定するだけである。その範囲内で具体的にどのような製品を企画し製造するかについては、職位上は下位にあるその他のメンバーたちの裁量的判断に委ねられているのである。

ミンツバーグとウォーターズによれば、包括型戦略は、組織を取り巻く環境が、複雑なものであり、組織の側からのコントロールも困難であり、また予測が困難である場合にしばしば見られるものだという。たしかにそのような、予測もコントロールも困難な環境に置かれている場合には、たとえ組織のリーダーの側から他のメンバーの一挙手一投足までをも規制するようなルールや方針を決めたとしてもあまり意味はないだろうし、決して効率的でもないだろう。かといって、全く無方針・無計画のままでは、組織の方向性が見失われ、経営的に破綻してしまう恐れさえある。むしろ、組織の進むべき大まかな方向性は決めておいた上で、一方では、生産や販売の第一線にいる者の情報や現場感覚を生かしながら、状況の変化にあわせて臨機応変の対応をとっていく方が効果的な組織運営ができるだろう。

本書でこれまで何度か述べてきたように、学術出版は、典型的な多品種少量生産であり、また一つひとつの書籍の内容が複雑であり、かつ売上げ予測が困難である。この意味では、出版社を取り巻く環境は、まさにミンツバーグとウォーターズが指摘する特徴を持っているのだと言えよう。実際、しばしば「水物」という表現が使われることがあるように、学術出版の例に限らず文化産業一般については需要予測が難しく、また一種投機的な側面があることはよく知られている[17]。

これに加えて出版の場合には、刊行企画の開発や実際の刊行についても不確定要素が多い。これについて、たとえば堀江は、新曜社において各種の刊行物の比率等についてはほとんど「無計画」とも言えるような形で出版活動がおこなわれてきた背景について、「単行本の場合は、なかなかスケジュールどおりにはいかないんですよね」と述べている[18]。

この点に関して具体的な数値の目安をあげて説明しているのは、東大出版会の創業時の中核メンバーの一人であり後に一〇数年にわたって専務理事をつとめた箕輪成男である。箕輪は、あるところで、書籍というものは販売予測が立てにくいものであるが、同様に刊行に関しても不確定要素が多いという点にふれて、次のように語っている。

> それ以上に不確実なのが生産面、刊行であることはすべての出版人の体験しているとおりである。われわれの体験では、年初に予定した刊行書目の三分の二が予定どおり出版されれば上等の方であり、ひどい時には、半分くらいしか実現しない。勿論歩留まりは予測して二倍の点数を準備するから、最終的には何とか刊行点数は目標を達成するとしても、内容が不確実なことはおびただしいものがある[19]。

実際、書籍とりわけ学術書のようなタイプの刊行物に関しては、刊行企画の立案やその実現を困難なものにしていく要因がいくつか存在する。それらの要因は、著者の事情・編集者の裁量性・研究書自体の特性という三つのカテゴリーに分類することができる。

(二) 著者〔研究者〕の事情──あてにならない「外注先」

学術出版社の場合、その主要製品である学術書の〔コンテントという意味での〕原材料としての原稿を供給するのは、言うまでもなく、ほとんどの場合同時に研究者でもある著者である。その意味では、著者は出版社にとって印刷・製本会社あるいは取次などと並んできわめて重要な「外注先」の一つであると言える。そして、出版社がつきあうことになる──つきあわざるを得ない──あらゆる取引先の中でも、著者は、しばしば出版社にとって最もあてにならない外注先であるだけでなく、ある意味では最も不誠実であり、また最も扱いにくい外注先でもある。これはとりもなおさず、他の外注先の場合とは違って、著者については、出版社の側からのコントロールを効きにくくし、したがってまた、出版社が立てた刊行計画の順調な実現を阻害するようないくつかの条件が存在しているからにほかならない。

第一に、学術書の著者は教職などの定職に就いていることが多く、印税収入を主たる生計の道にしていることは稀である。したがって経済的インセンティブによって出版社の側からその行動をコントロールすることは、きわめて困難である。

この点に関連して、特に著者が信頼の置けない外注先となっているのは、原材料の「納期」すなわち原稿の締め切りを守らない著者があまりにも多いという点である。〔日本では、研究書の刊行が必ずしも研究・教育機関における就職や昇進における最も有利な条件になっているわけではないという点も、原稿の提出が遅れがちになる重要な背景の一つであると考えられる。この点については、第9章参照。〕実際、いったん企画が立案され出版部においてその刊行が決定されたとしても、最初に決めておいた期限までに著者から原稿を確保できないという事態は頻繁に生じてくる。特に「遅筆」という定評のある著者の場合ではなくても、他の仕事に時間をとられていたり同時に他の著作や論文の執筆にも関わっていたりすることが多いため、原稿の提出は遅れがちになるのである。中には、数年ないし時には一〇年以上の歳月を経てようやく刊行にまでこぎつける例すらある。[20] さらに、原稿が確保できた場合でも、ゲラがあがった後の校正段階において著者が校正原稿を抱え込んでしまって刊行計画が大幅に狂うこともよくある。初校の校正が無事に済んだとしても、その後の校正を既定の回数を超えておこなおうとする著者も少なからず存在する。印刷・出版用語では、校正が完成することを校了、校了とすべき時点でさらに念のためにもう一度校正をおこなうことを念校と言うが、中には、それ以降も強引に「念々校」を要求してくる著者もいる。こうなってくると、最初に決めた締め切りはほとんど有名無実のものになってしまう。

「納期」を守らないという点だけでなく、書籍の内容や分量という点に関しても、著者は全くあてにならない外注先である場合が少なくない。出版社の刊行計画にとって最も深刻な事態になるのは、著者が、当初の想定とは大幅に異なる内容や分量の原稿を書いてきた場合である。たとえば、教科書という想定で企画された書籍が最終的にはかなり高度な内容を含む、研究書に近い性格のものになってしまうことがある。分量についても、当初の想定をはるかに超えたものとなることも多い。特に書き下ろしの著作などについては、最終的なページ数にして二倍ないし三倍の原稿が、ある日突然送られてくることさえある。その意味では、学術書の著者というのは、単にあてにできないだけでなく、時にはきわめて不誠実な外注先でもある。

さらに、著者は全く信用できず、かつ不誠実であるのみならず、出版社や編集者にとっては、しばしばきわめて扱いにくい存在でもある。というのも、学術出版の場合、著者は、出版社に対して最も重要な原材料である原稿を提供するだけでなく、最終製品である学術書の販路という点でもカギを握っている場合が少なくないからである。実際、学術書の著者は学術情報の生産者であるとともに、他の著者が書いた書籍の（数少ない）購買者＝消費者の一人でもあり、また、教科書採用や図書館の選書において重要なゲートキーパーとなることも多い。したがって、何らかの経緯で著者に対する対応を誤った場合には、出版社の経営にとってきわめて深刻な事態が生じかねないのである。

研究者が生産者でもあり消費者でもあるという意味では、学術書というのは比較的狭い世界で流通する刊行物であると言える。狭い世界という点については、著者＝研究者たちのあいだで形成されているネットワークについても同様の点が指摘できる。したがって、出版社や特定の編集者についてのあまり芳しくない評価や評判は瞬く間に研究者コミュニティのあいだに噂として伝播していき、またそれによってその後の刊行企画や営業活動に支障をきたす可能性がある。(21)

＊ 以上の解説が、もし「信用することができ、かつ誠実な」出版社および編集者が「全く信用できず、不誠実で、厄介な」存在である著者＝研究者によって一方的に翻弄されているという印象を与えたとしたら、それは、若干事実に反するところがあるだろう。実際には、出版社と編集者の側でも、以上述べてきたような条件や傾向をあらかじめ織り込んだ上で著者と対応することが少なくない。たとえば締め切り一つをとっても、実際には「裏の締め切り」ないし「裏の裏の締め切り」が存在することが少なくないことは、実は著者のあいだにも比較的よく知られている。つまり、出版社や編集者には、著者とのあいだで「狐と狸の化かし合い」とも言える虚々実々のやりとりをおこなうような、懐の深さがあるのだと言える。また、そのようなやりとりを通して、数々のすぐれた学術書が生み出されていくことも稀ではないのだと言えよう。

（三） 編集者の裁量性――「教科書問題」

出版社という組織の中にあって、以上のような特徴を持つ「外注先」である著者、すなわち、必ずしもあてにならず、時としてきわめて不誠実であり、また非常に扱いの難しい取引先である著者との交渉の窓口になるのは、主として編集者である。その編集者に対して比較的大きな裁量権が与えられている点もまた、組織全体としての複合ポートフォリオ戦略的な生産計画を当初の予定どおりに遂行していく上での支障となることが少なくない。これに関して特に大きな問題となるのは、編集者が教科書や教材としての性格を持つ書籍の刊行企画に関して、消極的な場合が少なくないという点である。

渡邊勲によれば、これが、ある時期の東大出版会において、「教科書問題」と呼ばれていた問題であるという。第5章で見たように、基本的に「内部補助型」の大学出版部としての性格を持つ東大出版会においては、教科書や教材の販売収入が組織の運営を維持し、また高度な研究書などの刊行を支える資金を確保するという点でも大きな意味を持っていた。実際、同会では先にあげたように、研究書や教養書と並んで、教科書は「三位一体」の重要な柱の一つであった。また、第八期に策定された刊行方針においても、広い意味で教科書あるいは教材として使用される可能性の高い書籍は、講座・大系などと並んで経済的基盤を支える刊行物として位置づけられていた。

しかしながら、このように事務局幹部の側からは何度か比較的明確な方針が提示されてきたにもかかわらず、東大出版会の刊行物の点数や収入における教科書の占める比率は低いものに留まってきたのであった。そしてこれは、同会においてしばしば重大な問題として取り上げられてきた。たとえば、多田方《ひとし》（一九七九年から八七年まで常務理事）と渡邊によれば、「教科書問題」は一九八七年の「再建五カ年計画」あるいは一九九六年の「経営五カ年計画」などでも大きく取り上げられていた問題の一つなのだという[22]。実際、同会の四〇年誌や五〇年誌の記載を見ても、教科書重視という方針については、事務局幹部から何度か強調されていることがわかる[23]。

同様の問題は、新曜社の場合にも存在していた。同社では、心理学やその関連分野などについては比較的教科書の点数が多かったが、その他の分野では教科書の企画数自体が必ずしも多いわけではなかった[24]。これは一つには、学問分野によっては教科書の制作が必ずしも容易ではない場合が多いことからくるものとも思われる。新曜社から刊行されてきたワードマップ・シリーズは、教科書的な性格を持つ枠組みとして、この問題を解決する上で一定の効果をあげてきたものと考えられる。

教科書の企画に対して必ずしも積極的ではないのは、編集者だけでなく著者についても同様である。（それがひいては、教科書の企画立案に関して編集者が消極的になる傾向と結びついている場合も多いものと思われる。）これは一つには、一般に教科書は研究書に比べて学問的業績としては相対的に低い評価になる傾向があるからでもある。また、教科書は多くの場合、知識や情報の提示の仕方（「見せ方」）という点においては斬新な工夫も可能であるが、その知識や情報の内容それ自体については特に新味があるというわけではない。また、字数に関する制限も比較的厳しいために、書き手としては執筆意欲がわきにくい、といった面がある。さらに、教科書の場合には、研究書に比べた場合、読者の便宜を考えてさまざまな工夫が必要となるものであり、執筆に手間や時間がかかることも多い。

実際、たとえば第3章で取り上げた『ジェンダーの社会学』の編集を担当した新曜社の小田亜佐子によれば、同書の場合には、必ずしもその執筆者たちが最初から彼女が提案した、教科書としても使える本というコンセプトについて乗り気だったわけではないのだという。また、キーワードやコラム欄は、主として小田の提案によって同書の中に盛り込まれていったものであった（長谷川 2005）[25]。第4章で「テキスト革命」について論じた際にも述べたように、結果として、この『ジェンダーの社会学』は、新しい発想にもとづくテキストとしての高い評価を受け、二〇〇九年時点で二五刷まで版を重ねている。

この例に見るように、教科書の場合には、編集者自身が企画を立案した上で、著者に対して積極的に働きかけていかなければならないことが多い。実際、第5章で東京大学出版会の渡邊および伊藤一枝の発言を引いて見てきたように、学術出版社の場合には、編集者が著者の持ち込み企画に対して「受け身」のままでいる限りは、どうしても研究書の割合が増えていく傾向がある。教科書については、編集者の側から「開発型企画」（渡邊）を立てて著者に対して積極的に働きかけていかなければならないのである。

こうしてみると、編集者に対して認められている裁量性は、出版社においてリーダー的立場にいる者が適宜何らかの形で介入しない限りは、ともすれば教科書の比率を低くする方向に働く可能性があるのだと言える。第3章でも指摘した点ではあるが、新曜社のワードマップ・シリーズあるいは有斐閣の場合のアルマ・シリーズという教科書的な性格を持つ書籍に関して設定されている枠組みは、出版社全体としての複合ポートフォリオ的な刊行方針と編集者の側の裁量性とのあいだですり合わせをおこなうための工夫の一つであると見ることができるだろう。(26)

(四) 学術書の性格——思いがけない「お土産」

重要な「外注先」である著者に由来する不確実性の場合には、出版社という組織がその外部環境に対して及ぼし得るコントロールの限界を示すものであると言える。一方、編集者の裁量性に由来する不確実性は、組織の中にあって、著者との窓口となる組織メンバーの行動に関わるものである。(27) したがって、もし不確実性を多分に含む外部環境と組織とをつなぐ橋渡し役(インターフェース)である編集者が、窓口ないし「入り口」の部分で——つまり、組織レベルでのゲートキーパーとして——出版社全体の刊行方針に忠実にしたがって刊行企画を立案しあるいは持ち込み原稿を選別していれば、組織外部の環境に由来する不確定要素の影響はかなりの程度抑制することもできるだろう。またそれに加えて、その後の編集プロセスにおいて編集者が厳格な進行管理をおこなえば、出版社のリーダー的立場にある者たちによって当初構想されていた刊行計画を当初の予定どおりに実現する上でより効果的であるに違いない。(つまり編集者は、出版社という組織とそれを取り巻く環境とのあいだで、「緩衝装置《バッファ》」としての役割を果たすことがあるのである。)

もっとも、たとえ編集者が全社的な刊行計画に忠実にしたがって著者に対応し、また、著者の側でもその編集者の要請に対してかなり協力的であったとしても、学術書の場合には、当初の目論見どおりにはいかない不確実な面がどうしてもつきものである。その不確実性はさまざまなタイプの学術書の中でも、書き下ろしの研究書、とりわけ、完成原稿ではなく執筆途上の原稿や企画案の段階で著者から持ち込まれたり、編集者の側から提案していった研究書の企画において顕著なものとして現れてくる傾向がある。というのも、定番的な知識や情報を解説したり整理したりすることが多い教科書や教養書とは対照的に、研究書の場合には、その執筆プロセスそのものを通して革新的なアイディアや知見を創造していくことが少なくないからである。その意味では、研究書の執筆と編集は、その一つひとつが新規事業ないし一種のベンチャーとしての性格を持つのだと言えよう。

ベンチャー事業に不確実性とリスクがつきものであるように、革新的な内容を含む研究書の執筆には、本来不確実性がつきものである。実際、編集者が企画段階で思い描いていたものとはまるで違うものが最終的に生み出されてくることも頻繁にある。

この点に関連して、新曜社の塩浦は、編集者という仕事の面白さの一つは、著者にいい意味で「裏切られること」だとする。塩浦によれば、執筆依頼というのは編集者にとっても執筆者にとっても、一つのきっかけにすぎないことが多いのだという。そして、出版社や編集者からの要求に対して型どおりに合わせて器用に書き上げるのもプロの著者としての一つのあり方だろうが、彼がそれまで接してきた「いろいろな、いい意味での研究者の人たち」に期待してきたのは、執筆依頼をきっかけにして、それまでの「研究活動の中から何か出てきたもの」を本の形にまとめていくことであるという。

「こういうのを頼んで、こういうのが返ってくる」というのが、そのままだと、ドンピシャだと嬉しいかというと、そうでもないんですよ。外してくるんですよね、必ずね。できる著者ほど、ある意味で「外して」くるんですよね。それが「ああ、なるほど」というので面白いわけで、そうでないと、こちらの技量というか、何というか、器よりも大きくならないわけで。

だから、［執筆］依頼というのは、ある意味で一つのキッカケにすぎないんですね。そこから、できたらね、想像もしなかった大きなものになって、贈り物になって帰ってきて欲しいわけです。そのキッカケを提供するというのが僕たち［編集者］の役目だから。だから、ある意味でいつも過大な期待はしているんだけど、その期待がね、どういう形になってくるかってのをいつも楽しみに待っているって感じですね。「このお土産を買ってきてね」って言ってね、頼んだとおりのお土産が返ってくるわけではないと。（中略）あるいは、全然違うのを買ってきたけど、でもこれも面白いじゃない、というのもあるかもしれないですよね。(28)

塩浦は右の引用で、「できる著者」ほど、編集者が当初持っていた想定を越えた内容の原稿を書き上げてくるものだとしている。同じような点は、しばしば執筆者自身についても当てはまる。実際、塩浦が「研究活動の中から何か出てきたもの」とする「何か」は、実は、執筆者自身にとっても、実際に原稿を書き始めるまでは明瞭な形にはなっていない場合が少なくないのである。

塩浦は、右にその一部を引用したインタビューの別の部分で、物を書くということは本来「ものすごいエネルギーのいること」だとしているが、執筆者にとって物を書く作業というのは、既に頭の中に整理された知識や情報の内容を単に文字に起こしていくプロセスであることは、むしろ稀である。原稿の執筆は、しばしば、まさにその執筆プロセスそれ自体を通して新しい知を生み出していく、きわめて創造的な作業になり得る。つまり、企画の依頼や編集作業が編集者にとって時として思いがけない「お土産」が最終的に手に入る機会になるように、著者にとっても、執筆のプロセスというのは、予想外の「贈り物」や「お土産」を自ら創り上げていく機会になり得るのである。

われわれは編集者に対してインタビューをおこなう際には、それぞれの編集者が担当してきた書籍の中でも特に印象に残っているものの数点をあげていただき、それらの書籍を読んだ上で聞き取りをおこなった（本書巻末の方法論に関する付録参照）。当然のことながら、その中には期待外れという意味での「裏切り」に終わったものも少なくない。しかしその一方で、右にあげた引用で塩浦が言う、予想外の素晴らしい「お土産」になったものも数多く含まれていたのであった。

東大出版会の伊藤一枝にとって、著者がもたらしてくれた思いがけない「お土産」の典型例の一つは、佐伯胖の『「きめ方」の論理――社会的決定理論への招待』(一九八〇)であろう。この本は、「社会選択理論」などと呼ばれる研究領域に関する画期的な解説書として高い評価を受け、これまで二万部前後を刊行している。[29]

『「きめ方」の論理』は、当時東京理科大学の助教授であった著者の佐伯が東京大学教育学部に移籍する前年に刊行されたものである。著者の佐伯は、同書のはしがきで、一度書き上げた原稿を書き直した後に、さらにもう一度「原稿を全部オシャカ」にした点についてふれている。さらにそもそも同書の企画を佐伯に持ちかけ、また同書の編集作業を担当した伊藤に対しては、「何度も繰り返したテーマ変更」に応じてもらった点について感謝の念を捧げている。実際伊藤も、われわれとのインタビューの中で、この本に関しては、執筆途上で内容と構成の両面で大がかりな変更が加えられていった経緯について語っている。[30]

新曜社の堀江の場合、思いがけない「お土産」には、彼が培風館時代に手がけた『今日の社会心理学』全六巻(一九六二―一九六九)のうちの第四巻目である『社会的コミュニケーション』(一九六七)(吉田民人・加藤秀俊・竹内郁郎著)に収録された、社会学者の吉田民人による論文、「情報科学の構想」が含まれるだろう。この論文は、後に東京大学に移籍した吉田が京都大学の教員であった時期に執筆したものである。予定していた著者が健康上の理由で執筆を辞退した後を吉田が引き受けたという事情があったとはいえ、執筆作業は遅々として進まなかった。それもあって、堀江は何度か京都の吉田邸を訪れて原稿を催促することになったのだが、最終的に吉田がこの論文を脱稿したのは、依頼を受けてから四年の歳月が経過した後であった。しかも、分量としても予定を大幅に越え、全巻の半分以上を占める二九〇ページ近くのものになった。しかしながら、「情報科学の構想」は、情報科学を統一的に論じた画期的な論文として、当時社会学だけでなく隣接諸科学および自然科学系の分野の専門家のあいだでも大きな話題を呼び、堀江によれば、結果として「舞台をさらった」ことになったのだという。[31]

こうしてみると、著者がともすれば心ならずも「不誠実」な外注先になってしまい、また、編集者については出版社において大幅な裁量権が認められることが多い重要な背景の一つには、新たな知の地平を切り開く媒体としての研究書が本来持っている性格があるように思われる。同様の点は、教科書や教養書についても指摘できる。つまり、解説している内容それ自体については「枯れた知」としての性格が強いものではあっても、その組み合わせ方や解説の仕方次第では、きわめて斬新で独創的なものになり得るのである。実際、これまで名著と呼ばれてきた古今の教科書は、まさにそのような性格を持つものだと言える。

四　複合ポートフォリオ戦略の創発性

（一）創発的戦略と計画的戦略

本章におけるこれまでの議論と第Ⅱ部での事例分析の結果から示唆されるのは、学術出版社における複合ポートフォリオ戦略は、主として出版社のリーダー的立場にあるメンバーによって事前に策定された全社的な刊行方針だけではなく、多くの試行錯誤を含む模索のプロセスを通して、結果として形成されていった構想や方針をも含み得るものだという点である。実際、出版社においてリーダー的立場にある人びとの構想や意図にもとづく組織としてのコントロールが及ぶ範囲は、少なくとも編集者や「外注先」である著者に関して言えば、かなり限定されたものでしかないことが多い。また、学術書の執筆・制作プロセスそれ自体には、不確定要素が多分に含まれている。このような事情がある限り、事前にあまりにも厳密な計画を立ててそれを忠実に実行しようとしても、その実現はほとんど不可能に近いだろう。むしろ、先にあげた包括的な戦略、つまり各種の出版物の比率やシリーズの枠組みなどについて大まかな方向性は決めておいて、それ以外の問題については、状況にあわせて臨機応変に対応を変えていく方が有効であることも多いと思われる。

先にあげたように、ミンツバーグとウォーターズは、このような特徴を持つ組織戦略を「包括型戦略」と呼んでいる。そして彼らは、これを組織が環境との相互作用による学習を通して見いだし、また一貫した行動パターンとして形成されていくタイプの組織戦略としての「創発的戦略（emergent strategy）」の代表例の一つとして位置づけている。ミンツバーグらは、一方で、この創発型戦略とは対照的な性格を持つ組織戦略を「計画的戦略（deliberate strategy）」と呼んでいる。(32) これはとりもなおさず、「戦略」と言う時にわれわれが通常連想する「作戦計画」としての組織戦略にほかならない。

ミンツバーグらは、真に効果的な組織戦略とは、これら二つのタイプの戦略の性格をあわせ持つものであるとする。彼らによれば、組織は、創発的な性格の戦略を採用することによって、現場の複雑な状況やその状況の変化に対して柔軟に対応できるようになるのだという。一方で、計画的戦略が全く不要というわけでもない。それどころか、組織においてリーダー的立場にある者が計画的戦略を、明確なビジョンと意図に裏打ちされたものとして提示することは、他のメンバーたちにとって、自分たち自身が今後進むべき方向性に関する一定の感覚を持つ上で不可欠の条件なのである。(33)

ミンツバーグは、経営学者のブルース・アルストランドおよびジョセフ・ランペルとの共著である『戦略サファリ』においては、創発的な形でいわば「発見」された戦略を、その後の時点における計画的な戦略へと変えていく可能性について示唆している。(34) 実際、組織学習の結果として見いだされた戦略が全社的な計画戦略の中に組み込まれていった場合、組織戦略は、組織の持つ能力と環境との相互作用をふまえた、きわめて効果的でダイナミックなものになるに違いない。出版社の場合で言えば、これはたとえば、著者から持ち込まれた企画に対して、どちらかと言えば受け身的に対応する形で刊行した書籍が思いがけず——いわば「瓢箪から駒」のような形で——好調な売行きを示し、また学術的にも高い評価を受けたことを契機として、その後、同種のテーマや構成の書籍のシリーズ企画が、全社レベルの刊行方針の一部として組み込まれていく場合などが該当するだろう。

(二) 計画と創発のバランス――有斐閣と東大出版会のケース

こうしてみると、出版社の複合ポートフォリオ戦略については、「計画か創発か」という単純な二者択一の選択ではなく、計画と創発のあいだのバランスを保っていくことがきわめて重要になるのだと言えよう。実際、複合ポートフォリオ戦略が計画あるいは創発のどちらか一方の極に偏ってしまった場合には、深刻な問題が生じる可能性がある。たとえば、出版社が各種の書籍の比率を固定的に設定し、また編集プロセスや製作に関しても極度に厳格な進行管理をおこなった場合には、市場動向や学界の動きの変化に関するフィードバック情報を効果的に利用することができない、硬直的な出版活動になってしまうかもしれない。一方その逆に、編集者の側からの企画提案がほとんど無条件に認められてしまった場合には、出版社は場当たり的な刊行企画を連発してしまい、最悪の場合は経営破綻してしまうことさえあるだろう。つまり、「計画」の行き過ぎは、官僚主義という言葉から通常連想される杓子定規的な規則の適用を意味することになるだろうが、一方、「創発」が暴走した時には、場当たり的な思いつきの連発に終始してしまうことになるのである。

第Ⅱ部で見てきた四社の事例報告は、それぞれの出版社が、さまざまな試行錯誤や模索を経て、複合ポートフォリオ戦略において計画と創発のあいだのバランスを図り、また、環境の変化に対応して新たな均衡状態を見いだしていったことを示している。

この点については、有斐閣における一九八〇年代の経営改革がきわめて示唆的な事例となっている。第4章で見たように、同社では、一九六〇年代後半から一九七〇年代後半までにかけては、編集部がいわば独走するような形で次第に刊行分野が拡大していき、またある意味で場当たり的に企画立案がおこなわれるようになっていった。結果として、法律書以外のジャンルの書籍の比率が増え、また、文学の分野にまで進出していくことによって、刊行点数自体がふくれあがっていくことになった。この刊行分野と点数が拡大していった時期の有斐閣においては、いわば、創発的な方向にあまりにも比重がかかることによって、組織全体としてのコントロールが効果的に働かなくなっていたのだと言える。実際、それが一つの原因となって、有斐閣は深刻な経営難に直面することにもなったのであった。こうした事態をふまえて、一九八〇年代前半には経営側が主導する形で改革が進められ、また従業員全般にわたる全社的な議論を経て、最終的には、刊行分野の絞り込みがなされるようになった。また個々の刊行企画に関しては、生産企画会議および編集常務会によって企画の種類や内容について事前に入念な検討が加えられるようになっていったこともあって、次第に経営は持ち直していった。

つまり、有斐閣においては一九八〇年代に入って、それまでの行き過ぎた創発的な傾向を調整するような計画的戦略が導入されていったのだと言える。ここで注意しておくべきは、この計画的戦略の導入が必ずしも経営サイドから一方的に押しつけられたものではなく、また、計画的戦略の導入後も、刊行企画の立案や編集プロセスに創発的な性格が全く見られなくなったというわけではない、という点である。実際、新しい刊行意思決定システムの導入に際しては、現場の編集者の側からも提案がなされ、また、新システム導入後も、編集者が本づくりの全工程に関わるという慣行は基本的に従来と同じような形で維持されていったのであった。であるからこそ、有斐閣における経営改革が一応の定着を見た後に本格化していった一九八〇年代後半の「テキスト革命」に対しても、同社は比較的柔軟に対応することができたのだと言えよう。

同様の点は、東大出版会についても指摘できるだろう。第5章と本章でふれたように、同会では、第八期（一九五八年—一九五九年）に次期以降の刊行方針を初めて比較的明確な形で打ち出している。これは既刊書の点数が三四〇点を越え、また職員数も二〇名以上と、発足当時の三倍程度に増えていく中で、それまで編集担当者の個人的な人脈にもとづいて進めてきた観もある出版活動に対して、組織全体として一定の方針を立てて対応していく必要が生じてきたからであると考えられる。

またその後東大出版会では、一九六九年には長期計画、そして一九八七年と一九九六年には五カ年計画が策定されている。渡邊によれば、それらの中長期的な将来計画においては、それぞれの編集者による自主的な企画立案の努力の必要性が指摘される一方で、教科書重視の方向や講座・シリーズ企画などの充実が強調されていたのだという。

(三) 極限事例としての「管理されたテキスト」

複合ポートフォリオ戦略における計画と創発のバランスという問題について考えていく上で数多くのヒントを含んでいるのが、米国で一九七〇年に登場した「管理されたテキスト (managed text)」と呼ばれるタイプの学部用教科書の事例である[35]。

管理されたテキストというのは、もっぱら出版社の主導のもとに周到なマーケティング調査を経て企画され、構成や内容、あるいは文章表現や表紙のデザインなど、ほとんどあらゆる面について出版社側が指定する仕様に沿って作られる教科書のことである。このようなタイプの教科書は、ＣＲＭ Ｂｏｏｋｓ社から刊行された *Psychology Today: An Introduction* という心理学のテキストが最初のものである。そして、同様の発想にもとづく社会学や人類学の教科書が相次いで発売され、それらの教科書は瞬く間に米国の教科書市場を席巻したとされる。

他のタイプの教科書と同様、管理されたテキストの場合も、高名な研究者が著者ないし筆頭著者としてクレジットされている。しかし、管理されたテキストの場合には、実際に原稿の執筆にあたるのは、ほとんどの場合、大学院生や若手の研究者あるいはフリーランスのライターからなる「チーム」である。そして、その執筆チームの作業を実質的に管理・指揮するのは研究者ではなく、教科書の版元である出版社の編集者である。中には、教科書作成プロジェクトのために臨時に雇われたフリーランスの編集者が作業管理にあたる例もあった。

要するに、著名な研究者の名前は単なる「看板」として使われていただけなのであり、原稿の大半は「ゴーストライター」たちによって書かれているのである。中には、著者として名前があがっている研究者が実際に原稿やその一部を執筆するケースもある。しかし、その種の原稿は論文調の専門的かつ速記法的な文体で書かれており、ほとんど使い物にならないことが多い。そのため、研究者が書いた原稿は徹底的にリライトされて、学部学生にとってそれほどストレスなく読めるように作り変えられていく。また、編集担当者や執筆チームのメンバーの判断にもとづいて、図や挿絵がふんだんに盛り込まれていくことにもなる。

こうしてみると、管理されたテキストは、学部生用の教科書とは言いながらも、実質的には、小学校から高校までの教科書の場合と同じような形で、出版社側による徹底的な作業管理と進行管理のもとに製作・刊行されているのだと言える。日本でも、高校までの教科書の制作に関しては、しばしば同様の手法が採用されてきたことが、比較的よく知られている[36]。その種の教科書については、自治体や学校による選定・採用時期がほぼ一律であるために、通常は、厳密な生産計画に合わせて進行管理がおこなわれる。それと同様に、右にあげた、大学の学部生を主たる対象とする管理されたテキストの場合にも、厳重な工程管理がなされ、納期についても厳格な期限が設定される。かくして、通常の教科書の場合には企画から刊行までに五年以上の時間がかかるのが珍しくないのとは対照的に、管理されたテキストについては、出版社主導で企画が立てられてから一年も経たないうちに刊行にまでこぎつける例も少なくない。

この管理されたテキストの例では、制作や編集プロセスにおける創発性を極限にまで切り詰めることによって、学術書の制作につきものの不確実性を徹底的に排除することが目指されている。したがって、もし実際に教科書以外のタイプの学術書に関してもそのような計画生産が可能であるとするならば、学術出版についても、大量生産方式で作られる工業製品の場合と同じようなやり方で複合ポートフォリオ的な製品戦略を実現することができるようになるかもしれない[37]。

もっとも、ある批判的な論者によって「官僚主義的な本」と評された、この管理されたテキストのような本の作り方が可能になるのは、学部用教科書の中でも、かなり初等のレベルのものに限られるだろう。仮により上のレベルの教科書や教養書についてもこのような本づくりがなされたとしたら、それはもはや学術書と呼ぶには値しない、知的刺激に欠けたものになる可能性が非常に高い。実際、管理されたテキストについては、カラフルな図版や面白おかしい挿絵が盛り込まれていたとしても、内容についても体裁についても各社のテキスト間の違いが見分けられないほど画一的であったとされる。そして、先に見たように、CRM社からは心理学に続いて、人類学、社会学、発達心理学の教科書が一九七一年に相次いで刊行されたのであるが、それらの教科書の売行きは数年で急激に落ち込んでいき、さらに、同社自体が経営不振のために他の教科書出版社に身売りすることになってしまった。

編集者や執筆者にとっても、管理されたテキストは、執筆意欲や労働意欲が全くわかない、きわめて魅力に乏しいものになる可能性がある。事実、管理されたテキストの編纂を担当させられた米国の出版社の編集者たち自身、そのようなテキスト作りには、「真の才能や独創的な発想」がそのかけらすらも無いことを嘆いていたのだという。[38]また、研究者の側にしても、「知的生活や芸術あるいは科学に対する侮蔑の念」という手ひどい論評がなされたことさえあるこの種の教科書に著者として名前が冠せられることは、あまり好ましい事態ではないだろう。

（四）本づくりに見られる対照的な二つのスタイル

このようにしてみると、本書の第Ⅱ部で見てきた四社における本づくりの場合と比べてみた場合、管理されたテキストは、刊行戦略に関する「計画－創発」という対立軸における位置づけだけでなく、他のさまざまな点についてもきわめて対照的な形で刊行されていたものであることがわかる。この点を考慮に入れて、管理されたテキストの場合の本づくりと、本書の事例研究の対象となった四社における本づくりのあり方について、かなり図式的な形で一種の理念型として示してみたのが、次頁にあげる表7・1である。

この表に見るように、管理されたテキストは、トップダウン的に策定された計画的戦略に忠実にしたがって刊行に関する意思決定がなされ、また、「短期決戦」を目指して厳格な工程管理のもとに制作される。管理されたテキストに関してこのような刊行計画が採用されるのは、とりもなおさず、その版元が徹底したコスト管理による効率的な生産をおこない、また相当程度の経済的利益を得ることを目指しているからにほかならない。（もっとも、当初の目論見とは裏腹に実際にはコスト管理に失敗し、また期待したほどの利益もあげられなかった例も多かったのだという。）[39] 実際、管理されたテキストを刊行していたのは、ほとんどの場合、きわめて商業主義的な傾向の強い出版社であったことを考えれば、それらの版元における製品ポートフォリオ戦略には複合的な性格は稀薄であり、もっぱら経済資本の投資回収・再投資が主たる関心事であったとも考えられる。

それに対して、本書の第Ⅱ部で見てきた四社における本づくりの背景には、より長期的な展望を持った複合ポートフォリオ戦略があると考えられる。実際これら四社においては、経営の健全性を維持していくことへの配慮もさることながら、他方で学術的価値や文化・教育的目標へのコミットメントがあり、また著者とのあいだで形成される人脈資産に関する利害関心が存在すると考えられる。これら四社における本づくりに関わる意思決定がボトムアップ的になされ、また刊行戦略が創発性の高いものになっているのも、このように、経済的資本に加えて象徴資本や人脈資産への配慮があるからだと考えられる。

言うまでもなく、現実に学術出版社においておこなわれる刊行意思決定は、必ずしもそのすべてが表7・1であげた左側の特徴を示すものとは限らない。実際、先に計画と創発のバランスという問題を取り上げた際に述べたように、

表7・1　本づくりにおける２つのスタイル

	４社における本づくり	管理されたテキスト
刊行戦略	創発的	計画的
時間的展望	長期的	短期的
意思決定	ボトムアップ（分権的）	トップダウン（集権的）
主たる目標	学術的・教育的貢献	コスト管理・経済的利益

現実の出版社における組織戦略は、表7・1に示したいくつかの軸の中間に位置づけられるのだとも言えよう。また、同じ出版社の場合でも、異なるタイプの書籍についてはそれぞれ別種の刊行方針を適用する場合もあるだろう。たとえば、講座シリーズのような短期決戦型の刊行物に関しては、ある程度トップダウン的な方針のもとに周到な刊行計画を立てた上で厳格な進行管理をおこなう例が多いかもしれない。それに対して、出版社との関係の深い著者が手がけることになった、その著者の「主著」になり得るような大作に関しては、その著者を担当する編集者に一任するような形で気長に完成（熟成）を待つ場合もあるだろう。

もっとも、個々の出版社における複合ポートフォリオ戦略ないし書籍刊行をめぐる組織的意思決定を全体としてみた場合には、それぞれ独特のパターンないしスタイルのようなものがあると考えられる。それぞれの出版社の複合ポートフォリオ戦略のスタイルは、かなりの部分、その出版社のメンバー自身が自社の学術出版社としての基本的な性格についてどのような認識を持っているかによるところが多いものと思われる。

五　複合ポートフォリオ戦略と組織アイデンティティ

以上で見てきたように、複合ポートフォリオ戦略という概念を、学術出版社におけるゲートキーピングのあり方に関する分析にあたって用いる際には、組織戦略における創発的側面を考慮に入れておくことが非常に重要なポイントの一つになる。つまり、複合ポートフォリオ戦略を分析用具として用いる際には、それぞれの出版社における「タイトル・ミックス」（各種の学術書の組み合わせ）の背景にある、さまざまな経済的・非経済的資本の投資回収・再投資をめぐる組織戦略について検討するだけでなく、以下のような二つの問いに対する答えを明らかにしていく必要があるのである。

・誰がどのような形でタイトル・ミックスおよび各種資本の組み合わせに関する構想や計画を策定するのか
・その構想ないし計画は、具体的にどのような形で実現され、また現場の状況や状況自体の変化にあわせて、どのような変更が加えられていくのか

さらに、第2章から第5章にかけて見てきた四社の事例は、それぞれの出版社に特徴的な複合ポートフォリオ戦略が組織アイデンティティのあり方と密接な関連を持つものであることを示唆している。実際、編集者の多くが自社を職人集団としてとらえている出版社と集権的な官僚制的組織として認識している出版社とでは、〈全社的な刊行計画が実際の刊行意思決定や編集作業において占める位置づけ〉という点に関してはかなりの違いが存在していることが考えられる。同じように、出版社のメンバーの多くが自社の基本的な性格を営利企業体と見なしている場合と文化事業体に近いものと見なしている場合とでは、タイトル・ミックスのあり方は著しく異なるものになるに違いない。たとえば、「管理されたテキスト」の刊行を専門にしている米国の教科書出版社の場合、その経営幹部や従業員の多くは、自社のあり方を、集権的な原理によってマネジメントされる営利企業体として思い描いているものと思われる。一方、同じ米国にあっても、各種の助成を前提として運営され、またもっぱら高度な研究書としてのモノグラフを刊行している大学出版部の場合、そのメンバーの多くは、自組織を文化事業体として位置づけ、また職人集団的な性格の強い組織としてとらえていると考えられる。

第1章では、学術出版社という組織は、一般に文化事業体・営利企業体・職人集団・官僚制的組織という四つの顔をあわせ持つものであるという点について指摘した。また第1章においては、これら四つの組織アイデンティティの相対的な位置づけを明らかにする分析枠として〈文化〉－〈商業〉、〈職人性〉－〈官僚制〉という二つの軸を設定した。続く第2章から第5章にかけて検討してきた四社の事例は、学術出版社という組織およびそのメンバーの活動な

いし行動に関わる本質的な四つの原理と見なしてきた〈文化〉・〈商業〉・〈職人性〉・〈官僚制〉が、それぞれわれわれの当初の想定以上に多彩な内容を含み得るものであることを示唆している。

たとえば、新曜社や東大出版会の事例は、〈文化〉には、専門的な内容を含む研究書に代表される高度な文化生産物の価値に関わるだけでなく、教養書や教科書に体現される、学術的知の普及や解説に関わる文化的価値が含まれ得ることを示している。また有斐閣の事例について見たように、〈文化〉には、「マス化時代」の大学にふさわしい大衆文化志向が含まれる場合もあるだろう。さらにハーベスト社の事例は、本づくりに関わる〈文化〉には、「高級文化《ハイカルチャー》」などの言葉からしばしば連想されるような、抽象的で、ある意味では「大仰」な意味内容を含むものだけではなく、「良い本を出したい」という、より日常的な実践に根ざしたものが含まれ得ることを示唆している。

同じように、〈文化〉の対極に位置づけられてきた〈商業〉についても、「商業主義」と言う場合のような、文化的価値を犠牲にしても経済的利益の追求をひたすら目指す組織に特徴的行動原理を指し得る一方で、文化的価値を生み出す場としての出版社という組織の維持や健全な経営への志向を意味する場合もある。たとえば、もっぱら管理されたテキストを刊行している米国の商業出版社については前者の意味での〈商業〉性を見て取ることができるが、第Ⅱ部で見てきた四社については、主として後者の意味での〈商業〉性を指摘することができるだろう。

もっとも、学術出版社の組織アイデンティティを構成する四つの行動原理ないし四つのサブ・アイデンティティは、たしかにそれぞれ多様な内容を含み得るものではあるが、一方で、複数の顔ないし原理のあいだには、しばしば本質的な対立関係が存在することもまた事実である。実際、〈文化〉－〈商業〉という対立軸は、経済的価値には還元し尽くせない価値を追求することを目指す学術書というものを資本主義社会の中で一個の「商品」として生産していくことに含まれる、根本的な矛盾に根ざしていると考えることができる。一方、〈職人性〉－〈官僚制〉という対立軸は、「個人プレー」としての性格を色濃く持つ編集という仕事を出版社という組織の中で「チームワーク（協働作業）」として運営していくことに本来含まれる矛盾や葛藤を背景としている。

次章では、学術出版社が組織として持つ文化事業体・営利企業体・職人集団・官僚制的組織という四つの顔、そしてまた〈職人性〉－〈官僚制〉および〈文化〉－〈商業〉という二つの軸が相互にどのような関連を持ち、また、どのような形で学術出版社におけるゲートキーピングのあり方を規定しているのかという点について、さらに掘り下げて見ていくことにする。

【補論　複合ポートフォリオ戦略の創発性をめぐる技術的条件と制度的条件】

本章における議論から導かれる理論的示唆の一つは、組織戦略における創発性の背景には、業務の効率性に関わる技術的条件だけでなく、業務をおこなう上での方法やその目的に関する文化的規定という意味での制度的条件もきわめて重要な要因として存在している、という点である。実際、学術出版社の複合ポートフォリオ戦略に創発的な性格が強くなっている背景には、本づくりの効率性に関わる技術的条件だけでなく、本づくりの方法やその目的に関する文化的意味づけのあり方がきわめて重要な要因として存在していると考えられる。

創発性と効率性

ミンツバーグらによるものをはじめとして、組織戦略の創発性に関する従来の議論においては、もっぱら組織活動の効率性という意味での技術的側面が強調される傾向があった。言葉を換えて言えば、それらの議論では、本書でも何度か指摘してきた、組織環境への対応という点における創発的戦略の利点――環境条件の複雑性やその時々の環境変化に対して柔軟に対応しうるという点や効果的な組織学習のメリット――に対して焦点があてられてきたのである。

また創発性をめぐる従来の議論においては、創発的な戦略が生じやすい組織構造・組織過程上の特徴、あるいはまた、意図的に創発的戦略を生じさせる工夫などについて指摘や提案がなされることもあった。たとえば、ある時期までの日本企業の強みとしては、ミドルの管理者層が濃密な相互作用をおこなっていたことがあげられてきた。そのような条件のもとでは、現場に近い場面で経営資源と環境のマッチングが適切におこなわれていたため、結果として、状況変化に即応した事業展開のパターンが創発的に生じていたのだとされる(40)。一方で創発的戦略を意図的に生じさせる工夫の例としては、多角化企業などの場合に、その組織を、それぞれがかなりの程度の自律性を持った比較的小さな単位に分割する施策があげられてきた。これによって、顧客との接点に近い部分で市場の動向やその変化に関する情報をいち早く入手し、また迅速な意思決定や創発的な事業展開がおこなえるようになるのだという(41)。

「クラフト的生産管理」に関わる、米国の社会学者アーサー・スティンチコムの議論も、創発的な組織戦略が持つとされている効率性との関連が深いものであると考えられる(42)。スティンチコムがクラフト的生産管理と呼ぶのは、専門的な技能を持つ労働者が大幅な裁量権を持って職務を遂行するタイプの分権的な生産管理システムのことである。(つまり、本書の用語法で言えば〈職人性〉が濃厚に見られる業務管理の仕組みに該当すると言えよう。)彼は、このクラフト的生産管理システムを、官僚制的な生産管理システムとの対比で論じている。スティンチコムによれば、規格品を安定的に製造する大量生産が必要となる製造業の場合には、集権的な官僚制型の生産管理方式——つまり、ウェーバー流の理念型的な官僚制的生産システム——を採用することによって合理的で効率的な生産が可能になることが多い。それとは対照的に、たとえば主として建て売り住宅の建設を請け負う建設業者のような場合には、クラフト的な生産管理方式の方が合理的かつ効率的なのだという。

これは、建設業の場合には、住宅需要がそれぞれの地域の市場動向に左右されがちであり、したがって経済的に不安定にならざるを得ないからである。実際、大量生産型の製造業とは違って、建て売り住宅業界のように、仕事の量という点でも、製品ミックスという点でも、あるいは労働要員の構成という点でも変動が激しい業種の場合には、常勤の事務系職員を多数抱え込んで、それらの、いわば「素人」の事務員を訓練した上で業務上の情報を生産現場へ伝達させるというのは、きわめて非効率的な仕事の進め方になってくるであろう。むしろ、建物の仕様や価格帯についてはゼネコンや施主あるいは不動産業者がその大枠を指定するにしても、具体的な仕事の進め方については専門的な技能を持つ下請け業者の裁量に任せた方がはるかに効率的な事業ができるに違いない。実際、スティンチコムによれば、製造業の場合とは対照的に、建設業においては事務職員の占める割合は多くても二割程度にすぎなかったのだという。

本づくりにおける創発性と編集者の職能

米国の社会学者ウォルター・パウエルは、この、クラフト的生産管理システムに関するスティンチコムの議論を敷衍して、出版社に特徴的な編集者の職能のあり方について説明を加えている。パウエルは、たとえば出版社の場合には編集者に、またレコード会社の場合には個々のプロデューサーに対してコンテント制作に関する大幅な裁量権が与えられている例に見るように、文化産業においては、クラフト的生産管理を中心とする経営スタイルがしばしば見られることを指摘する。[43] パウエルによれば、これは、「多品種少量生産」と言われるように、文化産業に属する企業の場合には、非常に多くの商品を次から次へと継続的に生産し、また、一つひとつの商品の内容が複雑であり、またそれを作る上での仕事の流れ（ワークフロー）が変則的であり、かつ売上げ予測が困難であることが多いからだという。たしかに、このような場合には、細かい業務内容については、集権的に管理するよりは、現場の裁量に委ねる必要があり、またその方がむしろはるかに合理的かつ効率的に業務がおこなえるだろう。[44]

われわれは出版社の事例研究を始めるにあたって、主としてこのパウエルの議論をふまえて、編集者の裁量性、そしてまたそれを重要な背景として出版社が持つことになる、「職人集団」としての組織アイデンティティに着目していた。つまりわれわれの場合も、当初は、出版社に特有の組織構造や組織過程は主としてクラフトないし職人仕事的な業務の進め方が持つ効率性によって説明できるのではないかと考えていたのであった。しかしながら、研究を進めていく中で次第に明らかになってきたのは、学術出版社において編集者に対して相当程度の裁量権が認められてきた背景には、単に技術的な効率性という条件だけでなく、制度的な要因が深く関わっているという事実である。

実際、たとえば、第Ⅱ部で見てきた四社において、編集者の仕事に〈職人〉的な性格が顕著に見られるのは、単に編集業務にとっての効率性という点だけでなく、むしろ編集者の仲間内で共有されている職業観や伝承において職人仕事的な価値が強調されている点によるところが大きいように思われる[45]。たとえば、新曜社の場合には、創業時からその運営の中核を担ってきた堀江や塩浦自身の編集者としての体験を背景にして培われた編集者の職能に関する信念が、「一編集者一事業部」的な経営方針の根底にあったと思われる。

ここで注意しておく必要があるのは、編集者の職能に関して抱かれている信念は、実際の職業経験や一種の経験則にもとづく個人的信念だけではなく、編集者や著者のあいだに広く共有されている文化的信念としての側面がある、という点である。実際、編者者の仕事について書かれた評伝や自伝の中には、しばしば編集者の職能が持つ〈職人〉的な性格や「組織内独立事業者」とでも呼ぶべき性格をめぐる記述が見られる。また、そのような〈職人〉性に関する信念は、編集者がその仕事をおこなう上で密接に関与することが多い著者（研究者）の仕事の場合も、〈職人〉仕事的な性格が濃厚であることによって強化されていると考えることができる。

こうしてみると、学術出版社において、特に編集者の職務に関して分権的な性格が濃厚であるのは、「編集者に大幅な裁量権を認めた方が、そうでない場合に比べてより効率的な業務活動が可能になる」という理由からだけでなく、「編集者というのは、それぞれが独立事業者的なスタイルで仕事をするのが当然だし、そうあるべきだ」という認識ないし文化的信念が、特定の出版社内だけでなく出版社がその中に埋め込まれている組織フィールドにおいても共有されている、重要な了解事項の一つになっているからだと考えられる[46]。

したがって、たとえばそのような認識が必ずしも共有されていない出版社の場合には、編集者に対して認められる裁量性の程度はより低いものになると思われる。実際、新曜社とほぼ同じ規模であり、また同じく社会科学関連書籍の刊行を専門としていた某出版社で学術書の編集業務を体験したことのある編集者によれば、その会社では、頻繁に編集企画会議が持たれ、また「ほとんどそれ自体が作品と思われるような企画書」を作成しなければならないことも多かったのだという。

同じように、編集者の職能やそのプロフェッショナリズムに関する認識が相互に全く異なる複数の社会のあいだでは、編集者に対して与えられる裁量の幅には大きな違いが見られるかもしれない。

本づくりの「効率性」をめぐる文化的定義(47)

以上では、学術出版社の製品戦略である複合ポートフォリオ戦略が創発性の強いものになっていく背景について、主として、本づくりにおける効率性および編集者の職能に関する文化的規定という両方の視点から検討を加えてきた。これに対して、①複合ポートフォリオ戦略の特徴・②編集者の職能の性格・③本づくりの効率性という三者の関係についてさらに検討を進めていこうとする際には、〈編集者の裁量性を中心とするクラフト的な生産管理システムによって達成し得る効率性なるものが、そもそもどのようなモノサシで測った場合の「効率性」なのか〉という点についても慎重に検討していく必要がある。というのも、官僚制的生産管理システムで作られる大量生産品であろうがクラフト的な生産管理システムで建てられる住宅であろうが、通常の製品の場合には、その生産方式の効率性については、比較的単純明快なモノサシで測ることができる。それとは対照的に、学術書の場合には、本づくりの効率性を測る規準や尺度にははるかに複雑かつ多様なものがあり得るからである。

たとえば、管理されたテキストの場合は、企画立案から刊行までのリードタイムの短さという点について言えば、きわめて効率的な制作システムであると言える。また、当初のねらいどおりにそのテキストがヒットした場合には膨大な収益も獲得できるだろう。しかしながら、学術書の刊行によって得られる象徴的価値という尺度を当てはめてみた場合は、どうであろうか。そのような場合には、管理されたテキストの場合の本づくりの方法は、それに要した経費やマンパワーから見て、きわめて非効率的な制作システムとしての評価しか与えられないであろう。

一方、主として高度な研究書を、編集者と著者との緊密なやりとりを通して刊行する出版社の場合には、一冊の本が出来上がるまでには気の遠くなるほどの長い時間がかかることも多い。その意味では、その種の出版社で採用されている制作方法はきわめて非効率的なものであると言える。しかしながら、「社格」を高めるための象徴資本の蓄積という観点から見れば、逆に、そのような本づくりの方法はむしろ非常に効率的なものである可能性が高い。また、そのような研究書の刊行は、他の有望な著者を引きつけていく上でもきわめて効果的であると言えよう。さらに、中には、その種の研究書が一種の古典ないし「定本」としての位置を獲得して版を重ね、毎年確実に一定の売上げを示して出版社の経営を支える柱の一つになっているケースもあるだろう。そのような場合は、長期的な時間のスパンで見た場合の経済資本の蓄積という点においても、効率的な制作システムになっているのだと言える。(48)

そして、先に編集者の職能がクラフト的性格を持つ背景について指摘したのと同様に、ある出版社において本づくりの効率性を測る上で用いられる判断基準に関しては、その出版社が属する出版業界のサブセクターや学術界などを含む組織フィールドにおいて共有されている了解事項や文化的規定が、色濃く反映されていると考えることができる。たとえば、管理されたテキストを刊行する商業出版社が属する業界サブセクターを一方に置き、他方に、主として非営利的な大学出版部によって構成されるサブセクターを置いて見た場合、両者のあいだには、本づくりの効率性をはかるモノサシという点に関しては、きわめて顕著な違いが存在するものと思われる。

組織フィールドの変容過程とゲートキーピング機能の変容

以上で見てきたように、編集者の職能に見られる基本的な性格と本づくりの効率性を測るモノサシの特徴という二つの条件は、それぞれ学術出版社における複合ポートフォリオ戦略を規定する上で重要な意味を持っている。そして、そのいずれについても、出版社が属している組織フィールドにおける文化的規定が重要な背景要因になっているものと思われる。したがって、本章で指摘した、出版社の複合ポートフォリオ戦略と組織アイデンティティとのあいだに存在する関係について個別の事例に則して詳しく検討していく際には、その出版社が持つ組織文化の特徴について見ていくだけでは不十分な分析にしかならないだろう。それに加えて、その出版社が埋め込まれている社会的世界においてどのような了解事項が共有されているのか（いないのか）、という点について検討していくことが非常に重要なポイントになるのである。

同様の点は、たとえば出版社のゲートキーピング機能の時代的・時期的変化に関する検討をおこなう場合についても指摘できる。すなわち、出版社が学術的知のゲートキーパーとして果たしてきた役割とその変化をとらえる際には、次のようなリサーチ・クエスチョンを中心に据えて丹念な分析をおこなっていく必要があるのである――〈出版界・学術界・読者界を含む組織フィールドのレベルにおいては、制度面におけるどのような種類の変化が、どのような経緯によって生じているのか。それは、どのような形で個々の出版社の組織アイデンティティと複合ポートフォリオ戦略の変化へと結びついていき、ひいては出版社のゲートキーピング・プロセスにおける変化をもたらしていったのか[49]〉。

本書の第9章では、日本の学術出版界の変容について検討していくが、その際に試みたのは、まさにそのような、マクロレベルでの制度的要因が組織レベルの変化をもたらすに至るプロセスを念頭に置いた分析にほかならない。

第8章　組織アイデンティティのダイナミクス

第Ⅱ部で繰り返し見てきたように、出版社は、企業体として組織を維持していくだけでなく、時には高度な文化的価値を有する学術書を、採算を度外視してまで制作し刊行していく。その意味では、学術出版社は、営利企業としての「顔」だけでなく、一種の非営利組織としての顔をも持っているのだと言える。同様の点が、たとえばオーケストラや劇団など、多くの芸術創造団体についても指摘できることは、よく知られている。

本章では、この、文化生産組織とりわけ学術出版社の組織アイデンティティの多元性を分析的に明らかにしていくことを目指す。「同一性」ないし「自己同一性」と訳されることがあるように、アイデンティティという概念からは単一性や持続性といった意味合いが容易に想起されるが、実際には、個人の場合と同様に、組織においてもアイデンティティはしばしば多元的で流動的な様相を呈する。しかしながら従来の研究の多くでは、そうした組織アイデンティティの多元性にまつわる問題は軽視されるか、あるいは「規範的アイデンティティ　対　功利的アイデンティティ」という二極図式で単純に記述されるにすぎなかった。そこで本章では、協働の成果に関わる〈文化〉と〈商業〉の軸と、協働の仕方に関わる〈職人性〉と〈官僚制〉の軸を分析的に独立したものとして設定した上で、これら四つの極それぞれの性質を丹念に洗い出し、さらにそれらのあいだにおける協調的・競合的な関係性についての整理を試みる。

それはとりもなおさず、第1章であげた以下のリサーチ・クエスチョンに対する、より精確な答えを模索していくことでもある。

出版社が持つ文化事業体・営利企業体・職人集団・官僚制的組織という四つの顔と刊行ラインナップの構成および個々の書籍の刊行に関わる意思決定プロセスとのあいだにはどのような関係があるのか？　とりわけ出版社の組織アイデンティティにおける「〈文化〉対〈商業〉」「〈職人性〉対〈官僚制〉」という二つの対立軸と刊行意思決定プロセスとのあいだにはどのような関係が存在するのか？（リサーチ・クエスチョンⅡ）

一　文化生産における聖と俗

学術書を刊行する著者・編集者のすべてに共通する思いは、学問的・社会的に意義の深い良書を刊行することである。[1]初めから儲けを目指して研究者や学術書編集者を目指す人は、まずいない。しかしながら、肝心の本が売れなければ学術書出版は事業として成り立たない、というのは当然のことである。株式会社の場合も大学出版会の場合も、専門書であれテキストであれ、とにかく市場に流通し、それなりの売上げを示すということが良書の刊行にとっての大事な条件となる。

したがって学術系の書目を中心とした出版社といえども、〈文化〉的な志向を強く有していればそれだけで済むというわけでは決してない。〈文化〉的作品を生産し続けるにあたっては、それを支える別の志向がどうしても必要となる。そして実際われわれは学術出版のフィールドワークをおこなう中で、各々の組織が呈するさまざまな顔に出くわした。〈文化〉的な顔に比肩し得る代表的なものとしては、〈商業〉的・〈職人〉的・〈官僚制〉的な相貌があげられる。では、これらの顔はそれぞれいかなる性格を持ち、そして相互にどのように関係し合っているのであろうか。まずは、〈文化〉と〈商業〉をめぐる問題から見ていこう。

学術出版社にとって、学問的に高度で最先端の本の刊行が聖なる使命である一方、売行きのいい本を出すことは俗なる務めに違いない。エミール・デュルケム（フランスの社会学者）（Durkheim 1912［古野訳 1975］）やミルチャ・エリアーデ（ルーマニア出身の宗教学者）（Eliade 1957［風間訳 1969］）の説くように、高次の象徴に満ち、人間の深い交わりを可能にする聖と、日々の生活から成り、個々人の功利的配慮が顕在化する俗は、きわめて対照的な意味世界である。もともとは高度な専門書の刊行を目指していたとしても、事業の継続性のためにその水準を落としてしまったり、あるいはそれとは別に売行きのいい啓蒙書や一般書を出さざるを得なくなったりするのは、聖なる使命を強く抱く編集者であればあるほど、忸怩たる思いのする事態であろう。

そしてこれは、狭く学術の世界だけでなく、音楽や絵画や文学にも通底する一般的な問題である。たとえば、生前自らの交響曲の実演をそれほど耳にしていないブルックナー、生涯売れない絵を描き続けたゴーギャン、そして多作だったものの自費出版ないしそれに類した形でたった二冊の本を残しただけで世を去った宮沢賢治。彼らは、市場とは随分と離れたところでそれぞれ独自の創作活動に邁進していた。彼らの作品が光彩を放っているのは、彼らが俗事とのあいだにそれなりに有意な境界を保ち続けたことによるところが少なくない。

しかしながら、ここで注意しなければならないのは、こうした一見世間離れしたように見える創作家たちも、実は功利的な俗なる世界と全く無縁だったわけではないということである。(2) ブルックナーもゴーギャンも宮沢賢治も、自らの作品が世に受け入れられるようさまざまな働きかけをしている。彼らは、決して世俗的な成功を自ら拒絶してはいなかった。ただ、生前はその良さが市場でたいして認められなかったというだけである。

さらに、当然のことではあるが、俗なる世界への配慮が作品の質の低さを帰結するとは限らない。バッハは属する教会のために、そしてハイドンは仕える貴族のために膨大な曲を作り続けたが、その中には珠玉の名曲が数多くある。それは教会や貴族との関わりにおいてだけでなく、市場の場合も同様だ。市場における金銭的成功をあからさまに重視したリヒャルト・シュトラウスも、大変に質の高い作品の数々を残しているのである。

米国の社会学者ポール・ディマジオ（DiMaggio 1991）は、フランクフルト学派流の大衆文化批判が商業文化産業のポジティブな側面を見落としがちなことに対して鋭い批判の眼を向けた。彼によれば、ハイ・カルチャーの初期の広まりにはラジオなどの商業文化産業が大きな役割を果たしていた。レコード会社もデパートもラジオ局も、ハイ・カルチャーを台無しにしてしまったわけではない。むしろそれらは、ハイ・カルチャーをポピュラー・カルチャーと鮮明に対比させることを通じて、そのオーディエンスを増やしていった。ハイ・カルチャーが自律的な意味領域として確立したのは、まさに商業文化産業の助けを借りてのことだったのである。

もちろんこの見方に対しては、そうした流れがあったからこそハイ・カルチャーの本来的な凄みが減じることになってしまったのだという、さらなる反論も可能だろう。たしかに市場や制度が文化の力を損なうことはある。実際、市場や制度から距離をとり、孤高の姿勢を保つことによっていい作品が生まれることも少なくなく、また市場や制度への過度の傾斜が、場合によっては創作意欲の低下や作品の粗製乱造につながってしまう危険性を否定するわけにはいかない(3)。けれどもその一方、市場や制度の力によって創作家たちの動機づけが高まるということも大いにあり得よう。学問や芸術における聖と俗を先験的に対立するだけのものと見るわけにはいかない。重要なのは、その二つの意味世界がどのような時に対立し、どのような際に補強し合うのかを十全に検討し、そしてその帰結がどうなるかをしっかりと見定めていくことであろう(4)。

二　組織アイデンティティの多元性と流動性

学術出版組織は、高度な専門書の出版という聖なる使命を帯びながら、その活動を安定化させるために売上げや収益といった俗なる関心をも強く持つ。学術出版社の中には、収益性の低い専門書の刊行と、収益性の高いテキスト・啓蒙書・一般書の刊行とをうまく組み合わせるポートフォリオ戦略をとっているところが少なくない。そして、この事業としての二つの側面は、そのまま組織アイデンティティにも反映されることになる。組織アイデンティティとは一言で言えば当該の組織の独自性、すなわちその組織らしさのことだが、学術出版業の場合、そこには聖なる側面と俗なる側面がともに含まれるというのが通常の事態だ。

米国の経営学者スチュワート・アルバートとデイビッド・ホウェットン（Albert & Whetten 1985：265）は組織アイデンティティの規準として、①中核性（本質性）、②特異性（示差性）、③持続性（時間的同一性）の三つをあげた。つまり、当の組織の集合体としてのアイデンティティは、歴史的に長く続いてきており、他の組織と明確に区別される、その組織の中心的な性格によって示される、というわけである。このうち、②特異性は集合的アイデンティティの根幹そのものであり、最も重要な揺るぎない規準と言えるが、残りの二つ、つまり、①中核性ならびに、③持続性に関しては、これを厳密にとらえすぎてはならない。長く続いてきた中心的な性格と言っても、それは必ずしも単一の特徴によって言い表せるものとは限らず、また時代状況に応じてそれなりに姿を変えていく可能性もある。したがってこの二つの規準は、多元性を含み込んだ中核性、そして変動を織り込んだ持続性と解すべきであろう。

実際、アルバートとホウェットン（Albert & Whetten 1985：275ff.）は、組織アイデンティティなるものが規範的な側面と功利的な側面の二つをあわせ持ち得るということ、またもともとどちらか一方の側面から出発した組織でも、時を経るにつれてもう一方の側面をも含み込むようになりえることを強調している。教会がビジネスのようになったり、またビジネスが教会のようになったりというのは、現実に大いにあり得るというわけである。

近年の組織アイデンティティ研究において、多元性は大きな探究課題となってきた。たとえば米国の経営学者のケビン・コーレイら（Corley et al. 2006：91-92）は、各種の既存文献をレビューしながら、組織アイデンティティの二元的ないし多元的性質について論じているし、心理学者のマイケル・プラット（Pratt 2001：23-24）は、組織成員個々人の次元で見られる複数の同一化（たとえば職業への同一化と組織への同一化）と、組織体それ自体が呈する多元的なアイデンティティについてともに検討している。

この多元性問題についての実証研究はまだ多くはないが、アメリカ中西部の各種の地方コープ（協同組合）への参加者を対象としたサーベイにより、コープの規範的（家族的）アイデンティティと功利的（ビジネス的）アイデンティティについて深く探究したピーター・フォアマンとホウェットン（Foreman & Whetten 2002）の研究や、アトランタ交響楽団で生起した楽団員たちによるストライキに関する事例研究をもとに、オーケストラにおける規範的（芸術的）アイデンティティと功利的（経済的）アイデンティティとの併存を活写したメアリー・グリン（Glynn 2000）の研究などは注目に値しよう。またマーティン・パーカー（Parker 2000）は、三つの組織の事例研究にもとづいて、主として職位によって異なる「われわれ／彼ら」の分別があるということを明らかにし（chap. 5-7）、その上でかかる分別は〝状態〟としてではなく「過程」としてとらえられるべきという指摘をおこなっている（p. 188）。さらにシェリー・ブリクソン（Brickson 2007）は、アメリカの法律事務所とソフトドリンク会社という二つの業界における諸々の組織とその成員の調査にもとづいて、個人主義的な組織アイデンティティ指向と関係的なそれと集合主義的なそれの三つがしばしば多元的に混淆するということを見いだした。アイデンティティという用語は容易に単一性というイメージを喚起するが、しかし実際に組織アイデンティティ現象を注意深く見据えれば、そこには実に多様な諸側面の存在が認められるのである。

さらに、そうした多元性は時間軸においても立ち現れる。ニューヨーク・ニュージャージー港湾管理局の事例研究をおこなったジェーン・ダットンとジャネット・デュカリッチ（Dutton & Dukerich 1991）は、この機関がバス・ターミナルや空港におけるホームレス問題に見舞われた際、当初はこの機関が普段扱うべき技術的問題とは違うということで身を引き離しながらも、次第にそれに深くコミットせざるを得なくなり、その後適切な対応によって世間から高い評価を受けるようになると、今度はまたホームレス問題への対処のリーダーになるのを厭うようになるという、数次にわたる組織アイデンティティの変容過程を活き活きと描出した。また、スカンジナビア航空（ＳＡＳ）のデンマーク人客室乗務員たちがおこなったストライキ時の集合的アイデンティティの様相に着目したピーター・ダーラ-ラルセン（Dahler-Larsen 1997）によれば、そこには客室乗務員としてのわれわれ、ＳＡＳメンバーとしてのわれわれ、被雇用者としてのわれわれ、デンマーク人としてのわれわれという四つの類型化が認められ、それらは時に応じて変化していったという。

組織が複数の顔を持ち、しかもそれが時とともに移ろうというのは何も例外的な事態ではない。たしかに組織アイデンティティは単一の独自な実体として共同主観的に観念されるものではあるが、それは他方できわめて多元的かつ流動的な存在でもあるのである(5)。そして文化生産に関わる組織の場合は、特に〈文化〉性と〈商業〉性という二つの顔が問題となる。この二つは聖か俗か、象徴的か功利的か、表出的か手段的かといった点に関してきわめて対照的だ。オーケストラのパフォーマンスにせよ専門書の出版にせよ、文化を生産する組織はこの二つを適切に扱っていかなければならない。各々の組織が呈する〈文化〉的な顔と〈商業〉的な顔はそれぞれ多様であり、また時期によってその相貌をさまざまに変えていく。たとえば、時に〈文化〉性を犠牲にして〈商業〉性ばかりが露わになることがあり、また逆に〈文化〉性にこだわるあまり〈商業〉性が衰微することもあろう。また、この二つが相互に支え合い、好循環を演じるという場合ももちろんある。文化生産組織のアイデンティティを見極めるためには、こうした多元的な相貌のダイナミクスを十全に押さえておくことが肝要に違いない。

三　職人技をめぐって

書物、とりわけ学術書を刊行するにあたって、出版社内で〈文化〉性を発揮する主体としてまず注目されるのは、個々の編集者であろう。アメリカの学術出版社で働く編集者たちは、少なくとも古き良き時代においては、独自にアイディアを練ったり、あるいは著者からの持ち込み原稿を別の研究者による査読に回したりしながら各種の企画を練り、営業からさしたる介入も受けないまま、自律的にこれを実際の刊行プロセスに乗せていた（Powell 1985 を参照）。また日本の学術出版社でも編集者たちは、プロデューサー・監督・演出家・担当スタッフすべてを兼ねるような役割を果たしつつ、ひとつひとつの本を丁寧に作り上げていく。どのような書物になるかは、まさに彼らの職人的な腕にかかっていると言っていい。

しかしながら出版社の規模が大きくなり、学術出版の事業としての側面がクローズアップされることで、〈商業〉性の比重が高まってくると、そうした職人技の発揮にはそれなりの制約がかかることになる。アメリカでも日本でも、〈商業〉的なテキストないしそれに類したものを作る場合、職人としての編集者が独自の腕をふるう範囲はそう大きくはない(6)。そこでは会社の方針とか売上げ・収益の見込みとか管理職の思惑などが大きくものを言うため、編集者たちはそれらと折り合いをつけるべく日々務めなければならない。いい本を独自に出したいという思いは強く持ちながら、しかし営業のことを勘案するとなかなかそうはいかないというのは、多くの学術書編集者たちに共通した思いである。

米国の社会学者パウエル（Powell 1985 : 1）の指摘するように、〈文化〉的義務と〈商業〉的要請とのあいだの緊張・拮抗関係は、出版業始まって以来長く続く大きな問題だ。パウエルはこの緊張・拮抗関係を組織内のポジションに投影して、専門職と管理職とのあいだの対立として語っている。またこれは、編集者個人の内部では、著者や自らのクラフト（技能・職人性）へのこだわりと会社への忠誠とのあいだの葛藤としてしばしば立ち現れることになろう（p. xxii）。

アメリカの学術出版社二社を対象とするフィールドワークをもとにしたパウエルの研究の意義は、大きく次の二つに求められる。まず第一に、文化をめぐる問題をより広い組織的・制度的領野のもとでとらえ返したこと。文化の生産・流通・消費について語る際、当の文化の象徴的な中身にだけ注目する類の文化論では、あまりに射程が狭すぎる。これに対して、文化的産品が作り出される組織的・制度的背景を鋭く分析した彼の研究は、社会学的に高く評価されるべきであろう。そして第二に、組織や制度といったメソ・レベル、マクロ・レベルの探究をおこなうと同時に、ミクロ・レベルで編集者個々人の意識や活動を詳細に描き出したこと。学術書の生産プロセスを追うのはとても大事な作業だが、それだけに留まるならば単なる業界紹介にすぎなくなってしまう。そうではなく、パウエルの研究のように編集者各人の主観的ないし共同主観的な意味世界を深く抉ってこそ、文化生産の現場の理解はより正確なものになるに違いない。そして、「専門職 対 管理職」や「クラフト 対 企業」といった対立軸をもとにした分析は、まさにそうした深いフィールドワークを通じて可能になったものと考えられる。もし表面的な文化論や業界研究に留まっていたなら、〈文化〉性と〈商業〉性の対立を抽象的に語ることくらいしかできなかったはずだ。

ただしここで注意しておきたいのは、〈文化〉性と〈商業〉性のディレンマをそのまま職位間の対立などに投影してしまうのは、単純に過ぎるのではないか、という問題である。たしかに現場の詳細な分析は非常に重要だし、それをもとにして文化生産におけるクラフト性をクローズアップするのはきわめて適切な視点と言える。しかしながら、職人らしさを強調する編集者が〈文化〉性のみを支持するとは限らない。彼らが独自の技能をもって自律的な形で〈商業〉的な出版に邁進するということも、大いにあり得るのである。また、その反対に〈文化〉人としての性格の濃い管理職が、〈商業〉性をかなりの程度犠牲にしてまで、専門的に革新的な書物の刊行を推進するということもままあろう。学術出版フィールドにおけるいわゆる一人出版社の場合などは特に、最低限の〈商業〉性を担保しながらひたすら〈文化〉性の開花に努めるといった姿が目立つが、それはある程度の規模の企業でも見られることである。企業の管理をもっぱらとする職に就いていたとしても、ひたすら〈商業〉的なことばかりを考えているわけではもちろんない。

これは別種の文化生産組織、たとえばオーケストラの場合にも同様に当てはまる。前掲のグリン（Glynn 2000）の研究において規範的（芸術的）アイデンティティと功利的（経済的）アイデンティティの二つのあいだの相克は、楽員側と理事会・管理スタッフ側に横たわる部門間の対立にほぼ投影されきってしまっている。しかしこの種の集合的アイデンティティをめぐるコンフリクトの場合、事態はもっと複雑で、対立する二つの部門いずれにおいても、芸術的側面と経済的側面がともに存在するということに注意しなければならない。たとえば楽員たちがストに入った際、楽員は芸術家なのだから雇用条件などをとやかく言うべきではないなどといった非難が管理者側から（場合によっては世間からも）なされることがあるが、これは音楽家たちが演奏する喜びだけで自足しているわけではないという当たり前の事実を逆照射している。また管理者側がこうした批判をおこなうのは、何も経営的見地からだけではない。そこには芸術の質それ自体を重視する姿勢も何ほどかうかがわれよう。このように楽員側と理事会・管理スタッフ側の双方にはそれぞれ、芸術的アイデンティティと経済的アイデンティティの併存が認められる。考えてみれば、楽員も管理職も事務局員も、芸術活動で生計を立てていることに変わりはないのである。

オーケストラにせよ大学にせよ出版社にせよ、管理・事務スタッフが学芸に疎いということなど全くない。したがって、学術出版社において〈文化〉性を担うのは職人技を発揮する編集者たちだけであり、企業の管理主体の側は〈商業〉性にのみ関わっていると断じるのは単なる臆見と言うべきであろう。たしかに、編集職が強く〈文化〉性を指向し、そして管理職がもっぱら〈商業〉性を強調するというのはよくあることであり、一つの大きな傾向には違いない。けれども、この傾向から外れるケースが実際にはいくつも存在する。そうである以上、あらかじめ〈文化〉性と〈商業〉性の葛藤を、専門職と管理職の対立に一対一対応で重ねてしまうわけにはいかないだろう。

四　協働の仕方と成果

組織アイデンティティの多元性問題としてよく言及されるのは、規範的アイデンティティと功利的アイデンティティの二元性——すなわち〈文化〉性と〈商業〉性のディレンマ——だが、この他に、たとえば病院組織の研究で注目されるものとして専門職とビジネスの二元性というのがある（Foreman & Whetten 2002：632を参照）。プラットとフォアマン（Pratt & Foreman 2000：25）の指摘するように、「病院は、その組織を主として専門的技能の実践の場と見る医師たちと、収益を極大化する企業と見る管理職たちの双方を包含している」というのが現実だ。専門職の典型たる医師たちを中心とする病院の場合、専門職的な組織観と管理職的な組織観の対照性はきわめて先鋭的なものとなるだろう。ただしそれは、病院や弁護士事務所のように典型的な専門職を数多く抱える組織だけではなく、技術職や職人がそれなりに目立つ組織であればどこにでも見て取られる。そうした組織において、職人的な技能の自律的な開花を促進していくことと、諸々の課業の構造や過程を厳格に管理していくことの二つは、対極に位置しながら、いずれも大変重要な作業ということができよう。

こうして専門職性ないし職人性は、企業やビジネスや収益や管理といったものと対比されることになる。が、そうした対比の一つひとつはそれなりのイメージを結んではいるものの、全体としては種々雑多なものを一緒に含み込んでいるということにも注意しておかなければならない。そして、これまでの文化生産論や組織アイデンティティ論においで、そうした諸々の対比を丹念に読み解いていくという作業は、全くと言っていいほどなされてこなかった。たいていの場合、企業やビジネスや収益や管理といった事柄は雑駁な形で〈商業〉性の内に回収されるか、あるいは個々別々の形で放置されるかのいずれかだったのである。

そこで、組織アイデンティティの多元性の一つの極として専門職性ないし職人性を的確に位置づけるために、その対極とされる事項のいくつかを本章なりに検討していこう。まず、「専門職 対 管理職」という対比は、言うまでもなく職位上の対照性そのものである。そこで一義的に問題となるのは複数の職業的なアイデンティティ間の葛藤ならびに調整であり、これがそのまま集合体レベルでの組織アイデンティティに直結するわけではない。組織体全体として、ヨリ専門的な組織アイデンティティ、ヨリ管理的な組織アイデンティティというのはあり得るが、それは特定の職位によってのみ担われるものではなく、複数の職位を越えたところに成立する。つまり、職業的アイデンティティの複数性を組織アイデンティティの多元性と同一視するわけにはいかないのである。

次に、「専門職 対 企業・会社」といった語り方がなされる場合、そこで想定されているのは、主として個人的キャリアと組織的要請とのあいだの相克だ。より一般的に言えば、そこでは個人的アイデンティティと集合的アイデンティティのディレンマが問題になっていると言うことができる。会社の要請があくまでも当の個別組織全体の利害を志向するのに対して、専門職は原則的には個々の組織の壁を軽々と乗り越えることのできる普遍性を備えている。専門職は定義上、個人性がきわめて鮮明な職業だ。したがって、そこに定位し、「専門職 対 企業・会社」についての考究を「個人 対 組織」という文脈でおこなっている場合、専門職的なアイデンティティをそのままの形で組織アイデンティティの一種として議論することはできなくなる。

では、「専門職 対 ビジネス」というのはどうだろうか。組織アイデンティティの対の候補として想定する際、専門職的アイデンティティと管理職的アイデンティティというのは、職位ないし部門のアイデンティティを示しているだけなので、ふさわしくなく、また専門職的アイデンティティと会社・企業アイデンティティという場合は、部分アイデンティティと全体アイデンティティとのあいだの関係ということになってしまうため、これもまた適切ではなかった。これらに比べれば、専門職的アイデンティティとビジネス的アイデンティティというのは、組織体全体のアイデンティティの対比的な表象として、それなりに通用するものと考えられる。「専門的な技能を自律的に駆使しながら独自の価値の体現を目指す」専門職的な組織と、「非人格的なルールにもとづく効率的な管理を徹底しつつひたすら収益性の向上を目指す」ビジネス的な組織。この二つなら、必ずしも一部の職位や部門によってのみ支えられるものではなく、おおむね組織全体に当てはまる性格として内外ともに認められる可能性があろう。(7)

しかしながら、これでもまだ問題が残る。ここにおいて専門的というものの中にも、またビジネス的というものの中にも、協働の仕方に関わる事柄と協働の成果に関わる事柄の双方が混在しているからだ。上において、専門職的な組織が「独自の価値を体現する」というのと、ビジネス的な組織が「収益性の向上を目指す」というのは、協働の成果としてどこに重きを置くかの違いにほかならない。そしてそれは、〈文化〉性と〈商業〉性の軸とほぼ重畳する。パウエル（Powell 1985）が〈文化〉性と〈商業〉性のディレンマの一環として、専門職と管理職との葛藤を描出していたのはそういうわけである。もし、ここに留まるのであれば、多元的な組織アイデンティティの大きな軸としては〈文化〉性と〈商業〉性を立てるだけで十分であり、専門性とビジネスとの対比をあえて別次元のものとして持ち出す必要はないということになろう。

これに対して、専門職的な組織が「専門的な技能を自律的に駆使する」一方で、ビジネス的な組織が「非人格的なルールにもとづく効率的な管理を徹底する」というのは、いずれも協働の仕方に関わる事柄である。価値の体現を目指すにせよ、収益やシェアの拡大に専念するにせよ、そのためにどのような協働の仕方が大事になってくるのかというのが、ここで浮き彫りになっている対比にほかならない。そして、この対比であれば、主として協働の成果に関する〈文化〉性と〈商業〉性の軸とは全く別次元のものであるため、組織アイデンティティの多元性の一つを構成する独自の重要な軸と言うことができる。

そこで、協働の仕方という点を明確化するために、この両極を〈職人性〉と〈官僚制〉と呼んでおこう。ここでの〈職人性〉は、高度な専門職にせよ、あるいはその他の熟練などにせよ、個々の技能の自律的な発揮を重視する志向を意味する広い概念として用いられる。これに対して〈官僚制〉は、非人格的なルールによってメカニカルに活動調整をおこなっていく志向のことだ。つまりここで重要なのは、何を作るかではなく、どのように作るかということなのである。

こうして、組織アイデンティティの多元性のうち、〈文化〉的アイデンティティと〈商業〉的アイデンティティは主として協働の成果に関わるものであり、〈職人〉的アイデンティティと〈官僚制〉的アイデンティティはもっぱら協働の仕方に関わるものだとすれば、随分と議論の見通しがはっきりしてくる。既存の組織アイデンティティ論や文化生産論では、〈文化〉性と〈商業〉性のディレンマが取り上げられるだけだったり、あるいはクラフトや専門職のことが取り上げられたとしても、その的確な位置づけがなされてこなかったため、散発的な考察がおこなわれるにすぎなかった。これに対して、上のように協働の成果の軸と仕方の軸の二つを明確に整理することによって、多元的な組織アイデンティティ現象の探究はより分析的なものとなり、また文化生産の構造と過程の理解もさらに深まることになるに違いない(8)。

五　学術出版組織の四つの顔

(一)　二軸四極図式の生成

〈官僚制〉がもっぱら協働の成果ではなくその仕方に関わるということを考えるにあたって、米国の社会学者フィリップ・セルズニック(Selznick 1992：276–279)の議論は大変に示唆に富む。彼によればウェーバー(Weber 1921–22［世良訳 1970：阿閉・脇訳 1987］)の〈官僚制〉論においては組織目的の位置づけに関する議論がほとんどない。多くの組織論において組織目的はキーコンセプトとなっているが、ウェーバーにあって〈官僚制〉とは目標を達成していくダイナミックな場というよりは、むしろ所与の政策を淡々と遂行するためのスタティックな構造であった。そこで中心となるのは、目的やそれを志向する合理的な活動ではなく、非人格的なルールへの随順という価値にほかならない（佐藤 1991：第3章：山田 2004：186–187 も参照）。

これに対して、米国の経営者でありまたすぐれた経営学者でもあったチェスター・バーナード（Barnard 1938［山本他訳 1968］）の組織論こそは、目的志向のコミュニケーション活動を組織の本質と見なすものと言える。組織目的を所与のものとして措定し、もっぱら公式的なルールの存在に焦点をあてたウェーバーの議論と、構造の緻密さにはさほどのこだわりを見せず、目的やコミュニケーションをキー概念に据えたバーナードの議論は、きわめて対照的だ。一言でいえば、ウェーバー的な組織とはルール（ないし構造）としての組織、バーナード的な組織とはコミュニケーション（ないし過程）としての組織ということになるのである。

そしてこの対照性は、〈官僚制〉と〈商業〉の対比とほぼ重なり合う。同じビジネスと言っても、そこには高度に統制されたルールの束としての側面と、効率的な目標達成をねらう協働の展開としての側面の二つがあるのである。そして、この二つは時に矛盾し合う関係になる。セルズニック（Selznick 1992：279）の指摘するように、「官僚制原理は能率や有効性を制約する」ものであって、「目的合理性という観点からすれば権力分立などは重荷や躓きの石」にしかならない(9)。〈官僚制〉的アイデンティティが過剰になり、ルールへの随順それ自体が神聖化されてしまえば、効率性が削がれる事態が生起するし、その反対に〈商業〉的アイデンティティが過度のものになって、効率性ばかりが追求されるようになると、ルールを軽視ないし無視した問題行動が頻出するようになろう。組織 対 市場という伝統的な問題の立て方にも深く関連することだが、たいていのビジネスのうちには〈官僚制〉と〈商業〉とのあいだの鋭いテンションが含まれているのである。

従来の文化生産論や組織アイデンティティ研究の多くのように、規範的アイデンティティと功利的アイデンティティの二元性しか押さえていないと、〈官僚制〉と〈商業〉の二つはともに功利性の方に回収されることとなり、複雑な現実の解明ができなくなってしまう。[10] これに対して図８・１のように、協働の成果に関わる〈文化〉―〈商業〉軸と、協働の仕方に関わる〈職人性〉―〈官僚制〉軸の二つを論理的には相互に独立の軸として直交させれば、より分析的な見方が可能になるであろう。たとえば、特定の状況において〈文化〉性豊かな専門書が刊行しにくく（あるいはしやすく）なっているのは、社内の機構の緻密さのためなのか、それとも市場からの反応が直接的に効いているからなのか、という問題。また、とある出版社の〈職人〉としての編集者たちに対して、ある時点で相対的にヨリ重くのしかかっているのは、管理職の意向の方なのか、それとも売上げや収益の動向の方なのか、という問題。こうした問題に取り組むにあたって、図８・１に示した四極図式は少なからず役に立つものと思われる。

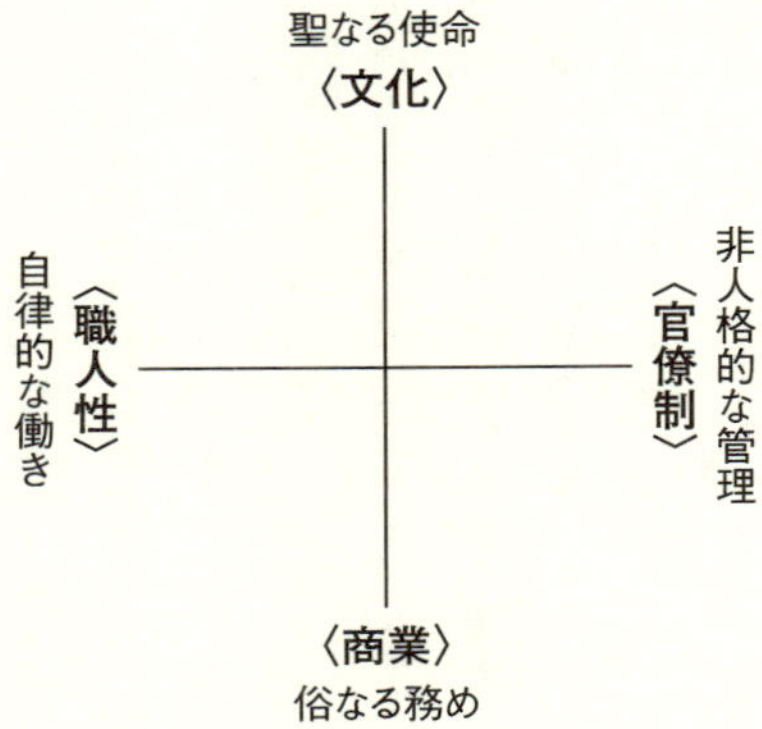

図8·1　文化生産組織の４つの顔

（二）　四つの顔の諸特徴

聖なる使命としての〈文化〉と、俗なる務めとしての〈商業〉、そして自律的な働きという色合いの濃い〈職人性〉と、非人格的な管理が際立つ〈官僚制〉。この四つの極はそれぞれ他の極とのあいだに、さまざまに共通する点と異なる点とを抱えている。各々の顔が時に相乗し、また時に相克するのは、そうした背景があるからだ。それでは、重要な共通点と差異点としてはどのようなものがあげられるだろうか。こうしたことを意識しながら、文化生産組織の四つの顔の諸特徴について簡単に検討していくことにしよう（表８・１）。

まず、既に詳しく検討したように、〈文化〉と〈商業〉は協働の成果に関わり、〈職人性〉と〈官僚制〉は協働の仕

表8・1　4つの顔の諸特徴

	〈文化〉	〈商業〉	〈職人性〉	〈官僚制〉
協働の仕方／成果	成果	成果	仕方	仕方
表出的／手段的	表出的	手段的	表出的	手段的
価値志向／目的志向	価値志向	目的志向	価値志向	価値志向
功利性	低	高	中	中
普遍主義／個別主義	やや個別的	普遍的	普遍的	やや個別的

方に関するものだが、この中にはより表出的なものと、より手段的なものとがある。〈文化〉ならびに〈職人性〉は、何かに仕えるものというよりは、それ自体価値を持つものとして尊重される。なるほど〈職人性〉は組織的協働の枠内にあっては何らかの産品を産むための手段という側面を有するが、しかし特殊な技能を持つということ、ならびにそれを自律的に発揮するということは、いずれもそれだけで十分価値あることであり、その意味で表出的な志向と言うことができよう。

リチャード・セネット（Sennett 2006［森田訳 2008：107］）は、職人技（クラフトマンシップ）を「それ自体をうまくおこなうことを目的として何ごとかをおこなうこと」と包括的に定義した上で、次のように述べる。イタリア北部の都市クレモナで活躍した名工ニコロ・アマティは「バイオリンを作る時、バイオリンを通じて自己表現しようなどとは思っていなかった。彼はただヴァイオリンを作るのみであった」。こうして当の技能の発揮それ自体が高く価値づけられるというのが〈職人性〉の大きな特徴ということになるが、これに対して、〈商業〉も〈官僚制〉も、本来的には人間的な諸活動にとっての手段にすぎない。それらは効率的な財貨の獲得のための、あるいは合理的な組織編制のための手段なのであり、しかもそこで得られた物質的な成果自体、何らかの上位目標のために費消されることを運命づけられている。もちろん金銭が、あるいは会社が自己目的化するというのはよくあることだが、それが物財の本来的な姿ではないというのは言うまでもない。〈文化〉と〈職人性〉が親縁性を持ち、また〈商業〉と〈官僚制〉が結託しやすいのは、前二者には表出的志向が、そして後二者には手段的志向が横溢しているからである。

ただし、同じく手段的な〈商業〉と〈官僚制〉も、価値志向が強いか目的志向が強いかということでは袂を別つことになる。四つの極のうち目的志向が際立っているのは〈商業〉だけであり、〈官僚制〉にあっては〈文化〉や〈職人性〉の場合と同様の強い価値志向がうかがわれる。たしかに〈官僚制〉は協働の仕方であり、何らかの成果を出すための手段なのだが、そこで核となる非人格的なルールは効率性に関わるというよりは、むしろ適切さを指し示すものにほかならない。そこでは、ただ単に能率的に業績を上げていくということではなく、適正に作業をおこなうということこそが大事になってくる。目的のためなら手段を問わないというのが〈商業〉の本質であるとすれば、その手段が正当か否かについてひたすらこだわるというのが〈官僚制〉本来の姿だ。成果を出すことそれ自体よりも、そのための方法の正当性の方をはるかに重んじるという点で、〈官僚制〉は強い価値志向をまとっていると言うことができよう。

そして、〈官僚制〉はこうした強い適切性規範を持つがゆえに、良くも悪くも効率性を阻害することがある。しかしながらその一方で、近代的な〈官僚制〉が合理的な協働の仕方として展開してきたのは事実であり、そこに功利性が全く効いていないというわけではもちろんない。表8・1で〈官僚制〉の功利性の多寡を中程度と表現したのはそのためである。〈職人性〉の場合もこれと同様で、自律的な技能の発揮の仕方に徹底的にこだわりつつも、他方、効率的に結果を出すことにも日常的に腐心しているため、功利性はやはり中程度となる。これに対して、功利性が確実に高いのは〈商業〉志向、そしてそれが明らかに低いのは〈文化〉志向ということになろう。

ところで、〈職人〉としての編集者が社の方針に異を唱え、誇りをもって退社して別の出版社に移ったり、また自ら起業したりすることがあるが、ここで浮上してくるのは、普遍主義と個別主義という問題である。個別主義が特定の関係性に従う志向であるのに対して、普遍主義とは一般的な規範に従う志向のことだが（Parsons & Shils 1951：81［永井他訳 1960：130］）、高度に専門的な技能は個々の組織に縛られないという点できわめて普遍主義的な性格を有する。医師や弁護士と同様、編集者の中にさまざまな組織を渉り歩く人が少なくないのは、彼らがその手に普遍性の高い職を持っているからにほかならない。これに対して、企業の側は自由に浮遊し得る〈職人〉たちを何とか自らのうちに留め、その貢献を最大限引き出そうと努める。そこで大きく働くのが〈官僚制〉としての力だ。〈官僚制〉は、近代組織の一般的な編成原理であり、実際多くの企業の中軸をなすものなので、その点きわめて普遍主義的な存在と言える。しかしながらその一方、〈官僚制〉の力が働くのは、主として個別企業の内部においてである。つまり〈官僚制〉は、その作動形式としては普遍主義的であるものの、作動の場という点からすればきわめて個別主義的な性質をまとっていると言うことができよう。

翻って、〈文化〉—〈商業〉軸の方を見れば、〈商業〉が普遍主義の極致であることは言うまでもない。商取引がいち早くグローバル化したのは、財貨の交換というプロセスが人間社会にとってきわめて普遍的な事柄だからだ。これに比べれば〈文化〉の方は、やや個別主義的ということになる。たしかに、各種〈文化〉には大きな拡がりを持つものが多数あり、それなりの普遍性を展開し得るものではあるが、しかしそれは何らかの集合性（国家・国民・エスニシティ・企業・学術コミュニティなど）を基盤として成立する。その意味で、〈文化〉には個別主義的な色合いが何ほどかうかがわれるのである。

つまり、図8・1の四つの極の中では〈官僚制〉と〈文化〉がやや個別主義的であり、〈職人性〉と〈商業〉が普遍主義の典型と言うことができる。〈職人性〉と〈商業〉は一見折り合いが悪そうに見えるが、しかし普遍主義という共通項を見落とすわけにはいかない。堅固な組織に頼らず人脈を駆使して商取引に勤しむネットワーク型の商売があるが、これなどは〈職人性〉志向と〈商業〉志向の結託の好例だろう。実際、専門的技能が大きくものを言う出版業にあっては、もっぱら〈職人性〉を駆使して〈商業〉に邁進するというケースも多々見受けられるのである。

(三) 学術出版組織のハイブリッド・アイデンティティ

こうして、〈文化〉〈商業〉〈職人性〉〈官僚制〉の四つの顔のあいだには、さまざまに共通する点と異なる点があることが明らかとなった。[11] そしてそれを背景として、各々の極は別の極とのあいだで引きつけ合ったり、あるいは反発し合ったりといった関係を演ずる。複数の集合的アイデンティティは、必ずしも矛盾し合うとは限らない。たとえば、プラットとフォアマン(Pratt & Foreman 2000 : 20)の指摘するように、宗教団体が経営母体となっている病院の場合、患者中心のアイデンティティと宗教的アイデンティティが対立し合うようなことはまずない。一見親縁性の深そうな極同士でもコンフリクトに陥ることはままあり、他方、きわめて対照的な極同士が併存したり相乗効果を生んだりする場合もある。以下では、四つの極のうちの二つの極同士の関係性について見ていくが、その際、協調と競合の両者の可能性をともに俎上に乗せることにしよう。

A 〈文化〉―〈商業〉関係

協働の成果として、主として価値あるものの産出をねらうか、それとももっぱら収益のことばかり顧慮するかということ。これはしばしば解きがたいディレンマを構成する。特に学術出版の場合、最先端の専門的価値があるのになかなか売れないという話や、売れるのは学術的価値に必ずしも富んでいるとは言えない入門書や啓蒙書ばかりという話はよく聞かれるところである。

しかしながら、この二つの極のあいだにうまく折り合いをつけるというのは不可能ではない。いずれか一つの極に偏った出版を目指すというのではない、別の可能性としては、次の三つが考えられる。まず第一に、なかなか実現しにくいものの、学術的な価値の高いものをうまくプロモートしてヒット作にしてしまうということ。これは宝くじを

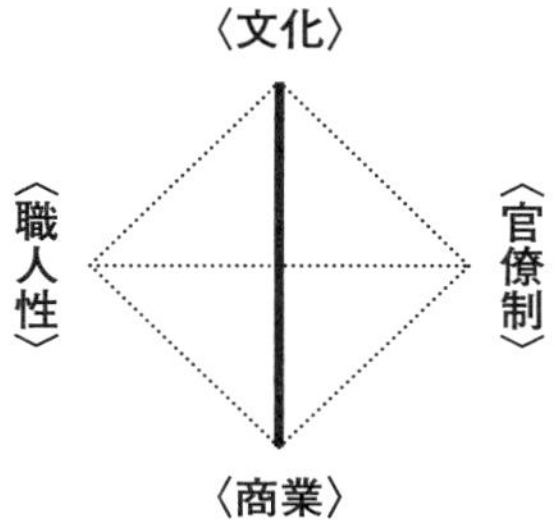

図8·2A　〈文化〉—〈商業〉関係

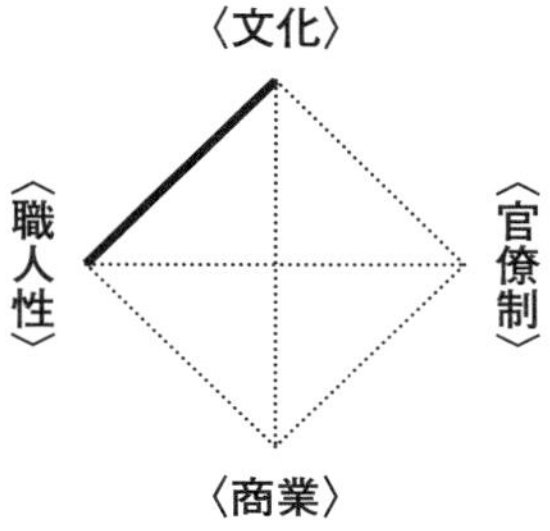

図8·2B　〈文化〉—〈職人性〉関係

当てるようなものであり、一般的にとり得る方策ではないが、しかし例がないわけではない。次に、〈文化〉的に価値の高いものと〈商業〉的に売行きのいいものとの、ちょうど中間あたりをねらう方略。最先端のトピックを一般読者あてにわかりやすく解説する新書の刊行などは、その典型と言えよう。そして第三に、〈文化〉的書目と〈商業〉的書目の刊行をうまく組み合わせて、全体としてバランスをとるというポートフォリオ戦略。財務状況が全体的に健全であればいいわけなので、〈商業〉的な出版で収益を上げ、その分を〈文化〉的な刊行につぎ込んでいくというのは、それなりに合理的なやり方に違いない。なお、この抱き合わせ戦略は、一人の著者に対してテキストと専門書の両者を依頼するという形で実践される場合もある。

B　〈文化〉—〈職人性〉関係

〈職人〉的な技能を駆使して〈文化〉的な書物を出版するというのは、学術出版における協働の仕方と成果の典型的な組み合わせに違いない。専門の担当分野を持つ編集者たちは多くの場合、関連する学会大会に顔を出して研究者と親交を結び、独自に良書の刊行に勤しんでいく。〈商業〉的・〈官僚制〉的プレッシャーが少ない場合、それはきわめてスムーズに運ぶことになろう。

ただし、〈職人〉としての学術書編集者が高度な専門書を好まず、むしろマーケット的に成功する本の刊行を生きがいにするということもままある。そうした場合、〈文化〉と〈職人性〉とのあいだには多大なコンフリクトが生じざるを得ない。近年では人文社会系の若手の研究者が複数で初歩的なテキストを書くということが多くなったが、そこで〈職人〉としての編集者が往々にして求めるのは、専門性の高さや最先端の価値や格調高い文体などといったものではなく、ひたすら読者にとって読みやすい文章だ。もちろんそうした動きの背景には、出版社の〈官僚制〉的な強い要請が効いている場合が少なくないが、しかしそれとは別に編集者が〈職人〉として独自に著者をコントロールし、結果として〈文化〉性の低減をもたらしているということもある。〈職人〉がいつも〈文化〉を求めるとは限らない。

C 〈文化〉―〈官僚制〉関係

出版社の〈官僚制〉が足枷となって〈文化〉の発現がままならない、という例には事欠かない。せっかく〈職人〉としての編集者が独自の企画を上げてきても、社の刊行ラインナップに合わないとか、営業の意向に反するなどといったことで、会議の場で潰されてしまうというのはよくあることだ。また〈官僚制〉が強すぎる場合、編集者たちが自ら高度に専門的な本の企画を抑制してしまうということもあるだろう。

しかしながら、標準化された〈官僚制〉的ルールに則って、それなりに専門的な書物が刊行されるという場合も実は少なくない。いわゆる講座物・シリーズ物や辞典・事典類などはその典型だ。また、補助金付きであったり、著者自身が刊行部数のほとんどを購入する高度な専門書ばかりを刊行する出版社があるが、そこでは編集者個々人の〈職人〉技が冴える場面はさほど多くはない。そうした際、編集者は決まった手順で次々と編集・刊行の作業に勤しめばいいということになる。これらはいずれも不確実性が高くなく、それなりの収益が見込まれる書物と言えるが、そうした本の刊行の場合、淡々と〈官僚制〉的に〈文化〉的出版をおこなうことが可能になってくるのである。

D 〈商業〉―〈職人性〉関係

〈商業〉的な観点からすると、〈職人性〉が躓きの石となっているように見える場面は少なくない。売上げの見込ま

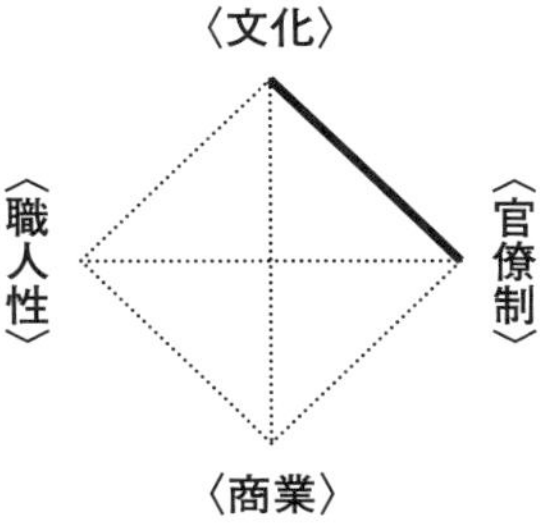

図8・2C　〈文化〉—〈官僚制〉関係

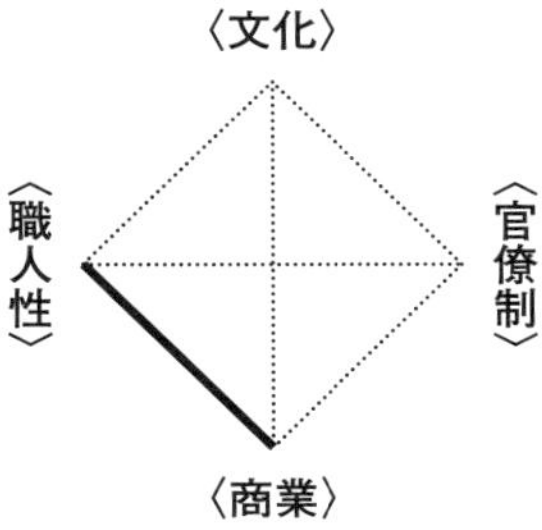

図8・2D　〈商業〉—〈職人性〉関係

れる本、収益の上がる本で勝負しなければならないのに、〈職人〉としての編集者が良書だと言って売れなさそうな本ばかり持ってきたら、営業サイドは困惑し、また憤慨するに違いない。反対に、〈職人〉としての編集者からすれば、せっかくの学術出版というフィールドにおいて〈商業〉的な見地ばかりを出されるのはいかがなものか、という気にもなるだろう。編集職が営業サイドと対立するのはよくあることだ。

ただし先に見たように、学術出版の中にあっても自ら進んで〈商業〉的な本の刊行を訴える編集者もいる。〈職人性〉と〈商業〉はいずれも普遍主義的な志向であり、それなりの親和性を示すというのも既にふれたとおりだ。〈文化〉性よりも〈商業〉性に魅力を感じる編集者で、しかも〈官僚制〉的なプレッシャーをかなりの程度免れている者であれば、ひたすら売行きの良さそうな本を書いてくれる著者を獲得すべく努力し、読者にとって読みやすい文章を書くよう著者を促しながら、自身も割付・レイアウトなどでさまざまな工夫を凝らしていくことに大きな働き甲斐を覚えるに違いない。そこでは編集者としての〈職人〉的な自律性が全開となっていると言っていい。〈官僚制〉的な縛りがなくても——あるいはそれがないことがかえって後押しになって——、〈職人〉自身が〈商業〉性を追求するというのは、実際大いにあり得ることなのである。

E　〈商業〉—〈官僚制〉関係

〈職人性〉を発揮して〈文化〉を実らせるというのが学術出版の一つの典型的

な姿だとすれば、それとは対照的に〈官僚制〉的なメカニズムをもって〈商業〉的な成果をねらうというのもまた、学術出版のもう一つの典型像に違いない。収益の上がる学術書を出し続けるためには、学術出版フィールドの市場動向を見極め、自社のバックリスト（既刊書目録）を緻密に分類・整理しながら、戦略的な刊行意思決定をおこなっていくことが大事になる。また、本作りそのものに関しても、さまざまな標準化をおこなうことによって、コストダウンが図れるとともに、自社イメージを外部に強くアピールすることができる。こうしたことは、〈職人〉の勘だけではとうていなし得ない。〈官僚制〉的な整備があってこそ、市場動向に適合するヨリ合理的な出版が可能となるだろう。

けれどもその一方、〈官僚制〉が〈商業〉性の展開の足枷になることもある。たとえば、いわゆる硬派出版を旨としてきた出版社で、従来の刊行意思決定の仕方にこだわるあまり、市場動向の変化――たとえばハードな専門書の需要の激減と軟らかめのテキスト・啓蒙書需要の拡大――についていけなくなるという場合もあろう。〈官僚制〉には個別的に自社の伝統を守っていこうとする志向があるため、合理的な環境適応がままならなくなることがあるのである。またこれとは反対に、〈商業〉性の突出が〈官僚制〉を傷つけ、その結果出版社を低迷に追い込んでしまうという可能性もある。たとえば、ヒット作を飛ばした編集者がカリスマ的に崇められ、皆がその人物を頼りにするようになると、〈官僚制〉的な意思決定構造は次第に弱体化していく。そうした中、何らかの事情によりそのカリスマ的編集者の勘が通用しなくなれば、社の状況は一気に悪化するに違いない。

F 〈職人性〉－〈官僚制〉関係

協働の仕方に関して〈職人性〉が〈官僚制〉と対立するというのはよくあることだ。高度な専門書の刊行を望む著者に共鳴した編集者に対して、管理職はその本を売行きのいいテキストの形にするよう強く要請することがある。学術出版社における〈職人〉としての編集者は、〈官僚制〉が課してくるさまざまな制約の枠内で何とか自律性を発揮

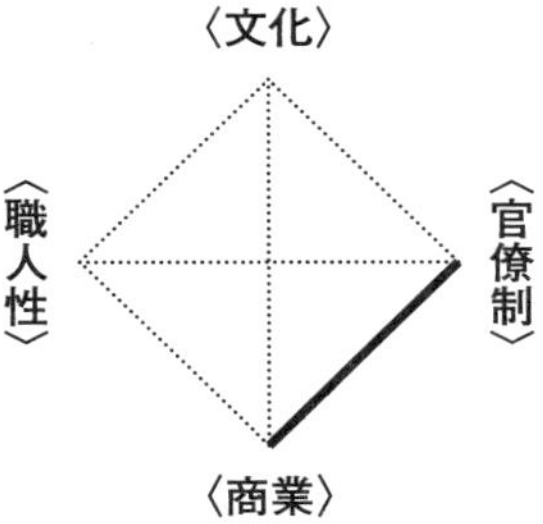

図8・2E　〈商業〉―〈官僚制〉関係

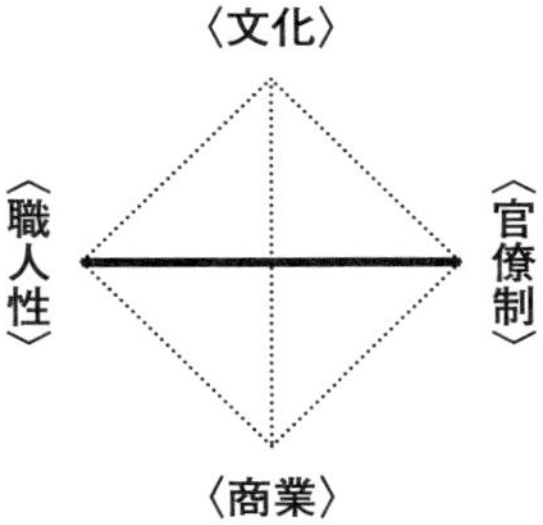

図8・2F　〈職人性〉―〈官僚制〉関係

すべく腐心しなければならない。あるいは、管理職の側からすれば、編集者の中に非人格的なルールの枠を超えて自由に浮動する者がいることが頭痛の種になることもあるだろう。管理職は、普遍的に動きがちな〈職人〉たちを上手に束ね、個別的な企業への貢献を十分に引き出す必要性に日々迫られている。

だが、場合によっては〈職人〉が積極的に〈官僚制〉の構築に協力し、率先してそのルールに随順するということもある。かつて製鉄会社において超熟練の高炉オペレーターたちが、進んで自らの技能のＡＩ（人工知能）への供出に協力するということがあったが、学術出版の編集者たちの場合も、彼らが培ってきた経験や技能を出し合って、主体的にその標準化に勤しむということは大いにあり得よう。学術出版の管理職には編集出身の者が少なくないということに鑑みても、〈職人性〉と〈官僚制〉が共鳴し合う可能性はそれほど低くはないのである。

以上、六組の二極間関係について、それぞれが協調している場合と競合している場合の双方を検討してきた。ここにおいて、二つの極が響き合いながら顕在化し、他の二つの極が後景に退いている時、その出版社は当該の時点で二元的なハイブリッド・アイデンティティを活性化しているということになる。もちろん出版社の呈する多元的アイデンティティは、二元的なものに留まるとは限らない。この他に、三つの極が顕在化する場合も、また四つの極すべてが際立ってくる場合もあるだろう。さらに、一つの極だけが浮き彫りになる可能性がある、というのも言うまでもない。

したがって、この四つの極に関して、どの極同士が対立関係にあるとか、あるいは親縁性を持つといったことを先験的に決めつけてしまうわけにはいかない。学術出版社においては、この四つのすべてがさまざまな形で顕在化・潜在化する可能性がある。そして、図8・1の二つの軸上にそれぞれの極の強弱をプロットし、その点を結んでレーダーチャートを作れば、それが当の出版社の組織アイデンティティのプロフィールとなろう。つまり、四つの顔の表情が合わさって、全体として一つの顔が出来上がるというわけである。

ただし、ある時点でのプロフィールがそのままの形で固着化してしまうとは限らない。組織アイデンティティは、状況に応じて変転する可能性を秘めている。また、社員をはじめとする当事者たちが抱く組織アイデンティティと、社外の著者や読者たちが抱く組織イメージとのあいだにギャップが生じる場合がある、という点にも注意しておこう[12]。これは、これまで論じてきたのとはまた別種の多元性問題だ。学術出版の組織アイデンティティ現象を見極めるためには、多元性・流動性に十全な注意を払い、さまざまな可能性を考慮に入れておかなければならない。そして、そうした多元的・流動的な様相を的確にとらえてこそ、そこに描出される組織の顔は、より活き活きとしたものとなるであろう。

六　四社の事例のプロフィール

学術出版組織がいつも高度に専門的な書籍ばかりを刊行しているわけではない。各社は収益を上げるために入門的なテキストや平易な教養書・一般書をたくさん出版している。これは営利出版だけでなく財団法人格を持つ大学出版部などの場合も同様で、そこにおいても財務の健全化のためにそれなりに売行きの見込まれる本が数多く出されているというのが実情だ。そして、こうした傾向は近年ますます強まっている。長引く出版不況の中、売上げや収益への意識はきわめて高いものとなっているのである。

しかしながら、このような状況にあって学術出版組織から専門的志向が消失してしまうわけでは決してない。時代によってコントラストは変わっていくものの、学術出版組織には「独自の価値を体現する」〈文化〉的なアイデンティティと「収益性の向上を目指す」〈商業〉的なアイデンティティがともに認められる。また、この二つの他に、協働の仕方に関わる次元として、「専門的な技能を自律的に駆使する」〈職人〉的なアイデンティティと「非人格的なルールにもとづく効率的な管理を徹底する」〈官僚制〉的アイデンティティが併存するというのも、きわめて一般的な事態と言えよう。では、本書で探究してきた四つの学術出版組織において、これらのアイデンティティはいったいどのような様相を呈しているのであろうか。あらためて一つずつ確認してみよう。

(一) ハーベスト社

ハーベスト社は、書籍の刊行に関わる業務のほとんどを、社長である小林が単独でおこなう「ひとり出版社」である。それゆえ、組織アイデンティティという点においても、われわれが今回取り上げた四社のうち、複数の成員からなる他の三社とはいくつかの点で異なった特徴を持っている。たとえば、この出版社においては、唯一の成員である社長の個人的アイデンティティと会社としての組織アイデンティティとは、明確に区分することのできない、ある意味で未分化な様相を見せている。それゆえ、ここでは、組織アイデンティティも、社内メンバーに示され協働目標を定める方針としての組織内部的な機能を果たすことは基本的にない。むしろ、ハーベスト社における組織アイデンティティは、社長である小林の仕事に対する主観的な意味づけという点での個人的アイデンティティに関わる側面と、組織外部の人びと（著者、読者、流通・小売をはじめとする出版界の人びと）に対してどのように見られたいかを表示する組織イメージとしての側面が濃厚であると言えよう。

このような前提を置いて、ハーベスト社の組織アイデンティティをあらためて検討し直してみると、第一に指摘できることは、〈職人〉的アイデンティティが強いことである。この出版社においては、刊行する書物の意思決定プロセスに関する制度化は全くと言っていいほど進んでいない。つまり、編集者が発案した企画や了承した持ち込み企画は、多くの場合、それ以降の審査手続きを一切経ることなく、そのまま出版へと直結していくのである。また、ハーベスト社においては、編集者が一年間に刊行する出版点数に関するノルマや目安は一切存在しないし、編集業務の進め方に関する決まりや方針も全く明示されていない。それゆえ、仕事に関して編集者が持つ自律性はきわめて高いと言えよう。

もっとも、先述したように、この出版社が単独の成員からなり、それゆえ、複数の成員間の協働も組織内の分業も、それ自体が存在しないことを考え合わせれば、このような特徴をもって、この会社においては〈職人〉的アイデンティティが優越していると単純にとらえることには問題があるのかもしれない。むしろ、それは、協働成立以前の未分化な状態を指し示すものであり、その点においては、協働成立以降に見られる〈職人〉的な形態とも〈官僚制〉的な形態とも異なるのだととらえた方がより正確と言えるだろう。[13] 事実、ハーベスト社の組織アイデンティティは、全般的には〈職人〉的な色彩が濃厚ではあるものの、同様に〈職人性〉の高い組織アイデンティティを持つ新曜社のような中堅出版社と比較しても、事態が全く同じというわけでもない。ハーベスト社が近似した様相を見せるのは、それらの中堅出版社の活動の中でも、あくまでも経営陣を兼務する幹部編集者たちの関わる部分であり、それと比べると、一般の編集者たちの活動には異なる面が多々見られる。このように考察していくと、新曜社のような中堅出版社がしばしばとることになる「一編集者一事業部」的な性格は、ひとり出版社と似た要素を持つ幹部編集者の活動部分（事業部）に、一般編集者の活動部分（事業部）を付け足す形で成立しているようにも思われる。

ところで、これまで説明してきた協働形態ではなく、組織アイデンティティのもう一つの側面から見ると、ハーベスト社は高い〈文化〉性を有していると判断することができる。たとえば、これまでこの出版社から刊行された一〇〇点あまりの書物を、書目という点で整理してみると、純粋なテキスト（教科書）はわずか数点に留まり、一般書に分類されるものも比較的少数であり、そのほとんどが専門的な研究書によって占められていることがわかる。また、（第2章であげたように）社長である小林自身が、「出す意義のある」「バチッと一〇年後二〇年後に評価される本」を刊行し、そこで充足される「名誉欲」の方にウエイトを置いていきたいと述べており、こうした刊行書目の傾向が、この出版社の持つ〈文化〉性の高い組織アイデンティティの一つの所産であることがうかがわれる。

ただし、ハーベスト社をはじめとする小規模出版社においては、ここで言う〈文化〉性の高さが、採算性や収益性といった意味での〈商業〉性と必ずしも背反するものでないことには注意を促しておきたい。たしかに、小規模出版社は、時に高い収益性や採算性を持つテキストや一般書ではなく、高い文化的価値を保持する専門書の刊行にあえて特化することで、文化事業体に似た組織アイデンティティを持っている。しかし、同時に、日本社会においてこうした役割を果たしているのは民間の商業出版社であり、当然のことながら、そこでは、採算性や収益性を無視ないし軽視した運営をおこなうことは非常に難しい。それゆえ、こうした出版社において、専門書に特化した刊行スタイルが取られるのは、あくまでも、それぞれが保持する限られた資源（人員・資金・ブランドイメージなど）を考慮した上での一つの経営戦略であると言えよう。言いかえれば、経営資源の乏しい小規模出版社においては、大手の出版社が採用するテキストや一般書にウエイトをかける戦略よりも、専門書に特化した方が、得られる収益ははるかに小さいものの、固有の市場を確保しやすいこともあって、比較的安定した経営が成り立ちやすいのである。こうした経営モデルは現在急激に変化を余儀なくされてはいるものの、基礎的な認識としては強調すべきものと思われる。

（二）新曜社

新曜社の組織アイデンティティに関しては、〈職人〉的なアイデンティティが顕著なものになっているという点がその第一の特徴としてあげられる。堀江洪前社長の「一編集者一事業部」という言葉に端的に示されているように、同社において編集者は、企画立案や人脈の開拓・維持に関して大幅な裁量権を認められており、各自がいわば個別の生産ラインを持つような形で編集業務にたずさわってきた。そのような特徴を持つ編集業務に対応して、新曜社の組織アイデンティティについては、「組織」という際に通常連想されるピラミッド型の組織というよりは、むしろ、独立事業者の集合体に近い、よりフラットな構造を持つものとして認識されている。

新曜社が、編集業務の進め方という点に関してそのような特徴を持ち、またそれに対応する組織アイデンティティを持っている重要な背景としてまず考えられるのは、比較的小さな組織サイズである。本章で先に指摘したように、組織アイデンティティにおいて〈職人性〉と対を成している〈官僚制〉的側面は、組織における協働の仕方に関わるものである。大規模な組織において展開される協働に関しては、業務の内容も多岐にわたり、またそれに応じて部局の構成も複雑になっていく。そのため、どうしても官僚的な原理によって全体の業務の調整をすることが必要になってくる。[14] それに対して、新曜社のように、編集部については最も多い時でも六、七名程度、他の部局の従業員をあわせても全部で十数名規模の出版社の場合には、組織のリーダーである社長が全体の業務の内容やその進捗状況に目配りし、またその必要が生じた時には、刊行の可否に関するものも含めて、適宜、直接的な指示を与えることも可能である。

実際、比較的小さな規模な出版社では、新曜社の場合と同じようなプロセスを経て書籍の刊行に関わる意思決定がなされる例が多い。[15] たとえば、われわれがインタビュー調査をおこなった関西のある学術出版社の場合も、基本的には、七名前後の編集者がそれぞれ独自に企画を立案し、刊行に関しては社長との個別折衝によって最終的に可否が決められていた。

組織サイズという点に加えて、新曜社において〈職人〉的なアイデンティティが顕著なものになっている背景として考えられるのは、組織のリーダーである堀江や現社長の塩浦暲自身がその職業的キャリアを通じて学習・形成していった、編集業務および出版社というものに関する文化的・個人的信念である。堀江の場合も塩浦の場合も、彼ら自身が以前勤務していた出版社における編集者としての経験、そしてまた新曜社を立ち上げてから編集者として本の制作に関わってきた体験を通じて、編集者の裁量性に関する認識を深め、またそれに対応した出版社の組織体制について模索していったものと思われる(16)。

新曜社の刊行書目においては、研究書が全体で四割以上を占めており、特に翻訳書については五割以上となっている。このことからすれば、新曜社の組織アイデンティティにおいては、高度な専門的知識や情報という意味での〈文化〉性が顕著であると言える。もっともその一方で、同社が経営企業体として存続していくためには、教科書あるいは教養書などの、比較的長期にわたって安定した収益をもたらす可能性の高い種類の書籍を刊行し続けていく必要がある。その一方で、教科書の〈商業〉性の刊行を強調しすぎることは、編集者にとっては、その裁量性を制約する枠にもなりかねない。つまり、堀江や塩浦が教科書の刊行に対してより重点を置く経営方針をとることによって、新曜社の組織アイデンティティの重心を、より〈商業〉・〈官僚制〉の側にシフトさせたような場合、それは、編集者たちの〈文化〉・〈職人性〉的な志向とのあいだに葛藤を引き起こしかねないのである。一九八六年に創刊され、「単行本と教科書の中間に位置するもの」という性格づけを与えられているワードマップ・シリーズは、そのような、組織アイデンティティの二つの軸におけるそれぞれの極のあいだで一定のバランスを保つことができる枠組みとしての性格を持っていると言えるだろう。

なお、教科書や教養書と言えば、その収益性の高さという点から、一般にもっぱら〈商業〉的な側面のみが注目される傾向がある。しかし新曜社の場合、これらの書目は同時に研究者コミュニティという「ムラ」の狭い範囲を超えて学術的知を広く伝えていくための媒体としての位置づけも与えられている点に注意しておきたい。つまり、これらの書目は、それぞれ独自の〈文化〉的意味づけを与えられた上で、新曜社の組織アイデンティティを形成しているのである。

（三）　有斐閣

有斐閣の場合とりわけ目を引くのは、刊行意思決定の仕方が高度に制度化されていることである。編集者の発案した企画は、非公式な調整とともに編集部会・編集常務会という二つの会議を経なければならないが、ここでの検討は、場合によっては相当に厳しいものとなる。個々の編集者任せに事が運んでいくというようなことは、まずない。また、本の編集の仕方や体裁などに関しても、標準化・規格化が相当程度進んでいる。見出しの付け方や練習問題の設け方などが明確に定まっているテキスト・シリーズにおいては、経験に乏しい編集者も比較的容易に本を作り上げることができる。このように、刊行意思決定から編集の仕方の細部に至るまで高度な公式化がなされている、というのが有斐閣の大きな特徴だ。その意味でこの出版社では〈官僚制〉的アイデンティティがとりわけ際立っているのである。

そして、それとともに顕在的なのが〈商業〉的アイデンティティである。組織の構造と過程の標準化が進展しているといっても、そこでは何も〈官僚制〉的な姿それ自体が自己目的的に追求されているわけではない。有斐閣における〈官僚制〉的な組織は、あくまでも効率的に本を出すための手段として精緻化されてきたものにほかならない。学術出版社において高度に専門的な本ばかりを手がけようとする編集者たちの動きに規制をかけなければ、たちまち在庫の山は膨らみ、経営は一気に傾いてしまうであろう。そうならないよう、たいていの出版社は学術的な水準の高い本だけでなく、市場での売行きがそれなりに見込まれるテキストや教養書や一般書を刊行しているわけだが、こと有斐閣においては、テキストの比率が非常に高いというのが特徴的だ。有斐閣から刊行されている本のほとんどは（少なくとも社内的な定義上は）テキストであり、純粋な研究書が出版される比率は大変低いものに留まる。編集者たちは収益の上がるテキストを数多く刊行すべく、ひたすら努力を重ねているのである。

有斐閣にとって何がコアとなる書目群なのかを常に弁えた上で、どの大学にいかなるカリキュラムが展開しているかを精査しながら、それに見合ったテキストの数々を効率的に供給しようとする姿勢、それは有斐閣の〈官僚制〉的アイデンティティならびに〈商業〉的アイデンティティ双方の強さを端的に示している。刊行プロセスが高度に標準化されているということ、ならびに収益の上がるテキストへの志向が非常に強いということは、今日の有斐閣のアイデンティティを際立たせる大きな特徴にほかならない。

しかしながら、この〈官僚制〉的・〈商業〉的アイデンティティが以前から一貫して顕在的であったというわけではもちろんない。有斐閣でもかつては、編集者たちが自律的に高度に専門的な本を作り、それが結果として収益につながる、というあり方が中心的な時期が長く続いていた。これは〈職人性〉的・〈文化〉的アイデンティティが際立っていた時代ということができよう。その後、一九七〇年前後の分野拡張期には、専門書だけにこだわるのではなく、教養書や一般書へと手を拡げて売上げを伸ばしていこうとする動きが見られ、これによって〈文化〉的アイデンティティから〈商業〉的アイデンティティへの重点のシフトがもたらされた。しかしこの時、新しい戦略に見合うだけの構造の改革はなされず、つまりは〈職人〉的なアイデンティティの方は旧態依然たるものに留まったため、編集者の自律的な動きは悪い方へと暴走していく。そしてその結果、経営状態は惨憺たるものとなってしまった。一九八〇年代中盤に抜本的な経営改革がなされ、高度な〈官僚制〉化が図られたのは、そういうわけである。

こうして有斐閣における組織アイデンティティの歴史を二軸四極図式上に示せば、図8・3のようになる。この出版社において特に顕在的なアイデンティティの極は時期ごとに異なっており、それはⅠ〈職人性〉的・〈文化〉的→Ⅱ〈職人性〉的・〈商業〉

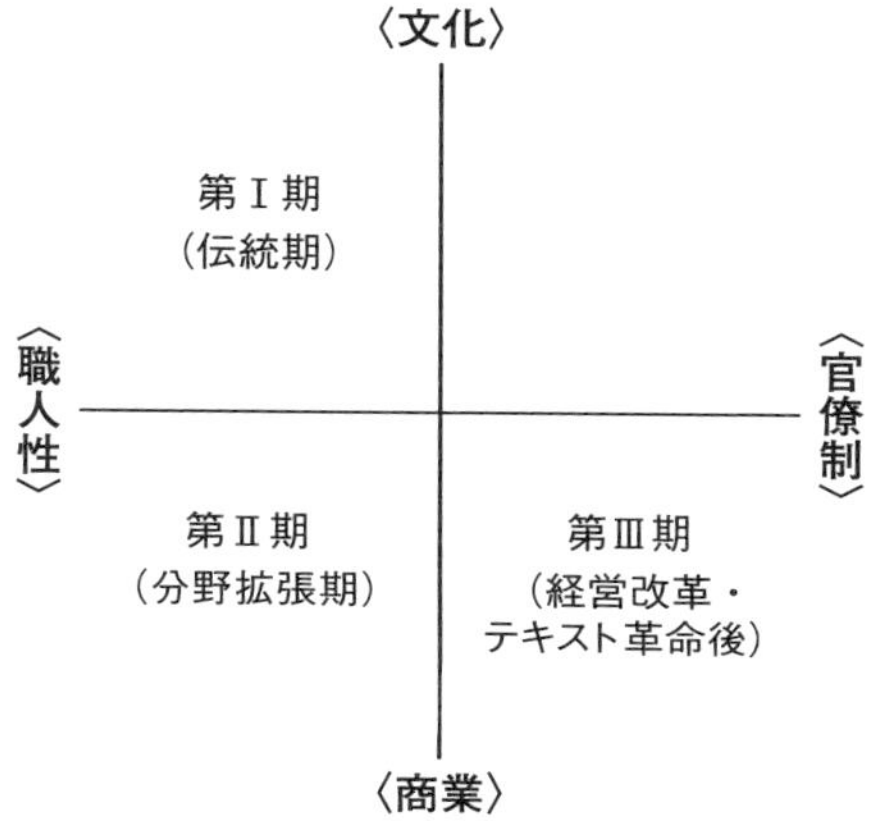

図8·3　有斐閣における組織アイデンティティの顕在性の遷移

的→Ⅲ〈官僚制〉的・〈商業〉的といった形で変遷を遂げてきた。ただし、これらはあくまでもそれぞれの時期にとりわけ際立っている側面ということであって、他の側面が消え去ってしまっているというわけでは決してない。経営改革後の近年、〈官僚制〉的・〈商業〉的様相が色濃くなっているというのは明白な事実ではあるが、それでも〈職人性〉的・〈文化〉的な要素はそこここに認めることができる。たとえば、標準化された課業の仕組みを支持し、維持し、運用しているのは、今なおそれなりの自律性を備えた編集者たちである。また、収益の上がるテキストと言っても、それは高度な学術性によって裏打ちされているものが少なくない。同業他社と比べた場合、この会社では〈官僚制〉的・〈商業〉的な要素がとりわけ目立っているわけだが、他方、それらが社のアイデンティティのすべてを覆い尽くしているわけではないということにも注意しておく必要があろう。

(四) 東京大学出版会

以上見てきた出版社三社がいずれも私企業として経営されているのに対して、東大出版会は財団法人である。東大出版会の組織アイデンティティについては、この公益法人としての法人格に規定されている部分が多分にある。もっとも、国立大学を母体とする最初の大学出版部であった東大出版会の組織アイデンティティにとってしばしばそれ以上に重要な問題となっていたのは、欧米の大学出版部という先行モデルとの関係において自組織をどのように位置づけていくべきか、ということであった[17]。実際、一九五一年の創立以来一九六〇年代中頃までの期間における東大出版会にとっては、「自分探し」と「モデル探し」のプロセスがきわめて重要な意味を持っていた。その組織アイデンティティをめぐる模索の過程は、東大出版会という組織の存在意義についてどのような形で理論化し、またそれを重要なステークホルダーに対してどのように説明していくかという問題をめぐる模索のプロセスでもあった。

東大出版会における「自分探し」のプロセスは、一九六三年の大学出版部協会の設立および一九六六年の、「東京大学と東京大学出版会との関係について」という文書の理事会・評議会における承認をもって、一つの大きな区切りを迎える。もっとも、その後も、「財の無い財団」（石井一夫）、すなわち基本財産が乏しい公益法人であり、また助成収入がほとんど期待できない状況に置かれながら、一方では、採算性の低い高度な専門書の刊行を組織活動の重要な使命として掲げていることの矛盾は、東大出版会の組織運営にとって重要な懸案事項となっていた。東大出版会においては、「大学の三つの機能である研究・教育・啓蒙に対応した、研究書・教科書・教養書の刊行をおこなう大学出版部」というコンセプトが次第により明瞭なものとして打ち出されていったが、このコンセプトは、助成型を基調とする欧米の大学出版部とは異なる、内部補助型を特徴とする東大出版会独自の組織活動の実態を理論化していく上できわめて有効な理論的根拠となったと考えられる。また、東大出版会の創立に関わった大学関係者たちは、東大出版会から刊行される書籍を「大学公開（ユニバーシティ・エクステンション）」の目的を達成する上での有力な媒体として位置づけていた。この事実もまた、教科書や教養書の刊行を、単に経営の手段、つまり〈商業〉の極を体現するものとしてだけではなく、より積極的に〈文化〉の極と関連づけてとらえていく上で重要な意味を持っていたと言える。

東大出版会の「自分探しの旅」は、「東大出版会とは、他の組織や団体・機関との関係において、どのような位置づけにあるのか」という問いと密接に関連する次元の組織アイデンティティに関する模索の過程であった。そして、これは、主として母体大学や監督官庁との対外的な折衝にあたる東大出版会の理事および事務局職員の中でも幹部メンバーにとっての重大関心事であった。（言葉を換えて言えば、東大出版会の場合には、このようなステークホルダーの多さが、他の出版社三社と比べて、その組織アイデンティティを格段に複雑なものにしているのだと言える。）それに対して、書籍の刊行に関わる日常的な業務に直接たずさわる人びとにとっては、東大出版会の組織アイデンティティを構成する別の次元がより大きな意味を持っていた。

とりわけ刊行意思決定に関わる組織アイデンティティの次元においては、新曜社と有斐閣の場合と同様に、〈職人性〉―〈官僚制〉軸がきわめて重要な意味を持っていた。東大出版会における刊行企画については、基本的に〈編集者→編集会議・編集企画会議→企画委員会〉という一連の会議プロセスを経て組織としての意思決定がおこなわれる。その意味では、東大出版会は有斐閣のケースと同様に〈官僚制〉の側面が顕著であると言える。しかしその半面、東大出版会の場合には、書籍の編集や構成に関して有斐閣のアルマ・シリーズに見られるような高度な標準化が進んでいるわけではない。また、東大出版会においては、それぞれの学問領域を一名ないし二名の編集者が担当し、それらの編集者が企画立案に始まり刊行後の著者との連絡・交渉にいたるまで、ほとんどすべての業務を一貫して担当することになっている。

こうしてみると、〈職人性〉―〈官僚制〉軸に関しては、東大出版会の組織アイデンティティは、新曜社と有斐閣の中間に位置づけられると言えそうである。ここで興味深いのは、東大出版会の創立当初数年のあいだ、つまりまだ職員数が一〇数名程度であった頃までは、編集者の裁量の幅は現在よりもさらに広く、ある意味では、新曜社の場合と同じような、独立事業者の集合体に近い組織アイデンティティが形成されていたという点である。この点からも、組織における協働の仕方に関わる〈職人性〉―〈官僚制〉軸は、組織の規模と密接な関連を持っていることが示唆される。

＊　＊　＊

以上、四つの学術出版組織について、それぞれの組織アイデンティティのプロフィールを概観してみた。[18] 各々の組織において、四つの極のうちどこに高い比重が置かれているかはまちまちであり、それこそがまさに当の出版社の個性を指し示している。しかも、その個性的なアイデンティティは、時とともに移ろうものであった。組織アイデンティティというものがそもそも多元的で、また流動的であり得るというのは、繰り返し注意されていいだろう。

上の検討の過程において、一般的な傾向としては、規模が大きくなるにつれ〈職人性〉よりも〈官僚制〉の比重が高くなるということがうかがわれた。ただし、ここで注意しておきたいのは、学術出版社がビジネス的な側面を露わにし、〈官僚制〉化・〈商業〉化をどれほど強く推進したとしても、〈職人性〉や〈文化〉性が全く失われてしまうというのはまずあり得ないということだ。ごく小さな〈職人〉的出版社にもマニュアルや商魂はあり、他方非常に大きな〈官僚制〉的出版社にも個人技や高邁さはある。そして、それらの諸要素が相俟つことによって、当の組織全体のアイデンティティが醸し出されている。

この個性が固着化してしまうのか流転していくのか、またそれが自らを縛る桎梏と化すのか大いなる魅力となるのかは、状況によってさまざまに違ってこよう。が、いずれにせよ組織アイデンティティがきわめて重要な存在だというのは間違いない。それは組織体全体の振る舞いにも、また成員一人ひとりの生き方にも非常に大きな影響を及ぼしている。

第Ⅳ部　制度分析——文化生産のエコロジーとその変貌

第Ⅱ部と第Ⅲ部では、主として出版社の組織内部における刊行意思決定プロセスに焦点をあてて、学術コミュニケーションにおけるゲートキーピングの詳細について検討を進めてきた。第Ⅱ部の事例研究からも見て取れるように、出版社における刊行意思決定のスタイルは、それぞれの出版社の組織アイデンティティの特徴と不可分に結びついており、また刊行ラインに見られる独特の「個性」を生み出している。このような個々の出版社の個性的な営みが、学術書の刊行を通してなされる知の革新にとっても、また刊行内容の多様性という点に関しても、きわめて重要な前提条件になることは言うまでもない。

もっとも、本書において何度となく指摘してきたことからも明らかなように、学術書の刊行というものは、本来、個々の出版社だけでなく、それを取り巻く出版界、学術界、大学界などを含むさまざまな社会的世界のあり方に深く関わるものである。第Ⅳ部（第9章、10章）では、これら複数の社会的世界の交錯する場の基本的な構造とダイナミクスについて、これを組織フィールドないし「文化生産の生態系《エコロジー》」という視点から包括的にとらえ、またその特徴を、国際比較をも視野に入れながらヨリ明瞭な形で把握していく際の分析フレームについて模索していく。

第9章では、まず、「教養新書バブル」と評されたこともある、一九九〇年代末以来の教養新書の創刊ブームと刊行点数の急増という現象を一つの手がかりとして、学術書の刊行と大学の世界における業績評価における意思決定に見られる、きわめて日本的な特徴を浮き彫りにしていくことを目指す。同章の後半では、いくつかの点で日本とは対照的なゲートキーピング・システムを持つ米国の事例を取り上げて、ピアレビュー（同分野の研究者による査読）というものが、学術書の「品質管理」や大学界・学術界におけるギルド的結束を維持していく上で果たしてきた役割について検討を加えていく。

本書の最終章である第10章では、米国と英国それぞれの国における、学術出版に関わる制度変化の事例を通して、文化生産のエコロジーの変容過程について分析していく上での手がかりを求めていく。米国については、一九七〇年代初め以来の連邦政府による文教・科学研究関連予算の削減に伴って、大学出版部が直面することになった「アイデンティティ・クライシス」の事例を取り上げる。英国については、「サッチャー改革」の一環として一九八〇年代後半に始まったＲＡＥと呼ばれる研究評価制度の事例についての考察が中心となる。これら二つの事例は、いずれも、学術書の刊行を中心として展開される学術コミュニケーションに関しては、学術研究にとっての最大の「パトロン」である国家の教育・研究政策のあり方がきわめて重要な影響を及ぼすものであるということを示している。

第9章　ファスト新書の時代──学術出版をめぐる文化生産のエコロジー

大学界における象徴権力をめぐる関係性の変化について説明するにあたっては、大学界自体の自律性の脆弱化をもたらしたプロセス、そしてまた、大学界の外部から聖別をおこなおうとする勢力が勃興していったプロセスについての分析を抜きにしては考えられない。とりわけ、文化ジャーナリズムが持つ権力の肥大化は重要な意味を持っている。実際、大学界内部で進行するプロセスの場合には、聖別対象にするものについてさえ長期にわたる緩慢な神格化の過程をようやく成し遂げるものである。それに対して、文化ジャーナリズムの場合には、特定の文化生産物やその生産者をはるかに素早くかつ広い範囲に普及させ、またそれらの生産物と生産者に対して容易に名声を保証してやることができる。

──ピエール・ブルデュー『ホモ・アカデミクス』(1)

本書における検討結果をふまえた次の段階の研究においては、基本的な分析の単位を、個々の出版社から出版社を取り巻く「組織フィールド」すなわち組織間における影響関係の場にまで拡張していくことがきわめて重要な課題となる。本章では、そのような視点にもとづく調査研究をおこなうための準備作業として、日本における学術出版をめぐる「文化生産のエコロジー」のラフスケッチを提示し、また今後取り組むべき課題の輪郭を明らかにしていく。

本章の前半では、一九九〇年代後半に始まる教養新書ブームの背景について検討することを通して、出版社・著者・出版界・学術界・大学界など、学術出版に関わるさまざまな個人や組織・集団のあいだで形成されている影響関係の場に見られる、きわめて日本的な特徴を描き出す。本章の後半においては、学術書の刊行に関して米国の大学出版部を中心にして採用されている「ピアレビュー（同じ分野の研究者による査読）」の事例を取り上げて、学術情報のゲートキーピングのあり方に関する国際的な比較研究のための足がかりを求めていく。

一　学術書の刊行と文化生産のエコロジー（生態系）

本書では、これまで、主として個々の出版社内における刊行意思決定プロセスを検討の対象にして、事例研究を中心とする分析をおこなってきた。当然のことながら、出版社とその編集者が学術的知のゲートキーパーとして果たす役割を明らかにしていくためには、単に出版社という組織の内部でおこなわれる意思決定プロセスについて検討していくだけでは、決して十分ではない。というのも、書籍の刊行に関する意思決定は、出版社の内外に存在するさまざまな種類の利害関係者《ステークホルダー》を巻き込んだ形でおこなわれる場合が少なくないからである。

実際たとえば本書で「人脈資産」という言葉を使って何度か見てきたように、〈どのような書籍をどのような形で刊行していくか〉という点については、出版社やその編集者と人脈的関係や信頼関係で結ばれた、著者をはじめとする人びとの意向が反映されている例が少なくない。また、第Ⅱ部の事例研究や第Ⅲ部各章における理論的考察が示しているように、それぞれの出版社においてどのような書籍が、実際に「学術書」として刊行され、また、出版社の組織アイデンティティにおける〈文化〉の極を体現するものと見なされているかという点については、出版社を取り巻く組織フィールドにおいて共有されている文化的信念や了解事項を抜きにしては考えられない。つまり、出版社における刊行意思決定は、出版社を基本的な単位とする組織的意思決定であるだけでなく、同時に、出版社がその中に埋め込まれている組織フィールドのメンバーたちが関与しておこなわれる、組織フィールド・レベルないしネットワーク・レベルでの意思決定としての性格を帯びているのである(2)。

こうしてみると、本研究の次の段階としては、事例の範囲をさらに拡大し、また理論や概念という面での洗練をはかってより精緻な検討を目指していくだけでは、きわめて不十分な分析にしかならないことは明らかである。それに加えて、個々の出版社における刊行意思決定プロセスを、出版界・学術界・大学界などさまざまな社会的世界が交錯する影響関係の場の中に位置づけて検討していく作業がどうしても必要になってくる。

それはとりもなおさず、出版社が組み込まれている組織フィールドそれ自体を基本的な分析単位として設定した上で研究を進めていくことにほかならない。そのような研究においては、たとえば以下のような一連の問いが、重要なリサーチ・クエスチョンになるだろう。

出版業の産業構造に関わる問い

・学術書の刊行に関わるさまざまなタイプの出版社は、出版業界全体において全体としてどのような産業サブセクターを形成してきたのか。
・学術書の出版という点に関して、さまざまなタイプの民間の出版社や大学出版部のあいだには、どのような分業ないし「棲み分け」がなされてきたのか。

高等教育機関や研究機関におけるゲートキーピングのあり方に関わる問い

・研究書・教科書・教養書などさまざまなタイプの学術書は、大学や研究機関における人事評価に際して、どのような意味を持っているのか。
・大学関係者をはじめとする研究者たちは、学術書のゲートキーピングにおいてどのような役割を果たしてきたのか。

研究者（著者）の利害関心をめぐる問い

・研究者は、自分自身あるいは他の研究者が著者となる書籍の刊行に関してどのような利害関心を持っているのか。

以上のような一連の問いは、そのいずれもが、出版社が埋め込まれている組織フィールドにおけるさまざまなタイプのプレイヤーが持つ利害関心やプレイヤー同士の相互の関係性に関わるものである。そして、これらの問いに対する答えを求めていくことは、言うなれば、学術書の刊行をめぐる「文化生産のエコロジー（生態系）」の構成を解き明かしていく作業であると言える。(3)

本章および本書の最終章である次章の目指すところは、前章までにおける検討結果をふまえた上で、今後そのような、組織フィールド・レベルを基本的な分析単位とする検討をおこなっていく際の基本的な方向性と取り組むべき課題の輪郭を、一種の「ラフスケッチ」として描き出していくことにある。そのような本章の課題にとって、序章でもふれた新書、とりわけ教養新書に関する近年の動向は恰好の検討材料となる。というのも、教養新書の刊行をめぐる昨今の状況には、学術出版に関わるさまざまな個人や組織・集団のあいだで形成される文化生産のエコロジーに見られる、きわめて日本的な特徴が如実に示されているからである。

二　教養新書ブームの概要

（一）「教養新書バブル」

『出版月報』は、全国出版協会（出版社と大手出版取次会社トーハンによって構成される業界団体）が運営する出版科学研究所から毎月刊行されている冊子である。同誌では、二〇〇五年四月号と二〇〇九年六月号の二回にわたって、教養新書に関する市場分析の特集が組まれている（出版科学研究所 2005：2009）。それによれば、教養新書は、一九九八年に文藝春秋社から文春新書が創刊されたあたりから創刊ラッシュが続いてきたのだという。さらに二〇〇三年には、新潮新書シリーズの創刊ラインナップの一冊である養老孟司（当時北里大学教授）による『バカの壁』が二四七万部という驚異的な販売部数を示したが、その前後から、「教養新書バブル」とも言えるような状況が生じていったのだとされる。

バブル的な傾向はまず、新書シリーズの創刊ラッシュに見ることができる。新書シリーズの数は、一九九八年に二〇シリーズ前後であったものが、二〇〇四年には三〇シリーズ程度、二〇〇九年の前半には六六シリーズと、約一〇年のあいだに三倍以上にまで増えている。これは、講談社＋α《プラスアルファ》新書（二〇〇〇年創刊）や岩波アクティブ新書（二〇〇二年）の場合のように、既に新書ラインを持っている出版社が新たなシリーズを創設したことに加えて、『バカの壁』の新潮社あるいは二〇〇六年に朝日新書を創刊した朝日新聞出版のように、それまで新書を刊行してこなかった出版社が新しく新書を刊行ラインに加えていったことによるものである。

『出版月報』の特集記事における分類法によれば、新書シリーズの創刊ラッシュを背景として、一九九八年には年

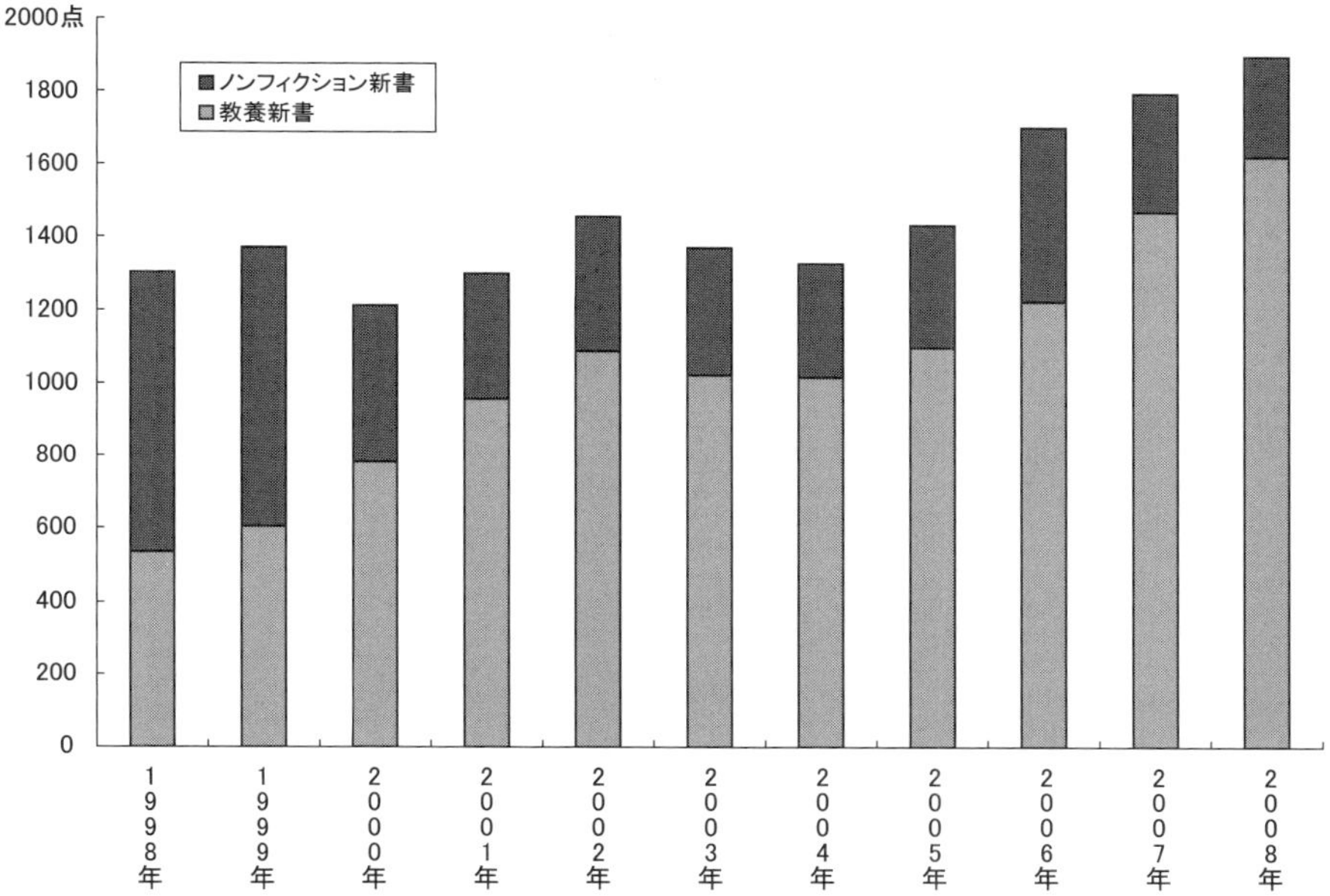

図9・1　ノンフィクション系新書の新刊点数の推移

出所：出版科学研究所（2005、2009）
（上記の資料における新書のタイプ別の区分に含まれる問題点については、本章の注(5)参照）

間五〇〇点台であった教養新書の新刊点数は、二〇〇二年にはほぼ二倍の一〇〇〇点以上にまで増え、さらに二〇〇八年には一六〇〇点あまりと、一〇年間のあいだに三倍以上にまで増えているとされる。同じ時期に書籍全体の新刊点数の伸びは一・二倍に満たないことを考えれば、これは驚異的な増加率であると言える。

また図９・１に見るように、新書サイズの小説を除外して見た場合、教養新書とその他の「ノンフィクション系新書」をあわせた新書全体の伸びは、同じ一〇年間のあいだに一・五倍程度に留まっている。つまり、教養新書の刊行点数に見られる特異な増加傾向は、新書全体の刊行点数の伸びという以上に、新書の中において、右にあげた特集記事において教養新書として分類されているものの占める相対的な比率が拡大していったことによるところが大きいのである。実際、教養新書は、一九九八年時点ではノンフィクション系新書全体の中で四割程度を占めるにすぎなかったのに対して、二〇〇八年にはその比率は八割前後にまで増えたとされている(4)。

『出版月報』の特集記事によれば、若干の変動はあるものの、教養新書の推定販売額についても二〇〇六年まではほぼ一貫して伸び続け、一九九六年に七〇億円前後だったものが二〇〇六年には二〇〇億円程度になったとされている。販売額は、その後二〇〇七年に一八五億円、二〇〇八年には一四二億円程度と下降気味になり、その点に限って言えば「教養新書バブル」の終焉を示唆している。それでも教養新書全体の販売額で見れば、依然として二〇〇八年現在で一九九六年当時の二倍以上の値となっている。また刊行点数に関しては、「教養新書バブル」終息後も増加傾向が続いており、先にあげたように、二〇〇八年には一六〇〇点あまりとなっている。これと、新書判型の小説を除く、教養新書以外の「ノンフィクション系新書」を加えると二〇〇八年には、年間約一九〇〇点、つまり、ひと月に一六〇点、一日に五点以上の新書が刊行されていたことになる。そして『出版指標年報』の二〇一〇年版によれば、二〇〇九年には、教養新書とその他のノンフィクション系新書をあわせた新書の新刊点数は約二一八〇点にまでふくらんでいるとされる(出版科学研究所 2010：129)。

序章でもふれたように、われわれが書店の新書コーナーを訪れた際には、その陳列内容がほとんど週替わりないし時には日替わりのような形で目まぐるしく変わっているようにも思えることがある。『出版月報』の二回にわたる特集記事は、そのような、新書の急激な「新陳代謝」を示していると思える印象が、データによってもある程度裏付けられることを示している。

(二)　著者の顔ぶれとテーマに見られる変化

新書の新刊の目まぐるしい入れ替わりという点に加えて、書店の店頭の新書コーナーを眺めていて容易に見て取れることの一つに、著者の顔ぶれの変化がある。

岩波書店の創業者であった岩波茂雄は、岩波新書の創刊の前後に、当時「各部門一流の大家を煩はして、俗流化せざる啓蒙的良書の執筆を乞ふ」ことを目指していたとされる（安倍 1957：213）。同新書の著者となった者の大半が今日にいたるまで常に「各部門一流の大家」であったか否かは議論の分かれるところであろう。とは言え、たしかに少なくとも一九七〇年代前後までは、教養新書に関しては〈「大家」や「権威」が長年の研究成果をふまえて書く物〉と言ったイメージが、読者の側にもまた出版する側にもかなりの程度共有されていたものと思われる。たとえば、一九七〇年代前半から講談社現代新書（一九六四年創刊）の編集部の一員として仕事をするようになり、後には同編集部編集長に就任した鷲尾賢也は、その当時は新書と言えば「アカデミズムの大家に、その専門を分かりやすく解説・表現してもらう」というコンセプトが支配的であったとしている（鷲尾 2004：26）。

これに対して、近年おびただしい数で刊行されている新書の場合には、年齢的にも比較的若く、また研究者としてのキャリアという点でも中堅あるいはそれよりもかなり手前の段階にある著者が目につくようになってきている。中には、大学院に在籍している、いわば「修業中」の著者が教養新書の形で研究成果あるいはその一部を発表したり、エッセイ的な性格を持つ新書を刊行したりしている例もある。

また、それらの、研究者としては中堅またはそれ以前の段階にある著者が新書で扱うテーマについては、長年の研究の成果にもとづくものというよりは、時事問題や社会問題の解説（たとえば、「格差社会」、学力低下、青少年問題、地球温暖化、外交問題）を意図したテーマやトピックが目立っている。[5] また、研究者が著者となった近年の新書の中には、特定分野（脳科学・経済学・経営学・教育学・心理学など）の研究成果を応用したとされる、子育てや勉強の方法、受験術、不況下における企業経営の極意や「心構え」、あるいは対人交渉のテクニックに関する内容を含むものなど、より実用・実践的な知識や情報との関連が強いものも少なくない。現在では、これらの情報が、総ページ数にして百数十ページから二百数十ページ、定価にして六〇〇円台後半から七百数十円の新書という、手頃なサイズと価格の入れ物の中にパッケージングされて、全国各地の書店の店頭におびただしい数で陳列されている。そして、それらの新書の中には、主たる典拠としてもっぱら他の新書をあげている例も見られるようになってきている。

さらに、大学関係者が「人生指南書」ないし「自己啓発書」とでも呼べるような新書の著者となっている例もある。先にあげた『バカの壁』は、その典型であると言えるが、その他にもたとえば、いずれもベストセラーとなって話題を呼んだ『国家の品格』(新潮社新書・二〇〇六)や『悩む力』(集英社新書・二〇〇八)の著者も、それぞれ大学に籍を置く教員・研究者であった(『国家の品格』の著者は藤原正彦・お茶の水女子大学教授(当時)、『悩む力』の著者は姜尚中・東京大学教授)[6]。

(三) 教養新書の変容

実際には、右にあげたような、教養新書の著者の顔ぶれや扱われているテーマ自体に見られる変化は、既に「教養新書バブル」の以前から見られていた。しかもそれは、後発の新書シリーズだけでなく、既存のシリーズについても見て取れる傾向であった。たとえば、岩波新書の創刊五〇周年の節目である一九八八年に開始された「新赤版」に含まれる何点かの新書には、右にあげたものと同様の傾向がいくつか見られる。

このシリーズへの移行の際に、月ごとの刊行点数の目安が三点から四点に増えたことに伴って、同新書に関してはより「読みやす」くすることが編集方針の柱の一つになっており、また著者についても「現在光っている人」を積極的に採用するようになったとされる(清丸 2001:50)。その刊行方針を象徴し、また関係者の予想をはるかに超える売行きを示したこともあって、結果として岩波新書の教養路線の軸を見えにくくしてしまったとされるのが、一九九四年に刊行された、放送タレントの永六輔による『大往生』である[7]。これは、一年間で二〇〇万部以上の大ヒットとなったものであるが、この本は、永の対談や放送原稿などに編集者が手を加えるという、当時の岩波新書としては異例の手法で刊行されたものである。岩波書店からは、その後も、同様の手法によって同じ著者による『二度目の大往生』（一九九五）『職人』（一九九六）『芸人』（一九九七）『商人』（一九九八）『夫と妻』『親と子』（二〇〇〇）『嫁と姑』（二〇〇一）などが新赤版シリーズとして矢継ぎ早に刊行され、いずれも数十万部の販売部数となっている（清丸 2001：47-53）。(8)

先にあげた講談社現代新書の場合は、さらにさかのぼって既に一九七〇年代半ばには、『考える技術・書く技術』（板坂元著・一九七三）や『知的生活の方法』（渡辺昇一著・一九七六）などのヒットを契機として、いわゆるハウツー物に重点を置く方針転換がなされていた。当時現代新書の編集長であった鷲尾によれば、その結果として、同新書の装丁を担当していたグラフィック・デザイナーの杉浦康平から呆れられるような内容を含む「通俗的なハウツー本」が、難解な現代思想についての解説書と並んで同新書の刊行ラインに次々に加えられていったのだと言う。そして、実はその「通俗的」なものこそが、講談社現代新書の中でも確実に版を重ねていくものであった（鷲尾 2004：26）。

このように既存の新書シリーズが変貌を遂げていく中で、一九九八年には、文藝春秋社から「雑誌と単行本の中間メディア」（出版科学研究所 2005：5-6；清丸 2001：37）が中心的なコンセプトの一つであったとも言われる文春新書が創刊される。これによって、従来型の新書が担ってきた「教養」を伝える媒体としての意味合いはさらに拡散していくことになった。また先に述べたように、二〇〇〇年には講談社が「講談社＋α新書」、二〇〇二年に岩波書店も「岩波アクティブ新書」（二〇〇四年一二月で終刊）というように、いくつかの出版社が従来刊行してきた教養新書シリーズとは色合いの異なる実用書系の新書シリーズを創刊している。その意味では、「教養新書バブル」、つまり、「書き下ろし」ならぬ「語り下ろし」、つまり著者が口頭で語った内容を編集者が文章化して出来上がった『バカの壁』が、二〇〇三年に新潮新書の創刊ラインナップのうちの一点として刊行されてベストセラーとなった前後から顕著なものになっていった新書の激増傾向は、そのような、教養新書の雑誌化・雑学化・実用書化・エッセイ化の延長線上にあるのだと言えよう。(9)

（四）「ファスト新書」の誕生と成長

このような新書の性格の変化を象徴しているのは、一ページあたりの字数だけでなく、ページ数自体も極端に少ない新書の増加である。ある時期までは新書と言えば、一行あたりの字数が四二字前後で一ページあたりの行数としては一五ないし一六行であり、ページあたりの字数としては六百数十字のものが主流であった。これが現在では、全般に字数、行数ともに減少していく傾向が顕著であり、特に後発の新書シリーズに関しては、四〇字×一三行あるいは三八字×一三ないし一四行、つまりページあたり五〇〇字前後であることも珍しくなくなっている。一ページあたりの字数が少ない新書は、概してページ数も少ない。二〇〇ページ前後もあればまだ多い方であり、中には本文で一五〇ページにも満たない新書も刊行されるようになってきている。これは、四〇〇字詰め原稿用紙に換算すれば二〇〇枚にも及ばず、雑誌の連載記事で言えば数回分の分量にすぎない。

また、この分量の少なさという点以外にも、新しいタイプの教養新書には、頻繁な改行がおこなわれていたり、引用・参考文献・注記が極端に少ないかあるいは全く省略されてしまうことも多い点など、共通していくつかの特徴が見られる。

ジャーナリストの清丸惠三郎は、『出版動乱』というルポルタージュの一章を割いて、二〇〇〇年前後の新書の動向について解説している。彼は、その中で「単行本の発泡酒、あるいはユニクロ路線」という喩えを使っている（清丸 2001：25）。これは、「＋α新書」の創刊にあたって責任者をつとめた当時の講談社の編集局長が、清丸とのインタビューの中で、同新書を、当時売行き不振となっていた単行本の廉価版として位置づけるという趣旨の発言をしたことをふまえたものである。

よく知られているように、株式会社ユニクロは、「ファスト・ファッション」すなわち、最新の流行をいち早く取り入れながらも価格を低く抑えた衣料品を販売する製造小売業者の代表格である。したがって、清丸の比喩にならって言えば、近年とみに目立つようになってきた薄手の新書を「ファスト新書」と名づけることができるかもしれない。

当然のことではあるが、現在さまざまな出版社から刊行されている教養新書のすべてが最新の話題に関する解説を、文字通り「早く安く」薄手の冊子としてパッケージングしたファスト新書というわけではない。それどころか、たとえば歴史系の新書などには、長年にわたる地道な研究の成果やその一部を平易に解説した、まさに教養新書の伝統的なイメージを継承しているものが少なくない。また、岩波新書のように、教養新書ブームの中でも刊行点数が目立って増えていないケースもある。(10)

しかしながら、その一方で、ファスト新書的な性格を持つ新書の点数が急増していることもまた、紛れもない事実である。さらにファスト新書の増加は、書店店頭における従来型の新書のプレゼンスを低下させ、同時に、伝統的なタイプの教養新書の商品ライフサイクルをより短いものにしていく上で少なからぬ影響を及ぼしていると見ることができる。(11)

そして、そのファスト新書的な教養新書の少なからぬ部分を占めているのが、大学関係者をはじめとする研究者（あるいは元研究者）によって書かれた新書なのである。

（五）「教養」の拡散

教養新書の嚆矢とされる岩波新書が創刊されたのは、一九三八（昭和一三）年のことである。創刊当時の編集企画において中心的な役割を担っていた者の中には、マルクス主義の哲学的基礎づけをヒューマニズムの立場から試みたことで知られる哲学者の三木清や岩波書店の編集部にいた小林勇と並んで、当時岩波茂雄のブレーン役をつとめており、後には『世界』の初代編集長にもなった吉野源三郎（明治大学教員でもあった）が含まれていた。(12) 吉野は、同新書のモデルとなったペリカン・ブックスを初めて目にした時に、「俗流に陥らないで多数の読者をつかめるのではないか」という見通しを持ったとしている。彼はまた、新書の創刊を検討していた当時にはペリカン・ブックス以外にも英国やドイツあるいはフランスで同じ頃に刊行され始めていた双書類を参考にし、それらの双書の書目が「どの程度まで専門書に近づき、どの程度で線を劃しているか」を詳しく調べたと述べている（吉野 1964：42）。先に述べたように、岩波新書や中公新書あるいは講談社現代新書に代表される、一九七〇年代前後までの教養新書について抱かれていた基本的なイメージは、この吉野や三木の構想の延長線上にあったと考えられる。つまり、その頃までの新書は、専門書に代表されるアカデミズムの世界における研究の成果を平易に解説し、かつ比較的手頃なサイズで「多数の読者」に対して「教養」として伝える媒体としての性格が強かったのだと言える。

しかし、新書シリーズの創刊ラッシュが続いていき、また後で見るように一点あたりの新書の販売が伸び悩む中で、教養新書がかつて持っていた小型判の教養書としての性格は大幅に変容していくことになった。すなわち、新しいタイプの教養新書は、実用的な情報や時事的な問題に関する解説を速報的に、かつある程度まとまった分量で伝えるという点において、雑誌に代わる媒体としての性格を持つようになっていったのである。また、ある場合は、著名人のエッセイ的な文章を比較的手頃なサイズと価格で提供する媒体としての役割をも担うようになっていった。[13]

このような刊行ラインナップの変容は、当然のことながら、教養新書に盛り込まれる「教養」の意味内容を大きく変えていくことになる。その変化の一端は、右に引用した吉野の証言や先にあげた岩波茂雄の「俗流化せざる啓蒙的良書」という構想と、以下にあげる、岩波新書担当の編集長による最近の発言とのあいだの違いから窺い知ることができる――「現在の岩波新書はアカデミズムを背景にしたものと、エッセイなど時代に沿ったやわらかいものとの両輪で刊行しています。大学では教えてくれないけれども、生きる上で必要になる知恵のようなもの、これも一種の教養だろうと考えています」（出版科学研究所 2005：9）。

右の引用で「生きる上で必要になる知恵のようなもの[14]」までをも含むとされている「教養」の意味内容の拡散傾向

は、比較的年配の大学関係者を含む著者たちが執筆してきた、エッセイあるいは自己啓発書的な性格を持つ教養新書についても見られる。それらの新書の場合、その著者たちに期待されているのは、専門的な研究者ないし幅広い教養を持つ「教養人」というよりは、むしろ「文化人」ないし「タレント」としての役柄《キャラクター》であると見ることができるだろう(15)。

『出版月報』の二〇〇九年六月号の特集では、広い意味で教養新書と呼ばれている刊行物を以下の三つのカテゴリーに分類している。

① アカデミズム系――岩波新書・中公新書・講談社現代新書という「御三家」と呼ばれる新書シリーズに代表される、旧来タイプの教養新書

② ジャーナリスティック系――雑誌の特集記事のような形で時事的なテーマを中心に扱った新書やビジネス系新書など

③ ノンフィクション読み物系――サブカルチャーに関する解説や報告、雑学書、タレントのエッセイなど

新書がかつて持っていた、伝統的な意味での教養書ないし「啓蒙的良書」としての性格は、主として①のアカデミズム系の教養新書によって担われていたものだと言える。しかし、一九九〇年代半ば以降は、既存の新書シリーズも含めて一般に教養新書と呼ばれる系列の新書の中で②や③のジャーナリスティック系、あるいはノンフィクション読み物系に分類できる新書の占める割合が拡大していくようになっていった。さらに、内容的にもまた著者の顔ぶれという点でも、①②③のジャンルの区分が曖昧になってきている点も、この一〇年あまりの新書に見られる顕著な特徴の一つとしてあげられる。つまり、従来であればアカデミズム系の新書の著者となったような研究者（あるいは元研究者）が、右の分類で言えば、むしろジャーナリスティック系やノンフィクション読み物系に分類できる新書の執筆

に手を染めるようになっていったのである。[16] 一方、中堅ないし若手の研究者が、①②③のジャンルを問わず、新書の著者として関わるようになってきているという点も、近年目につく傾向の一つである。

三　ファスト新書誕生の背景

（一）出版社の事情――刊行点数の増加と発行部数の減少

右に見たように、最近では、教養新書の著者に中堅や若手の大学関係者が増え、また年配の研究者も含めて研究者が私的なエッセイないし自己啓発書的な新書の著者になることが増えている。このような傾向の背景の一つには、新書シリーズ自体の数と全体的な刊行点数の増加によって一点一点の部数が伸び悩み、新書の商品寿命が極端に短いものになっていることがあげられる。これは、新書シリーズの刊行点数の膨張に伴って、出版社のあいだだけでなく同じ出版社の新書のあいだでも繰り広げられている、書店の陳列スペースをめぐる争奪戦と密接な関連がある。

出版社の場合と同様に書店から見ても、書籍や雑誌の売上げが全般に落ち込んできている以上、例外的に「売れ筋」の一つとなっている新書は魅力的な商材であると言える。もっとも、当然のことながら、書店の陳列スペースにはおのずから物理的な限界がある。したがって、先にあげたように月に一六〇点もの新書の新刊が刊行される状況にあっては、当初は平台に置かれた新書の場合でも、数週間で「棚差し」、つまり書棚に背表紙を見せた状態で陳列されるようになったり、それほど日をおかずして返品されてしまったりする例が少なくない。また、重版を迎えることなく初版で終わる新書も増えている（出版科学研究所 2005：11）。大手書店のジュンク堂池袋本店の場合には、二〇〇九年現在で、毎月の新刊入荷点数は約一五〇点であり、毎日の補充点数は段ボールで約八箱分であったという。また、同書店では、この膨大な新書の入荷に対応するために、たとえば、従来は一点あたり三冊陳列していた常備の新書を一冊に減らすような対応がなされることもあるとされる[17]。

こうして、新書の新刊一点あたりの平均発行部数は、一九九九年から二〇〇五年までの七年間で、一万五〇〇〇冊から九千冊前後へと六千冊近く減少している（出版科学研究所 2005：6；2007：120）。かつて岩波新書については、一九六〇年代半ばに平均的な初刷り部数を四万部から五万部へと増やすことを目指していたとされる（岩波書店編集部 1988：74）[18]。その当時の岩波新書と比較すると、現在では多くの新書がその数分の一程度にすぎない初刷り部数で刊行されていることになる[19]。

出版社（特に新書に関しては後発の出版社）としては、部数の落ち込みや重版率の低下をカバーするために、新書の点数を増やさざるを得ない。しかし、それがまた平均的な発行部数の減少や重版率の低下に結びつくということになって、一種の悪循環の状態に陥ってしまっている。またある程度の部数を見込むことができ、また社内で迅速に企画を通していくためには、既に類書があるテーマを扱った新書の企画を立てることが一つの早道である。かくして、現在では、あるトピックを扱った新書が話題になり売行きを伸ばすと、ほとんど間髪を入れずに同じようなテーマについての新書が次々に刊行されることが稀ではない。

大学に籍を置く教員・研究者が著者である新書に関しても、数社から類似のテーマについて書かれた本が短期間のあいだに相次いで刊行されることが少なくない。さらに、同じ著者による、同じようなテーマについて扱った、タイトルまで似通った新書がそれほど間をおかずに刊行される例も珍しくない。

これに加えて、『バカの壁』のような、語り下ろしの手法を採用したことを自ら明かしている新書はまだそれほど多くはないものの、対談や座談会の録音記録を編集部で文字に起こしたものを元にして新書を編集するという手法も比較的広く用いられている。これは、近年創刊された、それまで主として雑誌を刊行してきた出版社の新書シリーズの場合に特に目につく傾向であるが、雑誌の対談記事や座談会記事の作り方を応用したものであると考えることができる。[20]これに加えて、新書を語り下ろし的なやり方で制作した場合には、読みやすさ・分かりやすさという点に加えて、企画から刊行までのリードタイムの短縮をねらうこともできる。(中には、編集者の側で作成した目次案どおりに口述した内容をもとにして、一ヶ月程度で新書の刊行を目指す例さえあると言われている。[21])また、新書の場合に限ったことではないが、原稿自体が著者から電子ファイルの形で提供されるようになったことも、リードタイムの短縮と刊行点数の増加につながっている。

以上のような出版社間の過当競争や書籍製作に関わる技術変化を背景として、現在では、各社からは、ひと月に平均三点から五点、つまり一〇日ないし一週間ごとに新書の新刊が刊行されるようになっている。[22]いきおい著者獲得競争も激しくならざるを得ず、より幅広い層の研究者ないし研究者の「卵」が新書の著者陣に顔を並べるようになってきた。

第1章でも述べたように、ゲートキーピングのプロセスが品質管理のメカニズムとして有効に機能し得るための一つの条件は、文化生産物の「原材料」に対する需要に比べてその供給が圧倒的に多いという意味での「需給ギャップ」が存在することである。そのような供給過多の状況にあるからこそ、ゲートキーパーは、玉石混淆の多数の候補の中から素晴らしい「玉＝宝石」となり得る原石を見つけ出していくことができるのだと言える。逆に需要過多の状態になった場合、当然のことながら、ゲートキーパーによる「篩《ふる》い分け」は、きわめて粗いものになってしまう可能性がある。[23]

実際、新書について言えば、出版社ないし編集者の側で新刊の点数を「稼ぐ」ために必要となる原稿や刊行企画の数という意味での需要が、実際に提供される原稿の本数という意味での供給を上回ってしまっているような場合には、出版社がおこなうスクリーニングはきわめて不十分なものになってしまうだろう。かつて教養新書に関して「大家や権威が書くもの」といった認識が出版社・著者・読者のあいだで共有されていた時代には、その共通認識が、出版社が担うゲートキーパーとしての役割を支えていたとも考えられる。しかしながら、現在では、新書に関しては老舗の出版社も後発の版元も、そのような意味でのゲートキーパーとしての役割を果たしえなくなっている可能性がある。

また、第6章では、編集者は単なる仕分け役としてではなく、しばしばプロデューサーないしパトロンとしての役割を果たすことを見てきた。しかし、編集者の対応能力をはるかに超えるような大量の原稿を「早く安く」処理することを要求されている状況では、いかに教養新書になる可能性を秘めている原稿や企画を見つけ出すことができたとしても、編集者には、その「原石」である素材を磨き上げていく余裕は無くなってきているのかもしれない。

（二）大学の事情――業績評価における教養書の位置づけ

もっとも、ゲートキーパーとしての役割をめぐる問題という点に関しては、出版社だけでなく、大学をはじめとする研究・教育機関についても同様の事実が指摘できるだろう。というのも日本の大学においては、右に見てきたような比較的新しいタイプの教養新書も「学術書」として見なされ、また研究業績としての評価の対象になる可能性が全く無いわけではないからである。

この点に関連して示唆に富むのは、某社が新書シリーズを創刊するにあたって、その担当者から意見を求められた経験を持つ、ある出版関係者の発言である。その出版関係者は、新書のような教養書については本来、かなりの程度の実績がある研究者、すなわち専門家からきちんとした評価や批判を受けた論文や著書などを発表してきた研究者が著者となるべきだとして、次のように語る。

もう教養書を書いてもいいよ、という学問的レベルとか段階があるんじゃないかとずっと思っていた。ところが、最近は、こちらの方［論文の段階］を一度も経験していない。いきなり新書で書いて、それで何かのきっかけで売れちゃったりして、そういう人たちはもう学問に戻ってこれないんじゃないかと思うんですね。［文献の引用の仕方などでも］

いい加減というか、かなりギリギリの事をやっている。新書なんてのは、［大学の業績審査では］業績としては認めちゃいけないんですよね。新書何百冊を書いてても、そんなの業績じゃない、と。やっぱり、それなりのレフェリーのついた学会誌なりで、そこでいくつの論文を書いたかという方を［に］まず比重をかけないと。(24)

この出版関係者はまた、本来の新書の目的は、学問的な成果を一般化し、また多くの読者を獲得することにあったはずだと述べる。そして、著者は、研究者としてのキャリアの最終段階において、その集大成として新書を出すべきであり、そのような学問的蓄積の乏しい若手に対していきなり新書の執筆を依頼するのは、その若手の研究者自身にとって決して好ましいことではないだろうとする。

しかし現在では、先に述べたように、中堅あるいはそれ以前のキャリアの研究者にとっても新書の著者となる機会が広がってきており、また、それほど一般的な傾向ではないが、いくつかの大学では、新書が、採用や昇進に関わる業績評価の対象として認められている。もし、実際に新書には右に引用した出版関係者の指摘するような問題があるのだとしたら、このような状況は、大学が、研究者・教員を対象とするゲートキーピングに際して果たす役割という点で大きな問題を抱えているということにもなるだろう。

もっともその問題は、ファスト新書的な性格を持つ教養新書の場合に限らない。というのも、日本の大学では、少なくとも人文・社会科学領域の業績評価に関しては、狭い意味での研究書だけでなく、教科書・教養書ないし啓蒙書的な性格の強い書籍（あるいはそれらの書籍の特定章）が研究業績として認められる場合が少なくないからである。また、研究書と呼べるものであっても、基本的には海外の学説の翻訳・紹介・解説であるものが、オリジナルな研究成果を独自の視点からまとめた専門的な研究書と同じ程度に、時にはそれ以上の価値を持つ研究業績として認められてきたという事情もある。論文についても、多くの学部・学科・研究所においては、査読を経た論文だけでなく、学内誌的な性格を持つ「紀要」に掲載された論文が採用や昇進に関わる人事評価にあたって業績として認められる場合が少なくない。また、米国などの大学の場合とは違って、日本の大学では人文・社会科学系ではあっても、自著として専門的な研究書のあることが採用や昇進人事に際して必ずしも最も有利な条件になるわけではない。さらにすぐ後で見るように、日本の場合、大学出版部におけるモノグラフの刊行に際しても、ピアレビュー的な査読プロセスが必要とされることは、むしろ稀である(25)。

（三）大学人の事情 —— 著者の商業化と世俗化

若手の研究者にとっては、新書が大学や研究機関において研究業績として認められているということは、きわめて魅力的な状況であるかもしれない。というのも、学術論文の場合には査読結果を出てくるのを待つあいだの心理的負担が大きいだけでなく、査読結果をふまえて書き直したりする上での手間がつきものである。また、実際に刊行されるまでにはかなりの時間がかかることも多い。これに対して、新書の場合には、そのような面倒で時間もかかる査読プロセスを一切経ることなく刊行することができる。編集者や出版社との交渉次第では、比較的短い時間のあいだに刊行することもできる。また、専門的な学術ジャーナルに論文を書いても原稿料が得られるケースはほとんど無い。（それどころか、抜き刷りを入手するための費用が必要になる場合も多い。）さらに、本格的な研究書の場合には、無印税で刊行したり、著者引き取り分の部数を購入するための経費で「持ち出し」になったりするケースも多い。それに比べれば、新書の場合には、ある程度の印税収入が得られる可能性は、はるかに高い。

これに加えて、専門的な学術ジャーナルにすぐれた論文が掲載されたとしても、多くの場合は、研究者コミュニティ内部のごく狭い範囲で評価が得られるだけに留まる。高度に専門的な内容を含むモノグラフ的な研究書を発表した場合も、同様である。どちらの場合も、通常はごく限られた範囲で「玄人受け」的な評価が得られるだけである。それとは対照的に、比較的平易な文章で書かれた新書や選書は、大学や学界を中心とする、小さくて狭い学術的コミュニティの範囲を超えて、広い層の読者から「素人受け」ないし「大衆受け」的な高い評価を受けることができるかもしれない。また、時流に乗ったテーマに関する新書の場合には、新聞や雑誌などのマス媒体で書評や記事として取り上げられる可能性も高くなる。つまり、そのような「大衆受け」の機会はさらに増えていくことになるのである。

実際近年では、新聞や雑誌における書評でも教養新書が取り上げられる機会は増加しており、朝日新聞や読売新聞あるいは『週刊文春』や『週刊朝日』などのように、新書ないし文庫専門の書評コーナーを設けている例もある。また、『出版指標年報』（全国出版協会・出版科学研究所）では、二〇〇二年前後までは「単行本」総合部門の年間売行き良好書上位三〇点のうち、例年、新書は全くランクインされていないか、せいぜい一点が入る程度であった。これが、二〇〇三年に『バカの壁』が第一位として登場し、翌年の二〇〇四年に、その『バカの壁』および同じ著者による『死の壁』の二点を含む四点が一挙にランクインしてからは、毎年五点以上の新書が三〇位以内に入っている。二〇〇六年には、実に一一点もの新書があげられている。[26] このような話題性の高さも、大学関係者の執筆意欲をかきたてていく要因として重要なものであるかもしれない。

先に第8章の冒頭では、出版社の組織アイデンティティを構成する〈文化〉－〈商業〉という対立軸については、それが、文化生産に関わる組織がしばしば直面する、「聖なる使命」が支配的な意味世界と功利的な配慮が顕在化する「俗なる世界」とのあいだの対立関係と密接な関連があることを確認した。この点をふまえて考えてみた場合、もし新書の著者となる研究者が、実際に右に述べたような、もっぱら狭い意味での学術コミュニティの範囲を超えた広範な読者層からの「大衆受け」やそれによる経済的収入を意図して執筆活動に関わっているとするならば、それは、著者の側における――つまり、出版社の側ではなく――「商業化」ないし「世俗化」と呼ぶことができるかもしれない。

実際、そのような著者の姿勢は、「アカデミー」ないし「アカデミズム」という言葉から連想される、世俗的な利害を超越してひたすら真理を追究する、ある意味で「浮き世離れ」した研究者＝著者のイメージとは対照的なものであると言える。こうしてみると、出版不況下で生じている教養新書ブームは、一部の研究者を、大学をはじめとするアカデミズムの世界に対してよりは、むしろ世俗的な性格の強い「ジャーナリズム」と呼ばれる世界へと引き寄せているようにも見える。

このような、著者の商業化ないし世俗化をめぐる背景を探ることは、日本における学術書の刊行をめぐる文化生産のエコロジー、すなわち、出版界と学術界・大学界のあいだの影響関係の場の構造とその変容について検討していく上で貴重な手がかりを提供するように思われる。その際にまず理解しておかなければならないのは、日本において教養新書というものが、欧米とは比較にならないほど厚みのある中間的読者層によって支えられてきたという事実である。そして、その事実について少し詳しく見ていくと、右にあげた「超越 対 世俗」ないし「アカデミズム 対 ジャーナリズム」という対比は、日本の場合には、実はそれほど明確なものではなかったのではないかとも思えてくる。

四　学術出版をめぐる文化生産のエコロジー——日本の場合

（一）「ヘアヌード満載の週刊誌」から哲学・思想シリーズまで

本書で何度かその発言を引用した鷲尾賢也は、講談社現代新書の編集長をつとめる以前に同じ講談社で男性週刊誌の編集を経験していた。彼は、その体験をふまえて、日本の出版社や書店は欧米と比べた場合はるかに幅広いジャンルの書籍や雑誌を扱っており、また、読者はそれに対応して幅広い「中間的文化的好奇心」を持っているとしている。そして、その中間文化的好奇心を象徴するものとして鷲尾があげているのが、新書や選書である。

日本の出版の優れているところは幅の広さがあることだ。学術的なものから劣悪なものまで、すべてが本と呼ばれ、書店に同じように並ぶ。欧米にはそれほどの多様性や幅はない。出版社も、大学出版会とハーレクインロマンスに代表される大衆的な出版社に、はっきりと分かれている。読者も分かれている。ヘアヌード満載の週刊誌を刊行している出版社［講談社］から、「現代思想の冒険者たち」という哲学・思想シリーズが刊行されることはありえないのである。書店も、出版社も、読者も、軟派から硬派まで無限に抱擁できるキャパシティが、日本の出版界にはあった。それが日本の公共性を作り、ひいては強さになっていたのではないか。新書・選書に象徴される中間的文化《原文ママ》的好奇心は、どこの国にも負けない強さのあらわれである。（鷲尾 2004：196-197）

鷲尾は、以上のような主張を評論家の山本七平の発言を一つの拠り所にして展開しているのだが、同じような趣旨の主張は、社会学者の吉見俊哉の発言にも見られる。吉見は、日本には学術的な本と大衆的な本とをつなぐ「中間領域」があり、また「密度が高い大衆的読者市場」が成立してきたことによって文化的公共圏が形成されてきたのだとしている（吉見 2004：14-15：池内・佐伯・吉見 2004：135）。

たしかに鷲尾や吉見が言うように、日本と欧米とでは、出版産業におけるサブセクター間の棲み分けないし分業関係という点に関しては顕著な違いが存在する。たとえば欧米では、一方に、雑誌や新聞あるいは大衆向けのペーパーバックしか置いていない空港のニューススタンドあるいはスーパーマーケットのような大衆向け刊行物の販路を置き、他方に大学生協書店あるいは独立系の書店などのような専門書店を置いてみた場合、両者の場合には画然たる区別が存在していることが少なくない[27]。それに対応するように、出版社についても、専門書を扱う版元ともっぱら大衆向けの書籍や雑誌を扱う版元とのあいだには比較的明確な分業ないし一種の「棲み分け」が見られる場合が多い。また、メディア・コングロマリットが多数の出版社を傘下に収めている場合には、それぞれの出版社の「インプリント」（一種の「レーベル」）に関しては、かなり明確な色分けがされている例が少なくない。それに対して日本の場合には、従来、出版社、書店、そして読者のそれぞれについて文化面での「雑食」的な傾向[28]が強く、欧米の場合とはきわめて対照的な状況となっている。

実際、海外の出版関係者は、日本の出版社の刊行ラインや書店における品揃えの多様性や幅の広さあるいは「密度の高い大衆的読者市場」の存在を目の当たりにして、しばしば一種のカルチャーショックを体験することになる。たとえば、米国の非営利出版社ニュープレスの代表であるアンドレ・シフレンが、二〇〇三年に初来日した際の印象について綴った「日本では、本は世界に向けて開かれた窓である」と題された文章は、そのような種類のカルチャーショックの一つの典型を示している。

シフレンの来日は、彼がかつて編集責任者をつとめていた哲学・思想系の出版社であるパンセオン社が米国におけるメディア関連企業のM&Aの波に翻弄されていった経緯を明らかにした著書 *The Business of Books* の邦訳『理想なき出版』が日本の出版関係者のあいだで大きな話題を呼んだことが契機となっていた。彼は日本滞在のあいだに大阪のジュンク堂書店を訪問した時に、その一階がコミック本であふれ返り、また二階が大衆文化関連の本や小説類に占められている一方で、三階には、欧米（とりわけフランス）の思想・哲学書の翻訳書が――いくつかの分野では米国で翻訳されているものをはるかに超える種類と数で――ぎっしりと陳列されている光景を見て、驚きの念を表明している。

その上で、シフレンは次のように述べている――「米国や英国で出版の世界に生じたことに比べれば、日本の状況はまだ非常に印象深いものである。利益追求は抑制されてきたし、利益至上主義によって堅い本が出せなくなるというような事態にまでは至っていない。また日本では、これからも難しい本の翻訳書が刊行されていく可能性は他のいかなる国よりも高いと言えるだろう」（Shciffrin 2004：40–43）。

（二）「中間領域」が持つもう一つの側面

鷲尾が指摘するように、出版社から刊行される本の内容に多様性や幅があり、またそれを受容する比較的分厚い読者層が存在していたという点は、一面では、たしかに日本における文化的公共圏の形成に寄与していたのかもしれない。また、新書や選書などを典型とする「中間領域」（吉見）的な性格を持つ書籍が、専門的な学術書の読者の範囲を広げる上での呼び水としての意味を持つことも少なくなかったであろう。さらに、本書の事例研究で見てきたように、教養書や啓蒙書の売上げは、出版社にとっては、高度な研究書をはじめとする「堅い本」の刊行を支える収益を確保していく上でも一定の役割を果たしてきた。

しかしながら、本章で解説してきた教養新書をめぐる近年の動向は、学術書の刊行を中心とする文化生産のエコロジーに見られる日本独特の状況、すなわち新書をはじめとする「中間領域」的な性格を持つ書籍が比較的大きな位置を占めている状況が、一方ではいくつかの問題を含み得るものであることを示唆している。

たとえば、ファスト新書的な教養新書の例に見られるように、学術的な本と大衆的な本とをつなぐ中間的な文化生産の領域が肥大化している状況では、より専門的な読者を対象とする、いわば「ハイエンド」の学術書である研究書の刊行を支えてきた制度的基盤が十分に整備されないままの状態に留まってしまう可能性がある。実際、大学等での人事評価において、著者に対して経済的報酬や世俗的な栄誉をもたらすことができる教養書や啓蒙書が研究書と同等あるいはそれ以上の評価を受けているような場合には、大学関係者にとっては、研究書の刊行を通して学術的知の革新《イノベーション》を起こしていく上でのインセンティブはそれほど高いものにはならないかもしれない。

また、ハイエンドの研究書の刊行が困難になっていくことは、とりもなおさず、中間的な文化生産の領域それ自体が瘠《や》せ衰えていくことでもある。すなわち、学術的な書籍の質の向上が望めないような状況にあっては、中間領域自体が下のレベルに振れていき、よりローエンドの内容に近いものになっていくかもしれない。もう一つの可能性としては、二極化というものがあり得る。つまり、アカデミズムの世界に限局された、難解な「ムラの言葉」で書かれた書籍がある一方で、他方には、「ファスト新書」を代表とする大衆的・通俗的な読み物しか存在しないという状況である。本書の第3章で見たように、新曜社の堀江や塩浦は、同社で翻訳書の刊行に力を入れてきた背景として、日本に比べて海外には豊富な学識を持ちながらそれを広い読者に伝えられる力量がある著者が存在する、という点をあげている。もし日本においてローエンドに近い中間領域が今後さらに肥大化していった場合には、堀江や塩浦の言う、力量のある海外の著者に匹敵するような著者が、ますます育ちにくい状況になっていくことが考えられる。

さらに、出版社にとって研究書の刊行が、もっぱら「密度が高い大衆的読者市場」をターゲットとする教養書等の販売収入に依存しているのだとしたら、高度な研究書を刊行していくための制度的基盤としては、いかにも心もとないところがある。研究書の安定的な刊行や次代の研究者層の育成にとっては、その一方で、学術書の刊行に対する助成制度や出版社にとって研究書を一定程度の部数で納入できるような大学図書館等の機関市場が整備され、また、高度な研究書を受容する専門的な読者層の形成されていくことがどうしても必要になってくるだろう。

(三) 中間領域と「文化ジャーナリズム」

このような点について検討していく上できわめて有効な手がかりとなるのが、フランスの社会学者ピエール・ブルデューが「限定生産の場 対 大量生産の場」という区分を用い、また、米国の社会学者のダイアナ・クレーンが、「独立型報酬システム」と「異種文化混合型報酬システム」と名づけて区別した、文化生産における二つの下位領域の対比である（Bourdieu 1993 : Crane 1976）[29]。またブルデューは、「文化ジャーナリズム」という言葉を使ってそれら二つの領域のあいだに成立している相互対立と相互依存の関係について明らかにしている。その議論もまた、日本における学術書の刊行をめぐる文化生産のエコロジーの中で「中間領域」が果たしてきた役割について理解する上で、きわめて示唆的である。

ブルデューとクレーンが、学問や芸術あるいは哲学・思想などさまざまな文化生産の分野について、限定生産の場ないし独立型報酬システムと呼んでいるのは、「玄人受け」すなわち、もっぱら自らが文化生産をおこなう人びと（研究者・芸術家・思想家・作家など）から高い評価を受けることが最も重要な意味を持つ文化生産の領域である。この領域では、同業者である文化生産者たちによって構成される、比較的狭くて小さな世界における評価や威信という象徴的な報酬が、文化生産をおこなう上でのインセンティブとして重要な意味を持つことになる。

これに対して、大量生産の場ないし異種文化混合型報酬システムにおいては、「大衆受け」を獲得することによって得られる世俗的な名声と直接的な経済的報酬がしばしば最も重要なインセンティブになる。言葉を換えて言えば、この場合には、さまざまな文化的水準やバックグラウンドを持つ広い範囲の人びとに広く受け入れられることが目標となるのである。

言うまでもなく、大学社会や学界は、限定生産の場や独立型報酬システムとしての性格を色濃く持つ社会的世界である。それに対して、教養新書を刊行する商業出版社あるいはマス媒体を中心とするジャーナリズムは、大量生産の場ないし異種文化混合型報酬システムとしての性格が強い。もっとも、学術研究に関する限定生産の場と大量生産の場は、互いに完全に没交渉というわけではない。むしろ、両者のあいだには相互に入り組んだ複雑な関係が見られることの方が多い。また、「素人」と「玄人」も、それほど容易に区別できないケースも少なくない。さらに、ひと口に玄人とは言っても、実際にはさまざまなタイプが存在することも多いし、玄人たちが常に一枚岩な結束を示しているとは限らない。

たとえば、ブルデューはその著書『ホモ・アカデミクス』において、フランスでは、第二次世界大戦後における学生数の急増を背景として新たなタイプの大衆的読者層が登場し、またその読者層を主なターゲットとする、「中間的文化と比較的高度な大衆文化の担い手」である出版人と大学人が登場することによって、「文化ジャーナリズム」が形成されていったとする。文化ジャーナリズムに見られる顕著な特徴の一つは、限定生産の場において長い時間をかけて生み出され、また主として大学出版部が刊行する書籍あるいは学術雑誌という少部数の媒体などを通して発表される学問的成果を、大量生産の場で利用する上で好都合な形に加工し、またそれによって即座に利益を得ようとするところにある。

ブルデューによれば、その「文化的密輸入」によって生み出される生産物には、次のような特徴があるのだと言う――「一年単位で素早くパッケージングされたものであり、大問題に対して向こう見ずに取り組み、目下話題となっているものなら何にでも飛びつき、参照文献の表示や注釈、文献目録などに気を配ったりしようなどとは決して思わない」(Bourdieu 1988 : 120［石崎・東松訳 1997 : 178–179］)[30]。そして、そのような特徴を持つ書籍や雑誌記事を生産する大学人兼ジャーナリスト（ないしジャーナリスト兼大学人）は、大学界と言論界における自分たち自身の存在と活動の意義を正統化するために――つまり、「真っ当な玄人」としての社会的認知を得るために――文化ジャーナリズム的媒体やその関係者である出版人たちと連携して独自のネットワークを形成しようとするのだという。

（四）論壇ジャーナリズムの功罪

ブルデューがフランスの場合について指摘した右のような状況は、日本では、それほど奇異なものとは思えないかもしれない。というのも、日本の大学界や言論界には、ある意味でそれとよく似た状況が比較的早い時期から存在してきたからである。これについては、文化社会学者の田中紀行と教育社会学者の竹内洋が、『ホモ・アカデミクス』における ブルデューの議論のある部分を下敷きにした上で指摘している点が参考になる。田中と竹内は、日本においては、既に大正時代から昭和はじめにかけて、新聞あるいは『中央公論』（一八九九年に改題・創刊）や『文藝春秋』

（一九二三年創刊）などの総合雑誌を中心とする言論界が、専門的な学術雑誌を主な媒体とする大学界や学界とは相対的に独立した世界として成立していたとする。また田中によれば、一九二七年に創刊された岩波文庫や一九三八年に始まる岩波新書のような一般読者向けの単行本なども、「知的ジャーナリズム」の一翼を担う媒体であったとされる。

その知的ジャーナリズムの世界は、大学を中心とするアカデミズムの世界とは一面では鋭い対立関係にありながらも、ある部分ではむしろ共生的に相互依存する形で、研究者にとって独特の報酬システムを形成していた（田中 1999：竹内 2001）。実際、「論壇ジャーナリズム」とも呼ばれる言論の世界は、時に「文化人」とも称される知識人――大学人の場合もあれば「在野」の知識人の場合もある――にとっての主たる活躍の場である。そこでは、知識人ないし文化人としての名声という象徴的な報酬が得られるだけでなく、時には、専門的な学術ジャーナルに論文を発表し、あるいは高度な研究書を刊行するだけではとうてい得られないほど多額の経済的収入を手にすることもできる。また、大学人の場合には、アカデミズムの世界における相対的に低い地位や評価を、論壇ジャーナリズムの世界で得られた名声によって埋め合わせることができる場合も多い。さらに時には、ジャーナリズムにおける名声がアカデミズムにおける地位や評価に転化されていくこともあった。（論壇ジャーナリズムへの登竜門となる雑誌への寄稿あるいは新書の執筆に際しては、その世界で既に一定の地位を得ている先輩格の文化人と並んで、特定の編集者や幹部級の社員あるいは社主がゲートキーパーないし一種のプロデューサーとしての権限を持ってきた。[31]）

田中や竹内が解説する論壇ジャーナリズムが日本において比較的早い時期に形成され、また今日まで存続してきたという事実は、日本の場合には、近代的な学術研究の多くが欧米由来の「輸入学問」ないし「翻訳学問」として始まったという事情と決して無縁ではないだろう。[32] 輸入学問である以上、翻訳・紹介をおこなう作業や教科書や教養書による解説の作業それ自体が独自の価値と意味を持つことになる。特に、人文・社会科学系の学問分野においては、欧米語によって書かれた文章の意味を読み取り、それを日本で解説していく上での作業が特に込み入ったものになる。いきおい、それらの領域においては、海外でなされた学問的業績の翻訳・紹介や解説という作業が、しばしば自らオリジナルでユニークな学問上の知見や視点を作り出していく仕事とほぼ同等の――時にはそれをはるかに超えるほど高い――評価を受けていくことになる。そして、その紹介や解説が、同業者である研究者というよりは、むしろ、ヨり広い層の大衆的読者を想定したものであっても、一定の学術的業績として認められることが少なくなかったのである。この点にも、日本において、論壇ジャーナリズムが大学界を中心とするアカデミズムの世界と共生的に併存してきたことの理由の一端を見ることができる。(33)

このように見てくると、一九九〇年代後半に始まる「教養新書バブル」に伴って登場してきたファスト新書の筆者である大学人・研究者は、とりたてて「新種」と言えるような知識人ないし文化人ではないことが明らかになってくる。つまり、これらの新書の著者たちは、田中がその論文で「講壇ジャーナリスト」と名づけたタイプの知識人、つまり、既に一九三〇年前後には誕生していた、大学人とジャーナリストを兼ねた知識人たちの末裔とも言える存在なのである。

(五) 産業サブセクター間の分業と棲み分け

(1) 生産者組織と流通業者組織

先にふれたように、論壇ジャーナリストの末裔たるファスト新書の著者たちが生まれ育ってきた重要な背景の一つには、米国などと比べて産業サブセクター間の分業が相対的に未分化の状態にある日本の出版界の構造があると思われる。つまり、日本の場合には、異なるタイプの出版社や大学出版部のあいだに、刊行ラインナップの構成や事業形態という点でそれほど明確な区別は見られなかったのである。とりわけ、日本では大学出版部のような非営利的な性格を持つ出版事業者の集合が自律的なサブセクターとして形成されてこなかった点と、学術出版をめぐる文化生産のエコロジーにおける「中間領域」の相対的な広さや論壇ジャーナリズムのプレゼンスの大きさとのあいだには密接な関係があると考えられる。

この点について検討を加えていく上で参考になるのが、米国の社会学者ポール・ハーシによる「文化産業システム」に関する議論である。また、日本の出版産業におけるサブセクター間の関係構造に見られる特徴は、それと対照的な面を多く含む米国の事例と比較することによってヨリ鮮明に浮き彫りにしていくことができる。

ハーシは、文化産業に関わるさまざまな組織の中でも、もっぱら新しいアイディアや技術の創造・開発にあたる組織を「生産者組織」と呼び、一方、生産者組織を通して生み出されるアイディアや技術を借用した上で大衆消費者向けに加工して流通させて巨額の利益を得ようとする組織を「流通業者組織」と呼んで区別している。ハーシによれば、生産者組織と流通業者組織の組み合わせは全体として「文化産業システム」を形成しており、あまた存在する文化のクリエーター（作家・音楽家・美術家・学術書の著者など）たちが作り出す膨大な数の新しいアイディアや技術のうち特定のものだけを選択する一種のフィルター、つまりゲートキーパーとしての役割を果たしているのだという（Hirsch 1972 : 1978）[34]。

これまで述べてきたことからも明らかなように、ハーシの言う生産者組織は、主として、ブルデューとクレーンが限定生産の場ないし独立型報酬システムと呼ぶ文化生産の場においてゲートキーパーとしての役割を果たしている。一方、流通業者組織は、大量生産の場・異種文化混合型の報酬システムに属する組織が該当する。そして、出版業界の場合で言えば、生産者組織の典型としては、米国の大学出版部や専門書を刊行する中小の出版社があげられる。それに対して、流通業者組織の典型としては、何といっても、マンハッタンに本社を置く米国の出版社、すなわち、もっぱら大衆的読者を想定して巨額の投資をおこない、資本と商品両面におけるきわめて高い回転率および華々しいプロモーション活動によって特徴づけられる巨大な商業出版社があげられるだろう。

(2) 米国の場合

先に述べたように、米国の学術出版界に見られる顕著な特徴の一つは、ハーシの言う「文化産業システム」におけるサブセクター間の分業関係がかなり明確になっているという点である。実際米国には、M&Aを繰り返して巨大化し、大学界向けとしてはもっぱら学部用教科書を刊行する商業出版社がある一方で、他方には、第5章で見たように、専門的なモノグラフを刊行することをその組織ミッションとして掲げる、非営利的な大学出版部が存在する。

二〇一〇年現在で全米大学出版部協会には一三三の出版事業者が加盟しているが、そのうち、一〇〇前後が米国内の大学を母体大学とする大学出版部であり、ほとんどすべての主要な大学出版部がそれに含まれている(AAUP 2010)[35]。そして、同協会の正会員となるためには、非営利組織としての法人格を持っている必要がある。それらの大学出版部からは、年間一万点前後の新刊書籍が刊行されている。(本書の巻末付録2には、全米大学出版部協会に所属する各大学出版部の、年間刊行点数を含む簡単なプロフィールをあげた。)その販売額は米国全体の書籍の売上げの二パーセント弱にすぎないが、専門書だけでなく一般書を含む書籍全体の刊行点数において八パーセント前後のシェアを占めている(Dalton 2006 : 255 : Givler 2002)[36]。また、学術新刊書のうち大学図書館への推奨図書をリストアップしているブラックウェル社のリストを見ると、二〇〇八—〇九年現在では、人文書の全タイトルの内約三分の一が、社会科学では約三割が大学出版部の刊行書籍によって占められていることがわかる[37]。さらに、特に歴史学関係の研究書に関しては、その約四割から五割が大学出版部によって刊行されているという推計もある[38]。このように、米国においては、大学出版部が、少なくとも人文・社会科学系の研究書の刊行において確かな存在感《プレセンズ》を示しているのである。

(3) 日本の場合

箕輪成男が指摘しているように、右にあげた米国の状況に比べて、日本の場合には、出版業界の産業サブセクター間の分業関係はそれほど明確なものではなかった(箕輪 1982 : 203 : 1983b : 176-177)[39]。それは、一方では学術書の刊

表9・1　大学出版部協会所属32出版部の概要

				年間刊行点数（1～12月）		
	設立年	法人格	職員数	2007	2008	2009
流通経済大学出版会	1977	学校法人	2	3	3	1
聖学院大学出版会	1991	学校法人	4	2	8	5
聖徳大学出版会	2002	学校法人	3	0	0	0
麗澤大学出版会	1999	学校法人	5	15	20	27
大正大学出版会	1927	学校法人	3	3	1	6
玉川大学出版部	1923	学校法人	7	30	31	26
中央大学出版部	1948	学校法人	6	24	20	26
東海大学出版会	1962	学校法人	10	40	43	37
大阪経済法科大学出版部	1987	学校法人	3	3	1	3
関西大学出版部	1947	学校法人	4	14	14	17
東京電機大学出版局	1907	学校法人（収益事業部）	10	41	68	54
慶應義塾大学出版会	1947	株式会社	56	97	125	114
ケンブリッジ大学出版局	2003	株式会社	13	1	0	0
産業能率大学出版部	1965	株式会社	10	12	13	13
専修大学出版局	1974	株式会社	6	16	14	17
武蔵野大学出版会	2005	株式会社	1	2	4	3
武蔵野美術大学出版局	1983	株式会社	8	4	3	10
明星大学出版部	1975	株式会社	5	4	2	12
早稲田大学出版部	1886	株式会社	1（出向）	25	10	4
三重大学出版会	1998	株式会社（2002年より）	3	5	4	4
弘前大学出版会	2004	国立大学法人	2	15	13	4
東京大学出版会	1951	財団法人	45	148	152	152
法政大学出版局	1948	財団法人	11	72	72	59
名古屋大学出版会	1982	財団法人	9	27	25	24
九州大学出版会	1975	財団法人	6	28	24	20
大阪大学出版会	1993	財団法人出版事業部	6	14	29	37
北海道大学出版会	1970	中間法人	5	26	27	25
東京農業大学出版会	1924	中間法人	4	15	10	10
東京農工大学出版会	2006	中間法人	3	NA	2	1
東北大学出版会	1996	任意団体	5	21	23	20
関西学院大学出版会	1997	任意団体	大学生協に業務委託	19	12	16
京都大学学術出版会	1989	一般社団法人（2009年より）	12	55	56	61
合　計				781	829	808

出所：『大学出版部協会　45年の歩み』『大学出版部協会　新刊図書目録』（2007～2009年版）
注：2008年はニューメディア商品を含む

行に関わる民間の出版社が、その事業活動においてそれほど商業主義的な傾向を示してこなかったということである。また他方では、大学出版部が全体として必ずしも民間の出版社と明瞭に区別できる非営利的な産業サブセクターとして形成されていなかったということでもある。表9・1は、二〇〇九年現在で日本の大学出版部協会に加盟していた三二出版部の基本的なプロフィールを、法人格の種別を中心にして整理して示したものである。（この他にも、日本には、大学出版部協会に加盟していない大学出版部が二〇前後存在する。）

この表からも見て取れるように、日本では、必ずしも大多数の大学出版部が法人格の上で非営利組織としての位置づけがなされてきたわけではない。実際、財団法人（五出版部）や私立大学の一部局（一一）あるいは国立大学法人の一部局（一）になっている出版部がある一方で、私立大学の収益部門として位置づけられている出版部もあり、また八出版部は株式会社の法人格を持っている。[40]

また、日本の大学出版部は、必ずしも研究書の出版に特化しているわけでもない。ある推計によれば、大学出版部全体での刊行書籍においては、学術書が約五割を占める一方で、教科書が二割、教養書も三割程度となっているとされている（山口 2004：35）。さらに、大学出版部協会が毎年発行している「新刊図書目録」によれば、これら同協会に所属する三二の大学出版部が二〇〇九年に刊行した書籍の総数は八〇八点であり、これは、同年に日本において刊行された書籍点数七万八五〇〇点あまりの一パーセント強にすぎない。専門書に限定したとしても、大学出版部のシェアはかなり多く見積もったとしても一割以下であると思われる。[41]つまり、残りの九割以上の専門書は、そのほとんどが大学出版部以外の民間の出版社によって刊行されてきたのである。そして、本書におけるハーベスト社・新曜社・有斐閣の事例研究にも示されているように、その民間の出版社の多くは、東大出版会の場合と同じように、内部補助的なシステムで高度な内容を含む学術書を刊行してきたのであった。

すなわち、日本においては、少なくとも学術出版社と大学出版部とのあいだには、その組織アイデンティティという点に関しても、また複合ポートフォリオ戦略の特徴という点に関しても、米国ほどには明確な区別は存在してこなかったのだと言えよう。本書では、これまで日本における大学出版部以外の出版社については「商業出版社」ではなく「民間の出版社」という言葉をあててきたが、これも、右のような事情をふまえたものである。（ここでは慣例に従って大学出版部以外の出版社を民間の出版社と呼んでいる。実際には、財団法人格などを持つ大学出版部の場合も「官立」ないし「官営」の出版事業者というわけではない以上、制度上は「民間の出版社」の中に含まれることになるとも言える。）これに加えて、日本では、その組織アイデンティティで言えば、学術出版社の場合よりもさらに〈商業〉の極が顕著であると思われる総合出版社や文芸系の出版社からも、さまざまなタイプの学術書が刊行されてきたのである。

このように、日本では米国とは違って、学術出版をめぐる産業サブセクター間の分業関係がそれほど明確なものではないという事実と、先に指摘した、アカデミズムと論壇ジャーナリズムのあいだに見られる共生的な関係とのあいだには、明らかに密接な関連が存在する。またそれは、日本においては、大学において業績評価の対象となる「学術書」の定義や範囲について必ずしも明確な共通認識があるわけではない、という点とも関係が深い。

さらに、以上述べてきたような、日本と米国における、産業サブセクター間の分業関係ないし棲み分けのあり方に見られる違いと、学術書の刊行に際しておこなわれるゲートキーピングに対する学術界と大学界の関与の仕方における違いとのあいだには、密接な関連が存在しているようにも見える。それを端的に示していると思われるのが、米国では大学出版部を中心にしておこなわれてきたピアレビューである。

五　「ピアレビュー」と学術出版をめぐる文化生産のエコロジー——米国のケース

（一）ピアレビューによる品質管理《クオリティ・コントロール》

一九七九年から八七年にかけて東大出版会の常務理事をつとめていた多田方《ひとし》は、同会の編集部長であった当時、一九六九年の二月初めから七月末までの六ヶ月間にわたって、プリンストン大学出版部をはじめとする米国の大学出版部において研修を受けたことがある。彼は、その時に強く印象に残ったことの一つについて、次のように語る——

「向こうの学者が偉いのは、きちんと書くんですね。どんな大先生でも、［たとえば、日本研究で言えば］ライシャワーも書きますね、ジョン・ホールも書きますね。本当の『碩学《せきがく》』というのは、ちゃんと、びしーっと読んだ感想をね。『この何行目はおかしい』とか、『ここのレフェランスはおかしい』とか書いてね。日本の大先生は、絶対（そんなことは）しないですよね[42]」。

多田が、米国では碩学と言われるその道の大家であってもきちんと書くものだとし、一方、「日本の大先生」はそれほど詳細なものは書かないだろうとしているのは、ピアレビューの報告書である。すなわち、米国では通常「モノグラフ」と呼ばれる、専門的な研究書の原稿に対する査読の結果をまとめた報告書のことである。

ここでピアレビューというのは、同分野ないし隣接分野の専門家、つまり「ピア（peer）＝同業者」が「リーダー（reader）」ないし「外部レビューアー」などと呼ばれる査読者をつとめる査読プロセスのことである。このピアレビューは、米国や英国の大学出版部における刊行意思決定プロセスに見られる独特の特徴の一つになっている。

米国の大学出版部における刊行意思決定の典型的なパターンは、まず「原稿獲得編集者（acquisition(s) editor）」

（「企画編集者」と訳されることもある）[43]などと呼ばれるシニアクラスの編集者が、知り合いの研究者などから紹介・照会を受けたり、著者自身によって持ち込まれたりした原稿（ないしその一部と企画書）を読み込んで、第一段階の スクリーニングにかけるところから始まる。その上で、編集者は、自分が刊行に値すると判断した原稿や企画書の査読を、その原稿の内容について専門的な見地から判定する力量を持つと思われる研究者（通常は二名）に依頼して、査読者《リーダー》になってもらう。査読者となる研究者は、出版部の母体大学に所属する研究者であることもあれば、かつてその大学出版部で自著を刊行したことのある他大学の研究者であることも多い。リーダーによって一定の水準を満たしていると判断された原稿は、さらに大学出版部の編集委員会――母体大学の教員や役員が委員をつとめることが多い――の裁可を経て、最終的に刊行が決定される。

つまり米国の大学出版部においては、書籍刊行に関わる意思決定は、基本的に〈編集者による第一段階の原稿スクリーニング→リーダーによる査読→編集委員会による審査〉という三段構えの構造になっているのである。そして、米国においては、二段階目の専門的な研究者によるピアレビューを基本とする査読システムが、大学出版部が刊行する研究書のクォリティ・コントロール（品質管理）をおこなう上で不可欠のプロセスであると見なされている（Kerr 1949ab：Powell, 1985, Parsons, 1989：Thompson 2005）[44]。

実際、原稿獲得編集者がいかに肩入れし、また、マーケティング部門の担当者が好調な売行きを見込んだ原稿ではあっても、査読の結果が思わしいものでなければ、その企画を、刊行意思決定プロセスにおける次の段階である編集委員会にあげていくことはできない。さらに、たとえば、複数の著者の原稿を収録している論文集などについては、その一章として収録される予定の原稿のクォリティについて査読者が疑問を呈した場合は、論文集の編者と交渉した上で、その章の筆者に対して書き直しを依頼することも少なくない。場合によっては、その章については収録を断念せざるを得なくなることすらある[45]。また右にあげた多田の証言にあるように、査読者は刊行企画の可否に関わる評価をおこなうだけでなく、その査読報告書の中に、理論的な視点からのコメントあるいはまた原稿をより読みやすいものにするためのアドバイスを盛り込むことが少なくない。（最近では、想定される読者層やマーケティングに関するコメントや助言も多くなってきている。）そのため、査読レポートはシングルスペースで五枚以上にもわたる詳細をきわめたものとなることも多い[46]。

こうしてみると、米国の大学出版部から刊行されるモノグラフに関しては、同業者である研究者が主たるゲートキーパーをつとめるとともに、しばしばその「品質」を維持したり、より質の高いものにしていく上できわめて重要な役割を果たしていることがわかる。（大学出版部におけるピアレビューは論文集などについてもなされるが、以下では主としてモノグラフに対する査読について解説する。）

（二）個人的パトロネージとしてのピアレビュー

一方でピアレビューは、原稿の査読にあたる研究者にとって、いくつかの点で「労多くして益少ないもの」となることも多い。

第一に、法律上の規定というわけではないが、一種の守秘義務があることから、査読者が誰であるかは基本的に担当編集者のみが知る事実となる。（査読者自身が同意した場合には、その氏名を著者や編集委員会に対して公開する場合もある。）また査読レポートの具体的な内容についてもごく少数の関係者——編集者、著者、編集委員等——以外に明らかになることは原則としてない。このような事情もあって、モノグラフの謝辞には、家族や同僚あるいはかつて教えを受けた教師などの名前があげられても、それに加えて査読者に対しても感謝の念が表明されることは、それほど多くはない。稀に査読者に対して謝意が表明される場合もあるが、その場合でも、「匿名の査読者（anonymous reviewers）」という表現で言及がなされるだけである。

それでも、自分が査読を担当したモノグラフが最終的に刊行にまで至った場合には、査読のために費やした労力や努力は、ある程度は報われることになる。それに対して、否定的な評価を下した原稿は出版されることはないのかもしれない。また、ピアレビューは通常二名の査読者によっておこなわれるものである。したがって、自分は高い評価を与えたとしても、もう一人の査読者が否定的な評価を下した原稿は、最終的には、日の目を見ることがないのかもしれないのである。

このような事情について、三〇もの大学出版部の編集者や出版部長への取材などにもとづいて『書籍刊行――大学出版部における原稿獲得プロセス』(一九八九)を著した米国のメディア学者ポール・パーソンズは、次のように書いている。

研究者がおこなう仕事の中でも、書籍原稿の査読ほど世間的な栄誉からほど遠いものはない。査読を引き受けた学者が五〇〇ページものタイプ原稿をじっくり読んだ上で、その原稿の強みと弱みをシングルスペースで六ページにも及ぶ審査評としてまとめたという事実を知っているのは、一人の編集者だけなのである。しかも、もしその審査評が否定的なものであったならば、その原稿自体が出版されることはないのかもしれないのだ。そのような場合には、査読にあたった学者は、最終的に出版された本を手にして「この本の審査にかけた数時間は、決して無駄なものではなかった」と言うことすらできないのである。(Parsons 1989:85)

査読は、「世間的な栄誉」という点でほとんど報われないものであるだけではない。金銭的な報酬という点でも、決して割に合うものではない。ホウズは『大学出版部』の中で、一九六〇年代当時の原稿査読料について三五ドルから五〇ドル程度という金額をあげているが、現在でもその額は二〇〇ドルから多くても三〇〇ドル程度にすぎない[47]。(現金で支払われる謝礼のかわりに、その謝礼額の二倍前後に相当する書籍何点かを大学出版部の刊行リストから選べる場合も多い。また稀ではあるが、現金と書籍の両方が進呈されることもある。)コロンビア大学出版部とラウトレッジ社で出版部長などをつとめたことのあるウィリアム・ジャーマノは、これについて、原稿の査読に二〇時間かかったとしたら、その謝礼は、時給換算で七ドル五〇セントから一〇ドル程度にしか過ぎないだろうとしている（Germano 2008：83）。こうしてみると、ピアレビューを引き受ける研究者は、いわば「縁の下の力持ち」のような裏方的役割に徹しているのだと言える。実際、ケンブリッジ大学出版部などで出版部長をつとめたことのあるロビン・デリコート――考古学・歴史学者でもある――は、査読者のことを「学術出版における陰の英雄（unsung hero）」と呼んでいる（Dericourt 1996：56）。

以上のいくつかの点を考え合わせてみると、査読というものは、それを担当する研究者が大学出版部に対して個人的におこなうパトロネージの一種のようなものだとも思えてくる。(48)

（三）互助的パトロネージとしてのピアレビュー制度

もっとも、実際にモノグラフの刊行にあたって査読の作業に関わっている研究者の範囲という点について考えてみると、ピアレビューには、純然たる個人レベルのパトロネージとはかなり異なる面があることが明らかになってくる。先にふれたように、米国の大学出版部から新刊として刊行される書籍の数は、年間に一万点前後に及ぶ。もちろん、その一万点の書籍のすべてが査読を必要とするモノグラフというわけではない。また、原稿獲得編集者は、いわば「常連」的な数名の査読者に対して一年に何本かの原稿の審査を依頼する場合もある。しかし、モノグラフの原稿一点については通常二名の査読者が担当するものであり、(49)また、ピアレビューの段階まできたものの最終的には刊行に至らなかった原稿が存在している。これらの点を考慮に入れてみると、米国では毎年膨大な数の研究者がモノグラフの原稿の査読にあたっていることは明らかであろう。（また、必須の要件とはされていないわけではないが、商業出版社の場合にも、同分野の研究者に査読を依頼するケースがある。）ある推計によれば、既に一九六〇年代の段階で、米国では平均して研究者の六人に一人が毎年少なくとも一冊分の原稿の査読にあたっていたとされる。またシニアレベルの研究者に限って言えば、現在、その多くが一年に三冊以上の本の原稿を審査しているのだという（Abbott 2008：21）。

このように相当数の研究者がピアレビューを引き受けてきた背景には、専門的なモノグラフというものが、もっぱら研究者同士のあいだでおこなわれるコミュニケーションの媒体として機能してきたという事情がある。この点に関連して、図書館情報学者のマーガレット・ダルトンは、大学出版部が刊行するモノグラフが持つ基本的な性格について、次のように述べている――「知的な性格としてはきわめて狭いトピックを扱っており、社会的な特性としては専門家によって他の専門家のために書かれるものである」（Dalton 2006：253）。[50] 同じように、全米大学出版部協会のウェブサイトの「大学出版部とは何か？」というページでは、モノグラフについては、もっぱら「研究者や特定の専門分野に関心を持つ人びとを対象とする」ものだとされている。[51] また、大学出版部の主たる刊行物であるモノグラフのかなりの部分は、大学をはじめとする研究図書館に購入されていくが、この点も、モノグラフを中心にして展開される学術コミュニケーションを比較的狭い範囲のものにしてきたと言えよう。

こうしてみると、大学出版部においてモノグラフの原稿を対象としておこなわれる査読は、研究者自身が書き手であるとともに読み手であるという意味で、いわば自己完結的な学術コミュニケーションの世界を自分たち自身の手で維持し、またそのクォリティを維持し、あるいはさらに高めていく上で不可欠の作業として見なされていることがわかる。また、そのような点からすれば、モノグラフの原稿に対する査読は、学術ジャーナルの場合などでおこなわれる査読プロセスとほとんど同様の性格を持っているのだと言える。[52]

また、自然科学系の学問領域、あるいは社会科学の中でも心理学や経済学など「ハードデータ」を用いた研究などが重視される領域の場合には、ピアレビューの手続きをふんだ上で学術ジャーナルに掲載される論文が、研究・教育職への就職や昇進にとって大きな意味を持っている。それと同様に、人文系の領域および心理学や経済学などを除く社会科学系の多くの領域については、査読を経て大学出版部から刊行されるモノグラフは、研究者自身のキャリア形成や次世代の研究者の育成にとってきわめて重要な役割を担ってきた。つまり、モノグラフに対する査読は、学術コミュニケーションそれ自体の成立にとって不可欠であるだけでなく、それが展開される場である研究者コミュニティそれ自体を形成・維持し、また次世代の研究者を育てていく上で不可欠の条件の一つとして見られてきたのである。

以上の点からすれば、大学出版部におけるモノグラフの刊行意思決定に際しておこなわれるピアレビューは、査読にあたる者にとっては、後援者《パトロン》から被支援者に対して与えられる一方的な支援という意味でのパトロネージとは、かなり性格が異なるものであることが明らかになる。つまり、モノグラフの原稿に対するピアレビューは、学術コミュニケーションおよびその基盤となる学術コミュニティの維持という共通の利害関心を背景として、その学術コミュニティのメンバーたち自身がおこなってきた、いわば「互助的パトロネージ」としての性格を色濃く持っているのである。

少し奇妙なことのようにも思えるかもしれないが、日本では、学術書の刊行に際しては、この、学術コミュニティにおける互助的パトロネージとしての性格を持つピアレビューが本格的な形で導入される例はほとんどなかった。日本におけるピアレビューの欠如という事実と、先にあげた学術出版をめぐる文化生産のエコロジーのあり方、とりわけ専門的な書籍と大衆的な書籍とのあいだに位置する「中間領域」的な刊行物の占める広さとのあいだには、密接な関連があるように思われる。

六　ギルドの功罪

（一）日本における査読制度

「こういう（査読用の）シートを使ってもね、東大の先生たちは、『何でこういうのを使わなければいけないんだ』とか反発したり、最後の全体的な評価にだけチェックを入れて、後はほとんど書かなかったりすることが多かったんですね」――東大出版会の事務局にあって同会の創業とその後の運営において中心的な役割を果たしてきた一人である石井和夫は、一九六〇年代初めに、彼や箕輪が東大出版会独自の刊行助成の対象図書を選定するための本格的な査読システムを導入しようとした際に、一部の東大の教員たちが示した反応について、このように語っている。(53)

この時に用いられたのは、「出版審査についてのお願い」という査読用のシートである。表9・2にその概要を示したように、そのシートには、原稿の研究分野あるいは構成、文章表現など七点の審査項目がリストアップされていた。このシートの原型は、ハーバード大学出版部で使われていた、通常のピアレビューをおこなう際に用いられる審査用紙であり、箕輪が米国から持ち帰ったものである。東大出版会では、それを翻訳して、同会独自の助成をおこなう場合の審査を東京大学の教員に依頼する際に用いていたのであった。（同様のシートは現在も同会における助成対象図書に関する審査で用いられている〔50年誌：152-153参照〕。また、第5章で述べた、同会で若手の研究者による刊行企画などに対する査読をおこなう場合もそのシートが準用されて用いられている。）

このシートに対する東大の教員たちの反応は、きわめて多様なものであった。石井によれば、教員の少なからぬ部分は、右に述べたような一種の拒否反応を示したのだという。もっとも、中には、むしろシートの用紙だけでは足りずに、他の用紙を使ってきわめて詳細なコメントを書き加えてくれる教員もいた。石井は、そのような協力的な教員によるコメントは、研究者が主として専門的な立場から書いてきた原稿に対して、編集者が広範な読者の立場に立ってヨリ分かりやすいものにしていく上で非常に参考になったとしている(54)。

これまで本書で述べてきたことからも明らかなように、日本では、大学出版部についてもあるいは民間の出版社についても、米国の大学出版部に広く見られるピアレビューに該当するような査読が通常の研究書の刊行に関しておこなわれることはほとんどなかった。むしろ、たとえば専門分野における指導教員的立場にある研究者による推薦によって刊行が決まることなどが多かった。右に述べた審査用シートに対する一部の東大教員の拒否反応の背景には、そのような事情があったと考えられる。

実際、第Ⅱ部の事例研究で見てきたように、日本においては、かなり専門的で高度な内容を含む専門書の場合でも、主として編集者が第一段階のスクリーニングをおこなった後は、社内における編集会議などで企画の内容や刊行の可否が決定されていく。そして、第5章であげた、東大出版会において主として若手の一

表9·2 「出版審査についてのお願い」

1．この論文はどの研究分野に属するものでしょうか。
2．この論文の影響を与える範囲はどれくらいにわたるでしょうか。
　□専門分野のみ：
　□隣接部門：
　□実務的に：
　□一般的教養として：
3．この論文と同一あるいは類似のテーマを扱った研究に比して、どのような評価を与えられるものでしょう。
　□類書にはどのようなものがあるでしょうか：
　□方法において：
　□領域において：
　□資料的に：
4．この論文の構成は如何でしょうか・
　□構成について：
　□冗長と思われる点について：
　□説明不足と思われる点について：
5．この論文の文章について如何でしょうか。
　□読みやすい：
　□読みにくい：
6．特に改善を要すると思われる点について御指摘下さい。
7．出版についてどう御判定になりますか。
　□出版に値しない
　□改訂がなされれば出版をすすめる
　□出版を推奨する

作目に対して適用される査読の例などを除けば、同分野の研究者による査読が必須の条件となっている例はそれほど多くはない[55]。これは、日本でも学術研究に関わる他の分野では、比較的広くピアレビューが採用されているという事実を考えれば、少し奇妙なことのようにも思える。

ピアレビューという言葉は、最も一般的には「専門家である同業者による審査」という意味を持つ。このような意味でのピアレビューが学術研究の領域でおこなわれる場合には、本章で主に扱ってきた学術書の刊行意思決定に関わる査読や、学術ジャーナルへの投稿論文に対する審査だけでなく、政府機関や民間財団などからの研究助成金の受給対象者ないし受給対象機関を決定する際におこなわれる専門家による審査、あるいはまた大学や研究機関などでおこなわれる人事評価のプロセスなどが含まれる。また、既に刊行された書籍や論文に関してなされる書評を指して、「刊行後のピアレビュー（post-publication peer review）」と言う場合もある。

ピアレビュー制度の根底にあるのは、「専門家の業績やアイディアの価値について信頼がおける正当な評価ができるのは、その同業者たる専門家のみである」という想定である[56]。その意味では、ピアレビューは、先にあげた、限定生産の場（ブルデュー）ないし独立型報酬システム（クレーン）の根幹を支える制度であると言える。すなわち、ピアレビューは、もっぱら玄人である層を対象としておこなわれる文化生産に関連して「玄人中の玄人」がそのゲートキーピングにおいて決定的な役割を果たす、というところにきわめて重要な意味があるのである。

実際日本においても、ピアレビューは、学術研究と関連の深いさまざまな分野で広くおこなわれてきた。たとえば、学術ジャーナルで査読システムを採用している例は少なくない。また、民間財団の助成金の審査や各種省庁が主管する科学研究費補助金などの審査プロセスも、多くの場合、専門家に審査委員を委嘱することによっておこなわれてきた。また、日本の大学や研究機関における、研究者の採用や昇進に関わる人事にあたっては、対象者の業績や教育経験に関する審査が、それらの組織や機関に籍を置く研究者（教員）自身の手によっておこなわれてきたことは比較的よく知られている。

つまり、これらの点では、日本と米国のあいだには基本的な違いは存在しないのだと言える。それだけに、こと学術書に関わる刊行意思決定プロセスに限ってはピアレビューがそれほど頻繁にはおこなわれてこなかったという点は、なおさら奇妙なことのように思えるかもしれない。

(二) ピアレビューの欠如の背景

もっとも、本章でこれまで見てきた、学術書の刊行をめぐる文化生産のエコロジーに見られる、きわめて日本的な特徴に照らしあわせて考えてみれば、日本で研究書の刊行に際して、特定の大学の範囲を超えた学術界ネットワークが関わる形での、「互助的パトロネージ」的なピアレビューがおこなわれてこなかったのは、それほど不思議なことではないようにも思えてくる。

先に見たように、日本の場合、出版業界では産業サブセクター間の分業ないし「棲み分け」は米国ほどには明確なものではない。実際、日本では、民間の出版社が専門的な研究内容を盛り込んだ研究書を含めて、学術書の刊行事業のかなりの部分を引き受けてきたのである。しかも、専門的な内容を含む書籍は、本書で事例研究の対象として取り上げた四社のような専門的な出版社だけでなく、かつては、たとえば講談社や岩波書店あるいは筑摩書房などのような総合出版社や文芸出版社などと呼ばれる民間の出版社からも、盛んに刊行されていた。

言うまでもなくそれらの民間出版社においては、ピアレビューの手続きが含まれるゲートキーピングがおこなわれてきたわけではない。それでも、それらの出版社からは幾多のすぐれた学問的価値を持つ書籍が生み出されてきた。また、それらの傑出した学術書は、その版元となる出版社の「社格」を高めたり維持したりしていく上で一定の役割を果たしてきたのであった。一方で、それら民間の出版社からは、大学に籍を置く研究者をはじめとする狭い範囲の専門的読者を主な対象とする研究書だけでなく、より広い層の「大衆的読者市場」に対して開かれた「中間領域」的な性格を持つ教養書や一般書が大量に刊行されてきた。そして日本の出版界においては、以上のような多様なタイプの版元から刊行されるさまざまな種類の書籍が、しばしば「学術書」という大きなくくりでとらえられてきたのである。

一方、学術界や大学の世界に関しても同じような点が指摘できる。すなわち、右にあげた多様な種類の書籍は、それぞれそのニュアンスにおいて多少の違いはあるものの、学術的業績として認められる場合が少なくなかったのである。大学における人事評価に際しても、特に人文・社会科学系の学問領域について言えば、狭い意味での研究書だけでなく、教科書、教養書ないし啓蒙書的な性格の強い書籍（あるいはそれらの書籍の特定章）が研究業績として認められる場合が少なくない。また、研究書と呼べるものであっても、基本的には海外の学説の翻訳・紹介・解説であるものが、オリジナルな研究成果を独自の視点からまとめた専門的な研究書と同じ程度に、時にはそれ以上の価値を持つ研究業績として認められてきた。論文についても、多くの学部・学科・研究所においては、査読を経た論文だけでなく、学内誌的な性格を持つ紀要に掲載された論文が採用人事や昇進人事の際に業績評価の対象として認められることが少なくない。

この点に関して特筆すべきは、米国では、特に（心理学や経済学などを除く）人文・社会科学系の学問領域の場合には、大学をはじめとする高等教育機関や研究所における採用・昇進人事に際して、「モノグラフ」などと呼ばれる専門的な研究書が研究業績リストの中に含まれていることが有利な条件となることが少なくない、という点である。しかも、威信の高い大学出版部や民間の出版社から自著を刊行していることは、昇進の際や「テニュア（tenure）」と呼ばれる終身雇用権を獲得する際に特に有利な条件となることが多い。それに対して、日本の大学や研究所の場合には、自著として研究書のあることが必ずしも人事評価における条件になっているわけではない。また、日本では、学術出版社やその他の民間の出版社から学術書が刊行され、その中には、版元として大学出版部と同等（時にはそれ以上）の高い評価を受けているところも少なくなかった。

その点からすれば、たとえもし日本の比較的威信の高い大学出版部において米国の場合と同じような査読制度が導入されていたとしても、審査される側の研究者（特に既にある程度の刊行実績のある研究者）からすれば、その大学出版部から自著を刊行することのメリットは特に感じられないであろう。むしろ逆に、査読を受ける上での手間や時間、そしてまた審査結果が出るのを待つあいだの心理的重圧というデメリットの方が大きくクローズアップされてくるに違いない。同様に、審査する側でも、査読の作業に要する手間や時間あるいはまた、面識のある同業者の企画や原稿に対して審査をおこなうことに伴う心理的負担はあまりにも大きなものとして受け取られるかもしれない[57]。

（三）学術出版における「玄人」同士の結束

（1）日米における学術書の読者層の違い

日米両国におけるピアレビューの役割や位置づけに関する、以上のような検討を通してここで改めて浮き彫りにされてくるのは、日米における「学術書」を介したコミュニケーションの範囲、および主として想定されている読者層に見られる違いである。

先に述べたように、米国においては、研究書、とりわけ大学出版部から刊行されるモノグラフと呼ばれるタイプの研究書は、基本的に「玄人が玄人のための書く本」という位置づけを与えられ、比較的狭い範囲でおこなわれる自己完結的な学術コミュニケーションの媒体としてとらえられている[58]。これに加えて、これらのモノグラフは、同分野の研究者による査読を経て刊行されることによって、「玄人が玄人に向けて、玄人による審査を経て発表する本」という性格を帯びることになる。つまり、ピアレビューを介して刊行される研究書は、二重三重の意味で、ブルデューの言う、限定生産の場におけるコミュニケーションの媒体として機能してきたのである[59]。

また、米国の大学出版部でおこなわれるピアレビューの場合には、査読者《リーダー》は母体大学の関係者に限定されるわけではなく、むしろ広く全米の大学等に所属する、査読対象となる原稿が扱うテーマの専門家の中から選ばれることが多い。またその範囲は、しばしば他の国の研究・教育機関に籍を置く専門家まで及ぶ。つまり、米国の大学出版部においておこなわれてきた、ピアレビューを含む三段構えの企画決定プロセスは、大学出版部が基本的な単位となる組織的意思決定というだけでなく、その分野全体における研究レベルの維持ないし向上を目指しておこなわれる、組織フィールド・レベルの意思決定としての性格を持っているのである。

そして、米国においては、このような性格を持つ大学出版部が刊行する研究書は、特に人文・社会科学系の学術書の市場、とりわけ大学等の図書館を対象とする機関市場において確実なプレゼンスを示しており、また、大学における人事評価においてもきわめて重要な意味を持っている。一方、出版界についてみると、米国内だけで一〇〇を越える大学出版部は、商業的な産業セクターとは比較的明確に区別される、独自のサブセクターとして存在してきた。つまり、モノグラフの原稿を対象とするピアレビューというのは、学術界と大学界という二つの社会的世界、そしてまた、これらの二つの界と密接な関連を持つ大学出版部からなる出版界の特定のサブセクターが重複するところに形成される組織フィールドを前提としておこなわれるゲートキーピングの仕組みなのである。

こうしてみると、「玄人中の玄人による評価」としての性格を持つピアレビューは、特定の大学の枠を越えた学術界ネットワークにおけるギルド（同業者組合）的な結束と凝集性の高さを背景にしており、同時に、その結束を維持していく上で少なからぬ役割を果たしていたものと思われる。

この米国のケースと比較してみた場合、日本では、学術書の刊行をめぐる学術界と大学界の結びつきはヨリゆるやかなものであり、また外部に対して開かれたものであったと言えよう。実際、日本の場合には、大学出版部でおこなわれる刊行意思決定についても、学術界が組織フィールド・レベルにおいて関与するものであるというよりは、それぞれの出版部を基本的な単位とする組織的意思決定としての性格が強いものになっている。また、出版界全体を見ても、サブセクター間の分業関係は必ずしも明確なものではなく、大学出版部と民間の出版社のあいだには、刊行ラインナップや法人格という点に関して、それほど明確な区別が見られるわけではない。そして、これらの出版事業者の事業内容においては、しばしば専門的な研究書だけでなく、「玄人が素人に向けて書く本」[60]としての性格を持つ教養書や教科書の刊行が重要な意味を持っていた。さらに、その教養書や教科書は、大学での業績評価においても一定の評価を受けてきた。

これらの事情によって、日本の場合には、大学出版部の場合も含めて、その刊行事業は、狭い意味での学術界と大学界に限定されたものではなく、大衆的読者層をも含むより広い層に対して開かれていたと言える。そして、その刊行事業のある部分では、論壇ジャーナリズムとの親和性がきわめて高いものとなっていた。つまり、少なくともそれらの点に関して言えば、日本では、学術書の刊行の前提となる、学術界と大学界における「玄人によって構成されるギルド」としての凝集性は、相対的にヨリ低いものであったと言える。[61]

(2) ギルドの功罪

「ギルド」という言葉には、同業者組合としての結束の強さという点に加えて、どうしても、特権性や閉鎖性・排外性といった負のイメージがつきまとう。実際、中世の手工業ギルドをはじめとする同業者組合は、同業者の共通の利益を守り、また品質管理をおこなう上ではかなり効果的ではあったものの、他方では、しばしば極度の閉鎖性を特徴とするものであった。さらにギルドは、部外者の参加を厳しく制限することによって自由な経済活動を阻害し、また技術革新を抑圧する制度としての側面をも持っていたとされる（大塚 1951：Unwin 1980）。

同じような点は、ピアレビューに象徴される、学術コミュニティにおけるギルド的結束を維持するための制度についても指摘できる。つまり、ピアレビューを基本とする査読制度は、たしかに一定の品質を保証する上ではすぐれたシステムではあるが、一方で、既存の研究の枠組みを逸脱する要素を含む革新的アイディアの誕生や成長を阻む硬直した制度として機能する可能性もある（Lamont 2009：長谷川 2003：162-163）。実際たとえば学術ジャーナルの例で言えば、その編集委員会が特定の理論的な立場や流派ないし学派のメンバーによって支配されているような場合には、その枠組みから逸脱した内容を含む投稿論文が採択される確率が極端に低くなってしまうことは、比較的よく知られている。

全く同様の点が、学術書の刊行の際におこなわれる査読についても指摘できる。これについて、ハーバード大学出版部の歴史学分野の編集主任であるリンゼイ・ウォーターズは、ピアレビューは品質管理の仕組みとしての機能を果たすだけでなく、一種の「検閲」にもなり得るのだとして、次のように語る。

> したがって、［査読者にとって］すぐれた刊行企画を見いだし、それに対してすぐれた査読レポートを書くためには、その時点で優勢になっている学問のパラダイムの外側に出てみなければならないのである。それは不可能ではないが、かなりの努力が必要となることでもある。稀なことではあるが、企画があまりにも挑戦的な内容を含む場合には、査読者は、工夫を凝らして、編集委員会に対して、その本を出版することのプラスの側面とマイナスの側面をドラマチックに示そうとする場合もある。（Waters 2004：55）[62]

「アカデミズム」という言葉それ自体が、時に閉鎖性・排外性や独善性を意味することがある。また、実際に出版社や大学出版部における査読者の大半を特定の学閥の構成員が占めているような場合には、ピアレビューは、品質管理というよりは、むしろ抑圧の仕組みとして機能する可能性が高い。

以上のように見てくると、学術書の刊行をめぐる学術界・大学界におけるギルド的な結束が持つメリットとデメリットについては、第7章で「計画と創発のバランス」について指摘したのと同じような点が指摘できるだろう。すなわち、ピアレビューという形をとるか否かは別にしても、学術書の刊行やその後の評価に関して何からの形で「玄人」による評価が一種の規律として機能していないような場合には、品質保証という点で重大な問題を生じる可能性がある。しかし、だからと言って、その規律が過度に拘束的なものであったり、特定の学派や学閥の（しばしば世俗的な）利害のみにもとづくものであったりする場合には、自由な発想や知のイノベーションは著しく阻害されてしまいかねない。ギルド的結束にもとづくゲートキーピング・システムが学術コミュニケーションにおいて持つ意味や効果について考察を深めていく際には、このような点に関わるバランスという問題について慎重に検討していく必要があるだろう。

さらに、学術コミュニティ内部でのギルド的な結束のあり方を一つの手がかりとして学術コミュニケーションにおけるゲートキーピングに関する分析をおこなっていく場合には、ゲート以前における品質管理、すなわち研究者の養成過程のあり方についても検討を加えていくことが必要になってくる。

実際、出版社や大学出版部において、どのようにすぐれた審査システムが整備されていたとしても、それだけでは学術書の品質の保証や向上のためのシステムとしてはきわめて不十分なものにしかなりえない[63]。というのも、当然のことではあるが、将来の著者である研究者を育て上げる仕組みが整備されていなければ、審査の対象とすべき、十分な数の、一定の質を備えた原稿が出版社における審査の「ゲート」にたどり着くことなど、期待すべくもないからである。

よく知られているように、日本の場合、戦前どちらかと言えば周辺的な位置づけにあった大学院制度は、一九四七年に公布された学校教育法をはじめとしていくつかの段階を経て、戦後新たな制度として再出発することになった。しかし、大学組織の中での位置づけや予算措置などをはじめとして、その実態としては戦前とそれほど変わるところがなかった。日本において大学院におけるカリキュラムや教育が比較的真剣に議論されるようになってきたのは、少子化に伴って学部生の減少が顕著になっていった一九九〇年代以降であった。それは、特に人文・社会科学系の大学院課程において目立って見られる傾向であった（伊藤 1995；川嶋 1998）。このように大学院制度が未整備であったことと、研究書の刊行における研究者間の査読の欠如や論壇ジャーナリズム的な中間領域の大きさ、そしてまたギルド的な結束の稀薄さとのあいだには密接な関係があるように思われる。

本章で見てきたように、日本の出版界における中間領域の大きさは、一面では、学術的な知をギルド的な学術コミュニティに限定される「ムラの言葉」を越えて広く普及させていく上で、一定の効果をあげてきた。しかし他方でファスト新書的な薄手の新書の例が示唆しているのは、日本の学術出版の世界というものが、学術コミュニティの「玄人集団」ないしギルドとしての擬集性と規律を欠くことによって、いくつかの点――学術情報の品質管理やハイエンドの文化生産の量と質など――で深刻な問題を抱えてきたという事実である。

本章におけるこのような検討の結果は、学術出版社とその編集者が知のゲートキーパーとして果たしてきた役割について解明していく上では、組織フィールド・レベルの分析が不可欠であることを改めて示している。最終章である次章では、さらに視野を広げ、国際比較分析の試みを通して、学術コミュニケーションにおけるゲートキーピングの社会的経済的基盤について明らかにしていく際の手がかりを求めていく。

第10章　学術界の集合的アイデンティティと複合ポートフォリオ戦略

前章で見てきたことからも明らかなように、組織フィールドを基本的な単位として分析をおこなっていくことは、出版社と編集者がゲートキーパーとして果たしている役割の現状について明らかにするだけでなく、その役割の変容プロセスについて検討していく際にも不可欠の作業となる。これは、たとえば序章でふれた、出版不況が学術コミュニケーションに対して与えてきた影響という問題について分析していく場合でも同様である。この場合も、経済不況が個々の出版社に対して与える影響だけでなく、それを、文化生産のエコロジーの変容過程の中に位置づけた上で検討を進めていくことが、どうしても必要になってくる(1)。

前章で、研究書の刊行におけるゲートキーピングのあり方に見られる日米の違いを取り上げた際に見たように、このようなマクロ要因の変化を考慮に入れた分析においては、国際的な比較がきわめて有効な視点を提供してくれる。最終章である本章では、米国と英国それぞれの国における、学術出版に関わる制度変化のケースを取り上げて、文化生産のエコロジーの変容過程について分析していく際の手がかりを求めていく。それら二つのケースは、いずれも、しばしば学術研究にとって最大の「パトロン」ともなる国家がとってきた教育・研究政策の変化が学術書の出版に対してもたらす影響に関わるものである。

一　大学出版部のアイデンティティ・クライシス――米国のケース

（一）　一般書市場への進出と大学出版部の正当性

本書の第5章では、米国の大学出版部の運営スタイルに見られる基本的な特徴を、「助成型」という用語で概念化してとらえた。一方、東大出版会の経営スタイルは、その助成型とは対照的な、「内部補助型」の大学出版部としての性格を持つものであるとした。これは、東大出版会が米国の大学出版部を重要な一つの組織モデルとしながらも、日本の国立大学に課せられたさまざまな制約に対応して独自の運営方針を構築していった経緯を浮き彫りにしていくための概念化の枠組みであった。

その意味では、第5章で示された米国の大学出版部の姿は理念型的なものであったと言える。もっとも、その理念型にかなり近い形での大学出版部の運営は、一九五〇年代から六〇年代末にかけての米国において比較的広い範囲で見られていたものでもある。また、そのような、母体大学等からの助成を前提とする組織運営のスタイルは、少なくとも一九七〇年前後までは、米国の大学出版部の関係者のあいだで基本的な組織モデルとして共有されていたものと思われる。

しかし一九七〇年代に入ると、この助成型の大学出版部の運営モデルは、連邦政府の文教予算および科学研究関連予算の削減に伴って、その根底から揺るがされていくことになった。その背景には、当時深刻化していたベトナム戦争に伴う財政負担や、それと前後して進行していた貿易収支の悪化がある。これに加えて、一九七三年と七九年の二度にわたる「オイルショック」は、米国の経済に対して大きな打撃を与えることになる。これらの要因によって同国の経済は後退への道をたどるようになり、また好不況の波が繰り返される不安定なものになっていった。それに伴って、ニューディール政策を推進したルーズベルト大統領以来歴代の大統領が国家政策の柱に据えていた「大きな政府」の方針は、大幅な変更を迫られるようになった。かくして、連邦政府の基礎研究への支出は、実質ドルベースで見た場合、一九六八年から一九七一年までのあいだに一割以上もの減少を見ている。また、高等教育一般への支出も一九七〇年代中期以降は減少の一途をたどっていった（Gumport 1993：江原 1994）。

こうして母体大学自体が連邦資金の流入の減少によって緊縮予算体制を余儀なくされるようになった結果として、大学出版部は、次第に母体大学からの経済的自立を求められるようになっていった。また、同時期に大学をはじめとする研究図書館の予算も大幅に削減されていくことになった。多くの大学出版部は、これらの問題に対処するために、専門的なモノグラフの出版を中心とする従来の刊行方針を転換し、教科書的な性格を持つ書籍や一般書の出版に乗り出していった[2]。つまり、かつての米国の大学出版部は、商業出版社が刊行をためらうような高度な内容を含むモノグラフの刊行を組織運営上の基本的なミッションとし、また、それを誇りとしてきたのであるが、今やそれまで商業出版社の領域であると見なされることが多かった「一般書（trade book）」――"trade"には、商業という意味もある――の刊行に取り組まざるを得なくなっていったのである。

この、母体大学からの経済的自立の要請と刊行リストにおける一般書の比率の増大という傾向は、当然のことながら、大学出版部の組織アイデンティティの問い直しを迫るものであった。一部の論者は、このような大学出版部の刊行ラインナップの変容を大学出版部の変質ないし「変節」と見なすようになった。たとえば、フランス出身の社会学者ルイク・ヴァカンは、あるところで、米国の大学出版部は「商業出版社のクローンになり果ててしまった」と断じている（Wacquant 2002：1524）。

大学出版部の関係者の側からも、刊行ラインナップの変容がもたらす、一種のアイデンティティ・クライシスに関してさまざまな発言がなされてきた。ここで注目すべきは、そのような発言の中には、第5章で東大出版会のケースについて見たのとある意味できわめてよく似た議論、すなわち大学出版部の刊行活動の正当性を、母体大学それ自体が担うさまざまな社会的使命と結びつけて主張する議論が見られる、という点である。

その典型例の一つを、一九八〇年に発表された「大学出版部とは何か?」という文章に見ることができる。この文章は、オックスフォード大学出版局米国支社の副局長であったシェルドン・マイヤーとルイジアナ州立大学出版部の出版局長レスリー・フィラバウムが、全米大学出版部協会の求めに応じて書いたものであるが、彼らは、その文章の中で「研究と同様に教育も大学の正当な機能の一つである限り」、教育に役立つ本の刊行もまた大学出版部の正当な機能の一つであると主張している(Meyer & Phillabaum 1980 : 216)。[3](この「大学出版部とは何か?」は、一九九四年に若干の改訂を加えられた上で全米大学出版部協会の公式文書として再録され、現在でも同協会のウェブサイトから入手することができる。)[4]

同じように、一九八五年には、当時のハーバード大学出版部局長のアーサー・ローゼンタールが、「大学出版部の刊行活動」という題名の文章において、大学出版部の機能を、大学自体の「教育・研究・研究成果の普及」という役割と関連づけて論じている(Rosenthal 1985)。さらにその一一年後の一九九六年には、同じくハーバード大学出版部のウィリアム・シスラー局長が、全米大学出版部年次大会の会員総会において、「大学出版部のイメージを定義する」と題された講演をおこなっている。そこで彼は、大学出版部の関係者は、「学術書 対 一般書」というような二項対立的な発想にとらわれることなく、むしろ、できるだけ広い範囲の読者に対して情報を広めていくことに専念すべきだとしている(Sisler 1996 : 56)。[5]

(二)　組織フィールド・レベルの集合的アイデンティティとその再定義

ここで注目に値するのは、これら一連の文章や発言は、代表的な大学出版部の関係者によるものであり、また、全米大学出版部協会の会員たちに向けてなされたものであるという点である。つまり、これらの発言や文章は、単に個々の大学出版部の組織アイデンティティの見直しというだけでなく、米国における大学出版部をその総体でとらえた場合のアイデンティティ、すなわち組織フィールド・レベルの集合的アイデンティティの再定義を意図したものであると見ることができるのである。

この点に関して興味深いのは、右にあげた、ハーバード大学出版部のシスラー局長による講演である。彼は、その講演の終盤において、大学出版部は自らが提示していくイメージを「規定し（直し）より精緻なものにしていく（define and refine）」ことが必要であるとした上で、さらに次のように語っている――「まわりから見たわれわれのイメージを変えていくためには、われわれ自身が、自分たちのあり方とそのミッションについて明確なイメージを持っていかなければならない」[6]。シスラーによれば、大学出版部の自己イメージは、長いあいだモノグラフの刊行を事業活動の中心としてきたことによって、いつしか、「最高級の製品をつくってそれを最上級の買い手に対して売る、高級ブティックのような出版者」というものになっていたのだという（Sisler 1996：58）[7]。しかし、先に見たような事情によって、一九七〇年代以降の大学出版部の刊行リストの中には否応なしに教科書や一般書的な性格を持つ書目が占める割合が増えていくことになった。つまり、「高級ブティックのような出版者」という旧来の組織アイデンティティと、一般書などが次第に大きな比率を占めるようになってきた実際の刊行ラインナップとのあいだには、著しいギャップが生じるようになっていったのである。

そのような事態に直面した大学出版部にとっては、従来型の組織アイデンティティと現実とのあいだのギャップを埋めることができ、かつまた一定の正当性を主張することができるアイデンティティを再構築していくことが急務となった。その一方で、大学出版部には、その新たな自己規定としての組織アイデンティティを対外的な組織イメージとして提示していく必要にも迫られることになったのであった。

同様の点は、大学出版部全体としての集合的アイデンティティと対外的イメージについても指摘できるだろう。実際、全米大学出版部協会が一九七〇年代以降に直面していた課題は、個々の大学出版部の範囲を超えて、大学出版部というものが社会的にどのような存在意義を持つものであるかを、協会の会員組織のあいだで共通の了解事項として再確認していき、またそれを母体大学・図書館・書店など他の組織あるいは読者に対して明確に示していくことだったのである。

本書でこれまで組織アイデンティティについて扱う際には、主として、個々の出版社という組織を基本的な単位とする集合的アイデンティティを検討の対象としてきた。これに対して、右に見てきた米国の大学出版部の変容のケースは、学術出版をめぐる文化生産のエコロジーについて分析を進めていく際には、それに加えて組織フィールド・レベルの集合的アイデンティティについての検討をおこなうことが必要であることを示唆している。

この点は、第5章で見た東大出版会の「自分探しの旅」において一九六三年の大学出版部協会の設立がきわめて重要な意味を持つものであったという事実からも確認することができる。同章で指摘したように、東大出版会の関係者たちは、大学出版部協会が設立されることによって、同会の存在理由と正当性を示す上できわめて有効な拠り所となる新たな準拠枠を持つことができたのであった。

同じような点は、東大出版会以外の他の大学出版部についても指摘できる。実際、第5章でも見たように、大学出版部協会の設立は、従来それぞれの母体大学の中でも孤立している感があり、また他の大学出版部との横の連絡も稀薄であった日本の大学出版部のあいだにおける情報交換を容易にしていったのである。それに加えて、大学出版部協会の創立は、その加盟団体にとって〈自分たちが何ものであり、何をなすべきか〉という点について「仲間」同士のあいだで確認することができる、一種の「準拠集団」が形成されたことを意味していた(8)。

二　ＲＡＥ（研究評価作業）と学術界の集合的アイデンティティ――英国のケース

（一）　学術界の集合的アイデンティティと複合ポートフォリオ戦略

学術コミュニケーションに関するゲートキーピングという問題について見ていく際には、出版社や大学出版部などの出版事業者の集合的アイデンティティをめぐる問題だけでなく、著者・研究者が属する学術界における集合的アイデンティティに関わる問題についても検討を進めていく必要がある。というのも、前章で「教養新書バブル」や米国の大学出版部におけるピアレビューについて見てきたことから示唆されるように、どのような種類の書籍が「学術書」として刊行されていくかは、多分に、学術書の著者となる人びとが自分自身をどのような社会的役割ないし役柄――研究者・学者・教師・文化人・教養人・タレント等――を担う存在であると見なし、また、その所属する組織や社会的世界の基本的な性格――「象牙の塔」、アカデミズム・文化ジャーナリズム・論壇等――をどのようなものと見なしているかという点に規定されるものだからである。

実際、その自己規定のあり方と、〈何を自著として出版すべきであり、また何を出版すべきではないか〉という判断基準とのあいだには、明らかに密接不可分な関係が存在していると思われる。同様の点が、研究者が査読や大学における採用人事あるいは昇進人事の際に下す、〈どのような論文や書籍を研究業績として認めるべきか〉という点に関わる判断についても指摘できる。つまり、このような判断や実際の意思決定に関しても、学術コミュニティや大学界全体のレベルでの集合的アイデンティティが深く関わっていると見ることができるのである。そして、前章においてファスト新書との関連で「著者の商業化」について指摘した際に若干ふれた点ではあるが、著者の個人的アイデンティティや学術界における集合的アイデンティティと学術書を中心とする学術コミュニケーションのあり方との関係を明らかにしていくことは、とりもなおさず、それら個人や組織が、学術書の刊行に関して各種の経済的・非経済的資本をどのような形で蓄積・投資・回収・再投資しようとしているかを問うていくことでもある。

つまり、学術出版の文化生産のエコロジーとその変容過程について明らかにしていくためには、出版事業者の組織アイデンティティと複合ポートフォリオ戦略について検討していくだけでは、決して十分でないのである。それに加えて、著者である研究者、そしてまたその研究者が所属するさまざまな組織や社会的世界において形成されている集合的アイデンティティと、それがそれらの個人や組織の複合ポートフォリオ戦略のあり方とどのような関連を持つものであるか、という点について解き明かしていくことが、どうしても必要になってくるのだと言えよう。

（二）　研究評価制度の導入と学術出版の変容

以上のような点について考察を進めていく上で示唆に富むのが、「サッチャー改革」の一環として一九八〇年代後半に英国で始まったＲＡＥ（Research Assessment Exercise）と呼ばれる研究評価制度の事例である。

ＲＡＥは、一九七九年から九〇年にかけて英国首相をつとめたマーガレット・サッチャーが率いる保守党によっておこなわれた一連の新自由主義的な構造改革の一環として大学の世界に導入された評価制度の一つである。ＲＡＥ制度のもとでは、英国のすべての高等教育機関について、五年ないし六年に一度定期的に外部機関による研究業績についての評価が課される。そして、その外部評価の結果は、高等教育機関に対する政府の予算配分と直接結びつけられることになる。

本書のテーマとの関係で特に重要なのは、この評価制度のもとでは、教育研究機関が予算を確実に獲得していく上で、査読付きの学術ジャーナルに掲載された論文の方が書籍よりも有利になることが多いという点である。同じように、研究者（著者）のキャリア形成にとっても、（少なくとも短期的に見た場合には）書籍よりも論文の方が有利である場合が少なくない。そして、この評価制度では、教科書や翻訳書あるいは査読を経ていない論文などが業績評価の対象になることはほとんどない。これによって、英国では研究者や教員の流動性が高まるとともに、研究のアウトプットとしての論文や書籍に対する英国の研究者の姿勢や行動に顕著な変化が見られるようになっていった。

これについてたとえば『デジタル時代の書籍（*Books in the Digital Age*）』を著した英国の社会学者ジョン・トンプソンは、RAEでは、一流の出版社から刊行されたモノグラフに対しては依然として比較的高い評価が与えられているが、一般的な教科書についていては低い評価しか与えられていないために、英国の出版社では、次第に教科書の著者を見つけるのが困難になってきていると指摘している（Thompson 2005：280-285）。同じように、オックスフォード大学教授で日本学者のロジャー・グッドマンは、次のように語っている――「多くの大学人が研究費を引き出す〝術〟を学んだ。専門学術誌に四本の細切れ論文を発表する方が世界水準の大著を二冊出すより合理的だという風潮が広まった。『良い研究』の幅が狭まり、研究の画一化が進んだ。論文は評価委員会に向けて書かれるようになった」（グッドマン 2007）。

つまりRAEは、政府の予算配分方針の大幅な変更を介して学術コミュニティや大学界における集合的アイデンティティやギルド的結束に対して大きな影響をおよぼし、またそれによって、学術出版の世界にも影響を与えてきたと考えることができるのである。

これまで本書で見てきたことからも明らかなように、書籍というものは、隣接分野をも含む比較的広い範囲の研究者や一般読者とのコミュニケーションを可能にする媒体であると言える。それに対して、学術ジャーナルに掲載される論文は、主として「ムラの言葉」で書かれ、また比較的狭い範囲の学術界におけるコミュニケーション・メディアとして性格が濃厚である。右の引用でグッドマンは、「論文は評価委員会に向けて書かれるようになった」と指摘している。もし実際に評価の重点が書籍よりは（査読付きの）論文、また書籍の場合には、ひと握りの一流の出版社から刊行される研究書のみに置かれていくのだとしたら、学術コミュニケーションの範囲はかなり限定されたものになってしまう可能性がある。それはまた、研究者や著者にとっての拠り所となる準拠集団である学術コミュニティそれ自体の集合的アイデンティティが、極度に狭い範囲に限局されたものになってしまうことを意味するだろう。

三　「ニュー・パブリック・マネジメント」と学術界の自律性――日本の場合

(一)　大学に対する国家の支援と業績評価

以上本章で見てきた、米国の大学出版部の「アイデンティティ・クライシス」と英国における研究評価制度という二つの事例は、それぞれ国家の教育・研究政策の変化に関わるものであるが、どちらの場合も、出版事業者の刊行活動を直接的な政策の対象にしているわけではない。しかしながら、これらの例に見られるように、学術研究にとってしばしば最大のパトロンないし「スポンサー」ともなる国家の教育・研究政策における変化は、必然的に学術書の刊行のあり方に対しても影響を及ぼしていくことになる。

本書では、日本の教育・研究政策に関わる問題については、序章で科学研究費補助金による出版助成の削減傾向のケースを取り上げただけに留まっている。ある意味では、この出版助成に関する問題以上に広い文脈において学術出版のあり方に重大な影響を及ぼしかねないのが、いわゆる「ニュー・パブリック・マネジメント」をめぐる動向である。ニュー・パブリック・マネジメント（NPM）というのは、英国、オーストラリア、ニュージーランド等で一九七〇年代以降おこなわれてきた行政改革とその根底にある発想を総称するものであり、民間の経営手法を応用して公共部門の運営効率化を目指すところにその顕著な特徴がある（大住 1999：玉村 2003）。先にあげたＲＡＥも、ニュー・パブリック・マネジメント的な発想や手法を研究・教育の領域に適用した代表的な事例の一つであると考えることができる（Talib 2003 : Melo, Searrico, & Radnor 2010）。

日本でこのニュー・パブリック・マネジメント的な発想が高等教育制度に関して適用された例として最もよく知られているのは、国立大学の法人化であろう。これは、それまでその名のとおり国の機関であった国立大学を、国の行政機関である省庁から相対的に「独立」した一種の独立行政法人とすることによって、効果的で効率的な運営をはかろうとするものである。実際に日本の国立大学は二〇〇四年以降は、それぞれが個別の国立大学法人として運営されるようになっており、その教職員の多くも「みなし公務員」としての扱いを受けている。また大学法人については、六年ごとの中期目標を設定し、それを実現するための中期計画を策定し実行することが義務づけられている。そして、その成果については、各大学が、文部科学省に設置された国立大学法人評価委員会に報告書を提出して評価を受けなければならない（天野 2008）。

このような大がかりな制度変更は、政府から支給される運営費交付金の減少傾向やそれに伴う外部資金獲得の必要性、また評価にかかる膨大な時間や経費あるいは労力的なコストなどによって、国立大学における教育や研究にさまざまな形で負の影響を及ぼしている。それがひいては、大学教員による研究活動に伴う学術情報の生産や学術コミュニケーションのあり方にも変化をもたらしている。

以上のような変化は、日本におけるニュー・パブリック・マネジメント的な発想にもとづく政策が、学術コミュニケーションのあり方に対して与えてきた、どちらかと言えば間接的な影響であると言える。これに対して、今後ヨリ直接的な形で書籍を中心とする学術コミュニケーションのあり方に対して変化を引き起こしていく可能性があるのは、従来のような、教員数や学生数等にもとづく国家資金の配分方法を、研究や教育の成果を基準にしたものに大幅に変えていこうという動きである。これが最も明確な形で示されたのが、「経済財政諮問会議」（二〇〇一年から〇九年にかけて設けられていた首相の諮問機関）が、安倍晋三元首相の在任時の二〇〇七年二月末に示した改革案である。同改革案においては、国立大学のみならず私立大学についても、「国の支援は大学の努力と成果に応じたものになるように大胆に転換すべきである」（伊藤・丹羽・御手洗・八代 2007：2）としている。そして国立大学については、その方針を二〇一〇年度以降の運営費交付金に対して適用することが提唱されている。

つまり、この改革案は、一種の「成果主義」を基本とする競争原理を大学経営に対して本格的な形で導入しようとするものであり、その発想のモデルの一つは英国のＲＡＥにあると思われる。実際には、右に述べたような、大学に対する傾斜配分的な国家予算の支給方針は、二〇一〇年度に関しては微調整程度のものに留まることになった[9]。もっとも、国家や地方自治体の施策に関して、意思決定過程の透明性や政策の目的や効果等についてのアカウンタビリティ（説明責任）を求める動きは既にほぼ確立されたものになっており、今後同様の改革案が再浮上してくることは十分にあり得る。また、その動きの方向性次第によっては、日本においてもＲＡＥと同様の発想にもとづく基準が研究業績の評価にあたって適用されていくことも、可能性としては大いにあり得るだろう。

（二）　論文と学術書──何を研究業績として評価するのか？

もし実際に日本においてもＲＡＥに類似した、あるいはこの英国起源のモデルに準拠する業績評価システムが導入されることになった場合、ただちに問題になってくるのは、そもそも何を業績として評価するべきかという点であろう。特に、人文・社会学科学系の学問分野については、業績評価における論文と書籍の相対的な比重という問題が重要な課題の一つとして浮かび上がってくる可能性がある。

その下位分野によって多少の違いはあるものの、日本においても経済学や心理学などの分野では、かなり以前から業績評価の優先順位に関しては、しばしば、海外の学術ジャーナルに掲載された査読付きの論文が、国内で刊行される書籍などよりも高い評価を受けるようになってきている。また学問分野に限らず、一九九五年前後からは、日本学術振興会・科学研究費補助金の実績報告書については、補助金を受けた研究の成果として刊行された雑誌論文に関しては「査読の有無」、すなわちピアレビューを経た上で掲載されたものであるか否かを申告する欄が設けられている。さらに、二〇〇二年から開始された文部科学省研究拠点形成等補助金の21世紀COEプログラムやその後継であるグローバルCOEプログラムにおいても、その申請時点や中間・最終評価プロセスにおいて、「レフェリー付き学術雑誌等への研究論文」が優先順位の高い項目としてあげられている。

このように、現在では、日本においてもさまざまな学問分野で査読付き論文を研究業績として高く評価する傾向が定着しつつある。(これに加えて、「インパクト・ファクター」、すなわち論文の平均的な被引用回数によって掲載雑誌の影響度を示したり、特定の論文について、その被引用回数を業績評価の指標として用いたりする場合もある。)これは、論文が同分野の研究者による査読を経たことによって一定の専門的な評価を得ていると見なすことができるからであると思われる。

これに対して、学術書を研究業績としてどのように評価すべきかという点については、日本ではまだある程度明快な基準ないし一定のコンセンサスが確立されているわけではない。実際、本書で何度か指摘してきたように、日本においてはさまざまなタイプの出版事業者から刊行されるさまざまな種類の書籍が「学術書」ないし「専門書」という大まかなくくりでとらえられてきた。そして、その中には、独創的な知見を含んだ高度な内容の研究書がある一方で、教科書や教養書、時には「ファスト新書」に限りなく近い性格を持つものが含まれている場合がある。この点からすれば、今後、大学に対する国家の支援において競争原理が徹底され、また研究業績の評価に関して透明性やアカウンタビリティが求められるようになった場合には、書籍が論文よりも相対的に低い位置づけを与えられることも、可能性としてはあり得るだろう。

もっとも先にRAEの評価システムについて指摘したように、「ムラの言葉」が中心となる学術論文のみが重視されていくことは、学術コミュニケーションをきわめて内閉的なものにしていき、また、学術コミュニティの集合的アイデンティティを非常に狭い範囲に限定されたものにしていく恐れがある。

それに加えて、論文偏重の傾向が進むことによって、学術生産それ自体が全体として「小ぶり」なものになってしまう可能性がある。実際、ジャーナル論文というものは、それ自体で完結したストーリーを提示していることは稀である。論文の存在意義は、むしろ、研究書などにおいてまとまった形で提示されている理論体系の「ストーリー」を前提とした上で、その一部をさらに精緻なものにしたり新たな方向性を示したりするところにあると思われる。これを地図にたとえれば、理論体系に関わる「物語」が展開されている研究書などの場合にはいわば一種の全体地図を提供しているのに対して、論文というものは、その全体地図の一部分をさらに明らかにする区分地図を提供したり、未開拓の領域についての見取り図を提供するところに本来の役割があるのだと思われる（Kuhn 1962：佐和 1982）。

人文・社会科学の分野には、本来そのような区分地図としての性格を持つ論文ではなく、むしろ一貫した物語を包み込んだ書籍という形式でしか構築し、また伝えることのできない学術的な知というものがたしかに存在する。もし、ニュー・パブリック・マネジメント的な傾向がそのような知を切り捨てていく方向に進むのだとしたら、それは学術的知の生産と流通にとってきわめて大きな損失になるだろう。

（三）評価制度と学術界の自律性――誰がどのようにして学術書の「品質」を評価するのか？

（1）評価制度の「直輸入」の危険性

書籍という媒体でしか展開できない物語形式のナラティブを通して構築され、また伝えられていく知がいかに学術コミュニケーションにおいて重要な役割を担うものであるとは言っても、当然のことながら、すべての本がそのような役割を果たすことができるわけではない。ここで、「学術書」の学術コミュニケーションの媒体としての質を担保し、また、品質保証をおこなうために必要となってくるのが、何らかのゲートキーピングの仕組みである。また、このような点を考慮に入れた場合に改めて浮かび上がってくるのが、「誰がどのような形で学術書の質を評価し、また誰がどのようにしてその品質を保証していくべきか」という問題である。

第9章でも述べたように、米国の場合には、人文・社会科学の領域では、査読付きのジャーナル論文だけでなく、大学出版部や一流とされる商業出版社から刊行されるモノグラフが昇進や終身雇用権の獲得においてきわめて重要な意味を持ってきた。これは、とりもなおさずそれらのモノグラフが、ピアレビューの過程を経ることによって、品質保証に関する一定の「お墨付き」を得ているからにほかならない。それに対して、日本の場合には、こと学術書の刊行に関しては、そのような評価制度の基準となるような仕組みは未発達のままに留まってきた。実際、一部では、ファスト新書的な性格を持つ書籍が研究業績として評価される事態さえ生じている。その点からすれば、今後、ニュー・パブリック・マネジメントの発想がさらに浸透していき、また、業績評価における査読付き論文の相対的な優先順位が高くなっていくにつれて、研究業績としての学術書の正当な評価に関するこの種の問題が浮上してくることは避けえない事態であるとも言えよう。

もっとも、これは必ずしも日本においても学術書に関して一律に査読を適用するような制度の整備が急務である、というようなことを意味するわけではない。その種の、海外モデルをそのまま直輸入して適用しようとする類いの「改革案」は、事態を改善するどころか、いたずらに混乱を招くだけであろう。実際、第5章と9章で指摘したように、日本と米国のあいだには、出版業界における産業サブセクター間の分業構造・学術出版における大学出版部のプレゼンスの程度・非営利的出版を支える制度的基盤・査読者になり得る研究者の層の厚さなど(10)、さまざまな点で著しい違いが存在する。このように査読の基盤となるような基本的な構造という点で顕著な違いがある中で、性急に「舶来」の査読制度を直輸入的に導入しようとすることは、いわば木に竹を接ぐような暴挙としか言いようがない(11)。

（2） 評価制度を支える互助的パトロネージ

先にあげた国立大学の法人化や経済財政諮問会議の改革案には、まさにそのような性急な暴挙ないし暴論としての側面がある。それは一つには、それらの制度変革や改革案が、研究や学術コミュニティの現場の状況を無視ないし軽視した、「上からの改革」としての性格が濃厚であるからにほかならない（また、経済財政諮問会議の改革案には、「アメ」がほとんど無い、「ムチ」だけの改革案としての性格が濃厚である。つまり、研究教育予算全体が縮小傾向にある中で予算削減の口実に使われる恐れがあるのである）[12]。この点に関連してここで銘記しておくべきポイントの一つは、米国における学術書の刊行に関わるピアレビューについても、あるいは英国のRAEの場合でも、それらの制度の運営においては、多かれ少なかれ研究者や大学関係者および出版関係者による主体的な関与が見られる、ということである。

これは特に、ピアレビュー制度の場合に顕著に見られる。前章で見たように、米国や英国の大学出版部における刊行意思決定に際しておこなわれるピアレビューは、研究者同士のいわば互助的なパトロネージによって支えられてきたのである。同様に、大学出版部の関係者のあいだでも、ピアレビューを通して刊行物の品質保証をおこなうことは、組織の存在意義に関わる最も重要な活動の一つとして考えられてきた。この点が端的に示されているのは、ケンブリッジ大学出版局の学術書・専門書担当局長であるアンドルー・ブラウンが折にふれて口にしてきたという次の警句である——「もし神が聖書の続編の原稿をオファーしてきたとしても、私は、それをピアレビューによる審査に委ねるだろう」[13]。この警句からは、出版活動を通して学術界の一翼を担う者としての矜持と覚悟を見て取ることができる。それは、「玄人中の玄人」として査読を実際におこなう研究者についても指摘できる。前章で見たように、研究者にとっては多大なる時間的コスト、大学出版部の関係者にとっても少なからぬ時間的・経済的コストがかかるにもかかわらず、今日までピアレビューが制度として維持されてきた主な理由の一つは、それら関係者のあいだにおいて、同じ学術界を構成する一員としての認識が共有されてきたからであると思われる。

大学人の主体的な関与という点に関しては、英国におけるRAEについても同様の点が指摘できる。この評価制度の導入の経緯それ自体は、ニュー・パブリック・マネジメントの動向の中での「上からの改革」としての性格が強い。しかし、先にその発言を引用したグッドマンによれば、英国ではそれ以前から、学士課程から博士課程にいたるまで学内の試験に対して、外部者である他大学の関係者が関与することは長年の伝統だったのだという（グッドマン 2007：村田 1999：安原 2005 をも参照）[14]。つまり、RAEと同じような形で学外者が他の大学の研究評価にあたることは、そのような「学外試験委員制度」の伝統の延長線上にあるものとしてとらえられてきたのである。言葉を換えて言えば、RAEによる研究評価もまた、その運用においては、学術書の刊行に関するピアレビューの場合と同様に、互助的パトロネージとしての性格を持っているのだと言える。

これらのケースと比較してみると、日本の場合には、研究者同士の互助的パトロネージの伝統はそれほど強固なものではなかったと言えよう。そのような伝統が稀薄な状況で、強引に「上からの改革」ないし学術コミュニティの外側から加えられる「外圧」のような形で国家支援と直結した研究評価制度や学術書に関する評価制度が導入されたとしたら、その効果や利益よりも弊害の方が目立つ結果に終わってしまうことは火を見るよりも明らかであろう。

(3) 教育課程とアカデミック・ライティングに関する日常的な実践

さらにピアレビューに関して言えば、前章で一部ふれた点ではあるが、米国では学術書の原稿がピアレビューという重要な関門《ゲート》に到達する以前の段階でも、さまざまな形で研究者同士のあいだで相互チェックがおこなわれていることについて銘記しておく必要がある。それは、たとえば博士課程の執筆段階における、指導教授からの「添削指導」とも言える論文の内容と表現に関わる指導である（苅谷 1992：佐藤 2008）。また、原稿を大学出版部や出版社に送付する以前の段階で、研究者たちが原稿を読み合い、コメントやアドバイスを提供するという慣習である。

これに加えて、ピアレビューにおける査読レポートには、内容面や文章表現について著者が原稿を書き直していく上での方向性が示されることが多い、という点についても注意が必要であろう。前章では、元東大出版会の事務局理事であった多田方の証言を引いて、米国では、碩学と呼ばれる研究者であっても詳細な査読レポートを書くことが少なくないということを指摘した。同じように、われわれが米国の大学出版部の関係者を対象にしておこなったインタビュー調査でも繰り返し指摘されてきたのは、ピアレビューは、単なる「篩い分け」のための手続きとしておこなわれるというよりは、むしろしばしば学術書のクォリティを保証していく上で必要不可欠の作業であるという点であった。[15]（その意味では、米国では、研究者同士が時には日本ではもっぱら編集者がおこなってきたような、原稿の吟味の作業の一部をおこなってきたのだとも言えよう。）

この点から見ても、学術書の刊行にあたっておこなわれるピアレビューは、米国でおこなわれている、アカデミック・ライティングないしプロフェッショナル・ライティングに関する指導や助言をめぐる日常的な実践の延長線上にあると考えることができる。

さまざまな深刻な問題を抱えながらも米国や英国において学術書の刊行に際しての査読や研究評価制度が今日まで存続し、またまがりなりにも一定の成果をあげてきたのは、以上のような、研究者と出版関係者を含む広い意味での「学術界」における日常的な相互批評と相互扶助の実践を支える文化的伝統があったからであると思われる。その文化的伝統はまた、米国や英国における学術界の集合的アイデンティティの骨格をなすものであると言えよう。日本において、「学術コミュニケーションの危機」を乗り越え、また学術的知の生産と流通をより質の高いものにしていくための方策を探る上で、もし海外の事例に学ぶべきものがあるとしたら、それは、そのような学術コミュニティにおける日常的実践のあり方であろう。

出版社におけるゲートキーピングは、いわばその日常的実践の積み重ねを経た上での「最後の総仕上げ」という位置づけを持つものである。研究評価システムにいたっては、さらにその後の段階に位置することになる。その点からすれば、大学院における教育課程やアカデミック・ライティングに関する日常的な実践の積み重ねという、最も時間も手間もコストもかかる中途のプロセスのあり方について検討を加えることなしに、ゲートキーピング・システムや評価システムという最終段階だけを取り上げて、それらのシステムの整備について主張することは、きわめて無意味であり、また自滅的な議論にしかならない。実際それは、原料について慎重に吟味することもなく、また製造工程を改善するための費用や時間も一切かけないで、単に最終的にできてくる製品に対する検品プロセスだけを整備しておけば、それだけで品質保証や品質管理ができる、と主張するに等しいことであろう。

本書では、出版社がゲートキーパー（門衛）として果たしてきた役割について、主として学術出版社における、刊行意思決定をめぐる組織過程に焦点をあてて分析をおこなってきた。第9章と本章における検討を通してここで改めて確認されてくるのは、学術出版というものは、出版界と学術界という二つの世界が交錯する場に成立する活動であり、また、本来、学術出版社やその編集者だけでなく、著者でもある研究者たち自身が「知の門衛」として深く関わるべき営みであるという事実である。

本書の序章においては、「学術コミュニケーションの危機」を、もっぱら出版不況という、出版界側の事情が学術界に対して与える影響という問題を中心にしてとらえた。しかし、書籍の刊行を中心とする学術コミュニケーションが出版界と学術界の交錯する場に成立するものであるとしたら、当然のことながら、その「危機」は、出版業界が直面している経済的苦境だけではなく、学術界自身が抱える問題、とりわけゲートキーピング機能の不全によってももたらされる可能性がある。今後学術コミュニケーションのあり方について、ゲートキーパーが果たす役割という観点からとらえようとしていく際には、学術界におけるゲートキーピング・システムとその変容に関する詳細な分析が不可欠なものになるだろう。

そして、そのような分析をおこなう際には、ゲートキーパーが担っているさまざまな役割について十分に認識しておくことが、どうしても必要になってくる。実際、本書全体を通して繰り返し見てきたことからも明らかなように、研究者たち自身が知の門衛役としての責務を十分に果たしていくためには、研究者たちは、単なる「篩い」ないし「仕分け役」としてだけではなく、一種のパトロンないしプロデューサーとしての役割を果たしていかなければならないのである。

あとがき

長い飛翔のうちに、かれらは一度ならず、下界の風景の中にあの虚無の広がる箇所を見かけた。それは見るたびに不意に盲目になったかと思わずにはいられないものだった。これほどの高度から見おろすと、ほとんどはまだたいして大きくもないように見えたが、なかにはそのあたり一帯をおおいつくし、遠く地平線のかなたにまで伸びているものもあった。そういうところにくると、幸いの竜とその騎手は底知れぬ恐ろしさにおののき、ぞっとする光景を見ないですむように、大きく迂回して翔びつづけた。ところが奇妙なことに、ぞっとすることも何度もくりかえし出会うと、いつのまにか恐れを感じなくなってしまうのが事実だ。

——ミヒャエル・エンデ（上田真而子・佐藤真理子訳）『はてしない物語』

われわれが学術出版に関する研究プロジェクトを立ち上げたのは、一九九九年の春、つまり「出版不況」が盛んに指摘されはじめた頃のことである。それから既に一〇年あまりの歳月が経過しているのだが、本や雑誌の売上げ不振をめぐる一連の問題は一向に解決のきざしを見せていない。その一方で、日本の出版界においては、現在、電子書籍端末やそれに不随する電子書籍の配信サービスの急速な普及・拡大が見込まれているにもかかわらず、それに対する出版業界全体としての本格的な対応が進んでいないことが、さらに深刻な危機的状況を招きかねない問題として浮上してきている。一〇数年という比較的短いあいだに二度にわたって深刻な危機に見舞われているという事実からは、出版という営みそれ自体が、現在きわめて重大な転換点にさしかかっていることが示唆される。また、日本の出版産業が今後どのような形で変貌を遂げていくにせよ、当然のことながら、それは、学術書を中心とする学術コミュニケーションのあり方に対しても大きな影響を与えていくに違いない。

もっとも、いかなる種類の危機についても言えることではあるが、危機的な状況の深刻さについての認識のあり方や危機に対してとるべき対応策に関する基本的な考え方は、その危機をどのような立場や観点からとらえるかによって、かなり違ったものになってくる。実際、出版というものを、主としてその文化的側面を中心にして見るか、それともビジネスとしての側面に焦点をあてるのかによって、同じ出版不況という現象についての評価の仕方も、またその現象が内包する何らかの「危機」に関する認識のあり方も、大きく異なるものになるはずである。

出版不況という場合に通常クローズアップされてくるのは、出版事業者の経営危機の問題を中心とする、ビジネスとしての出版に関わる事柄である。それに対して、学術書を中心とする学術コミュニケーションの危機を取り上げる場合には、「文化」をめぐる問題、つまり書籍を媒介にして生産され流通していく学術的知の内容や質というものが、最も重要な問題として浮かび上がってくることが多い。したがって、たとえば、出版産業が全体として現在の危機を乗り越えてビジネスとしての勢いや活気を再び取り戻すことになったとしても、もし、その副作用として、ファスト新書と同じような性格を持つ書籍のみが「学術書」として量産されて書店の店頭に並べられ、また電子書籍の市場を席巻していったとしたら、学術コミュニケーションの危機は、むしろ今以上にその深刻さの度合いを増していくに違いない。

もっとも、本書で出版社の組織アイデンティティについて見てきたことからも明らかなように、出版における〈文化〉と〈商業〉は必ずしも常に二律背反的な原理として存在してきたわけではない。事実、〈文化〉性を軽視ないし無視すれば、それだけで巨額の経済的利益が期待できるというものでもない。逆に、主として〈商業〉的な関心のもとにおこなわれる出版活動のすべてが文化的価値を損なうわけでもない。

実際、たとえば近年の「教養新書バブル」は、必ずしも、巨大なビジネス・チャンスとその逆らいがたい魅力を前にして、新書を通して伝えられるべき知や情報の質に対する配慮が消し飛んでしまったことによるものではない。薄手の新書シリーズの相次ぐ創刊の背景には、むしろ、出版不況に伴う経営難を打開する上で他にこれといった妙案が見いだせないままに、編集担当者の再配置や資金繰りなどをめぐる当面の問題を解消するための手段が求められていた、という事情がある場合の方が多いと思われる。

また、そもそも良質の新書を含む教養書や高等教育用の教科書というのは、出版業が近代産業として成立することによって初めて大量に生産・流通されていくようになったものである。そして、このような種類の書籍は、それ以前は閉ざされたギルド的世界でのみ通用する、「ムラの言葉」でしかなかった学術的知を広く一般市民のあいだに普及させ、またしばしば新たな知の生産を可能にして行く上できわめて重要な役割を果たしてきたのであった。

これらの例や本書で繰り返し見てきたことからも明らかなように、学術出版という営みは、本来、〈文化〉と〈商業〉とのあいだに複雑でダイナミックな関係が存在している時にこそ、文化生産の場としての生命と力を得ていくものなのである。

また、学術出版は、〈文化〉と〈商業〉のバランスの上に成り立つものであるだけでなく、出版界と学術界という二つの世界が交錯する場に成立する営みでもある。したがって、もし学術書を中心として展開される学術コミュニケーションが危機を迎えているのだとしたら、それは、学術界それ自体が何らかの危機に瀕している可能性を示唆するものであろう。もっとも、『はてしない物語』においてファンタージエンを蚕食しつつあった「虚無」がそうであるように、われわれは実は学術界にとっての危機的状況に既に何度も出会ってきたために、いつの間にか、その深刻さの程度について認識し、またその背景について察知するための感覚が鈍ってしまっているのかもしれない。

学術界と出版界がともに直面している危機の基本的な性格を正しく見極め、またそれに対して的確に対処していこうとする際には、どうしても明確に認識しておかなければならないポイントが一つあるように思われる。それは、学術コミュニケーションというものは、必ずしも、その主要な媒体の一つである学術書が刊行された時点から始まるわけではない、という点である。実際、本書の第9章と10章で解説したピアレビューの例に見られるように、学術書の刊行をめぐるゲートキーピングの一連の過程は、場合によっては、単なる「篩い分け」の手続きというだけでなく、それ自体が最も重要な学術コミュニケーションの機会になり得るのである。

学術コミュニケーションの媒体としての本は、一つの物語をその中に丸ごと包み込み、かつ他の物語と密接に結びつきながら、自ら新たな物語を生み出していくことができるものである。その意味で、途方もない潜在力を持つものであると言える。本というものに秘められている、そのようなはかり知れない力を十分に生かしていくためには、一種の学術コミュニケーションでもあり得るゲートキーピングの過程が、実際にどのような性格を持つものであり、また持つべきものであるのか、という点について改めて考え直してみる必要があるだろう。

【謝辞】

本書は、一九九九年いらい一〇年以上にわたって継続しておこなわれた共同研究プロジェクトの最終的な報告書としてまとめられたものである。執筆上の分担としては、芳賀が主として第2章と第6章、山田が第4章と第8章を担当し、残りの数章については佐藤が中心となって草稿を作成した。もっとも、各章の草稿段階の原稿については、全員が全てのテキストを読み込み、研究会での討議や頻繁な電子メールのやりとりを通して相互に批判的検討を経た上で現在の形になっている。つまり、本書は文字通りの共著として書かれたものである。

一〇年を越える長丁場のものとなった研究プロジェクトを遂行し、またその成果を本書の形にまとめあげていく上では、さまざまな人々や機関からいただいたご支援とご協力が不可欠であった。

まず、この研究プロジェクトは、以下の団体および機関からの研究助成を受けている——財団法人国際コミュニケーション基金（一九九九年度）、科学研究費補助金（課題番号一三四一〇〇五五—研究代表者＝芳賀学（二〇〇一〜二〇〇四年度）・課題番号一九五三〇四三三—研究代表者＝佐藤郁哉（二〇〇七〜二〇一〇年度））、文部科学省二一世紀CO

Eプログラム（「知識・企業・イノベーションのダイナミクス」）（二〇〇三〜二〇〇七年度）、文部科学省グローバルCOEプログラム（「日本企業のイノベーション」）（二〇〇八年度〜二〇一〇年度）。これら一連の研究助成は、長期にわたって調査研究を継続し、また、研究対象の範囲を徐々に広げていく上で重要な意味を持っていた。

調査研究の具体的な方法や手続きについては、本書の付録に示してあるが、その解説からも分かるように、本書の第Ⅱ部で事例研究の対象となった出版社四社からは、インタビューをおこなう際や資料の提供等に関して全面的に協力していただくことができた。また、インタビューでお話を伺わせていただいた方々の中には、本書の草稿の一部について御意見や御感想を寄せていただいた方もいらっしゃる。

以下には、それぞれの出版社および大学出版部に関する事例研究に際して、何らかの形で直接お話を伺った方々のお名前を挙げさせていただいた（年齢順・所属はいずれも当時）。

ハーベスト社——小林達也氏

新曜社——堀江洪氏・塩浦暲氏・渦岡謙一氏・小田亜佐子氏・津田敏之氏・吉田昌代氏・高橋直樹氏・小林みのり氏

有斐閣——平川幸雄氏・伊東晋氏・池一氏・藤田裕子氏・松井智恵子氏・堀奈美子氏

東京大学出版会——箕輪成男氏・石井和夫氏・多田方氏・山下正氏・伊藤一枝氏・渡邊勲氏・羽鳥和広氏・増田三男氏・竹中英俊氏・山口雅己氏・黒田拓也氏・後藤健介氏・山田秀樹氏・奥田修一氏

右の四社に関する事例研究に際しては、直接フォーマルな形でのインタビューをさせていただいた方々だけでなく、他の多くの方々にも折に触れてお話を伺ったり、郵送や電子メールで各種の資料を送っていただいたりした。私たちの度重なる問い合わせに対しても、迅速かつ丁寧に対応していただいた。その方々から頂戴した御示唆や情報は、本書の中にさまざまな形で生かされている。

また、インテンシブな事例研究の対象となった四社の関係者の方々以外にも、次に挙げる様々な方々にお話を伺い、多くのことを学ばせていただいた。その一つひとつが私たちの研究ならびに本書の成立にとって大きな糧となっていることは言うまでもない――ポール・ディマジオ氏（プリンストン大学教授）、岩田博氏（岩田書院）、斎藤公孝氏・小田野耕明氏（岩波書店）、座小田豊氏・高田敏文（東北大学出版会理事・東北大学教授）、中川大一氏（世界思想社）、矢野未知生氏（青弓社）、ギャレット・カイリー氏、ダグラス・ミッチェル氏（シカゴ大学出版部）、ピーター・ドゥーティ氏（プリンストン大学出版部）、ピーター・ギブラー氏（米国大学出版部協会事務局）、マーク・グレシャム氏（ケンブリッジ大学出版局・日本支社）、ダグラス・アマート氏、ビバリー・ケイマー氏、スーザン・ドア氏、ジェイソン・ワイダマン氏、ラウラ・ウェストランド氏（ミネソタ大学出版部）。

なお、右に挙げた出版社あるいは大学出版部以外の版元の関係者の方で、御本人の御意向によってここにお名前を挙げることを控えさせていただいた方も何名かいらっしゃる。それらの人々も含めて、私たちの研究に際して御協力いただいた出版関係者の方々に、この場を借りて改めて感謝の念を捧げたい。

以上に挙げさせていただいたのは、主として調査現場に際して御協力を頂戴した方々である。本書における議論からも明らかなように、学術書は、学術界と出版界という二つの社会的世界が交錯するところに成立する文化生産物である。そして、本書のような現場調査にもとづくモノグラフをまとめていく際には、現場で入手した資料を理論的な言葉に「翻訳」し、またそれを現場の言葉へと「逆翻訳」していく作業がどうしても必要になる。そのような、理論の言葉と現場の言葉の往復運動においては、これまで私たちが大学の恩師や先輩からいただいた御教示や、現在所属する職場の先生方あるいは同じ分野の研究者の方々から頂戴した御助言や御示唆がきわめて重要な意味を持っていた。

そして、この、理論の言葉と現場の言葉の混成言語で書かれた本書を一冊の書籍としてまとめていく上では、新曜社の塩浦暲社長にひとかたならぬお世話をいただいた。塩浦社長には、本書の企画についてのお話を頂戴してから脱稿までに長い年月がかかってしまったことをお詫びするとともに、全体の構成や表記の統一にいたるまで貴重なご示唆をいただいたことに関して御礼の言葉を申し上げたい。

以上のように、本書はさまざまな方々からの御協力、御助言、御示唆を受けて出来上がったものであるが、本書の内容についての最終的な責任が全て私たち著者三名にあることは言うまでもない。

なお、私事にわたって恐縮ではあるが、本書にその成果がまとめられた長丁場の調査研究は、家族による精神的な支えが無ければ到底なし得なかったものであると言える。この点に関しては、それぞれの妻そしてまた子供たちに対して心からの感謝の念を表明したい。

最後になってしまったが、本書は、いまから四年ほど前に相次いで訃報に接することになったお二人の方にはかり知れないほど多くのものを負っていることを、この場を借りて記しておきたい。

本書は、もともと、一九九九年に発足した研究チームのもう一人の重要なメンバーである富山英彦氏を含む四名の共著として上梓されるはずのものであった。富山氏が病を得て二〇〇七年一月に亡くなったために、結果としてここにあるような形になったのであるが、富山氏は、その温厚かつ社交的な人柄で研究チームの雰囲気を盛り立て、困難な方針の決定にあたっても出版研究の専門家としての立場から大きな役割を果たしてくれた。本書の中にも、富山氏の著作『メディア・リテラシーの社会史』（二〇〇五年、青弓社）に含まれているものをはじめとして、同氏のアイディアが随所に盛り込まれている。

同じ年の六月には、新曜社の堀江洪前社長の訃報に接することになった。堀江氏は、私たちが事例研究を中心として本書をまとめていく事を決めた際に最初にお話を伺った出版社関係者の中のお一人である。その際に堀江氏から伺ったお話の内容は、ある意味では、同氏が翻訳された『出版、わが天職』（ジェイスン・エプスタイン著、二〇〇一年、新曜社）以上に、私たちがそれまでに出版社や出版界について抱いていた数々の先入観を打ち破るものであった。また、堀江氏には大学での講義のゲストスピーカーをお願いしたことがあった。その際に氏が学生たちを前に語った「既刊書は出版社の基盤であり、新刊は出版社の希望である」という言葉は、学術出版社の志と「心意気」を端的に示すものとして私たちの胸に深く刻み込まれている。

本書については、お二人ともその進行状況を気に掛けておられ、また完成を心待ちにしていらっしゃったとも伺っている。その意味でも、お二人の御生前にこの本の刊行にこぎつけなかったことが悔やまれてならない。私たちの精一杯の感謝の証として、富山英彦さんと堀江洪前社長のお二人にこの本を捧げたいと思います。

佐藤　郁哉
芳賀　学
山田真茂留

二〇一一年二月

アビリーンクリスチャン大学出版部	1984	2008	16	22	250	0
テキサスクリスチャン大学出版部	1966	1982	16	20	266	0
ヴァンダヴィルド大学出版部	1940	1993	18	17	196	0
北イリノイ大学出版部	1964	1972	16	17	420	0
ギャロデッド大学出版部	1980	1983	16	15	228	2
北テキサス大学出版部	1988	2003	15	16	348	1
ウェストヴァージニア大学出版部	1963	2003	18	12	73	5
カーネギーメロン大学出版部	1972	1991	16	14	335	0
オレゴン州立大学出版部	1961	1991	11	14	182	0
東ワシントン大学出版部	1992	2005	12	12	140	0
デュケイン大学出版部	1927	1995	10	10	119	0
アサバスカ大学出版部	2007	2008	0	15	10	7
米国アテネ古典学協会	1881	2001	8	6	129	2
南メソジスト大学出版部	1937	1946	7	7	219	0
アクロン大学出版部	1988	1997	6	5	98	0
ワシントン州立大学出版部	1927	1987	5	4	168	0
ライス大学出版部	2007	2008	3	4	5	1
テキサスウェスト大学出版部	1952	1986	2	1	33	0
ハワード大学出版部	1972	1979	0	0	113	0
ロックフェラー大学出版部	1958	1982	0	0	39	3

南イリノイ大学出版部	1956	1980	51	50	1200	0
オハイオ大学出版部	1964	1966	50	48	923	0
ブルッキングス研究所出版部	1916	1958	52	45	1047	7
フォーダム大学出版部	1907	1938	43	52	610	3
テンプル大学出版部	1969	1972	42	46	1185	0
アイオワ大学出版部	1969	1982	40	44	600	0
ピッツバーグ大学出版部	1936	1937	41	42	420	0
マサチューセッツ大学出版部	1963	1966	39	43	950	0
マーサー大学出版部	1979	2000	38	37	800点以上	0
テネシー大学出版部	1940	1964	38	36	766	0
米国カトリック大学出版部	1939	1985	36	36	495	4
ケント州立大学出版部	1966	1970	36	35	460	3
ベイラー大学出版部	1897	2007	35	36	180	0
ジョージタウン大学出版部	1964	1986	36	30	625	1
ウェイン州立大学出版部	1941	1956	31	32	830	6
ウィルフリットロイアー大学出版部	1974	1986	28	31	274	11
ミシガン州立大学出版部	1947	1992	28	30	625	9
オタワ大学出版部	1936	2005	28	30	310	2
ロチェスター大学出版部	1989	2008	27	31	425	0
パデュー大学出版部	1960	1993	23	35	415	10
ユタ大学出版部	1949	1979	30	25	310	0
コロラド大学出版部	1965	1982	24	26	319	0
アーカンソー大学出版部	1980	1984	23	24	550	1
ウェズリアン大学出版部	1957	2001	24	22	452	0
テキサス工科大学出版部	1971	1987	22	24	348	5
カルガリ大学出版部	1981	2002	25	19	298	7＋3（電子ジャーナル）
ハーバード大学出版部	1969	1983	20	24	200	0
マルケット大学出版部	1916	1998	22	21	375	1
ネヴァダ大学出版部	1961	1982	21	21	344	0
アラスカ大学出版部	1967	1992	11	29	240	0
ユタ州立大学出版部	1972	1984	18	20	256	0

ニューヨーク大学出版部	1916	1937	127	122	1940	0
デューク大学出版部	1921	1937	116	116	2157	33
マッギル・クィーン大学出版部	1969	1963	124	101	2450	0
ペンシルバニア大学出版部	1890	1967	108	113	1250	8
フロリダ大学出版部	1945	1950	106	110	1620	0
ノースカロライナ大学出版部	1922	1937	107	108	1535	9
テキサス大学出版部	1950	1954	109	102	1070	11
ミシシッピ大学出版部	1970	1976	96	109	965	0
ミネソタ大学出版部	1925	1937	102	98	1491	5
ラトガース大学出版部	1936	1937	98	99	1950	0
ニューメキシコ大学出版部	1929	1937	98	78	975	0
オクラホマ大学出版部	1928	1937	69	96	1275	0
ルイジアナ州立大学出版部	1935	不明	83	78	1374	0
テキサスＡ＆Ｍ大学出版部	1974	1977	78	79	959	0
アラバマ大学出版部	1945	1964	81	75	1278	3
ジョージア大学出版部	1938	1940	76	80	1139	0
ハワイ大学出版部	1947	1951	80	74	1396	15
ワシントン大学出版部	1909	1937	70	70	2300	0
ニューイングランド大学出版部	1970	1975	79	58	900	0
海軍大学出版部	1899	1949	58	77	650	2
ヴァージニア大学出版部	1963	1964	62	68	903	0
ティーチャーズカレッジ出版部	1904	1971	63	61	700	0
ミズーリ大学出版部	1958	1960	67	53	884	0
ペンシルバニア州立大学出版部	1956	1960	65	55	1450	11
ブリティッシュコロンビア大学出版部	1971	1972	60	58	718	0
アリゾナ大学出版部	1959	1962	59	57	922	0
ウィスコンシン大学出版部	1937	1945	55	60	1691	11
ノースウェスタン大学出版部	1959	1988	50	64	1100	2
カンザス大学出版部	1946	1946	55	56	827	0
ケンタッキー大学出版部	1943	1947	55	56	1031	0
サウスカロライナ大学出版部	1944	1948	52	59	800	0
シラキュース大学出版部	1943	1946	54	55	1453	0
ノートルダム大学出版部	1949	1959	56	52	950	0

付録２　全米大学出版部協会（AAUP）加盟出版部のプロフィール

※*Association of American University Presses Directory 2009* から、英国および北米（カナダを含む）の会員出版部102出版部に関する情報を抜き出して、2007年と2008年の新刊の刊行点数の合計順に配列した。

※ケンブリッジ大学出版局とオックスフォード大学出版局を除く100出版部の新刊の合計は、2007年は7108点、2008年は7103点であった。なお、英国のこれら２大出版局の刊行点数は、英国やその他の支社の刊行によるものを含む数値である。

大学出版部名	創立年	AAUP加入年	2007年の刊行点数	2008年の刊行点数	2008年までの総刊行点数	刊行雑誌点数
ケンブリッジ大学出版局	1534	1950	2000点以上	2000点以上	14000	231
オックスフォード大学出版局	1895	1950	2100	2250	19876	38（米国のみで）
イェール大学出版部	1908	1937	395	420	4485	0
プリンストン大学出版部	1905	1937	327	313	4834	0
マサチューセッツ工科大学出版部	1961	1961	259	239	3400	34
ハーバード大学出版部	1913	1937	250	234	4500	0
シカゴ大学出版部	1891	1957	235	227	3958	49
カリフォルニア大学出版部	1893	1937	230	200	4000	34
ジョンズホプキンス大学出版部	1878	1937	246	149	2560	62
コロンビア大学出版部	1893	1937	167	200	2694	0
ニューヨーク州立大学出版部	1966	1970	167	194	4191	0
ネブラスカ大学出版部	1941	不明	168	173	2184	22
トロント大学出版部	1901	1937	165	150	1800	32
ミシガン大学出版部	1930	1963	156	154	2807	0
インディアナ大学出版部	1950	1952	145	163	2000	28
スタンフォード大学出版部	1925	1937	145	160	1800	0
イリノイ大学出版部	1918	1937	134	155	1895	33
コーネル大学出版部	1869	1937	124	140	2100	0

◎読者との関係

・読者からのフィードバックには、読者カードによるものの他には、どのようなものがあるでしょうか？

・アマゾンやその他のネット書店に掲載されている読者による書評には、どの程度の頻度で目を通されているでしょうか？

うか？
・最終的に刊行の決定がなされる場合の重要な要因は、どのようなものでしょうか？いくつかあげてください。
・企画段階の想定と最終的に刊行された書籍のあいだに内容や分量という点で違いがあったことはあるでしょうか？　それは、具体的にはどのようなものだったでしょうか？具体的なケースがありましたら、お差し支えのない範囲でそのうちの何点かについて教えていただければと存じます。また、特にそのような違いが生じやすいジャンルやタイプの書籍というのはどのようなものでしょうか？

◎学術的・文化的価値と採算性のバランス
・刊行の決定がなされる時には、一点一点の書籍の学術的価値と採算性の兼ね合いやバランスについては、日頃どのようなご配慮をされているでしょうか？
・書籍の学術的価値と採算性のバランスに関しては、この10年ないし20年のあいだで何か顕著な変化があったでしょうか？　あったとしたら、その主な理由としてはどのようなものが考えられるでしょうか？
・ご自分が担当される書籍全体のラインナップ全体の中で、学術的価値と採算性のバランスについては、どのようなご配慮をされているでしょうか？

〈お仕事の基本的パターン〉
◎お仕事のサイクル
・１年間に担当される書籍の数は何点くらいでしょうか？
・１年間に担当される書籍の点数（ないし原稿枚数に換算しての総量）に関して、編集者になられてから現在までのあいだに特に目立った変化はあるでしょうか？
・変化があるとしたら、その主な原因としては、どのようなものが考えられるでしょうか？
・現在担当されている書籍全点の進行状況について、それぞれ現在どのような段階にあるか、お差し支えない範囲で教えていただければと存じます。

◎学界および出版界の動向に関して
・学界の動向等（新しい学問分野、「伸び盛り」の研究者（著者）などについて）に関しては、日頃どのような形で情報収集をされていらっしゃいますか？
・出版界の動向に関しては、どのような手段で情報収集をされているでしょうか？　業界誌（紙）、書評誌（紙）、一般紙の広告欄などは、どの程度の頻度でご覧になっているでしょうか？

インタビュー・ガイドライン ── 編集者に対する第１回目の質問リスト

〈ご経歴〉
・書籍編集というお仕事を選ばれた経緯は、どのようなものでしょうか？
・実際に編集者になられる前と後とで、最も予想と違っていた点は、どのような点でしょうか？　また予想どおりだった点は、どのようなことでしょうか？
・就職されてからのジョブ・トレーニングの過程についてお聞かせください。特に、「どのような形で書籍編集のノウハウを学ばれてきたのか」という点についてお聞かせください。
・他の出版社と比べて御社の特徴は、どのようなものであるとお考えでしょうか？

〈ご担当の分野・領域について〉
・これまで主に担当されてきた主な分野（学問領域、企画シリーズ等）は、どのようなものでしょうか？
・その分野を担当されるようになった経緯は、どのようなものだったでしょうか？
・これまでにご担当の分野が変わったことはあるでしょうか？　あった場合、その経緯は、どのようなものだったでしょうか？

〈これまで担当された書籍について〉
◎ご担当の書籍
・（※事前にお伝えしてお願いしておく事柄）これまで担当されてきた書籍の中で、代表的なものを２-３点あげてください。（お話を伺いに参上する折までに読ませておいていただく所存です）
・著者・訳者・編集者とのご縁でご担当が決まったケースについて、特筆すべき書籍がありましたら、教えてください。
・担当されてきた書籍の中で、学術的・社会的評価ないし売上げあるいはその双方で特筆すべきものがあったら、それをあげてください。

◎刊行までの経緯・意思決定プロセス
・ある書籍の刊行の企画が立ち上がってくる経緯には、どのようなタイプのものがあるでしょうか？　出版に関する書籍では、この点に関してはよく、執筆者に対する依頼、執筆者からの持ち込み、シリーズ企画など、いくつかのケースがあげられていますが、その他には、どのような場合があるでしょうか？
・その構成比に関して、これまでの編集者としてのご経歴の中で目立った変化はあるでしょうか？　あるとしたら、その理由としては、どのようなものが考えられるでしょ組織としての意思決定がなされていく状況の観察をすることができたという点で、非常に大きな意味を持っていたと思われる。また、それらの会議は、編集部だけでなく営業局や販売局という、出版社のビジネス的な「顔」を体現する部局の人びとの見解が直接的に表明される場であったという点も特筆に値する。本書においては、主として編集担当者の方々（および元編集者の経営者ないし経営幹部）に対するインタビューを通じて出版社における刊行意思決定プロセスについて分析を進めてきた。今後同様のテーマで研究をおこなっていく場合には、出版社の組織アイデンティティにおける〈商業〉の極を体現すると思われる、これらの部局の人びとの見解についてさらに詳しく検討を進めていくことがどうしても必要になってくるだろう。実際これは、第Ⅳ部で将来の課題としてあげた文化生産のエコロジーを基本的な単位とする分析作業と並んで、今後の研究における最も重要な検討課題の一つになるであろう。

以上見てきたような形で、ある研究プロジェクトの方法論に関して、技法やデータソース別に整理した上で解説をおこなっていくと、どうしても、複雑な社会現象を対象にしておこなわれる実証研究が現実にたどっていく際につきものの試行錯誤、あるいはまたそれにもとづく頻繁な「軌道修正」のプロセス（佐藤 2002, 2010 参照）が覆い隠されてしまいがちになる。その点から見れば、調査研究の方法論に関する以上のような解説の仕方については、出版社における複合ポートフォリオ戦略の基本的な性格について図書目録を資料として用いて推測しようとする際の注意点について指摘したのと同じようなことが言えそうである。本書の第７章で見たように、実際には出版社の複合ポートフォリオ戦略には創発的な性格が濃厚なのであるが、われわれがおこなってきた、学術出版に関する調査研究（その中には、本書の執筆作業も含まれる）についても同様の点が指摘できる。つまり、一応の研究計画はあったのだが、思いがけない事態の進展があったり、予想外の知見が得られたりした場合には、その都度計画に修正を加え、ある場合には大がかりな「仕切り直し」をおこなった末に、最終的に本書のような形にまとめられたのである。

その意味では、本書は、出版社の発行する図書目録がしばしばそうであるように、「計画」と「創発」という２つの極のあいだにおける往復運動の結果として、このような形になったものだと言える。

実際、われわれはフォーマル・インタビューの形でお話を伺った方々とは、その他の、学会の懇親会や自著の原稿執筆をめぐるやりとりの中でしばしばお目にかかる機会があったのだが、そのような機会におけるふとした会話の中から、本書に盛り込まれた内容に関する着想が得られることが少なくなかった。また、そのような機会には、フォーマル・インタビューの結果を記録としてまとめていく際に新たに浮かんできた疑問についてインフォーマルな会話を通して確認させていただくこともあった。それがまた、それ以降におこなうフォーマル・インタビューの際の質問事項に盛り込まれることもあった。フォーマルな形でインタビューをおこなった方々以外の出版関係者の方々についても、学会や書籍の編集などに関する打ち合わせの際などに会話を交わしたり、喫茶店等での会話あるいは会食の際の何気ない接触から重要なヒントをいただくことがあった。

また、厳密な意味では「インタビュー」とは言えないかもしれないが、インタビューでお話を伺った方々とは、その前後に頻繁に電話や電子メールでやりとりさせていただく場合が少なくなかった。その際には、しばしばフォーマル・インタビューでは時間的な制約などから詳しく伺えなかった点について改めて質問させていただいたり、事実関係について確認させていただいた。(ある出版社の場合には、2004年から2010年のあいだに電子メールで370通を越えるやりとりがあった。)

電子メールでのやりとりにおいては、本書の第Ⅱ部の各章の原型となったワーキングペーパーや論文（各章の注に明記してある）に盛り込んだ内容について、かなり詳細なコメントをいただくこともあった。同じように、それらのワーキングペーパーや論文については、電話によってコメントや質問を頂戴したことも少なくなかった。そして、章によっては、これらの電子メールおよび電話でいただいたコメントにもとづいて、一部について大幅な書き直しをおこなった場合もある。さらに、本書のいくつかの章の原稿の内容についても、インタビューをさせていただいた何名かの方々に、主に事実関係についてチェックしていただくこともできた。(もっとも、当然のことではあるが、本書における記述や解釈に関しては、著者であるわれわれがその全ての責任を負うものである。)

現場観察と今後の課題

本書を執筆していく際には、上記のデータソースや調査技法以外にも、さまざまな資料や技法を用いているが、東京大学出版会については、格別の御配慮をいただいて、2006年３月上旬から下旬にかけて３度にわたって編集会議および編集企画会議に参加させていたくことができた。それらの会議への参加は、フォーマルな会議の場で

の都度いわば「カスタマイズ」したリストを作成してインタビューに臨んだ。

この質問リストの構成からもある程度推測できるように、われわれは、フォーマル・インタビューを必ずしも仮説検証法的な調査研究のためのデータを得るために用いたわけではない。第１章では、本研究においては、「ゲートキーパー」「複合ポートフォリオ戦略」「組織アイデンティティ」という３つの概念を「感受概念」、すなわち大まかな研究の方向性を示す概念として用いてきたという点について述べた。実際、インタビューをおこなう際には、これらの概念を念頭に置きながらも、同時にインタビューで得られた情報や知見をもとにしてこれらの概念それ自体を徐々に磨き上げていくことを目指していった。したがって、当然のことながら、質問リストの内容や形式は、調査研究の段階によってかなり異なるものになっていった。また、調査研究の後半においては、次第に焦点が絞られていき、特定の事実に関して複数の人びとの証言から「裏を取った」り、理論的アイディアについての確証を求めるという、仮説検証法的な方向をとることも増えていった。

そのような、仮説生成型ないし仮説発見型のアプローチと仮説検証的なアプローチを組み合わせたデータ分析においては、定性データ分析用のソフトウェアがツールとして有効であることが少なくない。本研究では、特に初期および中期の段階において、その種のソフトウェアの中でも代表的なものの一つであるMAXQDAを使用して、具体的な証言内容の分析と重要な概念カテゴリーの抽出にあたった（MAXQDAおよび質的データ分析については、佐藤（2008a、2008b）参照）。

インフォーマル・インタビュー

上述した点や末尾に掲げたインタビュー・ガイドラインからも明らかなように、フォーマル・インタビューは、本来、特定の時間や場所を設定し、また聞き取りをおこなう側があらかじめ設定した問題関心に沿っておこなわれることが多い。それに対して、聞き手の側も特にインタビューということを意図していない、ふとした会話や対話から、公式の聞き取りでは得にくい情報を得ることができたり、当初想定していなかった思いがけない着想を得ることができる場合も多い。これらの会話や対話を、インフォーマル・インタビューと呼ぶことができる。フォーマル・インタビューの場合には、聞き手と話し手の関係は比較的固定したものであるが、日常的な会話や対話と非常に近い性格を持つインフォーマル・インタビューにおいては、しばしば両者の関係は流動的なものになる。それがまた、聞き手の側の概念的枠組みを一方的に押しつけるのではなく、より「現場に根ざした」理論を作り出していく上で有効となることが多い。

名に対しても補助的なインタビューをおこなった。

そのうち国内の出版社の関係者でフォーマルな形でのインタビューに応じていただいたのは、合計で38名である。われわれは、以下にあげるように、その38名の方々に合計で64回のフォーマル・インタビューをおこなった ── ハーベスト社＝１名・のべ３回、新曜社＝８名・のべ15回、有斐閣＝６名・のべ６回、東京大学出版会＝12名・のべ28回、その他８社＝11名・のべ11回。その他に、大学関係者７名に対してそれぞれ１回ずつ計７回のインタビューをおこなった。

この他に、主として第５章および第９章で取り上げた、海外の大学出版部の運営の実態に関しては、４つの大学出版部の局長や支局長あるいは編集者の方々を中心として、合計11名の方に対して合計で7回のインタビューに応じていただいた。その内訳は、以下のとおりである ── シカゴ大学出版部＝出版局長・上級編集者各１名、プリンストン大学出版部・出版局長１名、ケンブリッジ大学出版局・日本支社＝支社長１名、米国大学出版部協会＝事務局長１名（２回)、ミネソタ大学出版部＝出版局長１名、編集者４名。

国内、国外いずれの場合も、フォーマル・インタビューの場合には、その内容をそれぞれテープレコーダないしICレコーダを使用して音声情報として記録した。音声情報は、なるべく日をおかずに書き起こした上で、その内容について分析することを心がけた。

インタビューに要した平均時間は２時間前後であったが、最も短い時には1時間程度であり、最も長い場合には５時間以上に及んだ。また、１人の方に複数回インタビューさせていただくこともあり、最も多い方の場合には５回にわたって聞き取りがおこなわれた。インタビューに際しては、われわれ共同研究のメンバーが複数でおこなうこともあれば、単独でおこなうこともあり、また基本的に出版社の執務室や会議室でお話を伺った。

これらのフォーマル・インタビューにあたっては、通常は事前に質問リストを書状ないし電子メールの添付ファイルとしてお送りした上でお話を伺わせていただいた。本付録の末尾には、参考例として、われわれが最も頻繁に聞き取りをおこなった、編集者のキャリアや職務内容、刊行意思決定プロセスに関する質問リストの雛型をあげておいた。（編集者の方々にお話を伺う際には、先にあげた、各社の創業以来の書目リストを利用して、それぞれの編集者の方の担当された書目の一覧表を作成し、また担当書目のうち最低２点の内容を読み込んだ上でインタビューに臨んだ。）実際に聞き取りをおこなう際には、このガイドライン的なリストをもとにして、出版社の特性やインタビューに応じていただいた方の職種やキャリア段階によって適宜変更を加えて、そる、編集者がおこなう業務の内容や各社における刊行意思決定プロセスを主たる対象とする分析において不可欠の資料となった。また、図書目録や書目のファイルは、それぞれの出版社においてどのような研究者が「常連的な著者」となっているかについて明らかにすることによって、出版社と特定の著者との結びつきや出版社にとっての「人脈資産」の概要について検討していく上でも有効な資料となった。

フォーマル・インタビュー

上述したように、文書資料は、長期にわたる出版業界全体の動向や出版社の歴史的変遷を知る上で示唆に富む資料となる。しかしながら、これらの文書資料だけでは、必ずしも、個々の出版社における具体的な組織過程に関する十分な情報が得られるわけではない。事実、第7章の冒頭でも述べたように、たとえば図書目録に見られる一見整然とした書目の配列は、それぞれの出版社における複合ポートフォリオ戦略と刊行ラインナップとのあいだの関係について明らかにしていく上では、非常に大きな限界を持つものである。実際には、出版社における複合ポートフォリオ戦略には創発的な性格が強く、また「タイトル・ミックス」の方針は、事前に細かく決められたものであるというよりは、むしろ結果として出来上がってくるものであることも多かった。この点について知る上で最も有効であったのは、出版社の編集者や経営者ないし経営幹部の方々とのインテンシブ・インタビューから得られた知見であった。

同様の点は、先にあげた出版社の「人脈資産」についても指摘できる。もし、出版社が全体としてどのような著者たちとの関係を築き上げてきたか、という点についてのみ関心があるならば、それについては、各社の図書目録だけからでもある程度推測ことはできる。しかし、図書目録のような二次的な資料だけでは、その人脈資産が、実際に出版社という組織の窓口となる編集者とのあいだのどのようなパーソナルな関係を介し、またどのようなプロセスを経て形成されたものであるかを知ることは、ほとんど不可能である。また、聞き取りは、出版社と特定の著者（たち）との関係がある時期に途絶えてしまった背景や新進の研究者が最初に特定の出版社から自著を刊行することになった経緯などについて知る上でも不可欠の作業となる。要するに、インタビューは、統計データや二次的な文書資料だけでは必ずしも的確に把握することができない、具体的なプロセスやメカニズムについて明らかにしていく上できわめて有効な研究技法となりうるのである。

本書における記述や理論的考察の背景となっているインタビュー調査は、2003年11月から2010年9月までのおよそ7年間にわたっておこなわれたものである。その間にインタビューに応じてくださった出版関係者の方は49名であり、この他大学関係者7

れも出版科学研究所）などが特に有効であった。なお、「出版不況」以前の状況について把握する上では、『新文化』の縮刷版を利用することによって1973年から2002年までの20年分の記事を通覧して特にわれわれの問題関心に沿った記事をピックアップした上で検討していった。それに加えて、われわれはリサーチ・アシスタントの協力を得て同紙の記事見出しのデータベースを独自に作成したが、このデータベースは、必要に応じて特定の問題や出版社の歴史について検討する上で非常に有用であった。

この他、本書の第５章および第９章と第10章の一部では、海外、とりわけ米国との国際比較を試みている。これについては、研究プロジェクトの初期段階において、出版業界全体に関する論考が掲載されている *Book Research Quarterly*（1991年に *Publishing Research Quarterly* に改称）について1985年春の創刊号から2000年までの16年分のバックナンバーを通覧してわれわれの問題関心に沿った論文をピックアップして検討した他、2001年以降は同誌の記事をリアルタイムでモニターした。また、特に大学出版部や学術出版全般の動向については、トロント大学出版部から刊行されている *Scholarly Publishing*（1994年に *Journal of Scholarly Publishing* に改称）を、*Book Research Quarterly* の場合と同じように、1969年の創刊号から通覧した上で関連のある記事を適宜ピックアップして検討した(2)。

本書の第Ⅱ部で事例研究の対象となった個々の出版社について検討する上で主として用いた文献や文書資料には、社史、図書目録、広報誌の他、それぞれの出版社について扱った書籍や雑誌の記事などがある。第Ⅱ部で取り上げた4社の中では、有斐閣については大部の社史である『有斐閣百年史』とその追録および同社の広報誌である『書斎の窓』の130周年記念特集号（2007年７-８月号）、東京大学出版会の場合には、５周年、17周年、40周年、50周年の節目に刊行された記念誌は、それぞれ貴重な情報を大量に含む資料であった。また、これら２社については、それぞれの広報誌である『書斎の窓』と『UP』をも適宜参照した。一方、ハーベスト社と新曜社の場合には、主として、両社が定期的に発行している図書目録や先にあげた『新文化』の記事、あるいは出版社について扱った書籍における両社に関する記載等を参考にした。

この他、それぞれの出版社に対して電話や電子メールによって問い合わせたり、インタビューをおこなったりした際にご提供いただいた社内資料的な性格を持つ資料等も適宜活用させていただいた。

以上見てきたのは主として紙媒体の資料であるが、これに加えて各社からは、最近の図書目録には掲載されていない書目をも含む、創業以来の書目リストを電子ファイルで提供していただいた。この資料は、それぞれの出版社における刊行物の組み合わせやその歴史的推移について知る上できわめて有効であっただけでなく、以下に述べ

付録1　事例研究の方法

序章でも述べたように、われわれが本書にまとめられた調査研究をおこなうにあたって事例研究を基本的なアプローチとして採用した最大の理由は、本書で採用したような観点をもとにおこなわれた先行研究、すなわち、複合ポートフォリオあるいは組織アイデンティティをめぐる問題を切り口にして出版社のゲートキーパーとしての役割を検討した先行研究が、皆無に等しかったからに外ならない。これに加えて、出版社の組織を基本的な分析単位とする事例研究は、取り扱うことができる分析対象の数は限られるものの、統計データや二次資料からだけでは窺い知ることができない、要因間の複雑な関係について検討していく上で、きわめて有効な方法である。とりわけ、本書における主たる分析対象である、刊行意思決定に関わる組織過程のような、実務上の具体的な手続きやプロセスについて明らかにしようとする際には、事例研究は最適の方法の一つであると言える(1)。

本書の第Ⅱ部に収録されている４つの出版社の事例研究にあたっては、さまざまな資料を参照しており、その詳細については、それぞれの章における本文の記述や該当箇所の注で示しておいた。ここでは、われわれがこれらの事例研究を含む調査研究をおこなう上で主として用いた技法の特徴やデータソースについて、簡単に解説を加えていくことにしたい。

文献および文書資料

「あとがき」でも述べているように、本書は、1999年に開始され10年間以上に及んだ共同研究プロジェクトの集大成としてまとめられたものである。研究プロジェクトの準備段階である1999年から2003年にかけては、主として出版および出版業界全体に関する、一般に入手可能な文献や資料を読み込みながら、実証研究の枠組みの構築を目指すとともに、日本の出版界の歴史や現状について把握することにつとめた。

たとえば、学術出版に限らず日本の出版業界全体の動向や歴史について統計データなどを通して大づかみにとらえるためのごく一般的な資料としては、出版ニュース社から毎年刊行されている『出版年鑑』や出版科学研究所の『出版指標年報』などを用いた。また、出版業界全体の動きについてリアルタイムで把握していく上では、業界紙である週刊の『新文化』（新文化通信社）や『出版月報』『ニュースの索引』（いず

は到底思えないのである。

(15) インタビュー：ギャレット・カイリー・シカゴ大学出版部局長、ダグラス・ミッチェル・シカゴ大学出版部上級編集者（ともに2009年12月３日）、ピーター・ドゥーテイ・プリンストン大学出版部局長（2010年２月18日）、ダグラス・アマート・ミネソタ大学出版部局長、ジェイソン・ウェイドマン同出版部・原稿獲得編集者（ともに2010年８月31日）。

付録１　事例研究の方法

（１） これに対して、たとえばサーベイのような調査技法で、組織アイデンティティや複合ポートフォリオ戦略と刊行ラインナップの特徴のあいだの関係について統計解析をおこなうようなやり方では、実際の刊行意思決定プロセスの中味についてはブラックボックスになってしまいがちである。

（２） 米国の出版業界については、この他、業界紙である *Publishers Weekly* などの記事も参考にした。これについては、著者の１人である佐藤が在外研修でプリンストン大学を訪問していた際に、同大学社会学部のポール・ディマジオ教授から提供していただいたSociology 366 "Popular Literature and Its Institutions" という講義において使用された60点以上の文献を含む授業資料が特に参考になった。

なる「起源神話」を提供していたのだと言える。実際、ギルマンの原文では、このフレーズの直後には、ジョンズ・ホプキンス大学における講師の選択基準や施設設備の充実が強調された後にはじめてジャーナルの刊行についての言及がなされているのであった。これについては、第５章の注（42）をも参照。

（６） Sisler（1996：58-59）。この点については、長谷川（2003：178-181）参照。

（７） 米国大学出版部協会の設立に尽力したシカゴ大学出版部のドナルド・ビーン（Donald Bean）は、あるところで大学出版局を「純粋煙草製造業者」に喩えている（Tebbel [1972-81] 2003：598；Cf. Goellner, 2002, p. 274）。言うまでもなく、米国の大学出版部は、必ずしも当初からモノグラフを中心とする刊行活動をおこなっていたわけでもなければ、主流の組織・経営モデルとして非営利法人の形態をとってきたわけでもない。この点については、米国の大学出版部の初期の歴史を扱った、以下の一連の文献を参照 ―― Bean（1929），Lane（1939），Kerr（1949ab, 1969, 1987），Hawes（1967）。

（８） 要するに、大学出版部協会の設立は、大学出版部を中心とする組織フィールドの構造化にとって重要な契機となったのだと言える。DiMaggio（1983），Powell & DiMaggio（1991）および佐藤（1999），佐藤・山田（2004）参照。なお本章の議論は、組織フィールドの構造化はそのフィールドに属する組織およびその成員のあいだに「われわれ意識」が形成されていくプロセスと密接な関連を持ち、その意味では、必然的に組織フィールド・レベルの集合的アイデンティティの形成の過程を含むものであることを示唆している。

（９） その点で言えば、法人評価に要した時間や経費あるいは労力には全く引き合わないものであったと言える。なお、成果を反映した予算配分は、米国などの場合でも数パーセント程度に過ぎない。この点については、吉田・柳浦（2010）参照。また、今回の評価が孕む最大の問題は、それが「評価のための評価」に終わったきらいがあるところであろう。

（10） この点については、第９章の注（58）参照。

（11） 東北大学出版会における「直輸入」的ではない独自の取り組みについては、東北大学出版会（2006：297-305）参照。

（12） この点に関しては、吉田（2007）および吉田・柳浦（2010）参照。

（13） ブラウン氏からケンブリッジ大学出版局・日本支社長マーク・グレシャム氏を介して転送していただいた電子メールより（2010年８月11日）。原文は、以下の通り ―― “If God offered me the sequel to the Bible I'd send it out for peer review.”

（14） 日本においても、学位論文の審査などにおいて他大学の教員に審査委員会への参加を依頼するなど、グッドマンの言う「外部試験」に類似したシステムが導入されるようになってきている。しかしながら、これも、互酬的な関係が構築されていない場合には、容易に他学の教員への「丸投げ」ないしフリーライド的な事態を招きかねない。実際、大学院生が国内の学術ジャーナルに投稿した論文の査読を担当してきた研究者からしばしば聞かれるのは、議論の内容もさることながら、基本的な「てにをは」のレベルにおいてすら問題がある投稿が少なくないという嘆きである。つまり、それらの投稿論文については、論文を投稿した大学院生の指導教員が論文の執筆にあたって何らかの指導をおこなってきたと参照。欧州における状況については、Eco（1986：ix-x）をも参照。

(60) あるテーマについて、その専門外の著者が書いているファスト新書などの場合には、「半玄人が素人に向けて書く本」というような性格を持つ場合も多いだろう。

(61) 言うまでもなく、米国においても、特定の学問分野が一枚岩的なギルドとして結束していることは稀であり、むしろそれぞれがミニ・パラダイムを奉じる「ミニ・ギルド」のようなサブグループが割拠している場合も多いだろう。（Abbott（2008）は、これを「世代限定的パラダイム（generational paradigm）」と呼んでいる。）もっとも、大学等の教育・研究機関を中心とするアカデミックな世界における象徴的なレベルでの凝集性という点に関しては、日本よりは米国の方が高いと言えるだろう。これについては、佐藤（1999：339）をも参照。

(62) Watersは、科学史家であるBiagioli（2002）の議論をふまえている。なお、この引用についでWatersが既存のパラダイムをはみ出した出版企画の例として挙げているのは、彼自身が編集企画を担当した、フランスの科学社会学者ブルーノ・ラトゥールによる*Science in Action*（邦訳は、『科学がつくられているとき —— 人類学的考察』（川崎勝・高田紀代志訳），岩波書店，1999年）である。

(63) この点については、佐藤（2007）参照。また、中世のクラフト・ギルドの品質保証制度は徒弟制度と密接な関連を持っていた点にも留意しておく必要があるだろう。なお、フランスにおいて画家や彫刻家がギルドの支配から逃れて独自の美術アカデミーを形成していった歴史的経緯、そしてまた、その美術アカデミーそれ自体が表現の革新を阻む制度となった末に解体していった過程については、栗田（1999），三浦（1999）参照。

第10章　学術界の集合的アイデンティティと複合ポートフォリオ戦略

（1） 本書では、この点に関しては、「ファスト新書」登場の背景の一つとして出版社や書店の事情を挙げた際に、一般的な出版不況にともなう需要の落ち込みについて言及した程度にとどまっている。

（2） 1970年代以降の米国の大学出版部の動向については、箕輪（1983b），Kerr（1987），渡邊（1999），Goellner（2002），Givler（2002），長谷川（2003），Thompson（2005）などを参照。

（3） 同様の発言が、複数の大学出版部関係者から見られたことをParsons（1989：161）が指摘している。

（4） http://www.aaupnet.org/resources/universitypress.pdf

（5） これらの、大学の機能と大学出版部の機能とを対応させて論じる議論において頻繁に登場してくるのが、ジョンズ・ホプキンス大学の初代総長ダニエル・ギルマンが、同大が出版部局を構想するにあたって語ったとされる次の言葉である —— 「大学にとって、知識を前進せしめ、かつそれを日々の講義に出席できる人々に対してのみならず、遠くひろく普及せしめることは、その最も崇高なる義務の一つである」（Gilman、1880：6-7）。つまり、ギルマンの発言は、米国の大学出版部のアイデンティティ・クライシスに際して拠り所とむしろ英仏のアカデミーによっておこなわれていた、書籍に対する一種の検閲制度に見ている。そして、学術コミュニケーションの市場が拡大していくなかで匿名の査読が要求されるようになっていったのだとしている。

(53) インタビュー(2007年2月16日)

(54) インタビュー(2010年7月12日)

(55) 注(25)で述べたように、日本の一部の大学出版部でおこなわれている企画や原稿に対する審査は主としてそれぞれの大学内の関係者によっておこなわれてきたものであり、米国の大学出版部でおこなわれているピアレビューとは性格が異なるものであると言える。

(56) この点に関する最近の議論については、Collins(2007)およびLamont(2009)参照。

(57) これに加えて、米国における大学数の多さや研究者数の多さも、匿名性を前提とするピアレビューの成立と維持という点では重要な条件となっていると言えよう(Lamont 2009:244)。これに対して、日本の場合には、多くの学問領域において匿名性を維持するのはきわめて困難であることが多いだろう。実際また、米国の場合でも、研究者数が少ない領域に関しては、匿名性の維持が困難であることが指摘されている(Dericourt 1996:57;Parsons 1989:83)。

(58) もっとも、モノグラフの読者の範囲が限定されるとはいっても、第5章で見たように、米国の場合には大学等の図書館数は日本の数倍に及ぶ。また、大学の研究者や大学院生の人数も日本に比べて数倍の規模となっている。たとえば、それぞれの学会のホームページ上の情報(いずれも、2010年4月19日閲覧)によれば、日米の学会の会員数は、おおよそ以下のようになっている ── 米国経済学会(約1万7000名)・日本経済学会(3300名);米国社会学会(1万2000名)・日本社会学会(約3600名)である。米国心理学会(15万名)・日本心理学会(7300名)。

日本経済学会連合:http://www.gakkairengo.jp/kamei/index.html

米国経済学会:http://www.vanderbilt.edu/AEA/AboutAEA/table_members.htm

日本社会学会:http://www.gakkai.ne.jp/jss/about/introduction.php

米国社会学会:http://www.asanet.org/images/asa/docs/pdf/Rosich%20Chapter%202.pdf

言うまでもなく、米国の学会に所属する会員が籍を置く研究機関は米国だけではない。また、米国で刊行されるモノグラフは主として英語で書かれていることによって、潜在的な読者数は、かなり大きなものになっていると思われる。以上のように読者数が、一定程度を越える経済的基盤と文化的正統性の確保を可能とする「クリティカル・マス」(臨界量)に達することによって、米国の大学出版部から刊行される学術モノグラフを中心して形成されている限定生産の場は、相対的に自律性を持つ文化生産の場として成立していると思われる。

(59) もっとも、同じように「玄人が玄人による審査を経て」刊行するジャーナル論文などと比べれば、研究書の場合には、読者の範囲はヨリ広くなっているのが普通である。また、この点については、欧米の中でも特に英米圏におけるプロフェッショナリズムの特異な発達パターンとの関係に注目する必要がある。これについては、たとえば、Abbot(1988)

の「訳者あとがき」でこの訳語をあてている（渡辺 1976：231）。また、長谷川（2003：58）をも参照。ホウズの『大学出版部』の翻訳では、search editing という言葉に対して「企画編集」という訳語があてられている（同訳書 pp. 122-131，原著 pp. 61-65）。また、acquisition については、複数形と単数形の両方が用いられるが、複数形を使用する例の方がやや多いようである。この他、同じ役職の編集者を示す形容語には、以下のようなものがある ── sponsoring、commissioning、procurement（Dougherty 2000：175）。

(44)　また、査読プロセスを採用していることは、大学出版部自体が、信頼できる版元としての信用や威信を獲得したり維持したりしていく上で重要な条件となる。さらにそれは、大学出版部が、母体大学や民間団体あるいは学協会などから助成を得ていることの正当性を担保する重要な要件の一つでもある。別の観点から見れば、大学出版部から刊行される書籍とその著者は、そのような査読プロセスを経ることによって、すぐれた研究書およびその著者としての一種の「お墨付き」を得ることになる（Parsons 1989：11）。

(45)　インタビュー：ギャレット・カイリー・シカゴ大学出版部局長、ダグラス・ミッチェル同出版部上級編集者（ともに2009年12月３日）、ピーター・ドゥーテイ・プリンストン大学出版部局長（2010年２月18日）、ダグラス・アマート・ミネソタ大学出版部局長（2010年８月31日）。もっとも、論文集という形式が、通常のピアレビューによる審査を回避するため使用される場合もあるとされる。これについては、Abbott（2008：20，24）。

(46)　大学出版部に提出された査読報告書の一部については、たとえば、Waters（2004：55）を、また民間の出版社に提出された報告書については、Powell（1985：108-110）参照。

(47)　ただし、その査読料が大学出版部にとって少なからぬ経済的負担になることも指摘されており、また、著者の中には複数の大学出版部や民間の出版社に対して企画や原稿を提出する場合もあるため、その経費の節約が問題となることもある。

(48)　もっとも、書籍原稿の査読をおこなう動機には、使命感だけでなく、たとえば、最新の学問的成果や情報にいち早く接触することや、査読を通して大学出版部の編集者にコネクションができたり、互酬関係にもとづいていることもある。これについては、Parsons（1989：86），Powell（1985：103-110）参照。

(49)　Parsons によれば、彼が調査した51大学出版部の内、44大学出版部が１点あたりの査読者の人数として２名を挙げている（Parsons 1989：82）。なお、Thatcher（1994：217）は、原稿獲得編集者が特定の査読者に依存し過ぎることの問題点について指摘している。

(50)　Dalton（2006：253）．同じように、ポール・パーソンズは、大学出版部が刊行するモノグラフが持つ基本的な性格について、「専門化された読者にとって関心のある狭いトピックについて扱った本」（Parsons 1989：106）としている。

(51)　http://aaupnet.org/news/about.html　2009年７月10日閲覧。

(52)　Parsons（1989：p. 80）は、モノグラフ原稿の査読という制度は、もともと歴史的に学術ジャーナルの場合の査読制度をモデルにして発展してきたものであるとしている。一方で、ハーバード大学教授で科学史家の Biagioli（2002）は、ピアレビューの歴史的起源を年間に刊行する新刊書籍の合計を１万点以上とすることが多い。もっとも、これは必ずしも米国（カナダを含む）の大学出版部が版元となって刊行される学術書の点数は１万点を越えているということを意味するわけではない。というのも、この数値にはケンブリッジ大学出版局とオックスフォード大学出版局がそれぞれ主として英国で刊行している年間2000点以上の書籍の数も含まれているからである。これについては本書の付録２参照。

(37)　http://www.blackwell.com/librarian_resources/coverage_and_cost　2010年２月11日閲覧。

(38)　Townsend, Robert, "History and the Future of Scholarly Publishing," p. 32 http://www.historians.org/Perspectives/issues/2003/0310/0310vie3.htm. Townsend, Robert, "Slight Decline in History Books Publishing, but Still Near Record Highs," http://www.historians.org/Perspectives/Issues/2005/0512/0512new1.cfm　2010年２月10日閲覧。しかも、これは近年になって米国の大学出版部が刊行活動の比重を研究書から一般書へとシフトしつつある状況における数値である。箕輪（1983b：144）は、1980年代当時、米国では、人文系の書籍については８割、社会科学の学術書については５割程度を大学出版部が刊行したものが占めていたのではないか、としている。また、Abbott（2008：19）も、1950年代までには、米国で刊行される新刊の学術書の約半数が大学出版局によるものであったとしている。

(39)　もっとも、欧米の中でも米国は大学出版部が特異な発展を遂げた国であり、英国を除けば、ヨーロッパのほとんどの国では、日本と同様に大学出版部は出版界においてそれほど大きなプレゼンスを示していない。その意味では、世界的に見れば米国のほうがむしろ特殊な位置づけにあるのだとも言える。

(40)　少し古い資料にはなるが、日本における大学出版部の法人格や母体大学との関係については、『IDE ── 現代の高等教育』の1996年１月号から９月号にかけて掲載された「大学出版部（会）めぐり」（山下 1996；伊藤 1996；関野 1996；平川 1996；中陣 1996；鈴木 1996；荒井 1996；渡邊 1996）という連載記事が参考になる。

(41)　『出版指標年報』2008年版の「書籍新刊判型別点数」から専門書でよく使われるＡ５とＢ６の点数を抜き出し、大学出版部協会の2007年版の「新刊図書目録」のデータとつき合わせて推定してみた。たとえば、大学出版部協会所属の大学出版部が2007年に刊行した新刊書籍の内最も大きなシェアを占めるのは社会科学書の273点（35%）であるが、同年に日本全体では、社会科学書のＡ５とＢ６の判型の新刊書は合計で11,508点刊行されており、この内大学出版部のシェアは2.4%程度になる。

(42)　インタビュー（2008年３月31）。なお、エドウィン・ライシャワー（Edwin O. Reischauer）は、ハーバード大学燕京研究所長、駐日大使、ハーバード大学日本研究所長（後にライシャワー日本研究所と改称）などを歴任した日本および東洋史研究家であり、ジョン・ホール（John Whitney Hall）は、ハーバード大学においてライシャワーの元で学び、後にイェール大学教授となった日本史研究の第一人者である。

(43)　たとえば渡辺利雄は、ノーマン・マクリーン著『マクリーンの川』（集英社 1976）

(25)　たとえば、東北大学出版会のように、ほとんどの書籍を査読を経て刊行している例もある（インタビュー：座小田豊・高田敏文［東北大学出版会理事］（2008年11月20日））。これについては、東北大学出版会（2006）参照。また、日本の大学出版部の中には、大学としての出版助成の審査の際に査読をおこなう場合も多い。もっとも、これらの例は、本章で見ている、米国の大学出版部で採用されているような、個別の大学の枠を越えた研究者コミュニティを単位とする査読とはやや性格が異なっている。

(26)　『出版指標年報』各年版。なお、実際の新書のランクイン数は、次の通りである――1998年＝無し、1999年＝1点、2000年＝1点、2001年＝1点、2002年＝無し、2003年＝1点、2004年＝4点、2005年＝5点、2006年＝11点、2007年＝9点、2008年＝6点、2009年＝5点。

(27)　もっとも、現在はバーンズ&ノーブルズやボーダーズなどの大型書店が専門書をある程度陳列するようになっており、少なくとも米国では若干状況が変わってきている。

(28)　「文化雑食性」概念については、Peterson（1993）およびPeterson & Kern（1996）参照。ただし、ピーターソンらの「文化雑食性」は、主として文化的生産物の消費者の傾向を指して言うのに対して、ここでは、出版社と書店など生産・流通業者も含めて考えている。

(29)　Hirsch（1978）とCoser, Kadushin, & Powell（1982：42）は、それぞれ文化生産に関わる企業を、生産者志向型企業と流通業者志向型企業に分類している。前者は限定生産の場、後者は大量生産の場に対しての親和性があると言えるだろう。

(30)　Boschetti（1985；石崎訳 1987）をも参照。

(31)　出版社の編集者がこのような講壇ジャーナリズムにおいて果たしてきた役割については、第1章でも言及した、出版人の評伝が参考になる。また、最近の例では、たとえば、鷲尾（2004），大塚（2006）が、それぞれ講談社、岩波書店において、編集者がどのような形でゲートキーパーとしての役割を演じていたかについて知る上で示唆に富む。

(32)　この点については、箕輪（1982：198-199）参照。

(33)　この点に関連して興味深いのは、先に引用したアンドレ・シフレンの「日本では、本は世界に向けて開かれた窓である」という文章である。この文章において、著者のシフレンが日本の出版をめぐる状況が英国や米国と比較して良好な状況にあるとする根拠として言及しているのは、大阪のジュンク堂書店で彼が目にしたおびただしい数の思想・哲学書の翻訳書の類いなのである。実際には、同書店には、翻訳書の点数をはるかに越える、日本の研究者による学術書が陳列されているのであるが、シフレンはそれについては一切ふれていない。

(34)　この点については、Coser, Kadushin, & Powell（1982：42），佐藤（1999：417-418＝注59）をも参照。

(35)　DiMaggio（2006）をも参照。

(36)　なお、ここでもあげたDalton（2006：255）や全米大学出版部協会のウェブサイト（http://www.aaupnet.org/news/glance.html）などを初めとして、同協会の会員出版部ががって、図9·1に見られるノンフィクション系新書における教養新書の比率の拡大は、かなり割り引いて考えておく必要がある。

(16) 鷲尾（2004：２章）によれば、1970年代当時の大学教員の中には「大衆向けの出版社」というイメージが強い講談社からは新書を刊行したがらなかった者も多かったとしている。

(17) 以下のサイトを参照。http://book.asahi.com/news/TKY200903120110.html 2010年９月６日閲覧。

(18) 鷲尾（2004：25-26）も、岩波新書の最盛期には初版が４万部で刷り置きが１万部、印税が15%だったはずだとしている。また、大内兵衛は、岩波書店による報告をもとにして赤判101点の１点あたりの売上部数が５万部を越えていたとしている（大内 1964：4)。なお、鹿野（2006：71）によれば、初版部数は1950年代半ばに１万部前後だったのが、徐々に増加して、70年代初期には、「どんな地味なテーマのものでも４、５万部になっていた」とされる。

(19) 岩波新書についても、かつては８割前後あった重版率（その年に刊行したものの内、年内に増刷になった点数の比率）が、1999年前後には５割にまで落ち込んでいたとされる（清丸 2001：37)。もっとも、本章の本文で述べたように、同新書の場合には、1988年の新赤版への移行にともなって刊行点数を増やして以降は、刊行ペースには目立った変化はない。また、重版率は売上げだけでなく、初版部数によっても大きく変わる可能性がある。

(20) 元新書担当者の編集者からいただいた御示唆による。たとえば、『バカの壁』の担当編集者は、新潮社の新書編集部に配属される以前には、同社で刊行されていた写真週刊誌の『フォーカス』や『週刊新潮』の編集を担当していた（以下のサイトを参照。http://media.excite.co.jp/book/news/topics/056/p01.html 2010年８月12日閲覧)。なお、雑誌を刊行していた出版社の担当編集者が新書を担当するようになったことも、新書の変質の背景にあるという見解もある（以下のサイトを参照。http://book.asahi.com/news/TKY200903120110.html 2010年９月６日閲覧)。

(21) このような編集者主導型の刊行企画は、第５章や６章で解説した学術系出版社の編集者による「たて」とは、全く異なる性格のものであり、むしろ第７章で紹介した「管理されたテキスト」に近い本づくりの方式であると言えよう。

(22) 出版科学研究所（2009：8)

(23) このような意味での需給バランスの欠如については、書店・ブックファースト川越店の「遠藤店長」によるブログと、そのブログの中で「バブル」ないし多作・乱作的傾向を指摘された２人の著者（茂木健一郎・勝間和代）および内田樹の反応がきわめて示唆的である。以下のURLを参照（いずれも、2010年８月15日閲覧）――

http://www.ikkojin.net/blog/blog6/post-2.html

http://kenmogi.cocolog-nifty.com/qualia/2010/08/post-be9f.html

http://kazuyomugi.cocolog-nifty.com/

blog.tatsuru.com

(24) インタビュー（2006年）

部数は逆に約３億冊から２億１万6000冊と３分の２程度にまで落ち込んでいる。なお、筑摩書房の菊池明郎社長は、同社では文庫と新書の売上げシェアが７割を越えているとしている（『新文化』2009年１月15日付）。

(10)　岩波新書の場合は、戦後の比較的早い時期から１年に50〜60点前後の新刊新書を刊行していた（吉野［1964：55］)。また、鹿野政直『岩波新書の歴史』（岩波書店、2006）の巻末総目録からは、1998年以降の同新書の新刊点数は、以下の通りであることがわかる ── 1998＝60、1999＝54、2000＝57、2001＝59、2002＝54、2003＝51、2004＝56、2005＝60。なお、2006年以降の点数は、以下の通りである ── 2006＝65（この年は、新赤版1000点記念との関連で大幅な増点がなされている)、2007＝58、2008＝58、2009＝59（インタビュー：小田野耕明・岩波新書編集長（2010年９月６日))。

(11)　これについて、ごく最近まで比較的後発の新書シリーズを担当していたある編集者は、次のように述べている ──「結局［旧来のタイプの教養新書が］マイナーな存在になってしまったんですよ。中公新書がいくらいい本を出しても、結局、平台というのは瞬間風速だから、時流にあった本でないとなかなか売れない。その一方、レーベルが増えたことの影響で、老舗の新書の棚がどんどん食われて、昔だったら中公は３段あったのが今は2段という具合に減って、ストックで商売できなくなってしまって。個々の編集者を見れば優秀な方もいるし、熱心にやっているんだけど、昔なら、こういうテーマで直球で出したらこのぐらい売れてたんだよね、というのが通用しなくなっちゃって」（インタビュー 2010年)。

(12)　吉野源三郎は、ベストセラーとなった『君たちはどう生きるか』（1937年、新潮社）の著者としても広く知られている。安倍（1957：208, 213, 288, 294）によれば、吉野の岩波書店入店は、岩波新書が創刊される年の前年1937年の８月であり、また吉野は、当初、岩波茂雄の「ブレーントラスト」的存在であったという。初期の岩波新書の多くは、三木清が企画し、編集を吉野が担当していたとされる。小林（1963：209-210, 218-220)，村上（1982：67-73)，山本（1994：9-36）をも参照。なお、比較的よく知られているように、岩波新書の第１番と第２番は、後に東大出版会の第２代会長となった矢内原忠雄の翻訳になる、デュガルド・クリスティーの『奉天三十年（上・下巻)』であった。これについては、吉野（1964：46-49）参照。

(13)　中には、党派的プロパガンダとも言えるメッセージを含む、政治家や政党関係者によって書かれた政治パンフレット的な性格を持つ新書もある。

(14)　別の岩波新書の編集担当者が語る「知識」と「知恵」の区別については、清丸（2001：50）を参照。

(15)「教養」の意味の拡散傾向は、『出版月報』の２回の特集記事における「教養新書」の定義の揺れにも見ることができる。これらの特集記事では、たとえば、ファッションモデルや元野球監督によるエッセイを「教養新書売れ行き良好書」のリストに含め（出版科学研究所 2009：7)、また「岩波アクティブ新書」など実用系新書をも教養新書のカテゴリーに入れて刊行点数や市場動向を算出しているのである（出版科学研究所 2005：9)。した

第9章　ファスト新書の時代 ── 学術出版をめぐる文化生産のエコロジー

（1） Bourdieu（1988：119）

（2） この点については、Powell（1985：194-196）参照。

（3） 文化生産のエコロジーという用語を使用しているわけではないが、同様の発想にもとづく研究事例としては、たとえば、Coser, Kadushin, & Powell（1982）および Thompson（2005）参照。なお、ここで用いる「文化生産（production of culture）」という場合の「生産」には単に狭義の文化生産者（作家・演出家・研究者・宗教家・出版者等）の活動だけでなく、それらのオリジナルな生産者のつくりだした表出的シンボルや文物を流通させていく人々や機関 ── メディア、評論家、画廊など ── の活動やそれらを享受ないし「消費」し、ある場合には生産者に対してフィードバックと新たな意味づけを付与していく人々の活動をも含んでいる。これについては、Peterson（1976, 1979）, Peterson & Anand（2004）および佐藤（2000）参照。

（4） もっとも、すぐ後で見るように、『出版月報』の新書の分類法には若干の問題があるため、この比率の増加という点についてはかなり割り引いて考えておく必要がある。この点については、本章の注（15）参照。

（5） もっとも、新書は当初から時事的なトピックを扱う書籍としての性格をも持っていた。たとえば、『岩波書店五十年』（岩波書店、1963：177）では、岩波書店では、岩波全書が「現代学術の基礎的知識の普及」を目的としていたのに対して、新書はより今日的な問題を中心として、3～4年ないし長くても5年の商品寿命が目安とされていた、と述べられる。また、小林（1963：217-218）も、岩波茂雄は、文庫が古典であるのに対して、新書は「生き生きした問題を掴まえる」ものであり、「大体寿命はあまり長くなくてよい」と語っていたとしている。もっとも実際には、岩波新書（赤版）はかなり長期にわって刊行されていた例が少なくなく、刊行部数も、1997年8月現在で斎藤茂吉の『万葉秀歌』（上巻）の103万5000部を筆頭に、驚異的な数値を示した例が少なくない（鹿野 2006：26-28）。

（6） 最近の「教養新書」にしばしば見られる自己啓発書的な性格については、『創』2010年2月号の「不況の出版界を襲う『地殻変動』」という座談会記事における松田哲夫の発言参照（同記事 p. 34）。

（7） インタビュー：小田野耕明・岩波新書編集長（2010年9月6日）および「『何でもあり』の新書ブーム、市場沸騰　書店棚ぎっしり」における小田野の発言から。http://book.asahi.com/news/TKY200903120110.html、2010年09月10日閲覧。

（8） 岩波新書に関しては、1970年代に入って最大の読者層が従来想定されていた学生に加えてビジネスマンなどが増えていったことによって、次第に「『教養』の溶解」（鹿野 2006：221）が起きていたという指摘もある。

（9） 同様の傾向は、文庫にも見られる。これについては、佐藤（2002a：80-83）、および『出版月報』2000年～2010年各年版3月号ないし4月号の「文庫市場レポート」特集参照。同月報の2003年3月号および2010年4月号の「文庫本市場レポート」によれば、新刊点数は1990年の約4000点から2009年には8100点と2倍以上に伸びているのに対して、推定販売

（9） 効率性ということで言えば、組織などよりもネットワークの方がよほど優れているという見方もあり得る。この問題に関しては、今田（1994：27）を参照。

（10） アメリカの実験演劇界で「商業化」と言われてきた現象は、実は「組織化」の努力に付随したものであり、当初の目的ではなかった（佐藤 1997：64）。こうした現象を見極めるために、〈商業〉性と〈官僚制〉の２つを分析的に分けておくのはきわめて大事なことと言える。

（11） Kunda et al.（2002：256ff.）は、専門職やクラフトについて考究するにあたっては「自由市場 対 官僚制的組織」という２極図式だけでは不十分であり、第３の極として職業的コミュニティを俎上に載せなければならないと説く。またSennett（2006［森田訳 2008］）は、新しい柔軟な資本主義と対比するため、古い堅固なシステムとして官僚制と職人技（クラフトマンシップ）の２つを取り上げている。これらはいずれも、単純な２項対立を超え出る意義を有しているが、しかし残念なことにあまり分析的な議論にはなっていない。これに対して本章で提示した４極図式は非常に分析的であり、それゆえ応用力も高いものと考えられる。

（12） 組織イメージをめぐる問題に関しては、例えばHatch & Schultz（2002；2003）を参照。

（13） 「ひとり出版社」といっても、通信技術が進展し労働市場が流動化している現代日本社会においては、必ずしも全ての仕事を社長自らおこなうわけではない。実際、現代の小出版社の編集業務のかなりの部分は、外注によって担われている。それゆえ、ハーベスト社のような小規模出版社においては、社長はひとりで全てを担っているのではなく、外注を通じてさまざまな人々と協働していると見ることも可能である。特に、編集業務に関しては、業務内容のよく分かった特定の人物にくり返し発注することも多く、組織内ではない協働形態をどのようにとらえるかは今後の大きな問題だと言えよう。

（14） 定量的な手法にもとづく組織分析においては、組織サイズを官僚制の度合いの代理変数として用いることもよくおこなわれている。

（15） 大規模な出版社の場合でも、特定の編集部局が一種の事業部として比較的高い独立性を認められているようなケースについても、同様の点が指摘できるだろう。

（16） 実際、新曜社と規模が同じような出版社の場合でも、社長や経営幹部が編集者出身ではなく、たとえば営業部ないし財務・会計畑出身であった場合には、〈官僚制〉的側面が強くなるケースがあるかも知れない。

（17） 東大出版会にとって、海外の大学出版部のモデルは、ある時には組織運営上の制約条件となり、別の時には自組織の存在やその活動を正当化する上での戦略的な資源ともなってきた。

（18） 本書における〈文化〉〈商業〉〈職人性〉〈官僚制〉というきわめて分析的な枠組みは、実は純理論的な関心からのみ出てきたものではけっしてなく、この４つの出版社をはじめとしてさまざまな学術出版社の実情を調べていくうちに彫琢されたものにほかならない。

サイズという技術的要因によって、クラフト的経営の程度を説明したものであると言えよう。

(45) 同様の主張については、Powell（1985：99-100）参照。

(46) 「帰結の論理（logic consequence）」と「ふさわしさの論理（logic of appropriateness）」については、March & Olsen（1989）参照。

(47) 効率性の「社会的構築」については、Fligstein（1990：Ch. 9）および佐藤・山田（2004：4章）参照。

(48) Bourdieu（1993：Ch. 2）の議論参照。

(49) 制度固有のロジック（institutional logic）概念を用いて、米国の出版業界の変容について分析した研究事例については、Thornton & Ocasio（1999），Thornton（2002），Thornton（2004）等を参照。

第8章　組織アイデンティティのダイナミクス

(1) 編集者たちと接していていつも印象深いのは、彼らの志の高さや心意気の強さである。それは全てのインタビューで感じられた。

(2) ここでは、いわゆるハイ・カルチャーの議論に集中しているが、ポピュラー・カルチャーの場合ももちろん同様である。エスタブリッシュされた世界を悉く忌み嫌ったパンク・ロックがいかに近代的な制度や市場に依存していたかという問題については、Hebdige（1979［山口訳 1986］）や山田（2009：第3章）を参照。

(3) 例えば、フィンランドのある指揮者は、委嘱してくれないことを理由にして創作に励まない最近の作曲家たちの姿勢を鋭く批判している。『音楽の友』2008年8月号、99頁。

(4) 現代演劇に関し、この2つの関係性を深く抉ったものとして、佐藤（1999）がある。

(5) 組織アイデンティティの多元性ならびに流動性の問題に関しては、他に Gioia（1998）、Gioia, Schultz, & Corley（2000），Pratt & Foreman（2000）なども参照。なお、組織アイデンティティが多元的・流動的でありながらユニークで統一的な実体として観念されるメカニズムに関しては、佐藤・山田（2004：第3章）を参照。

(6) ただし、限られた範囲内ではあるものの、編集者たちがそれなりに自律的に動いているというのもまた事実である。これに関しては、第4章における有斐閣のケースを参照。

(7) 例えば Albert & Adams（2002）は、法律事務所のはらむ専門職的なアイデンティティとビジネス的なアイデンティティのハイブリッド性についての分析をおこなっている。

(8) 例えば、芸術ジャンルをめぐる DiMaggio（1987：449-452）の議論では、文化産業における諸過程が「商業的（commercial）」「職業的（professional）」「管理的（administrative）」〔ないし官僚制的（bureaucratic）〕という3つに類型化されており、また高等教育出版に関する Thornton et al.（2005：161）の探究では、支配的な制度ロジックの変遷が「家族（family）→ 職業（professions）→ 企業（corporation）→ 市場（market）」という流れに要約されているが、われわれの図式は、こうした刺激的な枠組みの数々をより分析的な形で統合できるものと考えられる。

(28) インタビュー（2003年11月21日）

(29) 個人の持つ選好が多様である状況下で、社会において、それら多様な選好をどのように集計していけばよいかという問題や、望ましい決定をおこなうための制度設計についての解明を目指す理論。

(30) 佐伯（1980：i-iii）。インタビュー：伊藤一枝（2004年12月17日）

(31) インタビュー（2004年１月16日）。吉田（1967：iii；1990：i）参照。

(32) Deliberate strategyには、「計画的戦略」の他に、「熟考型戦略」という訳語もある（ミンツバーグ［中村監訳・黒田・崔・小高訳］（1997）参照）。計画的戦略がいわば青写真ないし設計図のようなものとして事前に「策定」され「構築」されるものだとしたら、創発的戦略は、一連の組織活動の結果として「生じる」ものだとも言えよう。その意味では、計画的戦略については、建築のメタファーが適用できるのに対して、創発的戦略については、生物学のメタファーが適用できるとされる。この点については、Mintzberg（1994：287-290［中村ほか訳 1997：305-305］）。また、創発的戦略が事前にかつ意図的に策定されるものではなく、事後に「発見」されるものだとする発想は、James Marchらの、戦略的意思決定と呼ばれるものも含めて、組織的における決定の少なからぬ部分が意図的になされる（make）ものではなく、「生じる（happen）」ものでもある、とする発想にも近い。この点については、March（1994；1997）参照。また、本書第５章の注（23）をも参照。

(33) Mintzberg & Waters（1985：271）；Mintzberg et al.（1998：11-12［齊藤ほか訳 1999：13］）をも参照。

(34) Mintzberg et al.（1998：199［齊藤ほか訳 1990：210］）

(35) 管理されたテキストについての以下の解説は、主としてCoser、Kadushin、Powell（1982：269-282）による。

(36) このあたりの事情については、たとえば、松本（1966）参照。

(37) 管理されたテキストは、ある意味で、我々が当初想定していた複合ポートフォリオ戦略のトップダウン的な性格を極限にまで――グロテスクなまでに――拡張したものであると言える。

(38) Coser, Kadushin, & Powell（1982：270, 273, 280-282）

(39) Coser, Kadushin, & Powell（1982：280-282）

(40) 沼上他（2007：3-5）

(41) 三枝（2001）

(42) Stinchcombe（1959：168-187）

(43) 出版だけでなく、文化産業一般について同様の主張がなされることがある。たとえば、Hirsch（1972）およびCaves（2001）参照。

(44) パウエルは、また、比較的小規模の出版社でモノグラフを作成するアップル社（仮名）と比較的大きな規模の学術出版社のプラム社（同）とを比較して、前者の場合は後者にくらべてクラフト的な性格が強く見られると主張している。これは、業務の内容および組織

(18) インタビュー（2004年1月16日）

(19) ベイリー『出版経営入門』p. 224（訳者によるコメント）。言うまでもなく、ここで箕輪が「生産」と呼んでいるのは、紙の束に文字が印刷された「モノ」としての書籍もさることながら、それ以上にその内容、つまり「ソフト」ないしいわゆる「コンテンツ（コンテント）」と呼ばれるものである。また、本章では、紙の原稿だけでなく、電子ファイルである場合も含めて「原稿」と呼んでいる。

(20) たとえば、東大出版会の「近代日本の思想家」シリーズは、1958年に森鴎外を扱った第1冊目が刊行されてから実に50年を経た2008年に吉野作造をとりあげた最終巻が刊行されることによって、ようやく完結している。また、北村透谷を扱った第6巻も、当初の予定からかなり遅れた1994年に刊行されている。これについては、色川（1994），山田（2007）および松本（2008a, b）参照。日本では、書籍の刊行に関して出版社が著者とのあいだで事前に契約を交わすことが少ないということも、「納期」の不確実性を生み出す重要な要因の1つであると言える。また、そもそも納期や内容・分量についての詳細な事前の了解が存在しない場合も少なくない。

(21) Powell（1985：112）参照。大学社会において流布されるゴシップや噂の中でも、編集者や出版社の著者の対応は最も頻繁に取り上げられる話題の一つである。最近広く流布している、出版社や編集に関する話題の中で、あまり芳しくない評価を含むものの中には、たとえば次のようなものがある ── 〈新進の執筆者に関して「駆け出し」という言葉を使って見下した言い方をした某経済誌の編集者〉、〈数ヶ月前に提出した原稿の校正刷りを突然送りつけた上で、土日をはさむ3日以内での返送を要求してきた某社の編集者〉、〈学術研究および学術的価値に対して一定のリスペクトを持っているとは到底思えない、「芸能界ノリ」で著者に接してくる編集者〉。なお、著者と編集者のあいだの、幸運・幸福な出会い、あるいはホラーストーリー的なエピソードをも含むきわめて不運・不幸な出会いの数々については、高橋（1994）および高橋（1998）参照。

(22) インタビュー：多田方（2008年3月31日）、渡邊勲（2007年3月12日、2010年7月15日）

(23) たとえば、東大出版会の『50年誌』、pp. 40, 47, 65, 73等を参照。

(24) インタビュー：塩浦暲（2007年11月3日）

(25) インタビュー（2004年12月16日）

(26) また、シリーズ企画は、書籍の内容や分量あるいは構成に関して一定の枠を設定することによって、著者に由来する不確実性を減らしていく仕組みとしても機能し得る。実際、シリーズの枠組みは、選書や叢書という形で教科書だけでなく研究書や教養書についても適用されることがあるが、それは結果として、著者に由来する不確実性の低減に結びつくだろう。

(27) この意味では、編集者は、組織と環境の境界領域（boundary）にあって、両者のあいだを橋渡し（span）する、境界連結者（boundary spanner）として役割を担っていることになる。これについては、Powell（1985：xix）参照。また、境界連結者的役割については、Aldrich & Herker（1977），Adams（1976, 1980），Yan & Louis（1999）等を参照。

刊行しているかについてまともに調べもせずに突然企画や原稿を送りつけてくる著者も少なくないのだという。

（3） インタビュー（2003年7月25日）

（4） インタビュー（2004年1月16日）

（5） インタビュー（2004年1月16日）

（6） インタビュー（2005年9月9日）

（7） インタビュー（2006年1月30日）

（8） インタビュー：堀江洪（2004年1月16日）、渡邊勲（2006年2月3日）。また、第Ⅱ部での事例研究の対象となった4社には含まれていないが、編集業務のかなりの部分を外注に委ねている出版社の中には、1年に10数点から20点、すなわち毎月1点以上を期待しているところもあった（インタビュー 2004年8月26日）。

（9） 通常、組織のパフォーマンスに関して「属人」的という場合には、職務の質やアウトプットが担当者の力量によって左右されて変動が大きいという意味で否定的な意味合いが強いが、ここでは、どちらかと言えばニュートラルな意味あいで用いている。

（10） 「三位一体」という発想も含めて、編集業務に関して石井から直接指導を受けた世代の一人でもある渡邊勲は、すぐれた著者であっても必ずしも3種類の書籍を執筆できるわけではないので、むしろ自分が長期的な関係を築き上げてきた著者のなかでさまざまなタイプの書籍のバランスをとるようにつとめてきた、としている（インタビュー 2006年2月6日）。これは、いわば、編集者を軸とする刊行物ポートフォリオと著者を軸とするポートフォリオの混合形態であると言えよう。なお、提唱者である石井自身もあるところで「三位一体」的な発想を実現することの難しさを認めている（石井 1988：5)。

（11） インタビュー（2005年3月8日）

（12） インタビュー（2006年1月30日）

（13） インタビュー（2003年7月25日）

（14） そして出版社の場合には、この人脈資産が主として編集者と著者との人間関係や信頼関係にもとづいて形成されるものであることを考えれば、出版社の刊行ラインナップは、同時に、編集者のラインナップでもあり、また著者のラインナップを示すものであるとも言える。言葉を換えて言えば、出版社の複合ポートフォリオ戦略の根底には、「編集者ポートフォリオ」と「著者ポートフォリオ」の組み合わせが存在しているのだと言える。そして、このうち、著者ポートフォリオについては、出版社から発行される図書目録をもとにしてある程度推測が可能であり、また定量的な分析にも比較的なじみやすいだろうが、編集者ポートフォリオに関する情報については、丁寧な聞き取りなどの定性的な手法によって掘り起こしていかなければならないだろう。

（15） Powell（1985：xix）は、彼が事例研究をおこなった2つの出版社における刊行意思決定は、通常の意味で「戦略」的と呼べるものであることは滅多になかったとしている。

（16） Mintzberg & Waters（1985）

（17） Hirsch（1972），Caves（2001），Vogel（2007）

もふれていく。

(26)　第9章で見るように、米国の大学出版部の場合には、「たて」と「とり」を担当する編集者（acquisitions editor）と、「つくり」を担当する編集者（copy editor）とに分かれていることが少なくない。本書で「ゲートキーパー」という言葉で描いてきたのは、前者のイメージに近いように思われる。なお、米国の大学出版部の編集者が、かつては狭義のゲートキーパーという役割だけでなく、本章でいうスカウトや同志的な面をも含むゼネラリスト的な役割をも担うことが多かったという点については、Thatcher（1994）参照。

(27)　一般に、文化活動においては、生産者にパトロンがつくのは、洋の東西を問わず、よく見られる形態である。たとえば、芸術活動だけでは生計を維持しえない音楽家や画家を、西欧の王侯貴族や画商などが支援するというのはよく聞く話であるし、日本においても、浮世絵師と版元、歌手とレコード会社、映画監督・プロデューサーと映画会社・テレビ局といった関係の中に相似た姿を見ることができよう。

(28)　したがって、それは、単なる量の問題ではない。重要なのは、そこに良質な企画が十分に含まれているかどうかである。

(29)　今回の調査研究の中で、ある編集者から、以前は、仕事中に映画を見に行くといった優雅な生活を送る先輩編集者もいたという話を聞いた。それゆえ、昨今の出版不況に代表される編集者を取り巻く環境の変化が、（程度の差はあれ）彼らの仕事上の負担を増大させる一方で、経済的収入や職業の安定性をより減少させていることは間違いないように思われる。

(30)　「志の出版」や「出版文化」については、たとえば、西谷（1976），松本（2009），井尻（1984）などを参照。

(31)　インタビュー（2007年3月12日）

(32)　インタビュー（2007年6月19日）

(33)　たとえば、1981年に刊行された『マスコミの明日を問う 2)　出版』（研究集団・コミュニケーション '90、大月書店）と題された本の次のような一節は、かつて存在していたとされる動機の語彙とその崩壊を指摘するものであるとも言えよう。――「企画の立て方、編集のすすめ方、売り方をふくめ、安易な速成出版がふえるにつれ、出版事業の“神聖性”がくずれていく。文化を守り、『真・善・美』を基礎に、じっくり時間をかけて編集する、まさにプロの手が必要な世界が出版であるという概念は通用しなくなっている」（研究集団・コミュニケーション '90 1981：60）。

(34)　たとえば、『朝日新聞』（2009年7月4日夕刊1面）によると、出版ニュース社が調べた2008年度末時点での国内の出版社は、30年ぶりに4000社を割り込み、この年創業した出版社も9社と第二次世界大戦後はじめて1桁台になったという。

第7章　複合ポートフォリオ戦略の創発性

(1)　Klinkenborg（2003）。クリンケンボルグは、米国の作家。

(2)　もっとも、複数の出版関係者の証言によれば、出版社が実際にどのような種類の書籍を

(15)　ある編集者は、自らの仕事について自分では何もしないで全て外注していると自嘲気味に語っていたが、ここでの議論を踏まえれば、何もしないのではなく、さまざまな職工を束ねる大工の棟梁などと共通する管理者的な役割を果たしていると思われる。

(16)　それゆえ、(正確でありさえすれば) 有効なアドバイスを得られる「目利き」がどこにいるかといった間接的な知識を持つことにも、自らが直接鑑識眼を持つことと同等以上の効果をしばしば期待することができる。

(17)　こうした場合には、編集者の側が研究者を一人前の著者として育成していくだけではなく、その半面で著者が編集者を育てていくプロセスも時に存在するように思われる。

(18)　こうしたやり取りが理想的に展開した場合には、原稿が編集者の予想以上の出来となることもあるというが、それについて詳しくは次章で扱うこととしたい。

(19)　著者は、さらに、編集者が所属する出版社から刊行された他の著者の書籍を自著に引用したり、書評で取り上げたりすることを通じて広報活動に協力してくれることもある。

(20)　著書が刊行される場合には、著者には印税という形で直接的に収入が得られることも多いが、それまでに要した経費を合算すれば、収支はほとんどの場合赤字であり、本格的な学術書の場合には、生活や研究活動にかかる経費を印税収入で賄うことはほとんど不可能に近い。

(21)　著者側の事情を考慮すれば、定職に就くまでは、生活の糧の確保とヨリ直接的につながる傾向がある。また、定職を得た以降でも、現在のように、研究職に見合う業績をあげているかどうかの審査が厳格化されてくると、この種の傾向は強まるものと考えられる。

(22)　出版社（編集者）と著者との間に専属契約が存在するわけではないので、他の出版社（編集者）に著者が乗り換える可能性も常に存在する。ただし、こうした行為が時には「浮気」、逆の行為が「律儀」と呼ばれることからは、恋愛関係や夫婦関係に似た信頼や愛着が両者の関係に擬似的に求められていることがうかがえる。

(23)　こうした著者との距離の取り方に関しては、社会科学におけるフィールドワークにおいて、調査者が、インフォーマント（＝調査対象者）に対して取るべきとされるスタンスとの間にいくつかの共通点があるようにも思われる。フィールドワークにおいては、「ラポール」（信頼関係）なしには何の進展も望めない。しかし、その一方で、「行き過ぎたラポール」はむしろ調査には有害であり、理想的には「一歩距離を置いた関与」ないし「客観性を失わないラポール」が望ましいといわれる（佐藤 2002b：76-77）。

(24)　フィールドワークにおいて、インフォーマントを騙すなど、強引な手法を用いてデータを奪取する研究者が時に問題となるように、信頼関係を構築する手間を省いたり、著者に対して自らの要求を強引に突き付けたりする編集者も存在する。

(25)　第５章では、母体となる大学や民間財団からの比較的潤沢な助成金を受けて専門書の出版に携わっていた、米国における全盛期の大学出版部の状況を「助成型」としてとらえた上で、「内部助成型」の東京大学出版会の経営モデルとの違いについて簡単に解説した。さらに、第９章および第10章では、詳しく日本と米国におけるゲートキーピング・システムの違いについて解説する中で、米国における1970年代以降の大学出版部の動向について

（2） この点については、本章２節で改めて取り上げる。
（3） われわれが取り上げた４社の中では、東京大学出版会において「新人研修」がおこなわれていた。フィールドノーツ（2006年１月30日）。
（4） 岩波書店では、以前から「とり」までを編集部でおこない、「つくり」は製作部、校正部が担当するという分業がなされてきたという。インタビュー：伊藤（2004年12月14日）。これは例外的であると思われるが、自社内で「とり」までをおこない、「つくり」を編集プロダクションやフリーランスの編集者に外注することや、ベテランの編集者が「とり」までをやり、新人が「つくり」を担当することであれば、この業界において広くおこなわれている事態であると思われる。
（5） インタビュー：渡邊（2006年２月６日）による。なお、第５章でも述べたように、この用語は、もともと東京大学出版会創業時の事務局幹部であった石井が考え出したものである。
（6） 特に、学術書を出版することで得られる、経済的利益（＝経済資本）、名声（＝象徴資本）、人脈（＝社会関係資本）のバランスに関しては、次章を参照のこと。
（7） 渡邊によると、現在のように、電子媒体で原稿が提出される以前には、「とり」は、編集者が著者のもとを直接訪問したり、電話をかけたりする形でおこなわれていた。そこでは、現在ではつぎの「つくり」でおこなわれている、原稿の改編にかかわる編集者と著者のやり取りが、この段階から早くもおこなわれていたという。インタビュー（2010年７月15日）。
（8） 日本において学術書の刊行は、著者と出版社との口約束でおこなわれることが多い。それゆえ、この点に関して、契約に基づいておこなわれる欧米諸社会とは大きく事情が異なる。
（9） こう書くと、編集者だけがわがままな著者に振り回されているように見えるが、実際には、編集者にも、締め切りの期日を大幅に前倒しして設定する者や原稿を期日通りに出しても一向に編集作業に取り掛からない者もいる。これについては、次章で再度ふれる。
(10) インタビュー（2006年２月６日）
(11) 「未完成原稿」「完成原稿」に関する渡邊の解説には、「原稿に関しては、常に著者がその全てを１人で作り上げ、編集者はその作成過程それ自体には一切関与しない」という、一般にありがちな誤解に対して実態を明確に指し示す面とともに、後述する編集者の矜持ともつながる面も含まれているように思われる。
(12) 「外校《そとこう》」と呼ばれる。事例とした出版社の中では、有斐閣と東京大学出版会は、ある時期から基本的にこの形式を採用しているという。また、ハーベスト社の場合には、第２章で示したように、DTP を採用して組版を自社内でおこなっており、印刷にあたってもそのデータを印刷所に送信して直接刷版を作製する形式（CTP 印刷）を採用しているため、校正作業の細部に関しては、若干手続きが異なる。
(13) インタビュー（2006年２月６日）
(14) インタビュー（2004年１月16日）

(64)　インタビュー（2007年３月12日）
(65)　インタビュー（2004年12月17日）
(66)　インタビュー（2006年11月24日）
(67)　以前は企画委員会は理事会のメンバーによって構成されていたが、2004年前後からは企画委員会と理事会は別個の組織となっている。（ただし、理事会のメンバーが企画委員を兼ねる場合もある。）
(68)　言葉を換えて言えば、東大出版会と米国の大学出版部との間には、「事業ドメイン」という点において顕著な違いが存在していると考えることができるのである。これについては、Powell（1985：45-54），Thompson（1967）。事業ドメインと組織アイデンティティとの関係については、榊原（1992）参照。
(69)「たて・とり・つくり」については、渡邊（1996）参照。また、この３分類は、たとえば名古屋大学出版会関連の以下のサイトにも見ることができる（ただし、こちらは「立て」「取り」「作り」と漢字表記）が、これは、もともとは上記の渡邊の文章を参考にしたものであるという。http://job.rikunabi.com/2011/company/top/r717120069/
(70)　インタビュー（2007年３月12日）
(71)　インタビュー（2006年６月16日）。羽鳥が担当した書籍の中には、この他にも例えば1991年に刊行され、画期的な法律辞典として現在にいたるまで東大出版会に継続して安定した収益をもたらしている『英米法辞典』がある。この辞典は、編集代表であった田中英夫が、難病を複数抱えながらも辞典づくりに対して積極的に関わり、７年越しの制作プロセスを経て最終的に刊行を見たものである（多田 1992）。田中は、刊行の翌年の1992年に亡くなっているが、彼は翌93年に刊行された『BASIC 英米法辞典』の編集会議にも途中まで参加していた。羽鳥はこの辞典の刊行にあたって出版会内で交渉を重ね、また刊行助成を獲得した上で、製作や校正を担当する他のスタッフの協力を得ながら刊行にまでこぎつけたのであった（田中 1991：vi）。
(72)　青木・奥野（1996：343-344）、黒田（2003）、インタビュー（2007年２月１日）
(73)　インタビュー（2007年２月15日）
(74)　インタビュー（2006年１月30日）
(75)　インタビュー（2007年２月16日、2008年４月４日）。現在では、理事会と企画委員会は別個の組織になっている。これについては、本章の注（67）参照。
(76)　インタビューおよび著者の編集企画会議・定価会議の観察記録（2006年３月７、６、28日）より。
(77)　インタビュー（2007年３月12日）
(78)　インタビュー（2006年６月16日）

第６章　ゲートキーパーとしての編集者

(１)　編集者と言っても、本書で中心的に想定しているのは、現代日本社会に存在する学術出版社において人文・社会系分野を担当している人々であることには注意が必要である。

指摘するように、図書の購入実績から見れば、その差はさらに拡大するものと思われる。Lynch（1988）をも参照。なお、2008年度分の集計では、日本では、短期大学や高等専門学校を含む1673館の図書館の図書費の決算総額が約261億円であり、購入図書数は約515万5000冊であった（日本図書館協会 2010：286-293)。これに対して、米国ではほぼ同時期に主要な研究図書館123館だけでもモノグラフ購入費に対して約３億3000万ドルがあてられていた。また、モノグラフの購入冊数は回答があった122館の合計で546万4000冊以上となっていた（Association of Research Libraries 2009：27, 46)。

(56) また戦後新設された大学の図書館からの注文が急増したことも寄与していたと考えられる（Hawes 1967：107［箕輪訳 1969：220］；Booher 1980：102)。

(57) Goellner（2002：273）は、1950年代末から1960年代末にかけて、大学出版部を初めとして学術書出版が盛んになった背景について、それを〈政府資金 → 大学予算 → 研究図書館予算 → 学術出版〉という、一連の経済的浸透現象（trickle down）として説明している。なお、米国の大学図書館の中には、1970年代前後までは、米国の大学出版部の刊行する書籍を自動的に購入するような契約を取次との間に結んでいたところもあった（Schmid 1976：310；Lynch 1988：87；Budd 1991)。

(58) 米国大学出版部協会では、この表の元になったサーベイを“Annual University Press Statistics”として継続的におこなっている。その資料によると、2000年代の場合、母体大学からの助成は小さな規模の大学出版部の場合５割を越えることもあるのに対して、大規模な大学出版部については、母体大学からの助成は２％以下となっている（これについては、Givler 2002：119 参照)。もっとも、その場合でも、本文で述べた図書館購入への依存が高かったという点に関していえば、助成型としての特徴を持っているとみることができるだろう。また、母体大学からの直接助成がほとんどない大規模の大学出版部の場合でも、シカゴ大学出版部やプリンストン大学出版部のように、自らの基金を利用して刊行助成をおこなっている場合もある。

(59) 学術出版を含む出版業の場合に限らず、映画産業や音楽産業などに関わる企業の場合にも、数％から多くても20％程度の少数の「ヒット」作が他の８割以上の作品の製作を支えていることは比較的よく知られている（Vogel 2007：133-137)。しかしこれは、内部補助とは基本的に異なる発想に基づくものであり、それぞれの作品が興行収入や製品の売上げを目指していながら、結果としてきわめて少数のヒットしか期待できないという事情によるものである。

(60) インタビュー：渡邊勲（2007年３月12日)、多田方（2008年３月31日)、竹中英俊（2009年７月27日）

(61) 「東京大学出版会概要」、東大出版会ウェブサイト http://www.utp.or.jp/gaiyou/

(62) この点に関しては、矢内原が初代の東京大学教養学部長であったことも考慮に入れる必要があるだろう。この点については、石井（1988：5）参照。

(63) 日本における大学公開（university extension）運動の歴史については、田中（1978)、および碓井（1971）参照。大学拡張と大学出版部との関係については、飛（1983）参照。

『TUP 通信』（「タップ通信」と呼ばれていた）は、協同組合出版部時代の1950年11月に創刊され、東大出版会になってからも継続して刊行されていたPR誌である。なお、ある時期までは東大出版会では、同会の英語名を Tokyo University Press としていたが、正しくはUniversity of Tokyo Press であることが判明してからは、語順が変更されている。インタビュー：石井和夫（2010年７月12日）。

(50) 犠牲的出版と同じ意味であると思われる「犠牲出版」という言葉は、５年誌に収録された「五周年に際して」という有澤の文章（５年誌：5；40年誌：65；50年誌：112）にも見られるほか、「座談会」における南原の発言にも見いだすことができる（17年誌：27；40年誌：53）。

(51) 米国の大学出版部の活動の顕著な特徴の１つを、商業ベースに乗りにくい高度な学術書を外部からの助成を得て刊行することにあるとする見解について、カーやホウズの文献以外では、たとえば、以下の文献を参照 ── Meyer & Phillabaum（1980）（この論文は、1994年に改訂されて米国大学出版部協会のウェブサイト上に紹介されている。これについては、本書の第９章参照）およびBooher（1980）参照。また、トロント大学出版部の局長や米国大学出版部協会の会長をつとめた、マルシュ・ジャネレは、自著の中で次のように語っている ── 「[トロント大学出版部の局長として任命を受ける際に、私は『学術出版事業から生じる欠損は、出版局が同時におこなっている商業的な出版事業の収入で相殺するべきだという理事会の見解に同意した。（中略）1960年代に多くの大学が大幅に拡張していく中で、私ははじめて、商業出版の利益に依存して学術出版をおこなうことが基本的に健全ではないことに思い至った」（Jeanneret 1989：p. ix）。さらに、1973年に米国大学出版部協会から刊行された「大学とその出版部のあいだの相互の責任」と題されたパンフレットでは、何度となく母体大学からの助成が大学出版部本来の使命を遂行する上で不可欠であるという点が強調されている（Association of American University Presses 1973）。

(52) また、ハーバード大学出版部の局長であったトマス・ウィルソンは、就任にあたって次のように語ったという ── 「大学出版部の目的は、破産ギリギリ一歩手前まで、最大限の努力を投入して良書を刊行していくことにある」（Sisler 1996：56；Parsons 1989：138）。

(53) 政府系の基金、とりわけ全米人文科学基金（NEH）からの助成が大学出版部に与えられるようになったのは、もう少し後の1960年代末期になってからであった。これについては、Hawes（1967：14-15［箕輪訳 1969：24］）および American Council of Learned Societies（1979：126）参照。

(54) Thompson（2005：93-93, 118-125）は、大学出版部によるペーパーバックの刊行は1960年代に入ってからだとしているが、Hawes（1967：6［箕輪訳 1969：7］）では、既に1955年前後に刊行されているとされている。

(55) いくつかの推計によれば、1980年代ないし90年代はじめには米国には大学図書館だけでも、4600ないし4900館程度の図書館があったとされる（Lofquist, 1988-89：52；Peters 1992：23)。また、この推計は図書館の実数を基準にしたものであり、根本（1989）がら91年までの３年間を除いて全て東大出版会の事務局理事がつとめていた。

(41)　インタビュー（2007年２月22日）

(42)　制度化および制度の起業における「理論化（theorization）」については、Greenwood et al.（2002）およびMaguire et al.（2004）等を参照。興味深い点ではあるが、米国において大学出版部に対する助成環境が悪化していく中で、今度は米国の大学出版部の関係者の中から、モノグラフだけでなく、教科書や教養書的な書籍の刊行を大学の持つ機能を根拠にして正当化しようとする言説が生まれてきたことである。たとえば、Parsons（1989, p. 161），Rosenthal（1985：349），Meyer & Phillabaum（1980：216）等を参照。その際にしばしば引用されるのは、米国最古の大学出版部を持つジョンズ・ホプキンス大学の初代総長ダニエル・ギルマンが、その出版部の創設にあたって1878年に語ったとされる次の言葉である――「大学にとって、知識を前進せしめ、かつそれを日々の講義に出席できる人々に対してのみならず、遠くひろく普及せしめることは、その最も崇高なる義務の一つである」（Hawes 1967：30［1969：58］；山口 2004：34）。もっとも、その後米国の大学出版部関係者によって頻繁に引用されることになるこの発言がそのままの形で見られるのは、実際にはジョンズ・ホプキンス大学が1880年に刊行した年次報告書においてである（Gilman 1880：6-7）。また、この発言がなされたのが1878年だとしているのは、上述のHawes（1967）であるが、その文献には出所は記されていない。さらに、米国の初期の大学出版部の歴史について扱っているBean（1929：Appendix C：38）あるいはLane（1939：251-257）でも、ギルマンの発言が1878年のものであるという事実は確認できない。なお、ギルマンの別の発言については、Tebbel（2003［1972-81］：536-537）参照。

(43)　大学の機能と刊行ラインナップの関係については、その後、５周年記念誌における矢内原の文章を敷衍する形で東大出版会の機関誌『UP』における石井の記事（石井 1988：5）および同じく主として石井が執筆した40周年記念誌の略年譜（40年誌：176-177）にも見ることができる。この点については、本章第６節で再び検討を加える。

(44)　欧米においても、必ずしも全ての大学出版部が母体大学の一部になっているわけではない。中には、東大出版会と同様に、母体大学とは別個の法人格を持っている場合もある。たとえばプリンストン大学出版部は、そのような、大学とは別個の法人格を持ちながら、母体大学と密接な関係を保っている大学出版部の代表的な例である。この点についての歴史的考察については、Lane（1939：64-66）参照。

(45)　言葉を換えて言えば、ここでは、欧米において見られる学術出版を支える制度の例が、日本における、硬直的な法制度の非正当性を明らかにする上での根拠としてあげられているのだとも言えよう。

(46)　インタビュー（2007年２月22日）

(47)　インタビュー（2007年２月16日）

(48)　インタビュー（2007年２月22日）

(49)　この文章自体は、東大出版会創立後４年目に『TUP通信』に掲載された同じタイトルの文章に加筆したものである。これについては、福武（1990：133-135）参照。なお、出したものであり、教官理事には「自分でイニシアティブを取るような能力は別にない」と述べている（17年誌：17；40年誌：36)。

(25) 東大出版会の初年度の刊行点数については、注（7）参照。

(26) インタビュー：箕輪成男（2006年1月20日、2008年3月28日)、石井和夫（2008年4月4日）

(27) 東大一六学生救援会編『わが友に告げん ── 軍裁に問われた東大一六学生の記録』は、1951年5月に同名のパンフレットが東京大学学生救援会から発行された後に1952年6月には書籍版が筑摩書房から刊行されている。辻井喬（堤清二）の自伝的小説『父の肖像』(新潮社 2004) p.414 には、同書についての言及がある。

(28) 17年誌では、採決の結果が7対6だったとされているのに対して、40年誌では5対4となっているが、石井によれば、その時の理事会には全員が出席していたわけではなく、40年誌の記述の方が正確な数値であるという。インタビュー（2010年7月12日)。

(29) インタビュー：箕輪成男（2006年1月20日)、石井和夫（2008年4月4日)。

(30) その刊行方針を記した文書の現物は東大出版会には保管されておらず、また、初期の関係者も我々の取材時点では所持していなかったため、実際の文面について確認することはできなかった。

(31) インタビュー（2008年3月28日）

(32) インタビュー（2007年2月16日）

(33) インタビュー（2006年11月1日）

(34) インタビュー（2008年4月4日）

(35) インタビュー：箕輪成男（2008年3月28日）

(36) カーの経歴については、イェール大学の広報サイトにおける死亡記事に詳しい。以下のサイトの記事を参照。http://www.yale.edu/opa/arc-ybc/v28.n3/story10.html

(37) それに先立つ1961年には、日本進出を企図していたオックスフォード大学出版局との業務提携（配給代理）が成立した他、1962年には、海外協力部が新設され、その後も何度か海外の大学出版部との協力関係が築かれていくことになった（17年誌：50；40年誌：184)。

(38) UP 選書シリーズには、本来刊行順に通し番号が振られているが、『大学出版部』だけには「0」番があてられている。これは箕輪によれば、「大学出版部の原点」という意味をこめたのだという（インタビュー 2008年3月28日）

(39) この本の訳者あとがきにおいても、箕輪は、本文にあげた発言と同じように、自分たちが事務局として東大出版会を立ち上げた当初は、「まったく何の手本もなしに、手さぐりでその仕事を進めてきた」(同書 p.290) としている。

(40) 東大出版会は、大学出版部協会のその後の運営についてもその中枢を担ってきた。たとえば、協会の事務所は、2005年7月に同協会が任意団体から有限責任中間法人になる（さらに2009年5月には一般社団法人になっている）ことを契機として文京区湯島にあるビルに独立の事務所を構えるようになるまでは、一貫して東大出版会内に置かれていた。(その後さらに千代田区九段に事務所を移転している。）また、同協会の幹事長は、1988年か

「出版局」が５つ（内１つはケンブリッジ大学出版局）である。第９章の表9·1をも参照。

(13)　その中には、初版が東京大学新聞社から刊行された南原繁の『人間革命』と『祖国を興すもの』の２点も含まれている。

(14)　インタビュー（2007年２月16日）

(15)　また、1950年６月には、南原は生協が大学当局との対決姿勢を強めたことで生協の理事長職をおりている（40年誌：156；50年誌：15）。

(16)　もっとも、刊行物の総数はその時点では、東京大学天文台の活動に関連して作成された標準暦と呼ばれる暦や南原の著作など数点にとどまっていた（東京大学百年史編集委員会 1985：1053-1070；福武 1990：129）。

(17)　東大出版会は、綜合研究会から初年度に融資ないし基金の提供を受けている（40年誌：171；福武 1990：130）。

(18)　財団法人としての登記が完了したのは、1952年１月30日であった（40年誌：7, 171）。なお、東大出版会の主務官庁はその後文化庁に変更されている。

(19)　インタビュー（2008年４月４日）

(20)　インタビュー（2008年４月４日）

(21)　同様の主張は、東大出版会の設立趣意書にも見ることが出来る（17年誌：30；40年誌：8；50年誌：25）。なお、石井（1990：210）によれば、この有澤名義の文章を実際に起草したのは、福武であるという。

(22)　インタビュー（2008年３月28日）

(23)　この点からすれば、東大出版会の設立をめぐる経緯に関しては、いわゆる「意思決定の屑籠モデル」による説明が当てはまるだろう。このモデルは合理的意思決定モデルとは対照的に、所与の問題と解決策との最適なマッチングではなく、むしろ、組織における意思決定プロセスを、さまざまな問題と解決策が投げ込まれる一種の「屑籠」の中からの、かなり偶然的な要素を含む選択行為としてとらえる。また、それは何らかの病理現象や異常事態などではなく、むしろ多くの組織における意思決定の常態に近いのだとされる。そして、その理論の主要な提唱者の１人であるジェームス・マーチは、現実に組織においておこなわれる意思決定は、意図的・戦略的になされる（made）ものであると言うよりは、かなり偶発的に生じる（happen）と言う方が適切な場合が多いのだとしている（March 1994；1997）。実際、矢内原が「十分な基礎をもたないで生み落とされた子供」と表現しているように、東大出版会の設立についても、一貫したビジョンや構想にもとづいて創立に関わる意思決定が「なされた」というよりは、さまざまな構想や思惑が交錯するなかでまさに決定が「生じた」というのが、どちらかと言えばより適切な表現になるだろう。

(24)　福武は、1974年６月に発表された「20年目の感想」という文章において、創立時の立役者である箕輪ら３名からは職員組織の改編や整備について常に意見を求められたとしており、また、自分自身は「三君が理事として名実ともに東大出版会を動かす体系が充分に確立していってからは、理事の職を退いてもよかった」と述べている。同じように、末延三次は、1957年に開始された刊行助成などのアイディアは理事会ではなく「現場の諸君」が

言及するケースも少なくなかったが、それとともに、学術的な本が刊行できたことそれ自体を挙げる声も多く聞かれた。彼らにおいて〈文化〉性は相当に強く意識されている。

(20) 我々も当初は〈商業〉対〈文化〉を主軸に据えていたが、その後の検討の結果、新たに〈職人性〉と〈官僚制〉を別個の対立軸としてとらえ、それら２軸を直交させるという再定式化がなされたのであった（この分析枠組みの再検討のさらに詳しい経緯については、山田・佐藤・芳賀（2010：66-67）参照)。実際、〈商業〉と〈官僚制〉は経験的にそれなりの親和性を持つが、これを同じ位相でとらえるわけにはいかないことは明らかであろう。「市場と組織」という問題の立て方に典型的に現れているように、この２つは鋭く対立するものでもある。詳しくは第８章を参照。

第５章　東京大学出版会 ── 自分探しの旅から「第三タイプの大学出版部」へ

(１) 第１章における用語法についての付記でも述べたように、本書では、しばしばハーベスト社・新曜社・有斐閣・大学出版部を総称するものとして「４つの出版社」ないし「４社」という言葉を用いてきた。

(２) 同会の刊行書籍は、ほぼ毎年学術賞を受賞している。1993年の受賞図書の総数は18点にのぼる（50年誌：154-68)。

(３) 海外の大学出版部が刊行した書籍のリプリント版等を除く数値である。東大出版会提供データによる。

(４) 2007年には、『民法Ⅰ』から『民法Ⅳ』までの４点と『刑法各論講義』（前田雅英著）は、東大出版会の新刊販売部数の上位5位を占めていた。『出版社経営総鑑』2008、p. 474.

(５) 『新文化』2010年１月28日付。

(６) 『新文化』2009年２月19日付。

(７) 東大出版会の初年度の新刊点数については、その前身となった協同組合出版部時代に刊行した書籍の再版分や引き継ぎ分をどう扱うかなどによって、資料の間に若干の異同がある。

(８) 『1998出版指標年表』。『出版指標年表』の「推定販売部数」とは、取次の出荷部数から小売店から取次への返品部数を引いた数値である。同書では、このほかに「推定発行部数」として、新刊・重版・注文品の流通総量の推定値も掲載されているが、その数値も推定販売部数と同様の傾向を示している。

(９) 東大出版会提供データおよび『出版社経営総鑑』2008, p. 474.

(10) 本郷キャンパス界隈には、古くから東京（帝国）大学の教員や学生を主な顧客とする書店や古書店などの他に、医学書院や郁文堂など学術系出版社の本社、あるいは有斐閣の出張所のように、神田に本社のある出版社の出張所が存在していた。

(11) 2004年に東京大学が法人化されてからは、東京大学から直接土地や建物を借用する形に変更されている。

(12) なお、2008年度現在、大学出版部協会のメンバーである32出版部の内、３分の２近くの20出版部は「出版会」という名称を持っている。残り12出版部の内、「出版部」が７つ、

外あるいは『Ａ５判の研究書は、どの分野でどれくらい引き受けられるか、年間の自分たちの仕事量の中でどれくらい出来るか』というような点についてのバランスに関するノウハウはある程度あって、それを部全体として目配りをしながら編集活動をしているわけです。部という単位で考えてどれくらいのバランスが望ましいかはある程度経験の蓄積があるので、その組み合わせを見ながらやっています。『あの先生こんなことをやってらっしゃる、書いてもらおう』ということだけで皆がやったらすぐ破綻してしまうし。だから、それは年間何点とかいう、そういう制約は見えている。『そういう点を常に考えに入れながら自分の企画のラインナップを考えなさい』とは常に言っていることです」。

(13)　高等教育の大衆化に伴う教育内容の平易化を担う主体としては、教育機関、学術出版だけでなく、もちろん学生たちの存在を見落とすわけにはいかない。近年の教育内容の平易化の急速な進行は、この三者がダイナミックに相互作用しながらいわば共謀して作り上げている激烈なスパイラル過程と考えられる。

(14)　組織の諸過程は単に環境への随順を示すものに留まらず、むしろ環境を積極的に作り出してもいる、ということに関しては、Weick（1979［遠田訳 1997］；1995［遠田・西本訳 2001］）の議論を参照。

(15)　これに関して筆者が「あれって難しくないですか」と尋ねると、編集者の１人は笑いながら「メチャクチャ難しいです」と答えてくれた。

(16)　編集者の口からは、より高度な本の出版を望む声がいくつか聞かれた。以下はわれわれ筆者らの見解だが、消費者志向とは分析的に区別される読者志向というものを考えてみれば、単に消費者の手に取りやすい、そして読むのが容易なものばかりを供給するのが、本当に読者のためになるとはかぎらない。潜在的読者のなかには、高度な知的好奇心の充足を求めている人もそれなりにいるかもしれないのである。また、このように敢えて文化的・倫理的・教育的な形で読者志向を措定せず、消費者志向を貫いて市場だけを見据えたとしても、入門的な本が氾濫する状況にあっては、高水準の学術書やテキストの刊行が戦略的に意味を持つような場面もまま生じてこよう。

(17)　インタビュー（2010年８月31日）

(18)　ある学会大会までにどうしても仕上げたかったという本に関して、それはいったい誰の要請なのか尋ねてみると、「有斐閣、って言うか私。学会で話題にしてくださるというのと、執筆者の方にも顔が立つということで」という答えが返ってきた。ここには、〈商業〉的・〈官僚制〉的プレッシャーからではなく、より主体的にスケジュールを管理していこうとする編集者の自律的な姿勢がうかがわれる。なお、年内刊行で部の売上げを増やすという傾向について、その“年内”というのが実際の配本の日なのか奥付の日付なのか訊いてみると、次のような回答がなされた。「売上としてはもちろん配本しなければ入らないわけですが、社内でどれだけ頑張ったかというのを見るのでは、モノが出来た段階ということになります。つまりは見本が出来た日。見本から配本まで５日くらいかかります」。年内刊行というのが社内で象徴的に解されているのは、非常に興味深い。

(19)　編集者たちに職業生活で印象的だった経験を尋ねると、担当した書籍の売行きのよさに位)、東洋経済新報社（17位）に次ぐ売上げとなっている（『新文化』2008年２月７日付）。

（２） この４つのアイデンティティの布置連関については、第８章で詳しく検討することになる。

（３） 本事例報告に際しては、法律書以外の書目を担当する部署である書籍編集第二部に所属する編集者を中心にしてインタビューをおこなった。お話を伺ったのは法律書以外の書目を担当している編集者に限られているため、これで有斐閣という出版社の全体像が把握できたということにはもちろんならない。しかしながら分野を限定することによって、よりインテンシブな探究が可能になったものと考えられる。

（４） 以下の記述において参考にした社史関係の資料としては、『有斐閣百年史』(1980)、『有斐閣百年史追録（一)』(1988)、『有斐閣百年史追録（二)』(1998)、『書斎の窓』565号(2007）などが挙げられる。

（５）「創業一三〇周年を迎える有斐閣 ── その歴史を江草忠敬会長に聞く」『週刊読書人』、2007年５月４日付。

（６） 組織文化と組織イメージの乖離の問題に関しては、Gioia, Schultz, & Corley（2000：67ff.)，Hatch & Schultz（2002：1005ff.；2003：1052ff.）などを参照。

（７）『教養講座社会学』にはいくつもの版がある。それを列挙すれば、林恵海・臼井二尚編〔学生版・一般用の２種〕(1953)，林恵海・臼井二尚・武田良三編〔改訂版〕(1954)，林恵海・臼井二尚・武田良三編〔改訂増補〕(1956)，日本社会学会編〔改訂増補〕(1957)，日本社会学会編〔新版〕(1967）となる。

（８） 模倣的な形での制度化の進行に関しては、DiMaggio & Powell（1983：151-152）を参照。

（９） このベストのコースとは違うが、ある「アルマ」の本を例にとると、11月：企画書通過、２月：執筆依頼、７月：著者会合、９月：原稿締切、４月刊行というケースがある。

(10) ちなみに、Powell（1985：184）によると、「出版に関する一般的な研究で130人ほどの編集者に対して、刊行を決めるに際して刊行初年度の売り上げから見込まれる収益がどの程度重要な判断規準となるかを尋ねた」ところ、「カレッジ・テキスト編集者の60%がこれを刊行決定の主要な要因となると答え、また商業出版編集者の約３分の１が初年度の売り上げが重要だとしたのに対して、学術出版編集者の場合これを重要な要因として挙げたのは20%未満だった」という。テキスト出版の場合は、とりわけ市場的圧力が大きいと言うことができよう。

(11) 学会誌の場合ですら、読者からの反応はそれなりに重要だという（Simon 1994：40)。とすれば商業学術出版の場合は、いっそう消費者の志向に敏感になるにちがいない。そしてその直接的な探査が困難な際には、著者を通した情報収集が合理的な手立てとなる。「出版社はプロモーションの原理を知っているかもしれないが、オーディエンスがどの人たちかを知っているのは著者の方なのである」(Powell 1985：60)。

(12) 組織的なポートフォリオに関しては管理職編集者の１人から次のような証言が聞かれた。「要するに、定型と定型以外のバランスをとる事が重要だと考えています。定型と定型以

(35)　インタビュー（2004年１月16日）
(36)　インタビュー（2009年４月23日）
(37)　インタビュー（2009年４月30日）。もっとも、新曜社においては、編集者に対しては「教科書的な企画にも配慮するように」という一般的な指示が与えられている。また本文で塩浦の発言を引いて述べた点ではあるが、小林と高橋も、研究書については著者の買取分による収入に依存せず、市販を前提とした企画が前提になっている、としている。
(38)　インタビュー（2004年１月16日）
(39)　2009年に大阪の某出版社に転じている。
(40)　これは、学術出版社の場合に限らず、広く出版の世界に見られることである。たとえば、比較的よく知られている例では、文芸系の出版社である幻冬舎の創業の際には、五木寛之や村上龍など著名な小説家の作品６点を一挙に刊行したが、これは社長である見城徹が角川書店時代に形成していた人脈によるものである。また、海外の例では、アンドレ・シフレンが、それまで所属していたパンセオンを去ってニュープレスを立ち上げた時には、編集者を引き連れていき、またパンセオンから本を出してきた著者で、その後もランダムハウスにとどまったのは３名のみであったという（Schiffrin 2000；勝訳 2002：226）。
(41)　インタビュー（2003年11月14日）
(42)　初出は、『トーハン週報』（1999年４月第２週号）に掲載された「祝30周年 ―― 株式会社新曜社」という記事の中の堀江による文章である。
(43)　刊行ラインナップの構成に関わる意思決定に関しては、その他にも、たとえば「どのような本をどのようなタイミングで増刷していくか」あるいは「重版を取りやめるか」というような判断も重要な意味を持ってくる。
(44)　インタビュー（2009年４月23日）
(45)　インタビュー（2009年４月30日）
(46)　インタビュー（2009年４月23日）
(47)　インタビュー（2009年４月30日）
(48)　インタビュー（2008年12月８日）
(49)　インタビュー（2008年12月８日）

第４章　有斐閣 ―― 組織アイデンティティの変容過程

(１)　有斐閣は、専門書の売り上げにおいて有数の売上高を示す学術出版社である。たとえば、専門書の品揃えが充実しているジュンク堂書店の2009年の売上げランキングで、有斐閣は29位である（『新文化』2010年１月28日付）。これは、社会科学系の専門書を刊行している出版社に限って言えば、岩波書店（７位）、ダイヤモンド社（10位）、中央経済社（25位）の３社に次ぐ売上げとなっている。また、これら３社の刊行ラインナップには一般書や実用書も数多く含まれていることを考慮に入れれば、有斐閣は、専門書を中心とする出版社としてはまさにトップクラスの売上げを示していると言える。また、2007年におけるアマゾン・ジャパンの年間売り上げでは有斐閣は43位となっているが、同様に、岩波書店（７

(10)　インタビュー（2004年11月14日）
(11)　インタビュー（2005年12月９日）
(12)　インタビュー（2005年12月９日）
(13)　インタビュー（2003年７月25日）
(14)　『通訳・翻訳ジャーナル』2002年秋号、pp. 88-89.
(15)　書籍のタイプの判定は、必ずしも容易なものではない。たとえば、同じ書籍が教養書および教科書の両方の性格を持つことも稀ではない。ここでは、塩浦社長に依頼しておこなわれた暫定的な分類の結果をあげた。なお、表3･2の「翻訳書」には、原則として原著の全てが外国語で書かれているものをあげた。
(16)　インタビュー（2003年11月14日）
(17)　「祝30周年 ── 株式会社新曜社」『トーハン週報』（1999年４月第２週号）。
(18)　たとえば、中村雄二郎『術語集』（岩波書店，1984），山口昌哉監修『現代科学の術語集』（駸々堂出版，1985）。
(19)　インタビュー（2004年12月16日）
(20)　インタビュー（2003年７月25日）
(21)　インタビュー（2003年７月25日）
(22)　インタビュー（2009年３月30日）
(23)　インタビュー（2003年７月25日）
(24)　インタビュー（2008年12月8日）
(25)　インタビュー（2004年１月16日）
(26)　出版マーケティング研究会（1991：60）資料2-4参照。
(27)　書籍のようなコンテンツ製品やサービスに関しては、他の多くのタイプの日用品的な製品（コモディティ）とは異なって、一点一点がユニークな製品であり、同じ系列の製品ではあっても、相互に代替が不可能ないしきわめて困難であることはよく知られている（たとえば、Vogel（2007：Ch. 1））。もっとも、比較的スタンダードな内容を含む出版物、たとえば、教科書や辞書あるいは地図などに関しては、代替可能な面が大きい。
(28)　インタビュー（2003年11月21日）
(29)　塩浦の語るところによれば、企画の段階では一般書的な性格を持ち、比較的広い範囲の読者を想定していたはずの本が、最終的には「ジャーゴンに満ちた本」になってしまうことも少なくないのだという。
(30)　ウォルター・パウエルが事例研究をおこなった内の１社の場合も、編集会議は持たれていなかった（Powell 1985：73）。
(31)　インタビュー（2004年１月16日）
(32)　インタビュー（2008年12月８日）
(33)　インタビュー（2003年11月14日）
(34)　たとえば、Hirsch（1972），Powell（1985），Caves（2001：pp. 53-60），Schiffrin（2000，勝訳 2002）。

って計算した額を組み込んで示してある。

(35) 何部印刷するかによって費用が変化しないものと変化するものという差異が、両者の名称の根拠であると思われる。

(36) 図2·4の両図の賃借料は、事務所代・倉庫代・駐車場代などの合計であり、交通費・車両維持費には本を売りにいく時の出張旅費が、支払手数料には税理士への支払いや送金手数料が、その他には消耗品費・水道光熱費・租税公課・減価償却費などが、それぞれ含まれるという。

(37) 人を１人雇うと、給料の２倍程度の経費がかかるという。逆に言えば、仕事単位で外注すれば、時間当たりにして社員と同等の額を支払ったとしても、経費の上では半分ということになる。

(38) 岩田書院の場合には、① 製作コストを徹底的に抑え、② さらに専門分野にテーマを絞り込んで、専門家だけを対象にして、少部数とし、その分定価を高く設定し、③ DMリストを充実させ、④ 年間60点を越える本や雑誌を出すことで、この窮地を乗り越えようとしている。この戦略は、専門書1冊当たりの収益がますます小さくなる中で、「集団的自費出版」という形態を維持しながら対応する方法を示していると思われる。また、「ひとり出版社」ではないが、無明舎出版（社員４名［出版年鑑編集部 2007］）の場合には、「公共の団体に企画を売り込み、取材、執筆し本を出す」という「企画営業」なる手法を本格的に展開する一方で、一部の本には、著者に製作費の一部の負担を求めるという「出版印税方式」を試験中だという（あんばい 2000：151-152）。ここには、ハーベスト社とも岩田書院とも異なるサバイバル戦略の存在を見て取ることができる。

第３章　新曜社 ──「一編集者一事業部」

（１）『出版年鑑』の記載では、創業は1969年の９月16日となっているが、これは、法人としての登記の日付である。

（２）培風館は、1924（大正13）年創業の出版社であり、1969年当時の従業員数は37名であった（出版ニュース社 1970：1710）。

（３）インタビュー（2003年７月25日）

（４）新曜社の資本金は、その後、商法・有限会社法の改正にともなって1995年には1000万円に増資されている。

（５）「新出版の源流〈51〉新曜社」『新文化』1980年８月21日付。

（６）新曜社のホームページの記載などに見られるように、同社がこれまで発表してきた資料によっては、刊行点数を同社の会計年度（９月１日～８月31日）でカウントしているものもあるが、本書では、新曜社の了承を得た上で、暦年で集計した数値を挙げている。

（７）「新出版の源流〈51〉新曜社」『新文化』1980年８月21日付。

（８）もっとも、ワードマップと呼ばれるシリーズには、さまざまな学問分野の書籍が含まれており、必ずしも哲学・思想関連書の実数を示しているわけではない。

（９）インタビュー（2004年１月16日）

本的に従った。

(23) 当時、こうしたぶらさがりやルビなどの禁則処理をまともにおこなうためには、エクステンション（XTension）と呼ばれる機能を拡張するためのプログラムを入れる必要があったという。

(24) この時点では、Mac OS 9 から OS X への移行に付随して、日本語の書体を換えられるようになったことも大きかったという。

(25) ブロードバンドとは、ADSL、CATV、光通信など高速な通信速度によるインターネット接続サービスの総称であり、1998年ないし2000年頃から急速に全国でサービスが展開され、各家庭に普及していった。

(26) それに加え、ハーベスト社の場合には、情報環境の進歩の中でも、細かな点ではあるが、システムが昔のようにハングアップしなくなったことや、26インチの大型モニターの導入により、字のポイントを大きくした上でスクロールすることなく作業ができるようになったことも、作業上大きな負担の軽減につながっているという。

(27) あんばい（2000：142-143）によると、首都圏には、出版社がDTPで仕上げたデータを直接刷版にイメージするため、フィルムが不要であるCTP（Computer to Plate）印刷に特化した印刷所が多数あり、「土地や人件費の安い地方の印刷は安い」という神話はもはや崩壊しているという。

(28) 外注の形態は、「ひとり出版社」であっても、経営戦略の違いと連動してかなり多様である。本章でたびたび取り上げている岩田書院の場合には、自社でDTPをせず、新刊だけでも年間40点以上の出版をすることで採算を成り立たせていることもあって、編集作業の大半を外注に回しているという。

(29) ハーベスト社では、著者に対して、教科書に使ってほしいとはいうが、「オブリゲーションは課さない」という。

(30) 「出版社ライフサイクル」という用語は、宗教社会学でいう「教団ライフサイクル」になぞらえて命名したが、出版社と宗教団体とを同一視しようというような意図は全くない。

(31) ただし、同時に、刊行助成金つきの図書の場合、出版部数を可能な限り減らすため、定価が高くなり、出す側にとっても読者にとっても実質的に不経済であるという。それゆえ、この制度は、内容のある本を世に出すためには有効な仕組みではあるが、できるだけ多くの人に読んでもらうためにはむしろデメリットになっていると言えよう。

(32) 公共図書館が利用者の利便性や地域住民の利用率のアップを求められる結果、ベストセラーを中心とする、購入希望や貸し出し頻度の高い本の購入にウエイトを置くようになったのも、こうした傾向を加速させている大きな要因の１つであると思われる。

(33) このうち、ハーベスト社に関するデータは、基本的に、同社より提供されたものであるが、同社の運営に配慮して筆者の側で一定の加工を自主的におこなっている。

(34) 先述したように、ハーベスト社の場合、DTPを採用し、社長の小林自ら組版と校正をおこなっているため、現実には経費を個別に支払うことはない。しかし、つぎの岩田書院の図と比較しやすいように、この図2·3（上段）においては、外注とした場合の相場に従

(13)　さらに、今は手が離れているが、版下作成でかかわった『ソシオロゴス』の場合には、橋爪大三郎（現東京工業大学教授）からの紹介で携わったのだという。

(14)　先述の岩田博（2003：161-162）によれば、雑誌を持つことのメリットは、① 専門出版社としての評価が高まり、② 編集担当の研究者との関係が恒常化することで会編集の本の原稿が持ち込まれることにあるという。それに加えて、小林は、学会誌や研究会誌などにたずさわって恒常的に内容を読むことは、若手研究者たちの興味や個人の力量を測るものさしが得られる点でも大きな意味があると言っている。

(15)　これに関しては、出版業界が全体として1997年に第２次世界大戦後初めて前年の売り上げ実績を割り込んだのが、象徴的な出来事といわれる。しかし、市場在庫が膨らんでいただけで、売り上げ自体はそれ以前から徐々に低下していたという見解もたびたび関係者から表明されている。この点については、序章の注１をも参照のこと。

(16)　地方・小出版流通センター社長の川上賢一は、小規模出版社を「家業としての出版」、大手や中堅出版社を「企業としての出版」と呼び、その違いを明らかにしている（川上 2002）。この見方自体には筆者も賛同するものの、「家業」というと、代々続いたイエの仕事というイメージがあるのに対して、小規模出版社のほとんどは一代限りである。そこで、本章では、小規模出版社に関しては、代わりに、「自営業としての出版」と呼ぶこととしたい。

(17)　こうした事態は、「ひとり出版社」をはじめ、小規模な学術出版社にはかなり一般的な状況であると思われる。本章の注でこの後何回か取り上げる無明舎出版の場合には、仕事場と自宅の距離は、同一敷地内にあるため徒歩30秒、岩田書院の場合には、徒歩20分であるという（あんばい 2000：10；岩田 2003：75）。

(18)　ただし、このことは、だからといって、彼が「思い入れ」のある本だけを出したいと思っているということを意味するわけではない。後に述べるポートフォリオ戦略とも関わるが、インタビューの中で、彼は、「思い入れ」はなくとも、経済資本や社会関係資本に資する本であれば、積極的に出していきたいと語っている。

(19)　編集者がそれまで所属していた出版社から独立するきっかけとして、出したい本が出せなかったからという理由はたびたび聞くものである。

(20)　2007年６月20日に実施した再インタビューの中で、小林は、本がどうせ売れないのであれば、「出す意義のある」「バシっと10年、20年後にも評価される本」を出すという「名誉欲」の方を取りたいと語っている。

(21)　小林によると、組版代は、文字だけでも１ページ2000円、表や図が入ると3000円にもなり、300ページほどの本で90万円から100万円にものぼるという。（ただし、ここ数年、組版を外注に回した場合の代金の相場は、かなり急激に下がっているという。）また、あんばい（2000：9）によると、DTP の前提として、フロッピィ（に代表される電子メディアでの）入稿を全面採用すれば、原稿整理と初校の校正を省くことができ、編集者の手間を考えても大きな省力化が望めるという。

(22)　組版の形式とその名称に関しては、日本エディタースクール（1968：107）の用語に基

（2） 具体的には、2005年に刊行された著書・訳書・編書の出版元を取り上げた。社員の数は、基本的に、出版年鑑編集部編『日本の出版社2008-2009』で調べ、一部インターネット上の出版社サイトから情報を補充した。平均人数や人数ごとの比率の計算からは、社員数不明の９社は除いてある。なお、51名以上の12社は、有斐閣（100名）を除くと、ぎょうせい（1500名）、講談社（1006名）、PHP研究所（340名）、光文社（323名）、中央公論社新社（140名）などの、官公庁の各種の白書類や一般書を中心とする出版社によって占められている。

（3） 社員１名の学術出版社を、自らも「ひとり出版社」岩田書院の社長である岩田博は、その著書の中でこう呼んでいる（岩田 2003）。

（4） なお、本章では、ハーベスト社が主として刊行してきた社会学の分野における出版の状況や学界の動向について見ていくが、後に指摘するように、本章で解説するのと同様の傾向は、他の社会科学あるいは人文系の領域においても見られるものと思われる。

（5） 東京都国立市で、1969年秋から、中心部にある大学通りに歩道橋を設置することの是非をめぐって、市民間でかわされた激しい論争。通学児童の安全確保などとともに、美観を含めた環境の維持が大きな論点となったことが画期的であった。その後、この対立は、反対派住民による「環境権」を掲げる訴訟に発展し、1974年まで継続された。

（6） 増加する東京のゴミ処理のために、住民の生活環境が著しく悪化した江東区からの要請を受けて、東京都が全ての特別区に清掃工場の設置を決めた際（1966年）に、杉並区において清掃工場の建設が決定された高井戸地区の住民と東京都との間に生じた対立のこと。清掃工場の建設の遅れから、重い負担を引き続き負わされた江東区をも巻き込んで、1971年から1974年にかけて深刻化した。

（7） 1976年に設立された、当初、有機野菜と工芸・木工を扱う２つの商店、レストラン、書店、社会人向け講座によって構成されていた複合施設。前身となる工芸・木工店は、1973年に西荻窪に開かれた。当時は、東京におけるカウンターカルチャーの一大拠点となっていた。

（8） レイブとウェンガー（Lave & Wenger 1991）のいう正統的周辺参加による学習の色彩がきわめて強いものと思われる。

（9） 小林によれば、学術出版社というのは、経営が軌道に乗るまで１回か２回は倒産するか、倒産しないまでもその危機に瀕したことがあるものだという。

(10) この部分をはじめ、本章の記述は、2005年11月８日と2007年６月20日に実施した２回にわたる小林達也に対するインタビュー記録を主な根拠としている。この他にも、2008年３月22日には、岩田博に対するインタビューを、2010年８月３日には、小林に対する補足的なインタビューを、それぞれおこなっている。

(11) ブルーム・セルズニック・ブルーム著（今田高俊監訳）『社会学』と、その学生版を別にカウントすれば、12冊ということになる。なお、同時期には、これ以外に、数理社会学会の機関誌『理論と方法』が８点発行されている。

(12) 小林によると、配偶者自身の感想はまた少し異なるのだと言う。

おいては、通常の状態では特にあまり関心を払われることの少ない、上記の２つの問いが双方とも切実な問題として組織のメンバーによって意識化されてとらえられていくのである。この点は、本書の第４章と５章で有斐閣と東大出版会の事例についてそれぞれ検討する際に詳しく見ていく。

(19) Albert & Whetten (1985)

(20) 第７章の補論で詳しく解説するように、本書における「〈職人性〉対〈官僚制〉」の議論は、社会学者のStinchcombe (1959) およびPowell (1985) らの議論によるところが大きい。彼らの議論では、官僚制原理と対置される組織運営上の原理を「クラフト (craft)」という言葉で説明しているが、日本語の場合、クラフトについては手芸あるいは工芸との連想が強いために、本書では、「職人性」という言葉をあてることにした。なお、ここで挙げている「〈職人性〉対〈官僚制〉」は必ずしも二項対立的な軸ではなく、またしばしば「官僚的統制とプロフェッショナリズムとの間の矛盾・相剋」という文脈で二分法的に取り上げられる問題と同じものでもない（この点については、第８章第４節の議論をも参照）。これに関連して、Perrow (1986：43-44) は、Stinchcombeの扱っている建設業者は特殊な組織の部類に属するものであり、そのような組織について得られた知見は大規模組織一般に敷衍できるものではない、としている。また彼は、ある意味でクラフト的な原理で専門化されながらもかつ階層化されている組織というのは、本来、ウェーバーが想定した官僚制組織に近いものであるとしている。なお、「クラフト」的な性格を持つ編集者の職能と典型的な専門職（プロフェッション）の職能とのあいだあの違いについては、Powell (1985：138-140) 参照。

(21) Stinchcombe (1959), Powell (1985)

(22) Hirsch (1972), Caves (2001：59), Powell (1985)

(23) 本章で言う「リサーチ・クエスチョン」は、研究全体の基本的な方向性を示すための包括的な問いのことを指しており、必ずしもそれに対する明確な答えを数個の文章の形で示すことができるタイプの問いではない。言葉を換えて言えば、ゲートキーパーとしての出版社、複合ポートフォリオ戦略、組織アイデンティティのそれぞれに関わるリサーチ・クエスチョンに対する答えに該当するのは、第Ⅲ部のそれぞれ章における記述の全体であると言える。なお、同様の包括的なリサーチ・クエスチョンの例については、たとえば、佐藤 (1984：序章), Sato (1991：Introduction), 佐藤 (1999：序章) 参照。

(24) Perrow (1986) 参照。

(25) 「学術出版社」という用語の定義自体、しばしば厄介な問題を含んでいる。これについては、箕輪 (1982：４章) 参照。

第２章　ハーベスト社 —— 新たなるポートフォリオ戦略へ

(１) 日本社会学会のHP (http://www.gakkai.ne.jp/jss/) において公開されている、日本の社会学関連の文献に関する書誌情報のデータベースである。「著書・訳書・編書」「雑誌論文」「編書論文」「その他」の４種類の文献資料に分類されている。

Lewin（[1943] 1951）であると言われている。

（6） Hirsch（1972），Griswold（1994：72–74）

（7） これについては、Powell（1985）およびParsons（1989）参照。また、Bernard（1990）は、*Rotten Rejections*で、フローベルの『ボヴァリー夫人』やメルヴィルの『白鯨』のように最終的に刊行され名作と謳われるようになった著作が、いくつかの出版社によって刊行を却下された際に出版社やその編集者から著者宛に送られた拒絶の手紙のコレクションを紹介している。

（8） もちろん、半ば自費出版のような形で刊行された書籍が後に非常に高い評価を受ける場合も少なくない。たとえば、島崎藤村の『破戒』が最初は自費出版で刊行されたという事実は、比較的よく知られている。

（9） たとえば、Maschler（2005，麻生訳 2006），Cerf（1977，木下訳 1980），Jefferson（1982，清水訳 1985），永岡・坪井（1983），安倍（1957），塩澤（2003）。

（10） 出版社が擁する著者陣を表すものに"stable of authors"という表現があるが、この"stable"には、馬小屋という意味もある。

（11） 安倍（1957：169），小林（1963：86）。実際には、岩波文庫はある時期かなりの商業的成功をおさめていた。これについては、小林（1963）参照。

（12） 日本では、しばしば「志」と商業の対立としてもとらえられてきた。これについては、本書の第6章第4節をも参照。

（13） 箕輪（1983a：201-202）

（14） 中陣（1996：32）

（15） Powell（1985：85–86）

（16） 貴重な例外は、Bourdieu（1993：Ch. 2）およびThompson（2005, 2010）を参照。なお、トンプソンはThompson（2010：5）ではじめて、本書では「人脈資産」と読んでいる社会関係資本を出版社にとって重要な意味を持つ非経済資本として位置づけている。

（17） 感受概念については、Blumer（1931）および佐藤（2006：97–99）参照。

（18） 組織アイデンティティは、ある意味で組織活動をめぐる利害関心よりも深いレベルで出版社のメンバーの認知と行動を規定していると思われる。というのも、「自分たちは、そもそも何者（何物）であるか」という点に関する多かれ少なかれ暗黙裏の認識は、しばしば「自分たちは、そもそも何を欲するのか」という問いに対する答えの前提になっていると考えることができるからである。この点については、March & Olsen（1989：21–26）参照。もっとも、この点は分析者自身の信念としての「存在論的与件」ないし（ある種の経済学者の場合のように）理論構築や実証分析をおこなう上での便宜的な仮構として、個人を優先するのか制度を優先するのかで、社会的行為におけるアイデンティティと利害関心の比重に対する見解は違ってくるだろう。この点については、河野（2002：14–15），Hall & Taylor（1996），Brinton & Nee（1998）等を参照。さらに、組織アイデンティティは、組織が何らかの意味で危機的状況を迎えたり、大きな曲がり角を迎えた時に最も鮮明に意識されるものである点にも注意したい。つまり、そのようなクリティカルな状況に

（６）「特集 教養新書市場激変の10年」『出版月報』2009年６月号，pp. 10-11.

（７） 単行本のコミックとコミック誌をあわせた販売額は、出版物の売上げ全体の中で２割以上を占めているが、このコミック関連の売上げの比率の高さも、日本の出版産業の顕著な特徴の１つである。

（８） もっとも、図0·1の注に示したように、新刊点数の集計方法は1995年に変更されているため、実際には６倍前後であると思われる。

（９） 本来の意味での委託販売は手数料を支払った上での販売代行であるのに対して、出版物の委託販売は、ほとんどの場合、所有権の移動をともなう売買契約にもとづいておこなわれており、「返品条件付売買」と呼ぶのがふさわしい。また、書店は出版物の販売によって商品代金の回収が終わらないうちに取次への支払が要求されるために、出版社・取次による過剰送本は書店の資金調達を圧迫していくことになる。仲井（2002：77-83)。

(10) 書籍の出版社やその契約倉庫に送り返された本の中には、読者や書店の注文に応じて再出荷されていくものも少なくないが、その一方でそのまま倉庫に在庫として積み上げられ、また最終的に断裁処分にまわされていくケースも多い。

(11) 新刊点数の増加に関しては、さまざまな面で電子化が急速に進んでいる印刷技術の進歩によって製版コストが抑えられ、また印刷工程にかかる時間が短くなっていることに加えて、書籍の原稿自体が電子ファイルで入稿されるようになって、企画立案から刊行までのリードタイムが大幅に短縮されてきたという点も見逃せない。

(12) インタビュー（2003年）

(13) 「本の学校」大山緑陰シンポジウム実行委員会（2000：36-37）

(14) 石井（1988：211）

(15) 石井（1988：213）

(16) 助成額は新規採択分と継続分を合わせた金額。なお、学術図書助成の減額傾向に関する大学出版部関係者からの批判と要望については、「学術図書の消滅」『UP』2008年６月号，p. 57（署名はＴ)。「Web 大学出版」の、山口雅己「科学研究費補助金研究成果公開促進費「学術図書」に関する要望」(76号)、橘宗吾「科研費出版助成と学術出版—大学出版部を中心に」(79号）参照。http://www.ajup-net.com/web_ajup/ 2010年４月25日閲覧。

(17) 『出版指標年報』1998年版と2010年版を参照。

第１章 知のゲートキーパーとしての出版社

（１）「音楽と仕事の両立なるか!? パソナが音大生向け就職支援」『週刊ダイヤモンド』2007年10月27日号。

（２） この記事は、大手人材派遣企業であるパソナから提供された情報をもとにしたものであるとされている。

（３） 佐藤（1999：355）

（４） Caves（2001：79）

（５） このような意味で gatekeeper という言葉を最初に用いたのは、社会心理学者の Kurt

注

「あとがき」にも記したように、本書は1999年以来10年以上にわたっておこなわれた共同研究の成果としてまとめられたものである。以下に示したように、本書の第２、４、５、８章は、その共同研究プロジェクトの中で、これまでワーキングペーパーや論文として発表されたものを下敷きにしている。また、同プロジェクトにもとづく学会発表等を含む研究成果については、その詳しい一覧を、早稲田社会学会編集委員会（大久保孝治委員長）刊行の『社会学年誌』第51号の特集概要論文（佐藤・山田 2010）に掲げておいた。

ただし、こうした下書きがあるものの、いずれの章についても、本書の執筆にあたっては大幅な加筆修正をおこなっているというのは言うまでもない。本書は、共著者３名のあいだにおける様々な議論を経たうえで生まれた書き下ろしの研究書である。

まえがき

（１）　ミヒャエル・エンデ（上田真而子・佐藤真理子訳）『はてしない物語』1982, p. 24.

（２）　論文あるいは事典や辞典などのレファランス的な書籍は、研究書などにおいてまとまった一冊の本の形で体系的に提示されている、いわば全体地図を前提にしているからこそ、一種の「区分地図」を提示することができるのだと言えよう。

（３）　出版業界全体の出版物の販売額は、通常、それぞれの国の中堅電気機器メーカー一社の売上にも及ばない（Dessauer 1998；Greco 1997）。

序章　学術コミュニケーションの危機

（１）　言うまでもなく、インフレ率を考慮に入れた実質的な金額で見た場合、図0･1に示した、1950年から1997年までの販売額の伸びはもっと緩やかなものになる。また、この図の元になった統計データにおける販売額は、出版物を出版社から取次に卸した段階の金額であり、流通在庫等の額が正確に反映されているわけではない。この点をふまえて、小林（2001：94-96）は、出版物の販売額が既に1989年前後から減少していた可能性を示唆している。

（２）『新文化』2010年３月４日付。

（３）『新文化』2009年９月17日付。小林（2001：73）日本経済新聞2010年８月28日付。

（４）『出版月報』2010年１月号, p. 8.

（５）　たとえば、朝日新聞と日本経済新聞についてみると、見出しないし本文に「出版不況」を含む記事の数は、1985年から1997年までは全く見あたらないか多くても数点であるのに対して、1998年以降は毎年10数点以上、多い年には40点にのぼっている。（朝日新聞については、記事データベースの「聞蔵」、日本経済新聞については「日経テレコン」で検索。）

――――, 1990,「社会的コミュニケーション」『自己組織性の情報科学 ―― エヴォルーショニストのウィーナー的自然観』新曜社.
吉見俊哉, 2004,「本のかわりに，何が文化的公共圏を支えるのか」『別冊本とコンピュータ 4』トランスアート，11-16.
吉野源三郎, 1964,「赤版時代 ―― 編集者の思い出」岩波書店編集部『激動の中で ―― 岩波新書の25年』岩波書店，39-57.（この文章は，後に，岩波書店編集部編による『岩波新書の50年』および『図書』2008年臨時増刊号［岩波新書特集号］に再録されている.）

――――, 1999b,「大学出版部と母体大学との関係」『大学出版』41：13-16.
渡辺勝利, 2004,『[考察] 日本の自費出版』東京経済.
渡辺利雄, 1976,「訳者あとがき」ノーマン・マクリーン『マクリーンの川』集英社.
Waters, L., 2004, *Enemies of Promise : Publishing, Perishing, and the Eclipse of Scholarship.* Chicago, IL : Prickly Paradgim Press.
Weber, M., 1921-22, *Wirtschaft und Gesellschaft,* Tübingen : J. C. B. Mohr.（＝1970, 世良晃志郎訳『支配の諸類型』創文社. ／阿閉吉男・脇圭平訳『官僚制』恒星社厚生閣.）
Weick, K. E., 1979, *The Social Psychology of Organizing,* Reading, MS : Addison-Wesley.（＝1997, 遠田雄志訳『組織化の社会心理学』文眞堂.）
――――, 1995, *Sensemaking in Organizations,* Thousand Oaks, CA : Sage Publications.（＝2001, 遠田雄志・西本直人訳『センスメーキング イン オーガニゼーションズ』文眞堂.）
山田真茂留, 2004,「ポスト官僚制論の構図」『社会学年誌』45：183-199.
――――, 2009,『〈普通〉という希望』青弓社.
――――, 2010,「学術出版社の組織アイデンティティ」『社会学年誌』51：9-28.
山田真茂留・佐藤郁哉・芳賀学, 2008,「組織アイデンティティの変容過程 ―― 学術書出版・有斐閣のケース」『一橋大学日本企業研究センター・ワーキングペーパー』No. 77.
――――, 2010,「組織アイデンティティの変容過程 ―― 学術書出版・有斐閣のケース」『社会学年誌』51：29-68.
山田宗睦, 1979,『職業としての編集者』三一書房.
――――, 2007,「五十年ぶりの『近代日本の思想家』完結 ―― 職業としての編集者・後遺」『UP』12月号, 東京大学出版会, 8-13.
山口雅己, 2004,「大学出版」日本出版学会『白書出版産業 ―― データとチャートで読む日本の出版』文化通信社, 34-35.
山本夏彦, 1994,『私の岩波物語』文藝春秋社.
山下正, 1996,「大学改革と大学出版部の役割」『IDE ―― 現代の高等教育』373：76-80.
Yan, A. & Louis, M. R., 1999, "The Migration of Organizational Functions to the Work Unit Level : Buffering, Spanning, and Bringing up Boundarries," *Human Relations,* 52(1) : 25-47.
安原義仁, 2005,「イギリスの大学・高等教育における学外試験委員制度の再構築へ向けて ―― QAA 文書『学外試験委員制度』を中心に」『大学評価・学位研究』3：33-42.
40年誌＝東京大学出版会, 1991『東京大学出版会　四十年の歩み』東京大学出版会.
吉田香奈, 2007,「アメリカ州政府による大学評価と資金配分」『国立大学財務・経営センター大学財務研究』4：113-129.
吉田香奈・柳浦猛, 2010,「米国テネシー州における高等教育行政とパフォーマンス・ファンディング」『広島大学研究教育開発センター　大学論集』41：323-341.
吉田民人, 1967,「情報科学の構想」吉田民人・加藤秀俊・竹内郁郎著『社会的コミュニケーション』培風館.

in Institutional Logics," *The Academy of Management Journal*, 45 : 81–101.
———, 2004, *Markets from Culture*, Stanford, CA : Stanford Business Books.
Thornton, P. H., Jones, C. & Kury, K., 2005, "Institutional Logics and Institutional Change in Organizations : Transformation in Accounting, Architecture, and Publishing," In C. Jones & P. H. Thornton eds., *Transformation in Cultural Industries* [*Research in the Sociology of Organizations* vol. 23.], Greenwich : JAI Press, 125–170.
Thornton, P. & Ocasio, W., 1999, "Institutional Logics and the Historical Contingency of Power in Organizations : Executive Succession in the Higher Education Publishing Industry, 1958–1990," *American Journal of Sociology*, 105(3) : 801–843.
飛（筆名），1983,「ユニバーシティプレス小史」『大学出版部協会20年の歩み』大学出版部協会，23–26.
東京大学百年史編集委員会，1985,『東京大學百年史・通史二』東京大学出版会.
———，1986,『東京大學百年史・通史三』東京大学出版会.
東京大学出版会，1956,『五周年を迎える東京大學出版會』東京大学出版会（５年誌）.
———，1968,『17年の歩み　東京大学出版会』東京大学出版会（17年誌）.
———，1991,『東京大学出版会　四十年の歩み』東京大学出版会（40年誌）.
———，2000,『東京大学出版会　50年の歩み』東京大学出版会（50年誌）.
友枝敏雄・山田真茂留，2005,「戦後日本における社会学の〈知〉の変遷 ── 社会学テキストを素材にして」『社会学評論』56(3)：567–584.
東北大学出版会，2006,『東北大学出版会創立10周年記念誌「宙」』 東北大学出版会.
辻井喬（堤清二），2004,『父の肖像』新潮社.
佃由美子，2007,『日本でいちばん小さな出版社』晶文社.
内田貴，1994,『民法　Ｉ』東京大学出版会.
Unwin, G., [1904] 1994, *Industrial Organization in the Sixteenth and Seventeenth Centuries*, London : Cass.（＝1980，樋口徹訳『ギルドの解体過程』岩波書店.）
碓井正久編，1971,『戦後日本の教育改革　10』東京大学出版会.
Vogel, H., 2007, *Entertainment Industry Economics : A Guide for Financial Analysis*, New York, NY : Cambridge University Press.
Wacquant, L., 2002, "Review Symposium," *American Journal of Sociology*, 107(6) : 1468–1532.
鷲尾賢也，2004,『編集とはどのような仕事なのか ── 企画発想から人間交際まで』トランスビュー.
渡邊勲，1996a,「たて・とり・つくり」『UP』８月号，東京大学出版会，34（筆名＝W）.
———，1996b,「東大『改革』と大学出版部の役割」『IDE ── 現代の高等教育』380：75–80.
———，1998,「主語は私 ── ある企画づくりの体験から」高橋輝次『原稿を依頼する人，される人』燃焼社.
———，1999a,「岐路に立つ大学出版部」『大学出版』40：10–14.

――――, 2009,「教養新書　市場激変の10年」『出版月報』6月号, 4-11.
出版マーケティング研究会, 1991,『書籍出版のマーケティング』出版ニュース社.
出版年鑑編集部, 2007,『日本の出版社 2008-2009』出版ニュース社.
――――, 2009,『日本の出版社 2010-2011』出版ニュース社.
Simon, R. J., 1994, "An Effective Journal Editor: Insights Gained from Editing the American Sociological Review," In R. Simon & J. Fyfe eds., *Editors as Gatekeepers : Getting Published in the Social Sciences*, Lanham, MD : Rowman and Littlefield Publishers, 33-44.
Sisler, W., 1996, "Defining the Image of the University Press," *Journal of Scholarly Publshing*, 27 : 55-59.
園田茂人・山田真茂留・米村千代, 2005,「テキストづくりの論理と力学 ―― 編集者の証言」『社会学評論』56(3) : 650-663.
Stinchcombe, A., 1959, "Bureaucratic and Craft Administration of Production : A Comparative Study," *Administrative Science Quarterly*, 4 : 168-187.
鈴木五郎, 1996,「大学と大学出版会 ―― 慶應義塾大学出版会の発足」『IDE ―― 現代の高等教育』378 : 74-80.
多田方, 1992,「著者の書斎(9)　田中英夫の『男らしさ』」『出版ダイジェスト』11月21日号.
高橋輝次, 1994,『編集の森へ』北宋社.
――――編, 1998,『原稿を依頼する人, される人』燃焼社.
高橋徹, 1971,「解説」城戸浩太郎『社会意識の構造』新曜社.
Talib, A., 2003, "The Offspring of New Public Management in English Universities : 'Accountability,' 'Performance Measurement,' 'Goal-Setting' and the Prodigal Child ? The RAE," *Public Management Review*, 5(4) : 573-583.
玉村雅敏, 2003,「第5章　NPMとは何か」山内弘隆・上山信一編『パブリック・セクターの経済・経営学』NTT出版, 169-197.
田中英夫編著, 1991,『英米法辞典』東京大学出版会.
田中征男, 1978,『大学拡張運動の歴史的研究』『野間教育研究所紀要』第30集.
Tebbel, J., [1972-81] 2003, *A History of Book Publishing in the United States*, Harwich Port, MS: Clock & Rose Press.
Thatcher, S., 1994, "Listbuilding at University Presses," In R. Simon & J. Fyfe eds., *Editors as Gate Keepers : Getting Published in the Social Sciences*, Lanham, MD : Rowman & Littlefield Publishers, 209-258.
Thompson, James., 1967, *Organizations in Action*, New York, NY : McGraw-Hill.
Thompson, John, 2005, *Books in the Digital Age : The Transformation of Academic and Higher Education Publishing in Britain and the United States*, London : Polity.
――――, 2010, *Merchants of Culture : The Publishing Business in the Twentieth-First Century*, London : Polity.
Thornton, P., 2002, "The Rise of the Corporation in a Craft Industry : Conflict and Conformity

――――, 2002b, 『フィールドワークの技法 ―― 問いを育てる, 仮説をきたえる』新曜社.
――――, 2003, 「制度固有のロジックから『ポートフォリオ戦略』へ ―― 学術出版における意思決定過程に関する制度論的考察」『組織科学』36(3) : 4-17.
――――, 2004, 「『複合ポートフォリオ戦略』と出版物再販制度」『一橋大学研究年報・商学研究』44 : 91-165.
――――, 2006, 『フィールドワーク　増訂版』新曜社.
――――, 2008, 「大学院の大衆化と社会学教育 ―― アメリカンモデルをめぐる『破滅的誤解』を越えて」『社会学評論』58(4) : 456-475.
――――, 2010, 「組織エスノグラフィーと試行錯誤」金井壽宏・佐藤郁哉・ギデオン＝クンダ・ジョン＝ヴァンーマーネン『組織エスノグラフィー』有斐閣, 241-308.
Sato, I., Haga, M. & Yamada, M., 2009a, "Lost and Gained in Translation : The Significance of the 'American Model' for a Japanese University Press," Paper presented at Annual Meeting of the American Association of Sociology, San Francisco, California.
――――, 2009b, "Lost and Gained in Translation : The Role of the 'American Model' in the Institution-building of a Japanese University Press," 『一橋大学日本企業研究センター・ワーキングペーパー』No. 92.
佐藤郁哉・山田真茂留, 2004, 『制度と文化 ―― 組織を動かす見えない力』日本経済新聞社.
――――, 2010, 「学術出版のフィールドワーク ―― 出版社における刊行意思決定プロセスに関する比較事例研究」『社会学年誌』51 : 1-8.
佐藤慶幸, 1991, 『官僚制の社会学〔新版〕』文眞堂.
佐和隆光, 1982, 『経済学とは何だろうか』岩波新書.
Schiffrin, A., 2000, *The Business of Books : How International Conglomerates Took Over Publishing and Changed the Way We Read*, London : Verso. (＝2002, 勝貴子訳『理想なき出版』柏書房.)
――――, 2004, "In Japan, Books are Windows to the World," *Publishing Research Quarterly*, 20 : 40-43.
Schmid, T., 1976, "Why Libraries Buy-and Don't Buy Scholarly Books," *Scholarly Publishing*, 7 : 309-314.
関野利之, 1996, 「大学と大学出版部 ―― 玉川学園のケース」『IDE ―― 現代の高等教育』375 : 68-72.
Selznick, P., 1992, *The Moral Commonwealth : Social Theory and the Promise of Community*, Berkeley, CA : University of California Press.
Sennett, R., 2006, *The Culture of the New Capitalism*, New Haven, CT : Yale University Press. (＝2008, 森田典正訳『不安な経済／漂流する個人 ―― 新しい資本主義の労働・消費文化』大月書店.)
塩澤実信, 2003, 『古田晁伝説』河出書房新社.
出版科学研究所, 2005, 「教養新書市場分析」『出版月報』9月号, 4-11.

Parsons, P., 1989, *Getting Published : The Acquisition Process at University Presses*, Knoxville, TN : University of Tennessee Press.

Parsons, T. & Shils, E. A., 1951, "Categories of the Orientation and Organization of Action," In T. Parsons & E. A. Shils eds., *Toward a General Theory of Action*, Cambridge, MA : Harvard University Press, 53-109.（=1960, 永井道雄・作田啓一・橋本真訳『行為の総合理論をめざして』日本評論社.）

Perrow, C., 1986, *Complex Organizations : A Critical Essay* (3rd ed.), New York, NY : McGraw Hill.（=1978, 佐藤慶幸訳『現代組織論批判』早稲田大学出版部.）

Peters, J., 1992, "Book Industry Statistics from the RR Bowker Company," *Publishing Research Quarterly*, 8 : 12-23.

Peterson, R., ed., 1976, *The Production of Culture*, Beverly Hills, CA : Sage.

———, 1979, "Revitalizing the Culture Concept," *Annual Review of Sociology*, 5 : 137-166.

Peterson, R. & Anand, N., 2004, "The Production of Culture Perspective," *Annual Review of Sociology*, 30 : 311-334.

Peterson, R. & Kern R. "Changing Highbrow Taste : From Snob to Omnivore," *American Sociological Review*, 61(5) : 900-907.

Powell, W. W., 1985, *Getting into Print : The Decision-Making Process in Scholarly Publishing*, Chicago, IL : University of Chicago Press.

Pratt, M. G., 2001, "Social Identity Dynamics in Modern Organizations: An Organizational Psychology/Organizational Behavior Perspective," In M. A. Hogg & D. J. Terry eds., *Social Identity Processes in Organizational Contexts*, Philadelphia, PA : Psychology Press, 13-30.

Pratt, M. G. & Foreman, P. O., 2000, "Classifying Managerial Responses to Multiple Organizational Identities," *The Academy of Management Review*, 25(1) : 18-42.

Rosenthal, A., 1985, "University Press Publishing," In E. Geiser, A. Dolin, & G. Topkins eds., *The Business of Book Publishing*, Boulder, CO : Westview Press, 344-349.

三枝匡, 2001,『V字回復の経営』日本経済新聞社.

榊原清則, 1967,『企業ドメインの戦略論』中公新書.

佐野眞一, 2001,『誰が「本」を殺すのか』（上・下）新潮社.

Sato, 1991, *Kamikaze Biker*, Chicago, IL : University of Chicago Press.

佐藤郁哉, 1984,『暴走族のエスノグラフィー』新曜社.

———, 1997,「芸術 ── アートはビジネスになりうるか」苅谷剛彦編『比較社会・入門』有斐閣, 57-81.

———, 1999,『現代演劇のフィールドワーク ── 芸術生産の文化社会学』東京大学出版会.

———, 2000,「学術出版における意思決定プロセスに関する文化生産論的研究 ── 研究フレームと事例研究」『商学研究』41 : 135-189.

———, 2002a,「学術出版をめぐる神話の形成と崩壊 ── 出版界の変容に関する制度論的考察についての覚え書き」『商学研究』43 : 73-140.

森岡清美，1989，『新宗教運動の展開過程 ── 教団ライフサイクル論の視点から』創文社.
Mortorella, R., 1983, "Rationality in the Artistic Management of Performing Arts Organizations" In J. Kamerman & R. Martorella eds., *Performance and Performers*, New York, NY : Praeger.
村田直樹，1999，「学士号の水準 ── 英国の苦悩」『IDE ── 現代の高等教育』405：50–59.
永江朗，2004，「出版社はなぜ消えないか？」『本とコンピュータ』６月10日号，24–32.
永岡定夫・坪井清彦，1983，『天才の発見 ── 名編集者M・パーキンズとその作家たち』荒地出版社.
仲井祥一，2002，「出版流通業」出版教育研究所『出版界はどうなるのか』日本エディタースクール出版部，77–83.
中陣隆夫，1996a，「硬派出版としての学術出版」植田康夫編『現場からみた出版学』学文社，22–39.
────，1996b，「東海大学出版会 ── 学術出版の勘定を誰が払うのか」『IDE ── 現代の高等教育』377：74–80.
────，2004，「学術出版の状況」植田康夫編著『新 現場からみた出版学』学文社，12–26.
根本彰，1989，「日米比較を通してみる出版流通と図書館との関係」『図書館情報大学研究報告』8(2)：1–17.
日本エディタースクール，1997a，『新編 出版編集技術 上巻編』日本エディタースクール出版部.
────，1997b，『新編 出版編集技術 下巻編』日本エディタースクール出版部.
────，［1987］2002，『標準　編集必携（第２版)』日本エディタースクール出版部.
────，2004，『編集者の組版ルール基礎知識』日本エディタースクール出版部.
────，2005，『原稿編集ルールブック』日本エディタースクール出版部.
────，2007，『校正記号の使い方』日本エディタースクール出版部.
日本書籍出版協会・出版年鑑編集部，1970，『出版年鑑1970年版』
日本図書館協会，2010，『日本の図書館 ── 統計と名簿2009』日本図書館協会.
西谷能雄，1976，『出版のこころ』未来社.
沼上幹・加藤俊彦・田中一弘・島本実・軽部大，2007，『組織の〈重さ〉 ── 日本的企業組織の再点検』日本経済新聞社.
大前誠，2003，「メーキング・オブ・テキストの現場から」『フォーラム　現代社会学』2：14–21.
大住荘四郎，1999，『ニュー・パブリック・マネジメント ── 理念・ビジョン・戦略』日本経済評論社.
大塚久雄，1951，『近代欧州経済史序説』弘文堂.
大内兵衛，1964，「岩波新書の文化小論」岩波書店編集部『激動の中で ── 岩波新書の25年』岩波書店，3–14.
Parker, M., 2000, *Organizational Culture and Identity*, London : Sage Publications.

Organizational Decision Making, Cambridge, UK : Cambridge University Press, 9-32.
March, J. G. & Olsen, J. P., 1989, *Rediscovering Institutions : The Organizational Basis of Politics*, New York, NY : Free Press.
Maschler, T., 2005, *Publisher*, London : Picador.（＝2006，麻生久美訳『パブリッシャー ―― 出版に恋をした男』晶文社．）
松本三之介，2008a，「あとがき」『近代日本の思想家11　吉野作造』東京大学出版会，407-411.
――――，2008b，「五十年目の『吉野作造』」『UP』１月号，東京大学出版会，8-13.
松本清張，1966，『落差』角川文庫.
松本昌次編，2009，『西谷能雄 ―― 本は志にあり・頑迷固陋の全身出版者』日本経済評論社.
Melo, A., Searrico, C. & Radnor, Z., 2010, "The Influence of Performance Management on Key Actors in Universities : The Case of an English University," *Public Management Review*, 2 (2) : 233-254.
Meyer, S. & Phillabaum, L., 1980, "What is a University Press ?" *Scholarly Publishing*, 11 : 213-218.
Mills, W. C., 1940, "Situated Actions and Vocabularies of Motives," *American Sociological Review*, 5(6) : 904-913.（＝1971, 田中義久訳「状況下された行為と動機の語彙」青井和夫・本間康平監訳『権力・政治・民衆』みすず書房，344-355.）
Minowa, S., 1973, "Ten Years Since Honolulu : Development of Asian Scholarly Publishing in an International Context," In S. Minowa & A. Arboleda eds., *Scholarly Publishing in Asia : Proceedings of the Conference of University Presses in Asia and the Pacific Area*, Tokyo : University of Tokyo Press, xvi-xx.
箕輪成男，1982，『情報としての出版』弓立社.
――――，1983a，『消費としての出版』弓立社.
――――，1983b，『歴史としての出版』弓立社.
――――，1990，「東京大学出版会の創立と育成」福武直先生追悼文集刊行会『回想の福武直』東京大学出版会，205-208.
Mintzberg, H., 1994, *The Rise and Fall of Strategic Planning*, New York, NY : Free Press.（＝1997，中村元一監訳，黒田哲彦・崔大龍・小高照男訳『戦略計画 ―― 創造的破壊の時代』産業能率大学出版部.）
Mintzberg, H., Ahlstrand, B. & Lampel, J., 1998, *Strategy Safari*, New York, NY : The Free Press.（＝1999，齋藤嘉則監訳，木村充・奥澤朋美・山口あけも訳『戦略サファリ』東洋経済新報社.）
Mintzberg, H. & Waters, J., 1985, "Of Strategies, Deliberate and Emergent," *Strategic Management Journal*, 6 : 257-272.
三浦篤，1999，「19世紀フランスの美術アカデミーと美術行政 ―― 1863年の制度改革を中心に」『西洋美術研究』2 : 111-129.
水品一郎，1984，『出版会計［改訂第２版］』日本エディタースクール出版部.

年３月号，12-14.
Klinkenborg, V., 2003, “Editorial Oberserver: Nothing but Troubling News from the World of Publishing,” *New York Times*, January 27.
小林勇，1963，『惜櫟荘主人 ── 一つの岩波茂雄伝』岩波書店.
小林一博，2001，『出版大崩壊』イーストプレス.
小島清孝，2007，『書店員の小出版社巡礼記』出版メディアパル.
河野勝，2002，『制度』東京大学出版会.
Kuhn, T., 1962, *The Structure of Scientific Revolution*, Chicago, IL : University of Chicago Press.
Kunda, G., Barley, S. R. & Evans, J., 2002, “Why Do Contractors Contract ? The Experience of Highly Skilled Technical Professionals in a Contingent Labor Market,” *Industrial and Labor Relations Review*, 55(2) : 234-261.
栗田秀法，1999，「王立絵画彫刻アカデミー ── その制度と歴史」『西洋美術研究』２号：53-91.
黒田拓也，2003，「日本大学出版部協会・夏季研修会・編集部会レジュメ　ケーススタディ　青木昌彦・奥野正寛編著『経済システムの比較制度分析』について」(未公刊).
黒沢説子・畠中理恵子，2002，『神保町「書肆アクセス」半畳日記』無明社出版.
Lamont, M., 2009, *How Professors Think*. Cambridge, MA. : Harvard University Press.
Lane, R., 1939, “The Place of American University Presses in Publishing,” Unpublished Ph. D. dissertation submitted to the University of Chicago.
Latour, B., 1987, *Science in Action*, Cambridge, MA : Harvard University Press.（＝1999，川崎勝・高田紀代志訳『科学が作られているとき ── 人類学的考察』岩波書店.）
Lave, J. & Wenger, E., 1991, *Situated Learning: Legitimate Peripheral Participation*, New York, NY : Cambridge University Press.（＝1993，佐伯胖訳『状況に埋め込まれた学習 ── 正統的周辺参加』産業図書.）
Lewin, K., [1943] 1951, “Psychological Ecology,” In *Field Theory in Social Science*, Chicago, IL : University of Chicago Press, 170-187.
Lofquist, W., 1988-89, “Scholars vs. Publishers : Grounds for Divorce ?,” *Book Research Quarterly*, 4(4) : 52-56.
Lynch, B., 1988, “The Future Library Market for Scholarly Books,” *Scholarly Publishing*, 19 : 86-90.
村上一郎，1982，『岩波茂雄 ── 成らざりしカルテと若干の付箋』砂子屋書房.
Maguire, S., Hardy, C. & Lawrence, T. B., 2004, “Institutional Entrepreneurship in Emerging Fields : Hiv/Aids Treatment Advocacy in Canada,” *Academy of Management Journal*, 47 (5) : 657-679.
March, J. G., 1994, *A Primer on Decision Making*, New York, NY : The Free Press.
────, 1997, “Understanding How Decision Happen in Organizations,” In Z. Shapira ed.,

石井和夫，1975，「南原先生とユニバシティ・プレス」丸山真男・福田歓一編著『回想の南原繁』岩波書店，465-470.
————，1988，『大学出版の日々』東京大学出版会.
————，1990，「夢と現実」福武直先生追悼文集刊行会『回想の福武直』（製作　東京大学出版会），208-210.
伊藤彰浩，1995，「日本の大学院の歴史」市川昭午・喜多村和之編『現代の大学院教育』玉川大学出版部，16-38.
伊藤八郎，1996，「名古屋大学と名古屋大学出版会」『IDE ── 現代の高等教育』２-３月号，No. 374，76-80.
伊藤隆敏・丹羽宇一郎・御手洗冨士夫・八代尚宏，2007，「成長力強化のための大学・大学院改革について」平成19年第４回経済財政諮問会議・有識者議員提出資料 http://www5.cao.go.jp/keizai-shimon/minutes/2007/0227/item5.pdf
岩波書店編集部，2008，『図書』2008年臨時増刊号（岩波新書創刊70年記念）岩波書店.
岩田博，2003，『ひとり出版社「岩田書院」の舞台裏』無明舎出版.
————，2008，『ひとり出版社「岩田書院」の舞台裏 2003〜2008』岩田書院.
Jefferson, G., 1982, *Edward Garnett : A Life in Literature*, London : Jonathan Cape.（＝1985，清水一嘉訳『エドワード・ガーネット伝 ── 現代イギリス文学を育てた生涯』日本エディタースクール出版部.）
17年誌＝東京大学出版会，1968，『17年の歩み　東京大学出版会』東京大学出版会.
鹿野政直，2006，『岩波新書の歴史』岩波書店.
苅谷剛彦，1992，『アメリカの大学・ニッポンの大学 ── TA・シラバス・授業評価』玉川大学出版部.
Karp, J. 1997, “Decline ? What Decline ?”. In E. E. Dennis, C. L. LaMay, & E. C. Pease eds., *Publishing Books*, New Brunswick, NJ : Transaction Publishers, 33-40.
川上賢一，2002，「地方・小通信」『新文化』５月２日号，5.
川嶋太津夫，1998，「大衆化する大学院」佐伯眸ほか編『変貌する高等教育』岩波書店，197-220.
川島勉，1992，「当世専門書営業事情１」『新文化』４月23日号，16.
研究集団・コミュニケーション’90，1981，『マスコミの明日を問う２　出版』大月書店.
Kerr, C., 1949a, *A Report on American University Presses*, New York, NY : The Association of American University Presses.
————, 1949b, *The American University as Publisher : A Digest of a Report on American University Presses*. Norman, OK : University of Oklahoma Press.
————, 1969, “The Kerr Report Revisited,” *Scholarly Publishing*, 1 : 5-30.
————, 1987, “One More Time : American University Presses Revisited,” *Journal of Scholarly Publishing*, 18 : 211-235.
清田義昭，2003，「座談会　深刻化する出版不況と“ハリポタ”現象のナゾ」『GALAC』2003

Gumport, P., 1993, "Graduate Education and Organized Research in the United States," In B. Clark ed., *The Research Foundations of Graduate Eduation : Germany, Britain, France, United States, and Japan*, Berkley, CA : University of California Press, 225–260.

芳賀学，2005，「『出版不況』と学術コミュニケーション」芳賀学編『学術界と出版業界の制度的関連構造に関する文化社会学的研究』平成13-16年度科学研究費補助金（基盤研究(B)(1)—研究代表者芳賀学）研究成果報告書，1–17.

芳賀学・佐藤郁哉・山田真茂留，2008，「集団的自費出版から新たなるポートフォリオ戦略へ——『ひとり出版社』・ハーベスト社の場合」『一橋大学日本企業研究センター・ワーキングペーパー』ワーキングペーパー No. 80.

Hall, P. A. & Taylor, R. C. R., 1996, "Political Science and the Three New Institutionalisms," *Political Studies*, 44(5) : 936–957.

長谷川一，2003，『出版と知のメディア論』みすず書房.

長谷川公一，2005，「社会学の面白さをいかに伝えるか」『社会学評論』56(3) : 585–600.

Hatch, M. J. & Schultz, M., 2002, "The Dynamics of Organizational Identity," *Human Relations*, 55(8) : 989–1018.

———, 2003, "Bringing the Corporation into Corporate Branding," *European Journal of Marketing*, 37(7/8) : 1041–1064.

Hawes, G., 1967, *To Advance Knowledge : A Handbook on American University Press Publishing*, New York, NY : American University Press Services.（＝1969，箕輪成男訳『大学出版部』東京大学出版会.）

Hebdige, D., 1979, *Subculture : The Meaning of Style*, London: Methen & Co.（＝1986，山口淑子訳『サブカルチャー——スタイルの意味するもの』未来社.）

平川俊彦，1996，「私立大学の刊行助成制度について——大学出版部の立場から」『IDE——現代の高等教育』376 : 74–80.

平岡敏男，1970，『めぐりあい』（私家版）.

Hirsch, P., 1972, "Processing fads and fashions," *American Journal of Sociology*, 77(4) : 639–659.

———, 1978, "Production and Distribution Roles Among Cultural Organizations," *Social Research*, 45 : 292–314.

「本の学校」大山緑陰シンポジウム実行委員会，2000，『'99 本で育むいのちの未来』今井書店（発売）.

井尻千男，1984，『出版文化　夢と現実』牧羊社.

池内紀・佐伯胖・吉見俊哉（対談），2004，「エリートばかりが本を読む時代になるぞ！」『別冊　本とコンピュータ 4』トランスアート，129–139.

今田高俊，1994，「近代のメタモルフォーゼ」今田高俊編『ハイパー・リアリティの世界』有斐閣，1–40.

色川大吉，1994，「あとがき」『近代日本の思想家 6　北村透谷』東京大学出版会，305–309.

局.）
Feather, J., 1993, "Book Publishing in Britain: An Overview," *Media, Culture and Society*, 15 : 167-181.
Fligstein, N., 1990, *The Transformation of Corporate Control*, Cambridge, MA : Harvard University Press.
Foreman, P. & Whetten, D. A., 2002, "Members' Identification with Multiple-Identity Organizations," *Organization Science*, 13(6) : 618-635.
福武直，1975,「東京大学出版会とのかかわり —— 南原繁先生の追憶」丸山真男・福田歓一編著『回想の南原繁』岩波書店，456-464.
————，1990,「東京大学出版会をめぐって」福武直先生追悼文集刊行会『福武直自伝 —— 社会学と社会的現実』（製作　東京大学出版会），128-135.
船曳建夫，1998,「結び」『新・知の技法』東京大学出版会，259-271.
Germano, W., 2008, *Getting It Published : A Guide for Scholarly and Anyone Else Serious about Serious Books* (2nd ed.), Chicago, IL : University of Chicago Press.
Gilman, D., 1880, *Fifth Annual Report of the Johns Hopkins University*, Baltimore, MD : Johns Hopkins University.
Gioia, D. A., 1998, "From Individual to Organizational Identity," In D. A. Whetten & P. C. Godfrey eds., *Identity in Organizations : Building Theory through Conversations*, Thousand Oaks, CA : Sage Publications, 17-31.
Gioia, D. A., Schultz, M., & Corley, K. G. 2000, "Organizational Identity, Image, and Adaptive Instability," *The Academy of Management Review*, 25(1) : 63-81.
Givler, P., 2002, "University Press Publishing in the United States," In R. Abel & L. Newlin eds., *Scholarly Publishing*, 107-120.
Glynn, M. A., 2000, "When Cymbals Become Symbols : Conflict over Organizational Identity within a Symphony Orchestra," *Organization Science*, 11(3) : 285-298.
Goellner, J., 2002, "The Impact of the Library Budget Crisis on Scholarly Publishing," In R. Abel & L. Newlin eds., *Scholarly Publishing*, 273-276.
50年誌＝東京大学出版会，2000,『東京大学出版会　50年の歩み』東京大学出版会.
5年誌＝東京大学出版会，1956,『五周年を迎える東京大學出版會』東京大学出版会.
グッドマン，R., 2007,「大学改革　英に学ぶ —— 安易な模倣には問題」『日本経済新聞』8月27日付.
Greco, A., 1997, *The Book Publishing Industry* Boston, MA : Allyn and Bacon.
Greenwood, R., Suddaby, R. & Hinings, C. R., 2002, "Theorizing Change : The Role of Professional Associations in the Transformation of Institutionalized Fields," *Academy of Management Journal*, 45(1) : 58-80.
Griswold, W., 1994, *Cultures and Societies in a Changing World*, Thousand Oaks, CA : Pine Forge Press.

Coser, L., Kadushin, C., & Powell, W., 1982, *Books : The Culture and Commerce in Publishing*, Chicago, IL : University of Chicago Press.
Courtney, D., 2002, "The Cloth-Paper Conundrum : The Economics of Simultaneous Publication," *Journal of Scholarly Publishing*, 33 : 202-229.
Crane, D., 1976, "Reward Systems in Art, Science, and Religion" In R. Peterson ed., *The Production of Culture*. Beverly Hills, CA : Sage.
Czarniawska, B., 1997, *Narrating the Organization : Dramas of Institutional Identity*, Chicago, IL : The University of Chicago Press.
Dahler-Larsen, P., 1997, "Organizational Identity as a 'Crowded Category' : A Case of Multiple and Quickly Shifting 'We' Typifications," In S. A. Sackmann ed., *Cultural Complexity in Organizations : Inherent Contrasts and Contradictions*, Thousand Oaks, CA : Sage Publications, 367-389.
Dalton, M., 2006, "A System Destabilized: Scholarly Books Today," *Journal of Scholarly Publishing*, 37 : 253.
Dennis, E. E., LaMay, C. L. & Pease, E. C. eds., 1997, *Publishing Books*, New Brunswick, NJ : Transaction Publishers.
Dericourt, R., 1996, *An Author's Guide to Scholarly Publishing*, Princeton, NJ : Princeton University Press.
Dessauer, J. P. 1998, *Book Publishing Company : The Basic Introduction*, New York, NY : Continumn.
DiMaggio, P. J., 1987, "Classification in Art," *American Sociological Review*, 52(4) : 440-455.
———, 1991, "Social Structure, Institutions, and Cultural Goods : The Case of the United States," In P. Bourdieu & J. S. Coleman eds., *Social Theory for a Changing Society*, Boulder, CO : Westview Press, 133-155.
DiMaggio, P. J. & Powell, W. W. 1983, "The Iron Cage Revisited : Institutional Isomorphism and Collective Rationality in Organizational Fields," *American Sociological Review*, 48(2) : 147-160.
Dougherty, P., 2000, "If You Plan It They Will Come : Editors as Architects," *Journal of Scholarly Publishing*, 31 : 175-178.
Durkheim, É., 1912, *Les Formes élémentaires de la Vie Religieuse : Le Système Totémique en Australie*, Paris : Ferix Alcan. (=1975, 古野清人訳『宗教生活の原初形態』岩波文庫.)
Dutton, J. E. & Dukerich, J. M., 1991, "Keeping Eye on the Mirror : Image and Identity in Organizational Adaptation," *Academy of Management Journal*, 34(3) : 517-554.
Eco, U., 1986, *Travels in Hyper-Reality*, London : Picador.
江原武一, 1994, 『現代アメリカの大学』玉川大学出版部.
Eliade, M., 1957, *Das Heilige und das Profane : Vom Wesen des Religiösen*, Hamburg: Rowohlt. (=1969, 風間敏夫訳『聖と俗 —— 宗教的なるものの本質について』法政大学出版

Barber, C., compiler, 1997, "Symposium : Twelve Visions," In E. E. Dennis, C. L. LaMay, & E. C. Pease eds., *Publishing Books*, New Brunswick, NJ : Transaction Publishers, 19-31.

Barnard, C. I., 1938, *The Functions of the Executive*, Cambridge, MA : Harvard University Press.（=1968, 山本安次郎・田杉競・飯野春樹訳『経営者の役割』ダイヤモンド社.）

Baum, H. S., 1987, *The Invisible Bureaucracy : The Unconscious in Organizational Problem Solving*, Oxford : Oxford University Press.

Bean, D., 1929, *American Scholarly Publishing.*, Mimeographed, University of Chicago.

Bernard, A., 1990, *Rotten Rejections : The Letters That Publishers Wish They'd Never Sent*, London : Robson Books.

Biagioli, M., 2002, "From Book Censorship to Academic Peer Review," *Emergences*, 12 : 11-45.

Blumer, H., 1931, "Science without Concept," *American Journal of Sociology*, 36 : 513-515.

Booher, E., 1980, "Strategies for the Not-So-Happy Eighties," *Scholarly Publishing*, 11 : 99-111.

Boschetti, A., 1985, *Sartre et "Les Temps Modernes" : Une Entreprise Intellectuelle*. Paris : Editions de Minuit.（=1987, 石崎晴己訳『知識人の覇権 ── 20世紀フランス文化界とサルトル』新評論.）

Bourdieu, P., 1993, *The Field of Cultural Production*, New York, NY : Columbia University Press.

Bourdieu, P., Translated by Peter Collier, 1988, *Homo Academicus*, Stanford, CA : Stanford University Press.（=1997, 石崎晴己・東松秀雄訳『ホモ・アカデミクス』藤原書店.）

Brickson, S. L., 2007, "Organizational Identity Orientation : The Genesis of the Role of the Firm and Distinct Forms of Social Value," *Academy of Management Review*, 32(3) : 864-888.

Brinton, M. & Nee, V. eds., [1998] 2001, *The New Institutionalism in Sociology*, Stanford, CA : Stanford University Press.

Budd, J., 1991, "Academic Libraries and University Presses," *Publishing Research Quarterly*, 7 : 27-37.

Caves, R., 2001, *Creative Industries*, Cambridge, MA : Harvard University Press.

Cerf, B., 1977, *At Random : The Reminiscence of Bennett Cerf*, New York, NY : Random House.（=1980, 木下秀夫訳『アト・ランダム』早川書房.）

Collins, H. & Evans, R., 2007, *Rethinking Expertise*, Chicago, IL : University of Chicago Press.

Corley, K. G., Harquail, C. V., Pratt, M. G., Glynn, M. A., Fiol, C. M., & Hatch, M. J., 2006, "Guiding Organizational Identity through Aged Adolescence," *Journal of Management Inquiry*, 15(2) : 85-99.

Coser, L., 1975, "Publishers as Gatekeepers of Ideas," *The Annals of the American Academy of Political and Social Science*, 421 : 14-22.

文　献

Abbott, A., 1988, *System of Profession*, Chicago, IL : University of Chicago Press.

———, 2008, "Publication and the Future of Knowledge," Paper presented at the Association of American University Presses, June 27, Montréal, Canada. http://home.uchicago.edu/~aabbott/Papers/aaup.pdf　2010年８月８日閲覧.

安倍能成，1957，『岩波茂雄傳』岩波書店.

Adams, J., 1976, "The Structure and Dynamics of Behavior in Organizational Boundary Roles," In M. Dunnett ed., *Handbook of Industrial and Organizational Psychology*, Chicago, IL: Rand McNally College Publishing Company, 1175–1119.

———, 1980, "Interorganizational Processes and Organization Boundary Activities," *Research in Organizational Behavior*, 2 : 321–335.

Albert, S., & Adams, E., 2002, "The Hybrid Identity of Law Firms," In B. Moingeon & G. Soenen eds., *Corporate and Organizational Identities: Integrating Strategy, Marketing, Communication and Organizational Perspectives*, London : Routledge, 35–50.

Albert, S. & Whetten, D., 1985, "Organizational Identity," *Research in Organizational Behavior*, 7 : 263–295.

Aldrich, H. & Herker, D., 1977, "Boundary-Spanning Roles and Organization Structure," *Academy of Management Review*, 2 : 217–230.

天野郁夫，2008，『国立大学・法人化の行方 ── 自立と格差のはざまで』東信堂.

American Council of Learned Societies, 1979, *Scholarly Communication : The Report of the National Enquiry*. Baltimore, MD : Johns Hopkins University Press.

あんばいこう，2000，『田んぼの隣で本づくり』日本エディタースクール出版部.

———，2003，『舎史ものがたり ── 無明社創立30年のあゆみ』無明社出版.

荒井義博，1996，「早稲田大学出版部からの報告 ── 早稲田大学の改革に応えるために」『IDE ── 現代の高等教育』379 : 75–79.

Arboleda, A., 1973, "At Tokyo, Recognition of the 'Third-Type' Press," *Scholarly Publishing*, 4 : 265–269.

Association of American University Presses, 1973, *Reciprocal Responsibilities of a University and Its Press*, AAUP.

Association of Research Libraries（Complied and Edited by Kyrillidou, Martha & Les Bland), 2009, *ARL Statistics 2007–2008*, Washington, D. C : Association of Research Libraries.

Bailey, H. S., 1970, *The Art and Science of Book Publishing*, New York, NY : Harper and Row.（＝1976，箕輪成男訳『出版経営入門 ── その合理性と非合理性』出版同人.）

◆や　行

◆ら　行

◆わ　行

◆ま　行

◆な 行

◆さ 行

◆か　行

事項索引

◆ま　行

◆さ　行

◆か　行

◆あ　行

人名索引

佐藤郁哉
一橋大学商学研究科教授
1955年生まれ
主著：『暴走族のエスノグラフィー』新曜社　1984年
Kamikaze Biker University of Chicago Press　1991年
『現代演劇のフィールドワーク』東京大学出版会　1999年
『組織エスノグラフィー』（共著）有斐閣　2010年

芳賀　学
上智大学総合人間科学部教授
1960年生まれ
主著：『社会学の理論でとく　現代のしくみ』（分担執筆）新曜社　1991年
『祈る　ふれあう　感じる』（共著）IPC　1994年
『情報社会の文化4　心情の変容』（分担執筆）東京大学出版会　1998年
『仏のまなざし、読みかえられる自己』（共著）ハーベスト社　2006年

山田真茂留
早稲田大学文学学術院教授
1962年生まれ
主著：『信頼社会のゆくえ』（共編著）ハーベスト社　2007年
『Do！ソシオロジー』（共編著）有斐閣　2007年
『〈普通〉という希望』青弓社　2009年
『非日常性の社会学』学文社　2010年

本を生みだす力
学術出版の組織アイデンティティ

初版第1刷発行　2011年2月15日©

著　者　佐藤郁哉
芳賀　学
山田真茂留
発行者　塩浦　暲
発行所　株式会社　新曜社
〒101-0051　東京都千代田区神田神保町2-10
電話（03）3264-4973・FAX（03）3239-2958
e-mail　info@shin-yo-sha.co.jp
URL　http://www.shin-yo-sha.co.jp/

印刷　星野精版印刷　Printed in Japan
製本　イマキ製本所
ISBN978-4-7885-1221-4 C1000

＊表示価格は消費税を含みません。

本は物《モノ》である
——装丁という仕事
桂川 潤［著］
A5変形判248頁　本体2400円

書物の日米関係
——リテラシー史に向けて
和田敦彦［著］
A5判408頁　本体4700円

本が死ぬところ暴力が生まれる
——電子メディア時代における人間性の崩壊
B・サンダース［著］
杉本 卓［訳］
四六判376頁　本体2850円

出版、わが天職
——モダニズムからオンデマンド時代へ
J・エプスタイン［著］
堀江 洪［訳］
四六判200頁　本体1800円

名編集者エッツェルと巨匠たち
——フランス文学秘史
私市保彦［著］
四六判544頁　本体5500円

中国出版史話
方 厚枢［著］
前野昭吉［訳］
A5判464頁　本体6500円

知識の社会史
——知と情報はいかにして商品化したか
P・バーク［著］
井山弘幸・城戸 淳［訳］
四六判410頁　本体3400円

経験のための戦い
——情報の生態学から社会哲学へ
E・S・リード［著］
菅野盾樹［訳］
四六判274頁　本体2800円